독서교육 전문가를 위한

독서교육의 이론과 실천

독서교육 전문가를 위한
독서교육의 이론과 실천

초판 인쇄 2021년 08월 10일
초판 발행 2021년 08월 27일

지은이 한국독서학회
펴낸이 박찬익
책임편집 유동근
펴낸곳 ㈜박이정 | **주소** 경기도 하남시 조정대로45 미사센텀비즈 7층 F749호
전화 031)792-1193, 1195 | **팩스** 02)928-4683 | **홈페이지** www.pjbook.com
이메일 pijbook@naver.com | **등록** 2014년 8월 22일 제2020-000029호

ISBN 979-11-5848-632-7 93370

* 책값은 뒤표지에 있습니다.

READING EDUCATION

독서교육 전문가를 위한

독서교육의
이론과 실천

한국독서학회 지음

(주)박이정

머리말

　이 책은 한국독서학회와 독서교육 관련 전문가들이 모여 2년여에 걸친 준비 끝에 발간한 것이다. 한국독서학회는 2018년에 사단법인 한국독서학회를 통해 새로운 발전을 위한 토대를 마련하였다. 이를 계기로 학회의 임원들과 독서교육 분야의 다양한 전문가 등 약 40여 명의 연구진들이 모여 이 책을 집필하게 되었다. 한국독서학회가 2003년에 〈21세기 사회와 독서지도〉를 세상에 내놓은 지 약 20여 년 만의 일이다. 또한 기존의 독서지도사 과정을 독서교육전문가 과정으로 새롭게 구성하고, 한국직업능력개발원의 인가를 받았다.

　그동안 독서에 대한 사회적 요구와 개인들의 관심은 크게 증가했다. 독서교육의 이론은 물론 실천 측면에서도 괄목할만한 성장을 이루었다. 독서 이론과 연구는 물론 교육의 실천적 경험도 많이 축적되고 개선되어 왔다. 독서에 대한 관심은 그 어느 때보다도 많다. 유튜브를 비롯하여 온갖 매체에서 책에 대한 소개도 넘쳐난다. 학교는 물론 직장인 등 사회 곳곳에서 독서에 대한 관심과 실천 행위는 활발하게 일고 있다. 무엇보다도 디지털 시대를 맞이하여 독자의 변화와 미디어의 변화도 소용돌이처럼 다가왔다. 이렇듯 시대와 환경의 변화는 독서의 지형도에도 큰 변화를 가져왔다.

　그런데 그 이면을 자세히 들여다보면 체계적이고 전문적인 독서교육전문가들은 여전히 많지 않음을 알 수 있다. 독서교육전문가는 독서의 기초 이론은 물론 실천적 지식과 경험을 갖추어야 한다. 이 책은 이러한 요구에 맞게 독서와 독서교육에 관심을 가진 모든 이들로 하여금, 독서 이론과 환경의 변화에 따른 체계적인 이론, 지식, 실천 능력을 겸비할 수 있도록 구성되었다. 최신의 독서학 및 독서 교육 이론과 실제 경험들을 모두 반영하면서도, 이해하기 쉽게 실제 지도 방법과 사례들을 중심으로 집필하였다.

이 책은 '기초, 이론, 실제'의 총 3부 24장으로 이루어져 있다. 특히 유아 및 초중등 학교급별 학습자들의 읽기 발달 과정에 따라 기초문해력과 읽기 부진 등 최신의 독서교육 이론을 반영하였다. 또한 실제 독서교육에 큰 비중을 두고 목적별·장르별·독자별·활동별 독서 지도로 구성하여 다양한 국면에서의 실제 독서 지도 실천 능력을 함양할 수 있도록 하였다. 예컨대, 목적별 독서 지도에서는 독서 치료와 상담, 진로독서, 인성교육, 미디어 기반의 독서 지도 방법의 실제를 제시한다. 장르별 독서 지도에서는 시, 소설, 그림책, 설명문, 논설문 등 다양한 실제 텍스트 지도 방안을 제시하고 있다. 독자별 독서 지도에서는 유·초·중·고등학생은 물론 성인 독자를 대상으로 한 읽기 지도의 실제도 담고 있다. 활동별 독서 지도에서는 학교 독서 토론 교육의 실제는 물론, 도서관 기반 독서 프로그램, 독서와 글쓰기, 독서 동아리 운영에 대한 실제도 안내하고 있다. 따라서 이 책은 독서교육전문가들을 위한 연수와 재교육은 물론, 유·초·중·고등학교의 현장 교사 및 예비교사, 대학원의 전공 과정에서 교재로 활용될 수 있다.

끝으로 이 책의 개발에 참여해 주신 모든 집필자분들과 한국독서학회 임원진 및 회원님들께 감사드린다. 특히 윤준채 출판사업분과위원장님과 김지혜 간사님께 감사드린다. 아울러 바쁜 일정에도 이 교재의 발간을 흔쾌히 수락해주시고 물심양면으로 지원해 주신 박이정출판사의 박찬익 사장님께 감사드린다.

2021년 5월 10일
한국독서학회

사단법인 한국독서학회 독서교육전문가 1, 2, 3급 자격증 취득 관련 안내

　본 자격증은 한국직업능력개발원의 인증을 받아, 사단법인 한국독서학회에서 직접 교육 및 재교육 연수를 통해 발급된다.

　한국독서학회는 일반적이고 경험적인 독서 지도 방법을 뛰어넘어, 구체적이고 체계적인 독서교육전문가 양성을 위한 표준 독서 교육과정의 필요성을 절감하고 있다. 이러한 문제 의식에 근거하여 독서교육전문가 양성을 위한 본 교재의 발간과 함께 학회 차원에서 독서교육 전문가 양성 과정의 교육과정 역시 체계화하여 적용하고 있다.

　현재 전국의 대학과 사회교육원, 평생교육원 등에서 독서지도사를 배출해 오고 있으며, 이러한 독서 지도사는 우리나라 공교육 내 여러 학교급의 독서교사로 진출하거나 다양한 교육 기관에서 독서 지도사로서 그 활동 영역을 넓혀가고 있다. 이처럼 독서지도사의 필요성과 중요성에 대한 인식은 날로 높아지고 있는 반면, 독서교육 전문가를 양성하기 위한 독서 교육 관련 전문 교재는 매우 부족한 실정이다. 기존의 교재는 발간된 지 오래 되어 최근의 연구 동향 등을 반영하지 못하고 있어 독서교육 전문가 양성에 어려움을 겪어 왔다. 이러한 문제를 해결하기 위해 여러 전문가들이 모여 이 책을 발간하였다. 동시에 독서지도를 위한 프로그램을 새롭게 개발하여 온라인 정기 연수 및 재교육 기회를 마련하였다.

　한독서교육전문가 자격증 취득 방법은 아래와 같으며, 자세한 내용은 한국독서학회 홈페이지(www.koreareading.org)를 참조할 수 있다.

1 대상 및 기간

1) 대상: 일반인 및 독서교육 전문가, 학부와 대학원생, 교사 등

2) 기간: 여름, 겨울 방학 과정 등

2 개인 신청 방법

1) 1단계: 한국독서학회 회원 가입 (홈페이지 가입 절차에 따름)

2) 2단계: 학회 가입 및 로그인 → 수강신청서 제출 → 수강 신청 완료

확인 → 온라인 강의 수강 → 해당 자격증 발급

3 기관 신청 방법

1) 한국독서학회와 해당 기관 간의 협정서(MOU) 체결

2) 협정 체결 완료 후 해당 기관 및 한국독서학회의 강의와 연수

3) 해당 기관의 자격증 발급 신청(단체) → 한국독서학회의 자격증 발급

4 기타

자세한 내용과 문의는 한국독서학회 홈페이지

(www.koreareading.org) 참고

목차

1부 기초 : 독서론

2부 이론 : 교육론

$3_부$ 실제 : 상황별 지도

일러두기

- 이 책은 총 3부로 구성되어 있다. 1부와 2부는 독서에 대한 이론을 소개하고 있고 3부는 다양한 독서교육의 실제를 다루고 있다. 따라서 반드시 그러한 것은 아니지만, 이 책을 공부할 때에는 독서 이론을 먼저 공부하고 나중에 독서교육의 실제를 공부할 것을 추천한다. 또한 모두 24장으로 자못 방대한 분량이기 때문에 이론과 실제를 나누어 2개 학기에 걸쳐 다루는 것도 권장할만하다. 한 학기에 걸쳐 다룰 경우에는 교수자와 학습자의 특성에 맞게 적절히 취사 선택하는 것도 좋은 방안이 될 것이다.

- 이 책의 각 장은 '목차', '학습목표', '학습내용'으로 시작한다. 이것들은 각 장들을 공부하는 데 도움이 되는 나침반의 역할을 한다. 또한 각 장의 끝에 있는 '적용 활동'은 개별적으로 혹은 모둠으로 수행할 수 있는데, 학생들 간의 토론을 활성화하기 위한 활동으로 사용하면 수업을 보다 역동적이게 할 수 있다.

- 이 책은 여러 필자들이 집필한 관계로 외국의 학술 용어를 서로 다르게 번역하여 사용하기도 했다. 그럴더라도 필자들의 번역 의도를 반영하여 하나의 용어로 통일하지 않고 그대로 두었다. 예를 들면 영어의 'metacognition'을 '초인지'나 '상위인지' 등으로 번역하여 사용한 경우가 이에 해당한다.

- 이 책은 각 장을 집필한 필자들의 이름과 소속을 밝혀 놓았다. 이것은 필자 책임 집필의 의도를 살리기 위한 것이기도 하지만, 독서교육을 공부하는 사람들과의 적극적인 소통의 창구를 마련하고자 하는 목적도 있다.

1부

기초 : 독서론

1

독서와
독서지도의 개념

학습목표

- 독서의 개념이 역사적으로 변화되어 온 과정을 예를 들어 설명할 수 있다.
- 독서 과정을 구성하는 여러 측면들이 독서 결과에 미치는 영향력을 설명할 수 있다.
- 독서 과정에 대한 이론적 관점이 독서 지도에 주는 시사점을 제시할 수 있다.

학습내용

이 장에서는 먼저 독서의 개념을 역사적으로 개관한다. 다음으로 독서 행위를 과정과 결과로 구분하고, 독서 결과에 영향을 주는 여러 가지 과정적 측면들을 살펴본다. 마지막으로, 독서 지도의 기본 가정과 여러 가지 이론적 관점들이 독서 지도에 주는 시사점을 생각하기로 한다.

1. 독서의 개념

인간이 육체적으로 생존하려면 음식을 먹고 영양분을 섭취해야 한다. 그와 마찬가지로 정신적 존재로서 인간은 의미를 담고 있는 무엇인가를 읽고 생각할 수 있어야 한다. 인간에게 필수적인 이런 행위들은 사회가 변하고, 테크놀로지가 발전하면서 그 성격과 가치도 달라진다. 그래서 누군가 먹는 행위의 성격을 논의한다고 해도 복잡하겠지만, 독서 행위에 대한 논의는 그보다 훨씬 더 복잡하고, 어려운 것이 될 수 있다. 무엇보다 독서하는 행위에서 작용하는 정신 과정이 잘 드러나 있지 않기 때문이다. 20세기 초에 와서야 정신 작용으로서 독서 행위를 과학적으로 연구하는 흐름이 시작되었다. 문자가 발명된 지 오천년 이상 지났지만, 독서 과정 자체를 연구 대상으로 삼은 것은 이제 겨우 한 세기를 조금 넘겼을 뿐이다. 그래서 독서의 개념에 대한 논의에서는 늘 실제와 연구의 간극이 존재한다.

독서의 가치나 독서 방법, 독자층, 그리고 독서 자료의 성격과 독서 문화 등을 포괄하는 독서의 개념은 시대에 따라서 계속 변화해 왔다. 독서는 근대 인간의 의식 구성에 도움을 준 역사적 산물들 중에서 독특한 지위를 가지고 있다. 구어 문화에서 문어 문화로의 역사적 전환은 인간에게서 새로운 인지 능력을 요구했다. 그런 요구는 또한 우리의 뇌 속에서 새로운 신경 네트워크를 형성하게 했다. 예를 들면, 초보 독자들과 능숙한 독자들은 우선 뇌의 물질적 차원 면에서 차이가 있다. 독서를 계속하는 독자들은 이해력과 유창성이 증가하고, 시각적 능력, 단어 처리 영역, 신경 네트워크 등을 포함하는 복잡한 과정들을 이음새 없이 복합적으로 작동할 수 있다. 그리하여 능숙한 독자들은 별로 노력을 기울이지 않아도 혹은 다른 일을 하면서도 글을 읽고 해독할 수 있다. 그러나 난독증을 가진 사람들은 언어 및 시각 처리 과정, 주의 집중력, 그리고 대뇌 영역의 기능이 일반 독자와는 다르다는 것을 신경 영상 연구들이 보여주고 있다.

이해를 하지만 글을 소리 내서 읽지 못하는 사람, 글을 소리 내어 읽기는 하지만 이해를 하지 못하는 사람도 있다는 것을 고려하면 기본적인 독서 행위, 즉 글 읽기가 일마나 복잡한 뇌 기능에 의존하고 있는지 알 수 있다. 그러나 이러한 물질적 차원은 독서의 일부만 말해 준다. 독서는 시간적으로 제약을 받는 특정한 공동체 안에서 일어난다. 그래서 성스러운 텍스트를 읽었던 수도자들의 독서와 건강 요법에 관한 최신의 세속적 기술을 다루는 책을 읽는 포스트모던 독자들의 독서는 분명히 차이가 있다.

고대 사회에서는 소수의 사제나 관료들이 전대의 기록을 정확하게 해독하고, 새로운 기록을 남기기 위해서 문자를 배웠다. 수메르인의 쐐기문자나 이집트의 상형문자 같은 초기 문자는 주로 종교나 국가와 관련된 중요한 사안을 기록하기 위해 사용되었다. 그 당시 독서는 문자를 정확하게 해독하는 것을 의미했다. 그러나 일반 구성원들 절대 다수는 구술과 기억에 의존하면서 살았다.

고대 그리스와 로마 시대의 독자들은 두루마리로 된 자료를 읽었다. 이들은 의자나 책상에 앉지 않고 기댄 자세로 읽었다. 고전적인 두루마리에서는 단어들 사이에 빈 공간이 없었다. 대문자도 없었고, 구두점도 없었다. 이것은 고전적인 독자들이 이제 우리는 더 이상 사용하지 않는 인지 기능을 소유했다는 것을 시사한다. 구분되지 않는 단어들로 이루어진 텍스트를 읽고 이해하는 것은 아주 어려운 일이다. 또 이때의 독자들은 공동체를 위해서 소리 내어 읽거나, 혼자서 중얼거리면서 읽었다.

10세기경에 서양에서 띄어쓰기가 사용되면서 묵독이 관습적인 것으로 되었다. 그러나 많은 성직자들과 수도사들에게서 독서는 묵독이라고 해도 여전히 인간의 목소리, 즉 말을 하는 속도로 이루어졌다. 또한 이들이 읽고 들은 단어들은 청각적인 것이든 내면화된 것이든 성스러운 것이었다. 성스러운 텍스트를 읽고 묵상했던 중세 독자들은 자신들이 신의 목소리를 듣고 있다고 생각했다. 이러한 전체적인 몸 경험은 해석에만 초점을 두는 해석학적 설명에서는 사라지게 된다. 성스러운 텍스트에서 의미는 분명하지 않을 수 있다. 중요한 것은 단어로 표현된 성스러운 힘이었다.

또한 성스러운 텍스트는 독자를 변형시키는 힘을 가지고 있었다. 반면에 성스러운 진리를 무시하는 독서는 통제되지 않는 감정을 일으켜서 독자를 오히려 위험에 빠지게 할 수 있다고 생각되었다.

중세 시대에도 대중들은 여전히 구술 문화 전통 속에 있었다. 시간이 흐를수록 필사되거나 인쇄된 책의 양이 조금씩 늘었지만, 독서 능력을 갖추고 있는 이는 소수에 불과했다. 당시의 책은 동서양을 막론하고 대부분 성경이나 유교 경전과 같은 종교 서적이었다. 독서의 목적도 책에 기록된 내용을 있는 그대로 암송하는 데 있었다. 당시에 문맹이었던 대부분의 사람들은 성직자의 낭독을 들으며 그 내용을 기억하려고 노력했다. 책의 내용은 신이나 성현의 말씀이었기 때문에 개인의 생각을 반영하거나 변형하는 것은 생각할 수 없는 일이었다. 독자 역할은 성직자의 낭독을 통해 전달되는 절대자의 말씀을 온전히 기억하고 수용하는 것이었다. 종교가 곧 사회의 질서였던 이 시대의 독서는 다분히 종교적이고, 사회적이며, 공적인 행위였고, 글쓰기는 절대자의 말씀을 베껴 쓰는 필사에 한정되었다. 또한 독서와 관련된 묵상은 수도사들의 생활에서 기본이 되었던 것으로서 성스러운 텍스트 읽기에서 시작해서 반복적인 사고나 특정한 단어에 초점을 두었다. 이러한 묵상은 정신적, 자유, 진리 응시, 그리고 신을 아는 기쁨을 약속한다고 여겨졌다.

대중들의 삶에서 본격적인 독서 문화는 16-19세기를 거치면서 형성된 것으로 볼 수 있다. 이 시기에 다양한 책이 민간에 보급되고, 문해력을 갖춘 사람들이 비약적으로 늘어났다. 인류 역사 속에서 일반 독자층이 탄생한 특별한 시기이기도 하다. 이들은 성직자의 낭독에 의존하는 대신 직접 책을 읽고, 그 의미를 탐구했다. 독서는 비로소 개인적인 공간에서 실행되는 사적인 행위가 되었다. 이와 함께 음독 대신 묵독이 보편화 되었는데, 묵독을 통해 독자는 자신의 인지적 에너지를 의미 파악에 집중할 수 있게 되었다. 전대의 독자들과는 다른 차원의 정신 활동을 수행하게 된 것이다. 이 시대의 독자들은 책의 의미를 이해하고, 필자의 메시지에 자신의 의견을 더하거나 반박하기도 하였다. 또한 인문학이나 과학 분야의 신간, 신문기사, 정치 가십, 통속 소설 등 다양한 읽을거리를 읽고 살롱에 모여 이야기를 나누었다. 각종 인쇄물을 매개로 하여 세상사에 대해 의견을 공유하는 과정에서 여론도 형성되었다.

독자가 글의 의미에 대해 주체적으로 사고하고, 자신의 생각을 타인과 공유한다는 것은 발전된 독서 개념을 보여준다. 근대적 의미의 독서는 분석적인 것이었다. 분석적 독서에서는 묵상적 독서와 달리 단어를 반복해서 암송하지 않고, 초점을 두는 대상의 의미를 보다 깊이 이해하려고 했다. 묵상적 독서는 텍스트의 내용을 무시하지는 않지만 개인적인 경험을 탐색하고, 연합적인 방식으로 의미를 탐색하려고 한다. 이와 같은 분석적 독서와 묵상적 독서의 대립은 오늘날 독서에 대한 논의에서도 여전히 사라지지 않고 남아 있다.

20세기 이래로 독서의 개념은 더욱 확장되었고, 독서는 기본적으로 문자를 해독하고, 글의 내용을 이해하는 정신 작용을 의미하는 것이 되었다. 필자는 문자 언어를 사용하여 자신이 전달하고자 하는 의미를 글로 구성하고, 독자는 그 글을 읽으면서, 필자가 구성한 의미를 이해하고 재구성하는 활동을 수행하게 된다. 이때 독서는 필자와 독자가 문자 언어를 매개로 하여 소통하는 행위이며, 문자 언어는 필자와 독자의 의사소통을 가능하게 하는 일종의 상징적 표상 체계로 인식되었다. 이런 인식과 함께 독서 행위에 대한 과학적 연구들이 시작되었다. 예를 들면, 영국의 심리학자 바틀렛(Bartlett)(1932)은 '유령들의 전쟁'이라는 제목의 글을 활용하여 실험했다. 학생들에게 인디언 전설을 읽게 하고 일정한 시간이 경과한 후에 그 내용을 회상하게 하는 실험이었다. 그런데 학생들이 회상한 내용은 원문과 매우 달랐다. 인디언 전설에 친숙하지 않았던 학생들은 원문의 내용을 자기 나름대로 이해한 후 재구성해서 회상했던 것이다. 독서 후 시간이 지날수록 내용의 변형도 심해졌다. 이 실험은 시간이 경과하면서 인간의 기억이 재구성되며, 특히 독자가 글의 정보를 자기 나름대로 변형해서 이해하고 기억한다는 사실을 보여주었다. 독자의 경험, 지식, 문화, 신념, 예측, 선호 등 다양한 요인이 독서의 과정은 물론 독서의 결과인 기억에 영향을 준다는 사실을 확인하게 된 것이다, 이후 심리학자들은 인간의 이해, 사고, 느낌, 학습, 기억 등 다양한 정신 작용을 본격적으로 탐구했다, 독서는 이러한 인간 정신 작용의 총화이기 때문에 독서 과정에 대한 연구는 심리학 연구에서 중요한 영역을 차지하게 되었다.

20세기 중반까지 독서 개념은 주로 언어학과 심리학의 영향을 받았다. 그러나 20세기 후반에 이르면 독서를 사회문화적 관점에서 이해하려는 시도가 활발해진다. 사회문화적 관점에서 독서는 특정한 상황 속에서 실행되는 사회적 행위로 여겨진다. 독자가 글의 내용을 이해하는 방식이나 독자가 형성하는 반응은 독자를 둘러싼 사회적 관계와 문화의 영향을 받는다는 것이다. 사회문화적 관점이 대두하면서 독서를 개별 독자 단위의 탈맥락적 정보 처리나 두뇌 속 정신 작용으로 규정했던 인지심리학 관점은 상당한 타격을 받게 되었다.

사회문화적 관점에서 독서를 연구하고, 독서교육의 방향을 모색한 사람들은 비판 이론에 기반을 두는 경우가 많았다. 프랑스의 사회학자 부르디외(Bourdieu)나 브라질의 교육학자 프레이리(Freire)는 인간의 의식이나 행위가 사회, 문화, 정치, 경제적인 제약 속에서 형성되며, 또한 교육을 통해 재생산되고 있다고 주장했다. 부르디외는 특정한 환경에 의해 형성된 성향, 인지, 행동 체계를 아비투스라고 명명했다. 이 개념에 의하면 개인의 독서 반응이나 취향도 개인의 고유한 속성이 아니라 소속 집단의 문화나 환경 속에서 형성된 일종의 아비투스가 될 수 있다. 한편 프레이리는 교육이 사회적 불평등을 재생산하고 심화시키는 기제이며, 인간의 언어 사용과 교육 전반에 어떤 이데올로기가 개입되어 있다고 보았다. 이런 맥락에서 비판 이론에 근거한 교육 실천가들은 언어 활동을 권력의 실천과 재생산으로 보고, 독자들이 주체자로서 교과서와 교실, 학교와 사회 속에 실재하고 있는 불평등과 억압의 문제를 인지해야 한다고 주장한다, 글과 독자, 그리고 언어 사용에 대한 새로운 관점이 제시되면서, 이제 독서 개념은 언어 자료에 대한 해독이나 의미 구성을 넘어서 보다 비판적이고 사회 참여적인 성격을 갖게 되었다.

21세기에 들어오면서 발달된 디지털 테크놀로지는 그동안의 독서를 지배해 왔던 인쇄 텍스트뿐 만 아니라, 음성 언어, 그림, 도식, 영상, 음악, 사진 등 다양한 복합양식 텍스트를 엄청나게 산출하고, 유통할 수 있게 했다. 디지털 환경에서 생산되고 유통되는 텍스트의 양과 종류, 질과 속성 등이 크게 달라지고, 독자와 다른 독자, 독자와 필자 간의 상호작용이 그 어느 때보다 빈번하고 빨라지면서 독자들은 예전과는 다른 독서 환경 속에서 새로운 역할과 새로운 인지적 요구에 직면하고 있다. 이런 상황에서, 독자들은 스스로 독서 과정을 점검하고, 통제하는 능력을 갖추어야 한다. 또한 테크놀로지 기반의 다양한 의사소통 도구들을 익히고, 여러 문화와 언어, 복합 양상의 자료들 속에서 중층적으로 의미를 구성하는 활동을 설계하고, 평가하는 능력이 중요하다는 것을 인식하게 되었다.

2. 독서 과정의 다면적 측면

모든 독서 행위는 과정과 결과를 가지고 있다. 바람직한 독서 결과를 만들어내기 위해서는 독서 과정을 구성하는 여러 가지 측면들이 잘 결합되어야 한다. 독서 과정의 여러 측면들이 조화롭게 통합될 때, 응집력 있는 의미가 구성되고, 저자와 독자 간에도 좋은 의사소통이 이루어질 수 있다. 의미 구성과 의사소통은 독서의 결과이면서 동시에 독서 지도의 목표가 된다. 이 단락에서는 독서 결과에 중요하게 영향을 줄 수 있는 독서 과정의 여러 가지 측면들이 독서 결과에 어떻게 영향을 줄 수 있는지 살펴본다.

2.1. 감각적 측면

독서는 시각적인 것이든 촉각적인 것이든 감각적 인상에서 시작된다. 정상적인 독자는 인쇄된 부호를 시각적으로 인식한다. 시각 장애가 있는 독자는 촉각을 사용한다. 독서 과정에서 청각적인 감각 또한 중요하다. 독서의 시작 단계는 구어와 인쇄된 부호의 연합이기 때문이다. 청각적 변별이 잘 안 되는 사람은 특히 소리와 글자의 관계를 포함하는 독서 기능을 습득하기 어렵다.

① 시각 : 독서 과정은 시각적인 것을 많이 요구한다. 독서를 하려면 적절한 시력을 가지고 있어야 할 뿐 아니라, 구어를 나타내기 위해 사용되는 그래픽 부호들(낱글자와 단어)을 시각적으로 구별하는 것을 배워야 한다. 초등학교 저학년생 중에는 적절한 시각 능력을 갖추지 못한 아동들도 있다. 원시, 근시, 난시 등은 모두 독서 과정에 영향을 준다. 그러나 이런 문제는 일반적으로 안경을 사용해서 교정할 수 있다. 아동들이 왼쪽에서 오른쪽으로 눈을 움직이고, 한 줄의 마지막에서 다음 줄의 시작으로 재빨리 돌아가는 것을 배우려면 시간이 걸린다. 그 과정에 아직 익숙하지 못한 아동들은 읽은 줄을 다시 읽거나 줄을 건너뛰고 읽을 수 있다. 이것은 모두 이해력에 방해가 된다. 잘못된 눈 움직임은 또 다른 문제(예를 들면, 부실한 근육 조정 혹은 부실한 어휘력)의 징후일 수 있다. 아동들이 얼굴을 찡그리거나, 한 쪽 눈을 막고 보거나, 자주 눈을 비비거나, 칠판에 있는 것을 베낄 때 자주 틀리는 것을 보게 되면 안과 전문의를 찾도록 해야 한다.

② 청각 : 그래픽 부호들이 나타내는 소리(음소)들을 구별할 수 없는 아동은 단어를 해독하는 데 필수적인 소리-부호 연합을 하지 못한다. 물론, 소리를 구별할 수 있기 전에 들을 수 있어야 한다. 감기나 알레르기 등과 관련되는 문제로 인해서 일시적으로 청각에 문제가 있는 아동들 또한 읽기에서 어려움을 경험할 수 있다. 청각 장애가 있는 학생들에게는 단어와 유의미한 경험을 연결하기 위해서 언어 경험 접근을 사용하는 것이 좋다. 아동이 수업에 집중하지 못하고, 말을 했을 때 자꾸 반복해주기를 요청하

거나, 얼굴을 찡그리는 것, 혹은 한쪽 귀를 대려고 머리를 돌리는 것 등과 같은 징후들을 발견할 때에는 청각 전문의에게 그 아동을 의뢰하는 것이 좋다.

2.2. 지각적 측면

지각은 뇌에 도달한 감각 인상에 대한 해석을 포함한다. 각 개인은 자신의 경험 배경에 맞추어 감각 데이터를 처리하고 재조직한다. 독자의 뇌는 읽고 있을 때, 페이지의 단어와 구절들에 대한 시각적 감각을 받아들인다. 그리고 나서 단어와 구절들을 표상된 객체, 아이디어, 감정들과 연합해서 인식하고, 의미를 부여한다. 이때 독자들의 지각적 경험은 제각기 다르기 때문에, 같은 텍스트라도 독자들에 따라서 다르게 해석될 수 있다. 사물, 장소, 아이디어에 관해서 독자들이 이미 가지고 있는 정보를 스키마라고 하는데, 모든 사람들은 스키마를 가지고 있다고 보아야 한다. 독해는 기존 스키마와 텍스트 정보를 관련짓는 행위로 볼 수 있다.

① 시지각 : 시지각은 철자와 단어들의 크기, 모양, 상대적 위치 등을 파악하고 해석하는 것을 포함한다. 시각적 변별은 모양에서 비슷한 점과 다른 점을 보는 능력을 말한다. 많은 단어들은 모양이 비슷하지만 발음과 의미가 다르기 때문이다. 정확한 단어 파악과 해석은 모양에서의 작은 차이를 탐지하는 것에서 비롯된다. 좋은 시력을 가지고 있지만 시각적으로 잘 변별하지 못하는 경우도 있다. 주의해서 계획된 활동들을 통해서 이러한 시지각 능력을 개발하도록 도와줄 수 있다. 물론 시지각에서 마지막 단계는 경험을 사용해서 단어들에 의미를 부착하는 것이다.

② 청지각 : 청지각은 청각적 변별을 포함한다. 말소리의 비슷한 점과 차이점을 탐지하고, 결과를 해석하는 것이다. 들은 단어에서 음소를 의식적으로 분리하고, 그것을 다른 단어들과 구분되는 다른 음소와 비교하는 것이다. 시각적 변별에서처럼, 좋은 청력을 가지고 있지만 청각적으로 변별을 잘 하지 못하는 아동들도 있다. 그러나 그런 변별 기능을 가르칠 수

는 있다. 청지각에서 마지막 단계는 들은 단어에 의미를 부착하기 위해 과거 경험을 사용하는 것이다.

2.3. 계열적 측면

보통의 읽기 자료는 왼쪽에서 오른쪽으로, 위에서 아래로의 계열성을 보인다. 독서는 이러한 계열성을 따라가야 한다. 계열적 패턴을 따라가는 것은 많은 인쇄 자료를 경험하지 않은 아동, 혹은 다른 언어에서의 다른 계열성을 경험한 사람들에게는 새로운 도전이 될 수 있다. 예전에는 한 페이지씩 앞에서 뒤로 텍스트를 읽는 것이 지배적인 것이었지만, 오늘날에는 하이퍼텍스트와 하이퍼미디어 자료들이 등장하면서 임의적 접근이 가능하게 되었다. 여러 가지 계열성을 가지고 있는 자료 읽기는 학생들에게 새로운 도전을 제공한다. 그러나 하이퍼텍스트 자료는 해당 페이지 안에서는 여전히 왼쪽에서 오른쪽으로, 위에서 아래로 읽게 되어 있다. 독서는 문법과 논리라는 계열적 패턴 안에서 구어가 함께 연결되어 있는 것이어서, 독자들이 문어를 이해하려면 이러한 문법적이고 논리적인 패턴을 따라가야 한다.

2.4. 경험 배경 측면

독서에서 도출되는 의미는 독자의 경험적 배경에 기반을 두고 있다. 풍부한 경험적 배경이 있는 아동들은 제한된 경험을 가진 아동들보다 읽기 자료에서 만나는 개념과 어휘에 대한 이해를 개발할 기회가 더 많다. 읽기 자료에서 묘사되는 장소, 사물, 과정들을 직접 경험한 사람들은 자료를 더 잘 이해할 수 있다. 독자들은 문화적으로 친숙한 텍스트, 그리고 자신들과 비슷한 인물들이 등장하는 텍스트를 잘 기억하고 이해한다. 대리적(간접적) 경험 또한 개념적 발달을 강화한다. 대리적 경험은 직접적이고, 구체적인 경험보다 감각들을 더 적게 포함하고 있기 때문에, 그것에서 얻은 개념들이 불완전할 수 있다. 현장 견학, 객체 전시, 교실 시범 등은 구체적인 경험을 넓히는 데 도움이 될 수 있다. 사진, 비디오, 녹음, 컴퓨터 소프트웨어, 교실 토의, 이야기하기, 이야기 읽기 시간 등은 모두 간접 경험을 제공한다. 능숙한 독자들은 어떤 토픽에 관한 사전 지식을 텍스트에 있는 정보와 노련하게 통합할 수 있다. 그러나 미숙한 독자들은 사전 지식에만 지나치게 의존하거나 텍스트 부호들을 지나치게 강조하기도 한다.

2.5. 사고 과정 측면

독서는 생각하는 과정이다. 단어 인식 행위는 그래픽 부호를 해석할 것을 요구한다. 읽기 자료를 철저하게 이해하기 위해서, 독자는 추론을 하고, 비판적이고 창의적으로 읽기 위해서 정보를 활용할 수 있어야 한다. 비유적 언어를 이해하고, 저자의 의도를 결정하고, 제시된 아이디어를 평가하며, 실제 상황에 그러한 아이디어들을 적용해야 한다. 이 모든 기능들은 사고 과정을 포함하고 있다. 사고 과정은 적절한 질문을 통해 안내할 수 있다. '어떻게'와 '왜'라는 질문들은 특히 바람직하다. 적절한 질문들은 독자가 자료를 능동적으로 이해하고, 개인적인 연결을 하도록 도와준다. 그러나 때로는 질문이 사고과정을 제한할 수도 있다. 만약 개별 사실을 찾는 질문만 많이 받은 독자라면 저자의 목적에 관해서, 혹은 지문의 중심 생각에 관해서 많은 관심을 가지지 않을 것이다. 시험에 나오는 질문 또한 학생들의 읽기 방식에 영향을 준다. 시험 질문들이 아이디어 평가와 적용에 대한 것이라면 사실 회상을 요구를 받을 때 하게 되는 것보다 더 깊이 있게 자료를 읽을 것이다.

2.6. 학습 측면

독서는 학습이 필요한 복잡한 행위이다. 또한 독서는 더 많은 학습을 가능하게 하는 수단이다. 다른 말로 하면, 독서를 배워야 하고, 배우기 위해서 독서를 한다. 독서 학습은 동기, 연습, 강화에 의존한다. 독서를 할수 있으면 많은 보상이 생긴다는 것을 아동들은 알아야 한다. 독서는 학교에서 성공할 가능성을 높여준다. 그리고 학교 밖의 일상 상황에 대처하는 데 도움이 된다. 또한 독자들에게 어떤 지위를 부여하고, 휴식을 제공한다. 이러한 보상 기대는 독서 동기를 유발할 수 있다. 일단 독서 능력이 개발되고 나면, 그것은 다른 것을 배우는 수단이 된다. 모든 교과목 학습을 위해서 독서가 필요하다. 저학년에서 독서하는 것을 배우고, 중간 학년이나 고학년에서는 학습하기 위해서 독서를 해야 한다고 생각하는 사람들이 간혹 있다. 중간 학년에서 독서 학습에 주의를 덜 기울인다는 것은 맞는 말이지만, 보다 높은 수준의 독서 전략과 기본적인 전략에 계속 관심을 가져야 한다. 또한 저학년 학생들이라도 정보를 얻기 위해서 독서를 할 수 있고, 실제로 그렇게 많이 하고 있다.

2.7. 연합적 측면

독서는 많은 유형의 연합에 의존한다. 첫째, 말해진 단어들과 객체 그리고 아이디어들을 연합해야 한다. 다음으로 말해진 단어들과 쓰인 단어들을 연합해야 한다. 어떤 경우에는 객체 혹은 사건과 쓰인 단어를 직접 연합할 수 있다. 즉 중간에 소리를 내지 않고도 연합할 수 있게 된다. 교실 활동에서 정확한 답에 대한 즉각적인 정적 강화나 지원, 그리고 잘못된 것에 대한 교정은 효과적인 연합을 도와줄 수 있다. 정적 강화는 대답의 정확성에 관한 피드백이나 보상을 포함할 수 있다. 여러 상황에서 반응을 반복하는 기회를 제공하고, 아동들은 단어를 볼 때마다 연합을 해서 적절하게 반응할 수 있다. 그러나 연습 자체만으로 지속적인 연합에 충분한 것은 아니다. 연합은 당사자에게 유의미하면 할수록 더 빨리 할 수 있다. 자신에게 중요한 의미를 가지는 단어는 한 번만 경험해도 학습이 된다.

2.8. 정서적 측면

흥미, 태도, 자아 개념은 독서 과정의 정서적 측면들이다. 이러한 측면들은 독서 과제를 하는 방식에 영향을 준다. 예를 들면, 제시된 자료에 흥미를 가진 아동들은 그것에 관심이 없는 아동들보다 독서 과정에서 더 많은 노력을 할 것이다. 같은 방식으로 독서에 대해서 긍정적 태도를 가지고 있는 아동들은 부정적인 태도를 가진 아동들보다 독서 과정에서 더 많은 노력을 할 것이다. 긍정적인 태도는 부모들이 스스로 독서를 하고, 아동들에게 읽어주며, 읽을거리를 제공하는 가정에서 배양된다. 교실에서 독서를 즐기고, 학생들을 위해서 즐거운 독서 경험을 제공하는 교사, 그리고 일과 중에 재미있는 독서 시간을 허용하는 교사들은 긍정적인 태도를 장려하고 있는 것이다. 아동들에게 정기적으로 읽어주는 것은 이 목표를 달성하는 데 도움이 된다. 또한 또래들이 독서를 긍정적인 행위로 보고 있을 때 같은 식으로 독서를 대할 가능성이 있다. 독서에 대한 부정적인 태도는 여러 가지 이유로 부모들이 책을 읽지 않는 가정환경에서 생길수 있다. 어떤 가정에서는 독서가 여성들이 하는 활동이라는 인상을 줄수 있다. 어떤 아동이 이런 생각을 교실로 가지고 오면, 그 생각을 해 본적이 없는 아이들도 따르게 될 수 있다. 이런 태도는 성별과 상관없이 교실에 있는 모든 사람들에게 부정적으로 영향을 준다.

자신에 대해서 좋지 않은 의견을 가지고 있는 아동들은 독서를 시도하는 것을 두려워할 수 있다. 이들은 실패할 것이라고 확신한다. 그래서 그런 과제에 관심이 없다는 태도를 취하는 것이 실제 독서하는 것보다 더 쉽다는 것을 발견한다. 그러나 긍정적인 자아개념을 가진 아동들은 일반적으로 독서 과제를 두려워하지 않는다. 이들은 성공할 것이라고 믿기 때문이다.

2.9. 구성적 측면

독자들은 감각적이고 지각적인 통로로 얻은 자극들을 경험적 배경 지식이나 정서적 반응과 함께 통합해야 한다. 그리하여 텍스트에 대해 개인적인 의미를 구성해야 한다. 이 의미는 쓰인 단어에 기반을 두긴 하지만, 그것에만 전적으로 기대는 것은 아니다. 독자가 텍스트로 가지고 오는 정보, 자료에 대한 독자의 느낌들, 독서를 하는 목적, 그리고 독서가 일어나는 맥락에 의해서 변형된다. 다른 경험 배경을 가지고 있고 다른 정서적 반응을 가지고 있는 독자들은 다양한 조건 하에서 그러한 독서와 다양한 목적을 가진 사람들에게서 그런 것처럼, 같은 텍스트에서 다른 의미를 도출할 수 있다.

3. 독서 지도의 기본 가정과 이론적 관점

3.1. 독서 지도의 기본 가정

독서 능력은 오늘날과 같이 글이 중심이 되는 사회에서 효과적으로 기능하기 위해서는 대단히 중요하다. 그러나 독서를 중요하게 여기지 않거나, 그것의 가치를 알지 못하는 사람이라면 학년이 올라가면서 점점 더 복잡해지고 어려워지는 독서 과제에 필요한 노력을 기울이지 않을 것이다. 일상생활에서는 기능적인 독서만큼 다른 목적의 독서도 중요하다. 그것은 바로 독서의 즐거움이다. 독서는 엄격하게 실용적인 이유가 아닌 다른 이유로도 관심을 끌 수 있다. 지금 여기의 이야기, 혹은 다른 시기와 장소에서의 이야기에 몰두하면서 휴식을 취하고, 대리적인 경험과 모험, 미학적 즐거움을 누리기 위해서도 독서는 필요하다. 따라서 학생들이 독서의 가치를 알고, 독서를 하려고 하고, 독서를 할 수 있도록 도와주는 것과 함께 독서를 하지 못하는 학생들을 발견하고 가능한 한 빨리 도움을 주는 것은 학교가 담당해야 할 중요한 과제이다.

수년 동안 많은 연구들이 독서 지도와 관련된 과정을 설명하려고 했지만, 아직까지 밝혀지지 않은 것들이 많이 있다. 독서 행위와 같이 복잡한 토픽에 대해서는 여러 다른 학문 연구에서 나온 통찰과 기법을 활용하지 않을 수 없다. 그러나 독서 지도에서 여러 관점들을 끌어들이는 것은 도움이 되긴 하지만, 때때로 대가를 치러야 한다. 자칫하면 코끼리의 각 부분만 알고 있고, 전체 모습을 이해하지 못하는 상황이 될 수도 있다. 그렇다 하더라도 현재로서는 여러 학문적 관점과 연구에서 나온 통찰들을 토대로 하는 것이 최선일 것이다. 독서 지도의 기본 가정들을 요약하면 다음과 같다.

① 독서는 언어 능력이다

독서의 원재료-소리, 단어, 문장, 그리고 의사소통 의도-는 일반적으로 언어의 재료와 같은 것이다. 말하는 것을 배우는 과정과 읽기를 배우는 것은 비슷한 점이 많다. 총체적 언어라는 용어를 사용하는 사람들은 독서는 언어적 능력이며, 말하기, 듣기, 쓰기, 그리고 생각하기를 포함해서, 언어 능력의 전체 스펙트럼과 밀접하게, 그리고 유의미하게 연결해서 가르쳐야 한다고 주장한다.

② 독서는 특별한 인지적 도전을 제시한다

거의 모든 사람들은 말하는 것을 배운다. 그러나 기회가 주어져도 독서를 배울 수 있는 사람은 훨씬 더 적다. 언어 사용보다 독서 행위에는 더 많은 요소들이 포함되어 있기 때문이다. 독서와 말의 관계는 대수학이 숫자와 가지고 있는 관계와 같다. 대수학이 어려운 것처럼 독서도 어렵다.

③ 독서는 집합적인 지각 능력을 요구한다

말하기와 비교할 때 독서는 더 크고 다른 지각 능력을 요구한다. 독서에서 가장 큰 부담은 시각적 부호들을 인식하는 것이다. 그러나 더 미묘한 다른 문제가 있다. 표의문자가 아닌 표음문자를 읽으려면 단어들을 개별적인 소리, 혹은 음소로 구별할 수 있어야 한다. 그리고 나서 마인드에 있는 소리 단위를 찾아서 짝지어야 한다. 이것은 시각적 지각보다 더 어려운 일이다.

④ 독서는 문학적 행위이다

독서는 텍스트를 읽는 행위이다. 그런데 텍스트는 말과는 아주 다른, 특정한 구조를 가지고 있다. 독자들은 그 구조를 이해하기 위해서 특별히 노력을 기울여야 한다. 그래서 특별한 구조를 사용하고 있는 위대한 문학작품을 이해하는 것은 지극히 어렵다. 보다 쉬운 구조를 사용하고 있는 텍스트들을 많이 읽고 연습을 해야 문학작품을 제대로 읽을 수 있다.

⑤ 독서 능력은 일반 지식과 관련이 있다

모든 학습의 기본 원리는 모르는 것을 아는 것과 관련짓는 것이다. 읽고 있는 새로운 내용을 이해하려면 그것에 대해서 약간이라도 알고 있어야 한다. 독서를 통해서 우리는 세상 지식을 얻을 수 있다. 그런데 더 많은 지식을 가지고 있는 사람이 글을 더 잘 이해하고, 더 많은 만족을 얻는다. 그래서 이들은 더 자주 독서를 한다. 다시 더 많이 읽는 사람은 더 많은 지식을 얻는다. 이런 순환 과정이 반대로 작동하는 사람들도 있다.

⑥ 독서는 자동화된 심리 운동 행위이다

독서는 어떤 수준에서는 의식적인 노력을 하지 않아도 자동적으로 이루어진다. 그래서 독자는 단어 해독이 아닌 고차원적인 전략을 고려할 수 있는 여유가 생긴다. 텍스트 내용에 어떤 문제가 있고, 독자인 나는 텍스트에서 무엇을 어떻게 발견하려고 하는지의 전략 등을 생각할 수 있다. 어떤 수준에서 보면 독서는 하나의 기능이 될 수 있다. 그러나 모든 기능과 같이 독서도 연습을 통해서 향상한다.

⑦ 독서는 사회적 차원을 가지고 있다

사람들은 다른 사람들로부터 독서를 배운다. 가족이나 사회 집단은 아동들이 독서를 하도록 많은 격려를 한다. 읽기와 쓰기를 하는 사람들을 자주 보았고, 그런 행동이 쓰임새가 있다는 것을 본 사람이라면 자연스럽게 자신도 읽기와 쓰기를 하려고 한다. 그리고 특정한 집단에서 활용되는 언어와 읽기, 쓰기는 특히 학교에서 기대되는 독서 능력과 잘 부합할 수 있다.

⑧ 독서는 정치적 이슈이다

출판사들이 교육용 독서 자료를 만들 때에는 여러 가지 제약이 따른다. 압력 집단에 반응해야 하고, 경제적인 문제도 고려하지 않을 수 없다. 이유가 무엇이든, 독서 자료의 내용과 독서 수업은 교수법만의 문제가 아니라 권력과 영향력의 문제이다.

⑨ 독서 능력은 자존감과 관련되어 있다

독서 능력은 아동들에게서 가장 중요한 학업 성취이다. 독서 과제에서 성공 혹은 실패는 개인적 역량 인식에 큰 영향을 준다. 다른 측면에서 아무리 지적이고 유능하다고 해도 일단 독서 능력이 부족하면, 스스로 자존감이 떨어질 수 있다. 독서에서의 문제는 개인의 자존감과 직결되어 있다.

⑩ 독서는 긴급한 경제적 이슈이다

기능적 문식성은 특정한 직업에서 필요한 읽기와 쓰기 능력을 적절하게 사용할 수 있는 능력을 말한다. 최근에 와서 직업에서 성공적으로 기능하기 위해서 필요한 평균 독서 수준은 가파르게 높아지고 있다. 양화하기는 어렵지만 오늘날 기능적 문식성 평균 수준은 고등학교 수준을 넘는 것으로 알려져 있다. 정보화 시대의 독서 능력은 경제적인 경쟁력과 관련되어 있다.

⑪ 독서는 열정을 쏟는 여가 활동이 될 수 있다

독서 능력이 있는 사람들 중에도 즐기는 독서를 거의 하지 않는 사람들도 있다. 그러나 어떤 사람들에게 독서는 일상적인 삶의 방식이고, 평생 습관이며, 열정적인 여가 활동이 된다. 이런 독자들이 그저 현실에서 도피해서 이야기 세계로 빠지는 것은 아니다. 이들은 자신의 삶을 능동적으로 텍스트에 투사하고, 텍스트에서 반영되는 자신의 모습을 성찰하면서 새로운 비전을 형성한다. 그래서 독서는 삶을 바꾸는 수단이 될 수 있다.

위의 가정들은 모두 독서 지도에서 중요하고 실제적인 어떤 목표가 될 수 있다. 그러나 제한된 시간과 여건 속에서 실제 독서 지도를 해야 하는 경우, 불가피하게 어떤 측면을 더 강조하고, 어떤 측면을 무시할 수 있다. 이러한 의사 결정 과정에서 이론적 관점들은 독서 지도를 안내하는 좋은 틀이 될 수 있다.

3.2. 독서 지도의 이론적 관점

독서 지도의 이론은 독서 지도와 관련된 현상들을 설명하기 위한 원리나 가정들의 집합이다. 따라서 각 이론에서 강조하는 측면들은 다른 이론에서 강조하는 측면들과 다를 수 있다. 여기서는 독서 지도의 이론적 모형을 하위기능 관점, 상호작용 관점, 교류적 관점, 비판적 관점으로 구분하고, 각 관점의 이론들이 독서 지도에 주는 시사점을 생각하기로 한다.

3.2.1. 하위기능 관점

독서 지도의 하위기능 관점은 독서를 아동들이 습득하고, 통달해야 하는 하위기능 세트로 보는 것이다. 이 관점에서는 훌륭한 독자들은 독서의 하위기능들을 자동적으로 사용할 수 있을 만큼 잘 배워서 통합하지만, 초보 독자들은 그런 기능들을 배우지 않았고, 배웠다고 해도 잘 통합하지 못하고 있다고 본다. 그래서 독서지도에서는 이러한 기능들을 유연하게 자동적으로 사용할 수 있게 가르쳐야 한다고 주장한다. 단어를 정확하게 파악하고, 적절한 속도를 유지하면서, 내용의 뜻을 잘 표현하면서 읽는 독자들은 단어 인식 기능이 자동화되어 있음을 보여주는 것이다.

Laberge와 Samuels(1985)는 특히 독서 학습이 느린 아동들은 철자 변별, 철자-소리 훈련, 소리 혼합 등 다양한 기능 각각에 대해서 광범위한 훈련이 필요하다고 주장한다. 이들의 지각 학습 위계 모형에 따르면 학생들은 보다 큰 단위 이전에 보다 작은 단위의 기능을 학습해야 하고, 각각을 학습하고 나서는 보다 큰 단위로 통합할 수 있어야 한다.

능숙한 독자들은 하위기능들을 자동적으로 사용할 수 있을 정도로 습득하고 있기 때문에, 매일의 독서에서 이러한 기능들을 구분하는 것은 쉽지 않다. 독서의 하위기능들을 빨리 습득한 독자들의 특징 중 하나는 그것들을 배울 때 거의 인식하지 못하고 배웠다는 것이다. Guthrie와 Wigfield(2000)는 능숙한 독자들에게서 독서의 하위기능들은 높은 상관관계가 있다는 것을 발견했다. 그러나 미숙한 독자들에게서는 하위기능들 간의 상관관계가 낮았다고 한다. 미숙한 독자들은 기능들을 통합적으로 사용하는 것이 아니라, 각기 분리된 수준에서 사용하고 있었음을 보여주는 것이다.

초보 독자들은 처음에는 단어해독에 초점을 두고, 그리고 나서 이해하는 것으로 주의를 전환하지만, 능숙한 독자들은 자동적인 단어해독 덕분에 주의 초점을 이해에만 둘 수 있다. 문장에 있는 각 단어의 의미를 아는 능력은 단어들로 구성된 문장을 이해하는 능력과 같지 않다. 문장을 이해기 위해서 독자는 단어들 각각의 의미들을 관련짓고, 결합할 수 있어야 한다. 이런 관점에서 보면, 이해는 특별한 방식으로 단어 의미들을 모으고 종합하는 구성적인 과정이다. 마치 집을 지을 때 개별 블록들을 결합해야 하는 것과 같다.

독서 지도에서 하위기능을 가르치는 사람들은 일반적으로 그런 기능들의 통합을 보장하기 위해서 실제로 유의미한 맥락 안에서 하위기능들을 연습시키는 것이 중요하다는 것을 알고 있다. 그러나 어떤 교사들은 이러한 중요한 단계를 무시하고, 단지 하위기능 자체에만 초점을 두기도 한다. 기능들은 어떤 목적으로 가는 수단이며, 그 자체가 목적을 아니라는 사실을 무시하는 것이다. 독서에서 자동성은 많은 시간 동안 실제 독서를 함으로써 형성될 수 있다. 철자법 패턴 인식이나 단어 인식과 같은 중요한 하위기능들을 연습하는 시간은 필요하지만, 가능하면 쉽고, 재미있게, 유의미한 독서 자료를 읽으면서 기능을 연습하는 것이 중요하다.

3.2.2. 상호작용 관점

독서 지도에서 상호작용 관점은 독서를 두 가지 유형의 정보 처리과정, 즉 상향식(텍스트 기반)과 하향식(독자 기반)의 과정이 지속적으로 상호작용하고 결합하는 과정으로서 보는 것이다. 하향식 처리를 하는 독서는 자료의 시각적 단서를 사용하긴 하지만, 자료에 관한 예측이나 가설을 생성하는 독자에게서부터 정보 처리가 시작되는 것이다. 이러한 예측 때문에, 독자는 자신의 기대를 확인해주는 단어에 일차적으로 주목하면서, 상당히 빠르게 자료를 읽을 수 있다. 만약 형성된 가설이 확인되지 않거나 비전형적인 플롯이 전개되는 경우에만 세밀하게 읽게 된다. 그렇지 않다면, 독자는 이야기를 진행시키는 핵심 단어들만 훑어보면서 많은 단어들을 건너뛸 수 있다. 글 읽기가 완전히 하향식으로 되는 일은 없다. 독자는 글에 초점을 둠으로써 시작하기 때문이다.

상향식으로 정보를 처리하는 독서는 부호 검토에서부터 시작하지만 정작 독자 자신은 아무 정보도 내놓지 않는 것이다. 철자 혹은 단어 파악에서 시작하여, 점차적으로 보다 큰 언어적 단위인 구나 문장으로 진행하고, 마지막에 의미를 파악한다. 상호작용 모형은 독자들이 읽고 있는 글에서 나온 정보와 독자의 배경 지식에서 나온 정보를 동시에 처리한다고 가정한다. 글로 된 단어와 아이디어를 인식하고 이해하는 것은 두 가지 유형의 정보를 사용한 결과이다. 노련한 독자들에게서 상향식과 하향식 처리과정은 동시에 일어난다. 이해는 쓰인 정보와 독자의 마인드에 있는 정보 둘 다에 의존하기 때문에, 중요한 기능이나 정보 조각이 빠지면 이해는 힘들어진다.

Ruddell과 Unrau(1994)는 독자 및 텍스트 요인과 함께, 사회적 맥락을 독서 과정으로 가지고 옴으로써 더 넓은 범위의 잠재적 상호작용을 말하고 있다. 이들은 의미는 텍스트 혹은 독자에게만 있는 것이 아니라 독자, 텍스트, 교사, 그리고 교실 공동체 간의 상호작용 결과로서 만들어진다고 주장하였다.

3.2.3. 교류적 관점

Rosenblatt(1978)은 모든 독서 행위는 특정한 독자와 텍스트를 포함하는, 그리고 특정한 맥락 안의 특정한 시점에서 일어나는, 하나의 사건 혹은 교류라고 보았다. 그리하여 의미는 텍스트 안에 혹은 독자 안에 이미 만들어져 있는 것이 아니라, 독자와 텍스트가 교류하는 동안에 존재한다고 믿었다. McGee(1992)는 독자들이 해석을 선택하고, 메시지를 시각화하며, 새로운 정보와 그들이 알고 있는 것을 연결하며, 정서적으로 그 자료와 관련되도록 도와주기 위해서 과거 경험을 통해서 얻은 지식을 사용한다고 지적한다. 이때 독차와 텍스트 간의 교류는 역동적이다. 그래서 어떤 독자는 만약 어떤 시점에서 지문을 읽고, 관련된 개인적 경험을 하고 난 뒤, 그 지문을 다시 읽게 되면 같은 지문인데도 완전히 다른 의미를 구성할 수 있다. 이러한 두 가지 교류에서 독서 사건의 맥락이 달라졌기 때문이다.

독서를 교류적 관점에서 보게 될 때 독자가 선택하는 자세는 중요해진다. 독자는 텍스트에서 정보를 얻는 것에 초점을 둘 수 있고(정보 추출 자세), 또한 독서를 하는 동안의 경험, 즉 텍스트에 의해서 유발된 기억이나 이미지, 느낌 등에 초점을 둘 수 있다(심미적 자세). 두 자세는 모두 적절한 것이다. 단지 독자가 선택하는 독서 접근 방식에 따라서 달라지는 것이다. 같은 작품을 읽을 때에도, 독자들은 정보 추출적인 자세에서 보다 심미적인 자세로, 혹은 그 반대로 자세를 바꿀 수 있다. 그러나 소설과 시는 보다 심미적인 자세를 요구하는 경향이 있다. Beach와 Hynds(1991)는 독서는 텍스트 안에 정체되어 있는 의미를 꺼내는 것이 아니라, 발전하는 경험을 구성하는 것으로 여겨야 한다고 주장했다. 또한 독자의 자세, 믿음, 그리고 태도는 맥락과 마찬가지로 독자 반응에 영향을 줄 수 있다고 보았다. 이와 같이 정보 추출과 심미적 태도의 연속선으로 독자 반응을 생각하는 것은 픽션과 논픽션 둘 다에서 인지적이고 정서적인 측면이 모두 있을 수 있다는 것, 그리고 각 측면의 상대적 중요성은 텍스트와 독서 상황에 따라서 달라질 수 있다는 것을 보여준다.

Goodman(1979)은 독서를 어떤 것이 적절한 것인지 추측하는 데 필수적인 최소한의 생산적인 단서들을 선정하는 심리언어적인 추측 게임으로 보았다. 그는 단어를 형성하기 위해서 철자를 결합하는 능력은 독서 학습과 관련되어 있지만, 능숙한 독서 과정과는 거의 상관이 없다고 본다. 독자는 지문 안의 모든 단어들을 파악하지 않고도 그것을 이해할 수 있다. 제시된 개념과 언어에 대한 독자의 경험이 더 많을수록, 자료의 의미를 결정하기 위해서 필요한 시각적 단서들은 더 적어진다. 능숙한 독자들은 자료 안에 있는 의미적 단서(의미)와 구문적 단서(단어 순서)를 더 자주 사용한다. 그리고 자료의 의미를 예상하기 위해서 축적된 경험과 언어 발달, 그리고 생각들을 독서 상황으로 가지고 온다고 보았다.

독서에 대한 총체적 언어 철학을 옹호하는 사람들은 교류적 이론을 선호하는 경향이 있다. 총체적 언어 교육자들은 학생들이 진짜 독서, 쓰기, 듣기, 말하기 활동에 참여해야 한다고 주장한다. 즉, 세부적인 기능을 가르치기 위해서 만들어진 것이 아니라 의사소통을 위해서 만들어진 활동을 옹호한다. 여기서 교사는 학습 경험의 중재자 혹은 촉발자 역할을 한다. 총체적 언어 수업을 위한 사회적 맥락은 협력적이고, 모든 학습자들이 학습자 공동체의 일부로서 긍정적으로 여겨지고 수용되는 학습자 중심의 교실이다. 언어는 학습에서 중심이 된다. 독서 프로그램에서는 문학 작품을 전체적으로 사용한다. 쓰기와 읽기는 연결되어 있고, 기능적 언어, 독해, 글로 하는 표현이 강조된다. 그리고 교과서가 아닌 교사와 학생들이 교육과정을 통제한다. 교사는 의사결정을 하는 사람이 되어야 하고,

학생들은 선택을 하고, 스스로 평가를 하고, 자신의 학습에 책임을 져야한다. 총체적 언어 수업에서 기능 수업이 전혀 없는 것은 아니다. 교사들은 총체적 수업 활동과 체계적인 직접 수업을 혼합할 수는 있다. 그러나 기능 수업은 그 자체가 목적이 아니라 수단으로서 활용된다.

3.2.4. 비판적 관점

비판적 관점은 특정한 텍스트 읽기와 이해를 넘어서 보다 큰 세상의 보다 넓고, 복잡한 주제를 탐색하는 것으로 독서가 이동해야 한다고 보는 것이다. 비판적 관점의 기저에는 독서는 세상을 읽는 것이고, 특정한 프레임으로 세상을 보는 것이라는 Freire(1970)의 생각이 있다. 비판적 관점에서 독서는 개인을 넘어서 사회적 정체성 분석과 재구성으로 가야 한다. 그러나 이런 이론적 관점도 실제 상황에서는 여러 가지로 적용할 수 있다.

Freebody와 Luke(1990)는 독서 수업에서 네 가지 층위의 활동, 즉 부호 해독, 텍스트 이해, 의미 활용, 그리고 비판적 실제가 모두 필요하다고 보았다. 이들은 많은 사람들이 메타 인지적 읽기 전략, 독자 반응 지향성, 그리고 저자의 의도 분석 등과 같은 고차원적인 이해 기능을 비판적 관점의 독서 지도로 잘못 알고 있다고 주장했다. 또한 고차원적인 이해 기능을 개발하기 위해서만 독서를 하는 것은 사회적, 문화적, 경제적인 힘의 관계를 체계적으로 분석한다는 원래 비판적 관점의 의도를 제한하고 부인하는 것이라고 생각했다.

비판적 관점에서 독서 지도는 텍스트 안에 포함되어 있는 것과 그것에서 배제되어 있는 것, 포함되어 있는 사람과 배제되어 있는 사람이 누구인지 등에 주목할 것을 촉구한다. 특히 독자들에 의해서 어떤 틀이 다시 정의되고 자리매김 되는 방식을 중요하게 탐색해야 한다고 본다. 예를 들면, 청소년들이 대중 미디어나 텍스트를 만날 때 이들의 정체성은 어떻게 영향을 받는지 분석하는 것이다. 그래서 Morrell(2008)은 오늘날 도시 청년들이야 말로 비판적 독서 능력이 필요로 하다고 보았다. 누가 도시 청년인가? 도시 청년이라고 할 때 누가 포함되는가? 누가 배제되는가? 누가 이것을 결정하는 힘을 가지고 있는가? 라는 질문이 필요하다는 것이다. 또한 독자들은 그런 표상에 도전함으로써 변화를 시도하는 쪽으로 자세를 취하고 자신들의 자리매김을 할 수 있어야 한다고 했다. 이런 자세는 독자의 사회적 위치, 권력적인 위치, 그리고 인종, 젠더, 계층적인 정체성에 기반을 두고 다른 식으로 취해질 수도 있다.

비판적 관점의 독서 지도는 텍스트가 작용하는 방식을 가르치고 배우는 것, 텍스트가 세상에서 그리고 사람들에게 하려고 하는 것을 이해하고 다시 중재하는 것, 학생들이 살고 있고, 일하고 있는 사회적 필드를 비판하고 재구성하기 위해서 텍스트를 가지고서 능동적인 포지션을 취하도록 학생들을 움직이는 것이다. 독자들이 읽고 있는 텍스트와 정체성을 연결하고, 텍스트에 참여하는 방식을 고려할 때 인종, 젠더, 계층, 그리고 다른 정체성 표지들을 밝히고, 새로운 변화를 시작하게 할 수 있다.

　독서의 가치나 녹서 방법, 독자층, 그리고 독서 자료의 성격과 독서 문화 등을 포괄하는 독서의 개념은 시대에 따라서 계속 변화했다. 20세기 이래로 글의 내용을 이해하는 정신 작용을 의미하는 것으로 독서의 개념이 확장되면서 독서 과정에 대한 과학적 연구들이 활성화되었다. 21세기에 와서는 복합 양식의 텍스트와 디지털 테크놀로지 발달로 인해서 독서는 이전보다 더욱 복잡한 행위로 인식되고 있다.

　모든 독서 행위는 과정과 결과를 가지고 있다. 의미 구성과 의사소통이라는 바람직한 독서 결과를 만들어내기 위해서는 독서 과정을 구성하는 다양한 측면들-감각적, 지각적, 계열적, 체험적, 사고, 학습, 연합적, 정서적, 구성적-이 잘 결합되어야 한다. 의미 구성과 의사소통은 독서의 결과이면서 동시에 독서 지도의 목표이다. 독서 과정의 다양한 측면들 중에서 어느 하나라도 문제가 있으면 독서 결과도 영향을 받을 수 있다.

　독서 행위의 복잡한 성격 중에서 어떤 측면을 더 강조하고 초점을 두느냐에 따라서 독서 지도의 모형은 달라질 수 있다. 이 장에서는 하위기능 관점, 상호작용 관점, 교류적 관점, 비판적 관점 등으로 묶어서 독서 지도의 이론적 관점을 살펴보았다. 실제 독서 지도 장면에서 어느 한 가지 관점만 가지고 지도하는 사람은 없다. 독자의 수준이나 상황, 독서 지도의 목적, 그리고 활용되는 텍스트에 따라서 지도 방법을 유연하게 선택할 수 있는 능력이야말로 독서 지도 전문가의 필수적인 능력이라고 볼 수 있다.

01 인류의 사회문화적 발달과 함께 달라진 독서 개념이 한 개체로서 인간이 성장하는 과정에서 필요한 독서 활동과 어떤 관련성이 있는지 생각해 보자.

02 본인이 알고 있는 사람들 중에서 독서를 어려워하거나 싫어하는 사람을 한 명 이상 찾아본다. 그리고 독서 과정의 다면적 측면에 비추어서 그 사람의 독서 과정에는 어떤 문제가 있는지 관찰 또는 조사를 하고, 독서 과정에서의 문제가 정말로 독서 결과에 영향을 미쳤는지 확인한다. 만약 독서 과정의 문제로 인해서 독서 결과가 영향을 받은 것으로 판단되면, 그 문제를 해결하기 위해서 어떤 관점에서 독서 지도를 하면 좋을지 자신의 입장을 정하고, 그것을 정당화하는 설명을 해 보라.

대니엘 윌링햄 지음, 정옥년.이지혜 옮김 (2019). 리딩마인드: 우리는 어떻게 글을 읽는가. 학이시습.

로제 사르티에, 굴리엘모 카발로 엮음, 이종삼 옮김(2006). 읽는다는 것의 역사. 한국출판마케팅연구소.

매리언 울프 지음, 이희수 옮김(2014). 책 읽는 뇌. 살림.

박수자 (2001). 읽기 지도의 이해. 서울대학교출판부.

스타니슬라스 드앤 저. 이광오, 배성봉, 이용주 공역(2017). 글 읽는 뇌. 학지사.

이경화 (2001). 읽기교육의 원리와 방법. 박이정.

이순영, 최숙기, 김주환, 서혁, 박영민 (2015). 독서교육론. 사회평론.

황정현, 이상진 외 (2008). 독서지도, 어떻게 할 것인가. 에피스테메.

Beach, R., & Hynds, S. (1991). Research on response to literature. In R. Barr, M. L. Kamil, P. B. Mosenthal, & P. D. Pearson, *Handbook of Reading Research Vol.2* (pp.453−489). Mahwah, NJ: Erlbaum.

Ediger, M. (2003), Philosophy of teaching reading, *Reading Improvement*, Fall 2003, 40;3 , pp.126−131.

Freebody, P. & Luke, A. (1990). Literacies programs; Debates and demands in cultural context. *Prospect: Australian Journal of TESOL*, 5(7), pp.7−16.

Gillet, J. W., Temple, C. (1990), *Understanding Reading Problems: Assessment and Problems*. Scott, Foresman. pp.1−8)

Goodman, K. S. (Ed.)(1979). *Miscue analysis: Applications to reading instruction*. Urbana, IL: National council of Teachers of English.

Graves, M. F., Juel, C., Graves, B. B. (2005), *Teaching Reading in the 21ˢᵗ Century*, Pearson, pp.1−33.

Guthrie, J. T., & Wigfield, A. (2000). Engagement and motivation in reading. In M. Kamil, P. Mosenthal, P. D. Pearson , & R. Barr. (Eds.), *Handbook of reading research* (Vol. 3, pp.403−422). Mahwah, NJ: Erlbaum.

Handsfield, L. J. (2016). *Literacy Theory as Practice: Connecting Theory and Instruction in K−12 classrooms*. Teachers College Press.

Laberge, D., & Samuels, S. J. (1985). Towards a theory of automatic information processing in reading. *Cognitive Psychology*, 6, pp.293–323.

Luke, A. (2000). Critical literacy in Australia: A matter of context and standpoint. *Journal of Adolescent and Adult Literacy*, *43(5)*, pp.448–461.

McGee, J. J. (1992). Gentle Teaching's Assumptions and Paradigm. *Journal of Applied Behavior Analysis*, 25 (4), pp.869–872.

Morrell, E. (2008). *Critical literacy and urban youth: Pedagogies of access, dissent, and liberation.* New York, NY: Routledge.

Morris, D. B. (2006). Reading is Always Biocultural. *New Literary History. Vol. 37, No.3, Reading and Healing.* pp.539–561. The Johns Hopkins University Press.

Rosenblatt, L. M. (1978). *The reader, the text, and the poem.* Carbondale, IL: Southern Illinois University Press.

Ruddell, R. B. & Unrau, N. J. (Eds.) (2004). *Theoretical models and processes of reading (5th ed.).* Newark, DE: International Reading Association.

Taylor, B., Harris, L. A., Pearson, P.D., Garcia, G. (1995). *Reading Difficulties: Instruction and Assessment*, McGraw–Hill, Inc. pp.3–21.

2

독서 발달과
독자의 특성

학습목표

• 영 · 유아기의 독서 발달 특성을 이해하고 교육적 시사점을 파악할 수 있다.

• 초중등 독자의 독서 발달에 영향을 미치는 인지적 요인에 대해 이해할 수 있다.

• 초중등 독자의 정의적 특성을 이해하고 교육적 시사점을 파악할 수 있다.

학습내용

영 · 유아기의 독서행동을 발달영역별 특성을 바탕으로 이해한다. 성인과의 관계 안에서 이루어지는 독서, 문자만이 아닌 청각, 시각 등 통합적인 문해 활동, 정서적 안정감을 구하는 독서 등 영유아기 독서교육의 시사점을 알아본다.

초중등 독자의 독서 발달을 독서의 인지적 요인과 정의적 요인을 바탕으로 이해한다. 초중등 독자의 독서 발달은 독서 발달의 시기에 따라 초등 저학년은 한글 해득과 유창성의 숙달, 초등 중학년 이후는 독해 기능과 전략에 대한 숙달과 학습을 통한 새로운 지식 습득을 위한 학습 독서의 전략 숙달을 통해 이루어진다. 초중등 독자의 독서 발달이 효과적으로 이루어지기 위해서는 독서의 인지적 요인에 해당하는 독서 기능 및 전략에 대한 지도뿐 아니라, 초중등 독자의 독서에 관한 인지 처리 과정에 영향을 미치는 작업 기억이나 상위인지와 같은 인지적 요인에 대한 고려 역시 독서 교육의 차원에서 이루어질 필요가 있다. 이 장에서는 초중등 독자의 독서 발달에 영향을 미치는 인지적 요인들을 독서의 기능 측면과 일반적 인지 활동의 측면에서 살펴보고, 이에 대한 이해를 바탕으로 한 독서 교육의 시사점을 알아볼 것이다.

현대 사회에서 독서의 중요성이 더 커지고 있음에도 불구하고 여러 독서 실태 조사 결과가 보여주듯이 사람들이 좀처럼 독서를 하지 않고 있다. 이는 독서 교육이 능숙하게 읽고 쓸 수 있도록 읽기 기능과 전략을 가르치는 인지적 영역의 교육과 더불어 평생 독자로 나아갈 수 있도록 읽기에 대한 긍정적인 태도와 동기를 형성 · 유지시키는 독서의 정의적 영역 역시 중요하게 다루어야 함을 시사한다. 이 장에서는 독서 태도, 동기, 흥미, 선호 등과 같은 독자의 독서에 대한 정의적 특성과 발달적 경향을 파악하여 학생 독자를 이해하고 교육적으로 대처하는 방안을 논의할 것이다.

1. 영·유아기의 독서 발달 특성

1.1. 독서와 관련된 영·유아기의 발달 특성

1.1.1. 인지적 특성

영·유아기의 책읽기는 시각적 변별 능력, 주의 집중력, 개념 발달과 관련된다. 영아가 어떤 대상과 다른 것을 변별할 수 있는 시각적 예민성이 커지고, 그에 대한 관심을 지속할 수 있으며, 그것이 무엇인가를 이해하기 시작하면서 책읽기도 시작된다. 책에 대한 시각적인 정보처리과정뿐만 아니라 청각적인 정보처리도 책읽기에 매우 중요하다. 본격적으로 이야기를 듣고 책을 읽게 되면 복잡한 추론 능력을 필요로 하는데, 유사한 이야기를 통해 의미를 이해하는 귀납적 추론 능력과 이야기를 듣거나 읽으면서 앞으로 벌어질 사건이나 또 다른 이야기를 상상할 수 있는 연역적 추론 능력은 책읽기를 통한 '문해(literacy)'발달의 중요한 인지적 능력이다.[*]

1.1.2. 언어적 특성

영·유아기의 언어발달은 음운론, 의미론, 통사론, 형태론, 화용론 등 다양한 측면에서 살펴볼 수 있다. 어머니나 교사의 목소리를 좋아하고 귀기울이는 태도에서부터 말의 음소를 변별하고 활용할 수 있는 '음운론적 발달(phonological development)'로 음운법칙을 파악하고, 이를 활용하여 새로운 어휘나 언어를 습득할 수 있다. '의미론적 발달(semantic development)'은 단어나 문장의 뜻을 파악하는 것으로 읽기 이해 능력과 관련된다. 영·유아기의 어휘력은 한 단어 말하기로 시작하는데, 이것은 시각, 언어, 사고 체계가 통합되기 시작하는 것으로 책 읽기의 중요한 기초가 된다. 이후 18개월 무렵이면 이 시기를 '언어 폭발기'라고 부를 정도로 영아의 어휘수가 엄청난 속도와 양으로 증가하는데, 3세경이면 1,000개 정도의 단어를 말할 수 있으며 5~6세경이면 2,500개가량의 단어를 말할 수 있다. 어휘

> 영·유아기 독서를 위해 필요한 인지적 능력
>
> 대상영속성 개념, 탈중심화, 추론능력은 독서발달을 위해 중요한 능력이다. 대상영속성 개념은 18개월을 전후하여 획득되는 것으로 직접 지각할 수 없는 대상에 대해서도 생각할 수 있는 능력이다. 탈중심화는 자기중심성에서 벗어나 타인의 입장에서 생각하고 바라볼 수 있는 능력이다. 마지막으로 추론능력은 사태의 변화과정이나 관계에 대해 생각할 수 있는 능력으로 귀납과 연역의 논리적 사고와 가역적인 사고를 가능하게 한다.

는 유창한 책읽기의 기초가 된다. 실제로 많은 어휘를 알고 있는 유아는 독서의 수준 또한 높다. '통사론적 발달(syntactic development)'은 언어의 문법 관계를 파악함으로써 복잡한 문장과 글을 이해할 수 있게 해준다. '형태론적 발달(morphological development)'은 의미를 만드는 최소 단위를 알고 적절한 활용을 할 수 있게 되는 것이다. 문법적 규칙을 인식하고 이를 자신의 말하기에 적용하는 초기에는 자신이 발견한 규칙을 과잉 적용하는 오류를 범하기도 하지만, 다양한 언어적 경험을 통해 불규칙 활용과 규칙적 활용의 경우를 적절하여 구분할 수 있게 된다. 마지막으로, '화용론적 발달(pragmatic development)'은 맥락에 적합한 언어의 활용을 인식하고 이해할 수 있는 능력을 말한다. 화용론의 발달 또한 풍부한 언어적 환경을 통해 증진될 수 있다. 이러한 언어발달의 각 측면들은 영·유아의 독서 발달과 관련되어 있으며, 모두가 함께 없어서는 안 될 중요 능력으로서 균형 잡힌 역할을 하고 있다.

1.1.3. 사회 · 정서적 특성

영·유아의 책읽기에는 다른 사람에 대한 이해가 중요한 역할을 한다. 먼저, 다른 사람의 마음이 자신과는 다른 다는 것을 이해해야 하는데, 이는 다른 사람의 마음에 대한 어떠한 이론을 세울 수 있다는 것으로 표현하여 '마음이론(theory of mind)'이라 한다. 영아들도 초보적인 수준에서는 마음이론을 가지고 있는데(Bornstein&Lamb, 2009) 24개월 미만의 영아들도 책 속의 인물의 감정이나 행동, 의도 등에 대해 이해하고 그에게 감정이입할 수 있다. 뿐만 아니라 책을 읽어주는 성인의 마음이 자신의 마음과 다르다는 것을 알 수 있다. 영아가 성인과 함께 책을 읽으며 책의 그림을 손가락으로 가리키거나 소리를 내어 자신이 원하는 것에 성인의 주의를 집중시키고자 하는 행동이 그 증거가 된다. 더 나아가, 타인의 마음에 대한 이해가 발달하면서 책에 대한 느낌이나 감정, 생각, 평가가 영·유아 자신과 책을 읽어주는 성인 또는 다른 영·유아들 사이에 차이가 있을 수 있다는 것까지 이해하게 된다. 이러한 이해가 책을 읽고 서로 다른 생각에 대해서 이야기해보고 토론해 보는 독서활동의 기초가 된다.

정서적인 측면에 있어서 12개월 미만의 영아도 기쁨, 슬픔, 공포, 놀람 등과 같은 기본적인 정서들을 변별하고 표현할 수 있으며, 이러한 정서반응의 원인에 대해서도 이해한다. 따라서 책 속의 인물들의 감정을 이해하는 기초가 될 뿐만이 아니라 책 속의 이야기를 통해 영·유아들이 다양한 정서를 배우고 느낄 수 있다. 24개월을 넘어서면서는 자랑스러움, 부끄러움 등과 같은 이차적인 정서를 이해하고 더 복잡한 플롯을 가진 이야기를 즐길 수 있다. 영·유아에게 책읽기는 자신의 다양한 감정을 표출할 수 있는 안전한 공간을 제공하며 이야기를 통해 새로운 정서를 경험하고 보다 복잡하고 섬세한 감정들까지 이해할 수 있도록 돕는다.

1.2. 영 · 유아기의 발달 특성에 따른 교육적 시사점

1.2.1. 영 · 유아기 독서교육의 의의

영 · 유아기 독서교육은 문자학습의 동기를 부여하고 독서의 기초를 다질 수 있다. 인지적인 측면에서는 호기심과 탐구력을 충족시키며 상상력과 창의성을 키울 수 있다(Wolf, 2009). 사회정서적인 측면에서는 다른 사람의 입장을 이해하고 감정이입할 수 있는 사회적 관계 능력의 바탕을 만들고 감정조절의 기술을 배우게 됨으로써 올바른 인성의 기초를 세울 수 있다. 초기에 형성된 독서태도와 능력은 이후 초등학습뿐만이 아니라 학령기 이후 성인기 독서에까지 영향을 미친다(서정숙·남규, 2013; 이차숙, 2004). 그러나 독서교육으로 인한 인지, 정서, 사회적 능력의 발달은 역으로 이러한 능력의 발달로 인해 독서가 가능해지는(Wolf, 2009) 상보적인 관계를 갖는다.

그림 2-1 │ 삼자 상호작용의 책읽기

1.2.2. 영 · 유아기 독서교육을 위한 시사점

1.2.2.1. 성인과 함께 하는 독서

영 · 유아기의 독서는 부모나 교사와 같은 성인과 함께 이루어진다는 점에서 다른 연령의 독서와 차이가 있다. 즉, 생애 초기의 책읽기는 성인이 소리 내어 읽어주는 목소리와 성인이 책장을 넘기며 보여주는 그림을 보는 것으로 시작된다. 성인의 품에 안겨 읽어주고 보여주는 책읽기를 하는 것에서 팔을 내밀어 영아 자신의 손으로 책장을 넘기고, 혼자서 책을 들고, 혼자서 소리 내어 읽기가 가능해지면서, 성인 의존적인 독서가 아닌 유아 독립적인 독서가 가능해 지지만 그렇다고 하더라도 책의 선택이 많은 부분 성인에 의해서 결정된다.

그러나 초기 독서는 영 · 유아와 책 사이에 성인이 일방적인 매개 역할을 하기 보다는 영 · 유아, 성인, 책 삼자 간에 상호작용이 일어나는 글자 그대로 '함께' 읽기여야 한다. 성인과 영 · 유아가 가지고 있는 책에 대한 생각이나 느낌을 나누고 각자의 경험을 책뿐만이 아니라 서로의 경험에 연결시키는 책읽기가 이루어질 때 독서경험이 의미 있는 영향력을 갖게 된다. 따라서 영 · 유아의 독서발달에는 부모와 교사의 역할이 큰 부분을 차지한다.

1.2.2.2. 듣기와 보기, 읽기로 시작되는 독서

영·유아기의 책 읽기는 소리 내서 읽기이다. 성인이 유아에게 책을 읽어주기 때문만이 아니라 영·유아가 혼자서 책을 읽을 때에도 소리를 내어 책을 읽는다. 따라서 영·유아에게 더 좋은 책은 실제로 말을 하는 것 같은 문체로 쓰인 글이나 운율을 가지고 있는 글이 좋다. 이런 경우 책의 내용을 기억하는 것이 훨씬 쉬울 뿐만이 아니라 소리와 글자를 연결 지어 이해하는 것도 용이하여 문자 읽기의 단계와 빠르게 연결될 수 있다.

또한 영·유아기의 본격적인 독서는 주로 그림책으로 시작하는데, 그림책은 문자텍스트를 읽는 것뿐만이 아니라 그림 텍스트를 통해 글로는 하지 않은 이야기를 읽게 된다. 그림에서 이야기에 부가될 수 있는 단서들을 찾는 것은 글자 읽기와는 다른 재미를 줄 뿐만이 아니라 글과 그림의 상호관계 속에서 책의 내용을 이해하게 된다. 문자 텍스트는 그림책을 읽어주는 성인이나 유아의 목소리로 전달되며 그에 맞는 그림의 부분 또는 전체 페이지를 감상하며 반대로 그림 텍스트에서 발견한 것들에 대해서 성인과 이야기 나누면서 이에 대한 내용을 듣게 된다. 이러한 책 읽기는 영·유아의 시각 이미지와 언어를 통합하여 이해하고 활용할 수 있는 능력을 발달시킨다. 따라서 영·유아기 독서는 글을 읽는 것만이 아니라 그림을 탐색하고, 이야기 나누고, 표현해보는 것이 중요한 독서활동이 된다.[*]

1.2.2.3. 발현적 문해에 기반한 독서

발현적 문해(emergent literacy)는 발생적 문식성이라고도 하는데, 관습적인 읽기, 쓰기 발달의 전조에 해당하는 태도, 행동, 지식에서 나타나는 것으로 영·유아들이 읽기, 쓰기와 유사한 행동을 할 때 나타난다. 발현적 문해는 문어에 관련된 지식과 능력에 대한 첫 신호이며 관습적인 읽기와 쓰기에 앞서 나타난다(Sulzby, 1986, 1987, 1991). 이는 읽기와 쓰기에 대한 도식(schema)을 획득했기 때문에 나타날 수 있는 행동이다.

성인이 그림책을 소리 내서 읽어줄 때 영·유아는 읽는 것이 종이 안의 어떤 것을 읽는 것이라는 것임을 이해하고 그림책을 펼쳐 무어라 말을 하

영·유아의 초보적 읽기 행동의 5단계
(Clay, 1972)
- 글자는 이야기로 전화될 수 있는 것임을 이해하는 단계
- 구어에서는 잘 사용하지 않는 특별한 형태의 문어체 이야기를 만들어 내는 단계
- 그림을 보고 적절한 문장을 생각해 내는 단계
- 책에 쓰인 문장의 대부분을 기억하는 단계
- 단어의 시각적 단서를 사용하여 문장을 재구성하는 단계

면서 읽기를 흉내 내기도 한다. 이러한 행동을 발현적 읽기라 한다. 발현적 읽기를 할 때도 성인들이 책을 읽어줄 때 반복적으로 들었던 단어나 구절들을 기억해 내 해당 펼친 면에서 그것들을 사용한 이야기를 만들어 내는 것이다. 뿐만 아니라 성인이 그 이야기를 읽을 때의 표정, 억양, 말투, 몸짓까지 기억하여 재연한다. 영·유아의 읽기는 형식적인 교육을 통해 어느 한 순간에 일어나는 것이 아니라 사회문화적 환경 속에서 자연스럽게 발달하는 것으로, 초기 독서발달에 미치는 성인의 영향이 매우 크다. 따라서 부모와 교사가 좋은 모델이 될 수 있도록 책읽기 태도, 기술, 지식을 갖추는 것이 영·유아기 독서교육의 중요한 부분이 된다.[*]

1.2.2.4. 선호하는 책의 반복적 읽기

영·유아기의 책 읽기는 성인으로부터 주어지는 사랑과 관심을 확인하는 행위이며 책 속의 이야기를 통해 다양한 감정을 표출하고 욕구를 충족시킬 수 있는 치유의 행위이기도 하다. 따라서 영·유아가 어떤 하나의 책을 반복해서 읽어주기를 원하거나 그 책을 계속해서 가지고 있기를 고집한다면, 그것은 그 책을 통해 정서적 안정감을 느꼈거나 욕구충족의 경험을 하고 있기 때문일 수 있다. 영·유아가 한 권의 읽기를 통해 충분한 만족감을 경험한 후에는 자연스럽게 다른 책으로 관심을 옮겨간다. 그렇기 때문에 억지로 다른 책을 읽게 하거나 고집하는 책을 포기하도록 하지 않는 것이 좋다.

또한 영·유아에게 책은 장난감이나 먹을거리와 같이 자신의 소유물과 같은 의미를 갖는다. 때문에 한권의 책을 두고 서로 읽겠다고 싸움을 벌이기도 하고 자신만의 장소에 따로 보관하거나 숨겨두기도 한다. 따라서 영·유아에게 책을 제공할 때는 자신이 읽고 싶은 책을 스스로 고르게 하는 것이 좋으며 교육기관에서는 한 종의 책을 여러 권 구비하는 것이 좋다.

반복적인 책읽기는 초기 독서발달의 자연스러운 현상이다. 뿐만 아니라 반복읽기는 구어와 문어발달 모두를 위해 중요한 과정이다. 반복적인 책읽기는 반복학습과 같으며 기억을 장기화하고 자동화할 수 있는 가장 좋은 방법이기 때문이다. 성인과 함께 한 책읽기가 어느 정도 반복되면 영·유아는 자연스럽게 자기 혼자 책을 읽으려 한다. 더 나아가 다른 누군가에게 책을 읽어주는 행동까지 나타낼 수 있다. 동일한 책을 계속해서 읽고자 하는 영·유아에게 행동을 긍정적인 현상으로 이해하는 것이 중요하다.

2. 초중등 독자의 독서 발달 특성

2.1. 독자의 인지적 특성

일반적으로 독서를 고도로 복잡한 인지 처리 행위로 설명한다(Urquhart & Weir, 1998). 독서를 가능하도록 하는 인지 처리(cognitive processes)의 행위는 낮은 수준의 인지 처리 행위인 해독(decoding)과 높은 수준의 인지 처리 행위인 독해(reading comprehension)의 두 차원에서 흔히 설명된다. 독서 능력을 흔히 이러한 해독과 독해의 두 기능 간의 통합적 관계를 통해 규정해 온 바에 따라(Alderson, 2000; Robeck & Wallace, 1990; 최숙기, 2010), 해독과 독해에 관여하는 독자의 인지 처리 과정을 살피는 것은 독자의 독서 발달에 영향을 미치는 인지적 특성을 탐색하는 주요 출발점이 된다. 따라서 특정한 기호나 상징을 의미로 전환하는 해독의 과정과 자신의 경험과 배경 지식을 바탕으로 하여 문장과 문단, 텍스트 단위로 정보를 통합해 가며 전체적 의미를 구성해 가는 독해의 과정에서 독자는 어떠한 인지적 특성을 보이며 자신의 독서 능력을 발달시켜 가는지에 대해 이해하는 것은 독서를 지도하는 교수자에게 반드시 필요한 소양이라 할 수 있다.

2.1.1. 독자의 인지적 특성 범주

지수라는 아이가 있다. 이 아이는 글 읽기 속도가 항상 느리고 글을 정확히 읽지 못한다. 더듬거리거나 오류도 빈번해서 또래 아이들에 비해 독서 발달이 느린 편이다. 지수는 여러 검사를 통해 난독증(dyslexia)라는 진단을 받았다. 난독증은 단어를 인식하고 해독하며 철자를 사용하는 데 있어 정확하고 유창하게 사용하지 못하는 특수 학습 장애 중 하나이다. 난독증 학생들은 대개 낮은 수준의 해독과 관련한 인지 처리가 성공적으로 수행되지 못하기 때문에 어려움을 겪는다. 현우라는 아이가 있다. 현우는 지수와 달리 글 읽기 속도도 빠른 편이고 정확하게 소리 내어 읽는 편인 반면에 글의 전체 줄거리나 중심 내용을 파악하는 데 어려움을 겪는다. 앞에 읽은 글의 내용을 기억하는데 어려움을 겪어 해독에는 문제는 없지만 독해에서는 어려움을 겪는다. 지수는 음운 인식이나 철자 대응, 단어 재인 등의 해독과 관련된 인지 특성에 주목하여 지도해야 하고, 현우는 글에 대한 기억과 이해에 관한 글의 정보 파악이나 작업 기억, 상위인지 등에 관한 인지 특성에 주목하여 지도할 필요가 있다.

2.1.1.1. 해독 기능(decoding skill)과 관련된 인지적 특성

해독과 관련한 인지 기능은 ① 음운 인식, ② 철자 대응, ③ 단어 재인으로 세분화할 수 있다. 해독 기능이란 기본적으로 한글의 자모와 같은 철자(letter)에 대응하는 소릿값을 알고 이로 변환하는 능력을 갖추었다는 것으로 의미한다. 해독은 한글 습득과 관련된 기능이라 할 수 있는데 우리나라의 경우 초등학교 입학 이후 대개 저학년 시기에 대개 완료된다고 본다. 해독 기능은 학령 전과 직후 아동들의 독서 능력을 예측하는 가장 중요한 변인에 속한다(Abbott 외, 2002).

음운 인식(phonological awareness)이란 낱자와 소리를 연결할 수 있고, 문장이나 낱말은 어떤 음절이나 음소로 더 나누어질 수 있는지를 지각하고, 말소리를 자유롭게 조작할 수 있는 능력을 의미한다. 한글의 경우 특정한 자모는 특정한 음소를 표상하는 특성이 있기 때문에 철자가 각각 어떤 소리에 대응하는지의 관계를 아는 철자—음소 대응(grapheme-phoneme correspondence) 관계를 명확히 아는 것은 매우 중요하다. 예컨대, '가지'와 '강'은 단어가 /ㄱ/로 소리가 시작된다거나, /강/에서 초성을 빼면 /앙/이 된다는 사실을 아는 것, '가지'는 /가/와 /지/ 2개의 음절로 이루어진다는 사실을 인식할 수 있는 것을 통해 음운 인식 발달을 확인 할 수 있다. 한국 아동들은 단어, 음절, 음소를 인식하는 순으로 발달해간다(홍성인 외, 2000). 한국 아동의 경우 약 4세를 기준으로 음절 인식이 약 7세 경에 음소 인식이 가능한 것으로 나타나는데, 연령별 결과에 따르면 유아기로부터 초등학교 1학년 시기까지 음운 인식 능력은 빠르게 발달한다고 본다.

음운 인식 기능의 습득이 중요한 이유는 해독 기능에서 필수적인 소리와 글자 간의 연결이 가능하도록 하고 이후 철자와 의미 간의 연결이 가능한 전 단계에서 가장 필요한 능력이기 때문이다. 이러한 음운 인식은 대개 말놀이나 운율 맞추기 놀이를 통해 학령기 이전 아동 시기에 완성된다고 보고 음운 인식 기능이 어느 정도 숙달된 이후에는 단어 재인 기능의 발달로 나아간다. 단어 재인(word recognition)이란 시각적으로 제시된 단어를 부호화하는 과정을 통해 말소리로 바꾸고 자신의 머릿속에 있는 어휘 목록에서 그 말소리에 해당하는 어휘를 탐색하고 이에 맞는 의미로 연결 짓는 것을 의미한다. 일반적으로 한글 해득의 의미는 읽기에 있어 단어 재인의 수준까지를 포괄하는 의미이다.

이경화(2017)가 정의한 "한글 해득은 시각적으로 제시된 단어를 말소리로 바꾸어 그 말소리에 해당되는 어휘를 자신의 심성 어휘집(mental lexicon)을 탐색하여 의미와 연결 짓는 것"의 정의는 Stanovich(1986)의 단어 재인의 정의에 대응하는 것이다. 한글 해득의 측면에서 단어 재인의 발달 수준을 점검해 본다면, 한국 아동은 정상적으로 초등학교 2학년 시기에 한글 해득이 완성될 수 있다.

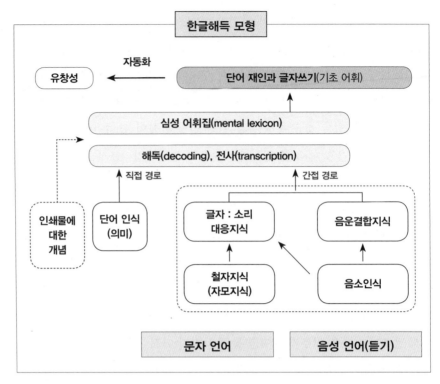

그림 2-2 | 이경화(2017)의 한글 해득 과정 모형

　한글 해득의 과정에서 일반적으로 음운 인식과 단어 재인(단어 인식)이 중요하지만 철자(자모) 지식 역시 기반이 된다. 철자 지식이란 낱자 지식과 자소와 음소 간의 대응 지식, 철자 표상과 같은 하위 영역을 모두 포괄하는 기능을 의미한다. 하나의 글자가 어떤 자모 규칙에 따라 구성되는지를 아는 것과 자모의 소릿값을 알고 하나의 글자가 어떤 소릿값들로 구성되는지를 아는 것은 각각 철자 지식과 음운 인식과 관련한 인지적 활동이 가능하도록 한다.

　일반적으로 제1언어가 한국어인 독자들은 기초 문식성 발달 시기인 초등 1학년이나 2학년에 이르면 해독 기능이 숙달되고, 본격적으로 다양한 글을 읽으며 글의 중심내용을 파악하고 이해하는 독해 기능의 발달로 나아가게 된다. 그러나 최근 한글 습득의 편리성에 의해 큰 문제로 인식되지 않았던 한글 해득의 격차 문제가 밝혀짐에 따라(지성애 외, 2015; 박성훈,

2015), 국가 수준의 국어과 교육과정 차원에서 한글 해득 교육 문제를 본격적으로 다루기 시작하였다. 2015 개정 국어과 교육과정에서는 초등학교 1학년 한글 해득 교육 시수를 본격적으로 확대되어 1학년 1학기 한글 해득 교육은 62차시로 강화되었다. '글자, 낱말, 문장을 소리 내어 읽기', '글자를 바르게 쓰기', '한글 자모의 이름과 소릿값을 알고 정확하게 발음하고 쓰기', '소리와 표기가 다를 수 있음을 알고 낱말을 바르게 쓰기' 모두 2015 개정 국어과 교육과정 1~2학년군에서 집중적으로 다루고 있는 한글 해득 교육의 주요 내용으로 읽기의 해독 기능의 단어 재인과 밀접한 관련을 맺고 있다.

한글 습득이 단어 재인과 밀접한 관련을 맺고 있다면 단어 재인 기능의 숙달과 능숙한 읽기를 중재하는 중요한 변인은 읽기 유창성(reading fluency)다. 제시된 글을 빠르고 정확하게 읽을 수 있는 기능을 의미하며, 읽기 정확성과 속도 변인을 통해 숙달 수준을 확인할 수 있다(Stanovich, Cunningham, & West, 1981: LaBerge & Samuels, 1985). 해독과 독해라는 읽기의 주요 능력 구인들을 연결하는 데 있어 읽기 유창성은 매우 중요하다. 읽기 유창성 숙달이 이루어지지 않은 경우 아이들은 해독에 인지적 과부하가 나타나 독해를 위한 인지적 주의 집중이 효율적으로 이루어지지 않게 된다. 이 때문에 미숙한 독자들은 이해와 기억에 요구되는 인지 자원들을 충분히 활용하지 못해 결과적으로 독해에 실패하게 된다. 글을 읽었지만 내용을 이해하지 못하고 주요 정보를 파악하지 못할 뿐 아니라 글을 기억하지도 못한다.

2.1.1.2. 독해 기능(comprehension skill)과 관련된 인지적 특성

독해는 해독 기능을 통해 글자 정보를 처리하고, 자신의 배경지식이나 경험을 바탕으로 텍스트가 전달하는 의미를 파악하며, 이러한 의미를 유의미한 정보 단위로 기억하거나 혹은 새로운 정보로 재구성하는 인지 능력이라 할 수 있다. 해독 기능이 독서 발달을 위한 기본 기능이라 한다면 독해 기능은 독서 발달의 심화 기능이라 할 수 있다. 이러한 독해와 관련한 하위 기능(sub-skill)의 구성은 학자들 마다 상이하지만, 대표적으로 Barrett(1976)의 1) 단어 재인으로부터 2) 기호 혹은 상징과의 의미 연계, 3) 축어적 이해, 4) 해석, 5) 비판적 읽기, 6) 창의적 읽기의 6개 독해 기능으로 설명할 수 있다(최숙기, 2011).

사실적 독해는 텍스트에 포함된 세부 정보나 사실의 확인, 텍스트가 제시하는 중심 내용(main ideas), 내용 전개 방식(비교나 대조, 인과 관계)에 따른 정보의 파악, 인물의 특성 파악 등의 텍스트 명시적인 내용에 대한 재인(recognition) 혹은 파악 능력과 관련 있다. 추론적 독해는 사실적 독해와는 다르게 텍스트에 명시적으로 제시되지 않은 비명시적 정보에 대한 추론, 결과에 대한 예측, 함축적 언어나 암시적 의미에 대한 추론 능력과 관련 있다. 비판적 독해는 정보의 사실성, 적절성과 타당성에 대한 판단, 정보의 가치나 바람직함, 수용 가능성, 현실과 허구, 사실과 의견에 대한 구분 등에 대한 능력과 관련 있다. 창의적 독해는 독자의 발산적 사고 기능을 반영하며, 필자가 제시한 대안보다 훨씬 더 새롭고 효과적인 대안적 방안이나 아이디어, 해결책을 도출하는 능력과 관련 있다(최숙기, 2011; 이순영 외, 2013). 감상적 독해는 문학적 기교, 형식, 문체, 주제에 대한 지적 및 정의적 반응을 포함하며, 텍스트에 대한 정서적이고 정의적 민감성과 흥미 등을 반영하여 읽는 것으로, 주제 및 플롯에 대한 정서적 반응이나 인물과 사건에 대한 공감, 심상 등에 관한 독해 기능들이 포함된다.

2.1.1.3. 독서의 일반 인지: 작업 기억과 상위인지

읽기는 고도의 복잡한 인지 처리 과정을 통해 수행된다. 이러한 인지 처리 과정이 효율적이고 성공적으로 수행되기 위해서 요구되는 필수적인 독자의 인지 기능으로 작업 기억을 꼽을 수 있다. 작업 기억은 제한된 용량에 의해 작동되는 인지 체계로 지각된 수많은 정보를 짧은 시간 내 처리하고 저장하는 일종의 작업 테이블(worktable)의 역할을 수행한다. 이러한 작업 기억은 독서와 같은 인지적으로 복잡한 과제를 해결하는 과정에서 유의미한 정보를 선별하고, 주의 집중을 조절하여 핵심 정보를 효과적으로 수용하고 저장하도록 하는 역할을 담당한다(Miyake & Shah, 1999).

실제로 작업 기억의 용량은 독자들이 읽기의 인지 처리 과정 중 선택적 주의 집중의 방식에 따라 효율적으로 사용 가능하다. 예컨대, 한글 습득이 충분히 이루어지지 않은 독자나 혹은 어휘력이 부족한 독자의 경우 해독 처리 과정에 과도하게 주의 집중하기 때문에 나머지 작업 기억 용량만으로 독해 처리 과정에 집중하게 된다. 독해를 통한 글에 대한 총체적인 이해나 기억에 실패하게 되어 궁극적으로 읽기에 실패하게 된다(Cain, Oakhill, & Bryant, 2004; Sesma, Mahone, Levine, Eason, & Cutting, 2009). 이 때문에 작업 기억의 문제는 해독 기능과 독해 기능의 문제를 본질적으로 유발한다(Catts 외, 2006; Seigneur & Ehrlich, 2005; Sesma 외, 2009).

다음으로 읽기에서 독자의 상위인지(metacognition) 역시 독서에서 매우 중요한 인지 기능에 속한다. 상위인지란 인지심리학 등에서 인지에 대한 인지로 설명할 수 있는데(Flavell, 1979), 이는 인지 과정에 대한 이해와 인지 과정을 조절하는 활동과 관련 깊다. 상위인지는 상위인지 지식과 상위인지 조절로 구성된다. 상위인지 지식은 개인 변인이나 과제 변인, 전략 변인에 관한 지식을 의미하며, 상위인지 조절은 최적의 목표 획득을 위하여 인지적 처리 과정과 관련하여 계획, 조정, 평가, 조작하기 등의 수행 활동을 의미한다(최숙기, 2012).

능숙한 독자들은 상위인지가 잘 작동한다. 이들은 읽기를 성공적으로 수행하기 위한 전략과 그 적용 방법을 잘 알고 있고 독서의 목적에 대해 명료하게 인식하며, 현재 자신이 읽고 있는 부분에서의 어려운 점과 이해의 정도를 평가할 수 있다. 또한 이러한 독자들은 자신의 읽기 과정에서 접하는 정보와 자신의 배경지식을 유기적으로 잘 연계하며 주요한 텍스트 정보를 보다 더 잘 판별한다. 또한 매우 다양한 유형의 읽기 전략에 대한 수정 전략(fix-up) 전략 역시 잘 활용한다(최숙기, 2012).

2.1.2. 독자의 인지적 특성에 따른 교육적 시사점

2.1.2.1. 초중등 독자의 독서 교육의 의의

초등학교 저학년 시기는 한글 해득과 관련한 해독 기능을 숙달하고, 초등 중학년에서는 기본적인 독해 기능을 숙달해가며 초등 고학년부터 중등 독자들은 다양한 교과의 학습을 위한 교과 학습 독서를 수행해 간다. 흔히 아동이나 청소년들의 독서에 관심을 기울이는 이유 중 하나는 교과 학습의 중요한 도구로서 독서가 기능하기 때문이다. 학령기 독자들의 독서 능력은 학업 성취와 밀접한 관련을 맺기 때문에 실제로 초등 고학년 이상부터 중등 독자들은 기본적인 해독이나 독해 기능의 숙달을 넘어서 다양한 내용교과 텍스트를 폭넓게 다루어 가면서 내용교과 문식성(content area literacy) 역시 발달시켜 가야 한다. 독서 발달에 관한 대표적인 연구자인 Chall(1983, 1996)에 따르면, 초등학교 저학년 시기는 해독의 기본과 유창성을 획득하는 시기로, 초등 고학년부터 중학교 시기는 교과 학습을 위한 독서 시기로, 고등학교 시기는 다양한 관점을 확립하는 독서 시기로 각 발달 단계별 시기를 분류하고 있다.

실제로 국내외 독서 발달에 관한 다양한 연구들(Gray, 1925, 1937; Gates,1947; O'Donnell & Wood, 1992; Chall, 1983; 천경록, 1999)을 바탕으로 최숙기(2011)에서는 독서 발달의 단계를 '독서 준비기', '독서 입문기', '독서 유창성기', '독서 자립기', '독서 정교화기'로 분류하였다. 이러한 분류 기준에 따르면 초등 독자들은 독서 입문기를 통해 한글 습득을 완성하고, 독해 인지 처리 과정을 집중하여 글 전체에 대한 이해나 의미 처리를 보다 더 능숙하게 수행할 수 있게 된다. 읽기 유창성이나 해독의 자동화를 통해 초등 독자들은 본격적인 묵독(默讀)을 통해 책을 읽게 된다. 묵독의 활성화는 그간 음독 과정에서 비효율적으로 할당되는 초등 독자의 인지적 노력이 텍스트에 대한 의미 이해로 전환되도록 돕고, 이를 통해 보다 깊은 수준의 사고가 반영된 독해가 가능해진다.

이를 바탕으로 독서 자립기나 독서 정교화기 시기는 초등 고학년과 중학생 이상의 청소년 독자들의 독서 발달이 본격적으로 이루어진다. 이 시기의 독서 교육은 독해 기능인 사실적 독해, 추론적 독해, 비판적 독해, 창의적 독해, 감상적 독해를 기본적으로 숙달하고, 독서 목적 상황에 맞는 독서 방법 혹은 전략을 적용할 수 있도록 한다. 또한 이 시기는 학습 독서가 본격적으로 독서 활동의 중심에 서기 때문에 독서는 학습과 관련한 교과서를 포함한 다양한 내용교과 독서 자료들을 포함해야 한다. 또한 이 시기에는 개인적인 삶이나 사회적 삶에 있어 필요한 정보를 획득하기 위한 문제 해결적 독서, 교양을 쌓기 위한 독서, 직업 세계에 대한 이해나 진로 탐색을 위한 독서 등 글을 읽는 목적에 따라 자기 선택적으로 독서를 하는 능동적 독서 태도를 기르고 평생 독자로 성장해 갈 수 있도록 하는 독서가 중심이 되어야 한다.

2.1.2.2. 해독 기능과 읽기 유창성 숙달을 위한 독서 지도

한글 습득의 편리성으로 인해 한국어가 제 1언어인 우리나라의 초등 학생들에게 해독 기능의 숙달은 그간 크게 문제가 되지 않았다. 그러나 최근 들어 한글 해득의 격차가 주목받기 시작하면서 2015 개정 국어과 교육과정에서는 초등학교 1학년 1학기 한글 해독 교육은 이전 교육과정 시기에 비해 매우 강화되었다. 한글 해득은 핵심은 음운 인식 훈련을 통해 청각적 소리 정보와 시각적 철자 정보를 연결시키는 훈련으로부터 출발한다. 철자와 소리 간의 대응 규칙을 획득하는 한글 해득의 기본적 기능의 숙달 혹은 해독 기능의 자동화는 이후 읽기의 성공을 견인한다 (Ziegler & Coswami, 2005).

실제로 Shaywitz 외(2007)의 연구에 따르면, 7세에서 18세 사이의 독자들의 읽기 발달 단계에 있어 소리와 철자, 의미의 상호작용에 관련된 좌측 전방 외측 후두 측두엽 영역(left anterior lateral occipitotemporal area)의 유의미한 활성화 양상이 확인된 바 있다. 이는 독서 발달 과정에 있어 단어 재인과 관련한 기본 해득 기능이 필수적이라는 사실을 뒷받침해준다. 독서 발달의 과정에서 기본 해득 기능은 필수적이라는 사실을 확인할 수 있다. 이를 위해서는 명시적이고 반복적인 한글 해득의 기능적 훈련이 이루어질 필요가 있다. 실제 난독증 문제를 지닌 지수와 같은 아이들의 독서 장애 문제 역시 해독 기능의 미숙한 발달이 근본적 문제로 진단된다. 특히, 단어나 철자를 정확하고 유창하게 말하지 못하는 증상, 철자와 소리 간의 대응 능력인 음운 처리 기능의 부족 문제는 난독증의 전반에 걸쳐 나타나는 증상으로 볼 수 있어, 한글 해득의 목표 시기보다 다소 늦은 발달을 보이는 초등 학령기 독자들은 보다 집중적인(intensive) 한글 해득 교육 프로그램에 대한 참여가 필요하다.

읽기 유창성은 해독과 독해를 중재하는 중요한 기능 요소이다. 글을 유창하게 읽는 독자들에 대한 관심은 종종 간과되는 부분이다. 한글 해득이 숙달되었지만 글을 읽을 때 속도가 느리고 정확하지 않은 학생들은 독서 교육의 대상에 포함되지 못한다. 읽기 유창성은 보통 일반적인 교수 학습 상황에서 주의 깊은 관찰이 아니라면 관찰되기 어렵기 때문이다. 한글 해득의 철자와 소리 대응의 규칙, 철자 규칙 등에 관한 지식은 갖추고 있지만 충분히 자동화되지 못한 초등 독자들은 보통 읽기 유창성의 문제를 지니고 있다. 그러한 경우 글자나 단어를 읽고 그 의미를 떠올리는 과정 자체에 굉장히 많은 힘을 들이게 되므로 방금 읽은 글을 기억해내지도 못할 뿐 아니라, 지금 읽은 글의 일부에 대한 이해도 충분하지 않으므로 글에 대한 전반적 이해 역시 실패하게 된다.

읽기 유창성은 소리 내어 읽기(oral reading) 혹은 음독 지도를 통해 숙달될 수 있다. 소리 내어 읽기, 즉 음독 지도의 핵심은 유능한 대상의 시범 보이기(modeling) 활동과 반복 학습에 있다. 독서 지도 상황에서 일반적으로 유능한 독자는 교사 혹은 또래일 가능성이 있다. 소리 내어 읽기는 정해진 단어나 구, 문장을 유능한 독자가 먼저 소리 내어 읽으면, 미숙한 독자인 학습자가 이를 따라 읽는 방식으로 진행된다. 단 이때 미숙한 독자는 여러 번 반복하여 따라 읽는다. 읽기 유창성 지도가 성공하기 위한 전제 조건은 학생들이 읽고 있는 텍스트가 학생들의 독서 수준에 적합해야 한다는 것이다. 글이 너무 어려운 경우, 해독하는 데 과도하게 시간을 소비하여 유창성에 대한 숙달이 충분히 이루어지지 못할 수 있다. 반드시 제시되는 텍스트의 단어 중 90% 이상을 학생들이 이해할 수 있을 정도의 단어여야 한다.

또한 텍스트의 수준 이외에도 분량 역시 200자 내외로 한정하되 시나 소설, 이야기 글 역시 포함하여 학생들의 흥미나 동기를 고려할 수 있어야 한다. 이러한 읽기 유창성을 측정하는 방법은 1분 당 학생들이 정확하게 읽을 수 있는 오류 분석(WCPM: Words Correct Per Minute) 검사를 적용할 수 있고, Rasinski(2003)의 읽기 유창성 루브릭을 활용하여 비공식적 읽기 평가를 통해 학기 전과 후에 향상도를 점검할 수도 있다.

2.1.2.3. 독해 기능 발달을 위한 현시적 독서 지도와 전략적 독서 지도

독해란 독자가 자신의 배경지식과 경험을 바탕으로 하여 텍스트가 전달하는 의미를 파악하고 자신이 스스로 의미를 생성하는 인지적 행위이다. 초등 중학년 이후 학령기 독자들은 독해 기능에 대해 학교 수업을 통해 지속적으로 배우게 된다. 국어 수업을 통해 청소년기 독자들은 글을 읽고 글에서 나타난 중요 정보와 세부 정보를 분류하고, 핵심어나 주제어, 중심 문장을 파악하면서 글의 전체 주제를 파악한다. 글을 쓴 필자는 모든 정보를 명시적으로 제시하지 않기 때문에 상황에 따라 필자는 자신의 배경지식이나 경험, 맥락 정보를 종합해서 비명시적 정보를 추론해야 한다. 텍스트 맥락에 근거한 논리적 추론이나 독자의 배경지식이나 스키마, 경험에 근거한 화용적 추론은 글의 종합적인 이해를 위해 필수적인 독해 기능이라 할 수 있다.

다음으로 독자는 보다 더 능동적으로 필자와 텍스트 층위를 넘어선 상위의 독해 기능을 배우게 되는데 이는 비판적 독해, 창의적 독해 등이다. 비판적 독해는 필자의 의도나 관점, 제시된 사실이나 정보가 정확하고 신뢰할만한 것인지, 공정하고 타당성 있는지에 대한 평가를 바탕으로 독자는 주체적으로 판단하는 독해 기능이다. 창의적 독해는 문제 해결적 차원에서 보다 더 가능한 대안을 도출해가는 독해 기능이라 할 수 있다. 다음으로 소설 등의 문학 텍스트를 수업 중 다루면서 읽기와 관련해서 내용에 대한 정서적 반응, 사건이나 인물에 대한 파악. 필자의 표현, 상상하며 읽는 감상적 독해 역시 학생들은 배워간다.

그러나 대부분의 초중등 학생들은 국어 수업 시간 중 교과서 제재와 교과서 활동의 관계 속에서 독서 기능 혹은 독서의 방법을 배우기 때문에, 명시적이고 구체적인 수준에서 각 독해 기능에 대해 학습했다고 인식하기는 어렵다. 더욱이 학습 목표에 제시된 독해 기능이나 방법에 대한 부분이 교과서 제재에서 초점화되고 반복적으로 학습되지 않을 뿐더러, 수업 중 이러한 독해 기능들이 학년별이나 학교급별로 반복 심화되어 지도되지 않기 때문에 독해 기능에 대한 교수 학습에 대한 인식은 다소 모호한 것이 사실이다. 그러다 보니 독서량이 풍부하고 독서에 관심이 있는 독자들은 국어 수업 이외의 상황에서 독서 활동에 지속적으로 참여하는 가운데 스스로 독해 기능을 길러가는 상황이 더 빈번하거나 혹은 학교 밖의 독서 전문가들로부터 별도의 지도를 받아 독해 기능을 학습해 간다. 그러나 독서량도 부족하고 별도의 교육적 지원을 받지 못하는 초중등 독자들은 독해 기능을 온전히 갖추지 못해 결과적으로 미숙한 독자로 남게 된다.

실제로 우리나라 초중등학생의 독서 발달 양상을 조사한 최숙기(2010)에 따르면, 실제로 초·중·고등학생들의 독서 발달은 선형적 발달의 양상을 보이지 않았다. 학년의 발달이 실제 독해 기능의 발달로 이어지지 않는 결과가 나타난 것이다. 중 1과 초 6의 독서 능력은 평균적으로 유사하였고, 중학교 2학년과 3학년의 독서 능력 역시 유사한 수준을 보였다. 학교급별 경계 범위나 학년 경계 범위는 독서 발달의 본질적 분류 기준이 될 수 없음이 확인되었다. 이 연구에서는 중학교 2학년 시기부터 고등학교 1학년까지 사실적 이해나 추론적 이해는 심화 발달하는 양상이 드러나지 않았고, 비판적 이해는 중학교시기에 이르러서야 유의미한 발달의 수준이 드러났다. 이는 사실적 독해, 추론적 독해, 비판적 독해 등의 독해 기능이 특정 시기에 급격히 도약하는 것이 아니며, 독해 발달은 초중등학령기에 걸쳐 지속적으로 발달을 이룬다는 사실을 보여준다. 또한 이는 특정 독해 기능은 지도를 하더라도 기본적 독해 기능의 숙달은 그 이후 후속적으로 발달한다는 우리나라 초중등학생의 독해 발달의 양상을 보여주는 것이다. 더불어 이 연구에서는 전략적 독서의 수행을 설명하는 독서 전략에 대한 인식과 적용은 중학교 3학년 시기에 보다 향상됨을 확인할 수 있었다. 이러한 결과는 기본 독해 기능에 대한 지도가 초등학령기부터 중등학령기 전반에 걸쳐 지속적으로 이루어질 필요가 있고, 보다 더 효과적인 독해 기능 지도가 이루어질 필요가 있음을 보여준다.

초중등 독자들이 독해 기능을 온전히 갖추기 위해서는 반드시 독해 기능이나 전략과 관련한 현시적 교수법(explicit instruction)을 교사는 기본적으로 실시할 필요가 있다. 현시적 교수법은 독서를 가르치는 교사의 독해 방법이나 전략에 대한 설명과 시범보이기, 교사 안내에 따른 학생 활동, 학생 독립 활동의 단계로 구성된다. 이 단계의 후반부로 갈수로 교사의 책무성이 학생들에게로 점진적으로 이양된다. 이러한 현시적 교수법이 독서 지도법으로 잘 구체화된 것이 DRA(Directed Reading Activity)이다. DRA는 Betts(1946)의 『독서 지도의 기본(Foundations of reading instruction)』이란 책에 소개된 독서 지도법으로 독서 준비하기, 묵독 안내하기, 후속 활동하기의 3단계 절차로도 소개되지만, 질문을 통한 독해 지도와 독서 목적에 따라 다시 읽기를 포함하여 5단계의 절차로도 구성 가능하다. DRA에서 묵독 안내하기 절차에서 교사는 선정한 텍스트를 읽는 데 필요한 독해 기능을 설명하고 선정한 글을 학생들이 묵독하는 가운데 가르친 독해 기능에 관한 질문들을 제시하고 이에 답하며 읽도록 안내한다. 후속 활동은 선정된 글 이외의 다양한 글을 많이 읽고 학습한 독해 기능들을 반복 적용하여 읽음으로써 독해 기능을 독자들이 완전히 내면화할 수 있도록 이끈다.

그러나 독해 기능을 가르치는 데 이러한 현시적 교수법은 명백히 한계를 지닌다. 독서의 목적이나 상황은 매우 다양한데 이에 요구되는 독해 기능들 역시 다양하기 때문이다. 실제 현시적 교수법이나 DRA와 같은 독서 지도법은 독해 기능 숙달 자체에 초점화되었지만, 다양한 독서 목적과 상황에 맞게 독해 기능을 잘 적용하여 효과적으로 독서를 이끌어 가는 것을 지도하는 데는 한계가 있다. 이 때문에 독서의 목적과 상황에 따라 효과적인 독서 전략을 적용할 수 있도록 하는 전략적 독서 지도 역시 병행해야 한다. 독해 기능의 명시적 학습과 더불어 실제 이러한 기능이나 전략들을 다양한 실제 독서를 통해 적용하는 것 역시 초중등 독자들을 지도할 때 중요하지만, 여가 독서인지 학습 독서인지 등에 따른 독서 목적에 대한 인식, 현재 읽어야 할 텍스트를 성공적으로 독해하기 위해 필요한 독서 기능이나 전략이 무엇이며 이를 어떻게 적용해야 할지에 대한 명료한 독자의 인식 형성을 위하 지도에도 중점을 둘 필요가 있다.

2.1.2.4. 내용교과 문식성 발달을 위한 학습 독서 지도

독서의 목적은 일반적으로 여가 독서와 학습 독서로 분류할 수 있다. 학령기 이전의 독자들은 자신의 흥미와 관심에 따라 읽고 싶은 책을 자유롭게 읽는 여가 독서의 목적에 의해 독서를 일반적으로 수행한다. 그러나 학령기에 접어든 학생 독자들은 교과 내용에 대한 새로운 지식과 정보를 습득하기 위한 학습 독서 목적의 독서 활동을 수행하게 된다. 실제로 Chall(1996)의 독서 발달 단계에 관한 논의에서도 실제 초 4부터 중학교 3학년 시기까지를 '새로운 학습을 위한 독서 발달의 단계'로 분류하면서 교과 학습을 중심으로 한 독서가 중요한 독서 활동으로 자리잡는 시기라고 설명한 바 있다(최숙기, 2011). 이러한 학습을 위한 독서(read to learn)의 본질은 교과 학습의 향상에 있다.

학습 독서 지도는 교과서나 다양한 교과 정보를 담은 글을 읽고 새로운 정보나 지식을 획득하는 활동으로 이러한 독서의 핵심은 교과에서 주요하게 다루는 교과 용어 혹은 학습 도구어(academic vocabulary)의 이해와 습득, 질문을 기반으로 한 탐구법, 핵심어와 중심 내용에 대한 파악 활동과 요약하기, SQ3R, KWL, 메모하기나 밑줄 긋기, 벤다이어그램이나 도해조직자를 통한 정보의 분류, 학습일지의 작성 등이 세부 전략에 포함된다. 학습 목적의 독서 활동의 주요 절차는 1) 학습의 목적을 선정하고 이 목적에 적합한 도서를 선정하는 것, 2) 학습하고자 하는 내용과 관련한 질문을 생성하고 독서를 통해 이에 대한 답을 탐색하는 것, 3) 새롭게 알게 된 지식이나 학습한 내용을 효과적으로 기억하기 위해 이를 정리하고 요약하는 것이 포함된다.

2.2. 독자의 정의적 특성과 발달

2017년 통계청 조사에 따르면 연도별 차이는 있으나 지난 7년간 독서 인구는 점차 줄어들고 있다. 2011년에는 독서 인구가 61.8%였으나, 2017년에는 54.9%에 그치고 있다(통계청, 2017). 국제학업성취도평가(PISA) 결과에서 보듯 읽을 수 있는 능력이 충분하고, 지역 도서관 수가 꾸준히 증가하는 등 독서 환경이 개선되고 있음에도 불구하고 책을 읽는 독서 인구는 오히려 줄어들고 있다. 지식이 삶의 기반이 되는 평생 학습 사회에서 독서를 하지 않는 것은 개인적 차원에서는 물론이고 사회, 국가적 차원에서도 심각한 문제이다. 독서 인구가 감소하고 사람들이 좀처럼 독서를 하지 않는 이유는 다양하겠으나, 독서를 즐겨 하고 기꺼이 하려는 독서에 대한 태도나 동기 부족과 같은 정의적 특성이 중요한 원인이 될 수 있다. 독서 교육이 능숙하게 읽고 쓸 수 있도록 읽기 기능과 전략을 가르치는 인지적 영역의 교육과 더불어 평생 독자로 나아갈 수 있도록 읽기에 대한 긍정적인 태도와 동기를 형성시키고, 유지시키는 독서의 정의적 영역 역시 중요하게 다루어야 하는 이유이다. 이 장은 독서에 영향을 미치는 정의적 특성과 발달 양상을 이해하고, 독자의 긍정적인 읽기 태도와 동기를 계발하기 위한 시사점을 논하는 데 목적이 있다.

2.2.1. 독자의 정의적 특성 범주

독서 교육에서 독자의 정의적 특성에 대한 관심은 독자들이 책을 읽거나 읽지 않는 이유는 무엇이고, 어떻게 하면 독서를 지속적으로 하게 할 것인가에 두어져 왔다. 이는 독서 교육이 학생들로 하여금 능숙하게 읽을 수 있는 능력을 길러주는 것만으로는 충분하지 않음을 시사한다. 아무리 읽기 능력이 뛰어나도 읽지 않는다면 소용이 없기 때문이다.

독서에 몰입하면서 지속적으로 즐겨 읽게 만드는 정의적 요인에는 무엇이 있을까? 인간 행동에 영향을 미치는 정의적 특성이 복잡한데다가 과학적으로 아직 분명한 규명이 이루어지지 않아서 독자의 정의적 요인을 명확하게 정의하기는 어렵지만, 태도와 동기를 중심으로 읽기 선호, 읽기 흥미 등이 연구되어 왔다.

먼저 독자의 대표적인 정의적 특성으로 읽기 태도가 있다. 읽기 태도는 '읽기를 대상으로 좋고 싫음의 평가를 내리고, 그러한 평가에 따라 독서 상황에 접근하거나 회피하는 등의 반응을 일관되게 산출하는 심리적 경향'이라고 정의할 수 있다(정혜승, 2006, 390). 태도는 '어떤 대상에 대하여 개인이 가지고 있는 신념이나 느낌, 행동을 관찰하거나 물음으로써 발견되는 구성적인 개념'으로, 이러한 정의에 따르면 읽기 태도를 구성하는 요인은 세 가지이다(정혜승, 2007, 274). 독서에 대해 좋거나 싫다는 느낌과 감정을 의미하는 정서적 요인, 독서에 대한 가치와 신념에 해당하는 인지적 요인, 도서관에 가고 책을 빌리는 등 실제적인 읽기 경험과 습관을 포함하는 행동 요인 등 크게 세 가지로 구성된다고 보는 것이다. 이는 읽기 태도를 긍정적으로 변화시키기 위해서는 읽기의 즐거움을 체감하게 하는 등 한 가지 요소만 학생들에게 강조하기보다는 읽기의 가치와 중요성을 인식하고, 읽기에 대해 긍정적인 느낌을 가질 수 있는 경험을 제공하며, 읽기를 습관화하고, 주변 사람들과 다양한 독서 활동에 참여하는 기회 등이 고루 필요하다는 것을 의미한다.

읽기 태도와 더불어 읽기 행동에 많은 영향을 주는 것으로 읽기 동기를 들 수 있다. 읽기 동기는 인간 행동의 이유를 설명하는 일반 동기의 개념이 읽기라는 특정 행동 영역에 적용되면서 등장한 개념이다. 동기가 인간으로 하여금 어떤 행동을 하게 하는 심리적 요인이라면 읽기 동기는 독자로 하여금 독서 행위를 실행하게 하는 보다 직접적인 심리적 기제를 의미한다(이순영, 2006). 읽기 동기를 측정하는 도구로 Wigfield & Guthrie(1995)

가 11개의 읽기 동기 요인을 기반으로 개발한 MRQ(Motivation for Reading Questionaire)가 잘 알려져 있다. MRQ에서는 읽기 동기의 하위 구성 요인으로 '읽기 효능감, 읽기 도전, 읽기 회피, 읽기 호기심, 읽기 몰입, 읽기 중요성, 읽기 인정, 읽기 성적, 읽기 경쟁, 상호작용, 순응'의 11개를 언급하였다. 나는 읽기를 잘 할 수 있다는 자신감(읽기 효능감), 다소 어렵더라도 읽기에 도전하며(읽기 도전), 읽지 않으면 혼나니까(회피), 궁금한 것을 해결하기 위해서(호기심), 읽기 자체에 빠지는 것(몰입), 읽기는 중요하니까(중요성), 읽기를 하면 칭찬을 받으니까(인정), 읽기를 하면 성적이 오르니까(성적), 경쟁에서 이기려고(경쟁), 읽기를 매개로 상호작용하려고(상호작용), 읽어야 한다는 규칙에 순응하는 것(순응)이 하위 요인이다. 이후 읽기 동기에 관한 연구에서 읽기 동기의 구성 요인에 대한 다양한 논의가 있으나, 학생이 책을 읽는 이유는 동일한 학생이라도 상황에 따라 어떤 때는 호기심에 의해 읽을 수도 있고, 어떤 때는 책을 매개로 상호작용 하기 위해 읽는 등 읽기 동기는 다면적 범주로 구성된다고 알려져 있다(권민균, 2005).

읽기 태도와 읽기 동기는 밀접한 관계가 있지만, 읽기 태도가 장기적이고 간접적으로 읽는 행위에 영향을 끼친다면 읽기 동기는 읽기의 출발점으로 읽는 행위에 좀 더 직접적인 영향을 끼친다는 점에서 차이가 있다. 읽는 행위에 이르게 하기 위해서는 읽기 의도가 있어야 하는데, 읽기 동기는 이러한 읽기 의도에 보다 직접적인 영향을 준다고 볼 수 있다(최숙기, 2010).

태도와 동기 외에 읽기 선호도 정의적 특성 범주에 포함된다. 읽기 선호는 책 선택이라는 읽기 행동에 직접적·간접적인 영향을 주고, 책을 선택한 경험은 다시 읽기 선호에 영향을 준다. 읽기 선호가 읽기 선택이라는 행동을 이끄는 데 영향을 준다는 측면에서 읽기 태도와 비슷하다고 볼 수 있으나, 읽기 태도와 읽기 선호는 변별되는 개념이다. 선호의 사전적인 의미는 '어떤 대상에 대한 긍정적 감정 상태로 동일한 범주의 다양한 요소 중에서 다른 것보다 선택적으로 좋아하거나 유쾌한 감정을 갖는 것'이다. 읽기 태도가 읽기 전반에 대한 평가나 감정, 행동적 준비도를 의미한다면 읽기 선호는 읽기와 관련된 구체적인 장르나 글의 주제 및 화제에 대한 호감 정도를 나타내는 것이다. 읽기 선호는 전체적인 읽기에 대한 태도 속에서 읽기의 대상에 대해 다른 것에 비해 더 좋아하는 것이라고 할 수 있다(정혜승·서수현, 2012). 초등학생의 텍스트 장르, 주제(화제)에 관한 선호는 학년별, 성별, 읽기 태도나 독해력의 차이에 영향을 받는다(전지영, 2008). 이는 학교 읽기 환경을 구성할 때 성별, 읽기 능력, 읽기 태도에 따라 읽기 선호의 차이를 고려해야 함을 의미한다고 볼 수 있다.

읽기 흥미는 '읽는 것이 재미있고 즐겁게 느껴지는 마음이나 감정의 상태'로 읽는 행위에 영향을 준다. 좋고 싫음의 감정과 관련된다는 측면에서 읽기 태도와 유사한 부분이 있으나 읽기 흥미가 좀 더 역동적으로 작용하는 감정 중심의 정서라면, 읽기 태도는 좋고 싫음의 감정뿐만 아니라 읽기에 대한 가치나 평가 등 인지적인 판단도 포함하는 것이라는 점에서 구분이 될 수 있다(정혜승, 2006). 읽기에 대한 흥미는 학령기 이전부터 형성되며, 유아기 시절 일상생활에서 책과 접할 기회가 많고 책에 있는 내용에 관심을 가질 수 있는 긍정적인 경험을 많이 가지게 되면 읽기에 대한 흥미가 높아진다고 알려져 있다.

이상에서 독자의 정의적 특성을 이루는 여러 개념에 대해 알아보았다. 그러나 정의적 영역 자체가 복잡하고 그것을 구성하는 하위 특성들이 서로 영향을 맺고 있기 때문에 태도, 동기, 선호, 흥미 등을 명확하게 구분하거나 상호 무관한 것으로 보기는 어렵다.

2.2.2. 독자의 정의적 특성의 중요성

읽기에서 정의적 영역은 읽기의 출발점이면서 목적이 될 수 있으며, 읽기의 결과인 동시에 읽기를 위한 수단이라고도 할 수 있다. 읽기 태도나 동기와 같은 정의적 영역은 읽기 행위를 촉진하는 등의 직접적인 영향뿐만 아니라 읽기와 관련한 지식이나 기능, 전략의 학습에 간접적인 영향을 미치기도 한다(최숙기, 2011).

읽기 태도가 긍정적으로 형성된 학생일수록 책을 더 자주 읽고, 독서 시간이나 독서량이 많아 읽기에 대해 긍정적인 경험을 할 확률이 높으며, 이런 경험은 다시 긍정적인 읽기 태도 형성과 읽기 능력 향상에 영향을 끼칠 수 있다. 이러한 현상은 매튜 효과로 설명될 수 있는데, 매튜 효과란 읽기 태도와 능력 사이의 순환적 관계를 의미한다.

또한 높은 읽기 동기는 읽기 능력 향상에 도움을 준다. 높은 읽기 동기를 가진 학생들은 읽기라는 행위를 선택할 가능성이 높아지고, 이를 통해 배경 지식의 확장과 그와 관련된 어휘나 독해력도 향상될 가능성이 높아진다는 것을 의미한다. 특히 읽기 동기 중에 효능감, 도전심, 호기심, 경쟁심, 중요성 등은 독해력과 관련이 있는데, 책을 통해 사회적 상호작용을 많이 한 학생일수록 낱말 인식과 독해력이 더 높다(권민균, 2005).

같은 읽기 능력을 가졌음에도 스스로 책을 잘 읽을 수 있다는 신념을 가진 학생은 그렇지 않은 학생에 비해 읽기 활동에 몰입하거나 어려운 읽기에도 도전을 하며 여러 상황에서 책을 선택할 가능성이 높다. 이는 읽기 효능감으로 설명될 수 있다. 읽기 효능감은 심리학의 '자아 효능감'에서 파생된 개념으로 자아 효능감은 어떤 행위를 수행할 때 바람직한 결과를 가져올 수 있을 것이라는 기대 신념이다(Bandura, 1997). 독자로서의 읽기 효능감은 읽기를 성공한 경험이 많을수록, 자신과 비슷하거나 낮은 타인이 읽기를 성공하는 것을 많이 관찰할수록, 읽기에 대한 긍정적인 피드백이 많아질수록 읽는 상황에서 편안하고 긍정적인 경험이 많아질수록 높아진다(최숙기, 2009).

읽기 수업 현장에서도 학생들의 이런 정의적 특성을 파악하여 적극 활용할 필요가 있다. 앞서 살핀 바와 같이 읽기 효능감이 높은 학생일수록 읽기 참여가 높아진다. 학생이 부정적인 피드백이나 책을 읽지 못한다는 평가를 지속적으로 받는다면 학생의 읽기 효능감이 낮아질 가능성이 높다. 이는 학생의 읽기에 대한 평가에 대해 재고할 필요가 있음을 시사한다. 기존의 읽기 평가에서는 개인의 발달이나 성장보다는 어느 일정한 평가 기준에 의해서 학생의 읽기 능력을 평가하거나 혹은 다른 학생과의 비교에 의해 상대적인 평가가 이루어져 왔다. 객관적인 평가가 이루어지는 초등학교 3학년 시기에 자아효능감이나 자신감이 떨어지는 것도 이를 뒷받침한다(권민균, 2002). 평가의 목적이 학생의 성장에 있다는 사실을 염두에 두고, 평가 후 학생의 성장을 도울 수 있는 피드백을 주는 것이 필요하다고 할 것이다.

또한 책을 스스로 선택하여 읽는 것은 읽기 효능감을 발달시키고 이것은 읽기 동기를 강화한다(박영민·최숙기, 2008). 내가 좋아하는 것이 무엇인지 알기 위해서는 다양한 시행착오의 경험이 필요한 것처럼 스스로의 책에 대한 선호가 무엇인지 알기 위해서는 다양한 책들을 접하는 경험이 필요하다. 스스로 고민하지 않고 교사나 부모의 권유로, 혹은 베스트셀러 등의 이유로 책을 선택한다면 이러한 경험을 할 수 없을 것이다. '내가 좋아하는 것은 무엇인가?', '내가 왜 이 책을 선택하였는가?', '이 책과 비슷한 책을 읽은 적이 있는가?'라는 질문을 가질 수 있도록 학교나 가정에서 학생들이 좋아하는 책에 관심을 가지고 어떤 책을 선택했을 때 만족도가 높은지 학생들의 선호도를 잘 살피고 격려해 줄 필요가 있다. 읽기 태도가 긍정적이지 않은 학생이라도 자신이 의미 있다고 생각하는 읽기에 대해서는 적극적으로 참여하는 경우가 많다. 학생들이 읽고자 하는 책이 윤리적으로나 교육적으로 특별히 문제가 되지 않는다면 어른의 잣대로 엄격하게 금지하기보다는 가능한 허용하는 독서 환경을 조성해 주는 것이 필요하다. 만약 교육적으로 염려가 되는 책을 읽고자 한다면 학생과 함께 책을 읽고 그 책에 대해 비판적으로 이야기를 나누어 보는 것도 한 방법이 될 수 있다. 학생은 독자로서 장르, 화제, 매체, 양식, 읽기의 목적과 방법에 대해 선호를 가질 수 있으며, 이러한 선호에 대해 폭넓은 인정과 지지를 해 줌으로써 학생은 스스로 독자로서의 가능성을 발견하고 키워 나갈 수 있을 것이다(정혜승·서수현, 2012).

이러한 정의적 영역의 중요성에 대한 인식으로 최근 개정된 2015 개정 국어과 교육과정에서도 읽기 능력(기능)과 함께 태도를 강조하고 있다. 읽기 태도의 핵심 개념을 '읽기의 흥미'와 '읽기의 생활화'로 설정하고, 학년군별 내용 체계를 '읽기에 대한 흥미(초등 1, 2학년)', '경험과 느낌 나누기

(초등 3, 4학년)', '읽기 습관 점검하기(초등 5, 6학년)', '읽기 생활화하기(중학교 1·3학년)', '자발적 읽기(고등학교 1학년)'로 제시하고 있다. 읽기 태도를 흥미나 경험 나누기와 같은 정서적인 측면과 습관 점검하기라는 인지적인 측면, 생활화라는 행동적인 측면으로 나누어 설명함으로써 정의적 영역의 체계적 지도를 시도함을 알 수 있다. 이처럼 교육과정에서 읽기 태도를 강조하는 것은 책을 읽을 수 있지만 읽지 않는 현실을 반영하여 평생 독자로서의 기반을 학교 교육을 통해 이루고자 함으로 볼 수 있다.

2.2.3. 독자의 정의적 특성의 차이와 교육적 시사점

학생의 읽기 능력을 향상시키기 위해서는 학생의 현재 읽기 능력을 진단하고, 학생에 맞는 교육 방법을 찾아 적용하는 과정이 필요하다. 마찬가지로 정의적 영역 역시 성, 학년, 처해 있는 환경에 따라 학생의 특성이 다르므로 학생들의 정의적 특성과 그 발달 과정을 파악하여 적절한 교육 방법을 모색하는 것이 요구된다.

2.2.3.1. 학년(연령)에 따른 차이와 교육적 시사점

인지적 영역과 마찬가지로 정의적 영역에서도 학년(또는 연령, 이하 학년으로 언급)에 따른 발달의 경향성을 찾아볼 수 있다. 초등학생을 대상으로 정의적 영역의 발달을 다룬 연구들에서 읽기 태도가 부정적으로 변하는 시기에 있어서는 다소 이견이 있으나, 대체로 초등학교 중학년을 기점으로 고학년으로 갈수록 읽기 태도 조사 항목 대부분이 부정적으로 변하는 것으로 보고되고 있다.

윤준채·이형래(2007)는 초등학교 남녀 학생 1,874명을 대상으로 '한국판 초등학생용 읽기 태도 검사도구(Korean Elementary Reading Attitude Survey, KERAS)'를 사용하여 읽기 태도를 검사하였다. 아래의 그래프는 초등학생의 학년에 따른 읽기 태도 변화 추이를 나타낸다.

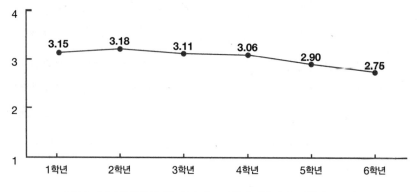

그림 2-3 | 초등학생 학년별 읽기 태도 변화 추이(윤준채 · 이형래, 2007)

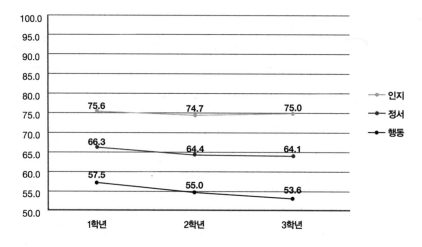

그림 2-4 | 중학생 학년 및 읽기 태도 영역별 변화 추이(서수현 · 정혜승, 2012)

위 조사는 읽기 태도 측정의 각 항목을 얼굴 표정으로 표시하게 하였는데 매우 좋아하는 표정(4점), 좋아하는 표정(3점), 싫어하는 표정(2점), 매우 싫어하는 표정(1점)으로 나타나게 한 결과 연구에 참여한 초등학생의 읽기 평균 점수는 3.03점(4점 만점)이었다. 학생들의 읽기 태도는 〈그림 2-3〉에서 보이는 바와 같이 1학년(3.15)에서 4학년(3.06)으로 올라가면서 조금씩 줄어들다가 5학년(2.90), 6학년(2.75)으로 올라가면서 보다 급격하게 감소하는 경향을 나타낸다.

중학생의 읽기 태도 역시 초등학생과 비슷하게 학년이 올라갈수록 긍정적인 태도가 감소한다(윤준채·김영란, 2008; 최숙기, 2011; 서수현·정혜승, 2012). 서수현·정혜승(2012)은 중학생 14,725명을 대상으로 읽기 태도 검사 도구를 활용하여 읽기 태도 검사를 하였다. 읽기 태도의 인지적 영역(8문항), 정의적 영역(8문항), 행동적 영역(9문항)으로 구성된 총 25문항으로 1점에서 4점까지 리커트 척도로 조사한 결과를 그래프로 나타내면 〈그림2-4〉와 같다.

서수현·정혜승(2012)은 인지 영역의 경우 학년별로 거의 변화가 없지만 정서 영역과 행동 영역은 학년이 올라갈수록 긍정적인 정도가 낮아진다고 하였다. 중학교 이후로는 읽기 태도의 영역 중 읽기의 중요성과 가치 등에 관한 인지적 영역에 있어서는 유의미하게 달라지는 점이 없어 읽기 태도의 부정적인 변화에는 읽기의 인지적인 측면보다는 좋고 싫음의 감정적인 면이나 실제로 책을 빌리는 행동 등의 행동적인 측면이 더 영향을 준다고 볼 수 있다. 이는 고등학생의 경우도 유사한데 학년이 올라가면서 긍정적인 읽기 태도가 완만하게 감소하고 있으나, 학년별로 큰 차이를 보이지는 않는다. 또한 한번 부정적으로 바뀐 읽기 태도는 쉽게 긍정적으로 변하지 않으며, 이러한 읽기 태도, 동기 등과 같은 정의적 측면이 평생 독자로서 성장하는 데 큰 영향을 준다는 측면에서 초등학교 중학년 이후 읽기 태도 변화의 원인을 파악하여 적절한 조치를 할 필요가 있다.

읽기 태도 발달에 관한 선행 연구에 따르면 초등학교 중학년 이상이 되면 학업 등의 이유로 읽기 시간이 충분히 확보되지 않으며, 읽기보다 더 매력적인 여가 활동이 많아진다(정혜승·김정자·정현선 외, 2016; 윤준채·이형래, 2007). 읽기에 대해 긍정적인 태도를 가지고 있더라도 여가 시간에 상대적으로 더 매력적인 활동이 주어진다면 읽기 대신 다른 활동을 선택할 가능성이 높아진다. 이를 위해 학교 교육에서 학생들의 흥미에 맞는 독서 자료를 제공하여 독서도 즐거운 활동, 재미있는 활동이 될 수 있음을 인식하게 할 수 있도록 도울 수 있다. 또한 학생들이 책을 읽을 수 있는 충분한 시간을 갖게 해주는 것이 필요하다.

초등학교 저학년 때까지는 흥미와 재미 위주의 독서를 주로 하였다면 학년이 올라가면서 여가적인 독서보다는 학습 독서가 중심이 된다. 학교 교육과정상 4학년 이후 교과 학습이 본격화되고 학생들이 읽어야 할 자료의 수준도 높아진다. 가정에서도 자녀의 학습이나 학업에 관심을 더 많이 갖게 되어 여가적 독서보다는 학습 독서를 더 가치 있는 것으로 여기면서 자녀가 읽을 책과 읽기 방법에 관여를 하는 경우가 많다. '독서를 학습'으로 인식하기 때문에 독서가 이루어지는 교실이나 도서관, 심지어 집에서조차 조용히 바른 자세로, 정독과 완독을 하는 것이 바람직하다고 생각한다. 이러한 상황 속에서 이루어지는 독서를 학생들이 즐겁게 느끼면서 지속적으로 하고 싶다고 생각하기는 어려울 것이다. 학습 독서를 지나치게 중시하고 특정한 독서 자료와 방식을 강조하기보다는 학생이 선택권을 가지고 자발적으로 읽을 수 있도록 허용하는 것이 필요하다. 또한 독서를 개인이 홀로 머리를 써야 하는 인지적 과업으로 생각할 때 독서를 즐거운 활동으로 여기기 어렵게 된다. 혼자서 책 내용을 이해해야 하고, 읽은 것을 기억해야 하는 '머리 쓰기'로서의 독서는 인지적으로 부담이 될 뿐만 아니라 즐거운 일로 받아들여지기 쉽지 않다. 따라서 독서의 형태와 방법이 다양하다는 것을 이해하고, 직접 다양한 독서 경험을 쌓도록 지원하는 것이 필요하다. 예를 들어, 책을 읽고 다른 사람과 즐겁게 이야기를 나눌 수 있는 기회를 갖는 것은 외로운 인지 행위로서의 독서에 대한 생각을 바꾸고 즐거운 독서 경험을 하게 하는 방법이다. 2015 개정 국어과 교육과정에서 초등학교 3학년부터 제시하고 있는 독서 단원의 경우도 친구와 함께 책을 읽고 생각을 나누는 다양한 활동을 할 수 있도록 하는 것도 이런 맥락에서 해석될 수 있을 것이다.

읽기 능력이 부족하여 읽기에 흥미를 잃는 경우가 있다. 기존의 읽기 발달 이론에서는 시기별 읽기 발달의 단계가 정해져 있다는 가정 하에 일정 시기에 학생이 목표 도달을 못할 경우 목표에 도달할 수 있는 적절한 교육을 하도록 하였다. 그러나 학습자 중심의 발달관에서는 학생들마다 읽기 발달의 단계가 다르기 때문에 학생 각자의 수준에 맞는 적절한 텍스트를 활용하여 독서를 할 수 있도록 해야 한다(엄훈, 2012). 한 교실 안에는 다양한 읽기 수준과 성향의 학생들이 있음에도 불구하고 일정한 학년이 되었다고 하여 학생의 특성을 고려하지 않은 채 교사나 학부모 혹은 특정한 협회에서 추천하는 권장도서를 억지로 읽게 한다면 학생들의 읽기 태도는 부정적으로 변할 수밖에 없을 것이다. 일정한 학년이 되었다고 하여 특정한 장르나 화제의 책을 권유하기보다는 학생의 선호와 선택을 존중하고, 스스로 다양한 책을 탐색하여 읽을 수 있는 기회를 충분히 주는 것이 필요하다.

발달 특성에 따른 읽기 동기나 화제(주제), 매체 선호를 파악하여 적절한 텍스트를 선정하고 이에 맞는 교수·학습 방법을 적용하는 것도 필요하다. 우리나라 초등학생은 전 학년 탐정 이야기를 좋아하고 학년이 올라갈수록 동물(우화)에 대한 선호는 낮아지고 유머와 상상 이야기의 선호도가 높아지며, 저학년 때는 책을 더 선호하지만 3학년 이후로는 만화책/만화 영화를 선호한다(정혜승·서수현, 2012). 이러한 학생의 선호도를 활용한다면 적절한 시기에 학생의 관심과 흥미가 있는 자료나 매체를 활용하여 수업에 적용할 수 있을 것이다.

2.2.3.2. 지역에 따른 차이와 교육적 시사점

선행 연구에 의하면 거주 지역(대도시, 중소도시, 읍·면)에 따라 학생들의 읽기 태도에 차이가 있다. 초등학교 전학년에서 대도시나 중소도시 초등학생의 읽기 태도 평균이 읍면 지역 학생의 평균보다 높다. 중학교의 경우도 유사한 상황으로 읍면 지역의 학생들이 대도시나 중소도시의 학생들보다 낮은 읽기 태도를 보이고 있다(정혜승·서수현, 2010). 정혜승·서수현(2010)은 지역별 인구 분포를 고려하여 전국에서 초등학생 27,485명(대도시 12,368명, 중소도시 10,912명, 읍면 4,205명)을 표집하고 인지, 정서, 행동 세 영역 총 25문항으로 구성된 읽기 태도 검사지로 읽기 태도를 조사하였다. 각 항목은 1점부터 4점까지 리커트 척도로 구성되어 총 100점을 기준으로 한다. 다음은 연구에 참여한 초등학생의 대도시, 중소도시, 읍면 지역별 읽기 태도 그래프이다.

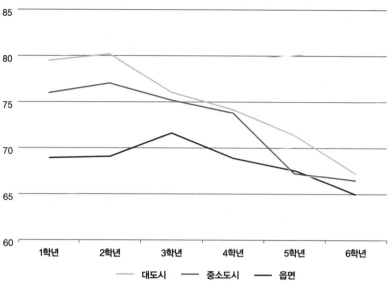

그림 2-5 | 초등학생의 학년별 지역별 읽기 태도 비교(정혜승·서수현, 2010)

학년과 무관하게 대도시 초등학생의 읽기 태도가 중소도시나 읍면 지역 학생의 읽기 태도보다 높은 것으로 나타났다. 중소도시 학생의 읽기 태도는 읍면 지역 학생보다는 높았지만, 대도시 학생보다는 일관되게 낮은 것으로 조사되었다. 이처럼 지역에 따라 학생들의 읽기 태도에 차이가 있다는 조사 결과는 독서 환경이 학생들의 읽기 태도에 큰 영향을 끼친다는 것을 보여주며, 독서 환경 측면에서 지역 간 편차를 줄이는 방안을 고려해야 함을 시사한다. 특히 지역 도서관이나 서점에 갈 수 있는 여건이 대도시나 중소도시보다 좋지 않은 읍면 지역에 대한 관심을 갖는 것이 필요하다.

읍면 지역의 학생들이 책을 주로 접하는 장소는 학교 도서관이나 학급 문고가 비치된 교실이다(김정영, 2017). 이는 방과 후나 학교를 벗어나는 방학 때는 마땅히 책을 접할 수 있는 기회가 더 적어진다는 것을 뜻한다. 도시 학생들의 경우 학교가 걸어갈 수 있는 위치에 있어 지역 도서관을 가지 않더라도 학교 도서관을 이용하여 쉽게 책을 접할 수 있지만 읍면 지역의 학생들의 경우 학교 버스를 이용하여 학교에 가는 등 거리가 먼 경우가 많아 학교 도서관조차 이용하기 어렵다. 읍면 지역 학생들에게 풍부한 읽기 환경을 제공해 주기 위해서는 학생들이 좀 더 쉽게 접근할 수 있는 지역에 도서관을 건립하는 것이 가장 좋겠지만, 책을 가까이 할 수 있도록 '찾아가는 도서관'과 같은 프로그램을 보다 적극적으로 시행하는 것이 필요하다. 영국의 북스타트 운동은 이런 점에서 시사하는 바가 있다. 북스타트 운동은 아주 어릴 때부터 책으로 된 장난감을 가지고 놀면서 책에 익숙해질 수 있도록 하는 프로그램으로 영·유아 검진 때 책을 선물하는 것으로 시작하였다. 지금은 전 세계적으로 확산되었으며 보건소에 오지 못하는 영·유아에게는 직접 집으로 가서 책을 전달해 주고 있다. 읽기 환경이 열악한 지역을 지원하는 이런 노력은 학생들이 책을 가까이 접하고 읽기 경험을 쌓게 하는 데 기여할 수 있다. 학교 차원에서도 방학 때 학교에 오기 어려운 학생을 위하여 방학 전 도서 대출 권 수를 늘려서 학생이 마음 놓고 책을 읽을 수 있도록 하고, 다양한 독서 프로그램을 운영하는 것도 하나의 방안이 될 수 있을 것이다.

2.2.3.3. 성에 따른 차이와 교육적 시사점

국내외의 여러 연구 결과를 종합할 때 읽기에서 남녀 성차가 있는 것으로 보인다. 많은 연구들에서 여학생은 평균적으로 남학생보다 읽기 능력이 높고, 더 많이 읽는 것으로 보고하고 있다. 정의적 측면에서도 여학생은 남학생보다 읽기를 좋아하고 읽으려는 동기가 더 강한 것으로 나타난다. 학교급을 막론하고 여학생이 남학생보다 읽기 태도가 좋은 것으로 나타나는 현상은 국내(정혜승·서수현, 2012; 윤준채·김영란, 2008: 윤준채·이형래, 2007)는 물론이고 외국에서도 보편적으로 나타난다(Coles & Hall, 2002; Sarah, Hannah, Nikola, & Penelope, 2012).

읽기 태도 발달 측면에서 특히 주목할 만한 부분은 본격적인 교과 학습이 시작되는 초등학교 중학년과 사춘기에 접어드는 중학교 남학생 읽기 태도의 부정적 변화가 크다는 점이다. 또한 읽기의 태도의 변화에 있어 읽기 태도 요소 중 읽기의 중요성이나 필요성을 인식하는 인지적 영역의 경우 남학생과 여학생 모두 큰 변화가 없으나, 읽기에 대해 좋거나 싫은 감정에 해당하는 정서적인 요인이나 읽기의 행동적인 요인은 학년이 올라가며 부정적으로 변화하는데 특히 남학생의 경우 더 많은 변화를 보인다(김정영, 2017).

이러한 남학생과 여학생의 차이는 생물학적인 성(sex) 차이, 또는 성 정체성(gender identity)에 의한 차이에서 기인하는 것으로 볼 수 있다. 그러나 생물학적 차이는 학자에 따라 이견이 있어서 일관되게 남녀 학생의 생물학적 특성이 읽기에 영향을 미친다는 주장을 뒷받침할 만한 근거가 부족하다. 교육적인 측면에서는 후천적인 영향이라고 할 수 있는 성 정체성 측면에서 남녀 차이의 원인을 분석하는 것이 의미가 있다. 수학과 과학은 남학생들에게 관련되며, 읽기는 여학생과 관련된다고 생각하는 사회적인 편견도 이러한 차이에 영향을 줄 수 있다(윤준채·이형래, 2007). 읽기는 여성스러운 일이며 남자답지 못한 행동이라고 인식한다면 읽기를 좋아하는 남학생일지라도 자신이 읽기를 좋아하거나 읽기를 자주 하는 사람처럼 보이는 것을 싫어하게 되고, 이는 곧 읽기 태도에 부정적인 영향을 줄 수 있다(김정영, 2017). William Pollack(1998)은 'Real Boys'에서 남학생들은 부모, 학교, 지역사회에서 알게 모르게 '남자들은 결국 남자들이다', '남자들은 남자다워야 한다', '남자애들은 사납다'라는 보이 코드(boy code)를 습득한다고 하였다. 이런 인식은 몸을 움직이지 않는다고 생각하는 정적(靜的)인 읽기 활동에 대해 부정적인 인식을 가지게 되고 책을 멀리하게 되는 결과를 가져올 수 있다. 책을 읽는다는 행위가 정적인 성격을 띠기는 하지만, 독서는 지루하고 재미없다는 인식이 생기는 것에 대해서는 주의가 필요하다. 읽기와 관련한 활동들이 학생들의 흥미를 반영하지 못한 채 반듯하게 앉아 읽고 쓰는 정적인 활동에만 그친다면 그러한 활동을 별로 좋아하지 않는 학생들의 독서에 대한 자발적인 참여율은 떨어질 수밖에 없다. 학생이 주도하여 책을 소개하거나, 좋아하는 친구들끼리 이야기를 나누면서 책을 읽게 하는 등 말하기, 움직이기, 게임 등 다양한 형태의 활동을 하도록 할 때 학생들은 읽기에 대해 좀 더 긍정적인 태도를 가질 수 있을 것이다.

영국에서는 남학생이 읽기가 여성에게 더 적합하다는 사회적·문화적 인식을 가지게 되는 것을 경계한다. 이를 위해 남학생도 독서 프로그램에 즐겁고 적극적으로 참여할 수 있도록 활동적인 독서 프로그램을 많이 제공하고 있다. 특히 책을 즐겨 읽는 남성 역할 모델을 많이 보여줌으로써 읽기에 대해 긍정적인 태도를 가질 수 있도록 한다(김은하, 2009). 남학생들이 선호하는 책들은 재미있는 책, 장난스러운 책, 감정보다는 행동에 초점을 둔 이야기, 시리즈물, 과학책이나 판타지, 신문, 잡지, 만화, 게임 카드, 설명 매뉴얼 등과 같은 것이지만, 남학생들은 이런 것은 독서라고 생각하지 않는 경향이 있다. 왜냐하면 이런 자료들은 수업에서 거의 사용되지 않고, 읽기 자료로 쓰이지 않는다고 생각하기 때문이다.

남학생의 긍정적인 읽기 태도 형성을 위해서는 읽기 매체를 전통적으로 가치 있다고 생각되는 인쇄 매체로만 한정하지 않고 인터넷, 비디오, 텔레비전, 만화, 유머책 등 대중문화를 포함한 좀 더 폭넓은 매체의 허용이 필요하다고 할 수 있다. 다양한 선호와 흥미를 가진 학생들에게 획일적인 자료와 독서 활동을 제공하지 않는지 비판적으로 돌아볼 일이다.

영·유아의 시각적 변별능력, 주의 집중력, 개념 발달, 추론 능력 등의 인지적 특성과 음운론, 의미론, 통사론, 형태론, 화용론 등 다양한 영역에서 나타나는 언어적 특성, 정서이해 및 조절, 사회적 관계 이해와 같은 사회정서 발달 특성을 고려한 독서교육을 수행할 수 있어야 한다.

영·유아기의 독서는 성인과 함께 하며 듣기와 보기, 읽기로 이어지는 통합적인 책읽기에 기반하며 발현적 읽기와 반복적 읽기가 특징적으로 나타난다.

중등 독자는 독서 발달 시기에 따라 해독, 유창성, 독해 기능이 점진적으로 발달된다. 초등 독자들은 독서 입문기 시기인 저학년에는 한글 습득을 완성하고, 독서 유창성 시기인 중학년에는 해독의 자동화와 읽기 유창성이 숙달된다. 독서 자립기나 독서 정교화기 시기인 초등 고학년 이상의 초중등 독자는 사실적 독해, 추론적 독해, 비판적 독해, 창의적 독해, 감상적 독해의 기본 독해 기능을 숙달하며 다양한 독서 상황에 적절한 독서 전략과 방법을 적용하며 독서를 수행한다. 초중등 독자의 독서 발달에 영향을 미치는 일반적 인지 요인으로 독서의 인지 처리 과정에서 필수적인 선택적 주의 집중에 영향을 미치는 작업 기억과 읽기 과정의 점검과 조정에 영향을 미치는 상위인지가 있다. 초중등 독자의 독서 발달과 관련한 인지적 위한 현시적 독서 지도와 전략적 독서 지도. 3) 초등 고학년 이상의 내용교과특성의 이해를 바탕으로 1) 초등 저학년의 한글 해득 교육을 통한 해독 기능과 읽기 유창성 숙달을 위한 독서 지도, 2) 초등 중학년 이상의 독해 기능 발달을 문식성 발달을 위한 학습 독서 지도에 집중할 필요가 있다.

독자의 정의적 특성을 파악할 수 있는 개념으로 읽기 태도, 동기, 선호, 흥미 등이 있다. 이들 개념은 상호 무관하기보다는 서로 밀접한 관련을 가지고 읽기라는 행동에 영향을 준다.

읽기에서 정의적 영역은 읽기의 출발점이면서 목적이 될 수 있으며, 읽기의 결과인 동시에 읽기를 위한 수단이라고도 할 수 있다. 읽기 행위를 촉진하는 직접적인 영향뿐만 아니라 읽기와 관련한 지식이나 기능, 전략의 학습에 간접적인 영향을 미치기도 한다. 긍정적인 읽기 동기나 태도는 독서 시간이나 독서량에 영향을 주고, 이는 다시 읽기 태도 형성과 읽기 능력 향상에 영향을 끼칠 수 있다. 그러나 학생들의 읽기 태도나 동기는 학년이 올라갈수록 부정적으로 변해 교육적 고려가 필요한 실정이다. 또한 읍면 지역의 학생이 대도시의 학생보다, 남학생이 여학생보다 읽기 동기나 태도가 긍정적이지 못한 점도 교육적 지원 방안이 필요한 지점이라고 할 수 있다.

01 영 · 유아의 발현적 읽기를 독서교육에 활용할 수 있는 지도방법을 고안해 보자.

02 초등학교 중학년 및 중학교 중학년에서 급격히 읽기 태도나 동기가 부정적으로 변하는 학생들에게 학교, 지역사회, 가정에서는 어떤 도움을 줄 수 있는가?

03 자녀가 종이책보다 휴대폰이나 컴퓨터와 같은 디지털 기기로 웹툰이나 웹소설 읽기를 즐겨한다고 걱정하는 부모들에게 어떤 조언을 할 수 있는가?

곽금주 외(역)(2009). 발달과학. 학지사.

권민균(2005). 초등학교 저학년 아동의 읽기 동기 구성요인과 읽기 능력의 관계. 대한가정학연구, 43, 53-67.

_____(2002). 초등학생의 읽기 동기에 관한 연구 - 읽기 동기의 구성요인, 학년과 성차이를 중심으로. 아동학회지, 23, 17-33.

김은하(2009). 영국의 독서교육-책읽기에 열광하는 아이들. 대교.

김정영(2017). 저학년 남학생의 읽기발달 연구-정의적 영역을 중심으로. 경인교육대학교 석사학위논문.

박영민·최숙기(2008). 읽기 동기 신장을 위한 자기 선택적 독서 프로그램 구성 방안. 독서연구, 19, 201-228.

박지현·김호(2014). 다양한 방식의 반복적 그림책 읽기 활동이 유아의 읽기 흥미 및 이야기 이해력에 미치는 영향. 어린이문학교육연구, 15(1), 77-96.

서수현·정혜승(2012). 중학생의 읽기 태도 양상. 독서연구, 27, 258-283.

서정숙·남규(2013). 유아문학교육. 서울: 창지사.

엄훈(2012). 학교 속의 문맹자들-한국 공교육의 불편한 진실. 우리교육.

왕효성(2014). 청소년 독자들의 읽기 태도에 영향을 주는 요인에 관한 연구. 독서연구, 33, 171-198.

윤준채(2007). 초등학생의 읽기 태도 발달에 관한 국제 비교 -한국과 미국을 중심으로-. 국어교육학연구, 28, 485-517.

윤준채·이형래(2007). 초등학생의 읽기 태도 발달에 관한 연구(1). 국어교육연구, 40, 161-190.

윤준채·김영란(2008). 중학생 독자의 읽기 태도 발달 경향에 관한 연구 Ⅰ. 국어교육학연구, 43, 159-184.

이경화(2017). 문해 능력 증진을 위한 한글교육 운영 방안. KEDI 국내현안쟁점 보고서.

이순영(2006). 독서 동기와 몰입 독서의 영향에 관한 비판적 고찰. 국어교육학연구, 26, 403-425.

이순영·최숙기·김주환·서혁·박영민(2015). 독서교육론. 서울: 사회평론.

이차숙(2004). 유아언어교육의 이론적 탐구. 서울: 학지사이희수 (역)(2009) 책 읽는 뇌. 살림.

정혜승(2007). 읽기 태도 평가를 위한 점검표(checklists) 개발 연구: 학생과 교사의 읽기 태도 인식 조사를 중심으로. 한국초등국어교육, 33, 272-291.

_____(2006). 읽기 태도의 개념과 성격. 독서연구, 16, 383-405.

정혜승·서수현(2012). 초등학생의 읽기 선호도 조사 연구. 국어교육, 138, 379-409.

지성애·홍혜경·이정욱·정정희·김낙흥·김혜원(2015). 취학 직전 아동의 기초학력 능력 조사 연구(연구보고 CRO 2015-3-2). 서울: 한국교육과정평가.

최숙기(2009). 중학생의 읽기 효능감 구성 요인 연구. 국어교육, 35, 507-544.

_____(2010). 중학생의 읽기 동기와 태도에 관한 연구. 독서연구, 23, 346-381.

_____(2011). 중학생의 읽기 발달을 위한 읽기 교육 방법론. 역락.

_____(2012). 읽기 교육의 상위인지 수용 양상에 대한 비판적 검토-2011 국어과 교육과정을 중심으로. 새국어교육, 89, 405-428.

통계청(2017). 독서인구 조사(2011년~2017년). http://www.index.go.kr/potal/main/EachDtlPageDetail.do?idx_cd=2694(검색일자 2019.06.26).

Alderson, J. C.(2000). Assessing reading. Cambridge University Press.

Barrett, T.(1976), Taxonomy of reading comprehension, In R. Smith & T. Barrett(eds), Teaching reading in the middle grades. Reading Mass: Addison-Wesley.

Clay, M. M.(1972). Reading: The patterning of complex behavior. Auckland, N. Z.: Heinemann Educational Books.

Cullen, P. (n.d.) Why do we have to study English? A practical approach to motivating boys in the English classroom. www.cdesign.com.au/aate/aate_papers/106_cullen.htm.

Flavell, J. H.(1979). Metacognition and cognitive monitoring: A new area of cognitive-developmental inquiry. American Psychologist, 34(10), 906-911.

Hasbrouck, J., & Tindal, G. A.(2006). Oral reading fluency norms: A valuable assessment tool for reading teachers. The Reading Teacher. 59(7), 636-644.

LaBerge, D., & Samuels, S. J.(1974). Toward a theory of automatic information processing in reading. Cognitive Psychology, 6(2), 293-323.

Miyake, A., & Shah, P.(Eds.)(1999). Models of working memory: Mechanisms of active maintenance and executive control. Cambridge University Press.

Pollack, W. S.(1998). Real boys: Rescuing our boys from the myths of boyhood. NY: Henry Holt.

Rasinski, T.(2003). The fluent reader: Oral reading strategies for building word recognition, fluency, and comprehension. NY: Scholastic Books.

Rubin, D., & Opitz, M.(2007). Diagnosis and improvement in reading instruction (5th ed.). Boston, MA: Allyn and Bacon.

McGeown, S., Goodwin, H., Henderson, N., & Wright, P.(2012). Gender differences in reading motivation: Does sex or gender identity provide a better account?, Journal of Research in Reading, 35(3), 328–336.

Shaywitz, B., Skudlarski, P., Holahan, J.M., Marchione, K., Constable, R.T., Fulbright, R., Zelterman, D., Lacadie, C., & Shaywitz, S. (2007). Age–related changes in reading systems of dyslexic children. Annals of Neurology, 61.

Seigneuric, A., & Ehrlich, M.(2005). Contribution of working memory capacity to children's reading comprehension: A longitudinal investigation. Reading and Writing, 18, 617–656.

Sesma, E. H. W., Mahone, M., Levine, T., Eason, S. H., & Cutting, L. E.(2009). The contribution of executive skills to reading comprehension. Child Neuropsychology, 15, 232–246.

Sulzby, E.(1986). Writing and reading: Signs of oral and written language organization in the young child. In W. Teal and E. Sulzby(Eds.), Emergent literacy: Writing and reading. Norword, NJ: Ablex Publishing Corp.

_____(1987). Literacy acquisition in early childhood: The roles of access and mediation in storybook reading. In D. A. Wagner(Ed.), The future of literacy in a Ccanging World. NY: Pergaman Press.

_____(1991). Emergent literacy. In R. Barr, M. Kamil, P. Mosenthal, & P. D. Pearson(Eds.). Handbook of reading research(Vol. 2), 727–757. NY: Longman.

Younger, M., Warrington, M., Gray, J., Rudduck, J., McLellan, R., Bearne, E., Kershner, R., & Bricheno, P.(2005). Raising Boys' Achievement. London: Continuum Education.

Ziegler, J. C., & Goswami, U.(2005). Reading acquisition, developmental dyslexia, and skilled reading across languages: A psycholinguistic grain size theory. Psychological Bulletin, 131, 3-29.

3

텍스트 구조와
독서 지도

학습목표

- 독서 지도에서 텍스트 구조 활용의 필요성과 중요성을 설명할 수 있다.
- 텍스트 구조의 개념을 파악하고 대표적인 텍스트 구조와 유형을 설명할 수 있다.
- 독서(읽기) 지도에서 텍스트 구조를 활용하는 방법을 알고 실제로 적용할 수 있다.

학습내용

이 장에서는 텍스트 구조의 개념을 파악하고, 대표적인 텍스트의 유형과 그 구조에 대해 살펴본다. 텍스트 유형과 구조를 지도하는 것이 독서(읽기) 교육에 어떤 효과와 시사점이 있는지 파악하고, 정보 텍스트와 문학(서사) 텍스트가 실제 독서(읽기) 교육에서 어떻게 적용되는지 살펴본 후 그 지도 방안을 생각해 보자.

1. 독서 지도와 텍스트 구조

읽기란 문자를 포함하여 기호 작용을 하는 다양한 양식들(modes)로 이루어진 텍스트*(글, 작품 등)의 의미를 이해하는 과정이자 행위를 뜻한다. 단어 및 문장 단위의 의미를 이해하고 구성할 수 있는 능력을 갖춘 독자일지라도 한 편의 글의 의미를 전체적으로 이해하는 데에는 어려움을 겪을 수 있다. 이때 텍스트를 구성하는 내용들(의미) 간의 유기적 짜임, 즉 텍스트 구조를 아는 것은 전체 텍스트의 내용을 이해하는 데 큰 도움이 된다. 텍스트 구조의 유형과 특성은 텍스트 이해에 도움이 되는 스키마(schema)의 한 종류인 구조(형식) 스키마에 해당된다.

표면상 텍스트는 단어와 문장이 선조적(또는 선형적, linear)으로 나열되어 있는 것처럼 보이지만, 그 내부는 내용 간의 의미 관계에 따라 특정한 구조로 조직되어 있다. 독자가 한 편의 글을 이해하기 위해서는 전체 텍스트의 의미 구조를 머릿속에 표상할 수 있어야 한다. 텍스트 구조에 대한 지식은 독자가 텍스트의 의미를 이해하고 구성하는 것을 돕는다.

텍스트 구조에 대한 이해가 읽기에 어려움을 겪는 독자들의 텍스트 이해를 향상시키는 데 기여한다는 보고가 줄곧 있어 왔다. 먼저 이야기(서사) 텍스트의 경우, 교사들이 전형적인 서사적 구조의 요소와 순서를 도식화 한 '이야기 지도(map)'를 활용하여 지도할 때에 초보 독자들의 이야기 이해를 증진시킬 수 있다(Davis & McPherson, 1989). 이와 유사하게, 정보 텍스트를 읽는 상황에서도 텍스트 구조에 대한 지식을 잘 활용하는 독자가 그렇지 못한 독자에 비해 내용 회상이 더 뛰어난 것으로 보고되고 있다(Meyer, Brandt, & Bluth, 1980; Taylor, 1980). 성공적인 독자들은 텍스트의 주제나 중심 내용을 파악하기 위해 또는 텍스트를 요약할 때에 텍스트 구조에 대한 지식을 활용한다(Duke & Pearson, 2002).

이처럼 텍스트 구조에 대한 지식은 독자의 텍스트 이해를 도움으로써 독자가 텍스트의 내용을 심층적으로 이해하고 사유할 수 있도록 견인하

텍스트란 어떤 소통의 맥락 내에서 완결된 하나의 글 또는 작품을 가리키며, 넓게는 문자 텍스트뿐만 아니라 음성 텍스트, 영상 텍스트, 그리고 이들이 어우러진 복합양식 텍스트까지 포함하는 개념으로 사용되기도 한다.

는바, 텍스트 구조에 대한 적극적인 교육이 필요하다.

2. 텍스트와 텍스트 구조

2.1. 텍스트의 개념 및 유형

텍스트(text)의 어원은 라틴어 동사인 '텍세레(texere)'로서, 이는 '직물을 짜다, 엮다'라는 뜻이다. 다양한 색깔과 재질의 씨실과 날실이 한 올 한 올 촘촘하게 교차하여 한 필의 아름다운 천이나 옷감이 완성된다. 그리고 한 사람 혹은 여러 사람의 디자이너들은 이 옷감을 가지고 그것을 입게 될 사람의 목적과 상황에 맞게 아름다운 한 벌의 옷을 만들어낸다. 세상에 하나밖에 없는 이 한 벌의 옷에 대응되는 것이 바로 텍스트라고 할 수 있다. 텍스트는 문자나 음성, 영상 등 다양한 기호와 양식들이 짜임새 있게 결합되어, 의사소통의 맥락과 목적에 맞게 완성된 의미의 구조체를 뜻한다. 이 의미 속에는 수없이 많은 다양한 정보와 이야기들이 포함된다. 텍스트를 만들어내는 사람들은, 텍스트라는 옷을 지어내는 수준의 차이가 있을지언정, 이미 누구나 텍스트 디자이너이다.

문자를 중심으로 이루어지는 문자 텍스트는 음절, 단어, 문장, 문단 등의 요소로 만들어진다. 이들 요소들은 문법적으로나 의미적으로 상호 긴밀하게 연결되어 표면적인 결속성을 갖는다. 텍스트가 갖는 이러한 특징을 코히전(cohesion, 응집성)이라고 부른다. 또한 텍스트는 전체적으로 하나의 화제나 주제를 중심으로 내용과 의미상으로도 긴밀하게 연결되어 있다. 텍스트의 이러한 특성을 코히어런스(coherence, 통일성)[*]라고 한다. 응집성과 통일성은 텍스트가 갖추어야 할 가장 중요한 특성(텍스트성)에 속한다. 요컨대, 텍스트는 통일성과 응집성을 갖춘 기호의 조직체·집합체로, 의사소통의 목적을 달성하기 위해 구성되고 사용된다. 이러한 관점에서,

Cohesion/Coherence는 '응집성/통일성' 외에도 '음결성/음집성', '결속구조/결속성', '통일성/응집성' 등 다양한 번역 용어로 혼용되기도 한다.

표 3-1 | 2015 개정 국어과 교육과정에서의 텍스트 유형

텍스트 유형	의미 및 특징	종류
정보를 전달하는 글	▪ 독자에게 객관적인 지식이나 정보를 전달하는 글 ▪ 정보의 정확성과 객관성	설명문, 안내문, 기사문, 보고문 등
설득하는 글	▪ 독자의 주장을 밝히고 이해시켜 독자로 하여금 필자의 주장에 동의하게 하는 글 ▪ 필자의 주장을 뒷받침하기 위해 사실을 바탕으로 한 타당한 근거를 내세움	논설문, 사설, 논평, 호소문 등
친교 및 정서표현의 글	▪ 필자가 자신의 감정을 표현하거나 독자와 정서적 교류를 목적으로 서술함	감상문, 소개글, 일기, 기행문 등

문어와 구어적인 것 모두 텍스트가 될 수 있는데, 이들을 각각 문어 텍스트(written text), 구어 텍스트(spoken text)라고 부르기도 한다.

텍스트는 기준에 따라 다양하게 유형화된다. 2015 개정 국어과 교육과정에서는 텍스트를 '목적(기능)'에 따라, '정보 전달의 글', '설득의 글', 그리고 '친교 및 정서표현의 글' 등으로 분류한다. 이는 다양한 텍스트 유형을 최소화하여 가르치기 위한 교육적 목적의 편의적 구분이라 할 수 있다.

텍스트를 이분법적으로 구분하여, 설명적 텍스트(expository text)와 서사적 텍스트(narrative text)로 지칭하거나(Weaver & Kintsch, 1991), 정보 텍스트(informational text)와 문학 텍스트(literary text)로 지칭하기도 한다(미국 공통핵심 성취기준, CCSS 2010). 이때 정보 텍스트는 설명적 텍스트, 설득적 텍스트 등을 총칭하는 개념으로 쓰인다.

한편, 디지털 기술의 발달에 따라 기존의 인쇄 기반의 텍스트와는 다른 특성을 지닌 디지털 텍스트들이 일상화·일반화되고 있다. 블로그의 게시 글이나 웹툰, 유튜브 동영상 등이 그 대표적인 예이다.

① 복합양식 텍스트(multimodal text)

복합양식 텍스트는 "문자 중심의 단일양식 텍스트와 대비되는 것으로 문자뿐 아니라, 그림, 사진, 음악 나아가서는 글자 폰트나 크기, 색깔과 같

그림 3-1 |
정태적 복합양식 텍스트의 예 – 어린 아이
의 그림일기(사탕 바구니를 선물 받고, 그
림과 함께 '그레서 나는 놀라따' 라고 자연
스럽게 연결해서 쓴 글이 인상적이다.)

은 시각 요소 등 복수의 양식들이 유기적 짜임(가령, 이미지의 배열과 배치를 통한 레이아웃)을 바탕으로 의미구성에 관여하는 텍스트의 한 유형"을 말한다. 어린아이의 그림일기, 조선시대 〈삼강행실도〉 역시 그림과 문자 텍스트가 어우러진 복합양식 텍스트이다(서혁 외, 2018).

하지만 복합양식 텍스트는 디지털 문식 환경의 변화로 글과 그림 외에도 소리, 동영상 등 다양한 양식을 포괄하게 되면서 소통의 폭이 넓어지게 되었다. 이에 따라 복합양식 텍스트를 그림책, 정보 서적, 만화 등 움직임이 없는 형태의 정태적 복합양식 텍스트와 인터넷, 동영상과 같이 움직임을 구현하는 동태적 복합양식 텍스트로 구분하기도 한다. 동태적 복합양식 텍스트는 매체 기술을 기반으로 움직임을 구현하거나 청각 양식을 복합적으로 사용하여 더욱 다양한 감각의 전이를 구현한다는 점에서 정태적 복합양식 텍스트와 구별된다(편지윤 외, 2018).

디지털 매체 기술의 발전이 복합양식 텍스트의 특성을 변화시키는 것은 물론이고, 의사소통 방식의 변화를 유발한다는 점을 고려하여 독서교육에서 복합양식 텍스트의 수용 능력 신장을 위한 교육 내용이 마련되어야 할 것이다.

② 하이퍼텍스트(hypertext)

하이퍼텍스트는 인터넷의 하이퍼링크(hyperlink) 기능을 이용하여 다른 문서나 멀티미디어 장치를 함께 호출하여 살펴볼 수 있게 하거나 이를 다른 웹페이지에 공유할 수 있도록 하는 텍스트 유형이다. 이는 텍스트 생산과 수용이 쌍방향적으로 활발히 일어나게 함으로써 기존의 필자와 독자, 독자와 독자 간의 관계에 대한 인식의 변화를 이끌고 있다.

하이퍼링크 기술이 존재하기 이전에도, 여러 개의 텍스트를 연결한다는 개념은 존재했다. 텍스트들 간의 상호 유기적 관계를 의미하는 상호텍스트성(intertextuality)*이 그것인데, 독자들은 다양한 텍스트를 특정의 목적과 기준에 따라 연관 지어 읽고 사고를 확장시킬 수 있다. 이러한 과정이 독자의 내면에서 일어나는 암시적인 것이었다면, 디지털 기술로 구현된 하이퍼텍스트는 텍스트 사이의 연결 관계를 명시적인 장치로 드러낸다.

기존의 인쇄 기반 텍스트는 시작과 끝을 확인할 수 있는 선조적인 단순 구조를 가지고 있는 반면 하이퍼텍스트는 컴퓨터 속에 저장되어, 클릭을 통해 활성화될 수 있는 전자 정보 체계의 일부로서 시작과 끝의 경계가 불분명한 비선조적 복합 구조를 갖는다. 이런 특성으로 하이퍼텍스트가 파편적이고 분절적인 정보만 습득할 수 있다는 지적을 받기도 한다. 반대로 생각하면 시작과 끝이 없기 때문에 정보의 크기를 무한대로 확장할 수 있다는 의미이기도 하다. 또한 하이퍼텍스트는 독자의 필요에 따라 원하는 정보를 선택, 편집할 수 있다. 이러한 변화는 전통적인 선조적 텍스트를 읽을 때에 비해 개인의 정보구성 능력을 보다 많이 요구하고 있다. 따라서 독서교육이 하이퍼텍스트로 구성된 네트워크 공간의 특성과 이를 통한 소통의 양상에 좀 더 관심을 가지고 다루어야 할 것이다(이용욱, 2018. 이순영 외, 2015).

> 상호텍스트성이란 필자나 독자가 어떤 텍스트(들)를 이해·표현하는 데 있어서 사전에 경험한 텍스트(들)에 대한 지식에 의존하도록 하는 특성을 말함. 인용, 패러디, 풍자, 비평, 반박에서와 같이 기존의 텍스트를 끊임없이 참조하거나 무의식적인 영향을 받게 됨.

③ 다문서(multiple-document or multiple-text)

디지털 문식 환경에서는 컴퓨터와 인터넷 검색 기능을 통해 화제나 주제 측면에서 서로 관련되는 수없이 다양한 형태와 내용의 텍스트들을 접하게 된다. 이를 바탕으로 양질의 텍스트뿐만 아니라 출처를 알 수 없는 다양한 수준과 관점의 글들이 끊임없이 생산되고 소비된다. 하나의 글을 깊이 있게 읽는 것 못지않게, 복수의 텍스트 속에서 다양한 정보를 수집, 비교, 통합 및 평가하는 읽기와 쓰기 능력의 중요성이 대두되고 있는 것이다. 이러한 맥락에서 하나의 화제나 주제와 관련되면서도 다양한 형식과 내용을 지니는 복수의 텍스트를 가리켜 일반적으로 '다문서(multiple-texts/documents/sources)'라 한다.

다시 말해, 다문서 읽기는 독자의 읽기가 시간적으로 인접하고, 주제나 내용이 유사한 복수의 텍스트를 읽고 의미를 구성하는 과정이다. 다문서 읽기에서 독자는 텍스트의 질, 내용의 수준, 저자의 수준 및 관점 등이 동질적이지 않은 텍스트를 접한다는 점이 단일문서 읽기와 차별적이다. 또한 독자는 개별적인 자료의 내용 및 출처를 확인하고, 이를 바탕으로 글 자료들 간의 관계를 파악하며, 사전지식을 활용하여 다문서 자료의 종합적인 의미를 구성해 낼 수 있어야 한다(김종윤, 2014; 오은하, 2020).

또한 다문서 읽기는 독자가 단일 문서를 이해해야 할 뿐 아니라, 문서 간의 관계성도 파악하여 전체적인 의미를 이끌어 낼 수 있어야 하기 때문에 단일 문서 읽기보다 복잡성이 증가한다. 독서교육에서 이에 대한 적절한 교육 내용이 마련되어야 할 필요성이 있다.

2.2. 텍스트 구조

텍스트의 내용 요소들은 의사소통의 목적을 달성하기 위해 유기적인 짜임을 이루고 있는데, 이러한 의미 구조를 일컬어 '텍스트 구조'라 한다. 텍스트 구조는 텍스트 내 문장과 문장, 문단과 문단의 관계를 형성함으로써 텍스트를 구성하는 여러 요소들이, 정확하게는 이들 요소들이 담아내는 개념과 명제들이 낱낱의 개별체가 아닌 하나의 집합체로 인식될 수 있게 한다.

텍스트 구조는 의미적 결속을 이루어내는 요소의 단위에 따라, 미시구조(micro-structure), 거시구조(macro-structure), 상위구조(초구조, super-structure) 등으로 위계화 될 수 있다(서혁, 1995). 미시구조는 문장 내(또는 명제 내)와 문장의 연속(문장의 연결) 사이의 관계를 나타내는 텍스트 구조이다. 반면에 거시구조는 문단과 문단의 의미 관계를 토대로 만들어지는 전체 텍스트의 의미 구조이다. 즉, 거시구조는 전체 텍스트(글)의 요약(요지)에 해당한다. 상위구조는 '서론-본론-결론'과 같이 전체 텍스트 차원의 구조로서 텍스트의 유형이나 갈래 등을 특징짓는 형식적 구조에 해당한다. 예컨대 설명문, 논설문, 기사문, 보고문, 법조문 등은 서로 다른 상위구조를 갖는다.

독자의 읽기 목적에 따라 주로 활용하는 텍스트 구조의 층위(또는 유형)가 달라질 수 있다. 가령, 텍스트를 전체적·종합적으로 이해하거나 요약하기 위해서는 미시구조보다는 거시구조나 상위구조에 대한 이해를 활용하는 것이 효과적이다. 거시구조를 활용하여 텍스트의 총체적인 의미를 이해 또는 추론할 수 있기 때문이다. 반면, 문장 간의 관계나 생략된 논리 구조를 분석 및 추론하기 위해서는 미시구조에 대한 이해를 활용하는 것이 효과적이다. 일반적으로 한 편의 텍스트를 읽고 잘 이해하는 독자는 텍스트의 상위구조에 대한 지식을 바탕으로 미시구조를 잘 이해하고, 궁극적으로는 전체적인 중심내용이나 요약에 이르는 거시구조를 잘 파악해 낸다.

이러한 텍스트 구조는 '담화 표지(어)(discourse marker)'를 통해 잘 드러난다. 담화 표지(어)란 화제에 새로운 내용을 첨가하지 않으면서도 특정한 내용을 강조하거나, 문장이나 문단 또는 발화들 사이의 관계를 명백히 알려주는 언어적 장치들을 일컫는다. 독자는 담화 표지(어)를 통해 텍스트 구조를 파악함으로써 전체 텍스트의 의미를 효과적으로 읽어낼 수 있다. 가령, '왜냐하면'이나 '그 원인은' 등의 담화 표지(어)에 주목하여 내용 요소들의 관계가 '원인과 결과'임을 인지하고 이 틀에 맞추어 텍스트에서 설명하는 사건의 논리적 선후 관계를 쉽게 파악 또는 추론해낼 수 있다.

한편, 텍스트 구조의 하위 유형은 학자마다 조금씩 차이가 있기는 하나, 정보 텍스트의 경우 화제 A와 B의 관계에 따라 문제-해결 구조, 원인-결과 구조, 비교·대조 구조, 수집/나열 구조의 네 종류로 나누어지는 것이 일반적이다. 이를 표로 나타내면 다음과 같다.

표 3-2 | 정보 텍스트의 텍스트 구조 유형 및 특성

텍스트 구조	특성
문제-해결 구조	■ 내용들 사이에 문제를 나타내는 선행 요소와 해결을 나타내는 후행 요소가 짝을 지어 전개되는 구조 ■ '문제 제기-대답' 혹은 '문제 진술-해결책 제시'와 같은 구성 방식 ■ 담화 표지어: '문제는 ～이다', '해결책은 ～이다' 등
원인-결과 구조	■ '인과 구조'라고도 부르며, 내용들 사이에서 원인이 되는 선행 요소와 결과가 되는 후행 요소가 짝을 지어 전개되는 구조 ■ 원인 혹은 결과가 생략되더라도 가정될 수 있는 구조 ■ 담화 표지어: '왜냐하면', '따라서', '그러므로'. '원인은 ～이다' 등
비교 · 대조 구조	■ 내용들 간의 유사점과 차이점을 바탕으로 선행 요소와 후행 요소를 전개하는 구조 ■ 의미의 관계가 관계 쌍으로 이루어져 있어 정보 처리에 효율적 ■ 담화 표지어: '이와 달리', '반면에', '한편' 등
수집/나열 구조	■ 한 화제에 대한 특성, 종류, 배경 등이 연결되는 구조로 선행되는 내용 요소와 후행되는 내용 요소가 독립적으로 전개되는 방식 ■ 의미 관계가 상호 독립적으로 연결되어 개념 간의 의미적 연결 관계를 나타내는 구성력이 약하기도 함 ■ 담화 표지어: '첫째', '둘째', '셋째' 등

텍스트 구조는 기본적인 틀로서, 글을 쓸 때는 글의 목적이나 필자의 글쓰기 전략에 따라 다양한 구조들이 복합적으로 사용될 수 있다. 가령 '비교·대교' 구조를 계획하더라도 세부적인 내용들을 비교하고 대조하기 위해 '수집/나열' 구조로 개별 문단을 구성할 수 있다.

서사(문학) 텍스트 또한 이야기의 요소와 전개 구조의 측면에서 일정한 짜임을 공유한다. 가령, 영웅의 일대기를 다루는 이야기는 대체로 '주인공의 신묘한 출생-어릴 때부터 비범한 능력을 보여줌-시련을 당함-조력자의 도움-성장 후 위기-고난의 극복'과 같은 서사의 전개를 보여준다. 이러한 전형적인 서사 구조는 이야기의 사건 전개에 대한 독자의 심적 표상(mental representation)[*]을 형성하여, 독자가 이야기를 쉽게 이해할 수 있도록 해 준다.

이와 같이 서사(문학) 텍스트가 가지고 있는 일정한 구조나 틀을 '이야기

심적 표상은 외부 대상을 대표하는 마음 속 상징 혹은 그 상징을 사용하는 내적 과정을 말한다. 예컨대 '모나리자'라는 단어를 읽거나 들으면 즉시 해당 그림의 이미지를 떠올리는 작용과 같다.

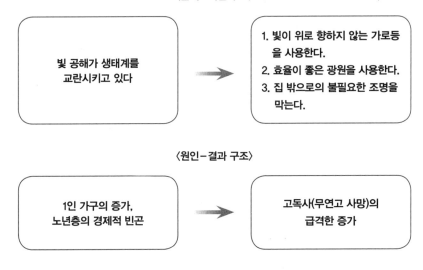

〈문제−해결 구조〉

| 빛 공해가 생태계를 교란시키고 있다 | → | 1. 빛이 위로 향하지 않는 가로등을 사용한다.
2. 효율이 좋은 광원을 사용한다.
3. 집 밖으로의 불필요한 조명을 막는다. |

〈원인−결과 구조〉

| 1인 가구의 증가, 노년층의 경제적 빈곤 | → | 고독사(무연고 사망)의 급격한 증가 |

〈비교·대조 구조〉

지구형 행성	− 대응쌍 −	목성형 행성
수성, 금성, 지구, 화성	행성	목성, 토성, 천왕성, 해왕성
크기가 작고 밀도가 높다	크기·밀도	크기가 크고 밀도가 낮다
없다	고리 유무	있다
느리다	자전 속도	빠르다

〈수집/나열 구조〉

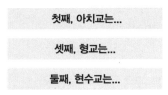

다리는 구조 형식에 따라 다양한 종류가 있다
첫째, 아치교는…
셋째, 형교는…
둘째, 현수교는…

텍스트 구조' 또는 '이야기 문법(story grammar)'이라고 한다. 이야기 문법의 초기 연구자인 루멜하트(Rumelhart, 1975)에 의하면 이야기는 주제와 플롯, 배경(시간, 장소, 인물), 사건(시초 사건, 문제 해결, 반응) 등의 요소로 이루어져 있으며, 이를 바탕으로 한 여러 개의 '일화'를 나열하는 방식으로 전개된다.

표 3-3 | 이야기 문법의 6개 범주

1. 배경	주인공과 배경의 소개
2. 발단 사건	주인공의 반응을 일으키는 어떤 것
3. 내적 반응	감정, 생각 또는 주인공의 목표
4. 시도	목표를 이루기 위해 취한 명백한 시도, 행동
5. 결과	사건, 행동, 또는 시도의 성공이나 실패 여부를 보여주는 최종 상태
6. 반응	감정, 인식, 행동 또는 인물의 목표 달성이나 실패의 결과에 대한 인물의 느낌을 표현하는 최종 상태

유사한 맥락에서 스테인과 글렌(Stein & Glenn, 1977)은 잘 형성된 이야기는 위의 6개의 요소를 중심으로 구성된다고 하였다.

교실 수업에서 교사들이 배경, 등장인물, 사건, 해결의 시도, 결과를 중심으로 이야기 텍스트의 이해 및 수용 활동을 조직하는 것은 이야기 텍스트 구조를 활용한 대표적 사례라 할 수 있다. 또한 다음의 질문을 중심으로 한 모로우(Morrow, 1986)의 '이야기 다시 말하기(retelling)' 활동 또한 이야기 텍스트 구조를 활용한 교육 사례라 할 수 있다.

– 누구에 관한 이야기인가?
– 이야기는 어디에서 일어났는가?
– 주인공에게 일어난 사건(문제)은 무엇인가?
– 주인공은 그 사건(문제)을 어떻게 해결했는가?
– 이야기가 어떻게 끝났는가?

능숙한 독자는 텍스트 구조 스키마(배경지식)를 활용함으로써 텍스트 이해 능력이 뛰어난 것으로 알려져 있다. 특히 읽기 능력이 부족한 어린이 독자라 하더라도 이러한 이야기 텍스트 구조를 활용하면 이야기를 오래 기억하며 향유할 수 있다.

3. 텍스트 구조를 활용한 독서(읽기) 지도의 실제

이 절에서는 텍스트 구조와 관련된 독서(읽기) 교육 내용을 2015 개정 국어과 교육과정의 성취기준을 중심으로 확인하고, 텍스트 구조를 활용한 독서 지도의 방법을 살펴보고자 한다.

3.1. 텍스트 구조 관련 독서(읽기) 교육 내용

텍스트 구조와 관련된 독서(읽기) 교육 내용은 초등학교 3-4학년(군)부터 중학교 1-3학년(군)에 이르기까지 반복적으로 제시된다. 다만, 초등학교 성취기준에서는 전체 텍스트를 요약하는 등 사실적 읽기(이해) 능력을 신장하기 위해 텍스트 구조를 활용하는 차원으로 다루어졌다면, 중학교 성취기준에서는 비판적 읽기(이해) 능력과 관련하여 텍스트를 분석하는 차원에서 텍스트 구조가 다루어지고 있다는 점에서 차이가 있다.

초등학교 과정에서는 중심 내용 파악하기, 대강의 내용 간추리기, 요약하기(글의 구조)의 학습요소를 바탕으로 텍스트 구조를 기반으로 한 요약하기 교육 내용이 구성되어 있다. 글의 유형, 목적에 따라 '머리말-본문-맺

표 3-4 | 2015 개정 국어과 교육과정의 정보 텍스트 구조 관련 성취 기준

학년군	영역	성취 기준
초등학교 3-4학년군	읽기	[4국02-02] 글의 유형을 고려하여 대강의 내용을 간추린다.
초등학교 5-6학년군	읽기	[6국02-02] 글의 구조를 고려하여 글 전체의 내용을 요약한다.
중학교 1-3학년군	읽기	[9국02-03] 읽기 목적이나 글의 특성을 고려하여 글 내용을 요약한다. [9국02-04] 글에 사용된 다양한 설명 방법을 파악하며 읽는다. [9국02-06] 동일한 화제를 다룬 여러 글을 읽으며 관점과 형식의 차이를 파악한다.

음말', '서론–본론–결론', '발단–전개–위기–절정–결말' 등 텍스트의 구조를 고려하여 요약하도록 안내하고 있다.

중학교 과정에서는 요약하기(글의 목적과 특성), 예측하기, 실멍 방법 파악하기(정의, 예시, 비교와 대조, 분류와 구분, 인과, 분석), 논증 방법 파악하기(귀납, 연역, 유추), 관점(내용)과 형식(구조) 비교하기 등의 학습요소를 바탕으로 교육 내용이 구성되었다. 텍스트가 구성된 내적 조직을 꼼꼼하게 따져보고 분석하며 읽는 능력을 향상시키기 위해 텍스트 구조 지식을 전략적으로 활용하는 것을 경험하도록 교육 내용을 마련하고 있다.

3.2. 텍스트 구조를 활용한 독서(읽기) 지도

이 절에서는 이야기(서사/문학 텍스트)와 정보 텍스트 유형의 텍스트 구조가 학습 장면에서 어떻게 진행될 수 있는지 실제 활용되고 있는 읽기 자료와 함께 주요 학습 활동을 바탕으로 살펴보고자 한다.

> 옛날 옛적에 게으름뱅이 한 사람이 살고 있었다. 이 사람은 일하기를 죽기보다 싫어해 나이가 서른이 넘도록 지게 한 번 져 본 적이 없었다. 아무리 바쁜 농사철에도 농사일은 거들떠보지 않고 밥만 먹고 빈둥거렸다. 보다 못한 아내가 일을 하라 해도 일은 하기가 싫다며 꼼짝을 안 했다.
>
> 어느 해 여름에는 가뭄이 들어 온 동네 사람들이 밤낮으로 일을 하는데, 이 게으름뱅이는 밖으로 나가지도 않고 집에서 낮잠만 자는 것이었다. 이 모습을 본 아내가 한심하고 속상해서 남편을 깨우며 잔소리를 한참 늘어놓았다. 그러자 남편은 잔소리가 듣기 싫다며 집에 있던 베 두 필을 가지고 집을 나가 버렸다.
>
> 집을 나간 게으름뱅이는 아주 멀리 가버리려고 뒷산 고개를 넘었다. 그곳에는 오막살이 한 채가 있고, 그 집 앞에 노인이 소머리 탈을 만들고 있었다. 게으름뱅이는 열중하여 탈을 만드는 노인에게 탈을 무엇에 쓰려 만들었냐고 계속하여 묻자 노인이 "일하기 싫어 하는 사람이 탈을 쓰면 좋은 수가 생기지."하고 말했다. 이 말에 귀가 번쩍 띈 게으름뱅이가 탈을 쓰고 싶다고 말했다. 탈을 쓴 게으름뱅이는 그만 소가 되었다.

노인은 소가 된 게으름뱅이를 장터에 데리고 가 한 농부에게 "이 소는 무를 먹으면 죽으니, 무는 절대 먹이지 마시오."란 말만하고 소가 된 게으름뱅이를 팔았다. 그 날부터 농부는 쉴 새도 없이 일을 시켰다. 몇 날 며칠을 고생하니 살고 싶지도 않아 죽는 게 낫지 하고 한탄을 하다가 노인이 자기를 팔면서 '무를 먹으면 죽는다.'라고 하던 말이 떠올랐다. 그래서 소가 된 게으름뱅이는 죽을 결심을 하고 몰래 무밭에 가서 무를 정신없이 먹었더니 다시 사람으로 돌아왔다.

이 모습을 보고 깜짝 놀란 농부에게 그간 이야기를 소상히 한 게으름뱅이는 집으로 돌아오게 되었다. 집에 돌아온 게으름뱅이는 아주 부지런한 사람이 되어 오래오래 잘 살았다.

-'초등 <국어> 3-1'(미래엔, 2014)에서

텍스트 구조를 활용한 이야기 텍스트 읽기 지도는 '글의 흐름', '내용 간추리기', '이야기의 구성 요소', '이야기 구조' 등의 핵심어를 포함하여 학습 활동을 구성한다. 주요 활동으로는 이야기의 흐름 생각하며 내용 간추리기, 이야기의 구성 요소에 주목하며 작품 이해하기, 이야기의 구조를 생각하며 내용 간추리기 등이 있다.

이야기의 흐름은 시간과 장소의 변화에 따라 순서를 정리하거나 중요 사건을 중심으로 파악하게 한다. 이때, 예시 활동처럼 비어 있는 사건을 채우거나 앞으로 진행될 사건을 예측하는 활동을 제시한다. 이야기 흐름 파악하기 활동을 위하여 이야기의 구성 요소인 인물, 사건, 배경을 미리 파악하는 활동을 준비 단계에서 진행할 수 있다. '발단-전개-위기-절정-결말'과 같은 이야기 구조에 따라 글을 나누고 주요 사건을 중심으로 내용을 요약하는 활동에서는, 용어 자체의 사용보다 주인공이나 독자의 처지에서 느끼는 긴장감 따위를 중심으로 이야기를 살펴보도록 한다. 여러 가지 이야기뿐만 아니라 드라마나 만화 영화와 같은 다양한 텍스트를 활용할 수 있다.

[예시 활동] 〈소가 된 게으름뱅이〉를 읽고, 일어난 순서에 따라 빈칸에 알맞은 내용을 채워보세요.

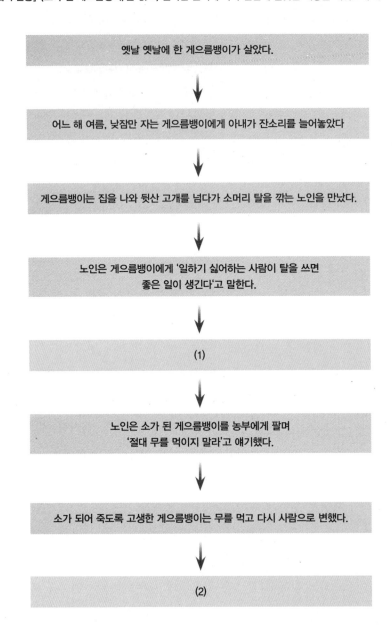

옛날 옛날에 한 게으름뱅이가 살았다.

어느 해 여름, 낮잠만 자는 게으름뱅이에게 아내가 잔소리를 늘어놓았다

게으름뱅이는 집을 나와 뒷산 고개를 넘다가 소머리 탈을 깎는 노인을 만났다.

노인은 게으름뱅이에게 '일하기 싫어하는 사람이 탈을 쓰면
좋은 일이 생긴다'고 말한다.

(1)

노인은 소가 된 게으름뱅이를 농부에게 팔며
'절대 무를 먹이지 말라'고 얘기했다.

소가 되어 죽도록 고생한 게으름뱅이는 무를 먹고 다시 사람으로 변했다.

(2)

(1) 소머리 탈을 쓴 게으름뱅이는 소가 되었다.

(2) 집으로 돌아온 게으름뱅이는 아주 부지런한 사람이 되었다.

또한 예시 지문으로 제시된 〈소가 된 게으름뱅이〉와 같이 변신 모티프를 중심으로(사람이 소로 변신하고, 소가 다시 사람으로 변신) 순환구조를 이루고 있는 다른 작품을 읽히고, 그러한 구조를 도식으로 표현하도록 안내할 수 있다. 이와 유사한 전형적인 이야기 구조로는 〈홍길동전〉의 영웅 구조, 〈구운몽〉의 환몽 구조 등이 있다. 이러한 텍스트를 제시하여 학습자들이 이야기 구조의 전형성을 파악하게 하거나, 이야기 구조 간의 공통점과 차이점을 찾아보게 할 수 있다.

3.2.1. 텍스트 구조를 활용한 정보 텍스트 읽기 지도

텍스트 구조를 활용한 정보 텍스트 읽기 지도는 중심 생각, 요약하기(내용 간추리기), 주장과 주제 파악하기, 전개 방식(설명, 논증 방법) 등의 핵심어

<화폐와 디자인>

[1] 화폐는 한 나라의 역사와 경제력을 비춰 주는 거울이다. (중략) 화폐를 '나라의 얼굴'이라고 말하는 것을 보면, 화폐의 디자인은 그 나라의 역사와 문화를 그대로 보여 준다고 할 수 있다.

[2] 우선 우리나라의 화폐를 살펴보자. 우리나라는 화폐 디자인의 소재로 인물을 많이 사용해 왔다. 신사임당이 5만 원 권에 등장하는 것이 그 좋은 예이다. 또한 화폐의 뒷면이나 앞면의 보조 소재로는 우리나라의 발달된 과학 기기와 뛰어난 예술 작품이 사용되었다.

[3] 유럽의 경우, 유로화가 생기기 전까지는 화폐에 자기 나라의 개성을 마음껏 발휘하는 것으로 유명했다. 프랑스는 '어린 왕자'를 쓴 생텍쥐페리나 화가 폴 세잔, 에펠탑을 만든 구스타브 에펠 등을 화폐 디자인에 등장시켜 예술의 나라라는 점을 적극적으로 홍보했다.

[4] 아프리카의 국가들 중에는 화폐에 동물을 그려 넣는 곳도 있다. 남아프리카 공화국에서는 화폐 한쪽에 표범의 머리를 크게 부각하였고, 가봉은 여러 마리의 사슴을 그려 넣었으며, 나미비아는 화폐 한 면을 영양으로 채웠다. 이늘 동물은 식물과 어울려 디자인되기도 한다. 이렇게 동식물을 화폐의 소재로 이용하는 것은 자연 풍광이 국가적 자산인 나라에서 자연과 동식물을 보호하고 홍보하기 위해서이다.

[5] 세계 여러 나라의 화폐 소재로는 인물이 가장 많아 전체의 83%를 차지한다. 그 다음은 조각상, 건축물, 동식물 등의 순으로 많은데 인물 중에는 정치인(67%)이 가장 많고, 문화 예술인(31%), 일반 대중(2%) 등이 그 뒤를 잇는다. 화폐의 소재로 인물을 선호하는 이유는 나라를 대표하는 상징성이 높고 위조와 변조를 막는 데 유용하기 때문이다.

[6] 한편, 화폐는 시대를 반영한다. 한국은행에서 연구한 결과에 따르면 화폐의 소재는 '정치에서 문화로, 사람에서 자연으로' 바뀌어 가는 추세에 있다고 한다. 그 예로, 세계 문화유산으로 등록된 이집트의 아부심벨 신전과 온두라스의 마야 유적이 화폐의 소재가 되고 있다. 또한 동식물도 화폐의 소재로 이용되고 있다. 핀란드의 자작나무와 수리남의 시계꽃이 그 예이다. 특히 코모로가 바닷물고기 실러캔스를, 아랍 에미리트가 희귀 동물 오릭스를 화폐의 주인공으로 내세운 것은 자연과 환경을 보호하려는 인간의 의지를 보여 주는 예라고 할 수 있다.

[7] 이처럼 한 나라의 화폐를 보면 그 나라의 문화와 역사가 보인다. 어느 나라 할 것 없이, 두루 알리고 싶거나 관심을 기울이는 대상을 화폐에 담기 때문이다. 그래서 화폐에는 그 나라에서 자랑스러워하는 인물은 물론, 희귀한 동식물, 예술 작품, 자연환경, 풍습, 생활상 등이 등장한다. 이들 화폐의 소재가 우리의 상상력을 자극하는 동안 우리는 세계의 모습을 좀 더 가까이에서 보게 된다.

-남미영 외(2012), 중학교 생활국어 2-2, 교학사.

를 바탕으로 학습 활동을 구성한다. 담화 표지, 문단 등 글의 구조를 파악할 수 있는 부분에 유의하여 글을 읽는 능력을 기르는 데 중점을 둔다.

주요 활동으로 중심 문장과 뒷받침 문장 구분하기, 중심 내용 파악하기, 글의 목적에 따라 다르게 전개되는 내용을 덩어리로 구분하기, 각 문단의 성격, 문단 간의 관계 파악하기, 글의 전개 방식(설명, 논증 방식) 파악하기, 글의 전개 방식에 따라 요약하기 등이 있다.

세부 활동으로 각 문단의 중심 내용을 바탕으로 요약문 만들기, 예시 활동과 같이 문단 간의 관계를 파악한 후 텍스트의 전체 구성을 보여주는 도해조직자* 만들기, 그림 그리기 등의 활동을 통해서 텍스트 구조를 시각화 하는 활동을 제시할 수 있다.

도해조직자(graphic organizer)는 텍스트를 학습하는 과정에서 사용할 수 있는 시각적 도구로서, 특히 텍스트의 구조를 잘 반영하며 아이디어의 위계적 조직을 보여준다. 글의 중요한 개념과 이를 설명하고 있는 요소를 그림으로 나타내어 중요 개념과 용어를 지도할 때 유용하다.

[예시 활동] 〈화폐와 디자인〉을 읽고, 각 문단의 관계를 파악하여 글의 구조도를 완성해 보세요.*

[2], [3], [4]의 내용을 묶어서 그 상위에 '세계 여러 나라의 화폐 디자인' 이라는 내용문단을 설정할 수도 있다.

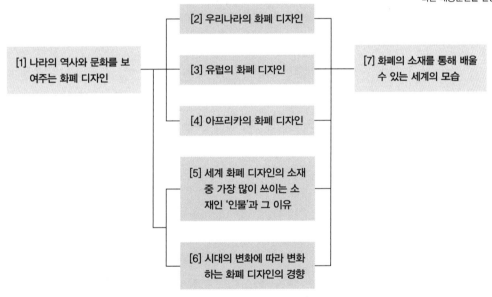

텍스트 구조는 텍스트를 구성하는 내용들 간의 유기적 짜임을 가리키며, 텍스트 구조의 유형과 특성은 텍스트 이해에 도움을 주는 구조(형식) 스키마에 해당한다. 텍스트 구조에 대한 지식은 독자의 텍스트 이해를 도움으로써 독자가 텍스트의 내용을 심층적으로 이해하고 사고할 수 있도록 도움을 주기 때문에, 텍스트 구조에 대한 적극적인 교육이 필요하다.

텍스트(text)는 문자나 음성, 영상 등 다양한 기호와 양식들이 짜임새 있게 결합되어, 의사소통의 맥락과 목적에 맞게 완성된 의미의 구조체를 말한다. 국어과 교육과정에서는 텍스트를 '목적(기능)'에 따라, '정보 전달의 글', '설득의 글', 그리고 '친교 및 정서표현의 글'로 분류한다. 일반적으로는 정보/문학 텍스트 또는 설명적/서사적 텍스트 등으로 이분하기도 한다.

최근 디지털 기술의 발달에 따라 기존의 인쇄 기반의 텍스트와는 구분되는 디지털 텍스트들이 일상화·일반화되고 있는데, 주요 텍스트 유형을 살펴보면 다음과 같다. 복합양식 텍스트(multimodal text)는 문자 중심의 단일양식 텍스트와 대비되는 것으로, 문자, 그림, 사진, 음악 등 다양한 양식들이 유기적으로 결합하여 이루어진 텍스트이다. 하이퍼텍스트(hypertext)는 인터넷의 링크 기능을 이용하여 다른 웹페이지의 문서나 설명 등을 바로 연결시켜 놓은 텍스트이다. 다문서(multiple text/documents/sources)는 하나의 화제나 주제와 관련되면서도 다양한 형식과 내용을 지니는 복수의 텍스트이다.

텍스트 구조는 의미적 결속을 이루어내는 요소의 단위에 따라 미시구조(micro-structure), 거시구조(macro-structure), 상위구조(초구조, super-structure) 등으로 구분된다. 또한, 텍스트 구조의 하위 유형은 텍스트 부분들의 관계에 따라 문제·해결 구조, 원인·결과 구조, 비교·대조 구조, 수집/나열 구조 등으로 구분할 수 있다. 특히 서사(문학) 텍스트의 경우, '이야기 텍스트 구조' 또는 '이야기 문법(story grammar)'이라는 구조를 가지며, 이를 활용하면 이야기를 오래 기억하며 향유할 수 있다.

텍스트 구조를 활용한 독서(읽기) 교육 내용을 살펴보면, 초등학교 과정에서는 중심 내용 파악하기, 대강의 내용 간추리기, 요약하기의 학습요소를 바탕으로 요약하기 중심의 텍스트 구조 교육 내용이 구성되어 있다. 또한 중학교 과정에서는 요약하기(글의 목적과 특성), 예측하기, 설명 방법 파악하기(정의, 예시, 비교와 대조, 분류와 구분, 인과, 분석), 논증 방법 파악하기(귀납, 연역, 유추)의 학습 요소를 바탕으로 교육 내용을 구성하고 있다.

01 서사(문학) 텍스트의 구조를 활용한 독서 지도의 방안을 생각해 보자.

아기장수 우투리

옛날에 욕심 많은 임금에게 시달리던 백성들은 영웅이 나타나 자기들을 살려 주기를 목 빠지게 바라고 있었어. 그 때 지리산 자락 외진 마을에 한 농사꾼 내외가 아기를 낳았는데 탯줄이 안 잘라져, 가위로도 안 되고 낫으로 잘라도 안 되더니 산에 가서 억새풀을 베어다 그걸로 탯줄을 치니까 그제야 잘라졌어.

아기 이름을 '우투리'라고 지었는데 갓난아기 때부터 이상했어. 방에다 놓고 가면 시렁에 올라가 있고 하니까 숨어서 보았더니 겨드랑이에 조그만한 날개로 날고 있는 거야. 어머니는 좋아하지 않고 기겁을 했어. 왜냐면 가난한 백성이 영웅을 낳으면 임금과 벼슬아치들이 가만히 두지 않았거든. 잘못하면 가족들까지 죽어.

우투리 부모님은 우투리를 데리고 지리산 깊은 골로 들어가 숨어서 살았는데 소문이 백성들 사이에 돌고 돌아 임금의 귀에 들어간 거야. 사납고 힘센 장군을 뽑아 우투리를 잡으러 보냈어. 우투리는 본인을 잡으러 올 줄 알고 감쪽같이 사라져 버렸어. 장군은 우투리의 부모님을 잡아서 우투리가 어디 있냐고 물었는데 어떻게 아나, 사흘 동안 곤장을 쳐도 계속 모른다고 하니까 그냥 풀어줬어. 초주검이 되어 돌아와 보니 우투리가 눈물을 흘리며 기다리고 있었지. 우투리는 콩을 한 말 가지고 와서 어머니에게 볶아달라고 했어. 어머니가 볶다가 하나가 튕겨 나왔는데 그만 배가 고파 먹어 버렸지.

우투리가 볶은 콩으로 갑옷을 지어서 온몸을 가렸는데 딱 한 알이 부족하여 바로 날개가 있는 겨드랑이만 못 가렸어. 우투리가 어머니더러 "제가 싸우다 죽게 되면 뒷산 바위 뒤에 묻어 주되 좁쌀 석 되, 콩 석 되, 팥 석 되랑 같이 묻어주세요. 그리고 삼 년 동안 묻은 곳을 아무에게도 알려주지 마세요. 그렇게 하면 삼년 후에 다시 만날 수 있습니다." 라고 당부했어. 우투리는 결국 겨드랑이에 화살을 맞고 죽어서 어머니는 우투리가 일러준 대로 했지.

그리고 세월이 거의 한 삼 년이 흘렀나봐. 백성들 사이에서 아직 우투리가 살아서 병사를 기르며 때를 기다린다는 소문이 돌았어. 소문이 돌고 돌아 또 임금님의 귀에도 들어갔지. 임금은 화가 나서 군사들을 데리고 직접 찾아가서 아버지의 목에 칼을 대고 을러대자 어머니는 파랗게 질려서 묻은 곳을 말했어. 가서 무덤을 아무리 파도 아무것도 안 나오는 거야. 그래서 우투리를 낳을 때 뭐 이상한 거 없었냐고 물어 탯줄이 안 잘라져서 억새풀로 잘랐노라고 가르쳐 줘 버렸어. 임금은 억새풀을 베어다 바위를 탁 치니 바위가 갈라지면서 우투리가 병사들을 모아서 힘을 기르고 있는 게 아니겠어. 같이 묻어 준 좁쌀, 콩, 팥이 병사, 말, 투구가 되었던 거야. 그런데 갈라진 바위틈으로 바람이 들어가니 우투리와 병사들이 다 녹아 버렸어. 그때가 삼 년에서 딱 하루가 빠지는 날이었지 뭐야. 딱 하루가 모자라 우투리가 병사들과 함께 바위를 열고 나와 싸움 한 번 못하고 그리 되고 말았어.

-'중학교 <국어> 2-2(대한교과서(주), 2002)'에서

1) 이야기 텍스트 구조 지도와 관련하여 〈아기장수 우투리〉를 어떻게 활용할 수 있을지 지도 방안을 구상하여 제시해 보시오.

2) 〈아기장수 우투리〉는 영웅 서사의 전형적인 구조인 '신묘한 탄생–집을 떠남(또는 버려짐)–어려움을 겪음'의 전개를 따르고 있다. 그런데 그러한 어려움을 극복하고 마침내 돌아와 영웅이 되는 영웅 서사의 결말과는 달리 결국 영웅이 되지 못하고 비극적인 종말을 맞이하는 구조를 취하고 있다. 텍스트 구조를 활용하여 이러한 구조의 차이를 지도할 수 있는 효과적인 방안을 제시해 보시오.

02 정보 텍스트의 구조를 활용한 독서 지도의 방안을 생각해 보자.

미래식량으로서의 식용 곤충

전문가들에 따르면 2050년에 전 세계 인구는 90억 명을 넘을 것이며 그에 따라 식량 생산량도 늘려야 한다고 한다. 하지만 공산물의 생산량을 늘리듯 식량 생산량을 대폭 늘릴 수는 없다. 곡물이나 가축을 더 키우기 위한 땅과 물이 충분치 않고, 가축 생산량을 마구 늘렸을 때 온실가스 등이 발생하기 때문이다. 이런 상황을 고려할 때 유엔 식량 농업 기구에서 곤충을 유망한 미래 식량으로 꼽은 것은 주목할 만하다. 사람들이 보통 '작고 징그럽게 생긴 동물'로 인식하는 곤충

이 식량으로서는 여러 가지 장점을 갖고 있기 때문이다.

우선 식용 곤충은 매우 경제적인 식재료이다. 누에는 태어난 지 20일 만에 몸무게가 1,000배나 늘어나고, 큰 메뚜기의 경우에는 하루 만에 몸집이 2배 이상 커질 수 있다. 이처럼 곤충은 성장 속도가 놀랍도록 빠르다. 또한 식용 곤충을 키우는 데 필요한 토지는 가축 사육에 비해 상대적으로 훨씬 적으며 필요한 노동력과 사료도 크게 절감된다.

식용 곤충의 또 다른 장점은 영양이 매우 풍부하다는 것이다. 식용 곤충의 단백질 비율은 쇠고기, 생선과 유사하고 오메가 3의 비율은 쇠고기, 돼지고기보다 높다. 게다가 식용 곤충은 건강에 좋은 리놀레산, 키토산을 비롯하여 각종 미네랄과 비타민까지 골고루 함유하고 있다.

또한 식용 곤충 사육은 가축 사육보다 친환경적이다. 소, 돼지 등을 기를 때 비료나 분뇨 등에서 발생하는 온실가스는 지구 전체 온실가스 발생량의 18% 이상을 차지한다. 반면 갈색거저리 애벌레, 귀뚜라미 등의 곤충을 기를 때 발생하는 온실가스는 소나 돼지의 경우보다 약 100배 정도 적다.

이처럼 식용 곤충은 경제적이면서도, 영양이 풍부하고, 친환경적이기 때문에 자원의 고갈과 환경 파괴의 위기 속에서 살아가야 하는 인류에게 더할 나위 없이 좋은 미래 식량이다. 따라서 식용 곤충과 관련한 산업을 보다 활성화하고, 요리 방법을 다양하게 개발하며, 곤충에 대한 사람들의 부정적인 인식을 변화시키는 등의 노력을 더욱 적극적으로 해야 한다.

-'국가수준 학업성취도 평가(중3, 2017)'에서

1) 이 정보 텍스트의 중심 내용과 문단 간의 관계를 순서대로 정리해 보자.

2) 텍스트 구조의 유형과 특징은 무엇이라고 생각하는가? 효과적인 텍스트 구조 지도 방안을 제시해 보자.

김봉순(2000). 학습자의 텍스트 구조에 대한 인지도 발달 연구: 초·중·고 11개 학년을 대상으로, 국어교육 102, 한국어교육학회, 27–85.

김종윤(2014). 다문서 읽기연구의 연구 동향과 전망, 국어교육학연구, 49(3), 서울대학교 국어교육연구소, 138–163.

서혁(1995), 담화의 유형 및 기능, 국어교육학연구 5, 국어교육학회, 121–140.

오은하(2020). 다문서 이해에 대한 텍스트 구조적 접근–고등학생 독자들의 다문서 구조화 양상 분석을 중심으로–, 국어교육, 170, 한국어교육학회, 123–159.

이도영(2007). 국어과 교육과정에 나타난 텍스트 유형에 대한 비판적 검토, 텍스트 언어학, 22, 249–276.

이순영, 최숙기, 김주환, 서혁, 박영민 (2015). 독서교육론. 사회평론.

이용욱(2018). 디지털리터러시 교육의 방향성 연구– 텍스트와 하이퍼텍스트 그리고 네트워크–공간, 인문콘텐츠, 50, 인문콘텐츠학회, 115–135.

이재현(2012). 글쓰기 공간으로서의 SNS– 재매개, 환유, 에크프라시스, 커뮤니케이션 이론, 8(1), 한국언론학회, 323–351.

클라우스 브링커 지음, 이성만 역 (1994). 텍스트 언어학의 이해. 한국문화사.

서혁, 편지윤, 변은지, 한지수(2018). 복합양식 텍스트의 텍스트성 재개념화를 위한 시론, 학습자중심교과교육연구, 18(2), 학습자중심교과교육학회, 493–522.

편지윤, 한지수, 변은지, 서혁(2018). 복합양식 텍스트성으로서의 영상성의 의미 고찰, 독서연구 49, 한국독서학회, 125–160.

Davis, Z. T., & McPherson M. D. (1989). Story Map Instruction: A Road Map for Reading Comprehension. *The Reading Teacher*, 43(3), 232–240.

Duke, N. K., & Pearson, P. D. (2002). Effective Practices for Developing Reading Comprehension. In Farstrup, A, E (Ed.), What Research Has To Say about Reading Instruction. International Reading Association.

Englert, C. S., & Hiebert, E. H. (1984). Children's developing awareness of text structures in expository materials. *Journal of Educational Psychology*, 76, 65–74.

Irwin, J. W. 지음, 천경록, 이경화, 서혁 공역 (2013). 독서교육론. 박이정.

Meyer, B. J. F., & Brandt, D. M. & Bluth, G. J. (1980). Use of top–level structure in text: Ket for reading comprehension of ninth–grade students,

Reading Research Quarterly, 16, 72−103.

Meyer, B. J. F., & Freedle, R. O.(1980). Effects of discourse type on recall, Princeton, NJ: Educational Testing Service.

Morrow, L. M. (1986). Effects of structural guidance in story retelling on children's dictatin of original stories, *Journal of Reading Behavior*, 18, 135−152.

Rumelhart, D. E. (1975). Notes on a Schema for Stories, in D.G. Bobrow and A. Coli ins, eds., *Representation and Understanding: Studies in Cognitive Science*, New York: Academic Press.

Stein, N. L., & Glenn, C. G. (1977). An analysis of story comprehension in elementary school children. In R. Freedle (Ed.), Multidisciplinary approaches to discourse comprehension. Hillsdale, N. J.: Ablex.

Taylor, B. M. (1980), Children's memory for expository text after reading. *Reading Research Quarterly*, 15, 399−411.

van Dijk, T. A. (1972). Some aspects of text grammars, *A study in theoretical linguistics and poetics*, The Hague/Paris: Mouton.

Weaver, C. A. III, & Kintsch, W. (1991). Expository text. In R. Barr, M. L. Kamil, P. B. Mosenthal, & P. D. Pearson (Eds.), Handbook of reading research, Vol. 2 (p.230 − 245). Lawrence Erlbaum Associates, Inc.

4-1 독서의 방법(1)

학습목표

- 문학을 바라보는 관점을 이해할 수 있다.
- 문학작품 읽는 방법을 이해할 수 있다.

학습내용

이 장에서는 문학을 바라보는 관점을 중심으로 문학작품을 읽는 방법에 대하여 학습한다. 문학을 바라보는 관점을 '모방론', '효용론', '표현론', '존재론'으로 나누어 살펴보고, 각 관점에 따른 작품 읽기 방법을 알아본다.

1. 문학 독서 방법

1.1. 문학을 바라보는 관점

우리는 문학작품을 읽을 때 항상 어떤 '관점'에서 읽는다. 특별하게 의식하지 않고 작품을 읽는 경우에도 평소에 생각하고 있던 관점이 작동하게 마련이다. 그런데 문학을 어떤 관점에서 바라보는가에 따라 작품 해석 방법이나 평가 기준은 달라진다. 동일한 작품이라 하더라도 어떤 관점에서 접근하는가에 따라 작품의 해석 내용이 달라질 수 있으며 평가 결과도 달라질 수 있다. 여기에서는 문학을 바라보는 다양한 관점을 알아보고, 각 관점에 따라 작품을 어떻게 읽을 것인지 살펴보도록 하자.

문학을 바라보는 관점에 대한 논의는 오랜 기간 매우 다양한 방식으로 이루어져 왔다. 수많은 문학비평 이론 역시 어떤 기준으로 작품을 해석하고 평가할 것인가를 제안한 것으로 볼 수 있다. 여기에서는 그동안 제안된 여러 이론 중에서, 문학작품 읽기에 대한 기초적인 관점을 제공하면서 동시에 학교 현장에서 광범위하게 활용되고 있는 에이브럼스(Abrams)의 논의를 중심으로 살펴보고자 한다.

에이브럼스는 『거울과 등불, The Mirror and the Lamp』(1971: 6-29)에서 문학을 바라보는 관점(비평 이론)을 '모방론(Mimetic Theories)', '효용론(Pragmatic Theories)', '표현론(Expressive Theories)', '객관론(Objective Theories)'으로 제시하였다. 이러한 네 가지 관점은 예술 작품의 전체 상황을 구성하는 네 가지 요소로 작가(artist), 작품(work), 세계(universe), 독자(audience)를 설정하고, 그중에서 무엇을 중심으로 작품을 바라보는가에 따라 분류한 것이다. 그의 논의는 문학에 한정된 논의가 아니라 예술 전반을 아우르는 논의였지만, 여기에서는 주로 문학에 초점을 맞추어 살펴보고자 한다. 그는 네 가지 분류 방식을 다음과 같은 삼각형 구조로 설명하였다.

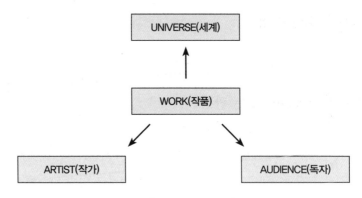

그림 4-1-1 | 에이브럼스의 도식(1971: 6)

작품을 중심에 둔 이 도식에 의하면, 작품이 다루는 세계와 관련지어 작품을 바라볼 경우 '모방론', 작품이 독자에게 미치는 영향을 고려할 경우 '효용론', 작품을 창작한 작가와 관련지어 이해하는 경우는 '표현론', 세계·독자·작가와의 관련성을 거부하고 오로지 작품 그 자체로서 독립적인 존재가 된다고 보는 경우는 '객관론'이라고 설명하고 있다.

일반적인 구조화가 그러하듯 네 가지 관점만으로 문학 읽기의 모든 방식을 담아낼 수는 없다. 또한 『거울과 등불』 이후 등장한 '문학 읽기의 다양한 관점 혹은 비평이론을 제대로 담아내지 못하고 있는 것(문영진, 2007: 369)'도 사실이다. 다만, 그의 논의가 문학을 바라보는 관점뿐만 아니라 작품 이해의 틀로도 여전히 영향력을 발휘하고 있다는 점을 고려하여 작품 읽기에 접근하는 기본적인 틀로 활용하고자 한다.

1.1.1. 모방론과 현실

1.1.1.1. 모방론이란

모방론에서는 예술이란 '본질적으로 세계(universe)의 측면을 모방한 것(Abrams, 1971: 8)'이라고 본다. 문학이 현실 세계를 살아가는 인간의 삶을 모방하여 작품에 담아낸다고 보는 관점이다. 따라서 모방론에서는 작품이 현실 세계에서 이루어지는 인간 삶의 어떤 측면을 모방하는지 파악하고자 하며, 또 그러한 측면을 얼마나 '진실성' 있게 모방하고 있는가를 기준으로 작품을 판단한다.

1.1.1.2. 모방론과 작품

조세희의 『난쟁이가 쏘아올린 작은 공』을 예로 들어 살펴보자. 이 작품은 1976년에 발표를 시작하여 1978년에 완결되었다. 1970년대 급속한 산업화 과정에서 부당한 방식으로 소외된 채, 자기 삶의 터전에서 쫓겨나는 노동자들의 비참한 생활과 절망을 그린 작품으로 알려져 있다. 모방론의 관점에서 이 작품을 바라볼 경우, 1970년대 사회 현실에서 난쟁이 일가의 삶으로 대변되는 가난한 노동자들의 삶을 얼마나 가깝게 그리고 있으며, 또 얼마나 진실성 있게 담아내고 있는가를 살피면서 작품을 해석하고 평가할 필요가 있다.

1970년대는 경제 개발과 함께 급속도로 산업화가 진행되었으며, 그 과정에서 도시화에 따른 여러 사회문제가 발생했던 시기였다. 특히 재개발을 통한 아파트 건설 과정에서 생존 터전으로부터 폭력적으로 밀려날 수밖에 없었던 도시 빈민들의 삶, 부당한 노동에 시달리던 노동자들의 삶 등의 내용은 우리 사회에 많은 문제제기를 불러 일으켰다. 『난쟁이가 쏘아올린 작은 공』은 그러한 당대 현실을 전면적으로 다루었다는 평가를 받고 있다. 특히, 이 작품에서 보여주는 "'난장이'들에 관한 관심은 우선 산업화 시대의 소외된 계급, 그러니까 도시 빈민과 노동자 계급의 발견에서부터 비롯"한다는 점, 이를 통해 이 작품은 "흔히 역사 발전의 이정표로 절대시되던 산업화가 철저하게 소수의 자본가들만을 위한 세상이라는 것을 치밀하고도 강렬하게 형상화(류보선, 2007: 381)"했다는 평가를 받고 있다.

1.1.1.3. 모방론과 반영론

플라톤과 아리스토텔레스에 의해 제시된 모방론은 실질적으로 문학작품과 현실 세계의 관련 양상을 밝히는 데 중요한 공헌을 했다고 볼 수 있다. 모방론은 근대 이후 반영론(reflection theory)으로 발전한다. 반영론에 의한 문학관은 리얼리즘(realism)으로 대표되는데, 리얼리즘에 따르면 작품은 현실 세계를 충실하게 반영해야 한다. 다만, 리얼리즘에서는 현실 세계를 충실하게 반영하되 거울이 세계(현실)를 그대로 비추는 것과는 달리 작가의 관점, 즉 작가의 세계관이나 이데올로기에 의하여 새롭게 비추어진 세계의 모습을 표현하는 것이 중요하다고 보았다(윤여탁·최미숙·유영희, 2020: 15). 이런 관점에서 보면, 동일한 시대를 살아가는 작가들이라 하더라도 그 작가의 세계관이나 이데올로기에 따라 작품에서 주목하는 현실 세계나 삶의 국면이 달라질 수 있을 것이다.

1.1.1.4. 작품 읽기

모방론·반영론의 관점에서 작품을 읽는다는 것은 작품이 현실 세계를 살아가는 인간 삶의 어떤 측면을 다루고 있으며, 그것을 어떤 방식으로 표현하고 있는지, 그리고 그것을 진실성 있게 다루고 있는지 파악하며 읽는다는 것을 의미한다. 그렇다면 모방론·반영론의 관점으로 당대 현실과 관련지어 작품을 읽기 위해서는 어떻게 해야 하는지 살펴보자.

우선, 자신이 읽고 있는 작품이 모방론·반영론의 관점으로 읽기에 적절한지 판단하는 과정이 필요하다. 작가도 일상적 삶을 살아가기에 작가가 그려내는 작품 세계 역시 당대 삶의 영향을 받을 수밖에 없을 것이다. 그러나 그렇다고 해서 모든 작품을 모방론·반영론의 관점으로 읽는 것이 적절한 것은 아니다. 모방론·반영론의 관점을 기계적으로 적용할 경우 오히려 작품을 제대로 읽지 못하게 될 수도 있기 때문이다.

작품의 중심 내용과 주요 특징이 당대의 사회·문화 혹은 시대적 삶의 문제를 다루고 있다고 판단했다면, 문학작품이 담아내고 있는 삶이 어느 시대 혹은 어떤 사회·문화적 상황을 배경으로 하고 있는 것인지 파악할 필요가 있다. 이를 위해서는 작품의 배경이 되고 있는 특정 시기, 작품이 전제로 하고 있는 사회·문화적 상황 등에 주목해야 한다. 『난쟁이가 쏘아 올린 작은 공』이 1970년대 우리 사회를 배경으로 한 작품이라는 점을 아는 것은 작품 읽기에 매우 중요하다. 특정 시기가 작품의 표면에 드러나는 경우도 있지만 암묵적으로 전제되어 있는 경우도 있다. 이 경우 작가가 살았던 시대, 작품의 창작 연대 등이 중요한 안내 역할을 할 수 있다. 작품에 세세하게 드러나는 삶의 국면들 또한 시대적 배경을 추측하는 데 중요한 힌트가 될 수 있다. 아버지인 난쟁이가 '수도 고치기', '칼갈이'와 같은 막노동을 하며 살아 왔다는 점, 영수를 좋아했던 명희가 '다방 종업원', '고속버스 안내양' 등의 일을 했다는 것을 통해서도 시대적 배경을 추측할 수 있기 때문이다.

작품을 읽으면서, 작품이 현실 세계의 어떤 점을 담아내고자 했는지 파악하는 것이 무엇보다 중요하다. 이를 위해서는 작품에 등장하는 중심 사건 그리고 등장인물의 말이나 행동 등에 주목하는 것이 필요하다. 작품이 그려내는 등장인물의 삶과 고민, 등장인물들 간의 주요 갈등, 인물을 드러내는 방식, 플롯 등을 통해 작품의 전체 의미를 파악하는 과정으로 나아가야 한다. 그리고 그러한 현실 세계의 어떤 국면을 얼마나 '진실성' 있게 모방·반영하고 있는지 파악하면서 작품의 주제의식을 파악할 필요가 있다.

1.1.2. 효용론과 독자

1.1.2.1. 효용론이란

효용론의 관점에서는 문학작품을 "청중에게 어떤 효과를 달성하려는 목적(Abrams, 1971: 14)"을 지닌 것으로 본다. 곧 문학이란 독자에게 특정 '효과'를 거두기 위한 것으로 보는 관점이다. 효용론에서는 그 '효과'의 측면으로 '교훈'과 '쾌락'에 주목한다. 문학은 독자에게 교훈 혹은 즐거움(쾌락)을 주기 위한 것이라고 보는 것이다. 이상섭(1966: 112)은 이를 「농가월령가」를 예로 들어 설명한 바 있다. 「농가월령가」에서 즐거움(쾌락)의 효과는 주로 4·4조의 운율에서 오고, 교훈의 효과는 주로 농사에 관한 정보에서 온다고 나누어 볼 수 있다는 것이다. 하지만 좀 더 면밀히 고찰하면 즐거움과 교훈은 문학을 체험하는 순간에는 구분되지 않으며, 이렇게 구분되지 않은 상태를 감동, 감화라고 보고 있다.

작품을 읽으면서 특히 어떤 부분에서 즐거움을 느꼈으며, 또 어떤 부분에서 교훈을 느꼈다고 말할 수는 있겠으나 실질적으로 그것을 구분하여 말하기는 어려울 것이다. 두 측면이 함께 작용하면서 독자에게는 그것이 감동이나 감화의 형태로 느껴질 것이기 때문이다. 이렇듯 작품이 독자에게 감동을 주고 그 감동을 통해 독자에게 어떤 영향을 끼치는 것, 그것이 효용론적 관점의 중요한 핵심이라고 볼 수 있다. 따라서 효용론적 관점에서는 문학작품이 독자 또는 우리가 살고 있는 사회에 어떤 영향을 끼치는가, 다시 말하면 문학이 독자와 사회에 어떤 실용적 효용성이 있는가를 판단하고자 하며, 그러한 목적을 효율적으로 달성했는가를 기준으로 작품의 가치를 판단한다.

1.1.2.2. 효용론과 작품

독자에게 영향을 미치고자 했던 작품 중 하나로 최남선의 「해에게서 소년에게」를 들 수 있다. 다음은 최남선의 「해에게서 소년에게(1908: 19-21)」 중 일부이다.

1

처……ㄹ썩, 처……ㄹ썩, 척, 쏴……아.
때린다, 부순다, 무너버린다.
태산 같은 높은 뫼, 집채 같은 바윗돌이나.
요것이 무어야, 요게 무어야.
나의 큰 힘, 아느냐, 모르느냐, 호통까지 하면서,
때린다, 부순다, 무너버린다.
처……ㄹ썩, 처……ㄹ썩, 척, 튜르릉, 꽉.

2

> 처……ㄹ썩, 처……ㄹ썩, 척, 쏴……아.
>
> 내게는, 아모 것도, 두려움 없어,
>
> 육상에서, 아모런, 힘과 권을 부리던 자라도,
>
> 내 앞에 와서는 꼼짝 못하고,
>
> 아모리 큰 물건도 내게는 행세하지 못하네.
>
> 내게는 내게는 나의 앞에는
>
> 처……ㄹ썩, 처……ㄹ썩, 척, 튜르릉, 꽉.
>
> — 최남선 「해에게서 소년에게」 중 1연, 2연

이 시에서는 화자로 설정된 '바다'가 '소년'을 향해 말하는 형식을 취하고 있다. 이 시는 '소년'을 청자로 설정하고 그 소년을 계몽하고자 하는 목적, 즉 소년들에게 넓은 세계로 나아갈 것을 권하는 시로 알려져 있다. 이 시를 창작한 1908년을 고려할 때, '소년'은 '어린 아이가 아니라 민족의 위기를 타개하기 위해 용기 있게 이 문명을 향해 나아가야 할 우리나라의 젊은이들(홍정선, 2007: 28)'로 볼 수 있을 것이다. 즉 당대 우리 민족의 미래를 이끌어갈 '소년'을 독자로 설정하고, 그 소년들이 드넓은 세계로 나아가는 바다의 기상을 가졌으면 하는 효과를 거두고자 했던 작품이라 할 수 있다. 이 작품을 읽으면서 독자들이 그러한 교훈을 얻고 또 감동을 받았다면 이 작품의 효용성은 높은 평가를 받을 것이다.

1.1.2.3. '독자'의 위치

효용론은 작품이 독자에게 어떤 영향을 미치는가에 초점을 맞춤으로써 독자의 존재에 주목했다는 데 의미가 있다. 하지만 독자를, 작품을 통해 효과를 거둘 수 있는 존재로 대상화했다는 점에 대해서는 재고가 필요하다. 독자를 수동적인 위치에 가두어 두고 있다는 비판도 가능해진다. 독자가 '작품을 이해하고 해석하는 주체로서보다는 다분히 작가 중심의 관점에서 대상으로 제시(문영진, 2007: 370)'된 측면이 강하기 때문이다.

그럼에도 불구하고 효용론이 문학을 '독자'와 관련지어 사고했다는 점은 주목할 만하다. 문학작품을 창작하는 사람은 작가이고, 문학작품을 읽는 사람은 독자이기에 작품과 독자를 관련지어 생각한다는 것은 얼핏 보면 당연한 것일 수 있다. 하지만 많은 문학이론이 주로 작가나 작품에 초점을 맞추는 경우가 많다는 점을 고려하면, 독자에 주목했던 효용론은 문학 읽기 교육의 측면에 중요한 시사점을 준다.

1.1.2.4. 작품 읽기

최근 문학 읽기 교육은 독자의 위치를 강조하고 있다. 특히 작가가 창작한 작품을 수동적으로 수용하는 존재가 아니라 주체적인 관점에서 능동적으로 작품을 읽는 존재로 자리매김하고 있다. 이런 관점에 서면, 독자는 작가가 창작한 문학작품에 의해 수동적으로 영향을 받는 존재가 아니라 작품을 능동적으로 해석하면서 의미를 구성하는 능동적인 주체로 설정할 수 있다. 이런 점에서 최근 문학교육이 강조하는 '독자'는 효용론에서 대상화하고 있는 독자와는 분명히 다른 특성을 지닌다.

작품의 의미는 작자가 만들어내는 것, 또는 독자의 읽기 행위에 앞서 텍스트 안에 이미 존재하고 있는 것이 아니라 독자의 읽기 행위를 통해 생성되는 것이다. 독자는 이미 정해져 있는 작품 해석을 수동적으로 받아들이는 것이 아니라 능동적으로 의미를 부여하는 존재인 것이다. 따라서 동일한 작품에 대해서도 독자에 따른 다양한 해석이 가능하다. 그렇다고 해서 독자가 해석한 것이면 모든 해석이 다 타당한 것이라고 볼 수는 없다. 독자의 작품해석이 타당한 근거에 의한 것일 때 의미가 있을 것이다.

1.1.3. 표현론과 작가

1.1.3.1. 표현론이란

표현론은 주로 시 장르에 주목하면서 전개된 관점이다. 표현론의 관점에 의하면, 시는 '시인의 생각과 감정의 넘쳐흐름, 발화(utterence) 또는 투영이며, 시인의 이미지, 생각과 감정을 수정하고 통합하는 상상적 과정 (Abrams, 1971: 22)'의 산물이다. 작품이 인간의 현실적 삶을 얼마나 진실성 있게 반영하였는가 혹은 이 작품이 과연 현실적 효용가치가 있는가 등에 대해 표현론은 관심을 기울이지 않는다. 작품이 작가의 감정이나 생각을 얼마나 진실하게 그리고 독창적으로 표현하고 있는가 하는 관점에서 해석하고 평가하는 것을 중시한다.

따라서 문학작품을 평가하는 기준도 달라진다. 모방론·반영론이나 효용론과는 달리 작품에 대한 작가의 성실성, 진실성뿐만 아니라 작가의 독창성, 창조력, 천재성 역시 작품을 평가하는 기준이 된다(이상섭, 1996: 112).

1.1.3.2. 표현론과 작품

정지용의 「유리창 1(1930: 73)」을 읽어보자.

유리(琉璃)에 차고 슬픈것이 어린거린다.
열없이 붙어서서 입김을 흐리우니
길들은 양 언날개를 파다거린다.
지우고 보고 지우고 보아도
새까만 밤이 밀려나가고 밀려와 부디치고,
물먹은 별이, 반짝, 보석(寶石)처럼 백힌다.
밤에 홀로 유리(琉璃)를 닥는것은
외로운 황홀한 심사이어니,
고흔 폐혈관(肺血管)이 찢어진 채로
아아, 늬는 산(山)ㅅ새처럼 날러 갔구나!

— 정지용, 「유리창 1」

〈가〉

그가 이 詩를 쓴 것은 그가 비애의 절정에 서서 그의 심정이 민광(悶狂) 하려던 때이다. 그는 그의 사랑하는 어린 아들을 잃은 것이다 …(중략)…

그는 이러한 생생한 감정을 직설적으로 노출하는 것보다는 그 민민(悶悶)한 정(情)을 그냥 씹어 삼키려했을 것이다. 그래서 그는 좁은 방 키와 나란한 들창에 붙어 서서 밖에 어둔 밤을 내다보며 입김을 흐리고 시우고 이렇게 장난에 가까운 일을 하는 것이다(박용철, 1935: 90-91).

⟨나⟩

「유리창」이 정지용이 자신의 아이를 잃은 심정을 읊은 것이라는 것은 이미 알려져 있는 사실이다. 정지용에게는 10명이 넘는 자녀가 태어났었는데, 모두 태어나면서 혹은 어려서 죽고 4남매만 장성하게 된다. 그의 시에 자주 나타나는 죽음의 이미지는 그의 자녀의 죽음에 대한 아버지로서의 애끓는 심정의 표현으로 보인다(장도준, 1989: 17).

이 시는 정지용 시인이 자식을 폐렴으로 잃은 뒤 그 안타까운 심정을 노래한 작품으로 알려져 있다. 그런 해석이 가능했던 데에는 당대 평론가였던 박용철이 쓴 인용문 ⟨가⟩의 역할이 컸을 것이다. ⟨가⟩와 ⟨나⟩는 모두 시인의 삶, 시인의 생각과 감정을 시 해석의 중요한 준거로 삼고 있다. ⟨가⟩와 ⟨나⟩에 따르면 시인의 삶과 감정, 즉 자녀의 죽음을 겪은 부모의 슬픔과 애끓는 심정이 시에 고스란히 투영되어 있는 것으로 해석할 수 있다.

1.1.3.3. 작품 읽기

표현론의 중요한 특징은 문학작품을 작가와 관련지어 이해한다는 점이다. 작품을 창작한 주체로서의 작가에 주목하고, 그 작가의 생각, 감정 등의 표현을 중시한다. 작품을 읽을 때는 작가의 생각이나 감정의 표현에 드러나는, 다른 작가와는 구별되는 개성과 독창성을 발견하고 이해하는 것이 중요하다. '작품은 우연이든 아니든 간에 작가의 삶과 성격을 드러내준다고 가정(Childers & Hentzi, 1999: 180)'하기 때문에 표현론적 관점에서 작품을 읽기 위해서는 작가가 어떤 사람인지 아는 것이 매우 중요하다. 어느 시기에 살았으며, 그 작가의 평소 생각과 감정 표현은 어떠했는 지 파악하는 것이 작품을 이해하는 데 도움을 줄 수 있다.

표현론의 관점에서 작품을 읽을 때에는 작가의 개인적 생각이나 마음 상태에 대한 작품의 성실성, 진정성 및 적절성 등을 통해 그 작품을 판단 한다. 그리고 '의식적으로나 무의식적으로나 그 작품 속에 드러냈을 작자 의 특수한 기질이나 경험의 증거를 그 작품 속에서 찾아(Abrams & Harpham, 2012: 69)' 작품 해석에 활용하기도 한다. 앞에서 살펴본 인용문 〈가〉와 〈나〉를 그 예로 들 수 있다.

그런데 표현론의 관점을 적용하면서 작가의 삶이나 생각, 감정 등을 작 품 해석의 원천으로만 접근하는 것은 경계해야 할 일이다. 그 작가의 작 품에 독창적으로 표현된 개성의 측면을 이해하기 위해 작가의 생각이나 감정 등을 중요하게 참조할 수는 있지만 그것만을 근거로 삼아 작품을 해 석해 버리는 환원론에 빠지지 말아야 한다. 컬러(Culler, 1999)는 작품을 창 작하는 과정에서 작가의 머릿속에 들어 있던 것, 혹은 작품을 완성하고 난 뒤 작가가 작품의 내용이라고 말한 것이 그대로 작품의 의미가 될 수 는 없다고 말한다. 그것은 작가가 작품 속에서 성공적으로 구현했을 때 가능한 일일 것이기 때문이다.

1.1.4. 객관론과 작품

1.1.4.1. 객관론이란

객관론이란 작품을 '모든 외적 참조점들로부터 분리시켜 고립적인 것 으로 간주하고, 내적 관계에 있는 작품의 부분들로 구성된 자족적 실체 (Abrams, 1971: 26)'로 보는 관점이다. 객관론은 앞에서 소개한 모방론, 효용 론, 표현론처럼 문학작품을 현실 세계, 독자, 작가 등과 관련지어 이해하 지 않고, 오히려 그들로부터 분리시켜 작품을 자율적이고 자족적인 성격 을 지닌 독립적 존재로 설정한다.

문학작품을 하나의 자족적이면서 독립적인 존재로 본다는 것은 작품이 '하나의 독특하고도 독립된 존재를 이루기 위한 내적인 원리를 스스로 가지고 있다고 보는 것(이상섭, 1996: 113)'이다. 그 내적인 원리를 통해 한 작품의 여러 부분들이 서로 긴장 관계에 있으면서도 하나의 통일성 있는 전체를 이룬다고 보고 있다. 작품을 평가할 때에도 객관론은 '작품의 존재 양식에 내재하는 기준에 의해서만 작품을 판단(Abrams, 1971: 26)'한다. 신비평, 러시아 형식주의 등이 객관론의 대표적인 예에 해당한다.

1.1.4.2. 객관론과 작품

유치환의 「깃발(1939: 201)」을 읽어 보자.

이것은 소리 없는 아우성.
저 푸른 해원(海原)을 향하여 흔드는
영원한 노스탤지어의 손수건.
순정은 물결같이 바람에 나부끼고
오로지 맑고 곧은 이념의 푯대 끝에
애수는 백로처럼 날개를 펴다
아! 누구던가?
이렇게 슬프고도 애달픈 마음을
맨 처음 공중에 달 줄을 안 그는.

                                               - 유치환, 「깃발」

「깃발」의 비유적 구조는 중심 이미지인 깃발에 '아우성', '손수건', '순정', '애수', '마음' 등 5개의 보조 관념이 연결된 확장 은유의 형태를 취하고 있다. 원관념과 보조 관념들 사이의 비교는 현대의 '絶緣'(depaysment)의 시에서 볼 수 있는 이미지의 폭력적 결합과는 거리가 멀지만 참신하고 인상적이다. 「깃발」의 이런 비유적 구조에 대해서 한 평자는 '아마 「깃발」에서 느낄 수 있는 힘은 바로 그 이미지가 중심이 되어 계속 일으키는 파동감, 즉 상징성이 형성하는 자장(磁場) 같은 것'이라고 하여 깃발의 비유적 이미지가 또한 몹시도 역동적인 근거를 제시했다(김준오, 1985: 194-195).

인용문에서는 당대 사회 현실, 작가의 생각이나 감정 등을 중심으로 작품을 해석하지 않으며, 이 작품이 독자에게 어떤 실용성을 지니는지에 대해서도 언급하지 않는다. 인용문은 작품 자체에 드러난 언어 표현 방식, 즉 '깃발'의 비유를 중심으로 작품을 해석하고 있다. 이 시에 대해 비유의 참신성과 역동성을 성공적으로 구현한 시라고 평가하면서, 이러한 '파동감'을 통해 "아우성·손수건·순정"을 만날 때까지는 이상향에 대한 동경을 드러내고 있지만, "애수·마음"에 이르러 이상향에 끝내 도달하지 못하는 감상적 마음(김준오, 1985: 195)'을 잘 드러내고 있다고 해석하고 있다.

1.1.4.3. 작품 읽기

객관론의 관점에서 작품을 읽기 위해서는 작품을 일체의 외부적인 요소로부터 독립시켜 오직 작품 자체에 표현된 다양한 형식적 장치에 주목할 필요가 있다. 따라서 작품을 해석할 때 작품 창작의 배경, 작품에서 담고 있는 현실 세계의 모습, 작가의 생각이나 감정, 독자에게 미치는 영향 등과 분리하여 작품 자체에 표현된 언어 표현에 주목한다. 시의 경우 운율, 비유, 상징, 이미지 등의 측면에서, 소설의 경우는 서술자, 시점, 플롯 등의 측면에서 어떤 성취를 이루었는가를 중심으로 작품을 해석하고 평가할 수 있다.

1.1.4.4. 객관론의 비판: '감정의 오류', '의도의 오류'

'감정의 오류(Affective fallacy)'와 '의도의 오류(Intentional fallacy)'는 신비평 이론가인 윔샛(Wimsatt)과 비어즐리(Beardsley)에 의해 제안된 용어이다. 우선, '감정의 오류'란 작품이 독자에게 미치는 효과나 영향의 관점에서 작품을 이해하거나 판단하면 오류에 빠질 수 있다고 보는 것이다. 윔샛과 비어즐리는 "예술작품의 효과 혹은 '독자의 마음속에 미친 결과'라는 관점에서 예술작품을 평가(Preminger, Warnke, & Hardison, 1974: 8)"해서는 안 된다고 보았다. 왜냐하면 그러한 방식은 '시와 그 시가 낳은 효과를 혼동(Preminger, Warnke, & Hardison, 1974: 8)'함으로써 제대로 된 작품 해석과 평가를 할 수 없도록 하기 때문이라는 것이다.

또한, 작가의 의도를 중심으로 작품을 해석하고 비평하는 경우도 '의도의 오류'에 빠질 수 있다고 보았다. '작가의 본래의 의도와 작품에서 성취된 의도 사이에는 근본적 차이가 있는데, 그것들을 혼동(이상섭, 1996: 224)'함으로써 잘못된 작품 해석과 평가가 이루어질 수 있다는 것이다. 그리고 작가가 사망했거나 작품 창작의 의도를 따로 명시하지 않은 경우 쉽게 작가의 의도를 알아내기 어렵다는 점도 고려해야 한다고 강조했다. 이러한 '의도의 오류'는 '작가의 정신은 물론 역사적 배경으로부터 완전히 단절시켜 일종의 진공상태에서 작품의 의미를 찾으려 한다(이상섭, 1996: 225)'라는 비판을 받기도 했다.

'감정의 오류'와 '의도의 오류'는 독자의 작품 감상 결과, 작가의 의도 등을 작품 해석이나 평가에서 배제하고, 작품을 외부 요소와 분리된 독립적인 실체로 보아야 한다는 신비평의 특성이 잘 드러난 용어라 할 수 있다.

1.2. 문학을 바라보는 관점과 작품 읽기

이제까지 문학을 바라보는 네 가지 관점을 살펴보고, 각 관점으로 작품에 어떻게 접근할 것인지 살펴보았다. 네 가지 관점은 각각 작품을 보는 중요한 시각을 제공하지만 다른 한편으로 각기 한계를 지니고 있는 것도 사실이다. 따라서 네 가지 관점 중에서 어느 하나만으로 작품을 읽어야겠다고 고집하는 것은 바람직하지 않다. 문학작품을 읽을 때 네 가지 관점 중 어느 하나가 중심을 이룰 수는 있겠지만 다른 관점 역시 작품을 읽을 때 필요할 수 있다는 점을 고려해야 한다. 따라서 작품을 읽을 때 '통합적인 문학론의 관점(윤여탁·최미숙·유영희, 2020: 17)'이 필요하다. 작품에 반영된 현실 세계, 작가, 독자, 작품의 언어적 특성 등을 총체적으로 고려하면서 작품을 해석하는 방식이 필요한 것이다.

예를 들면, 『난쟁이가 쏘아올린 작은 공』은 우선 모방론·반영론의 관점에서 읽는 것이 적절할 것이다. 하지만 풍부한 독서를 위해서는 작가가 무슨 이야기를 하고 싶었을지, '난쟁이 가족'으로 표현되는 형식적 장치가 작품 구조에서 어떤 의미를 갖는지, '낙원구 행복동'이라는 역설적인 동네 이름은 무엇을 의미하는지, 독자로서의 '나'는 이 작품에 대해 어떻게 평가할 수 있을지 등에 대해서도 함께 사유하면서 읽는 과정이 필요하다. 그럼으로써 풍부한 독서가 가능해질 것이다. 최남선 「해에게서 소년에게」도 마찬가지다. 1908년이라는 시대적 배경을 전제로 하면서도 그 시가 독자를 향해 어떤 효과를 거두고자 했는지, 그리고 모든 연에 반복적으로 등장하는 "처……ㄹ썩, 처……ㄹ썩, 척, 쏴……아.", "처……ㄹ썩, 처……ㄹ썩, 척, 튜르릉, 꽉." 표현이 갖는 음성 상징이 작품의 의미 구성에 어떤 효과를 거두는지 등을 동시에 고려하면서 작품을 이해하고 평가하자는 것이다.

이제까지 서술한 문학을 바라보는 관점이 문학 읽기의 모든 방식을 다 설명해줄 수는 없다고 앞에서 서술하였다. 작품에 접근하는 기초적인 방향 차원이라는 점을 염두에 두고 통합적이고 총체적인 관점에서 읽도록 노력해 보자.

모방론에서는, 문학이란 인간이 살아가는 현실 세계를 모방하여 작품에 담아내는 것이라고 본다. 모방론에서는 현실 세계에서 이루어지는 인간 삶의 어떤 측면을 작품이 모방·반영하고 있는지 파악하려고 하며, 또 그러한 측면을 얼마나 '진실성' 있게 모방·반영하고 있는가를 기준으로 작품을 판단한다.

효용론에서는, 문학이란 독자에게 어떤 '효과'를 달성하려는 목적을 거두기 위한 것이라고 본다. 그 효과의 측면으로는 '교훈'과 '쾌락'에 주목한다. 문학이 독자와 사회에 어떤 실용적 효용성이 있는가를 판단하고자 하며, 그러한 목적을 효율적으로 달성했는가를 기준으로 작품의 가치를 판단한다.

표현론에서는, 문학이란 작가의 생각, 감정, 상상력 등을 표현하는 것이라고 본다. 작품 창작자로서의 작가에 주목하면서 작품에 표현된 작가의 감정이나 생각, 작가의 개성과 상상력 등을 중시한다. 작품에 표현된 작가의 진실성, 독창성, 창조력, 천재성 등을 기준으로 작품을 평가한다.

객관론에서는 작품을 작가, 독자, 형성 여건, 시대 배경 등을 중심으로 보는 것이 아니라, 작품 자체만을 독립적으로 놓고 작품의 내재적 기준으로 해석하고 평가하고자 한다. 작품을 창작 환경이나 저자의 의도나 작품에 재현된 현실과 분리시키며 작품 자체의 자족성과 자율성을 중시한다. 내재적 기준, 즉 운율, 비유, 상징, 이미지, 서술자, 시점, 플롯 등에 있어서의 성취가 작품의 성공 여부를 평가하는 기준이 된다.

문학작품을 읽을 때 네 가지 관점 중 어느 하나가 중심을 이룰 수는 있겠지만 다른 관점 역시 작품을 읽을 때 필요하다는 점이 중요하다. '통합적 관점의 작품 읽기 방식'이 필요한 것이다. 작품에 반영된 현실 세계, 작가, 독자 그리고 작품의 언어에 대한 섬세한 분석 등을 작품이 고유하게 갖고 있는 특성에 맞게 총체적으로 고려하면서 해석할 필요가 있다.

※ 이육사의 「청포도(1939: 234-235)」를 읽고 다음 활동을 해 보자.

> 내 고장 칠월은
>
> 청포도가 익어가는 시절
>
> 이 마을 전설이 주저리주저리 열리고
>
> 먼 데 하늘이 꿈꾸며 알알이 들어와 박혀
>
> 하늘 밑 푸른 바다가 가슴을 열고
>
> 흰 돛단배가 곱게 밀려서 오면
>
> 내가 바라는 손님은 고달픈 몸으로
>
> 청포(靑袍)를 입고 찾아온다고 했으니
>
> 내 그를 맞아 이 포도를 따 먹으면
>
> 두 손은 함뿍 적셔도 좋으련
>
> 아이야 우리 식탁엔 은쟁반에
>
> 하이얀 모시 수건을 마련해 두렴
>
> — 이육사, 「청포도」

01 다음 각 관점이 잘 드러나도록 시를 짧게 해석해 보자.

관점	해석
• 모방론 · 반영론	
• 효용론	
• 표현론	
• 객관론	

02 통합적인 관점에서 시를 해석해 보자.

_____

_____

_____

_____

_____

_____

_____

_____

김준오(1985). 유치환의 「깃발」: 허무와 비의지적 자아. 한국대표시 평설. 정한
　모 · 김재홍 (엮음). 문학세계사.

류보선(2007). 조세희. 문학과지성사 한국문학선집 1900-2000: 소설2. 우찬제 ·
　김미현 (엮음)(2007). 문학과지성사.

문영진(2007). 비평 분류 방식의 변모와 서사교육적 가능성-에이브럼즈 비평 분
　류 도식의 교육적 활용을 중심으로. 국어교육연구, 19, 361-397.

박용철(1935). 을해시단총평. 박용철전집 2. 박용철기념사업회 엮음(2004). 깊은샘.

이육사(1939). 청포도. 문학과지성사 한국문학선집 1900-2000: 시. 최동호 · 신범
　순 · 정과리 · 이광호 (엮음)(2007). 문학과지성사.

유치환(1939). 깃발. 문학과지성사 한국문학선집 1900-2000: 시. 최동호 · 신범
　순 · 정과리 · 이광호 (엮음)(2007). 문학과지성사.

윤여탁 · 최미숙 · 유영희(2020). 시와 함께 배우는 시론(2판). 태학사.

이상섭(1996). 문학비평용어사전. 민음사.

장도준(1989). 정지용 시의 연구. 연세대 대학원 박사논문.

정지용(1930), 유리창 1. 정지용전집 1: 시. 김학동 (편)(2001). 민음사.

최남선(1908). 해에게서 소년에게. 문학과지성사 한국문학선집 1900-2000: 시.
　최동호 · 신범순 · 정과리 · 이광호(엮음)(2007). 문학과지성사.

홍정선(2007). 최남선. 문학과지성사 한국문학선집 1900-2000: 시. 최동호 · 신범
　순 · 정과리 · 이광호(엮음)(2007). 문학과지성사.

Abrams, M. H.(1971). The mirror and the lamp: Romantic theory and the critical
　tradition. Oxford University Press.

Abrams, M. H., & Harpham, G. G.(2012). A glossary of literary terms(10th
　ed.). Boston: Wadsworth Cengage Learning.

Childers. J. & Hentzi, G. (eds.). (1995). The Columbia Dictionary of Modern
　Literary and Cultural Criticism. 황종연 (역)(1999). 현대 문학 · 문화 비평 용
　어사전. 문학동네.

Culler, J.(1997). Literary theory. Oxford Uiversity Press.

Preminger, A., Warnke, F. J., & Hardison, O. B.(eds.). (1974). Princeton
　encyclopedia of poetry and poetics. Princeton University Press.

4-2 독서의 방법(2)

학습목표

- 정보 텍스트를 읽는 방법에 대한 독서 이론을 이해할 수 있다.
- 사실적 · 추론적 · 비판적 · 감상적 · 창의적 독해 전략을 이해할 수 있다.
- 독서 목적과 글에 따라 다양한 전략들을 활용하여 글을 읽을 수 있다.

학습내용

이 장에서는 정보 텍스트를 읽는 방법에 대한 독서 이론을 이해하고, 글을 읽으면서 사실적 · 추론적 · 비판적 · 감상적 · 창의적 독해 전략을 적용하는 방법에 대해 학습한다.

2. 정보 텍스트의 독서 방법

2.1. 독서 과정 개관

이 절에서는 정보 텍스트(informational text)를 읽는 방법과 지도법에 대해 살펴보고자 한다. 정보 텍스트는 흔히 실용문이라고 하는 비문학 글(nonfiction)을 뜻하며, 텍스트 이론에서는 설명적 글(expository text)을 가리키는 말로 쓰이기도 하지만, 이 장에서는 설득을 목적으로 하는 글(persuasive text) 유형과 정보 전달을 목적으로 하는 글(informative text) 유형을 아울러 지칭하는 것으로 쓰고자 한다.

읽기 연구는 인간이 어떻게 기호를 해독(decoding)하고 글 내용을 이해(comprehension)하게 되는지에 대한 심리학적 연구에서 시작되었다. 이 과정에서 독해 과정이 모형화 되었고, 인간의 기호 해득 과정에 사용되는 사고들이 인지 전략(cognitive strategy)들로 기술되었다. 이후 이러한 전략들은 읽기 방법으로서 독서 교육에 활용되었다.

읽기 연구자들이 개발한 일반적인 독해 이론은 대개 정보 텍스트를 전제로 한다. 글을 읽는 과정에는 글자 읽기에서 시작하여 단어, 문장, 글로, 즉 작은 단위에서 보다 큰 언어 단위로 의미를 결합해나가는 '상향식 독해(bottom-up model)'와, 독자의 배경지식을 적극적으로 활용하여 글 전체의 의미를 예측하고 글을 읽으면서 그 내용을 확인하거나 수정하는 '하향식 독해(top-down model)' 방식이 있다.

독자가 글을 읽고 내용을 이해하는 주된 방식이 무엇인가에 따라, 또한 글과 관련된 독자의 배경지식이 많은지 적은지에 따라, 상향식이나 하향식 독해 중에 어떤 방식을 더 선호할 수 있으며, 그 결과에 따라 독해 전략에도 차이가 난다. 그러나 대개 독자는 상향식 이해와 하향식 이해를 동시에 상보적으로 사용하여 글을 읽는 상호작용적 이해 모형(interactive model)을 사용한다. 예를 들어 음소를 인식하고, 단어를 인지하며, 단어가 결합된 문장의 의미를 파악하는 상향식 이해도 하지만 이와 동시에, 글에 대한 맥락과 글에 드러난 단서를 활용하여 글 내용이나 장르에 관한 자신의 배경지식과 경험을 떠올린 후, 이러한 스키마를 바탕으로 글 내용을 예상하거나 이야기를 엮는 등, 강력한 주제 또는 이야기 연결(a strong theme/story-line)을 구성해 나간다.

반면, 인지심리학에서는 능숙한 독자가 글을 읽을 때 사용하는 인지 전략을 추출하였는데, 이러한 전략들은 위의 독해 모형에 따르기보다는 '독해 수준(levels of reading comprehension)'이라는 기준에 따라 분류되었다.

읽기를 수준에 따라 분류하는 방식은 음운이나 철자의 재인 기능에서 출발하여 고차원적인 이해 기능까지 상향식 단계로 세분화한 바렛(Barrett, 1976)의 읽기 기능 분류와 비슷한 점이 있다. 읽기 능력이 무엇인가에 대한 질문은 곧 읽기 능력은 무엇으로 구성되어 있는가 하는 문제로 연결되고, 이는 읽기 능력을 세분화 하여 기술한 '읽기 기능'의 확인으로 이어졌다. 이에 따라 바렛은 읽기 능력을 읽기 기능에 따라 단계적으로 제시했는데, 그것은 ① 축어적 재인이나 회상(literal recognition or recall), ② 재조직(reorganization), ③ 추론(inference), ④ 평가(evaluation), ⑤ 감상(appreciation) 등 5가지 수준으로 유목화 하였다. 이는 오늘날까지 읽기 기능 분류의 기초가 되었다.

이후 인지심리학 기반 읽기 연구에서는 읽기(독해)를 독자의 의미구성 과정으로 보고, 독해를 학습 전략의 측면에서 단계화했다(Anderson, Hiebert, Scott, & Wilkinson, 1985: 7-9에서 아래 재인용). 먼저 스미스(Smith, 1963)는 독해를 '글의 표면적 의미를 파악하는 축자적 이해(literal comprehension), 세부 정보들의 관계를 파악하는 해석적 이해(interpretive comprehension), 글에 대한 타당성을 판단하는 비판적 이해(critical comprehension), 글에서 여러 가지 아이디어나 새로운 관점을 얻는 창의적 이해(creative comprehension)'의 네 단계로 나눴다. 또 허버(Herber, 1965)는 독해 수준을 '글에서 기본 정보와 세부 정보를 찾는 축자적 이해(literal comprehension), 글에 제시된 세부 사항들 간의 관계를 파악하면서 아이디어를 얻는 해석적 이해(interpretive comprehension), 독자의 선행 지식을 작가의 생각에 적용하여 좀더 넓고 추상적으로 일반화하는 적용적 이해(applied comprehension)'로 제시했다. 또한 피어슨과 존슨(Pearson & Johnson, 1978)은 '글에 명시된 정보를 확인하는 명시적 이해(text-explicit comprehension), 글에서 추론될 수 있는 생각들을 확인하는 암시적 이해(text-implicit comprehension), 글에서 끌어낸 정보와 독자선행 지식을 관련짓는 배경지식 적용 이해(scripturally implicit comprehension)'의 세 종류를 제안했다.

반면, 어윈(Irwin, 1991)은 독해 수준보다는 독해 과정에 따라 구분했는데, 그는 기존의 독해 기능 분류는 수동적이고 정적이며 위계적으로 설명하므로 독서의 실제성을 반영하는 데 한계를 가진다고 보고, 다양한 기능들이 단계적이 아니라 동시적이고 상호작용하는 양상으로 실현된다고 하였다. 이에 따라 독해를 독자가 개별 문장에서 아이디어를 이해하여 선택적으로 회상하는 '미시 과정(micro-processes)', 절이나 문장 사이의 관계를 이해하거나 추론하는 '통합과정(integrative processes)', 회상한 아이디어를 중심 내용으로 조직하거나 종합하는 '거시 과정(macro-processes)', 필자가 의도하지 않은 정보를 추론하고 정보 간의 관계를 보다 구체적으로 파악하는 '정교화 과정(elaborative processes)', 독서 목적에 맞추어 전략을 선택하고, 독해 과정들을 평가하여 점검하며(self-monitoring understanding), 새로운 전략으로 수정할 계획을 세우는(self-initiating fix-up strategies) 등 전략을 조절하는 '상위인지 과정(metacognitive processes)' 등으로 나눴다. 후에 어윈(Irwin, 2007)은 독해력에 미치는 사회문화적 영향을 강조하였을 뿐 아니라, 교사들도 쉽게 이해할 수 있도록 독해 과정을 '문장 이해 과정', '문장 통합 과정', '글의 전체적 이해 과정', '정교화 과정', '상위인지 과정'이라는 용어로 수정하였다. 이러한 독해 과정은 상보적으로 작용하므로, 각각의 과정은 다른 과정이 성공적으로 수행하는 데 일정 부분 기여한다. 예를 들어, 글의 조직(구조)을 이해하는 것(거시 과정)은 문장 사이의 관계를 추론하는 것(통합 과정)을 도우며, 세부 사항을 정교화하는 것(정교화 과정)은 다른 세부 사항을 선택적으로 회상하는 것(미시 과정)을 촉진할 수 있다. 이렇게 독해의 각

과정들이 상보적으로 작용하는 것을 어윈(1991)은 상호작용 가설(interactive hypothesis)로 명명했다.

이상의 연구들을 종합해 보면, 독해 수준에 독해 전략을 구분할 내는, 주로 '축자적(사실적) 이해(literal comprehension)', '추론적 이해(inferential comprehension)', 그리고 '비판적 이해(critical comprehension)'와 '감상적 이해(appreciative comprehension)' 등 대략 3 층위 수준으로 분류한다는 것을 알 수 있다. 이때, 비판적 이해와 감상적 이해는 같은 수준으로 보며, 다만 글 유형에 따라, 주로 정보 텍스트일 때는 비판적 이해를, 서사적(문학적) 텍스트일 때는 감상적 이해가 작동된다고 본다.

이러한 이론을 읽기 교육의 내용에 반영하여, 제6~7차 국어과 교육과정에서는 '내용 확인, 추론, 평가 및 감상'이라는 용어로 내용 체계에 도입하였다. 나아가 2009 개정 고등학교 교육과정부터는 위의 명칭을 '사실적 이해('내용 확인'에 해당), 추론적 이해('추론'에 해당), 비판적 이해와 감상적 이해('평가 및 감상'에 해당)'로 고쳤으며, '창의적 이해'를 추가하여 총 5가지 독해 전략으로 범주화 하고 있다. 위의 5가지 대표 전략은 각각의 하위 전략들을 포괄하는 상위 개념으로서, 각 하위의 전략들은 읽기의 구체적인 방법이 된다. 국어과 교육과정에 소개된 대표적인 전략을 제시하면 다음과 같다(박영목, 1996:179-214).

2.1.1. 사실적 이해와 하위 전략

사실적 이해란 텍스트에 표면적으로 드러난 내용의 이해, 있는 그대로의 의미를 파악하는 것을 말한다. 대개 사실적 이해라 함은 중심 생각이나 글의 요지(gist)를 파악하거나, 필자가 제기한 주장(논지)의 흐름 혹은 내용의 전개 방식을 파악하는 것 등이 포함된다.

그 하위 전략은 다음과 같다 : ㉮ 단어, 문장, 문단 등 글을 구성하는 각 단위의 내용과 그들 사이의 관계를 파악한다. ㉯ 지식과 경험, 글에 나타난 정보, 맥락 등을 이용하여 글의 중심 내용을 파악한다. ㉰ 글의 전개 방식과 구조적 특성을 파악한다. ㉱ 독서 목적에 따라 글의 특정 부분을 선별하여 정보를 파악한다. ㉮ 글의 내용을 자기 말로 목적에 맞게 필요한 분량으로 요약한다.

2.1.2. 추론적 이해와 하위 전략

추론적 이해란 글에 직접 드러나 있지 않고 암시적으로 나타나는 내용이나 필자에 의해 의도적으로 숨겨진 내용 등을 예측하거나 추론하여 글 내용을 보다 정교하게 이해하는 것을 말한다. 필자는 독자가 이미 알고 있거나 충분히 예측할 수 있는 내용은 생략하는 경우가 많은데, 그러므로 추론은 글과 관련된 독자의 배경지식이나 경험을 근거로 하여 글에 드러난 정보를 단서로 하여 이루어진다. 이러한 생략된 정보를 재구(再構)하는 것은 물론, 상징적이거나 암시적인 주제, 숨겨진 의도 등 일부러 직접 드러내지 않은 내용들도 적극적으로 추론할 수 있다.

그 하위 전략은 다음과 같다 : ㉮ 지식과 경험, 표지, 문맥 등을 이용하여 생략된 내용을 추론한다. ㉯ 필자의 의도, 목적, 숨겨진 주제 등을 추론한다. ㉰ 글에 묘사된 내용을 근거로 인물의 특성을 파악하고, 장면과 분위기를 상상한다. ㉱ 글의 내용을 여러 가지 관점에서 분석하고 종합한다. ㉲ 독서의 목적, 독서 과제, 독자의 상황 등과 연결하여 의미를 구성한다.

2.1.3. 비판적 이해와 하위 전략[※]

비판적 이해란 필자가 제시한 주제나 주장, 자료나 증거, 논증 과정, 인물의 성격, 작품의 가치, 필자의 의도와 글의 표현 방식 등에 대해 일련의 준거에 의해 타당한 것으로 수용할 것인가, 아니면 불합리한 것으로 반박할 것인가에 대한 판단을 내리면서 읽는 것을 말한다.

특히 내용의 타당성과 효용성을 판단한다는 것은 텍스트 내적으로 볼 때, 글의 주제나 목적에 비추어 내용이 적절하게 쓰였는지를 평가하는 것을 뜻하기도 하지만, 텍스트 외적 맥락과 관련지어 읽는 것, 즉 글이 소통되는 당대의 건전한 상식이나 사회 통념, 윤리적 가치, 미적 가치 등에 비

비판적 이해라는 용어는 독해 전략을 지칭하는 반면, 비판적 문식성(critical literacy)이란 이데올로기 비판의 관점에서 텍스트를 분석하는 능력 또는 그러한 성향을 말한다. 비판적 문식성에는 서구의 비판 이론 전통과 비판적 담화 분석(critical discourse analysis)이라는 방법론이 전제된다.

추어 내용이 타당하고 적절한지를 평가하는 것을 뜻한다.

이때 평가 준거로는 타당성, 신뢰성, 공정성 등을 따지는데, 타당성은 주장이나 의견이 사회적 통념이나 건전한 상식에 비추어 보편적으로 인정할 만한 것인지를, 신뢰성은 근거가 되는 자료가 믿을 만하며, 객관적인 것인지를, 공정성이란 내용이 어느 한 쪽에 치우치지 않고 균형적인지를 판단하는 기준이다. 비판적 이해는 크게 내용, 조직(구성), 표현 측면의 적절성과 효과를 평가하는 것이 포함된다.

그 하위 전략은 다음과 같다 : ㉮ 내용의 타당성과 공정성, 근거 자료의 신뢰성 등을 판단한다. ㉯ 글에서 공감하거나 반박할 부분을 찾고, 필자의 생각을 비판한다. ㉰ 필자의 가치관이나 글의 배경이 되는 사회·문화적 이념을 비판한다. ㉱ 글의 구성 및 표현의 적절성과 효과를 비판한다. ㉲ 글감이나 주제가 유사한 글을 찾아 읽고, 관점이나 구성 등을 비교한다.

2.1.4. 감상적 이해와 하위 전략

감상적 이해란 글 내용에 공감하거나 감동하며 읽는 것을 말한다. 감상적 이해는 주로 문학적인 글에서 독자의 감성에 호소하는 읽기로 생각될 수 있지만, 좋은 글이란 이성적 사색의 대상이 된다는 점에서 정보 텍스트(실용문)라고 하더라도 필자의 생각과 경험에 공감하거나 글에 드러난 발상과 표현 방식에 충분히 감동하며 읽을 수 있다.

그 하위 전략은 다음과 같다 : ㉮ 인물이나 사건에서 공감하거나 동일시되는 부분을 찾으며 읽는다. ㉯ 글에서 감동적인 부분을 찾아 그 내용을 내면화한다. ㉰ 필자의 개인적 배경, 시대적 배경, 집필 상황 등과 관련지어 글을 감상한다. ㉱ 독서를 통해 일어나는 독자 자신의 정서적 변화를 인식하며 글을 감상한다. ㉲ 사회적 공동체의 독서 행위에 참여하여 다른 사람과 교감하며 글을 읽는다.

2.1.5. 창의적 이해와 하위 전략

창의적 이해란 글과 관련하여 새롭고 창의적인 아이디어를 떠올리며 읽는 것을 말한다. 글을 읽으면서 의미를 정교화 하고 깊이 이해하는 데에서 나아가, 글 내용을 자신이 속한 사회나 세계와 연결 지음으로써 글의 의미를 새롭게 재구성하고, 새로운 관점을 얻는 발상의 전환점으로 삼을 수 있다. 이에는 필자의 생각이나 주장에 대한 대안적 아이디어를 제시하거나 글을 통해 개인적 삶의 문제 혹은 사회가 안고 있는 문제에 대한 해결의 실마리를 떠올리는 것 등이 포함된다.

그 하위 전략은 다음과 같다 : ㉮ 글의 화제나 주제, 관점 등에 대하여 자기의 생각을 논리적으로 재구성한다. ㉯ 글에서 자신과 사회의 문제를 해결하는 방법을 찾는다. ㉰ 필자의 생각을 보완하거나 대체할 수 있는 방안을 찾는다. ㉱ 주제, 필자, 글감, 배경 등 여러 측면에서 관련되는 글을 비교하고 분석하여 읽고 재구성한다. ㉲ 독서 자료에 나타난 사고나 가치와 다른 창의적 사유의 세계를 가진다.

위의 5가지 독해 방법은 임의적 구분일 뿐, 사실상 글을 읽을 때는 사실적 이해, 추론적 이해, 비판적·감상적 이해, 창의적 이해가 동시에 관여하며, 읽기 목적이나 상황에 따라 특정 읽기 전략들이 더 집중적으로 작용할 수 있다.

2.2. 정보 텍스트의 독서 방법

어떤 독서든 독서 목적이 있다. 예를 들어, 지식이나 정보 획득의 목적, 학습이나 학문 탐구의 목적, 여가를 보내기 위한 목적 등으로 글을 읽는다. 따라서 독자는 구체적인 독서 목적을 정했다면, 그 목적을 달성하기 위해 적절한 독서 방법, 즉 독서 전략을 사용하여 글을 읽고자 한다.

글의 내용을 이해하기 위해서는 사실적 이해부터 창의적 이해를 위한 전략들이 다 사용되겠지만 독서 목적이나 독서 상황에 따라 특정 전략들이 더 강조되기도 한다. 예를 들어, 최근에는 미디어의 발달로 종이책보다는 인터넷과 같은 디지털 미디어 독서를 하는 경우가 늘고 있는데, 이러한 디지털 미디어에서는 지식이나 정보가 지나치게 넘쳐나고, 동시에 잘못된 지식이나 정보도 많아서, 독자가 매체를 읽을 때에는 자신에게 필요한 정보인지, 지식이나 정보가 믿을 만한 것인지 등을 판단하는 비판적인 독해 태도가 요구된다.

그러나 아무리 전략적이고 비판적인 독서를 하더라도, 문자 기호를 해독하고 거기로부터 의미를 구성하는 기본적인 독해 절차나 단계를 건너뛰기 할 수는 없다. 예컨대, 글을 접하게 되면 맨 먼저 화제나 중심생각을 파악해야, 글 내용이 자신의 독서 목적에 부합하는 것인지 혹은 자신의 생각에 비추어 글 내용이 타당한지를 평가할 수 있다. 이와 같이 우리가 글을 읽을 때 머릿속에서 무엇을 하는지를 반추해보면, 역으로 독서의 전략과 순서들을 이해하기 쉽다.

다음은 정보 텍스트를 읽는다고 가정하고 자주 사용되는 구체적인 전략들을 소개하고자 한다. 첫째, 글의 화제를 파악한다. 독자가 가장 먼저 하는 일은 자신이 읽으려는 글이 '무엇'에 관한 글인지를 파악하려고 노력하는 것이다. 이때, 설명의 대상이 되는 그 무엇을 '화제(topic)'라고 하는데, 글의 '중심 제재'에 해당한다. 일반적으로 화제는 제목, 소제목, 표지 등을 단서로 추측할 수 있으며, 글의 도입부, 글의 처음 또는 첫 번째 문단 등에 나타날 확률이 높다.

둘째, 글의 중심 생각을 파악한다. 먼저 화제를 파악했다면, 다음에는 화제에 대해 '어떠하다'고 말하고 있는지, 이야기 글의 경우에는 '누가 무엇을 하였다'고 하는지를 파악한다. 이때, '어떠하다' 혹은 '누가 무엇을 하였다'라는 것은 화제에 대한 '설명(comment)'인데, 화제와 설명을 결합하면 글 전체의 중심 생각(main idea)이 된다. 때로 글 전체의 중심 생각은 글을 끝까지 다 읽어야 드러난다.

따라서 긴 글의 경우 중심 생각을 파악하려면 먼저 문단별 중심 생각을 파악해야 한다. 이를 위해서는 각 문단의 중심 내용과 이를 지지하는 세부 내용들을 구분할 줄 알아야 한다. 글은 한 개 이상의 문단으로 연결되어 있는데, 대개 하나의 문단에는 하나의 중심 생각이 있다. 각 문단의 중심 생각은 명시적인 문장으로 드러나기도 하지만, 비명시적 즉 암시적으로 표현되기도 하고, 때로는 여러 문장에 걸쳐서 분산되어 나타나기도 한다. 문단에서 가장 중요한 명제(내용)가 중심 생각이 되는데, 이렇게 중심 생각을 담고 있는 문장을 주제문이라고 하고, 이 주제문을 뒷받침하는 세부 명제(내용)들을 담고 있는 문장들을 뒷받침 문장이라고 한다.

이때, 주제문이라고 한다면 글 전체의 주제와 헷갈릴 수 있으므로, 이 둘을 구분하기 위해 각 문단별 주제문을 '소(小)주제문'이라고 부른다. 소주제문은 문단의 맨 앞이나 뒤에 자주 나타나는데, 명시적으로 드러나는 소주제문의 경우에는 그 문장을 선택하면 되지만, 표면적으로 드러나지 않거나 여러 문장에 걸쳐 있을 때는 독자가 구성해야 한다. 이렇듯 각 문단마다 주제문과 뒷받침 문장을 구분하며 문단의 중심 생각을 파악한다.

각 형식 문단별로 중심 생각을 파악하게 되면, 문단 간의 연결 관계를 알기 쉽게 되어 내용 문단으로 묶는 데도 도움이 된다. 내용 문단이란 형식 문단 몇 개가 모여 하나의 큰 내용 범주로 묶일 수 있을 때, 그 형식 문단을 묶은 것을 말하는데, 내용 문단을 파악하면 형식 문단들을 관련된 것끼리 묶을 수 있으므로 글의 흐름을 파악하거나 요약을 하기에 용이하다.

셋째, 논지 전개 과정을 파악한다. 논지는 필자의 생각이나 주장을 말하는데, 이를 파악하기 위해서는 각 문단의 화제와 중심 생각들이 문단마다 어떻게 이어지는지 그 관계를 이해해야 한다. 필자의 주장이 어떻게 전개되는지를 파악하는 것은 글의 흐름이나 글의 내용 구조를 이해하는 것과 같다.

논지 전개 과정을 파악하면서 읽는다는 것은 주장이 무엇인지, 주장을 뒷받침하기 위해 무엇을 근거로 들고 있는지, 혹은 원인이나 문제점은 무엇이며, 그 결과나 해결책은 각각 무엇인지 등을 구분하며 읽는 것을 뜻한다. 이때 수형도와 같은 도식을 이용하여 문단별 주요 내용을 정리하면, 정보의 위치를 기억하거나 글의 내용을 구조적으로 이해하는 데 도움을 준다.

넷째, 글을 요약한다. 여기서 요약하기(summarization)란 흔히 생각하듯이 요약문을 작성하는 것을 뜻하진 않는다. 질적인 왜곡이나 누락 없이 정보 요약 지도를 위해, '절반으로 줄여 쓰기' 방법을 반복적으로 실시하는 경우가 있는데, 글의 분량을 무조건 절반으로 줄이는 것은 정보의 편중, 중요한 정보의 누락이 생길 수 있기 때문에 유의해야 한다.

를 양적으로 축소하여 기억하는 것을 뜻한다.[*]

요약은 이해의 필연적인 결과이다. 글을 읽다보면, 지식과 정보의 양이 기억의 용량을 초과하는 경우가 많다. 어려운 내용은 한두 쪽만 이어져도 앞에 나온 내용을 다 기억하지 못한다. 반면 쉬운 내용이라고 하더라도 100~200쪽을 넘어가면 앞에 읽었던 내용을 다 기억할 수 없다. 그렇다면 독자는 어떻게 글을 읽어 나갈 수 있으며, 글을 읽었다고 말할 수 있을까? 그것은 글의 정보들을 축약하면서 읽기 때문이다.

킨치와 반다이크(Kintsch & van Dijk, 1978), 반다이크(1980)와 같은 텍스트 언어학자는 이를 '요약'이라고 하고, '삭제, 선택, 일반화, 구성'과 같은 거시 규칙(macro-rule)에 의해 요약이 일어난다고 하였다. '삭제(deletion)'는 중요하지 않은 정보, 부수적인 명제를 기억하지 않는 것이고, '선택(selection)'은 중요하다고 판단한 정보를 기억하는 것으로, 삭제와 선택은 동전의 양면과 같이 동시에 일어난다. '일반화(generalization)'는 하위 개념들을 상위 개념어로 바꿔서 기억하는 것이다. 또한 '구성(construction)'은 흔히 재구성이라고도 번역하는데, 명확히 할 필요가 있는 일련의 정보(명제)들에 대해 조건, 구성 요소, 결과 등을 설명하는 하나의 단순한 명제로 대체하는 것을 말한다. 다음 예를 보자.

일단 손에 묻은 세균은 눈, 코 그리고 입, 피부 등으로 옮겨져 그 자신이 질병에 감염될 뿐 아니라, 그가 만지는 음식, 물건 등에 옮겨졌다가 다른 사람에게까지 전염시킨다. 사람들은 감기가 코나 입을 통해서만 전염된다고 잘못 알고 있다. 그래서 독감이 유행하는 시기에 흔히 마스크를 하고 다니는데, 독감이든 보통 감기든 간에 바이러스가 직접 입으로 전달되기보다는 바이러스가 묻어 있는 손을 입이나 코에 갖다 댐으로써 감염되는 경우가 더 많다. 그러므로 손을 씻지 않는다면 질병에 걸릴 확률이 더 높아진다.

위 글을 '감염을 막으려면 손 씻기가 중요하다'로 요약할 수 있다. 이러한 요약은 기억의 효율성에 근거하며, 크게 보면, 정보의 '삭제'와 '대치'에 의해 이뤄진다고 볼 수 있다. 즉 글의 정보들을 중요도 평정(importance rating)한 뒤, 주요 정보로 판단되면 이들을 선별하여 기억하되, 그 나머지는 버림으로써 기억의 부담을 던다. 동시에 세부적인 정보들을 묶어 기억하기 쉬운 형태로 통합하거나 다른 명제로 바꾼다.

다섯째, 생략된 내용을 추론한다. 독자는 자신의 배경지식, 담화 표지와 같은 텍스트 단서, 사회문화적 맥락 등을 활용하여 글에 직접적으로 드러나지 않은 정보들을 추론한다. 글에는 독자가 충분히 예측할 수 있는 내용뿐만 아니라, 필자의 의도, 글을 쓴 목적, 암시적인 주제 등이 숨겨져 있다. 따라서 독자는 어휘나 문장 표현과 같은 텍스트 단서들, 글 내용에 대한 독자의 배경지식, 텍스트가 소통되는 사회의 거시적이고 미시적인 맥락 등을 활용하여 글의 의미를 적극적으로 추론해야 한다. 다음 예를 보자.

대부분의 서양인들은 무지와 질병과 끝없는 노역이 미개발 사회의 운명이라 생각한다. 또한 개발도상국 사회에 나타나는 빈곤과 질병과 굶주림은 그러한 가정이 입증되는 사례라고 생각한다. 그러나 실제 오늘날 제3세계 국가가 겪고 있는 많은 사회 문제들은 주로 식민주의와 잘못된 개발의 결과물이다.

(헬레나 노르베리 호지, 『오래된 미래: 라다크로부터 배우다』, 중앙북스, 2015)

이 글의 의미를 파악하기 위해서는 첫 문장에 등장하는 '서양인'이 어떤 의미인지를 이해해야 한다. 독자는 두 번째 문장까지 서양인에 대해 객관적으로 진술하고 있지만 세 번째 문장의 '그러나'에서 글의 흐름이 바뀐다는 것을 짐작할 수 있다. 따라서 '서양인'은 '개발도상국'이나 '제3세계'와 상반된 개념으로, 식민주의와 잘못된 개발을 이끈 주체이며, 이러한 '서양인'으로 인해 제3세계 국가의 사회 문제들이 야기되었다는 내용이 행간에 생략되었음을 추론할 수 있다.

이때, '그러나', '잘못된'과 같은 표지는 독자의 추론을 돕는 어휘적 단서들이다. 또한 라다크(Ladakh)는 인도 북부에 위치하며 가난하지만 세계에서 가장 행복한 땅이라는 글 내용에 대한 배경지식, 원시 사회나 부족 사회를 미개 사회로 보는 우리 사회의 잘못된 편견이나 그러한 고정 관념이나 왜곡된 시각에 대한 비판적 분위기 등 사회문화적 맥락 등도 추론을 위한 단서가 된다.

특히 '잘못된 개발', '식민주의' 등 단어에 드러나는 단서와 앞서 말한 배경지식, 사회문화적 맥락 등 추론의 단서들을 종합한다면, 필자의 의도는 '물질문명과 자본주의로 표방된 서구사회가 개발도상국이나 제3세계의 사회 문제, 즉 가난, 결핍 등에 책임이 있음'을 암시적으로 표현하고자 함을 추론할 수 있다.

여섯째, 내용의 타당성과 자료의 신뢰성을 평가한다. 김혜정(2002)은 내용의 타당성이나 자료의 신뢰성과 같은 비판적 이해 전략들은 논리적으로는 내용 파악이 선결된 다음에 이루지는 고차적 단계라고 하였다. 사실적 이해, 추론적 이해, 그리고 비판적 이해가 읽기 과정에서 동시에 이뤄진다 하더라도 논리적으로는 선후 관계가 있다는 것이다. 독자는 사실적 이해와 추론적 이해로 어느 정도 글 내용을 파악한 다음, 그러한 필자의 주장이나 견해가 타당한지, 이를 뒷받침하기 위해 제시한 근거 자료가 믿을 만한지 등을 평가하게 된다.

위의 예문을 읽은 독자가 '서양과 동양으로 구분하고, 대부분의 서양인을 싸잡아 비난하는 것은 또 하나의 편견일 수 있으므로 타당하지 않다.'는 생각을 했거나 '구체적인 증거 없이, 서양이 제3세계에 대해 식민주의와 무차별 개발의 대상으로 삼았다고 주장하는 것은 신빙성이 떨어진다.'는 생각을 했다면 이는 비판적 이해의 결과라고 할 수 있다. 이러한 평가적인 판단은 독서의 중요한 지점이다. 만약 비판적 이해가 이뤄지지 않는다면, 오늘날과 같이 엄청나게 많은 정보 속에서 무엇이 진실이고 거짓이며, 어떤 견해가 타당한지 부당한지를 고려하는 것 없이 무조건적인 수용이 이뤄져서 독자의 생각과 판단을 그르치게 할 수 있기 때문이다.

일곱째, 글이 사회에 미칠 영향과 글의 사회문화적 의미를 비판적으로 해석한다. 이는 위에 제시한 일반적인 독서 전략에는 포함되지 않지만, 무수한 이미지와 글로 넘쳐나는 현대 사회 읽기에 필요한 전략이라고 할 수 있다. 이는 일종의 기호학적 해석으로, 필자의 가치관이나 글의 배경이 되는 사회·문화적 이념(ideology)을 비판하는 과정과 맥을 같이 한다는 점에서 비판적 이해의 일종이다. 즉 글 내용에 대한 타당성과 신뢰성, 표현의 적절성과 효과 등을 독자의 입장에서 비판하는 '의미론적 관점'에서 더 나아가, 그 글이 어떤 맥락에서 생산과 소비되었으며, 이 글의 소통으로 인해 어떤 결과가 초래될 수 있는지, 궁극적으로 그 글은 하나의 메타적 기호로서 실제 삶에서 어떤 의미를 지니는지를 비판하는 '해석론적 관점'으로 읽는 것이다.

바르트(R. Barthes)는 그의 신화학(mythology, 1957)에서, '신화'란 우리가 사용하는 '기호'를 다시 전유(appropriate)하여 그것을 자신의 '기표(signifiánt)'로 삼고, 그 기표를 어떤 의도로 이용하려는 개념, 즉 '기의(signifié)'를 통해 또 새로운 차원의 '기호(sign)'를 만들어내는 것이라고 하였다. 즉 1차적인 기표와 기의의 결합을 통해 기호가 만들어지는데, 이 기호가 다시 상위의 기표가 되어 또 다른 기호를 만들어내므로, 신화란 기존에 의미화된 언어를 다시 이용하는 언어 뒤의 언어(metalanguage)인 2차적 기호 체계라고 하였다.

따라서 독자는 글에 나타난 기표에 기의를 결합하여 글이라는 기호를 해석하였다면, 이 글 자체가 하나의 '기표'로서 어떤 기의를 지니고 있는지를 분석하여 그 글의 2차적 의미를 해석해야 한다.

표 4-2-1 | Barthes의 신화학에서 신화의 기호학적 틀

1. signifier	2. signified	
3. sign I. SIGNIFIER		II. SIGNIFIED
III. SIGN		

특히 오늘날 상업 광고를 예로 들면, 광고의 의미는 단순히 소비자에 대한 구매 주장(충동)에만 그치지 않는다. 광고는 그 사회의 주류 문화를 유행시키고, 궁극적으로 삶의 방식을 의도한 방향으로 이끌고 가며, 소비자를 획일화 한다. 나아가 그것은 물신주의와 배금사상을 표현하기도 한다. 따라서 독자는 단순히 광고 내용의 타당성, 신뢰성 등을 비판하는 것과는 다른 차원의 비판적 이해가 필요하다.

이상의 전략들은 대표적인 몇 가지만 제시한 것이고, 사실 독서의 목적과 과제, 독서 환경 등 독서 상황에 따라, 또 텍스트의 유형에 따라, 독서에 임하는 독자의 태도 등에 따라 각기 다른 전략들이 사용될 수 있다. 독자가 표면적인 의미만을 파악하려는 태도를 지닌다면, 위에 제시한 것들 중 몇 가지 기본적인 읽기 전략들만 동원될 것이고, 적극적으로 의미를 구성하려고 한다면 위에 제시한 것 외에도 독자가 자기 나름대로 개발한 읽기 전략들을 동원하여 해석할 수도 있다. 따라서 독서 태도는 전략 사용과 이해 결과를 좌우하는 중요한 기제이다. 당연한 얘기지만 독자는 적극적 태도로 읽어야 할 것이다.

그렇다면 적극적 독서란 무엇인가? 요컨대, 글에 나타난 여러 가지 언어적 단서, 비언어적 단서들은 물론, 사회문화적 맥락 등을 고려하여 숨겨진 내용이나 함축적 의미를 추론하고, 그 글이 미칠 사회적 현상에 대해 비판적 시각으로 예측하며 읽는 것이라고 할 수 있다. 이에 따라, 정보 텍스트 독해에 필요한 몇 가지 기본적인 전략들을 다음과 같이 나누어 보았다.

표 4-2-2 | 정보 텍스트 독해 전략

의미 구성을 위한 기본 전략	적극적 읽기를 위한 세부 전략
▪ 화제와 논평 파악하기	▪ 반론 또는 근거의 사례 파악하기
▪ 주요 정보와 세부 사항 구분하기	▪ 도표나 그림, 이미지의 역할과 효과 이해하기
▪ 주제나 주장 파악하기	▪ 시사점, 필자의 의도, 함축이나 상징 추론하기
▪ 글의 흐름 파악하기	▪ 글이 미칠 사회적 영향에 대해 평가하기
▪ 주장/내용의 적절성 평가하기	▪ 여러 가지 관점의 다른 글과 대조하여 종합적으로 판단하기

2.3. 실용문 독서의 실제

아래 광고를 보면서 글을 읽는 과정을 생각해 보자. 독자가 가장 먼저 파악해야 하는 첫째는 장르와 매체이다. 글의 유형(장르)을 파악하는 것이나, 글의 제목(소제목)과 그림은 독해에 중요한 기능을 한다. 우리는 지식과 경험을 통해, 글이 어떤 매체로 쓰였는지를 알 수 있으며, 매체를 보면글의 유형과 성격을 짐작할 수 있다. 소설이나 이야기는 줄거리나 인물등에 집중하며 서사 구조를 이해하는 전략으로 읽을 준비를 할 것이고, 신문 기사나 전문 서적이라면 새로운 지식과 정보를 탐색하며 논리 구조를 이해하는 전략으로 읽을 태세를 갖출 것이다.

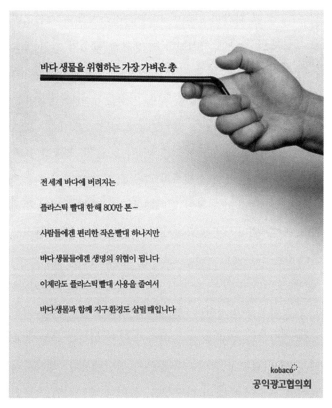

그림 4-2 | 공익광고협의회 2018 인쇄광고

예를 들어 [그림 4-2]은 그림과 글자의 형태를 보아 광고임을 알 수 있는데, 광고라는 장르를 인식했다면 그 글이 무엇인가를 주장하고 있겠구나 하는 가정을 하고 그것을 파악하기 위해 주의깊게 살펴보려고 할 것이다.

이에 따라 독자는 화제와 중심 생각 혹은 요지(gist)를 파악한다. 독자는 제목이나 중요한 문구를 찾으려고 할 것이다. 광고는 가독성을 위해 글자 크기나 모양을 변형하는데, 첫 줄에 있는 다소 큰 글자, '바다 생물을 위협하는 가벼운 총'이 제목임을 알 수 있다. 독자는 다소 자극적인 '총'이라는 단어에 호기심을 가지고 자신의 배경지식을 활용하여 이어지는 문단에 돌입하게 된다. 두 번째 줄의 '플라스틱 빨대 한 해 800만 톤-'이라는 문구에서 이 광고는 '플라스틱 빨대'가 중요한 화제이며, 이를 '가장 가벼운 총'으로 표현했음을 추론하게 된다. 독자는 자신의 배경지식에서 '플라스틱이 썩는 데 오랜 시간이 걸리며 미세 플라스틱으로 바뀌더라도 분해되지 않고 생물체의 몸안에 축적된다'는 정보를 활성화 하여 광고 내용과 연결지을 수 있어야 한다. 이를 통해 독자는 광고를 보고 '플라스틱 빨대가 바다로 흘러들어가는 경우가 많으며, 이것들이 바다 생물체는 물론이고 지구를 오염시킨다'는 내용을 재구성하게 된다.

셋째, 글이 문단으로 구성되어 있다면 각 문단의 흐름에 유의하며 글 내용을 요약하게 된다. 이때 소제목과 같은 표지가 있다면 이를 핵심어로 활용할 수 있다. 그러나 소제목이 없다면 문장이나 어구에서 주제와 관련된 단서를 찾을 수 있다. 이 광고에서는 다섯 번째 줄에서 '플라스틱 빨대 사용을 줄여'라는 표현에서 주장을 포착할 수 있다.

넷째, 글에 드러나지 않은 숨겨진 주제, 필자의 의도, 글의 목적 등을 분석하고 그 적절성을 평가한다. 텍스트에 드러난 몇 가지 근거들에 기반하여 필자의 주장이나 주제 혹은 드러나지 않은 의도를 추론해내고, 도출한 내용에 대해 적절한지 적절하지 않은지 판단해본다. 세상사적 지식과 건전한 상식에 견주어 주장의 타당성을, 출처나 객관적인 자료인지에 비추어 근거의 신뢰성을, 편견이나 지나친 한쪽 입장에 치우침이 없는지에 비추어 입장의 공정성 등을 평가하며 읽는다. 예컨대, '플라스틱 빨대 쓰레기가 800만 톤'이라는 근거가 사실인지, 과장은 없는지 혹은 이러한 표현이 주는 효과는 무엇인지 평가할 수 있다.

또한 광고 예에서, 독자는 '플라스틱 빨대 사용을 줄이자'는 주장과 더불어, 이 광고가 환경 보존 캠페인의 일환임을 알 수 있다. 단순히 '플라스틱 빨대'만 문제가 아니기 때문이다. 이러한 광고가 정부에 의해 만들어진 공익 광고라는 점에서 광고 이면에는 '환경 문제'에 대한 정부 정책의 방향, 우리 사회가 지향하는 관점이나 가치 등이 암시적으로 전달되고 있음을 파악할 수 있다.

따라서 글의 내용뿐만 아니라, 글이 소통되는 장(場)인 매체의 특성과 사회문화적 맥락 등을 기반으로 하여, 텍스트의 궁극적인 목적이나 필자의 숨겨진 의도 등을 추론하고 이를 비판적으로 평가할 수 있어야 한다.

- 텍스트를 읽는다는 것은 독자의 배경지식을 바탕으로, 글에 나타난 정보나 표현 등을 단서로 하여 글의 의미를 구성하는 과정이다. 이에는 상향식 이해 모형이라고 할 수 있는 문자 기호의 해독 과정과, 하향식 이해 모형이라고 할 수 있는 글에 대한 독자의 예측 과정이 동시에 상호작용한다.

- 대개의 연구자들은 독서 전략을 독해 수준에 따라, 다음과 같이, 대략 3가지 수준으로 분류하고 5가지 유형을 도출하여, 그 아래에 하위 전략들을 기술함으로써 체계화 하였다.

  - 사실적 이해(literal comprehension)
  - 추론적 이해(inferential comprehension)
  - 비판적 이해(critical comprehension)
  - 감상적 이해(appreciative comprehension)
  - 창의적 이해(creative comprehension)

- 5가지 독해 유형 중에 기본적인 몇 가지를 소개하면 다음과 같다.

의미 구성을 위한 기본 전략
• 화제와 논평 파악하기
• 주요 정보와 세부 사항 구분하기
• 주제나 주장 파악하기
• 글의 흐름 파악하기
• 주장/내용의 적절성 평가하기
적극적 읽기를 위한 세부 전략
• 반론 또는 근거의 사례 파악하기
• 도표나 그림, 이미지의 역할과 효과 이해하기
• 시사점, 필자의 의도, 함축이나 상징 추론하기
• 글이 미칠 사회적 영향에 대해 평가하기
• 여러 가지 관점의 다른 글과 대조하여 종합적으로 판단하기

※ 다음 글을 읽고 다음 활동을 해보자.

선진국 사회를 지탱하는 힘은 '노블레스 오블리주'라고 한다. 이는 높은 사회적 신분에 상응하는 도덕적 의무를 뜻한다. 사회적 명예와 권력과 부가 높고 강하고 많을수록 그에 따르는 도덕적 의무나 사회적 헌신의 필요성도 비례해서 늘어난다는 것이다.

1, 2차 세계대전에서 영국 고위층 자제들이 다니는 이튼칼리지 출신만 2,000여 명이 전사했는데, 노동자 가정 자녀들의 희생자 비율보다 몇 배나 높았다고 한다. 세계적 부자 워런 버핏은 전 재산의 85%인 31조원을 사회에 기부했다. 자녀들에게 돌아간 유산은 불과 몇 %도 안 된다. 일제강점기 우당 이회영은 자신의 전 재산을 처분하여 독립운동 자금과 신흥무관학교를 세우는 등에 조달했다. 이런 일들이 쌓여 그들 사회의 튼튼한 기초가 되고, 자신이 쌓은 부와 권력은 비판이 아닌 존경의 대상이 된다.

그러나 최근 한국에는 노블레스 오블리주가 없다는 비판의 목소리가 높다. 몇몇 사회 상류층은 부의 대물림을 위해 탈세와 불법적인 권력 승계를 서슴없이 행하기도 한다. 그러나 힘있고 돈 있는 사람들이 투철하게 도덕의식을 실천하고 자기희생을 솔선수범하지 않으면 그들의 권력과 재산은 정당성을 잃을 수밖에 없다. 엄청난 액수의 기부도 좋지만, 기업이 할 수있는 노블리스 오블리주의 첫 번째 실천 방법은 투명한 납세와 일의 투명성과 전문성 강화라고 할 것이다. 노블리스 오블리주의 정신은 꼭 돈이 많은 사람에게만 해당되지 않는다. 주변의 어려운 이웃을 돌보고 작은 물질을 나누는 것은 그 작은 실천이다.

01 이 글의 중심 생각이 무엇인지를 분석해 보자.

_____

02 이 글의 주장이 타당한지에 대해 근거를 들어 평가해 보자.

● 주장 : _____

● 독자의 판단과 그 근거 : _____

03 필자의 논지가 바뀌는 문단을 찾아, 글의 흐름이 어떻게 전개되는지 분석해
보자.

04 이 글이 미칠 사회적 영향이 무엇인지에 대해 사회문화적 맥락을 고려하여
분석해 보자.

김재봉(1999). 텍스트 요약 전략에 대한 국어교육학적 연구. 집문당.

김봉순(2002). 국어교육과 텍스트 구조. 서울대학교 출판부.

김혜정(2002). 텍스트 이해의 과정과 전략에 관한 연구: 비판적 읽기 이론 정립을 위한 학제적 접근. 서울대 박사학위논문.

김혜정(2016), 2015 개정 읽기/독서 교육과정의 내적 논리와 몇 가지 쟁점들, 국어교육연구 62, 국어교육학회, 171-195.

박수자(2001). 읽기 지도의 이해. 서울대출판부.

박영목(1996). 국어이해론. 법인문화사.

서 혁(1996). 담화의 구조와 주제 구성에 관한 연구. 서울대 박사학위논문.

이화여자대학교 기호학연구소(1997). 현대의 신화. 롤랑바르트 전집. 동문선.

이효정, 김혜정(2020), 2018 국민의 읽기 능력 조사 결과 분석, 독서연구 54호, 한국독서학회, 65-102.

천경록·이경화·서혁 역(2012). 독서 교육론 :독해 과정의 이해와 지도. 박이정.

Anderson, R.C., Hiebert, E.H., Scott, J.A. & Wilkinson, I.A.G.(1985). *Becoming a nation of readers: The report of the Commission on Reading*, Washington DC : National Institute of Education.

Kintsch, W., & van Dijk, T. A. (1978). Toward a model of text comprehension and production. *Psychological Review*, 85(5), 363-394.

Van Dijk, T. A. (1980). *Macrostructures: An interdisciplinary study of global structures in discourse, interaction, and cognition*. Hillsdale, NJ: Erlbaum.

Rumelhart, D. E.(1985). Toward an interactive model of reading. In H. Singer & R. B. Ruddell(Eds.), *Theoretical models and processes of reading*(3rd ed., pp. 722-750). Newark, DE: International Reading Association.

〈자료〉

- 교육과학기술부(2010). 2009 개정 국어과 교육과정 해설서. 교육과학기술부.

- 헬레나 노르베리 호지(1996). 오래된 미래 : 라다크로부터 배우다. 중앙북스.

- 공익 광고 : https://www.kobaco.co.kr/site/main/archive/advertising

2부

이론 : 교육론

독서 활동과 독서 프로그램

5

학습목표

- 여러 가지 독서 활동 및 프로그램을 이해할 수 있다.
- 독서 지도 상황에 맞는 독서 활동 및 프로그램을 설계할 수 있다.
- 독서 활동 및 프로그램을 실행할 수 있다.

학습내용

읽기 능력 향상을 위해서 학습자의 수준이나 독서 특성에 맞추어 독서 활동 및 프로그램을 설계하는 일은 매우 중요하다. 이 장에서는 초기 독서, 어휘 지도, 교사 중심 읽기, 자기주도적 읽기, 내용교과 읽기, 문학 독서, 디지털 독서, 복합양식 텍스트 읽기 등 독서 활동 및 프로그램의 방법을 살펴볼 것이다. 더불어 실제 학습자의 독서 상황에 맞는 독서 프로그램 설계 시 유의할 점도 살펴볼 것이다.

1. 독서 활동 및 프로그램

1.1. 초기 독서

유치원 시기에서 초등학교 저학년 시기 아동이 글자를 처음 배우며 읽을 수 있을 때까지를 초기 문식성, 혹은 기초 문식성 시기로 본다. 이 시기 아동은 말을 배우는 것과 유사한 방식으로 문자를 학습한다. 이때의 읽기 학습은 일상생활 속에서 자연스럽게 말하기, 듣기, 쓰기와 통합적으로 이루어지는 것이 바람직하다.

능숙한 독자는 문자 언어를 보고 곧바로 의미를 구성한다. 그에 반해 입문기 아동은 문자 언어를 보고 음성언어로 재기호화 한 다음, 그 청각적 자극을 사용하여 의미를 구성한다. 이는 입문기 아동의 독서 활동이 주로 소리 내어 읽기 활동으로 이루어지는 이유이다.

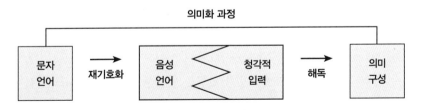

그림 5-1 | 입문기 아동의 읽기에서 의미 구성 과정

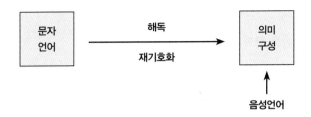

그림 5-2 | 능숙한 독자의 읽기에서 의미 구성 과정

[그림 5-1]과 [그림 5-2]가 초기 문식성 지도에 주는 시사점은 이 시기에는 읽기와 듣기, 말하기, 쓰기가 총체적으로 서로 관여하며 의미를 구성한다는 점이다.

초기 독서 단계의 아동은 의미 구성을 위하여 시각적 기호를 청각적 기호로 재기호화하면서 의미를 구성한다. 구두 언어를 학습하는 것과 유사하게 문자 언어도 여러 가지 방법으로 실험하고 위험을 감수하면서 의미 있는 상호작용에 참여하여 활용함으로써 학습한다. 여기서는 발음중심, 의미중심, 경험중심으로 나누어 그 방법을 살펴본다.

1.1.1. 발음중심 지도 방법

발음중심 읽기 지도는 한글 자소와 음소의 대응을 체계적이고 논리적으로 지도하여 그 규칙을 학습하도록 한다는 장점이 있다. 하지만 추상적이고 흔히 쓰지 않는 글자도 모두 학습하여야 하므로 어린 아동들이 흥미를 지속하기가 어려울 수 있다.

발음중심 읽기 지도는 자모식(기역니은식)과 음절식(가갸거겨식)으로 구분된다.

자모식은 'ㄱ'에 'ㅏ'를 더하면 '가'가 되고 'ㄴ'에 'ㅏ'를 더하면 '나'가 되는 식으로 지도한다. 보통 기본음절표를 활용하여 자음자인 'ㄱ, ㄴ, ㄷ, ㄹ …ㅎ'과 모음자인 'ㅏ, ㅑ, ㅓ, ㅕ, ㅗ, … , ㅣ'를 먼저 가르치고, 이어서 자음자와 모음자를 합쳐서 음절을 만드는 원리를 분석적으로 지도한다.

음절식은 기본음절표를 활용하여 '가, 갸, 거, 겨…' 등 개음절을 지도하고, 여기에 자음자를 받침으로 더하여 '각, 갹, 걱, 격…' 등의 음절로 확장하여 지도한다. 이 방법 또한 실제 생활에서 쓰이지 않는 음절을 많이 지도하게 되어 비효율적이며, 어린 아동에게는 유의미한 글자가 아니기에 충분한 흥미를 끌지 못할 수 있다.

1.1.2. 의미중심 지도 방법

의미중심 읽기 지도는 글자의 의미 파악을 중요하게 생각한다. 기계적으로 문자를 익히고 암기하는 것이 아니라 일상생활에서 자주 사용하거나 유의미한 어휘나 문장을 먼저 학습한다. 그래서 어린 아동도 지속적으로 흥미를 갖고 학습에 참여할 수 있고, 말하기, 듣기, 쓰기와 통합적으로 지도하기에 알맞은 장점이 있다. 다만 문자의 체계를 체계적으로 학습하지 못하므로 배우지 않았거나 기억하지 못하는 어휘나 문장은 읽을 수가 없다는 것이 단점이다.

의미중심 읽기 지도 방법은 단어식과 문장식 지도로 구분된다.

단어식 지도법은 어린 아동이 자주 사용하거나 친숙한 사물의 이름이나 호칭을 먼저 지도한다. 이를테면 엄마, 가족, 형, 우유, 오리, 바구니 등을 그림카드와 낱말카드를 주로 활용하여 지도한다. 가정의 여러 물건들에 낱말카드를 붙여 두는 것도 이 지도 방법에 해당한다.

문장식 지도법은 어린 아동이 자주 사용하는 문장을 먼저 지도한다. '엄마, 사랑해요.', '아가야 안녕?', '우리 가족은 행복해요.' 같은 쉽고 익숙하며 자주 말하는 문장을 생활 장면과 연결하여 가르친다는 점에서 언어 운용의 기본 단위를 활용하도록 하며 학생의 흥미를 갖도록 할 수 있다. 하지만 문자와 음가를 명확히 인지하도록 지도하는 면에서는 소홀할 수 있다는 단점이 있다.

1.2. 어휘 지도

어휘력은 유능한 독자의 필수 자질이다. 유능한 독자를 기르기 위해서 좋은 교사는 읽을 글과 관련된 어휘들을 소개하거나 강조하는 다양한 교수 전략을 활용해야 한다. 교사의 어휘 지도 관련 전략은 학생들의 어휘 습득과 기억에 훨씬 더 많은 도움을 줄 수 있다. 사전으로 어휘 의미 알아보기 외에도 어휘로 문장 만들기, 문맥으로 어휘 의미 익히기, 의미지도 그리기, 의미구조도 그리기, 의미자질 분석하기 등 다양한 방법이 있다. 그 가운데 몇 가지만 살펴본다.

1.2.1. 어휘로 문장 만들기

학생이 글을 읽기 전에 읽을 글에 담긴 새로운 어휘의 뜻과 그 의미 관계를 파악하도록 예상하는 활동이다. 주로 설명적 글 읽기에서 활용하기 적절하다. 독자의 수준과 관계없이 활용할 수 있는 활동이다.

교사는 새로운 어휘의 의미가 읽을 글의 문맥과 관련이 있다는 것을 미리 강조하여 말해준다. 그래야만 읽을 글에 대해 상상하면서 어휘 의미를 구성하려고 애쓰기 때문이다. 학생이 핵심 어휘를 보고 문장을 만들 때 읽을 글의 맥락을 생각하며 그에 알맞은 문장을 생성하도록 한다. 교사는 학생의 수준에 따라서 학생이 아는 어휘와 잘 모르는 어휘를 적절하게 핵심 어휘로 제시한다. 학생이 자신이 가진 글에 대한 배경지식을 동원해서 문장을 말하거나 쓰도록 한다.

㉠ 핵심 어휘 나열하기

읽을 글에서 핵심 어휘를 선정하여 교사가 칠판에 제시한다. '김치'에 대한 글을 읽을 거라면 다음과 같은 어휘들이 선정될 수 있다.

김치에 대한 글	
양념	저장
김장	건강식품
발효	염장

㉡ 어휘 넣어 문장 만들기

학생들이 목록에 있는 어휘 가운데 한두 어휘를 선택하여 글에 들어있을 것 같은 문장을 예측하여 만든다. 이때 교사는 학생이 만든 문장을 칠판에 그대로 받아 적는다.

- 김치는 오래 저장해 두고 먹는 음식이다.

- 김치 양념은 고춧가루와 젓갈 등으로 맛을 낸다.
- 김치는 발효식품이다.

㉢ 읽고 문장 점검하기

교사와 학생이 함께 문장 하나하나를 읽고 평가한다. 의미가 무엇인지, 정확한지, 부정확한지 등을 토의하여 수정한다.

- 김치는 오래 저장해 두고 먹는 음식이다.
- 김치 양념은 고춧가루와 젓갈 등으로 맛을 낸다.
- → 김치는 고춧가루와 젓갈 등 양념을 넣어 맛을 낸다.
- 김치는 발효식품이다.

㉣ 새로운 문장 만들기

문장에 대한 평가가 끝나면 추가로 새로운 문장을 더 만들어 보게 한다.

1.2.2. 문맥으로 어휘 의미 익히기

글을 읽을 때, 모르는 어휘의 의미를 문맥을 통해 추측하며 이해하도록 돕는 어휘지도 방법이다. 학생이 비교적 쉽게 실행할 수 있고 여러 독서 상황에 쉽게 전이될 수 있다는 점이 장점이다. 학생은 교사가 의미를 가르쳐주기를 기다리지 않고 적극적으로 새로운 어휘의 의미를 파악하게 된다.

교사는 문맥을 통한 어휘 의미 파악의 사고 과정을 시범 보여서 학생들이 스스로 적용할 수 있도록 안내한다.

㉮ 실마리로 유추하기

글을 읽다가 잘 모르거나 어려운 낱말이 나오면 그 뜻을 앞뒤 문맥이나 그림 등을 보고 그 뜻을 유추하며 읽도록 한다. 이때 교사는 실마리가 될 수 있는 것이 무엇인지를 설명하고, 시범을 보여 학생이 적극적으로 사고

하도록 돕는다. 또 학생이 유추한 어휘의 의미는 책이나 공책에 기록하도록 하는 것도 좋다.

> 내 할아버지 목소리가 내게 말했다
> **대기**는 헤아릴 수 없을 만큼 값진 것이라고.
> **대기**가 키워가는 모든 생명마다 **대기**의 정령이 깃들어 있으니
> 내게 첫 숨을 쉴 수 있게 해 준 저 **대기**에 내 마지막 숨을 돌려주었다고
> 들꽃 향기 가득한 바람을 느끼고 맛볼 수 있는 저 땅과
> **대기**를 너는 성스럽게 지켜가야 한다고.
>
> **<시애틀 추장>의 일부**

학생이 위 글에서 '대기'가 무슨 뜻인지 잘 모르더라도 뒷부분에 나오는 '첫 숨을 쉴 수 있게 해 준'이라는 말에서 숨 쉬는 것과 관련이 있다는 점을 유추할 수 있다. 또 '모든 생명'을 키우는 것이니까 '공기'를 의미한다는 것을 유추할 수 있다. '땅과 대기를 성스럽게 지켜가야'한다는 부분에서 더 확신을 가질 수 있다.

낱말	짐작한 뜻
대기	

④ 낱말 접사 만들기

낱말에 붙은 접사를 의미 유추의 실마리로 삼는 방법이다. 접사의 뜻을 알고 있으면 그 접사가 붙은 다른 어휘의 의미 파악에 적용할 수 있다. 그리고 어휘의 접사뿐만 아니라 어휘가 쓰인 문맥을 통하여 문장 이해력까지 기를 수 있는 방법이다.

> **맨 : '다른 것이 없는'**
>
> 맨손 : 아무것도 끼거나 감지 않은 손
> 맨다리 :
> 맨발 :
> 맨머리

1.2.3. 의미 지도 그리기

공부할 낱말이나 주제를 중심으로 관련된 여러 어휘나 사실을 떠올려 나열하고 그것을 범주화하면서 어휘력을 키우는 방법이다. 교사가 제시한 중심 낱말을 중심으로 학생들이 여러 가지 범주별 어휘를 나열하거나, 제시한 낱말과 관련된 여러 낱말을 브레인스토밍 하여 몇 가지 범주로 분류하여 말해보는 활동이다.

의미 지도 그리기는 학생이 자신의 스키마를 활용하여 의미 지도를 완성하도록 함으로써 낱말 간의 계층 구조와 개념 위계를 쉽게 이해할 수 있다.

집
계단, 현관, 옥상, 아파트, 초가집, 기와집, 사람들이 산다, 둥지, 아파트, 흙, 콘크리트, 풀, 벽돌집, 대리석, 편하다, 청소, 창문, 베란다, 얼음집, 욕실, 부엌, 쉴 수 있다, 벌통, 통나무집

↓

집				
종류	구성요소	재료	느낌	...
얼음집 기와집 초가집 통나무집 아파트 새둥지 벌통	계단 옥상 현관 욕실 베란다 창문	흙 나무 콘크리트 풀 대리석	사람들이 산다 편하다 쉴 수 있다	

1.3. 교사중심 읽기

성공적 읽기 지도 방법들은 공통적 요소를 가지고 있다. 중요한 몇 가지는 학생이 직접 개인석 능력에 맞게 좋은 텍스트를 읽으며 의미를 구성하는 경험을 하도록 한다는 점, 학생에게 필요한 읽기 기능이나 전략을 직접 가르쳐주며 교사 주도와 학생 주도의 활동이 조화롭게 이루어진다는 점, 그리고 문법이나 쓰기 등과 통합적 활동으로 이루어진다는 점이다. 여기서는 단기간 집중적으로 읽기 능력을 개발하기 위한 교사 주도의 지도 모형들을 알아본다.

1.3.1. 직접교수법(Direct Instruction)

직접교수법은 교사가 학생에게 필요한 읽기 기능이 무엇인지 분석하고 그것을 직접적으로 시범보이며 가르쳐주는 수업 설계이다. 교사는 읽기를 관찰 가능한 세부 행동으로 계획하여 지도하여야 한다. 한 번에 단 하나의 기능에 초점을 맞추어 교사가 구체적으로 보여주고 질문하고 교정할 계획을 가지고 수업에 임한다.

직접교수법의 효율성을 인정하면서도 몇 가지 부정적 효과를 우려하기도 하는데, 읽기의 기능을 지나치게 강조하면 통합적 과정을 배제하게 되어 학생이 학습한 기능의 변형 및 적용에 어려움을 겪을 수 있다. 그럼에도 직접 교수법의 시범, 설명, 연습 등은 매우 중요한 지도 방법으로 인정받고 있다. 현장에서는 부정적 요인을 고려하여 활용하는 것이 필요하다.

현재 우리나라 초등학교 현장에서는 '설명하기→시범보이기→질문하기→활동하기'의 단계로 활용되고 있다. 설명하기는 주로 관찰 가능한 세부적 행동의 목표를 제시함으로써 학생들이 무엇을 배우게 될 지 그 필요성과 절차를 알게 되는 단계이다. 시범보이기는 학습할 내용을 교사가 시범 보이는 것으로 구체적이고 간단한 자료로 시범을 보이며, 질문하기는 설명과 시범을 통해 살펴본 학습 내용이나 방법을 재확인하는 단계이다. 이를 바탕으로 학생은 활동하기에 들어가는데, 확인한 방법을 적용하여 새로운 텍스트를 읽고 반복 연습하는 단계이다.

1.3.2. DRA(Directed Reading Activity)

직접읽기활동(DRA)는 기초 독본을 읽는 초등학교 수업과 관련이 있지만, 약간의 변형을 통하여 중등 이상의 수업에서도 활용할 수 있다.

단계	활동
읽기 준비	▪ 배경지식 활성화 ▪ 흥미 유발 ▪ 읽기 목표 설정 ▪ 어휘 학습
읽기	▪ 묵독
이해 점검과 토론	▪ 교사의 질문에 답하기 ▪ 친구들과 토론하기
다시 읽기	▪ 질문과 관련된 정보 찾기 ▪ 새로운 문제 확인하기
강화하기	▪ 학습한 기능의 반복 연습 및 적용

읽기 준비 단계에는 학생들의 수준에 따라 다르긴 하나 대략 5분에서 15분 정도 소요된다. 학생들의 경험과 이야기를 연결시키는 배경지식 활성화, 읽을 책의 제목이나 삽화, 일부분 등으로 흥미 유발하기, 새로운 어휘 소개하기, 학생들이 묵독하는 동안 생각할 개괄적 혹은 구체적 읽기 목표 설정하기 활동이 이루어진다. 안내된 읽기 단계에는 학생들이 교사와 함께 준비한 읽기 목표 등 질문에 따라 묵독을 한다. 이때 학생들이 어려움을 겪는다면 교사가 개별적으로 도움을 주거나 모둠별로 도움을 주는 장치를 마련하는 것도 가능하다.

묵독 후에는 읽기 이해 점검과 토론이 이루어지는데, 준비 단계에서 생성한 질문에 대하여 학생들이 답하는 활동에서 시작하여 읽은 내용의 여러 가지 면에 대하여 토론 활동을 한다. 이때 교사는 학생들의 생각을 확장시키는 질문을 제공한다. 이 활동에서 연계하거나 새로운 읽기 목표를 설정하여 다시 읽기 활동을 한다. 다시 읽으면서 학생은 토론에서 생긴 문제나 새로운 목표 관련 내용을 명확하게 해결한다.

강화 활동은 학생들이 익힌 기능을 연습하고 심화하기 위한 단계이다.

익힌 활동의 복습과 더불어 창의적 과제나 활동, 확장된 읽기 활동으로 개인별 모둠별 활동을 할 수 있다.

1.3.3. DRTA(Directed Reading—Thinking Activity)

DRTA는 학생이 읽기 목적을 스스로 결정할 수 있는 능력과 내용을 이해하고 수집한 정보를 활용하여 판단하는 능력을 기르는 데에 적합하다. DRA보다 학생중심의 사고활동이 많으나 여전히 교사가 활동을 안내한다는 점에서 교사중심 모형이다.

단계		활동	
사고 과정 안내	읽기 목적 설정 및 확인	모둠	■ 읽기 목적 설정 ■ 예측하기 ■ 질문하기
	목적과 자료에 맞게 읽기(학생)		■ Self—Monitering ■ 읽기 목적에 맞게 조절하며 읽기 ■ 텍스트의 특징에 맞게 속도 조절하며 읽기
	독해 지도하기		■ 읽기 활동 결과 발표하기
중요한 기능 학습하기			■ 핵심 기능 알기
개별 사고 중심 읽기		개별	■ 읽기 자료 선정 ■ 사고하며 읽기 ■ 읽기 결과 발표하기

사고 과정 안내 단계는 예측하기, 읽기, 확인하기 활동을 포함한다. 학생은 텍스트에서 알고 싶은 것을 정하고 내용을 예측한다. 이때 교사는 읽고 사고하는 과정을 안내한다. "제목을 보니 이 이야기가 무엇에 관한 것이라고 생각되는가?", "친구들이 예측한 것 중에 어떤 의견이 일리가 있어 보이니?" 등의 질문을 하면서 학생들이 서로 의견을 말하며 자신의 사고(예측, 질문하기 등)를 정교화 하도록 안내한다. 목적과 자료에 맞게 읽기에서는 학생이 스스로 질문하거나 예측한 내용을 확인하며 글을 묵독한다. 이때 학생이 의미 이해가 어려운 부분이 있으면 교사는 여러 가지 단서를 활용하여 문제를 해결하도록 도움을 준다. 독해 지도하기는 학생

들이 읽은 부분을 잘 이해했는지 확인하는 활동이다. 자신의 예측이 "맞았니?", "지금은 어떻게 생각하니?"라는 질문과 그 근거에 대한 물음으로 학생이 자신의 예상 내용을 점검하도록 한다.

중요한 기능 학습하기 단계는 어휘의 의미 해독 방법, 개념을 명료화하기, 반성적 읽기 등 여러 가지 기능을 신장시키기 위해 이야기와 구절, 그림과 도표 등을 다시 살펴보는 단계이다.

개별 사고 중심 읽기는 모둠별 학습에서 습득한 기능이나 전략을 적용하고 확장하며 정교화하는 활동이다. 학생의 흥미나 능력에 맞는 읽기 자료를 선정하고 자신의 읽기 목적을 스스로 정하고 예측하기, 읽기, 예측 확인하기 활동을 한다. 정해진 시간의 개별 활동이 끝나면 모둠 활동으로 돌아가 활동 결과를 나눈다. 이때 교사는 모둠 조직하기, 학습 시간 및 속도 조절하기, 학생의 사고 촉진을 위한 안내와 감독 활동을 해야 한다.

이상에서 교사중심의 읽기 활동으로 직접교수, DRA, DRTA를 살펴보았다. 이 외에도 GRP(Guided Reading Procedure), SRE(Scaffolded Reading Experience), Four Blocks 등도 여기에 해당한다.

1.4. 자기주도 읽기

스스로 책을 찾아 읽는 자립독자는 결국 독립적 독서를 수행할 수 있는 능력을 갖춘 독자이며, 독립적 독서 능력이란 스스로 책을 선택하고, 자유롭게 책을 읽을 수 있는 능력이다. 이러한 자기주도적 읽기를 하는 독서 활동으로 지속적 묵독과 자기 선택적 독서 활동이 있다.

1.4.1. 지속적 묵독

지속적 묵독(Silent Sustained Reading; SSR)은 독자가 자신이 선정한 책을 별도의 독서 과제를 수행하지 않으면서 자율적으로 읽는 읽기 활동이다. 이 활동에서 독자는 외부의 방해 없이 일정 시간 동안 자신이 읽고 있는 책에 집중하며 묵독을 하게 된다. 이 활동은 1960년대 이후 긍정적 독서 태도 형성을 위한 독서 지도 방법으로 활용되었다. 학습자가 자신의 수준에 적합한 쉬운 독서 자료를 많이 읽을 수 있도록 허용하기 때문에 자신감과 효능감을 느낄 수 있고, 이에 따라 독서에 대한 긍정적인 정서를 함양할 수 있다.

지속적 묵독은 다음과 같은 지침을 기반으로 시행된다(Pilgreen, 2000).

- 학생들은 읽을 책을 스스로 고른다.
- 학생들은 독서 시간 전체 동안 읽을 한 권의 책 또는 다른 읽을거리를 고른다.
- 학생들은 조용히 책을 읽는다.
- 교사는 15~30분 정도로 설정된 연속적인 시간으로 독서시간을 설정한다.
- 교사는 지속적 묵독 시간에 책을 읽음으로써 학생들에게 시범을 보인다.
- 학급 또는 학교 전체의 학생이 참여한다.
- 학생들은 독후감을 쓰지 않으며, 다른 어떤 독후 활동도 하지 않는다.
- 교사는 학생들의 수행에 대한 기록이나 평가를 하지 않는다.

지속적 묵독의 활동 절차는 '준비하기-묵독하기-공유하기'로 이루어진다. 준비하기 단계에서는 SSR의 필요성과 의의, 방법에 대해 설명하기, 일정 시간 설정하기, 읽고 싶은 책을 선택하여 자리에 앉기, 책 읽기에 적합한 분위기 형성하기가 이루어진다. 묵독하기 단계에서는 학생과 교사 모두 묵독을 하고, 정해진 시간 동안 읽기에 집중하게 된다. 공유하기 단계에서는 읽은 책의 내용 중 흥미롭거나 인상 깊은 부분에 대해 학생과 교사가 공유하기를 하게 된다. 이때 공유하기는 강제적으로 부과되는 독서 과제로 인식되지 않게 주의하며, 이외에도 별도의 독서 과제를 부여하지 않는 것이 중요하다.

1.4.2. 자기 선택적 독서

자기 선택적 독서(self-selected reading; SSR)는 학생들이 자기 읽고 싶은 책을 스스로 선정하고 자율적으로 책을 읽도록 하는 독서 지도의 방법이다.

이 독서 활동은 1980년대 자기결정성 이론(self-determination theory)에 근거하고 있는데, 인간은 자유롭게 행동하고 사고하기를 바라고 있기 때문에 자율적 상황에서 능동적으로 행동할 때, 보다 높은 성취를 이룰 수 있게 된다는 것이다. 자기 선택적 독서는 학생들의 자율성을 지원하기 때문에 학생들의 읽기에 대한 내적 동기 신장에 유의미한 영향을 줄 수 있다.

1990년대 미국 웨이크포레스트 대학교의 커닝엄과 홀(Cunningham & Hall)이 제안한 4블록 모형(four-blocks model)에 자기 선택적 독서활동이 포함되어 있으며, 자기선택적 독서를 하기 위한 독서전략으로 BOOK-MATCH 전략(박영민·최숙기, 2008)이 있다. BOOKMATCH 전략은 학생들이 자신의 독서 수준과 흥미를 고려하여 스스로 책을 선택할 수 있도록 돕기 위해 개발된 전략으로, 책의 길이, 언어의 친숙성, 글의 구조, 책에 대한 선행지식, 다룰 만한 텍스트, 장르에 대한 관심, 주제 적합성, 연관, 높은 흥미의 9가지 요소를 고려하여 책을 선정하도록 한다. BOOK-MATCH 전략을 활용한 독서 수업의 절차는 다음과 같다. 1) BOOK-MATCH 전략에 대한 교사의 설명 및 시범→2) BOOKMATCH 전략을 활용한 학생의 책 선정하기→3) 자기주도적 책 읽기→4) 책 읽은 내용 공유하기→5) 정리 및 평가하기

1.5. 내용교과 독서

내용교과 독서란 특정한 교과 학습을 위해 교과서나 관련 도서를 읽고 교과 학습에 필요한 개념이나 지식을 습득하도록 하는 독서 활동이다. 독서 활동은 독서의 목적에 따라 여가 독서와 학습 독서로 나누어 볼 수 있다. 여가 독서는 독자가 책을 읽는 즐거움을 느끼기 위한 목적에서 수행하는 독서이고, 학습 독서는 독자가 새로운 지식과 정보를 습득하거나 구

성기기 위한 목적으로 수행하는 독서이다. 이러한 독서 목적에 따라 본다면 내용교과 독서는 학습 독서의 일종으로 볼 수 있다. 내용교과 독서와 관련한 전략으로는 SQ3R, KWL, 요약하기, 메모하기, 개요 작성, 도해조직자, 질문법, 학습일지 쓰기 등이 있다.

1.5.1. SQ3R

SQ3R은 설명적 텍스트 읽기에 활용되기에 적합한 전략으로 전통적이고 대표적인 읽기 전략이다. SQ3R을 제안하고 효과를 검증한 사람은 Francis Robinson으로 1920년대부터 지금까지 널리 활용되어 온 읽기 방법이다. SQ3R은 '훑어보기-질문하기-읽기-확인하기-재검토하기'의 순서로 진행되는데, 글을 읽기 전에 읽을 내용을 훑어보고(Survey), 훑어본 내용에 대해 질문을 만들고(Question), 이어서 글을 꼼꼼히 읽으며(Read), 읽은 내용을 확인하고(Recite), 끝으로 읽은 내용을 재검토하기(Review)를 하게 된다. 각 단계는 엄격히 순차적인 것이 아니라 상호보완적이며 회귀적인 과정이다.

단계를 구체적으로 살펴보면, 1단계의 훑어보기에서는 글의 제목이나 부제, 그리고 하위 제목, 삽화, 그림, 표 등을 중심으로 읽을 글을 슬쩍 보면서 글의 전체 내용을 개관한다. 중심 내용에 유의하여 훑어보기를 하며 이 과정에서 배경지식을 활성화하게 된다. 글의 길이와 내용의 난이도에 따라 다르나 훑어보기는 3~5분 정도로 진행한다.

2단계의 질문하기에서는 앞서 훑어본 내용을 바탕으로 읽을 글과 관련하여 질문을 만들도록 한다. 이 글은 어떤 내용의 글인지, 제목은 어떤 뜻을 내포하고 있는지, 이 글은 어떤 순서로 진행될 것인지, 저자가 이 글을 쓴 목적은 무엇인지, 이 글은 나에게 어떤 의미가 있을 것인지 등과 관련하여 질문을 만들 수 있다. 이러한 질문은 학생들이 읽는 과정에서 읽기의 목적이 될 수 있다.

3단계의 읽기 단계에서는 질문에 대한 답을 찾는 것에 초점을 두며 주어진 글을 꼼꼼하게 읽게 된다. 읽는 목적에 따라 다르겠지만 분석적이고 비판적인 태도로 글을 읽는 것이 필요하다. 표면적으로 드러나 있는 의미뿐만 아니라 내포된 의미도 파악하며 읽어야 하고, 이 단계에서 앞서 한 예측이 틀렸다고 판단되면 질문을 수정하거나 새로운 질문을 만들면서 글을 읽는다.

4단계의 확인하기에서는 읽은 내용을 되새겨 보며 중요한 내용을 확인한다. 기억에 의존하여 미리 만들었던 질문에 대한 답과 글에서 중요한 정보들이 무엇인지 생각하도록 한다. 이 과정에서 읽은 내용을 구두로 정리하거나 메모하기, 요약하기를 할 수도 있고, 중요한 내용을 도해조직자를 활용하여 시각적으로 표현해 보는 것도 좋다.

5단계의 재검토하기에서는 모든 읽기 과정을 마무리하면서 자기가 읽은 글에 대해 검토한다. 학생들은 자신이 만든 질문과 답을 떠올리며, 잘못 읽은 부분은 없는지, 자신이 제기한 질문이 타당했는지, 답은 정확했는지 등에 대해 검토한다. 이때 앞서 정리한 내용을 보지 않고 검토하도록 하며, 이 과정에서 학생들은 글의 내용을 완전히 자기 것으로 만들게 되고 읽기의 방법도 터득하게 된다.

1.5.2. K-W-L

능동적인 독자는 읽기 전에 자신의 배경지식을 활성화하고 이를 활용하여 글의 내용에 대해 질문을 하고 예측하면서 읽고, 읽은 후에는 새롭게 배운 내용을 조직하고 종합하며 읽는다. 이러한 과정을 활동으로 제시한 것이 K-W-L(know-want to know-learned)이며, 이는 글을 읽을 때 아는 것, 알고 싶은 것, 배운 것에 대해 정리하도록 하는 읽기 전략이다. 'K-W-L 도표'는 글을 읽는 동안 학생들의 읽기와 학습을 안내하는 도해 조직자로, 도표의 윗부분에 글의 중심 주제를 적고, '우리가 아는 것(K: What we know), 우리가 알고 싶은 것(W: What we want to know), 우리가 배운 것(L: What we learned)'이라는 세 항목을 제시하여 이에 대해 정리하도록 한다. 도표는 교사가 칠판이나 교실 벽을 활용해 제시하고 학생들의 활동 내용을 정리할 수도 있고, 개인별이나 소집단별로 개발하도록 할 수도 있다.

중심 주제 : 병아리		
우리가 아는 것-K (What we know)	우리가 알고 싶은 것-W (What we want to know)	우리가 배운 것-L (What we learned)
알에서 부화한다. 주로 노란색이다. 다리가 2개이다. 날개가 2개이다.	병아리의 색깔은 다양한가? 병아리의 발가락은 몇 개인가? 병아리는 무엇을 먹는가? 병아리는 얼마나 잠을 자는가?	병아리는 노란색이 아닌 다른 색인 경우도 있다. 병아리는 네 개의 발톱이 있다. 병아리는 깃털로 덮여 있다.

우리가 아는 것(K)행은 중심주제에 대해 알고 있는 것을 브레인스토밍하고 그 정보들을 적는 것이다. 부정확한 정보가 있다면 질문으로 바꾸어 우리가 알고 싶은 것(W)행에 적는다. 우리가 알고 싶은 것(W)행은 글을 읽기 전과 읽으면서 제기한 질문들을 적으며, 지속적으로 추가하면서 적어 나간다. 우리가 배운 것(L)행은 글을 읽은 후 읽은 내용을 돌이켜 보고 그 정보들을 기록한다.

경우에 따라 두 행만을 활용할 수도 있고, 우리가 알고 싶은 것(W)행과 우리가 배운 것(L)행 사이에 정보를 찾는 방법(H-How to we find information)행을 추가할 수도 있다. 이 행은 질문에 대한 답을 찾을 수 있는 자료, 예를 들어 서적, 사전, 지도, 인터넷 등에 대한 내용을 기록한다. 이 도표는 'K-W-H-L 도표'라고 한다. 또한 K-W-L 도표에 정보들을 범주화하여 조직할 수 있는데, 이를 'K-W-L Plus 전략'이라고 한다.

1.5.3. 요약하기

요약하기(summarization)란 글에 들어 있는 중요한 내용을 간추리는 인지적 활동으로, 글을 요약하기 위해서는 글의 거시구조를 탐색하여 중요 내용과 세부 내용을 구별하고, 중요한 정보를 보다 상위의 정보로 일반화하는 등 높은 수준의 인지적 처리 과정이 필요하다. 미숙한 독자는 글의 중요 정보를 효율적으로 추출하지 못하고, 이에 중요 정보를 오랫동안 기억하는 데도 실패하는 특징이 있어 요약하기 능력은 독해 능력과 상관이 높은 것으로 알려져 있다. 요약하기 전략으로는 선택, 삭제, 일반화, 재구성을 들 수 있으며, 요약하기 전략을 명시적으로 지도하고 다양한 사례에 적용하도록 하는 활동을 통해 요약하기 능력을 향상시킬 수 있다(윤준채, 2009).

요약하기를 하며 활용할 수 있는 전략은 다음과 같다. 선택(selection)은 일반적인 진술, 화제 문장, 중심 문장 등이 글에 주어졌을 때 그 문장을 선택하는 것이다. 삭제(deletion)는 중요하지 않거나 중복되는 정보를 삭제하는 것이다. 일반화(superordination)는 세부 사항들을 보다 일반적인 용어로 대체하는 것이다. 재구성(invention)은 중심 내용이 글에 명시적으로 주어져 있지 않을 때 내용을 재구성하여 요약하는 것이다.

요약하기를 할 때에는 독자의 목적과 글의 특성을 고려하는 것이 필요하다. 동일한 글을 요약하더라도 독자의 목적에 따라 글에서 중요하다고 판단한 내용이 달라질 수 있다. 또한 글의 특성 요인으로 설명하는 글이나 주장하는 글, 이야기글의 구성요소, 구조 등을 고려하여 요약하기를 하는 것이 필요하다.

1.5.4. 밑줄 긋기

밑줄 긋기(underlining)는 글을 전체적으로 훑어 읽어보고 핵심 단어나 구절들을 찾아본 후, 이를 바탕으로 중요한 정보를 선택하여 밑줄을 그으며 읽는 전략이다. 글을 읽으며 밑줄을 긋는 것은 글에 집중하도록 도움을 주고 능동적으로 읽을 수 있도록 한다. 또한 중요한 문장에 밑줄을 긋는 것은 내용의 이해와 기억에 도움을 주게 된다.

미숙한 독자는 밑줄을 그을 때 정보의 중요도를 판단하지 못해 중요하지 않은 내용에 밑줄을 긋는다든가 글의 핵심 내용을 빠트리고 밑줄을 긋게 된다. 따라서 교사가 이 전략을 지도할 때에는 글을 읽으며 밑줄을 긋도록 독려하기와 중요한 정보를 찾아 밑줄을 긋도록 안내하는 지도를 하는 것이 필요하다. 이 전략은 궁극적으로 글에서 중요한 정보가 무엇인지 파악하는 능력을 향상시킬 수 있어 유용하다.

밑줄 긋기를 지도할 때에는 우선 글을 훑어 읽으며 핵심 단어나 구절에 동그라미 등의 표시를 하게 한다. 이때 첫문장과 마지막 문장을 주의 깊게 읽어보도록 하거나, 글에서 반복되는 단어가 무엇인지 살펴보도록 안내한다. 이어 글을 읽으며 핵심 단어나 구절을 중심으로 중요하다고 생각되는 문장에 밑줄을 긋도록 한다. 문장의 중요도와 내용 관계에 따라 밑줄은 색이나 굵기, 형태를 달리하며 다양한 방식으로 그을 수 있다. 밑줄 그은 문장들 사이에 관련성이 있으면 숫자, 기호 등을 활용하여 간단히 표시하도록 한다. 예를 들어 주장에 대해 근거나 이유가 여러 문장으로 제시되었다면 이유①, 이유②, 이유③ 등으로 표시하거나 화살표와 같은 기호를 활용하여 표시할 수 있다.

1.5.5. 메모하기

메모하기는 글을 읽으며 중요한 정보, 인상적인 생각이나 느낌 등을 간단하게 기록하는 것으로, 적극적이고 능동적인 읽기의 한 방법이다. 메모하며 읽기를 할 때에는 중요하다고 생각되는 내용, 의문이 생긴 내용, 인상 깊은 내용 등에 기호를 넣어 표시하도록 하고, 자신의 의견이나 느낌 등 글을 읽으며 떠오르는 생각들을 쓰면서 읽도록 한다. 이 전략을 활용하면, 학생들은 기호를 넣으면서 다양한 반응을 대해 생각하면서 읽게 되고 글을 읽으며 기록하는 습관을 가질 수 있다.

중요한 내용에는 밑줄을 긋거나 별표나 자신이 정한 기호를 표시하기, 또는 중요한 내용을 정리하여 기록하도록 한다. 의문이 드는 내용에는 물음표를 표시하거나 궁금한 점을 기록하도록 한다. 글을 읽으며 내용 정리와 자신의 생각 등을 기록하도록 한다. 글의 내용을 요약하여 적을 수도 있고, 인상 깊은 내용 정리하기, 글을 읽으며 떠오르는 생각 기록하기, 글에 추가하고 싶은 내용 기록하기 등의 메모를 할 수 있다.

1.5.6. 도해조직자

도해조직자(graphic organizer)란 텍스트와 그림을 결합시켜 정보를 구조화하여 제시하는 시각적인 체계로, 글의 주요 단어나 내용을 선, 화살표, 공간배열, 순서도 등을 사용하여 나타낸 위계적인 도식이다.

텍스트는 선형적이지만 내적인 의미 구조를 갖추고 있으므로 이에 따라 정보를 구조화하여 시각화하게 되면 글의 구조적 특징과 내용이 더욱 명확하게 드러나게 된다. 따라서 도해조직자를 활용하면 독자는 텍스트의 내용을 효과적으로 이해·기억·회상하는 데 도움을 받을 수 있다. 도해조직자와 같이 의미를 시각화하는 것에는 Ausubel의 선행 조직자(advanced organizer), 의미 지도 그리기(semantic mapping), 마인드 맵(mind map) 등이 있다.

도해조직자는 글의 구조를 시각적으로 보여 주는 모든 종류의 표와 그림을 포괄한다. 예를 들어 벤다이어그램, 문제 해결과 원인 결과 도표, 연대표, 사건 연쇄 등이 모두 해당된다. 글의 내용을 시각화할 때에는 글의 내용과 구조에 따라 방식을 달리하여야 한다. 시간적인 순서로 되어 있는 글은 시간 순서에 따라 내용을 나열하면서 시각적으로 표현할 수 있다. 중심 개념과 세부 내용으로 구성되어 있는 글은 중심 개념을 중앙에 두고 방사선 형태로 시각화할 수 있다. 이외에도 비교 대조 관계, 인과 관계, 상위 개념과 하위 개념으로 상하 위계 등 글의 구조에 따라 이러한 관계를 시각적으로 표현할 수 있다.

1.5.7. 질문하기

읽기는 글과 독자의 배경지식이 상호작용하는 과정으로, 독자는 글을 읽는 전 과정에서 끊임없이 질문을 제기하고 이를 해결해 나간다. 질문하기는 글을 읽으며 글과 관련된 내용에 대해 질문을 만들고 이에 대한 답을 탐색하며 읽는 방법이다. 질문하며 읽기를 통해 독자는 능동적으로 사고하며 읽기를 할 수 있게 된다.

질문은 읽기의 과정에 따라 읽기 전, 읽는 중, 읽은 후에 하는 질문으로 나눌 수 있다. 읽기 전에 할 수 있는 질문에는 제목과 목차 등을 보고 이 글의 내용은 어떤 것인지, 내게 어떤 도움을 될 수 있는지, 저자의 의도와 관점은 무엇인지 등이 있다. 읽는 중에는 읽기 전에 한 예측이 적절한지를 확인하며, 읽고 있는 내용에 대해 다음에 이어질 내용이 무엇인지 예측하는 질문, 내용과 관련하여 사고를 확산하는 내용의 질문 등을 할 수 있다. 읽은 후에는 이 글을 읽고 얻은 것은 무엇인지 질문하고 이에 대한 생각과 질문들을 할 수 있고, 이 글에서 받아들일 수 있는 내용과 그렇지 않은 내용이 무엇인지 등과 관련된 질문을 할 수 있다.

또한 글과 독자의 측면에서 다양한 질문을 할 수 있다. 글 측면에서 하는 질문은 다음에 어떤 내용이 이어질 것인가, 이 글에서 강조하는 것은 무엇인가 등이 있고, 독자 측면에서 하는 질문은 이 글을 제대로 읽고 있는가, 이 글과 관련된 경험은 무엇이 있는가, 이 글은 어떤 점에서 나에게 중요한가 등이 있다.

1.6. 문학 독서

문학 텍스트에는 서정, 서사, 극, 교술 등의 갈래가 있다. 이 중에서 문학 중심 독서 지도에서는 어떤 특정의 시간과 공간에서 특정한 인물들이 일련의 사건을 수행하는 과정을 나타낸 이야기를 많이 다룬다. 여기서는 동화와 소설에 해당하는 이야기를 지도할 때 적용가능한 문학 독서 활동과 프로그램으로, 이야기 지도 그리기, 인물 분석하기, 저자에게 질문하기, 상징적 표상법, 반응 중심 문학 수업 등을 살펴본다.

1.6.1. 이야기 지도 그리기

이야기 지도 그리기는 학생들이 서사 구조에 대한 지식을 활용하여 이야기를 분석하는 것으로, 이야기를 구성하고 있는 핵심적인 요소들을 그림으로 표현하게 하는 독서 방법이다. 이야기의 대강을 시각적으로 볼 수 있으므로 학생들은 이야기를 더 잘 이해하게 된다(Buehl, D., 노명완·정혜승 역, 2006: 244).

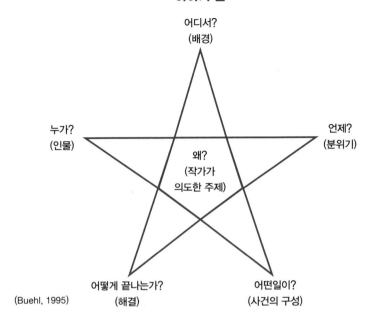

· 이야기 별 ·

어디서?
(배경)

누가?
(인물)

왜?
(작가가
의도한 주제)

언제?
(분위기)

(Buehl, 1995)

어떻게 끝나는가?
(해결)

어떤일이?
(사건의 구성)

그림 5-3 | 이야기별 (Buehl, D., 노명완·정혜승 역, 2006: 246)

우선, 이야기의 기본 구조를 도식으로 제시한다. 이야기의 기본 구조인, 누가?(인물), 어디서? 언제?(배경과 분위기), 어떤 일이? 어떻게 끝나는가?(사건), 왜?(주제) 등을 제시하고 이야기의 구조에 대해 설명한다. Buehl 은 이야기 구조의 도식으로 '이야기별'을 제시하였다. 학생들은 이야기를 읽으면서 '이야기별'의 도식을 채워나간다.

이야기 구조 그리기는 학교급에 따라 다양한 방식으로 심화 확장될 수 있다. 인물을 중심으로, 중심 인물은 누구이고, 주변 인물은 누구인지 파악하게 한다. 사건을 중심으로, 사건의 발달, 절정, 해결과 같이 기본적인 사건 구성을 파악한 후에 발달에서 절정에 이르기까지의 상승 행동을 차례로 정리하고, 사건의 절정에서 해결에 이르기까지의 하강 행동을 적게 한다. 이를 토대로 작가가 의도한 주제를 생각해보도록 한다. 교사가 이야기 구조 도식을 어떠한 방식으로 제공하느냐에 따라 이야기 구조 파악하기 활동을 심화할 수 있다.

학생들은 이야기 구조 그리기를 통해 이야기를 이해하고 분석할 수 있는 시각적 도식을 제공받고, 이 도식에 따라 이야기를 분석해봄으로써 이야기를 이해하고 구조를 파악할 수 있으며, 이 활동을 통해 이야기 구조에 대한 지식을 높일 수 있다(Buehl, D., 노명완·정혜승 역, 2006: 244).

1.6.2. 인물 분석하기

인물 분석하기는 문학 작품에 등장하는 주요 인물이 변화와 갈등에 대처하는 방식을 파악하기 위해 전략으로, 등장 인물의 분석을 통해 작품을 깊이 있게 이해할 수 있다((Buehl, D., 노명완·정혜승 역, 2006: 93).

인물 분석하기를 하기 전에 이야기 구조의 기본적인 요소를 파악한다. 그리고나서 인물에 초점을 두어서 분석한다. 인물 분석의 과정은 탐정의 역할에 비유하여 설명할 수 있다. 탐정이 사건을 풀기 위해 단서를 찾고, 관련된 사람을 조사하는 것처럼, 이야기의 주제를 발견하기 위해서 탐정처럼 인물의 행동과 말, 다른 등장 인물이 그 인물을 어떻게 말하는지, 인물들이 어떻게 변화해 가는지 등을 파악하게 한다. '인물 따라가기'나 '인물 분석표'와 같은 도식을 활용할 수 있다.

'인물 따라가기'는 인물에 대한 중요한 정보를 도식으로 조직한 것이다. 학생들은 인물의 말과 행동, 사건의 진행에 따른 인물들의 변화 등을 파악하고, 시각화하여 표현한다. 그림 5-4 도식을 세분화하여 인물 분석표를 작성하게 할 수 있다. 인물 분석표는 각각의 항목을 이야기의 순서에 따라 정리하는 것이다.

이 활동을 통해 인물이 변화와 갈등 속에서 어떻게 변화하는지를 명시적으로 파악할 수 있다. 또한 인물의 말과 행동에 담긴 의미, 다른 인물이 특정 인물을 대하는 행동이나 태도, 그렇게 행동하는 이유를 심도깊게 생각해 볼 수 있다. 작가의 주제 의식이나 작품의 의미를 파악하는 체계적인 활동 중의 하나이다.

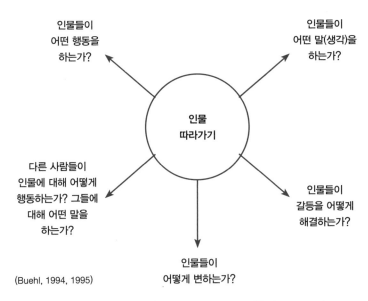

· 인물 따라가기 ·

인물들이
어떤 행동을
하는가?

인물들이
어떤 말(생각)을
하는가?

인물
따라가기

다른 사람들이
인물에 대해 어떻게
행동하는가? 그들에
대해 어떤 말을
하는가?

인물들이
갈등을 어떻게
해결하는가?

인물들이
어떻게 변하는가?

(Buehl, 1994, 1995)

그림 5-4 | 인물 따라가기 (Buehl, D., 노명완 · 정혜승 역, 2006: 94)

1.6.3. 저자에게 질문하기

저자에게 질문하기는 텍스트의 저자가 무슨 내용을, 어떤 목적과 의도로 말하는지를 생각해 보게 하는 활동이다. 교사는 텍스트의 저자에 대해 소개한 후, 학생들에게 저자를 고려하면서 텍스트를 읽게 한다. 학생들은 글을 읽으면서 분명하지 않거나 이해하기 어려운 내용은 어디인지, 저자는 독자가 무엇을 알고 있다고 생각하고 글을 썼는지, 독자들이 이해하기 쉽도록 하기 위해서는 텍스트의 어떤 부분을 고쳤으면 좋겠는지 등에 대해서 토의한다. 저자가 존재하는 모든 글에 적용 가능하며, 문학 텍스트에서도 유용하게 적용할 수 있다. 독서 토의를 할 때, 저자에게 질문하기는 다음과 같은 질문으로 적용 가능하다.

- 작가가 말하려고 하는 것은 무엇인가?
- 작가가 전달하려고 하는 메시지는 무엇인가?
- 작가는 무엇에 대해서 말하고 있는가?

- 이 작품에서 작가가 말하려고 하는 것은 작가가 저술한 다른 작품에서 말하려는 것과 어떻게 연관되는가?
- 작가가 이러한 내용을 말하고 있는 이유는 무엇인가?

위의 내용은 학교급에 따라 다양한 형태로 적용할 수 있다. 예를 들어 '작가 인터뷰 하기' 형식으로 진행할 수 있다. 몇몇 학생들에게 작가의 역할을 준 후 작가의 의자에 앉게 한다. 다른 학생들은 독자들이 되어서 작가의 역할을 맡은 친구들에게 질문을 한다. 작가의 역할을 맡은 학생들은 질문에 답을 하면서 작가의 입장에서 작품을 왜 썼으며 전하려는 메시지는 무엇인지를 이야기한다. 이때 작가의 역할을 맡은 학생에게 미리 인터뷰 질문을 제시하여, 학생들이 작가의 입장에서 충분히 생각하여 답할 수 있도록 하면 작품에 대한 보다 깊이 있는 이해를 이끌어낼 수 있다.

1.6.4. 상징적 표상법

상징적 표상법(Symbolic Representation Interview, SRI)은 독자가 자신의 독서 과정과 반응을 상징적인 시각 자료로 표현하고, 그 자료를 매개로 하여 자신의 독서 경험을 설명한 후에 토론을 통해 텍스트에 대한 이해를 확장하는 교수 학습법이다. 상징적 표상법은 본래 Patricia Enciso가 개별 독자의 독서 과정과 반응을 이해하고자 개발한 방법이다. 이는 사고 구술과 시각화를 결합한 방법으로 초기에는 인터뷰 기법에 해당하였으나 Jeffrey Wilhelm에 의해 현재에는 읽기·문학 영역의 교수 학습 및 평가 방법으로 정착되었다. 이순영(2008)에서는 상징적 표상법의 개념과 특성을 검토하여, 상징적 표상법의 절차와 지도상의 유의점을 소개한 후에 구체적인 적용 사례를 제시하고 있다. 위의 논문에 제시된 Wilhelm의 상징적 표상법을 중심으로 소개하면 다음과 같다.

텍스트를 읽으며 그 내용을 시각화하는 것은 매우 자연스럽고, 중요한 정신 작용이다. 독자가 텍스트의 의미를 이해하는 과정에는 반드시 독자의 상상력이 개입하고, 텍스트의 의미를 이미지로 표상하는 과정이 필요

표 5-1 | Wilhelm의 상징적 표상법(이순영, 2008: 349)

안내	〈활동 안내〉 ▪ SRI 활동의 목적과 활동 안내 ▪ 상징적 표상법에 대한 교사의 시범, 텍스트 소개
독서 중	〈자유 독서 활동〉 ▪ 학습자와 교사의 자유 독서 ▪ 학습자와 교사는 각자 자신의 독서 과정과 반응을 메모할 수 있음 ▪ 학습자가 부담을 느끼지 않을 경우에는 사고 구술을 병행할 수 있음
독서 후 I	〈시각화와 언어적 설명〉 ▪ 자신의 독서 경험을 상징적 시각 자료로 표현(삽화를 모방하지 않도록 지도) ▪ 독자는 상징적 표상을 소개하면서, 자신의 독서 경험을 자유롭게 설명
독서 후 II	〈대화와 논의〉 ▪ 독자의 시각적 자료와 설명 내용에 대하여 질의 ▪ 독자와 타인의 대화를 통해 텍스트에 대한 이해를 심화 ▪ 소집단 활동의 경우, 다른 학생들의 발표를 듣고 함께 논의를 진행할 수 있음

하기 때문이다. 능숙한 독자들은 텍스트의 내용을 활발하게 형상화 하는 데, 이러한 시각적 이미지는 독자가 생산하는 독서 반응의 한 유형이다 (Wilhelm, 2004). Wilhelm이 독서 후 활동을 중심으로 구안한 상징적 표상 법은 다음과 같다.

학생이 독서를 마친 후에 자신의 독서 과정과 경험을 회고하여 설명하 도록 한다. 시각적 상징물도 다양한 기법으로 창출하게 한다. 특히 원활 한 상징적 표상 활동을 위해 교사는 아동 관찰자의 입장을 취하는 것이 중요하다. 따라서 교사는 가급적 질문이나 논평을 자제하고, 학습자가 원 하는 내용을 모두 말하도록 기다려준다. 성공적인 SRI 활동을 위해서는 시각적 상징 자료를 만드는 데 적절한 안내가 필요하다. 텍스트의 특정한 장면이나 삽화를 재현하려는 것이 아니라 독자의 상상력으로 상징적 표 상을 만들게 한다. 이때에는 '상징적 표상'의 의미를 중심으로 이 활동이 일반적인 그림, 독후화, 만화 그리기 활동과는 다른 것임을 설명해 주고, 교사가 시범을 보이는 것이 좋다.

활동의 초기에는 주인공이나 상황을 시각화 시키는 연습을 하다가, 중기에는 주제, 갈등, 사건, 줄거리 중심으로 시각화 하고, 후기에는 상징물을 통해 자신의 독서 경험을 드러내도록 독자에게 권한을 이임할 수 있다 (이순영, 2008).

1.6.5. 반응 중심 문학 수업

반응 중심 문학 수업은 로젠블래트의 독자 반응 이론에 기초하며, 문학 작품에 대한 학생들의 반응이나 생각을 자유롭게 표현하도록 하는 데 있다. 이는 작품에 대한 해석이 독자에 따라 다양하게 나타날 수 있다는 점을 고려한 것이다. 따라서 독자의 반응을 최대한 존중하고, 다양하면서 창의적인 반응을 유도하게 한다.

반응 중심 문학 수업은 '반응의 형성 – 반응의 명료화 – 반응의 심화'의 세 단계로 이루어진다. 반응의 형성에서는 텍스트를 읽고, 텍스트에 대한 개인의 반응을 형성하는 것이다. 텍스트의 즐거움을 경험하게 하는 데 초점을 두어 텍스트에 대한 부정적 선입견을 줄이고 어려운 어휘나 표현을 쉽게 이해할 수 있게 도와준다. 작품을 읽고 난 뒤의 생각이나 느낌 등은 반응 일지 등에 간단히 정리하게 한다.

반응의 명료화는 자신의 문학적 반응을 파악하고, 개인의 반응을 다른 친구들과 상호 공유한 후에 반응에 대한 질문을 한다. 반응을 명료하게 하는 질문, 반응의 반성적 질문, 반응의 오류에 대한 질문 등을 하고, 반응에 대한 토의를 한다. 반응에 대한 공유 및 상호 작용을 한 후에는 자신의 반응을 정교화하여 재정리한다.

반응의 심화는 자신이 읽은 작품을 다른 작품과 비교하며 읽음으로써 학생들의 반응을 풍부하게 하는 것이다. 이 단계에서는 주제, 인물, 사건, 배경 등을 바탕으로 하여 다른 작품과 관련지어 보면서 작품에 대한 이해도를 높이고, 그 결과를 현실 세계나 자신의 삶에 투영해 봄으로써 반응을 심화시키는 것이다. 반응의 형성이 텍스트와 학생과의 상호 교섭 (transaction)[*]라면, 반응의 명료화는 학생과 학생과의 상호 교섭이고, 반응의 심화는 텍스트와 텍스트의 상호 관련을 높이는 것이라고 볼 수 있다(최

상호교섭(transaction)은 듀이가 사용한 용어이다. 듀이는 상호작용(interaction)이 서로에게 영향을 미치는 두 대상을 전제로 한 것이라면, 상호교섭은 유기체와 환경과의 관계로 설명한다. 유기체가 환경에 작용하는 것도 아니고, 환경이 유기체에 작용하는 것으로도 보이는 않는 상태이다. 상호교섭은 그 구성 요소는 또는 요인이 한 쪽이 다른 쪽에 의해서 규정되고 또 규정하는 전체 상황에 대한 양상으로 진행 중인 과정이다.

지현, 2009: 293~294).

반응 중심 문학 수업은 독자의 자발성과 능동성이 충분히 고양되어 있을 때와 작품에 대한 이해 수준이 확보될 때 적용하면 좋다. 교사는 학습자 개개인의 반응이 최대한 존중될 수 있는 학습 분위기를 조성하고, 충분한 상호 작용을 거쳐서 학습자 스스로 반응을 성찰할 수 있는 학습 경험을 제공한다.

1.7. 디지털 시대의 독서

디지털 시대가 되면서, 이메일, 인터넷 대화, 휴대전화, SNS 등을 통해 음성·글·그림·사진·동영상 등의 텍스트를 주고받기도 하며, 책·텔레비전·웹사이트·각종 동영상을 통해 정보를 주고 받는다. 디지털 시대가 되면서 독서 텍스트의 유형도 다양해지고, 이를 소통하는 방식도 다원화되었다. 여기서는 다문서 읽기와 복합 양식 텍스트 읽기를 살펴본다.

1.7.1. 다문서 읽기

변화하는 시대에서 하나의 글을 깊이 있게 읽는 것 못지 않게, 다양한 정보를 수집, 비교, 통합 및 평가하는 읽기가 중요해졌다. 다문서 읽기 (multiple text comprehension)는 독자가 둘 이상의 글 자료의 의미를 구성하는 과정이다. 독자는 시간적으로 인접하고, 주제적으로 유사한, 복수의 글 자료에 대한 의미를 구성한다. 성공적인 읽기를 위해서는 독자는 각 단일 자료의 내용 및 출처를 확인하고, 이를 바탕으로 글 자료들 간에 관계를 파악하며, 사전 지식을 활용하여 다문서 자료의 종합적인 의미를 구성해낼 수 있어야 한다(김종윤, 2014: 145). 다문서 읽기는 자료 통합적 글쓰기와 함께 이루어진다. 자료 통합적 글쓰기는 필자가 글을 쓰기 위해 자료를 검색하고, 이를 통합하여 자신의 글에 활용하여 쓰되, 자료의 통합 양상이 명시적으로 드러나는 글쓰기를 말하는데(강민경, 2013: 65), 자료 통합적 글쓰기가 이루어지기 위해서는 다문서 읽기 행위가 전제되어야 한다.

장성민(2015)에서는 고등학생 필자의 다문서 읽기 기반 작품 과제의 수행 양상을 분석하고, 교수·학습 활동 구성을 시사점을 도출하였다. 장성민(2015)에서 제시한 다문서 읽기 지도 방안으로는 출처와 내용 식별하기, 상호텍스트적 관계성 파악하기, 다문서의 종합적 의미 구성 등이 있다.

첫째, 출처와 내용 식별하기에서는 문서의 제목과 글쓴이에 대한 정보만 표면적으로 기술하는 깃을 넘어서 필자의 삶과 글쓰기에 대한 이력, 글쓰기가 이루어진 시공간적 특성, 문서가 유통되는 매체적 속성 등과 같이 텍스트 내용 이해에 영향을 미치는 출처 정보를 확인한다. 또한 문서의 내용은 최신의 것으로 정확한지, 문서의 출처는 권위를 인정할 수 있는 것인지, 문서가 유통되는 매체는 공평하고 정의로운지에 대한 점검을 한다.

둘째, 상호텍스트적 관계성 파악에서는 학습자가 순차적 연결뿐 아니라 서로 다른 문서의 공통 화제를 도출하거나 서로 관점을 달리하는 지점을 찾아서 비교하도록 한다. 핵심적인 사안을 중심으로 문서 간 차이를 횡적으로 정리하도록 하는 교수 학습 활동으로 구성할 수 있다.

셋째, 다문서의 종합적 의미 구성에서는 학습자가 사전 지식을 이용하여 다문서의 내용을 이해하고 논리적으로 표현하는 데 중점을 둔다. 문서 각각의 내용을 확인하는 학습 활동을 구성할 때에는 공통 화제에 대한 글쓴이의 관점을 파악하는 것뿐만 아니라 그 글에 대한 자신의 생각이나 의견, 자신의 관점을 정리할 때 문서의 활용 방안까지 생각하여 읽도록 한다. 관점에 따라 글의 내용이 달라진다는 점을 고려하여 읽기, 동일한 대상에 대해 관점과 내용이 다른 글을 읽기 등의 활동을 병행할 수 있다.

1.7.2. 복합 양식 텍스트 읽기

읽기·쓰기의 공간이 전통적인 지면이나 책공간을 넘어서 다양한 매체로 확장되면서, 최근 국어교육학계에서는 하나의 텍스트 안에 문자, 음성, 이미지, 동영상 등 다양한 형태의 기호가 복합적으로 결합되어 의미 구성에 기여하는 복합양식 텍스트(multimodal text) 개념과 이에 대한 이해·표현을 중심으로 한 복합양식 문식성(multimodal literacy) 이론에 대한 이해가 확산되어왔다(정현선, 2014: 63)

그림책은 복합 양식 텍스트 중의 하나이다. 글과 그림이 복합적으로 결합하여 의미 구성을 하고 있기 때문이다. 남지현(2012)에서는 그림책 읽기 교육 내용으로 ① 그림 텍스트에 나타난 조형적 특징, 매체와 기법, 관점, 양식 등의 요소를 종합적으로 활용하여 의미 해석하기 / 서사 해석하기, ② 글과 그림의 의미(동일시 관계/ 비동일시 관계/ 반동일시 관계)를 결합하여 그림책 서사의 의미를 이해하기, ③ 주변텍스트를 활용하여 이야기의 줄거리, 배경, 인물, 분위기 등을 예측하기 / 이해하기, ④ 이야기의 흐름 속에서 의미 있는 변화를 포함하는 줄거리를 이해하기 등을 든다. 이와 관련하여 그림책 수용을 위한 교육 내용을 표5-2와 같이 분류하고 있다.

표 5-2 | 그림책의 교육 내용(남지현, 2012: 72)

영역	소영역	세부항목
1. 그림 텍스트의 서사적 의미작용	조형적 특징	선
		색
		질감
		이미지 구성적 메타기능
	매체와 기법	유화, 수채, 판화, 꼴라쥬 등
	관점	요구와 제공
		사회적 거리
		태도/시점
		프레임
	양식	개인양식, 예술양식, 시대양식, 민속양식 등
2. 글과 그림의 상호매체성	동일시	초점화, 구체화
	비동일시	보완, 확장
	반동일시	아이러니, 모순

영역	소영역	세부항목
3. 주변텍스트의 서사적 의미 작용	기대지평의 형성	텍스트에 대한 예측(인물, 분위기, 배경 등), 서사의 변화상징
	서사의 구조를 변경	액자식 구성
	서사의 일부	줄거리의 일부로 편입
4. 서사의 전개 양상 이해	물리적 요소의 변화	판형, 책 넘기는 방향, 기타
	그림 텍스트의 변화	색, 구도와 시점, 프레임, 양식, 인물과 배경, 기타
	글 텍스트의 변화	반복과 변형, 서체 및 크기, 화면에서의 위치, 기타
5. 서사의 구조 분석	화면	화면 속에 담겨진 하나 이상의 사건 이해
	페이지 브레이크	화면과 화면 사이에 생략된 사건 추론
	시퀀스	전체 이야기를 하나 이상의 에피소드로 나누기
6. 담론 주체의 대화를 통한 서사 해석	글과 그림의 대화	글과 그림의 대화를 중심으로 구성된 서사의 의미에 대해 다른 학습자 및 교사와 대화하면서 서사를 해석하고 평가하기
	학습주체(학습자, 교사) 간의 대화	

박기범(2005)에서는 영상 서사의 교육 내용을 제시하고 있다. 이야기 영역에서는 인물, 시공간, 플롯에 주목해서 살펴보고, 담론 영역에서는 서술 매체인 영상, 영화의 시점, 서술 등과 관련하여 촬영, 편집, 음향 등의 교육 내용을 제시하였다. 맥락에서는 소통, 상황, 장르, 사회·문화로 나누어 접근하였다. 구체적으로 제시하면 표 5-3과 같다.

영상 서사의 교육 내용은 영화뿐만 아니라 애니메이션, 드라마와 같은 영상 서사를 위한 교육 내용이 될 수 있다. 오늘날 학습자들은 매체를 많이 접해왔기 때문에 영상 서사의 의미 작용 방식에 익숙해 있다. 영상 문법을 학생들의 체험으로부터 발견하게 하여 그 의미와 기능을 스스로 깨닫는 학습 방법이 효과적이다(박기범, 2005: 395). 우리가 교육하는 세대가 디지털 세대임을 염두에 둔다면 독서 지도에서는 텍스트의 범위를 확장하여 문자 텍스트뿐만 아니라 영상 텍스트까지 폭넓게 다루어야 할 것이다.

표 5-3 | 영상 서사의 교육 내용(박기범, 2007:63~124)

영역	소영역	세부 항목	교육 내용
이야기	인물	외모, 말투, 어조, 몸짓, 의상	주요 인물 성격 파악
		인물의 대립 구조	인물간의 관계 파악
		이데올로기적 의미	인물의 시대적 대응 방식
		분장, 의상, 배우 선정, 배우 연기, 외모, 버릇, 어조, 말투	인물 형상화
	시공간	시공간의 표현, 시공간이 암시하는 인물의 상황	시공간 설정의 의미
		시공간에 나타난 연출자 의도, 시공간을 조정하는 카메라의 기능과 효과, 시공간 배경을 알게 하는 무대장치와 소품	시공간 형상화
	플롯	핵심 사건 파악, 종결 방식의 효과	플롯의 분석 및 사건 전개 과정
		갈등해결에 나타난 인물 심리, 갈등 해결 방식의 타당성, 갈등 해결 방식에 숨겨진 이데올로기	갈등 해결 방식
		복선이나 상징적 의미를 갖는 행동이나 사건	행동이나 사건의 상징적 의미
		영화의 편집법과 효과	플롯의 변화 양상과 의미 파악
담론	서술매체	영화 서술 매체의 특성 이해 영상의 의미 생산 및 전달 방식	서술 매체의 유형과 특성
	시점과 서술	서술자 찾기	서술자의 위치와 특성
		쇼트 화면의 시점	시점 차이
		'화면 밖 목소리', 자막 사용 이유, 카메라의 위치/이동시점, 몽타주 기법, 조명 분위기, 음악	서술상의 차이
맥락	소통 상황 맥락	작가와 영화 연출자의 창작 의향 작가와 영화 연출자의 작품관 영화 제작자와 역할	생산의 상황 맥락
		작품 소통상의 특징, 예술성과 상품성의 상관	소통통로의 상황 맥락
		작품의 성과, 수용자 반응, 작품 비평	수용의 상황 맥락
	장르적 맥락	장르 유형과 특성	장르 유형과 특성
		소설을 각색한 영화의 활용 방법 소설의 영상 변용	장르 변용의 효과와 의의
	사회문화적 맥락	작품에 나타난 사회 문화적 맥락	사회문화적 맥락
		영화의 대중성 스타의 신화화 과정과 비평 특정 목적을 가진 영화의 전달 메시지	영화의 대중매체적 특성

2. 독서 프로그램 설계의 유의점

수업 설계란 수업을 실행하기 전 수업에 대한 계획을 세우는 과정이다. 국어 수업을 예로 들면, 설계의 단계는 ① 교수·학습 목표 확인 ② 변인 분석(교수자, 학습자, 환경) ③ 교수·학습 내용 상세화 ④ 교수·학습 모형, 방법 선정 ⑤ 교수·학습 내용 조정 ⑥ 교수·학습 활동 구안으로 살펴볼 수 있다(서혁, 2006). 이러한 국어 수업 설계에서 고려해야 하는 요소들은 수업 영향 변인 분석(교수자, 학습자, 환경), 수업 목표 확인, 수업 내용 상세화, 수업 방법의 계획(모형과 방법의 선정 및 절차 계획과 매체 활용 계획), 평가 계획의 다섯 가지를 제시할 수 있다(류보라, 2017). 일반적인 국어 수업에 비해 독서 수업을 설계할 때에는 수업 내용을 상세화하는 단계에서 제재의 분석, 읽기 전·중·후의 과정, 읽기 전략에 대한 고려가 필요하다.

독서 프로그램 구성에서 유의할 점을 살펴보면 다음과 같다.

첫째, 독서 프로그램의 대상인 학습자에 대해 확인한다. 독서 프로그램 대상인 학습자의 연령(유치원, 초등 저학년, 초등 고학년, 중학교, 고등학교, 성인 등) 독서 수준(독서 발달 수준), 독서 흥미 등을 파악할 필요가 있다. 학습자의 특성에 맞추어 독서 텍스트나 독서 프로그램을 선택할 수 있다.

둘째, 독서 텍스트와 독서 목표를 정한다. 교육을 할 때에는 목표를 우선적으로 확인하는 것이 필요하고 이 목표를 도달하기에 적절한 교육 내용과 방법을 결정하여야 한다. 독서 목표와 독서 텍스트는 동시에 고려하여 선정될 수 있다.

셋째, 독서 프로그램의 내용을 구성할 때에는 읽기 과정과 전략, 텍스트의 특성을 함께 고려한다. 이때, 독서 프로그램을 복수로 선택할 수 있다. 예를 들어, 문학 작품을 SQ3R로 전반적으로 적용하고, 어휘 학습을 하고, 상징적 표상법으로 독후 활동을 하는 것이다. 복수의 독서 활동을 묶어서 일련의 프로그램으로 운영할 수 있다.

넷째, 독서 프로그램을 실행한 후 학습자의 성취와 향상 정도를 평가하기 위한 평가계획을 수립한다. 학습자의 독서 능력을 위한 별도의 평가를 실시할 수도 있고, 학습자가 수행한 독서 프로그램의 과정과 결과를 평가에 반영할 수 있다.

다섯째, 독서 프로그램 설계에서 독서의 정의적 영역을 고려한다. 학습자가 독서 의욕과 독서에 대한 긍정적인 태도를 가질 수 있도록 격려해준다.

발음중심 지도 방법은 한글 자소와 음소의 대응을 체계적이고 논리적으로 학습하게 하는 방법이다. 의미중심 지도 방법은 일상에서 자주 쓰거나 유의미한 어휘 문장을 중심으로 학습하는 것으로 단어식과 문장식 지도 방법이 있다.

어휘로 문장 만들기는 글에 담긴 새로운 어휘의 의미를 예상하는 활동이다. 문맥으로 어휘 의미 만들기는 어휘의 의미를 문맥으로 추측하도록 돕는 방법이다. 의미지도 그리기는 여러 어휘나 사실을 나열하고 범주화하면서 어휘력을 키운다.

교사 중심 읽기에는 직접교수, DRA, DRTA가 있다. 직접교수는 학생에게 필요한 읽기 능력을 교사가 직접 시범 보여 가르친다. DRA는 읽기 준비→읽기→이해점검 및 토론→다시 읽기→강화의 과정으로 가르친다. DRTA는 모둠 활동으로 사고과정 안내→중요한 기능 학습하기 과정을 거친 뒤 개별 사고 중심 읽기의 과정으로 정교화 및 확장하는 활동이다.

자기주도 읽기에는 지속적 묵독과 자기 선택적 독서가 있다. 지속적 묵독(Silent Sustained Reading; SSR)은 독자가 자신이 선정한 책을 별도의 독서 과제를 수행하지 않으면서 자율적으로 읽는 읽기 활동이며, 자기 선택적 독서(self-selected reading; SSR)는 학생들이 자기가 읽고 싶은 책을 스스로 선정하고 자율적으로 책을 읽도록 하는 활동이다.

내용교과 독서와 관련한 전략으로는 SQ3R, K-W-L(know-want to know-learned), 요약하기(summarization), 밑줄 긋기(underlining), 메모하기, 도해조직자(graphic organizer), 질문하기의 방법이 있다.

문학 독서 활동으로는 이야기 지도 그리기, 인물 분석하기, 저자에게 질문하기, 상징적 표상법(Symbolic Representation Interview, SRI), 반응 중심 문학 수업 방법이 있다.

다문서 읽기(multiple text comprehension)는 독자가 시간적으로 인접하고, 주제적으로 유사한, 복수의 글 자료에 대한 의미를 구성하는 것을 말한다.

복합 양식 텍스트 읽기는 하나의 텍스트 안에 문자, 음성, 이미지, 동영상 등 다양한 형태의 기호가 복합적으로 결합되어 의미 구성에 기여하는 텍스트를 읽는 것을 말한다.

01 본 장에서 학습한 여러 가지 활동과 프로그램을 활용하여 읽기 수업을 설
계하시오. 구체적인 텍스트와 학생의 수준을 설정하고 그에 맞게 설계한
수업의 특징과 의의를 설명하시오.

02 학습자의 다양한 독서 목적과 상황을 가정하고, 이에 적합한 독서 지도 방
법을 설계해 봅시다.

03 독서의 인지적 능력과 정의적 능력을 함양하기 위해 적합한 독서 지도 방
법을 설계해 봅시다.

김종윤(2014). 다문화 읽기 연구의 연구 동향과 전망. 국어교육학연구, 49(3), 138-163.

남지현(2012). 이야기 그림책의 교육내용 연구. 춘천교대 교육대학원 석사학위논문.

노명완·정혜승(2006). 협동적 학습을 위한 45가지 교실 수업 전략. 박이정.

류보라(2017). 예비 국어 교사의 수업 설계 양상-읽기 수업 설계를 중심으로-. 새국어교육, 112, 37-70.

박기범(2007). 소설과 영화를 통한 서사교육 내용 연구. 한국교원대학교 박사학위논문.

박영목(2008). 독서교육론. 도서출판 박이정.

박영목·한철우·윤희원(2001). 국어과 교수-학습론. ㈜교학사.

박영민·최숙기(2008). 읽기 동기 신장을 위한 자기 선택적 독서 프로그램 구성 방안. 독서연구, 19, 201-228.

박정진·조재윤 역(2012). 문식성 전략 50-단계별 언어 기능 교수 전략. 한국문화사.

서혁(2006). 국어과 수업설계와 교수·학습모형 적용의 원리. 국어교육학연구, 26, 199-225.

윤준채(2009). 요약하기 전략 지도가 독해에 미치는 영향: 메타 분석적 접근. 새국어교육, 81, 213-229.

이경화(2003). 읽기교육의 원리와 방법. 박이정.

이순영(2008). 상징적 표상법의 이론과 실제. 국어교육학연구, 32, 341-367.

이순영·최숙기·김주환·서혁·박영민(2015). 독서교육론. 사회평론.

장성민(2015). 고등학생 필자의 다문서 읽기를 통한 작문 과제 수행에 관한 연구. 작문연구, 25, 191-225.

정현선 역(2011). 읽기 쓰기의 진화: 아이들은 미디어를 어떻게 읽고 쓰고 만드는가. 사회평론.

정혜승·박정진·서수현·유상희(2008), 교과 학습 능력 향상을 위한 전략적 학습자 만들기, 교육과학사.

천경록·이재승(1997), 읽기 교육의 이해. ㈜우리교육

최미숙·원진숙·정혜승·김봉순·이경화·전은주·정현선·주세형(2017). 국어 교육의 이해. ㈜사회평론아카데미.

최지현 · 서혁 · 심영택 · 이도영 · 최미숙 · 김정자 · 김혜정(2009). 국어과 교수 · 학습
　　방법. 역락.

Pilgreen, J. L.(2000). The SSR handbook: How to organize and manage a sustained
　　silent reading program. NII: Heinemann.

Tierney, R. J., & Readence, J. E.(2004). Reading strategies and practices: A com-
　　pendium. Allyn & Bacon.

6 도서 선택과 독서 생활화

학습목표

• 도서 선택의 기준과 방법을 이해하여 독서생활에서 활용할 수 있다.
• 독서생활을 성찰하고 향후 계획을 수립하여, 윤택한 독서생활을 실천할 수 있다.

학습내용

독서는 책을 읽는 행위이다. 따라서 독서에서 가장 우선적으로 해결해야 하는 문제는 어떤 책을 읽을 것인가를 결정하는 일이다. 따라서 이 장에서는 어떤 기준으로 읽을 책을 선택할 수 있는지, 나아가 그 기준에 부합하는 책들을 선택할 때 구체적으로 어떤 방법을 활용할 수 있는지에 대해서 학습한다. 나아가 독서를 생활화하기 위해서 실천해야 할 사항들, 다시 말해 자신의 독서생활을 성찰하고 향후 계획을 세우는 일이나 일상에서 독서와 가까워지기 위한 실천 방안 등에 대해 공부한다.

1. 도서 선택

1.1. 도서 선택의 중요성

'책은 마음의 양식'이라고 한다. 사람의 몸이 자라는 데 음식이 필요한 것처럼, 사람의 마음이 성장하는 데에는 책이 필요하다는 뜻이다. 그런데 음식 중에는 먹을 수 있는 것과 없는 것이 있는 것처럼, 책도 자기에게 필요한 책이 있는가 하면 그렇지 않은 책도 있고, 읽어서 도움이 되는 책이 있는 반면 오히려 해악이 되는 책도 있다. 또 자기 수준에서 읽어낼 수 있는 책이 있는가 하면 소화하기 어려운 책도 있다. 따라서 자기에게 필요하고 알맞은 책, 읽을 만한 가치가 있는 책을 잘 골라서 읽어야 한다. 어떤 책을 읽는가는 그 사람이 어떤 사람이 되는가에 영향을 주기 때문이다.

독서에서 도서 선택이 중요한 또 다른 이유는 어떤 책인가 하는 점이 독서 활동 자체에 영향을 미치기 때문이다. 좋아하는 음식이 있으면 먹고 싶은 마음이 드는 것처럼, 사람들은 자신이 좋아하는 작가의 책이나 즐겨 읽는 장르의 책은 관심을 가지고 독서를 하려고 한다. 나아가 자기가 좋아하는 책, 자신의 필요나 수준에 부합하는 책은 대개 만족스러운 독서 경험을 제공하기 마련이고, 이는 독서에 대한 긍정적인 태도를 형성하는 데에 순기능으로 작용한다.

1.2. 도서 선택의 기준

현대인들은 텍스트의 홍수 속에서 살아간다. 최근 우리나라에서만 매년 4만여 권의 신간서적이 출판되고 있고 디지털 매체를 통해 생산·유통되는 텍스트까지 포함하면 읽어야 할 자료는 차고도 넘친다. 이런 상황에서 읽어야 할 도서를 어떤 기준으로 선택할 수 있을까?

1.2.1. 읽는 목적이나 필요에 부합하는 책인가

목이 마를 때는 물을 마셔야 하고 배가 고플 때에는 밥을 먹어야 하는 것처럼, 책을 고를 때에도 독서를 하는 목적이나 필요를 우선적으로 고려해야 한다. 직접적이고 명시적인 필요를 충족시키기 위해 책을 읽는 경우에는 그 필요에 충실히 부응하는 내용의 책을 골라서 읽어야 한다. 가령 텃밭을 가꾸기 위해 그와 관련된 책을 찾아 읽는 것이나 보고서를 작성하기 위해서 관련 자료들을 찾아서 읽는 것 등이 이에 해당한다. 그 밖에 학업을 위해서 교과서를 읽는 것이나, 교과 지식과 관련이 있는 일반 도서들을 찾아서 읽는 교과 독서도 이 범주에 포함된다. 범위를 조금 더 넓히면 자신의 부족한 점을 보완하거나 현재 처해 있는 내면적 문제에 대한 시사를 얻기 위한 독서도 이 범주에 포함할 수 있다. 가령 기분이 우울할 때 기분 전환을 위해 가볍고 재미있는 내용의 책을 읽는다든지, 친구와 갈등이 생겨 고민하고 있을 때 우정이나 인간관계를 다루는 책을 읽는다든지, 지금보다 더 나은 삶을 살기 위해 자기계발서를 찾아 읽는 것 등이 이에 해당한다. 이러한 독서는 이른바 상황독서와 연결된다.

1.2.2. 읽을 만한 가치가 있는 좋은 책인가

음식 중에는 건강에 유익한 것이 있는가 하면 오히려 해가 되는 것도 있다. 책도 마찬가지여서 사람을 바람직한 방향으로 성장시키는 양서(良書)가 있는가 하면 악서(惡書) 또한 있게 마련이다. 따라서 이왕이면 사람들의 마음속에 들어가서 그 사람을 더 큰 사람으로 성장시킬 가능성이 큰 책, 교육적 가치가 더 큰 책을 골라서 읽는 것이 좋다. 그리고 그 책이 만약 문학 작품이라면 교육성과 더불어 예술성도 갖추어야 할 것이다.

그런데 문제는 어떤 책이 더 가치 있는 책인지 구별하기가 쉽지 않다는 점이다. 이때 이른바 고전(古典)으로 불리는 책들의 목록을 참고할 수 있지만, 어떤 책이 고전의 범주에 들어가는가 하는 합의된 기준이나 목록이 정해져 있는 것도 아니고, 고전이라고 알려져 있는 작품 중에서도 사실상 학생들 수준에서는 그 가치를 제대로 이해하기 힘든 것들도 많다. 따라서 가급적 학생들이 소화할 수 있고 그들의 삶과 연관 지어 의미를 발견할 수 있는 것들을 선택할 수 있도록 안내하여야 한다. 따라서 특히 독서를 지도하는 교사가 늘 명심해야 하는 것은, 읽어볼 만한 좋은 책이라고 교사가 생각하는 것과 학습독자들 스스로가 생각하는 것 사이에는 괴리가 있다는 점이다. 다른 한편으로 최근 많은 사람들이 관심을 갖는 베스트셀러 목록도 참고할 수 있다. 이들 베스트셀러들은 마치 패스트푸드처럼 보통의 대다수 사람들의 기호에 맞추어 만들어진 책인 경우가 많다(이용·김수호, 2008:55). 그러나 베스트셀러라고 해서 읽을 만한 가치가 저절로 보장되는 것은 아니다. 베스트셀러라고 해서 그것이 꼭 나한테도 베스트는 아닐 수도 있기 때문이다. 따라서 서점 출입구 가까운 곳에 위치한 베스트셀러 매대에서 덥석 사 버리기보다는, 해당 책의 분야 매대에 가서 다른 책들과 비교해 보고 구입 여부를 결정하는 것이 좋다. 해당 분야 매대에는 오랜 기간 수많은 사람의 평가를 거친 스테디셀러가 기다리고 있을 수 있다.

1.2.3. 독자의 수준이나 특성에 알맞은 책인가

좋은 음식이라고 해서 모든 것을 갓난아이에게 먹일 수 없는 것처럼 책도 마찬가지이다. 아무리 좋은 책이라도 수준이 너무 어렵거나 반대로 너무 쉬우면 독자에게 좋은 영향을 미치기 어렵다. "적당한 책(適書)을, 적당한 사람(適者)에게, 적당한 시기(適時)에 읽혀라."라는 미국도서관협회가 채택한 독서교육의 원리는 대개의 책은 그 책을 읽을 적절한 때가 있다는 점을 보여준다. 따라서 책을 선택할 때에는 그 책이 독자 수준에 알맞은가 하는 점을 고려해야 한다. 따라서 독서지도 교사는 책의 장르나 내용(주제), 어휘나 문장의 난이도, 책이 분량 등이 학생들의 언어발달단계 및 인지발달단계뿐 아니라 독서흥미발달단계에 적합한지 검토해야 한다. 읽을 책의 선정은 독자의 수준에 적합해야 하지만(수평선 독서), 경우에 따라 가끔씩은 자기 수준에 벅찬 책을 도전해 보는 것도 권장할 만하다(수직선 독서). 읽어내는 데 다소 어려움을 겪는 것은 당연하지만, '나, 이런 책도 읽었어.'라는 독서 자존감을 높이는 데에 도움이 될 수 있기 때문이다. 도서의 수준과 관련하여 한 가지 더 고민해야 할 사항은 원래는 수준이 높은 책인데 그것을 저학년들이 읽을 수 있도록 언어의 난이도를 떨어뜨리고 분량을 축소하여 재출간한 책을 어떻게 할 것인가 하는 문제이다. 이런 책들은 대개 상업적 필요에 따라 주먹구구식으로 발간되어 원작의 품질을 훼손하는 경우가 많다. 따라서 재집필 수준으로 높은 품질을 확보한 것이 아니라면, 이런 방식으로 출간된 책은 선택에 신중을 기하는 것이 좋다.

　친구나 형제들은 다 좋아하는데 나만 싫어하는 음식이 있는 것처럼, 책 또한 마찬가지이다. '사람이 책을 고르는 것이 아니라 책이 사람을 고른다.'(박총, 2017:80-81)라는 말이 있듯이, 나에게 딱 맞는 '내 책'이 있게 마련이다. 따라서 자기 취향을 발견하고 가급적 거기에 맞는 책을 골라 읽는 것이 좋다. 그래야 독서가 즐거운 일이 되고, 그 과정 속에서 독서에 대한 긍정적인 태도가 형성될 것이기 때문이다. 이런 점에서 독서 수준이 낮거나 독서에 흥미를 느끼지 못하는 학생들은 자기 관심 분야의 책을 읽는 관심독서를 활용하는 것도 고려해 볼 만하다. 그런데 이처럼 독자의 취향이나 관심에 부합하는 책만을 골라 읽게 되면 독서 편식 문제가 발생할 수 있다. 실제 독서는 개별 독자들의 취향과 관심에 의존할지라도, 독서 지도 교사는 주제, 장르, 지역, 고전과 신간의 비율 등을 적절히 고려하여 권하는 것이 좋다. 가끔 부모들 중에는 도서 선택의 편리성을 추구하여 전집이나 시리즈물을 구비하여 읽게 하는 경우가 있는데, 이는 아이들의 관심사는 늘 움직인다는 점, 제한된 필자나 제작 시간 등으로 인해 텍스트의 품질이 떨어지는 경우가 많다는 점, 그리고 너무 많은 분량으로 인해 학생들을 물리게 할 가능성이 있다는 점, 독서 다양성을 해칠 우려가 있다는 점 등에서 썩 권장할 일은 아니다. 독서 취향과 관련되는 또 한 가지 문제는 만화류의 책만 좋아하는 경우이다. 최근 만화 형식의 좋은 책들도 많이 발간되고 있는 것은 사실이만, 특히 어휘 폭발기에 있는 초등학생들이 만화류만 보는 것은 바람직하지 않다. 만화책은 아무래도 그림을 통한 의미전달이 강하기 때문에 다양한 어휘나 문장을 경험하는 점에서는 한계가 있기 때문이다.

자기 수준과 취향을 고려하여 책을 선택하는 방법으로 잘 알려져 있는 것 중 하나는 BOOKMATCH 전략(Wutz & Wedwick, 2005)이다.

표 6-1 | BOOKMATCH 전략

	책 선택 기준	학생 의견
B	책의 길이 – 책의 길이가 나에게 알맞은가? – 내가 집중해서 읽어낼 수 있는 분량인가?	
O	언어의 친숙성 – 아무 쪽이나 펴서 읽었을 때 쉽게 읽히는가? – 글의 흐름이나 느낌이 자연스러운가?	
O	글의 구조 – 책 전체나 각 부분이 알맞게 구성되어 있는가? – 한 쪽당 글자 수와 글자 크기가 알맞은가?	
K	책에 대한 선행지식 – 제목, 표지, 요약 등을 살펴보았을 때, 주제나 필자, 삽화 등에 대해 이미 알고 있는 것이 있는가?	
M	다룰 만한 텍스트 – 책에 쓰인 단어들이 내 수준에 적합한가? – 읽은 내용이 이해가 되는가?	
A	장르에 대한 관심 – 이런 장르의 책을 읽은 적이 있는가? – 이 장르를 좋아하거나 그럴 것 같은가?	
T	주제 적합성 – 주제가 나에게 적적한가? – 이 주제에 관해 읽을 준비가 되어 있는가?	
C	연관 – 책의 내용이 나와 관련이 있는가? – 이 책으로 인해 생각나는 사건이나 사람이 있는가?	
H	높은 흥미 – 나는 이 책의 내용이나 필자에게 관심이 있는가? – 다른 사람이 이 책을 추천했는가?	

1.3. 도서 선택의 방법

1.3.1. 주변의 독서인에게 조언 받기

어떤 책을 읽어야 할지 막막한 경우, 주변에 독서를 생활화하는 독서인이 있다면 그 사람에게 도움을 받는 것이 바람직하다. 특히 부모나 선생님 등 자신의 수준이나 관심사, 취향 등을 잘 아는 사람들 중에서 책에 대한 소양이 풍부한 사람이 있다면 그 사람에게 도움을 받는 것도 좋다. 만약 또래 친구나 형제 중에 그러한 사람이 있다면 그에게 도움을 받는 것이 가장 좋은 방법이다. 그들은 나와 가장 잘 공감할 수 있는, 나에 대한 감화력이 가장 큰 사람들이기 때문이다.

1.3.2. 도서 정보를 제공하는 매체 활용하기

각종의 디지털 매체를 활용하여 자신에게 필요하거나 알맞은 도서를 검색해서 찾아 읽는 것도 효율적인 방법이다. 디지털 매체를 활용하면 신간을 포함한 다양한 서적 정보뿐 아니라 그 책을 읽은 사람들의 평도 바로 확인할 수 있는 장점이 있다. 그 밖에 신문, 잡지, 방송 등에서 제공하는 문화면(코너)의 각종 서적 소개란을 참고하는 것도 한 방법이고, 자신이 만족스럽게 읽은 책과 같은 분야의 책, 같은 작가의 다른 책, 다른 사람들이 그 책과 함께 구매를 많이 한 책 등 다양한 정보를 활용할 수도 있다.

1.3.3. 권장도서 목록 활용하기

각종의 권장도서 목록을 활용하면 시간이나 노력을 절약할 수 있지만, 그것에 전적으로 의존하는 것은 바람직하지 않다. 선정 기준에 문제가 있기도 하고 모호하기도 해서 서로 일치하는 비율이 20% 미만이기 때문이다(한국어문교육연구소·국어과교육학습연구소, 2006:23-24, 66-67) 따라서 권장도서 목록을 활용하는 경우, 독자 개개인의 수준이나 관심사 등을 고려하여야 한다. 특히 이 과정에서 독서지도 교사는 자신의 어릴 적 독서 경험에만 준하여 선정하거나 혹은 직접 읽어보지 않은 책을 명성만을 좇아서 읽도록 권하는 것은 피해야 한다. 따라서 교사는 권장도서 목록, 자신의 독서 경험, 학생들의 반응 등을 두루 고려하여 교사 자신만의 권장도서 목록을 구성하여 활용하는 것이 좋다. 물론 자신만의 권장도서 목록이라고 해도 막연히 아이들이 읽으면 좋은 책이라고 생각하는 것들의 목록보다는 아이들 각자의 성별이나 나이, 성격, 취향, 처한 상황 등등을 고려하여 그에 적합한 도서를 추천해 줄 수 있는 권장도서 목록이어야 한다.

1.3.4. 후보 도서 훑어보기

도서관이나 서점 등에서 눈에 띄는 책을 발견했거나 누군가 추천한 책이 있는 경우라면, 그 책이 나에게 알맞은 책인지 검토해 보아야 한다. 이때 제목과 표지, 목차, 서문이나 후기, 필자, 출판사와 출판 연도 등을 살펴볼 수 있다. 제목과 표지는 그 책이 무엇에 대한 어떤 책인지 짐작할 수 있게 해 주며, 목차는 어떤 세부 내용들을 얼마나 체계적으로 다루고 있는지 가늠할 수 있게 해 준다. 그리고 서문이나 후기에는 필자의 생각이 농축되어 있기 마련이어서 그 책이 어떤 목적과 시각으로 쓰여 있으며 필자의 내공이 어느 정도인지 짐작할 수 있게 해 준다. 그 밖에 필자 정보는 그 사람이 어떤 일을 해 왔고 어떤 책들을 써 왔는지, 그 분야에서 어느 정도 위치에 있는 사람인지 등을 알려 주며, 출판사 정보 또한 그 책에 대한 신뢰도를 결정하는 요인이 될 수 있다. 경우에 따라서는 발행연도도 중요한데, 갓 출판되어 아직 세간의 평가를 받지 못한 책이나 오래 전에 출판된 정보성이 강한 비문학서 등은 가급적 피하는 것이 좋다. 그 밖에 내용이 충실한 책인지 여부를 감별하고 싶다면 책의 2/3 지점을 펼쳐서 한 쪽만 읽어볼 수 있다. 필자가 집필할 때 가장 힘이 빠지는 때가 바로 책의 2/3 지점인데, 그 부분이 충실하다면 다른 부분도 믿을 수 있기 때문이다(이동진, 2017:76-77).

1.3.5. 선행 독자의 평 활용하기

후보 도서에 대한 더 깊이 있는 정보를 원한다면 그 책의 선행 독자들이 남긴 서평이나 독후감을 찾아서 참고할 수 있다. 서평이나 독후감에는 그 책의 전체적인 내용이나 위치뿐만 아니라 그에 대한 평가나 감상까지 담겨 있기 때문에 많은 참고가 된다. 그런데 한 가지 유의해야 할 것은 그들 서평이나 독후감 중에는 판촉을 위해 출판사 측에서 임의로 작성한 것들이 더러 있다는 점이다. 따라서 가급적이면 여러 통로로 다수의 서평이나 독후감을 찾아서 비교하며 참고하는 것이 바람직하다.

1.3.6. 기타 자기 나름의 도서 선택법 만들기

지금까지 일반적인 도서 선택법에 대해서 살펴보았다. 그러나 도서 선택에서 가장 중요한 것은 자기 나름의 선택법을 만들어 가는 것이다. 초보 독서가라면 일단 자기가 제법 알고 있거나 관심이 가는 분야의 책을 골라서 읽되, 점차 그 범위를 넓혀 가는 것이 좋다. 그래야 독서 실패에서 오는 좌절감을 예방하고 성공 독서에서 오는 독서 효능감을 느낄 수 있기 때문이다. 그러다 보면 조금씩 관심 분야가 넓어지기도 하고, 또 해당 책에서 언급된 다른 책으로 꼬리에 꼬리를 물어가며 읽는 독서가 가능해지기도 한다. 그 밖에 좋아하는 필자의 다른 책 따라가며 읽기, 도서관이나 서점에서 책 구경을 하다가 우연히 마주쳐서 흥미가 생기는 책 읽기 등 자기만의 개성 있는 책 선택법을 마련해 갈 수 있다.

1.4. 마무리

도서 선택의 기준과 방법에 내재해 있는 원리를 한마디로 줄이면, '필요한 책', '좋은 책', '알맞은 책'을 잘 골라서 읽어야 한다는 것이다. 그런데 명심해야 할 것은 '필요한 책'이라고 해서 모두 '좋은 책'이 아니며, 또 '좋은 책'이라고 해도 그 모두가 '알맞은 책'은 아니라는 점이다. 따라서 상황에 따라 다소의 융통성이 있겠지만 가급적이면 이 세 가지 조건을 모두 충족하는 책을 고르기 위해 노력해야 한다. 이를 위해 앞에서 살펴본 여러 가지 다양한 책 선택 방법을 익혀서 활용하는 한편, 다른 한편으로 자기 나름의 개성 있는 도서 선택법 찾아가야 할 것이다. 이를 위해 책을 골 랐을 때 왜 그 책을 골랐는지, 만족스럽게 읽은 책이 있다면 그 책을 읽게 된 계기나 선택 과정은 어떠했는지 돌이켜 생각해 보는 것도 좋고, 친구 나 주변 독서인들의 도서 선택법을 관찰해 보는 것도 요령일 것이다.

2. 독서 생활화

2.1. 독서 생활화의 필요성

지식정보사회에서 정보를 외면한 채 살아가기란 힘들고, 또 깊고 체계 적인 지식을 섭취하지 않은 채 창의적인 아이디어가 생기기를 기대하는 것 또한 어렵다. 현대 사회에서 독서가 필요한 까닭이다. 이러한 사회적 필요성 이외에도 지식인으로서 인간적인 삶을 영위하는 데에도 독서는 필요하다. 경쟁을 기반으로 하는 현대사회는 피로사회가 될 수밖에 없고, 따라서 휴식과 치유를 위한 케렌시아(Querencia) 독서 또한 그 중요성이 커 지고 있다. 또 인간은 앎과 상상의 즐거움, 다른 사람과의 공감을 그 본질 로 하는데, 이를 위해서도 독서가 안성맞춤이다. 이런 여러 가지 점을 고 려해 볼 때 독서는 휴마트(Humart, Human + Smart) 사회를 살아가기 위한 필 수 요건이 아닐 수 없다. 따라서 각 개인은 독서를 생활화하기 위한 노력 을 기울여야 한다.

2.2. 독서생활의 성찰과 독서 계획

2.2.1. 독서 이력 점검 및 독서생활 성찰하기
독서를 생활화하기 위해서는 먼저 그동안 자신의 독서생활이 어떠했는 지 돌이켜 평가하는 활동이 선행되어야 한다. 지금까지 책을 꾸준히 읽어

왔는지, 어떤 책들을 읽어 왔는지, 책을 읽고 그에 대한 반응을 다른 사람들과 소통해 왔는지 등을 살펴서 잘 하고 있는 점과 개선해야 할 점을 도출하는 것이 필요하다. 그 과정에서 자신의 독서생활을 스스로 만족스럽게 생각하는지, 또래 친구들에 비해 어느 정도인지 등을 판단해 볼 수 있다.

2.2.2. 독서 계획 작성하고 실천하기

자신의 독서생활에 대한 평가가 끝나면, 그 결과를 바탕으로 앞으로의 독서 계획을 세워서 실천해야 한다. 앞으로의 독서 계획에는 그동안 잘 한 점을 이어가는 방안과 부족한 점을 보완하는 방안이 포함되어야 한다. 그 과정에서 어떤 분야의 책들을 언제까지 얼마나 읽을 것인지 스스로 정하는 '독서 계약서'를 활용하는 것도 한 방안이다. 타인의 강요로 인한 독서보다는 자기 스스로 정해서 하는 독서가 더 바람직한데, 독서 계약서가 어느 정도 자기 주도성을 보장하기 때문이다. 계약의 기간은 평생, 연간, 월간 혹은 주간 등 미리 정해서 운영하는 것이 좋고, 분량은 권수나 쪽수 혹은 시간 수 등으로 할 수 있다. 독서 계약서에 부모나 교사의 사인이 들어가는 것도 가능하다. 그리고 애초의 의욕과는 달리 과도한 계획으로 실천이 어려울 때에는 무리해서 준수하도록 하는 것보다는 계획을 수정할 수 있는 융통성을 부여할 수도 있다. 무리한 준수는 독서에 대한 부정적인 태도를 형성하는 부작용을 낳을 수 있기 때문이다.

독서 계획이 세워지면 그에 따라 독서생활을 실천해야 하는데, 그 실천의 이력이 드러나게 '독서일지'를 작성하는 것이 좋다. 독서일지를 작성하는 것은 독서 계획을 실천하는 추진력으로 작용하기도 하고, 또 그동안의 독서생활을 성찰하는 자료로도 활용될 수 있다. 독서일지에 기록하는 내용은 읽은 날짜나 기간, 제목, 저자, 간단한 평(별의 개수나 한 줄 가량의 평) 등 간단하게 작성하는 것이 좋다. 만약 독후감 등을 포함하여 길게 작성하는 경우, 독서보다는 오히려 독서일지 기록이 더 부담으로 작용하여 부작용이 생길 수 있기 때문이다. 그 밖에 독서 동아리에 가입하여 활동하거나 읽은 책에 대한 독후감이나 서평을 올려서 공유하는 것도 독서생활을 윤택하게 하는 좋은 방법이다.

2.3. 생활 속의 독서

2.3.1. 독서 시간 확보하기

독서를 생활화하는 데 가장 중요한 것은 규칙적으로 독서할 수 있는 시간을 확보하는 일이다. 만약 독서에 가치를 부여한다면, 독서에 우선순위를 부여하여 그것을 위한 시간을 먼저 확보해 두어야 한다. 마치 수입 중의 일부를 우선적으로 가장 중요한 일을 위해 자동이체를 하는 것처럼, 독서 시간 또한 그렇게 해야 한다. 그래서 아침독서 10분, 잠자기 전 10분, 통학 시간 20분 등과 같이 독서를 위해 미리 일정 시간을 떼어 놓는 것이 필요하다. 다른 한편으로 일상 중에 불규칙적으로 발생하는 자투리 시간에 독서를 하는 틈새 독서를 습관화하는 것도 좋다. 방학과 같이 시간이 넉넉하게 주어지면 오히려 책이 손에 잘 잡히지 않는 반면, 오히려 시험 기간이 되면 갑자기 책이 읽고 싶어지곤 한다. 틈새 시간은 독서욕을 자극할 뿐 아니라 긴장감을 유발하여 집중력이 생기게 하는 효과가 있다. 따라서 틈새 독서의 습관을 들이는 것은 독서의 효율성을 높이고 독서를 생활화하는 좋은 방법이다. 그 밖에 휴일이나 휴가* 기간 등의 일정 시간을 독서를 위해 할애하는 것도 좋다.

휴가로 여행을 떠날 때에는 여행지와 관련된 책을 가져가는 것이 좋다. 가령, 제주라면 4·3 사건을 배경으로 하는 현기영의 '순이 삼촌'이 후보가 될 수 있다.

2.3.2. 독서 공간 마련하기

독서 생활화를 위해서는 독서 시간뿐 아니라 독서 공간도 중요하다. 가정에 독립된 서재를 마련할 수 있다면 무엇보다 좋지만, 공간이 허락하지 않는다면 '거실을 서재로' 꾸미는 방안도 있다. 학교 전체 차원에서는 도서관을 설치하여 내실화하고, 교실에서는 작은 규모라도 서가나 학급문고 등을 설치하여 독서를 할 수 있는 공간을 마련하는 것이 좋다. 역이나 터미널, 공공기관 등 사람들이 많이 이용하고 대기하는 공간에 독서코

너를 마련하는 것도 필요하다. 그리고 이들 각 독서공간들이 독서 효율성을 높여주는 공간이 되기 위해서는 독서를 방해할 수 있는 요인들(TV나 스마트폰, 컴퓨터 등)을 제거하고 흥미로운 독서 자료로 채우는 것이 좋다. 그러나 공간 선호도는 개인차가 있게 마련이므로, 각자 자신의 취향에 맞는 독서공간을 꾸미거나 찾는 노력을 기울여야 한다. 가령 어떤 이는 아무 소음이 없는 공간을 좋아하는 반면, 어떤 이는 카페처럼 백색 소음이 있는 곳을 더 선호하기도 한다.

2.3.3. 독서 자료 및 공간과의 친밀성 높이기

'안 보면 잊힌다.'는 말은 독서에서도 진리이다. 따라서 자주 만나야 한다. 그래서 언제든지 책을 집어 들 수 있도록 주변 가까운 곳, 눈에 잘 띄고 손이 잘 닿는 데에 책을 두어야 한다. 또 비록 읽지 못하더라도 가방 속에는 언제나 책을 휴대하고 다니는 것이 좋다. 그리고 서점이나 도서관과 같은 독서공간에는 자주 들러서 심리적 친밀감을 형성해야 한다. 꼭 사야 하는 책이 없어도 주말에는 가끔 서점에 가보고, 꼭 빌릴 책이 없어도 도서관에 들러서 책 구경을 하는 것이 좋다. 이런 점에서 학생들에게는 가급적 서점이나 도서관에 들러야 하는 숙제를 내 주는 것도 한 방편이다.

2.3.4. 디지털 매체를 통한 독서 일상화하기

최근 급속도로 발전하고 있는 디지털 매체들은 독서의 시·공간적 제약들을 뛰어넘을 수 있는 환경을 제공해 주고 있다. 인터넷 텍스트들에 대한 검색형 독서, 전자책 읽기 등을 비롯한 모바일 독서는 이른바 '내 손안의 도서관'을 실현시킴으로써 독서의 편재(遍在)화를 가능하게 한다. 따라서 이러한 디지털 매체를 통한 독서를 생활화하되, 읽을 만한 가치가 있는지, 그리고 그것이 자신의 필요나 수준에 부합하는지를 잘 따져서 읽는 태도를 길러야 한다. 이를 위해서는 도서관, 서점, 출판사 등과의 소통 채널을 마련해 두는 것이 좋다. 회원 가입을 하여 자동적으로 도서 정보를 제공 받거나, 즐겨찾기를 지정해 두어 접근 효율성을 높이는 것 등이 구체적인 방안이 될 수 있다. 그 밖에 디지털 공간에서 독서 동아리 활동을 하거나 인터넷 블로그, 카페, 유튜브, 팟캐스트 등을 통한 독서 나누기 활동을 하는 것도 독서생활을 윤택하게 하는 좋은 방법이다.

2.4. 마무리

독서가 몸에 배어 그것을 생활화하는 것은 자신의 경쟁력을 높이는 일일뿐 아니라 더 품위 있고 행복한 삶을 영위하는 데에도 중요하다. 따라서 자신의 독서생활을 돌이켜 성찰한 다음 그 결과를 바탕으로 향후 독서 계획을 세워서 실천하기 위한 노력을 게을리해서는 안 된다. 그러나 한 가지 유념해야 할 것은, 독서에 대한 지나친 강박은 가질 필요가 없다는 점이다. 언제 어디서나 독서해야 한다든지, 독서 계획은 반드시 그대로 실천해야 한다든지, 한번 시작한 책은 끝까지 읽어야 한다와 같은 지나친 강박은 장기적으로 보았을 때 그리 바람직하지 않다. 책이나 독서 행태에도 기호와 취향이 있기 마련이므로, 자기에게 알맞은 독서 방식을 찾아서 실천할 때 행복한 독서생활을 이어갈 수 있을 것이다.

독서생활에서 도서 선택이 중요한 까닭은 어떤 책을 골라서 읽었느냐 하는 점이 그 사람의 내면적 성장을 결정하기 때문이다. 그리고 읽으려고 고른 책이 어떤 것인가에 따라 독서행위를 유발하거나 하지 않기도 하고 독서를 지속하거나 중단하게 하기도 한다는 점에서도 도서 선택은 중요하다. 도서를 선택할 때 기준으로 삼을 수 있는 것은 크게 3가지이다. 첫째는 '읽는 목적이나 필요에 부합하는가' 하는 조건인데, 이에 따라 실용 독서, 교과 독서, 상황 독서 등을 수행할 수 있다. 둘째는 '읽을 만한 가치가 있는 좋은 책인가' 하는 조건으로서, 이에 따라 교육적·예술적 가치가 더 큰 책을 골라서 읽을 수 있다. 셋째는 '독자의 수준이나 특성에 알맞은가' 하는 조건으로서, 이를 고려하여 수평선/수직선 독서나 관심독서 등을 수행할 수 있다. 도서를 선택할 때 활용할 수 있는 구체적인 방법으로는, 부모·교사·또래친구 등 주변의 독서인에게 조언 받기, 인터넷이나 신문·방송·잡지의 도서 소개 코너 등 매체 활용하기, 기관이나 단체에서 제공하는 권장도서 목록이나 교사 자신의 권장도서 목록을 작성하여 활용하기, 후보 도서가 결정된 경우에는 제목이나 표지, 목차, 서문이나 후기, 필자나 출판사 정보 등 훑어보기, 서평이나 독후감 등 선행 독자의 평 활용하기 등이 있으며, 그 밖에 관심 분야를 조금씩 넓혀가며 읽거나 꼬리에 꼬리를 물어 읽기, 전작주의 독서[*] 등과 같이 자기 나름의 개성 있는 도서 선택법을 개발하여 활용할 수 있다.

점점 각박해지는 현대를 살아가기 위해서는 독서를 생활화해야 한다. 독서 생활화는 지식정보사회에서의 경쟁력을 높이기 위한 사회적 필요성 이외에도 피로사회에서 휴식과 치유, 앎이나 상상의 즐거움 충족, 타인과의 공감 등과 같은 인간적 차원에서도 필요하다. 독서를 생활화하기 위해서는 먼저 자기 자신의 독서 이력을 점검하고 독서생활을 성찰해 보아야한다. 그리고 그 바탕 위에서 향후의 독서 계획을 작성하고 실천해야 한다. 독서 계획은 기간에 따라 평생 독서 계획, 연간 독서 계획, 월간 독서

전작주의 독서란 한 필자가 쓴 모든 책을 빠짐없이 찾아 읽는 것을 즐기는 독서를 말한다. 범위를 넓혀서, 한 분야의 관련되는 책을 모두 찾아서 읽는 것을 의미하기도 한다.

계획, 주간 독서 계획 등으로 나눌 수 있고, 독서 계획을 잘 실천하기 위해 독서 계약서, 독서일지, 독서 동아리 등의 활동을 수행할 수 있다. 독서를 생활화하기 위해서는 무엇보다 독서 시간을 확보해야 하는데, 이를 위해서 독서 시간 자동이체, 틈새 독서, 휴일/휴가 독서 등을 실천할 수 있다. 또 독서 공간을 확보하는 데에도 관심을 가져야 하는데, 독립된 서재를 마련하거나 거실을 서재로 활용하기, 공적 공간의 독서 코너 활용하기, 백색 소음이 있는 공간 활용하기 등을 도모할 수 있다. 그 밖에 독서 자료 및 공간과의 친밀도를 높이고, 전자책 읽기나 검색형 독서와 같은 디지털 모바일 독서를 생활화하는 것도 좋은 방법이다.

※ 다음 글을 읽고, 아래 물음에 답해 보자.

> 철학자 쇼펜하우어는 세상의 모든 책을 별에 비유하여 세 가지로 구분했다. 언제나 그 자리를 지키며 다른 별들의 중심이 되어 주는 항성(恒星) 같은 책이 있는가 하면, 항성 주위의 궤도를 규칙적으로 도는 행성(行星) 같은 책이나 잠시 반짝 나타났다가 금방 사라져 버리는 유성(流星) 같은 책도 있다는 것이다. 항성과 행성은 언제나 밤하늘을 지키지만, 유성은 휙 소리를 내며 은하계의 어느 한 구석으로 자취를 감추어 버린다. 북극성이 길 잃은 사람에게 방향을 제시하듯 항성과 같은 책은 삶의 영원한 길잡이가 되지만, 반짝하고 나타나는 유성은 한 순간의 즐거움만 제공하고 허무하게 사라진다.
>
> 정수복(2013). 책에 대해 던지는 7가지 질문. 로도스. 108쪽.

01 자신이 읽은 책 중에서 다음에 해당하는 책의 제목을 써 보자.

* 항성 같은 책 :

* 유성 같은 책 :

02 최근의 베스트셀러들을 조사한 다음, 각 책이 항성과 유성 중 어디에 가까운 책인지 판단해 보자.

03 독서생활의 성찰 및 계획과 관련하여, 다음 물음에 답해 보자.

* 그동안 나는 항성과 유성 중 어떤 부류의 책을 많이 읽어 왔는가?

* 항성 같은 책 중에서 앞으로 꼭 읽고 싶은 책은 무엇인가?

박총(2017). 읽기의 말들. 유유.

윤성근(2016). 나는 이렇게 읽습니다. 텍스트.

이동진(2017). 이동진 독서법. 예담.

이용·김수호(2008). 맛있게 책 읽기. 경향미디어.

책으로따뜻한세상만드는교사들(2005). 책따세와 함께하는 독서교육. 청어람미
　　디어.

한국독서학회(2003). 21세기 사회와 독서지도. 박이정.

한국어문교육연구소·국어과교육학습연구소(2006). 독서 교육 사전. 교학사.

이경화·박태호·안부영·하근희·최민영(역)(2017).독서 태도 교육. 박이정.

Wutz, J. A., & Wedwick, L.(2005). Bookmatch: Scaffolding book selection for
　　independent reading. The reading teacher, 59. 16−32.

7

기초문해력과
읽기 부진 지도

학습목표

- 기초 문해의 개념과 중요성을 이해할 수 있다.
- 기초 문해 부진 유형을 설명할 수 있다.
- 기초 문해 진단과 중재 방법을 활용할 수 있다.

학습내용

기초 문해는 읽기와 쓰기의 기초이다. 기초 문해가 이루어지지 않으면 읽기 부진이 되기 쉽다. 이 장에서는 기초 문해에 초점을 맞추어 그 개념과 중요성, 진단 도구와 부진 중재 방법을 구체적으로 살펴볼 것이다. 또한 최근 관심이 대두되고 있는 난독증의 진단과 중재 방법에 대해서도 살펴볼 것이다.

1. 기초 문해의 개념과 중요성

문해력은 교과 학습의 성패를 좌우하고 현대 사회에서 개인이 필요한 정보를 얻고 문명인으로 삶을 영위하는 데 필수적이다. 이러한 문해력의 기틀을 마련하는 중요한 출발점이 되는 시기가 바로 공식적으로 국어 교육을 시작하는 초등학교 저학년 시기이다. 이 시기에 기초 문해를 성취하는 것은 학생들에게 중요한 과업이다. 성공적인 기초 문해는 국어 학습 및 다른 교과 학습에도 긍정적인 영향을 미친다. 반면, 기초 문해 부진이 발생할 경우 학습 부진이 지속적으로 누적되는 것은 물론이고 학교생활 전반과 정서적 측면에 부정적 영향을 미치게 된다.

문해력(literacy)의 본래 어원은 라틴어 'litterátus'에서 왔는데 처음에는 '읽고 쓸 줄 아는 능력'이라는 좁은 의미로 사용되다가 최근에 와서는 그 의미가 확장되었고 세부적으로 문해력의 유형을 나누어 인식하기 시작했다. 일반적으로 문해력은 발달적 차원에서 기초 문해와 기능 문해로 나눌 수 있다. 기초 문해는 짧은 글을 읽고 이해하며, 자신의 생각을 문장으로 쓸 수 있는 정도의 기초적 수준의 읽기, 쓰기 능력을 의미한다. 여기에는 한글 해득인 초기 문해가 포함된다. 기능 문해는 추론, 분석, 비판, 해석 등의 사고력을 요하는 읽기, 쓰기 능력을 말한다.

기초 문해와 기능 문해는 분절되는 것이 아니라 연속선상에 있는 문해의 정도를 표현한 것이다. 기초 문해 학습이 어떻게 이루어지는지는 기능 문해 학습에도 영향을 미친다. 가령, 기능 문해를 학습하는 시기에 문장 독해, 문장 쓰기, 유창성의 기초 문해에 도달하지 못하면 기능 문해를 학습하기 어렵다. 따라서 기능 문해를 지도하는 경우에 학습자의 기초 문해력 정도를 파악하여야 한다.

읽기는 독자가 특정한 맥락 속에서 텍스트를 읽고 의미를 구성하는 능력이다. 미국 읽기위원회(NRP, 2000)에서는 읽기의 필수 요소로 음운 인식, 해독, 어휘, 유창성, 독해력의 다섯 가지를 들었다. 이를 초기 문해, 기초 문해, 기능 문해로 나누어 보면, 음소 인식, 해독, 어휘는 초기 문해에 해당되고, 유창성, 읽기 이해(기초적인 사실적 독해)는 기초 문해에 해당되고, 읽기 이해(사실적 독해, 추론적 독해, 기초적이 비판적 독해 등)은 기능 문해에 해당된다.

문해력의 발달 층위로 보면, 초기 문해부터 시작하여 앞 단계를 포괄하며 기초 문해와 기능 문해로 점차 확대되는 동심원 형태를 띤다. 언어 단위로 보면 낱자 단위, 낱말 단위, 문장 단위로 점차 확대된다. 이를 그림으로 자세히 나타내면 다음과 같다.

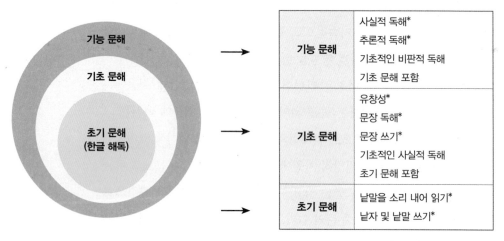

(*표시는 각 단계의 핵심 과업)

그림 7-1 | 문해력의 발달 층위

[그림 7-1]에 제시된 읽기의 세 층위의 개념을 정의하면 다음과 같다.

- 초기 문해(Early literacy: EL): 한글 문해(한글 해득)와 동의어로, 음운 인식, 해독, 낱말 이해 등 낱말을 소리 내어 읽고 쓰는 능력
- 기초 문해(Basic literacy: BL): 초기 문해를 포함하며, 낱말과 문장을 유창하게 읽으며, 문장과 짧은 글을 읽고 이해하며, 자신의 생각을 문장으로 쓸 수 있는 정도의 기초적 수준의 읽고 쓰는 능력
- 기능 문해(Functional literacy: FL): 기초 문해를 포함하며 일상생활

및 학습, 직업 생활에 필요한 사실적 독해, 추론적 독해, 기초적인 비
판적 독해 등의 고등 사고력을 요하는 읽기와 쓰기 능력

[그림 7-1]에서 '*' 표시한 내용은 해당 단계의 핵심 과업이다. '*' 표
시를 하지 않은 내용은 해당 단계에서 중요하지 않은 것으로 생각할 수
있으나 이것은 오해이다. '*' 표시가 없는 내용은 해당 단계의 핵심 과업
은 아니지만 해당 단계에서 반드시 도달해야 그 다음 단계로의 전환이 가
능해지는 중요한 내용이다. [그림 7-1]에 따르면, 기초 문해의 핵심 과
업은 유창성, 문장 독해, 문장 쓰기이고, 기능 문해의 핵심 과업은 사실적
독해와 추론적 독해이다. 그리고 기초 문해의 학습 내용인 짧은 글 독해
등의 기초적인 사실적 독해는 기능 문해의 핵심 과업인 사실적 독해의 토
대가 되므로 이는 기초 문해 단계에서 도달해야 한다. 또 기능 문해의 학
습 내용인 사실과 의견 구별하기, 내용 타당성 판단하기 등의 기초적인
비판적 독해는 비판 문해*의 핵심 과업인 비판적 독해의 토대가 되므로
이는 기능 문해 단계에서 도달해야 한다.

문해력의 발달 층위는 초기 문해, 기초 문해, 기능 문해, 비판 문해로 나뉜다. [그림 7-1]에서는 '기초 문해'에 초점을 두고, 기초 문해의 전 단계인 '초기 문해'와 기초 문해의 후 단계인 '기능 문해'를 제시하였다.

이 글에서는 읽기의 첫 출발인 한글 문해를 포함하는 기초 문해를 중심
으로 살펴보고자 한다. 국어과 교육과정의 초등학교 1~2학년군 목표에
는 "취학 전의 국어 경험을 발전시켜 일상생활과 학습에 필요한 기초 문
식성을 갖추고, 말과 글(또는 책)에 흥미를 가진다"라고 명시되어 있다. 기
초 문해는 초등학교 저학년 시기에 도달해야 할 능력이라는 점에서 강조
되었다. 기초 문해의 중요성을 제시하면 다음과 같다.

첫째, 기초 문해는 의사소통 능력과 직결된다. 사회생활을 하기 위해서
는 의사소통 능력이 중요한데, 기초 문해야말로 의사소통의 기본이 된다.
이 시기의 기초 문해 성공 경험은 사회생활의 긍정적인 태도를 갖게 한다.

둘째, 기초 문해는 교과 학습의 기초가 된다. 읽기는 범교과적 성격을
띠므로 읽기 능력은 교과 학습의 토대가 된다. Juel(1988)은 초등학교 1학
년 때 읽기 부진 학생이 4학년이 되어서도 읽기 부진일 확률이 88%라고
하였다. 또한 Snow, Burns & Griffin(1998)은 읽기 부진이 누적되는 3학년

이후보다는 1~2학년부터 적극적인 예방 교육을 실시하는 것이 읽기 부진을 방지하기 위한 최선이라고 하였다.

셋째, 기초 문해는 학습자가 평생 사용해야 할 문해 능력을 결정적으로 길러준다. 학습자에게 초등학교 시기는 문해력을 발달시킬 수 있는 결정적 시기이다. 물론 문해력은 평생에 걸쳐 발달시킬 수 있지만 발달의 정도나 효율성 면에서는 큰 차이가 있다. 이영수(2007)에 따르면 읽기와 쓰기에 기능하는 뇌 부위가 아주 급격히 성장하는 시기가 있는데, 대체로 9세 이전이라고 한다.

2. 기초 문해 부진 유형

읽기 능력은 학생의 삶에서 매우 중요하다. 읽기 능력의 결함은 학습과 정서에 심각한 문제를 가져올 수 있으므로 읽기 부진의 원인과 유형을 파악하는 것은 매우 중요하다.

일반적으로 읽기 부진은 정상 지능을 갖고 있고 또래 집단의 읽기 발달 수준에 비해 1~2년 혹은 그 이상의 낮은 성취를 보이는 것을 말한다. 이에 비해 읽기 장애는 난독증을 포함하여 읽기의 어려움이 뇌신경계의 기능 이상과 같은 유기체 내의 어떤 결함에서 비롯되는 것을 말한다.

읽기 부진이 생기는 원인은 다양한 요인들이 복합적으로 작용하여 생긴다. 읽기 부진의 원인에 대한 선행 연구(천경록, 1999, 송현정, 2000)를 중심으로 기초 문해 부진의 요인을 정리하면 다음과 같다.

표 7-1 | 읽기 부진 요인

읽기 부진 요인		세부 요인
독자 내적 요인	인지적 요인	일반 지능 기억력 배경지식이나 경험 일반적인 사고력
	정서적 요인	독서 동기 독서 습관 집중력 부정적 자아관
독자 외적 요인	교육적 요인	교육과정 교과서 지도 방법 독서 자료 독서 환경
	가정·사회적 요인	독서 환경의 미비 부모의 과도한 압력 독서에 대한 미온적 시각 잘못된 독서관

읽기 부진 요인은 독자 내적 원인과 독자 외적 원인으로 나눌 수 있다. 독자 내적 요인으로는 인지적 요인, 정서적 요인, 독자 외적 요인으로는 교육적 요인, 가정·사회적 요인으로 나눌 수 있다.

독자 내적 요인 중 인지적 요인이 해당 학년의 평균적인 수준에 미치지 못하면 읽기 부진이 생길 수 있다. 또한 인지적 요인과 정서적 요인은 상호작용하므로 인지적 능력이 부족한 독자는 정서적으로 부정적인 인식이 생길 수 있다. 인지적 능력을 갖춘 독자라도 읽기에 대한 부정적인 정서 인식을 한다면 읽기 부진으로 이어질 수 있다. 따라서 읽기 부진 독자의 읽기에 대한 긍정적인 정서 변화가 매우 중요하다.

독자 외적 요인 중 교육적 요인으로 국어과 교육과정과 교과서가 해당 학년의 학생들의 발달 수준보다 어렵다면 읽기 부진이 생길 수 있다. 또한 교사의 지도 방법, 독서 자료 등이 독자 수준에 맞지 않을 때에도 읽기 부진이 발생할 수 있다. 그리고 가정·사회적 요인은 학교에서 이루어지는 교육적 중재로 해결하기 어려운 면이 있다.

그렇다면 읽기 부진아의 특성은 어떠한가? 읽기 부진아의 특성에 관한 선행 연구(송현정, 2000; 이경화, 2004; 최숙기, 2017)에서 특성을 정리하면 다음과 같다.

- 주의집중에 어려움이 있다.
- 음운 인식 능력이 부족하다
- 해독 능력이 부족하다.
- 어휘력이 부족하다.
- 읽기 유창성이 떨어진다.
- 문장 독해력이 부족하다.
- 내용 파악 능력이 부족하다.
- 글 요약 능력이 부족하다.
- 읽고 쓰는 데 흥미가 부족하다.
- 생략, 삽입, 전도 등의 글자와 다르게 해독하는 음독 오류가 많다.
- 원인과 결과의 연관성을 인식하지 못한다.
- 자신의 생각을 문장으로 표현하는 데 어려움이 있다.
- 기억력 부족으로 말이나 글로 제시한 지시 사항을 수행하지 못한다.

이상에서 살펴본 바와 같이 읽기 부진의 특성을 바탕으로 기초 문해 부진을 유형화하면 첫째, 한글 문해 부진, 둘째, 유창성 및 사실적 독해 부진으로 나눌 수 있다. 한글 문해의 언어 단위는 낱자, 낱말이고, 유창성 및 사실적 독해의 언어 단위는 낱말과 문장, 짧은 글이다.

표 7-2 | 기초 문해 부진 유형

읽기 부진 유형	읽기 부진 내용	언어 단위
한글 문해 부진	낱말을 소리 내어 읽고 낱자와 낱말을 쓸 수 있는 능력의 부진	낱자 낱말
유창성 및 사실적 독해 부진	낱말과 문장을 유창하게 소리 내어 읽고, 문장과 짧은 글의 내용을 파악하고, 자신의 생각을 문장으로 쓸 수 있는 능력의 부진	낱말 문장 짧은 글

3. 기초 문해 부진 내용

기초 문해는 낱말과 문장을 유창하게 읽고 이해하며, 자신의 생각을 문장으로 쓸 수 있는 정도의 기초적 수준의 읽기와 쓰기를 일컫는다 (Shanahan & Shanahan, 2008). 이 글에서는 한글 문해 부진 내용과 유창성 및 사실적 독해 부진 내용에 대해서 살펴보겠다.

3.1. 한글 문해 부진 내용

'한글 문해'는 낱말을 소리 내어 읽고 의미를 알고 낱말을 쓸 수 있는 능력이다. 한글 문해 내용은 한글 문해 준비도, 음운 인식, 낱자 지식, 글자·소리 대응 지식, 해독, 어휘력, 글자 쓰기의 일곱 가지이다(이경화 외, 2019). 한글 문해 부진은 이 일곱 가지 중 어느 하나라도 부진이 있는 경우이다.

한글 문해 준비도는 읽기와 쓰기를 하기 전에 학습자가 필수적으로 도달해야 하는 상태를 말한다. 한글 문해 준비도에는 단어를 인식하고 낱자를 익히는 데 기초가 되는 시지각 식별과 책의 구성 요소 인식 등이 포함된다. 시지각 식별은 시각 변별, 눈과 손의 협응, 도형의 형태 변별, 공간 관계 등 시지각적 자극에 대하여 구별되는 자질을 인식하는 것이다. 그리고 책의 구성 요소 인식은 책의 앞뒷면 구분, 책 제목 및 역할, 읽기 방향 등에 대하여 인식하는 것이다(Rasinski, 2013).

음운 인식은 소리를 정확하게 듣고 구별하고 결합하는 능력을 말한다. 음운 인식 능력은 해독의 기초 능력으로 초기 문해 성공과 밀접한 관련이 있다. 해독 능력을 갖추려면 구어가 소리 단위인 음소로 구성된다는 것을 이해하고 구어 낱말을 음소로 분절, 결합할 수 있는 음운 인식 능력이 있어야 한다. 음운 인식 능력에는 음운 인식 과제, 음운 단기 기억하기, 음운 따라 하기 등이 포함된다.

낱자 지식이란 자·모음 낱자의 모양을 변별하고, 자·모음 이름을 아는 것을 의미한다. 낱자 지식은 읽기 성공 여부를 예측하는 변인 중 강력한 변인으로 인식된다(O'conner & Jenkins, 1999). 낱자 지식에는 자음자, 모음자의 모양, 이름, 순서 알기 등이 포함된다. 아동이 글자 이름을 말할 수 있는 경우에 글자의 소리를 더 잘 습득한다(Ehri,1983). 그 이유는 대부분의 자·모음자 이름에는 낱자의 소리를 나타내는 음소를 포함되어 있으므로 낱자의 이름을 아는 것은 낱자 소리를 학습하는 데 도움이 되기 때문이다. 가령, 'ㄱ'의 이름은 '기역'인데 이 자음자의 소리인 [ㄱ]를 'ㄱ'의 이름에 대한 소리 [기역]에서 유추할 수 있다.

글자·소리 대응 지식은 단어 해독의 선행 요건이다. 낱자와 말소리의 연결은 일정한 규칙을 따르는데, 이것을 글자·소리 대응 지식이라고 한다. 각 글자들을 알고 쓸 수 있다는 것만으로는 충분하지 않고, 글자와 말소리들을 연결할 수 있어야 하므로 글자·소리 대응 지식을 학습해야 한다. 글자·소리 대응 지식에는 자음자, 모음자에 대응하는 소릿값 알기, 글자와 낱자 연결하기, 낱자와 말소리 연결하기 등이 포함된다.

해독(decoding)은 글자를 말소리로 전환시킬 수 있는 능력이다. 한글 문해에서 해독 능력은 무엇보다 중요하다. 읽기에서 해독을 한다는 것을 글자·소리 대응 지식을 활용하여 낱말을 소리 내어 읽을 수 있다는 것이다. 해독에는 의미 단어 소리 내어 읽기, 무의미 단어 소리 내어 읽기가 포함된다. 글자를 해독하기 위해서는 충분한 소리 듣기가 선행되고 소리를 구별하고 조작하는 연습이 필요하다. 이러한 연습이 충분한 아이들은 모르는 단어를 읽을 때 글자·소리 대응 지식을 이용하여 소리 내어 읽어 낼 수 있는 해독 능력이 향상된다. 해독 능력이 부족하면 난독증을 의심해 볼 필요가 있다.

어휘력은 낱말의 뜻을 아는 것으로 초기 문해와 독해력에 영향을 준다(Stanovich, 1980). 한 단어의 의미를 이해하기 위해서는 독자가 문자 기호를 지각하고 그것이 무엇인지를 마음속에 등록된 단어와 연결해야 한다. 단어를 해독하고 마음속에 등록된 사전과 연결해야 하는데, 이것이 바로 '심성 어휘집'(mental lexicon)이다. 한글 해득에서 뜻을 알아야 하는 낱말의 범위는 기초 어휘 낱말이다. 어휘력에는 한글 해득을 위한 기초 어휘, 개별 낱말의 의미, 낱말들 사이의 관계 등이 포함된다.

글자 쓰기는 언어의 음성을 문자로 기록하고, 낱말의 의미를 알고 쓸 수 있는 능력으로, 전사(transcription)와 글자 쓰기(의미)를 의미한다. 전사는 언어의 음성을 문자로 기록하는 것으로 덮어 쓰기, 따라 쓰기, 옮겨 쓰기(베껴 쓰기), 듣고 받아쓰기 등을 말한다. 그리고 글자 쓰기(의미)는 자신이 쓰는 낱말의 의미를 알고 글자를 쓰는 것을 말한다.

3.2. 유창성 및 사실적 독해 부진 내용

'유창성 및 사실적 독해'는 낱말과 문장을 유창하게 소리 내어 읽고, 문장과 짧은 글의 내용을 대강 이해하고, 자신의 생각을 문장으로 쓸 수 있는 능력이다. 유창성 및 사실적 독해 내용으로는 유창성*, 문장 독해와 문장 쓰기, 기초적인 사실적 독해의 세 가지이다. 유창성 및 사실적 독해 부진은 이 세 가지 중 어느 하나라도 부진이 있는 경우이다.

유창성이란 낱말, 문장을 빠르지도 느리지도 않고 정확하게, 적절한 억양으로 표현력을 살려 소리 내어 읽는 능력을 말한다. Pikulski & Chard(2005)은 유창성을 '해독과 독해를 연결하는 다리'라고 하며 해독과 독해를 촉진하는 것으로 강조하였다. 유창성은 기초 문해의 핵심 과업이

읽기 유창성은 해독과 독해를 이어지는 다리의 역할을 한다. 유창성은 기초 문해의 핵심 과업이다.

며 낱말을 유창하게 읽기와 문장을 유창하게 읽기가 포함된다. 읽기 유창성이 자동화되면 글의 내용 파악에 도움이 된다. 낱말과 문장을 유창하게 읽게 되면 보다 글의 의미에 집중할 수 있게 되기 때문이다.

문장 독해와 문장 쓰기는 문장의 의미를 이해하고, 자신의 생각을 문장으로 정확하게 표현하는 능력을 말한다. 문장 학습은 기초 문해의 핵심 과업이며 문장 형태를 알고 읽고 쓰기, 문장 확장하기를 알고 읽고 쓰기, 문장의 짜임(주어부, 서술어부 구분)을 알고 읽고 쓰기 등이 포함된다. 짧은 글의 사실적 독해가 이루어지기 위해서는 우선적으로 문장 독해와 문장 쓰기 학습이 이루어져야 한다. 자칫 문장 문법에 대한 이해에 그치고 문장 독해와 문장 쓰기 학습이 충분히 이루지지 않으면 글 단위 독해에서 부진이 발생하게 된다.

기초적인 사실적 독해는 짧은 글을 읽고 글의 의미를 대강 이해하는 능력을 말한다. 기초적인 사실적 독해는 기초 문해의 핵심 과업이 아니지만 기초 문해에서 도달해야 하는 중요한 내용이다. 기초 문해 시기에 기초적인 사실적 독해에 도달하지 못하면 기능 문해의 핵심 과업인 사실적 독해에 도달하기 어렵다. 기초적인 사실적 독해는 글의 의미를 대강 안다는 것인며, 이것은 글의 세세한 내용까지는 자세히 이해하지 못하더라도 중요한 내용이 무엇인지 대략 알 수 있는 것을 말한다. 설명하는 글의 경우 설명의 대상, 곧 화제가 무엇인지를 알고, 이야기 글의 경우 이야기의 주인공이 누구인지를 아는 등, 핵심적인 대상이나 어휘를 찾을 수 있는 수준이다.

4. 기초 문해력 진단과 중재 방법

읽기 능력의 결함은 학습과 정서에 심각한 문제를 가져올 수 있다. 기초 문해 부진을 예방하기 위해서는 정확한 진단이 필요하다. 읽기 부진과 읽기 장애가 엄격히 구분되지는 않으나 정확한 검사 도구를 통해 제대로 판별하는 것이 중요하다. 읽기 부진을 겪는 학생을 난독증으로 오해하거나 난독증을 겪는 학생을 읽기 부진으로 오해하는 경우가 있다. 또한 읽기 부진을 모두 난독증이라고 통칭하거나 난독증을 모두 읽기 부진으로 통칭하는 경우도 있다. 이런 오류들은 정확한 진단 없이 함부로 판단한 때문이다. 이렇게 되면 잘못된 중재로 결국 읽기 문제가 해결되지 않고 정서적으로도 위축되는 등 악순환이 반복될 수 있다.

기초 문해 부진을 예방하기 위해서는 적절한 시기에 진단해야 한다. 초등학교 1학년 아동은 1학년 1학기에 초기 문해를 진단하는 것은 바람직하지 않다. 또한 이 시기에 진단한 결과로 1학년 학생을 '읽기 부진'으로 판별하는 것은 적절하지 않다. 1학년 아동은 초기 문해를 처음부터 배우는 시기이므로 1학년 동안 초기 문해 내용을 충분히 학습한 후에 진단해야 한다. 물론 난독증 판별은 1학년 1학기에도 가능하다.

4.1. 기초 문해력 진단 도구

먼저, 국내의 기초 문해력 진단 도구를 제시하면 다음과 같다.

표 7-3 | **국내의 기초 문해력 진단 도구(이경화 외, 2019)**

진단 도구 명칭	평가 영역	평가 요소	특징
읽기 성취 및 읽기 인지 처리 능력 검사 (RA-RCP) 김애화 외(2014)	읽기 성취 검사	단어 인지, 읽기 유창성, 읽기 이해	■ 초1~초6 ■ 읽기 장애 판별 ■ 지필, 개별
	읽기 인지 처리 능력 검사	자모 지식, 빠른 자동 이름 대기, 음운 기억, 문장 따라 말하기, 듣기 이해, 어휘	
한국어 읽기 능력 검사 (KOLRA) 배소영 외(2015)	선별 검사	낱말 유창성, 읽기 설문	■ 초1~초6 ■ 읽기 장애 판별 ■ 지필, 개별
	핵심 검사	해독, 읽기 이해, 문단 유창성, 듣기 이해	
	상세 검사	음운인식 처리 능력(음운인식, 빠른 이름 대기, 음운기억과제와 받아쓰기), 쓰기	

진단 도구 명칭	평가 영역	평가 요소	특징
웹 기반 한글 진단 검사(웰리미) 이경화 외(2018)	한글 문해 준비도	시지각 변별, 책의 구성 요소 인식	■ 초1~초6 ■ 일반 아동 진단 ■ 무료 ■ 웹기반 검사와 피드백 ■ 개별과 단체 검사 모두 가능 ■ 진단 영역별 맞춤형 중재 교재
	음운 인식	음운 인식 과제, 음운 단기 기억하기, 음운 따라 하기	
	해독 및 낱말 재인	의미 단어, 무의미 단어 소리 내어 읽기, 한글해득을 위한 기초 어휘	
	문장 청해	문형 이해, 확장 문장 이해, 문장 듣고 낱말 찾기	
	글자 쓰기	낱자 쓰기, 소리 · 글자 일치 낱말 쓰기, 소리 · 글자 불일치 낱말 쓰기	
	유창성	낱말 유창성, 문장 유창성	

이 중 웹 기반 한글 진단 검사(웰리미)의 초기 화면을 소개하면 다음과 같다.

그림 7-2 | 웰리미 한글 진단 검사 사이트 초기 화면

다음은 외국의 기초 문해력 진단 도구이다. 외국의 기초 문해 진단 도구는 기초 문해 지도가 활발히 이루어지는 북미 지역[*]을 중심으로 소개하겠다.

북미 지역의 읽기 진단 도구에 대해서는 이영아·최숙기(2011)에 자세하다.

미국에서는 '낙오학생방지법'(NCLB, No Child Left Behind)에 이어 2015년에 '모든 학생의 성공법(ESSA, Every Student succeeds Act)'를 제정하여 학생들의 읽기 능력을 강조하고 있다. 또한 예방적 차원에서 전체 학생들을 대상으로 한 질 높은 읽기 교육의 실시를 가장 우선시하고 있다.

미국에서 가장 보편적으로 활용되는 진단 도구로 디벨스(DIBELS)[*]가 있다. 디벨스 검사는 미국 읽기위원회(NRP, 2000)의 읽기 능력 필수 요소인 음운 인식, 해독, 유창성, 어휘, 독해력의 다섯 가지를 고려하여 세부 검사를 개발하였다. 디벨스 각 세부 검사별로 1분 정도의 짧은 시간에 측정할 수 있다. 이 검사는 학년별, 시기별로 하위 평가 유형이 다르고, 유치원~초6학년까지 학년별로 3회의 검사를 실시한다. 디벨스 세부 검사와 읽기 능력 필수 요소를 연결해 보면 다음과 같다.

DIBELS는 Dynamic Indicators of Basic Early Literacy Skills의 약어이며, 미국의 오레곤 대학교 Good & Kaminski(2001)이 개발한 것으로 지금까지 여러 차례 수정되었다.

표 7-4 | 디벨스 세부 검사와 읽기 능력 필수 요소

디벨스 세부 검사	읽기 능력 필수 요소
▪ 글자 명명하기 ▪ 음소 인지 능력 ▪ 음소 분절 능력	음운 인식
▪ 무의미 단어 읽기	해독
▪ 읽기 유창성	유창성
▪ 단어 활용 유창성	어휘
▪ 다시 말하기	이해력

북미에서 많이 사용되는 표준화 진단 도구로는 Woodcock-Johnson Ⅲ Diagnostic Reading Battery를 들 수 있다. 이 검사는 비용과 접근성 면에서 대중적으로 널리 활용된다. 적용 대상은 유치원생에서 성인까지이며, 세부 검사로는 철자, 단어 인식, 글 이해, 해독, 어휘, 유창성, 철자, 음운

인식, 구두 어휘, 구어 독해의 10개로 구성되며, 개별로 실시하는 검사이다. 읽기 능력 요소별로 강점과 약점에 대한 정보를 제공함으로써 피험자의 읽기 부진 유형을 파악하는 데 도움이 된다.

북미의 비형식 읽기 진단 도구로는 Qualitative Reading Inventory-4를 들 수 있다. 이 검사는 비용과 활용도 면에서 일반 교사들이 사용하기에 편리한 진단 도구이다. 학생들의 단어 인식 수준과 독해 수준에서의 부진에 관한 진단 정보를 제공하기 위해 설계되었다. 측정하는 읽기 능력의 세부 검사로는 단어 재인, 독해력, 다양한 유형의 읽기 능력, 다양한 장르의 읽기 능력, 되돌아보기(look backs) 능력, 사고구술 능력 등으로 구성되었다. 그리고 진단 평가 결과는 교수 학습에 적절한 읽기 텍스트를 선별하는 데 활용된다. 북미의 읽기 보정 프로그램을 제시하면 표 7-5와 같다.

표 7-5 | 북미의 읽기 보정 프로그램

유형	읽기 보정 프로그램	특징
초기 문해보정 프로그램	Sound Partners	▪ 유치원 ~ 초3 읽기 부진 대상 ▪ 파닉스 ▪ 100차시 ▪ 단어 인식 발달 단계를 고려 (간단한 소리-철자 관계 → 복잡한 소리-철자 관계) ▪ 교사나 보조교사가 쉽게 지도할 수 있음
	Word Detectives	▪ 고학년 읽기 부진 대상 ▪ 유추에 의한 단어 읽기 프로그램 ▪ 불규칙한 소리-철자 관계 학습
독해력 보정 프로그램	Responsive Reading Instruction	▪ 초등 저학년 읽기 부진 대상 ▪ 소집단 학습 ▪ 읽기와 쓰기 보정 프로그램을 통합 지도
	Read Right	▪ 2~12학년의 읽기 부진 대상 ▪ 읽기 유창성 연습 ▪ 읽기 프로그램을 통한 독해력 향상 (Excellent reading, Coached reading, Independent reading, Critical Thinking)

4.2. 기초 문해력 부진 중재

읽기 부진아에게는 기초 문해력 진단 결과에 따라 적절한 중재를 통해 도움을 제공해야 한다. 교사는 기초 문해 부진 영역을 파악하고 이에 적절한 중재(intervention)를 해야 한다.

읽기 부진 중재 프로그램은 다양한데, 여기에서는 북미에서 많이 활용하고 있는 읽기 보정 프로그램으로 이영아 최숙기(2011)가 소개한 것을 제시하면 다음과 같다.

표 7-6 | 기초 문해 부진 유형에 따른 중재

부진 유형	부진 내용	중재 방안
한글 문해 준비도	■ 도형의 위치 및 형태 변별의 어려움	도형 위치, 모양 인식 지도
	■ 책 표지 및 읽기 방향 인식의 어려움	책 표지의 요소 및 읽기 방향 지도
음운 인식	■ 음소 수준의 인식 어려움	소리 듣고 음소 구분하기
	■ 음절 수준의 인식 어려움	소리 듣고 음절 구분하기
낱자 지식	■ 자음자와 모음자의 모양을 구분하지 못함	자음자와 모음자의 모양 지도
	■ 자음자와 모음자의 이름을 헷갈려 함	자음자와 모음자의 이름 지도
글자·소리 대응 지식	■ 낱자를 연결하지 못함	말소리와 낱자의 연결 지도
	■ 낱자와 말소리를 연결하지 못함	낱자와 말소리를 연결하지 못함
해독	■ 의미 낱말을 소리 내어 읽지 못함	낱자의 소릿값을 생각하며 낱말을 소리 내어 읽기 지도
	■ 무의미 낱말을 소리 내어 읽지 못함	
어휘력	■ 개별 낱말의 의미를 정확히 알지 못함	이야기 들려주고 낱말의 뜻 생각하기 지도
	■ 사이의 관계를 파악하지 못함	낱말들 사이의 관계에 관한 그림을 활용하여 지도
글자 쓰기	■ 필순에 맞게 쓰지 않음	낱자의 필순 지도
	■ 낱말 따라 쓰기의 어려움	낱말 베껴 쓰고, 보고 쓰기 지도
읽기 유창성	■ 낱말 유창하게 읽기의 어려움	반복하여 소리 내어 읽기 지도
	■ 문장 유창하게 읽기의 어려움	돌아가며 읽기, 짝과 읽기, 함께 읽기, 독자 극장 읽기

부진 유형	부진 내용	중재 방안
문장 독해와 문장 쓰기	■ 문장을 읽고 뜻을 알지 못함	문장 읽고 낱말 찾기
	■ 문장으로 표현하기의 어려움	기본 문형 틀에서 확장 문형으로 확대하여 문장 쓰기
기초적인 사실적 독해	■ 설명하는 글을 읽고 화제를 파악하지 못함	무엇에 관한 글인지 생각하며 읽기
	■ 이야기 글을 읽고 이야 내용을 이해하지 못함	누가 나오는지, 어떤 일이 일어났는지 등을 생각하며 읽기

4.3. 난독증의 진단과 중재

그림 7-3 | **영화 포스터**

〈난독증을 이해하는 데 도움이 되는 영화: 지상의 별처럼〉
이 영화는 인도 영화(2007)로 난독증을 겪는 학생과 난독증에 대한 이해를 바탕으로 학생을 변화시켜 가는 선생님의 이야기이다. 난독증을 겪고 있는 주인공 이샨은 미술에 소질이 있지만, 학교 수업에 적응하지 못한다. 이때 새로 부임한 미술 교사인 램 니쿰브(아미르 칸) 선생님을 만나며 조금씩 자신의 가능성을 발견하게 된다.

최근에 난독증(dyslexia)에 대한 관심이 높아지고 있다. 난독증은 듣고 말하는 능력은 정상임에도 글자를 소리로 변환하는 능력이 부족하여 단어 재인, 철자 쓰기, 해독 능력이 정상 수준에 비해 현저히 떨어지는 증상을 말한다(이경화 외, 2019). 난독증은 듣고 말하기 등 다른 기능에는 문제가 없지만 해독에 어려움을 겪으며 이는 의학 영역의 문제이다. 의학계에서는 난독증의 원인을 좌우뇌의 불균형적 발달로 보고 있다. 공간 지각을 담당하는 우뇌의 발달에 비해, 언어 기능을 관장하는 좌뇌 기능이 상대적으로 덜 발달한 것이 난독증이 원인이 된다는 것이다.

난독증을 선별하고 진단하는 방법은 다양하다. 진단 도구로는 KORLA(언어 치료), BASA-EL(교육학), RARCP(특수교육), CLT-R(소아정신과) 등이 있으며, 세부 검사도 다양하다. 예를 들면, CLT-R 검사에는 낱말 읽기 검사, 음운 인식 검사, 음운 작업 기억 검사, 단락 읽기 검사, 빠른 자동이름 대기 검사, 낱자 소리 대응 검사, 표기 인식 검사, 시각 주의력 검사, 숫자 따라 하기 검사가 포함된다.

난독증을 겪는 학생은 학령기에 어려움을 겪을 가능성이 크다. 학령기가 시작되면 문자 언어를 활용한 다양한 학습 상황에 놓이기 때문이다. 난독증을 겪는 학생을 돕기 위한 학교, 가정, 의료 기관의 연계 방안을 마련한다. 난독증은 단순한 학습 부진이 아니라 신경병리학적 원인으로 발생하는 경우가 많다. 난독증은 학교 중심의 학습부진 개선 교육으로만 개선되기는 어렵다. 따라서 학교, 가정, 의료 기관의 연계 방안이 마련되어야 한다. 학교는 조기에 난독증 위험 학생을 선별할 필요가 있다. 그리고 가정과 긴밀히 연계해 난독증 위험 학생의 지적, 신체적 특성을 파악해야 한다. 또, 의료 기관과 협조하여 난독증을 정확히 진단하고 체계적인 개선 프로그램을 지원해야 한다.

난독증 중재 방법을 제시하면 다음과 같다(이경화 외, 2019). 첫째, 난독증을 개선하기 위해서는 난독 학생을 1:1로 지도하는 것이 효과적이다. 난독증 학생은 해독 능력에서 어려움을 많이 겪으므로 소리와 글자를 연결하는 발음 중심 접근법을 사용하는 것이 좋다. 하나의 자소와 말소리를 명시적으로 연결하는 놀이부터 시작하여, 말소리와 글자 모양 빠르게 연결하기, 글자 소리 합하기 등을 통해 학생이 성공하는 경험을 많이 갖게 한다.

둘째, 문자 변별이 잘 되지 않는 학생은 촉각 등 공감각을 활용해 지도할 수 있다. 손가락이나 쉽게 지워지는 펜 등을 사용에 몸에 글자를 쓰고 맞히는 활동으로 글자를 익히거나 모래 상자를 활용해 손가락으로 글자를 쓰면서 글자의 모양을 느끼게 하는 활동 등도 도움이 된다.

셋째, 여러 학생들과 함께 수업을 할 때는 수업 내용의 주요 키워드를 글자 및 그림으로 제시한다. 글자 읽기는 어려워도 듣기, 말하기가 가능한 경우가 많으므로 대화를 하거나 말을 하는 내용을 난독 학생이 수행할 수 있게 한다. 그리고 과제를 제시할 때는 예시 자료를 충분히 활용하고, 추가 시간을 충분히 제공하며, 창의적인 응답을 수용적인 태도로 받아들여야 한다.

넷째, 교실 공간과 교실 밖 공간을 적절히 활용할 필요가 있다. 교실 밖에서 활동을 할 때는 같은 글자 찾기 등 과제를 수행하게 한다든지, 주변에서 글자가 사용되고 있음을 느낄 수 있도록 한다. 그리고 가정과 연계하여 난독에 도움이 되는 적절한 과제를 제시한다. 이 때 모델링이 될 수 있는 오디오 녹음 자료를 제공하여 예습과 복습을 하도록 하는 것도 중요하다.

5. 중재 원리

기초 문해력은 의사소통 능력뿐 아니라 교과 학습, 평생 학습자로서의 기초가 된다는 점에서 매우 중요하다. 기초 문해 지도 시 유의할 점을 제시하고자 한다.

첫째, 기초 문해 지도 시에 문해력 발달 층위의 포함 관계를 고려한다. 즉, 문해 유형은 전 단계의 문해 부진을 포함하고 있다는 점을 인식해야 한다는 것이다. 학생이 기능 문해에서 부진을 겪는 경우에는 전 단계인 기초 문해 부진을 먼저 중재해야 한다. 마찬가지로 학생이 기초 문해에서 부진을 겪는 경우에는 전 단계인 초기 문해를 먼저 중재해야 한다. 읽기 부진 지도에서 현 단계의 부진 유형은 전 단계의 부진을 동반하는 것이므로 반드시 이를 고려해서 지도해야 한다.

둘째, 기초 문해 지도 시에 읽기의 정의적 요인을 고려한다. 읽기 동기는 인지적 요소와 상호작용한다. 읽기 부진아의 읽기 동기가 매우 낮은 편인데 읽기 동기를 증진할 필요가 있다. 읽기 동기를 증진하는 방법은 다양하다. 교사는 읽기 부진 학생이 독자로서 성공의 경험을 충분히 가질 수 있도록 하고, 학생의 읽기 수행에 대한 긍정적인 피드백을 제공할 필요가 있다. 이렇게 되면 긍정적인 자아 개념과 독서 태도가 형성되어 읽기를 즐겨하게 되므로 읽기 부진을 극복할 수 있게 된다.

셋째, 기초 문해 지도 시에 교사는 학습 요소를 세분화하고 명시적으로 설명한다. 기존의 학습 요소는 읽기 부진아에게는 학습 내용의 과다로 학습에 어려움을 줄 수 있다. 읽기 부진아는 읽기 학습 결손이 누적된 경우이므로 교사는 학습 요소를 보다 세분화하여 제시하여 단계적으로 학습할 수 있도록 해야 한다. 그리고 개념이나 기능을 보다 명시적으로 설명할 필요가 있다.

문해력의 발달 층위는 초기 문해부터 시작하며, 이전 단계를 포괄하며 기초 문해와 기능 문해로 점차 확대되어가는 동심원 형태를 띤다. 언어 단위로 보면 낱자 단위, 낱말 단위, 문장 단위, 글 단위로 점차 확대된다. 초기 문해, 기초 문해, 기능 문해의 개념을 제시하면 다음과 같다.

(1) 초기 문해(Early literacy: EL): 한글 문해(한글 해득)와 동의어로, 음운 인식, 해독, 낱말 이해 등 낱말을 소리 내어 읽고 쓰는 능력

(2) 기초 문해(Basic literacy: BL): 초기 문해를 포함하며, 낱말과 문장을 유창하게 읽으며, 문장과 짧은 글을 읽고 이해하며, 자신의 생각을 문장으로 쓸 수 있는 정도의 기초적 수준의 읽고 쓰는 능력

(3) 기능 문해(Functional literacy: FL): 기초 문해를 포함하며 일상생활 및 학습, 직업 생활에 필요한 사실적 독해, 추론적 독해, 기초적인 비판적 독해 등의 고등 사고력을 요하는 읽기와 쓰기 능력

기초 문해 부진은 한글 문해 부진과 유창성 및 사실적 독해 부진을 말한다. 한글 문해 부진에는 한글 문해 준비도, 음운 인식, 낱자 지식, 글자·소리 대응 지식, 해독, 어휘력, 글자 쓰기에서의 부진이 포함된다. 그리고 유창성 및 사실적 독해 부진에는 유창성, 문장 독해와 문장 쓰기, 기초적인 사실적 독해에서의 부진이 포함된다.

난독증은 듣고 말하기 등 다른 기능에는 문제가 없지만 글자를 소리로 전환하는데 어려움을 겪는 것을 말하며 이는 의학의 문제이다. 의학계에서는 좌우뇌 불균형적 발달을 주요 요인으로 보고 있다. 기초 문해 부진이 일반 교육의 대상임에 비해 난독증은 특수 교육의 대상이다.

기초 문해 지도 시 유의점을 제시하면 다음과 같다. 첫째, 문해력 발달 층위의 포함 관계를 고려해야 한다. 둘째, 읽기의 정의적 요인을 고려해야 한다. 셋째, 학습 요소를 세분화하고 명시적으로 설명해야 한다.

01   문해력의 개념을 발달 층위로 구분하고 하위 요소를 설명해 보시오.

02   기초 문해의 중요성을 교과 학습과 생활로 구분하여 설명해 보시오.

03   기초 문해 부진 유형 두 가지를 제시하고 그에 따른 적절한 중재 방안을 설명해 보시오.

04   읽기 부진과 난독증을 혼동하는 경우가 있는데, 이 경우에 어떤 문제가 발생할 것인지 설명하시오.

05   난독증 중재 방법을 설명해 보시오.

송현정(2000). 국어 읽기 부진의 진단에 대한 연구. 국어교육학연구, 11(1), 189-213.

이경화(2004). 읽기 부진아 지도 방법 연구. 청람어문교육, 29, 191-217.

_____(2019). 기초 문해력과 읽기 부진 지도. 청람어문교육, 71, 223-245.

이경화·이수진·김지영·강동훈·최종윤·최규홍(2019). 한글 교육 길라잡이(개정판). 미래엔.

이영아·최숙기(2011). 읽기 부진 진단 및 보정 교육 연구: 북미 사례를 중심으로. 한국교육과정평가원 보고서 RRO 2011-10.

천경록(1999). 읽기 장애의 개념과 지도 방향, 한국어문교육, 8, 261-294.

최규홍(2018). 초등학생의 문장 성분 호응 지도 방법. 학습자중심교과교육연구, 18(20), 1465-1478.

조병영·김소현·조재윤 외 역(2010). 독서 평가의 이해와 사용. 한국문화사.

Shahanan, T., & Shahanan, D.(2008). Teaching disciplinary literacy to adolescents: Rethinking content area literacy. Harvard Educational Review, 78(1), 40-59.

Cecil, N. L., Baker, S., & Lozano, A. S.(2015). Striking a balance: A comprehensive approach to early literacy. Routledge.

Fox, B. J.(2010). Word identification strategies. Pearson Education.

Juel, C. (1988). Learning to read and write: A longitudinal study of 54 children from first through fourth grades. Journal of Educational Psychology, 80(4), 437-447.

McLaughlin, M. M. & Rasinski, T. V.(2015). Struggling readers. ILA.

Rasinski, T. V., & Padak, N. D. (2012). From phonics to fluency: Effective teaching of decoding and reading fluency in elementary School. Pearson.

Snow, C. E., Burns, M.S. & Griffin, P(1988), Preventing Reading Difficulties in Young Children, Committee on the Prevention of Reading Difficulties in Young Children, National academy press.

Strickland, D. C., Ganske, K., & Monroe, J. K.(2001). Supporting struggling readers and writers: Strategies for classroom intervention 3-6. IRA.

8

독서 평가의
이론과 실제

학습목표

- 학습자의 독서 능력 평가를 위한 독서 평가 이론을 이해할 수 있다.
- 학습자의 독서 능력을 평가하기 위하여 다양한 독서 평가 방법을 적용할 수 있다.

학습내용

이 장에서는 독서 평가의 개념과 목적, 독서 평가의 내용 및 평가 결과의 활용 방안에 대해 학습한다. 또한 선다형 검사, 수행평가, 포트폴리오 평가와 같은 다양한 독서 평가 방법을 학습하고, 그것을 학습자의 독서 능력을 평가하는 데 적용하는 절차를 습득한다.

1. 독서 평가의 개념

평가란 무엇인가? 먼저 '평가'라는 단어에 대한 사전적 풀이를 토대로 평가의 뜻을 살펴보자. 평가는 '評'과 '價'로 구성된 단어인데, 새한한사전(동아출판사, 1990)은 '評'을 '좋고 나쁨이나 잘 되고 못 됨, 또는 옳고 그름 따위를 분석하여 논하는 일'로, '價'은 '값이나 가격'으로, 그리고 '評價'를 '① 물품의 가격을 평정함. 또는, 그 가격, ② 사람이나 사물의 가치를 판단함'으로 설명하고 있다. 국립국어원 표준국어대사전은 '평가'를 '① 물건 값을 헤아려 매김. 또는 그 값, ② 사물의 가치나 수준 따위를 평함. 또는 그 가치나 수준'으로 풀이하고 있다. 그리고 보다 학술적으로 교육학 대백과사전(서울대교육연구소, 1988, 70)은 평가를 '교육의 목표는 올바르게 설정되었는지, 목표 실현을 위한 교육의 계획과 과정은 적절한지, 그리고 궁극적으로 교육의 목표가 제대로 성취되었는지를 확인·판단하는 일련의 과정'으로 설명하고 있다.

평가에 대한 뜻풀이는 영어의 경우도 크게 다르지 않다. 우리말의 평가에 해당하는 영어 단어로는 'evaluation'과 'assessment'를 꼽을 수 있다. 흔히 '평가'로 번역되는 'evaluation'은 프랑스어 'évaluer'에서 왔는데, '밖으로'라는 의미를 가진 'é'와 '가치'라는 의미를 가진 'valuer'가 결합된 말로써 '어떤 대상에 대한 가치를 결정하는 행동'을 의미한다. '사정'으로 번역되는 'assessment'는 라틴어 'assessare'에서 왔다. 이것은 판사 옆에 앉은 조수가 판사의 판결에 따라 세금이나 벌금의 액수를 결정하는 풍습에서 유래되었는데, '어떤 대상이나 상황 혹은 사건에 대하여 가치를 판단하는 행위'를 가리킨다.

이처럼 일반적인 의미로 보면 'evaluation'과 'assessment'는 서로 호환하여 사용할 수도 있을 듯하다. 하지만 애플과 크럼지그(Apple & Krumsieg, 1998)는 전자가 학습자의 학습 결과에 대한 판단 과정에 초점이 맞추어져 있는 반면에, 후자는 학습자의 학습 과정에 대한 판단 과정에 초점이 맞

표 8-1 | 평가와 사정의 차이점

	평가(evaluation)	사정(assessment)
평가 시기	수업이 종료되는 시점 (총괄평가)	수업이 진행되는 동안 (형성평가)
평가 초점	학습자가 무엇을 학습했는가 (결과중심)	학습자의 학습이 어떻게 진행되고 있는가(과정중심)
평가 기준	상대평가	절대평가
수업 특성	학습에서 경쟁 강조	학습에서 협동 강조
평가 결과 활용	학습 결과의 판단(선발 및 분류)	학습 과정과 결과의 진단(교정과 발달)

추어져 있다고 주장한다. 그리고 'evaluation'과 'assessment'의 차이를 평가 시기, 평가 초점, 평가 기준, 수업 특성, 평가 결과의 활용 측면에서 대조하고 있다.

이러한 상황을 종합해 보면, 우리말의 평가란 '① 어떤 대상의 가치를 판별하여 값을 매기는 과정, ② 어떤 대상의 질을 제고하기 위하여 관련 정보를 수집하고 판단하는 과정' 모두를 포함하는 개념이라 할 수 있다. 그리고 이러한 평가의 개념을 감안하면, 독서 평가는 학습자의 독서 활동에 대한 가치를 판별하여 값을 매기거나 관련 정보를 수집하여 판단하는 일련의 과정, 즉 학습자의 독서 능력을 신장시키기 위하여 학습자의 독서 학습 과정과 결과에 대한 정보를 수집하고 판단하여 송환하는(feedback) 일련의 과정이라 하겠다.

2. 독서 평가의 목적

왜 학습자는 독서 교과를 배우면서 '중간고사, 기말고사, 설명문 쓰기 수행평가, 독서 진단평가, 자기소개 말하기 평가' 등과 같은 다양한 독서 평가에 참여하는가? 왜 학교와 교사는 학습자에게 끊임없이 평가를 부가

하는가? 아마도 나름의 목적이 있기 때문일 것이다.

기본적으로 학습자의 독서 교육에 관여하는 교육 당사자들은 학교에서 이루어지는 독서 평가가 이들의 독서 능력을 발달시키는 데 있다고 생각한다. 즉, 학습자를 다양한 독서 평가에 참여시킴으로써 그들이 성취해야 하는 독서 교육 목표를 잘 성취했는지, 제대로 성취하지 못했다면 무엇이 부족한지 등에 관한 유용한 정보를 얻을 수 있다고 생각한다. 그리고 이러한 정보는 학습자의 차후 학습 계획을 세우는 데에도 중요한 토대가 된다고 믿는다. 더 나아가, 최근에는 학습자에 대한 독서 평가가 학습자의 독서 능력 발달에 적절한 수업을 마련하는 데에도 활용되어야 한다고 생각한다. 왜냐하면 교사의 독서 수업은 학습자에 대한 독서 평가가 제공하는 정보에 따라 조정되어야 그들의 발달을 촉진시킬 수 있기 때문이다.

이를 정리하면, 독서 평가의 목적은 학습자의 학습 과정과 결과에 대한 정보를 수집하여 그들의 독서 능력을 판단할 뿐만 아니라 학습 과정에 송환하여 독서 능력을 신장시키는 데 있다. 또한 학습자의 학습 과정과 결과에 대한 정보를 토대로 교사의 수업, 교재, 평가도구를 개선시키는 데에도 있다.

3. 독서 평가의 내용

학습자가 글을 잘 읽고 글을 즐겨 있는 독자로 성장하고 있다는 것을 무엇으로 알 수 있는가? 독서 평가적 관점에서 말하면, 학습자가 독서 교육의 목표를 제대로 성취하고 있는가를 알기 위하여 무엇을 평가해야 하는가? 이와 관련하여, 2015 국어과 교육과정의 독서 영역 '내용 체계'는 독서 영역에서 평가해야 하는 구체적인 내용을 제시하고 있다. 이것은 학습자가 다양한 형식과 목적으로 제시되는 글을 비판적·창의적으로 수용하고 있는지를 확인하기 위하여, 독서 지식으로서 '독서의 본질, 글의 유형, 매체'를, 독서 기능으로서 '독서의 구성 요소, 독서의 과정, 독서의 방법'을, 그리고 독서 태도로서 '독서 태도(독서 흥미, 독서의 생활화)'를 평가할 것을 제안하고 있다. '독서 영역'에서 평가해야 하는 내용을 보다 구체적으로 살펴보면 다음과 같다.

· 독서 지식: 이것은 학습자의 독서 과정에 관여하는 명제적 지식으로 독서의 본질과 특성, 글의 갈래, 글의 짜임, 설명의 방법, 이야기의 전개 방식 등에 대한 지식을 포함한다. 예를 들어, 설명문에 대한 갈래적 지식, 즉 '설명문이 정보 전달을 목적으로 하는 글'이라는 것을 아는 것이 이에 해당한다. 설명문을 잘 쓰기 위해서는 설명문에 대한 개념과 특성을 잘 알아야 할 뿐만 아니라 설명문이 사용되는 맥락 등에 대한 지식도 필요하다.

· 해독, 낱말, 문장 이해: 이것은 독서의 기본적인 과정으로 초등학교에 입학하기 전에 발달하여 고학년으로 올라가면서 보다 정교해지는 절차적 지식이다. 해독(decoding)은 문자언어를 음성언어로 전환하는 과정인데, 글을 이해하기 위해서는 반드시 습득해야 하는 지식이다. 해독에 문제가 없는 학습자의 경우, 낱말의 뜻, 낱말들의 관계, 낱말의 비유적 의미를 이해할 필요가 있으며, 새로운 낱말을 이해하기 위해 사용할 수 있는 다양한 전략들(예, 접두사, 접미사, 한자, 전후 맥락 등)도 습득해야 한다. 또한 글을 적절하게 띄우면서 감정을 실어 읽을 수 있는 능력과 단어를 좀 더 큰 단위인 구나 문장으로 통합하여 의미를 만드는 능력도 습득해야 한다.

· 글의 이해: 이것은 독서의 핵심적인 과정으로 내용 확인, 추론, 평가와 감상 등과 같은 절차적 지식을 포함한다. 내용 확인은 글에 나타나 있는 세부적인 정보를 찾는 것에서부터 글 전체에 나타나 있는 정보를 통합하여 글의 전반적인 의미를 구성하는 과정을 의미한다. 추론은 글에 나타나 있는 정보를 토대로 글에 나타나 있지 않은 정보를 찾아내는 과정이며, 평가는 객관적 혹은 주관적 관점으로 글의 내용 및 형식에 대한 판단

을 통해 의미를 구성하는 과정이다. 감상은 글에 대한 독자의 인지적·정서적 반응을 의미한다.

·독서 과정의 점검과 조정: 이것은 독서의 과정을 메타적으로 통제하고 조절하는 과정을 의미한다. 능숙한 독자는 텍스트를 읽으면서 자신이 제대로 이해하고 있는가를 지속적으로 점검한다. 이해되지 않는 부분은 다시 읽거나 그 부분에 더욱 세심한 주의를 기울인다. 또한 능숙한 독자는 텍스트를 읽으면서 텍스트를 이해하는 데 필요한 중요한 내용에 대해서는 머릿속에 넣어두고 그렇지 않은 정보는 버린다. 그리고 계속적인 독서 과정에서 그러한 정보를 점검·평가하면서 텍스트 이해에 중요한 핵심 정보만을 머릿속에 저장하여 둔다. 이와 같은 학습자의 의미구성 과정에 대한 점검은 학습자의 발달과 교사의 수업에 필수적이다.

·독서 태도: 이것은 학습자의 독서 과정에 관여하는 정의적 요소로서 독서의 가치와 중요성, 동기와 흥미, 독서의 생활화 등을 포함한다. 독서 과정에 개입하는 독서 기능과 같은 절차적 지식이 독서를 가능케 하는 요소라면, 태도와 같은 정의적 특성은 독서를 현실화시키는 요소이다. 학습자를 평생 독자로 성장시키기 위해서는 태도나 동기와 같은 정의적 특성에 대한 점검이 필요하다.

아울러, 2015 국어과 교육과정이 직접적으로 평가 내용으로 설정하고 있지는 않지만 교사가 학습자의 발달에 알맞은 수업을 마련하기 위하여 반드시 평가해야 하는 요소들이 있다. 학습자가 글을 읽는 데 필요한 적절한 배경지식을 갖고 있는지, 적절한 독서 목적을 설정하는지, 질문과 예측을 하는지, 글의 내용을 잘 조직하는지 등과 같은 것들이 이에 해당한다.

·배경지식: 능숙한 독자는 글을 읽을 때마다 그것의 내용과 관련하여 자신이 가지고 있는 지식과 경험을 지속적으로 활성화시킨다. 이와 같은

배경지식의 활성화 과정은 새로운 정보와 기존의 정보를 연결시켜 글에 대한 이해를 촉진시킨다.

·독서 목적 설정: 능숙한 독자는 글을 읽기 전에 그것으로부터 무엇을 얻을 것인가를 설정한다. 왜냐하면 독서의 목적에 따라 독자는 독서의 방법을 조정할 수 있기 때문이다. 학습자로 하여금 독서의 목적을 설정하게 도움으로써 글과 성공적으로 상호작용할 수 있도록 안내할 수 있다.

·독서 전략: 글을 효과적으로 이해하기 위해서는 글을 단순히 읽는 것만으로는 부족하다. 독자가 글에 대한 의미를 구성하기 위해서는 글을 읽어가면서 글을 이해하는 데 도움이 되는 의도적인 행위를 해야 하는 데, 이것이 독서 전략이다. 예를 들면, 예측하기, 시각화하기, 질문하기, 요약하기 등이 이에 해당한다. 그러므로 독자가 전략적인 독자(strategic reader)로 성장하고 있는가를 파악하기 위해서는 독자가 글을 읽으면서 다양한 독서 전략을 사용하고 있는지에 대한 점검과 평가가 필요하다.

4. 독서 평가의 방법

독서 평가의 목적은 학습자의 학습 과정과 결과에 대한 정보를 수집하여 그들의 독서 능력을 판단하고, 그들의 독서 능력 신장을 위하여 교사의 교수·학습 방법 및 평가 도구를 개선하는 데 있다. 이를 위하여 평가자는 평가 목적, 평가 내용, 평가 상황, 평가 대상 등을 고려하여 다양한 독서 평가 방식(예, 양적 평가, 질적 평가, 지필 평가, 수행 평가)과 평가 방법(예, 지필검사, 구술검사, 서술형 평가, 연구 보고서 평가, 중요도 평정법, 빈칸 메우기 검사, 녹화 기록법, 프로토콜 분석법)을 적절하게 활용할 수 있어야 한다. 여기에서는 독서 평가에서 두루 활용되고 있는 선다형 검사, 수행평가, 그리고 포트폴리오 평가에 대해 살펴보았다.

4.1. 선다형 검사

선다형 검사는 대체로 질문에 대한 답지를 4~5개 제공하여 응답자가 정답을 선택할 수 있도록 제작된 검사를 말한다. 이것은 독서 기능(즉, 절차적 지식)보다는 독서 지식(즉, 명제적 지식)을 강조하고, 학습의 질적 과정보다는 양적 결과를 중시하며, 그리고 학습자의 발달보다는 분류와 선발을 목적으로 하는 평가 관점을 반영하고 있다.

선다형 검사는 문항 형식의 융통성이 커서 기억이나 이해와 같은 낮은 수준의 독서 능력뿐만 아니라 추론이나 판단과 같은 높은 수준의 독서 능력도 평가할 수 있다. 또한 채점이 객관적이며 쉽고, 많은 학습자를 대상으로 빠르게 검사하고 채점할 수 있다는 장점을 갖는다. 하지만 이 검사는 높은 수준의 독서 능력보다는 낮은 수준의 독서 능력을 평가할 가능성이 높아 학습자의 비판적·창의적인 독서 능력을 평가하기 어렵다. 학습자의 학습 과정도 평가하기 힘들어 교사의 교수·학습 방법 및 평가 도구를 개선하는 데 제한적이라는 단점을 갖는다. 다음은 독서 영역에서 많이 활용되고 있는 선다형 검사의 예인데 학습자의 추론적 이해 능력을 평가하고 있다.

※ 다음 글을 읽고, 물음에 답하십시오.

> (가) 물질이 액체에 녹아 골고루 퍼져 투명하게 되는 현상을 '용해'라고 합니다. 그리고 물질이 액체에 녹아 있는 것을 '용액'이라고 합니다.
>
> 용액을 구성하는 물질 중에, 녹아 있는 물질을 '용질', 녹이고 있는 액체를 '용매'라고 합니다. 용매의 양이 많을수록 용질이 많이 녹습니다. 즉 물에 소금을 녹일 경우 물이 많아야 많은 소금을 녹일 수 있습니다.
>
> 또 용액은 온도에 따라 용질의 농도, 즉 용해도가 달라집니다. 어떤 물질이 어떤 온도의

액체에서 녹을 수 있을 때까지 녹은 상태를 '포화용액'이라고 합니다.

(나) 점심때쯤 이르러 당나귀와 주인은 바닷가 마을에 닿았습니다. 주인은 '제일소금'이라는 간판이 붙은 집 앞에 멈췄습니다.

'소금을 사려는 구나!'

당나귀는 조금 들뜬 기분이 되었습니다.

'좋아, 좋아. 오늘은 물에 몽땅 녹여 버릴 거야!'

당나귀는 커다란 소금자루를 네 개나 짊어졌습니다.

'이렇게 많은 소금을 녹이려면 물속에 오래 있어야겠는 걸. 아무리 때려도 안 일어날 거야.'

조금만 참으면 된다는 생각에, 당나귀는 낑낑대면서도 짜증나지 않았습니다. 당나귀는 오직 물을 찾아 두리번거렸습니다. 그때 얕긴 하지만, 물이 고여 있는 곳이 눈에 들어왔습니다.

'그래, 저기를 지날 때 슬쩍 넘어져 버리자.'

계획대로 당나귀는 그 곳에서 비틀대며 넘어져 버렸습니다. 그리고 오래오래 뒹굴었습니다. 주인이 어서 일어나라고 발길질을 해도 꾹 참았습니다. '이제 다 녹았을 거야.'

천천히 몸을 일으키려던 당나귀는 털썩 주저앉고 말았습니다.

'어, 소금이 물에 녹지 않네.'

주인의 도움으로 겨우 몸을 일으킨 당나귀는, 그제서 '염전'이라고 쓰인 팻말을 보았습니다. 당나귀가 넘어진 곳은 다름 아닌 소금을 만드는 '염전'이었던 것입니다.

[문제] 글 (가)와 (나)를 읽고 난 후, 생각할 수 있는 내용으로 알맞지 <u>않</u>은 것은?

① 당나귀는 포화용액을 잘 모르고 있었을 거야.
② 당나귀는 염전이라는 곳을 잘 알지 못했을 거야.
③ 당나귀는 물이 많은 곳에 넘어졌어야 좋았을 거야.
④ 당나귀가 넘어진 까닭을 주인이 이미 알고 있었을까?
⑤ 당나귀가 온도에 따라 녹는 소금의 양이 다름을 알았을 거야.

4.2. 수행평가

많은 연구자는 선다형 검사가 학습자의 수준 높은 독서 능력을 평가하기 힘들뿐만 아니라 독서 교육과정, 독서 수업 및 학습자의 독서 학습에도 부정적인 영향을 준다고 주장한다. 선다형 검사는 학습자를 평가 과정에 능동적으로 참여시키기보다는 평가 대상으로 전락시켜 학습자의 선택과 목소리를 제한한다고 지적한다. 또한 단일한 양적 결과로만 학습자의 독서 성취를 판단하기 때문에 학습자의 발달 가능성을 간과할 수 있다고 말한다(Darling-Hammond, Ancess, & Falk, 1995).

이와 같은 선다형 검사가 가지고 있는 여러 문제점을 극복하기 위하여 많은 교사와 연구자는 학습자의 실제적인 과제 수행 과정을 직접적으로 들여다볼 수 있는 평가 방법을 모색해 왔는데, 그것이 수행평가(performance assessment)이다. 이것은 학습자로 하여금 자신의 지식이나 기능을 행동으로 드러내거나 문제 해결 과정을 직접적으로 나타내도록 요구하는 평가 방법이다. 이 평가 방법은 독서 지식(즉, 명제적 지식)보다는 독서 기능(즉, 절차적 지식)을, 학습의 양적 결과보다는 질적 과정을, 학습자의 분류나 선발보다는 발달을 강조하는 평가 관점을 반영하고 있다. 또한 이 평가 방법은 실제 상황에서 학습자가 직접적으로 과제를 수행하는 과정을 관찰함으로써 평가가 이루어지기 때문에, 교사와 학습자 간의 의사소통을 가능케 하여 학습자의 독서 능력 발달과 교사의 독서 수업 개선에 많은 도움을 준다.

다음은 독서 영역에서 많이 활용되고 있는 수행평가의 예이다. 이것은 학습자의 배경지식에 대한 점검에서부터 읽기 유창성 및 읽기 이해에 이르는 학습자의 전반적인 독서 과정을 여러 검사 방법을 활용하여 종합적으로 평가하고 있다(Leslie & Caldwell, 2006, 45-48).

수준: 1학년, 갈래: 이야기

배경지식 평가표

1. 사람들은 생쥐에 대해 어떤 기분이 드나요? (3점/2점/1점/0점)

더럽고 사람에게 해로운 병균을 옮긴다고 생각함 (3점)

(중략)

점수 : _____ /9점 = _____ %

_____ 익숙함 _____ 익숙하지 않음

〈채점 기준〉

3점: 개념에 대해 정확하게 말함.

2점: 개념에 대한 예를 제시함. 구체적인 특성이나 특성의 내용을 말함.

1점: 경험을 말하거나 일반적인 수준으로 반응함.

0점: 엉뚱한 반응을 하거나 모른다고 반응함.

집 안의 생쥐

옛날에 생쥐 한 마리가 있었어요. 생쥐는 오래된 집의 벽장 속에 살고 있었지요. 생쥐는 먹을 것을 찾으러 매일 밤 부엌으로 갔지요. 그 집에 살고 있는 사람은 생쥐가 돌아다니는 소리를 들었지요. 그 사람은 생쥐가 벽장 속에 살고 있다는 것을 알게 되었지요. 그러나 신경 쓰지 않았어요.

(중략)

"우리는 이 집이 매우 마음에 듭니다. 우리가 이 집을 사겠어요. 생쥐도 함께 말이에요."라고 말했지요. (196개 단어)

읽기 유창성 평가표

· 틀리게 읽은 단어 수(정확성) : _____

· 틀리게 읽었으나 의미에는 변화가 없는 단어 수(용인성) : _____

· 채점 기준

〈정확성〉			〈용인성〉
0–6개 _____	독립적 수준	_____	0–6개
7–26개 _____	지도 수준	_____	7–13개
27개 이상 _____	좌절 수준	_____	14개 이상

· 1분 동안 읽은 단어 수 : _____

· 1분 동안 잘못 읽은 단어수 : _____

· 1분 동안 정확하게 읽은 단어 수 : _____

다시 이야기하기(retelling) 평가표

배경	해결
_Y_ 한 마리 생쥐가 있다.	_Y_ 한 가족이 왔다.
_Y_ 한 사람이 산다.	_Y_ 집을 보러
_Y_ 벽장 속에	_Y_ 그 집은 딱 맞았다.
_Y_ 집에	_Y_ 그들에게
_____ 매일 밤	_Y_ 그들은 말했다.
_Y_ 쥐가 간다.	_Y_ "생쥐가 사는군요."
_Y_ 부엌으로	_Y_ 집이 마음에 듭니다.
_Y_ 먹을 것을 찾으러	_Y_ 집을 사겠어요.
_____ 집에 남자가 산다.	_____ 생쥐도 함께
_Y_ 생쥐 소리를 들었다.	
_Y_ 그는 알았다.	**44개 아이디어**
_Y_ 쥐가 살고 있다.	· 회상한 아이디어 수: _____
_____ 그 벽장 속에	· 추론한 것을 포함하여 회상한 다른 아이디어
_Y_ 그는 신경 쓰지 않았다.	수: _____

(중략)

읽기 이해 평가표

1. 생쥐는 어디에 살고 있었나요? (정답: 벽장 속에)

   벽장 속에 살고 있음

2. 그 사람이 결심한 것은 무엇인가요? (정답: 집을 팔기로)

   이사 가기로 함

(중략)

· 정확하게 맞힌 답의 개수: _____

· 비슷하게 맞힌 답의 개수: _____

· 맞은 전체 개수: _____

〈학습자 수준〉

   _____ 독립 수준: 6개 맞힘

   _____ 지도 수준: 4–5개 맞힘

   _____ 좌절 수준: 0–3개 맞힘

4.3. 포트폴리오 평가

선다형 검사는 학습자가 무엇을 알고 있는가를 확인하고자 할 때 유용하게 활용될 수 있다. 그러나 이것은 학습자가 무엇을 할 수 있는가를 평가하기 쉽지 않다. 유사한 관점에서, 수행평가는 학습자가 무엇을 할 수 있는가를 파악하고자 할 때 적절하게 사용될 수 있다. 그러나 이것은 학습자의 학습 능력이 발달해 가는 과정을 제대로 담아내기 쉽지 않다.

그렇다면 학습자의 학습이 어떻게 진행되어 왔으며, 어떻게 진행되고 있는가를 알고자 할 때 사용할 수 있는 유용한 평가 방법은 무엇인가? 그것은 '포트폴리오 평가'(portfolio assessment)이다. 포트폴리오 평가란 '일정한 영역에서 학습자의 학습 경험을 잘 드러내는 학습 결과물을 목적적으로 모음으로써 학습자의 학습 과정을 잘 이해하고 학습 발달을 도모하고자 하는 평가 방법'(Cohen & Wiener, 2003, 46)이다. 이것은 학습자의 학습 과정과 결과를 잘 드러낼 수 있는 평가 방법으로 알려져 있는데, 특히 학습자의 내면화 과정을 잘 파악할 수 있는 평가 방법이기도 하다. 왜냐하면 포트폴리오 평가를 수행하는 과정에서 이루어지는 학습자에 대한 세밀한 관찰, 학습 결과물의 목적인 수집, 협력적인 학습 목표와 평가 기준의 설정, 그리고 학습 과정과 결과에 대한 반성적 성찰 과정을 담아낼 수 있기 때문이다.

포트폴리오 평가는 '포트폴리오 과정'(portfolio process)을 통해 구체화된다. 포트폴리오 과정에는 학습자의 독서 능력을 잘 보여줄 수 있는 다양한 활동을 선택하고 활동의 목적과 필요성을 공유하는 것에서부터 학습자 및 교사의 포트폴리오를 구성하고 통합하는 모든 과정이 포함된다. 구체적으로 독서 포트폴리오 과정의 첫 번째 단계에서는 학습자의 독서 환경, 흥미, 및 독서 능력 등과 같은 기초적인 정보가 파악되고, 이것을 바탕으로 초기의 목적과 구체적인 독서 활동이 설정된다. 두 번째 단계인 학습자 포트폴리오 및 교사 포트폴리오 구성 단계에서는 학습자의 성취를 뒷받침할 수 있는 증거를 수집하고 분석하여 새로운 학습 목표와 학습

그림 8-1 | 포트폴리오 과정

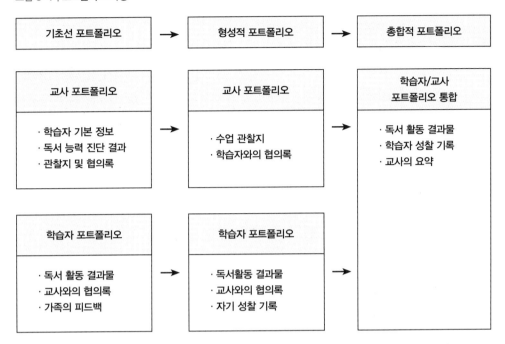

활동을 설정한다. 그리고 마지막 과정인 학습자의 포트폴리오와 교사의 포트폴리오를 통합하는 단계에서는 학습자 자신의 학습 과정에 대한 성찰을 포함한 학습자의 독서 능력 발달 과정과 교사의 성찰 과정을 종합하여 학습자의 성취를 판단하고, 앞으로의 학습 목표를 수립한다. 위의 [그림 8-1]은 위에서 설명한 포트폴리오 과정을 보여주고 있다.

포트폴리오 평가의 핵심적인 특성은 학습 과정과 결과에 대한 학습자의 깊이 있고 진지한 성찰을 담을 수 있다는 데 있다. 그런데 이러한 성찰은 학습자가 주체적으로 학습과 평가의 과정에 적극적으로 참여할 수 있는 기회가 주어질 때에만 가능하기 때문에, 교사 중심의 일방적인 수업과 평가로는 그 효과를 드러낼 수 없다. 따라서 포트폴리오 평가를 수행하는 데 필요한 물리적 환경이 완벽하게 구비되었다 하더라도 교사 자신의 수업과 평가에 대한 인식의 전환 없이는 결실을 맺을 수 없다. 포트폴리오 평가는 교사의 안내를 발판으로 학습자가 주체적으로 지식을 구성해 갈 수 있는 학습자 중심의 수업에서만 가능하기 때문이다.

포트폴리오 평가를 수행할 수 없는 다양한 현실적 어려움에도 불구하고, 분명한 것은 이것을 효율적으로 활용한다면 표준화 검사로는 평가할 수 없는 복잡한 학습자의 독서 과정을 담아 낼 수 있다. 21세기 정보화 사회에서 독서 평가가 온전히 자리매김하기 위해서는 독서 평가는 학습자의 독서 발달 과정을 긴 호흡을 가지고 탐구해 가는 과정이 되어야 한다. 이러한 지난한 과정에서 포트폴리오 평가는 더없이 소중한 친구가 될 수 있다.

5. 독서 평가 결과의 활용

학습자를 다양한 독서 평가에 참여하게 하여 수집한 그들의 독서 능력에 대한 평가 결과는 여러 목적으로 활용된다. 학습자가 도달해야 하는 독서 교육 목표를 제대로 성취했는지, 그렇지 않은지를 확인하기 위해서 사용될 수도 있다. 이를 토대로, 학습자의 독서 능력 발달에 적절한 수업을 마련하는 데에도 사용될 수 있다. 또한 학습자의 독서 능력 향상을 위해 학교, 교육청, 국가가 어떤 노력을 해야 하는지를 결정하는 데 필요한 자료로도 활용할 수 있다. 이러한 독서 평가 결과의 활용 방안을 구체적으로 제시하면 다음과 같다(교육부, 2015, 71).

첫째, 학습자의 개인차를 고려하여 평가 결과를 해석하고 활용한다.

둘째, 평가 결과는 교수·학습 방법이나 평가 방법, 평가 도구를 개선하기 위한 자료로 활용한다.

셋째, 평가 결과를 누적하여 학습자의 성장과 발달을 파악하거나 학습자에게 피드백을 할 수 있는 근거로 활용한다.

넷째, 학습자, 학부모 및 교육 관련자가 이해하기 쉽도록 독서 교육이 목표로 하는 세부 능력과 성취 수준을 중심으로 평가 결과를 상세히 제공한다.

독서 평가란 학습자의 독서 학습 과정과 결과에 대한 정보를 수집하고 판단하여 송환하는 일련의 과정이며, 이것은 학습자의 독서 발달에 대한 자료와 판단을 토대로 교사의 수업, 교재, 평가도구를 개선하여 학습자의 독서 능력을 향상시키는 데 그 목적이 있다.

독서 교육에서 평가해야 하는 학습자의 독서 능력으로는, 독서 과정에 관여하는 명제적 지식으로 독서의 본질과 특성, 글의 갈래, 글의 짜임, 설명의 방법, 이야기의 전개 방식 등에 대한 '독서 지식', 독서의 기본적인 과정으로 학습자가 초등학교에 입학하기 전에 발달하여 고학년으로 올라가면서 보다 정교해지는 '해독, 낱말, 문장 이해', 독서의 핵심 과정으로 내용 확인, 추론, 평가와 감상 등과 같은 '글 이해', 독서의 과정을 메타적으로 통제하고 조절하는 과정인 '독서 과정의 점검과 조절', 그리고 독서 과정에 관여하는 정의적 요소로서 독서의 가치와 중요성, 동기와 흥미, 독서의 생활화 등을 포함하는 '독서 태도'이다. 또한 학습자의 독서 환경, 배경지식, 독서 목적 설정, 그리고 예측하기, 시각화하기, 질문하기 등과 같은 독서 전략도 독서 평가의 주요 내용이다.

이를 위하여 평가자는 평가 목적, 평가 내용, 평가 상황, 평가 대상 등을 고려하여 다양한 독서 평가 방식을 적절하게 활용할 수 있어야 한다. 즉 독서 평가에서 두루 활용되고 있는 선다형 검사, 수행평가, 포트폴리오 평가 등을 평가 맥락에 맞게 적절하게 활용할 수 있어야 한다.

학습자의 독서 능력에 대한 평가 결과는 여러 목적으로 활용되는데, 우선적으로 학습자의 독서 성장과 발달을 파악하거나 학습자에게 피드백을 할 수 있는 근거로 활용된다. 또한 독서 교수·학습 방법이나 독서 평가 방법, 독서 평가 도구를 개선하기 위한 자료로도 활용된다.

01 다음 글을 초등학교 2학년 학생에게 읽게 하고 아래의 〈읽기 유창성 평가표〉
를 작성하시오. 그리고 이 학생의 읽기 유창성에 대해 논의해 보시오.

집 안의 생쥐

옛날에 생쥐 한 마리가 있었어요. 생쥐는 오래된 집의 벽장 속에 살고 있었지요. 생쥐는 먹을 것
을 찾으러 매일 밤 부엌으로 갔지요. 그 집에 살고 있는 사람은 생쥐가 돌아다니는 소리를 들었
지요. 그 사람은 생쥐가 벽장 속에 살고 있다는 것을 알게 되었지요. 그러나 신경 쓰지 않았어요.
그런데 어느 날, 그 사람은 집을 팔기로 결심했어요. 그는 집을 매우 사랑했지만 집이 너무 컸
어요. 그래서 신문에 광고를 냈어요. 그 광고에는 "백년 된 집 팝니다."라고 쓰여 있었어요. 많
은 사람들이 전화를 했고 집을 찾아오기도 했어요. 일요일에는 두 사람이 왔어요. (Leslie &
Caldwell, 2006, 45-48에서 일부분을 발췌함).

읽기 유창성 평가표

· 틀리게 읽은 단어 수(정확성): _____
· 틀리게 읽었으나 의미에는 변화가 없는 단어 수(용인성): _____

· 채점 기준

〈정확성〉			〈용인성〉
0–6개 _____	독립적 수준	_____	0–6개
7–26개 _____	지도 수준	_____	7–13개
27개 이상 _____	좌절 수준	_____	14개 이상

· 1분 동안 읽은 단어 수 : _____
· 1분 동안 잘못 읽은 단어 수 : _____
· 1분 동안 정확하게 읽은 단어 수 _____

교육부(2015). 국어과 교육과정. 교육부.

동아출판사(1990). 새한한사전. 동아출판사.

서울대교육연구소(1998). 교육학 대백과 사전. 하우출판사.

Apple, D., & Krumsieg, K.(1998). Process education teaching institute handbook. Corvallis, OR: Pacific Crest.

Cohen J. H., & Wiener, R. B.(2003). Literacy portfolios: Improving assessment, teaching and learning. Upper Saddle River, NJ: Merrill Prentice Hall.

Darling-Hammond, L., Ancess, J., & Falk, B.(1995). Authentic assessment in action: Studies of schools and students at work. New York: Teachers College Press.

Leslie, L., & Caldwell, J.(2006). Qualitative reading inventory-4. New York: Pearson.

※ 이 원고는 '류덕제, 황미향, 윤준채, 진선희, 이수진, 박창균(2017), 초등 국어교육의 이론과 실제(제6장. 국어과 평가, 189-209, 제8장. 읽기 교육론, 240-287), 서울: 보고사'를 새롭게 재구성한 것임.

3^부

실제 : 상황별 지도

치료: 독서 치료와
독서 상담의 실제

9

학습목표

- 치료와 상담으로서의 독서 행위 전 과정을 이해할 수 있다.
- 치료 체험과 상담 과정으로서의 독서 기술을 익힐 수 있다.
- 치료 및 상담으로서의 독서 이론 및 실습 기술을 현장에서 적용할 수 있다.

학습내용

이 장에서는 치료와 상담으로서의 독서 행위 과정을 이해하고 치료와 상담 과정에서 필요한 치유 체험 및 문제 해결의 실마리로서의 독서 기술에 대해 학습한다. 또한 치료 및 상담으로서의 독서 이론 및 실습 기술을 실제 현장에서 적용하는 역량을 습득한다.

1. 독서 치료의 정의

독서 치료(Bibliotherapie)라는 말은 책을 읽는다는 행위(Leseakt)와 치료 (Therapie)라는 말의 합성어로 책을 읽는 행위가 곧 치료 효과를 줄 수 있다는 데에서 출발한다. 다시 말해 책이 치료 매체(Medizin)이자 동시에 치료 수단(Behandlung)이 될 수 있다는 것을 의미한다. 전통적으로 동서양을 막론하고 독서행위가 치료적 힘을 발휘할 수 있다는 것은 책이 있는 병원 도서관을 중심으로 발전한 치료 방식으로 시작되었다고 할 수 있다. 이에 Munzel(1985, p. 5)은 "독서 치료란 치료적 목적으로 책을 읽는 것이다. 예컨대 좁은 의미에서의 독서 치료란 일종의 심리 치료를 돕는 방법이며 의학, 정신 의학, 심리 치료를 지원하는 처치 방법으로도 투입이 가능하다. 뿐만 아니라 넓은 의미에서의 독서 치료는 삶의 도전과 삶의 위기를 극복하는 데에서도 독서를 활용하는 것을 의미한다(Bibliotherapie ist die Nutzbarmachung des Lesens zu therapeutischen Zwecken. Im engeren Sinn ist sie eine Hilfsmethode der Psychotherapie und kann als eine unterstützende Maßnahme in der Medizin, Psychiatrie und psychotherapeutischen Behandlung eingesetzt werden. Im weitesten Sinn ist mit Bibliotherapie der Einsatz des Lesens bei der Bewältigung von Lebensaufgaben und Lebenskrisen gemeint(Munzel(1985), p. 5)."

그 외에도 Cornett und Cornett(1980)에 따르면 "독서 치료는 처음부터 명확한 치료 목적을 가진 의도적인 개입이다. 다시 말해 무엇이 필요한 지를 정확히 알아야하며, 필요와 도움이 필요한 특정인을 위해 특별히 책을 선정해야 한다. 또한 독서 치료라고 명명되기 위해서는 설명과 후속 계획이 디자인되고 실행되어야 한다(Cornett and Cornett, 1980, p. 10)."

이와 같이 독서치료는 신체적 질병이나 정신건강의 문제를 가진 환자가 약물치료를 하면서 동시에 비약물적 처치를 필요로 하는 과정에서 사용된 부수적 치료 방법이다. 그 외에도 독서 치료는 건강한 사람들이 더 건강해지도록 돕는 일반 독서 치료와 오랜 기간 동안 약을 복용하는 사람들의 치료 효과를 유도하기 위해 시도되는 임상 독서 치료로 분류할 수 있다.

일반 독서치료는 주로 책을 활용한 인지 능력이나 삶의 의미를 환기하는 등의 일반적인 치료 목적을 가진 반면, 임상 독서 치료는 이미 오랜 기간 동안 약물을 복용해온 환자의 병력이나 건강 상태를 의료진의 진단이나 환자와의 직접적인 대화를 근거로 구조화한다는 특징을 가진다. 따라서 일반 독서 치료는 인간 발달적 관점이나 자기 성장을 주된 목적으로 하는 교육영역이나 기관 및 센터가 치료의 장이라면, 임상 독서 치료는 약물로 인해 약해지는 인지 능력이나 현실 감각을 강화 및 환기하는 것을 목적으로 하는 낮 병동(Tagesklinik)이나 정신건강 영역이라 할 수 있다. 무엇보다도 임상 독서 치료는 환자의 상황이나 현 문제에 초점을 둔 치료적 개입이므로 치료의 목적 또한 매우 구체적이면서도 체계적으로 제시되어야 한다.

1.1. 독서 치료와 정신건강

독서 치료와 정신건강은 서로 밀접한 관련이 있다. 인지 능력이나 정서적 감정을 기반으로 하는 독서 치료의 특성상 무엇을 읽는지가 치료에 참여하는 사람들과 환자들에게 매우 중요한 기능을 한다고 볼 수 있다. 예컨대 어떤 상황에 어떤 책을 선정하는지가 매우 중요하다. 독서 치료에서의 책 선정은 치료사의 경험이나 치료사 간의 동료실습을 통해 교류한 도서 정보들을 근거로 이루어지는 것이 일반적이다. 우선 대부분의 경우, 이야기나 서사 텍스트는 긍정적인 내용이나 기승전결이 구분되는 책들로 정해진다.

무엇보다도 독서 치료에서는 참여자나 환자를 의료진들이 내리는 '아픈 사람'으로 보지 않고 '지금도 여전히 건강한 사람'으로 보는 것이 특징이다. 다시 말해 어떤 경우에도 독서 치료는 희망을 잃지 않고 삶의 활력을 불어넣어주는 것이 중요하다. 이때 책은 이들에게 희망과 위안을 줄 수 있어야 하며 설령 죽음을 앞둔 환자일지라도 그들이 삶과 죽음에 대한 생명의 존엄을 유지하도록 돕는 것이 필요하다. 뿐만 아니라 독서 치료의 과정에서 참여자의 삶 철학과 세계관, 그리고 종교관 모두 있는 그대로 존중받는 것이 매우 중요하다.

1.2. 독서 치료학의 실제 적용 방법

독서 치료에서 책을 읽는 것은 단순히 책을 읽는 것이 아니라 삶을 읽는 것이다. 다시 말해 책을 읽는 참여자나 환자는 자신의 삶의 경험지평을 통해 책 속의 인물과 서사, 상황 및 에피소드를 수용한다. 따라서 이들의 삶의 텍스트는 그 자체가 치료 텍스트라 할 수 있으며 이는 책 속의 다양한 기억 환기장치에 따라 다채로운 활력을 가져다 줄 수 있다. 가령 책을 읽는 과정에서 우리는 나 자신의 유년 기억을 회상한다거나 어떤 장면을 상기하게 된다. 이처럼 책이 참여자들나 환자에게 미칠 수 있는 영향 범위는 사람에 따라 다르게 나타난다. 이러한 과정을 독일의 여류시인, 힐데 도민(Hilde Domin)은 "독자는 시인의 쌍둥이이다. 한번 표현된 시는 곧 독자의 시가 된다(Domin, 1995, 11)"라고 강조한 바 있다.

즉, 독서 치료에서 참여자는 스스로가 독자이면서 작가가 되는 과정을 경험한다. 따라서 전통적인 문학의 의미와는 달리 여기서는 모든 해석의 권한이 독자 혹은 작가, 어느 한쪽에 편향되어 있지 않고 참여자 스스로에게 주어진다. 이것이 문학해석학과 문학치유 해석학 사이에서 찾아볼 수 있는 가장 커다란 차이라 하겠다. 그렇기 때문에 작가나 시인이 글을 쓰면서 일어나는 과정이 참여자에게는 책을 읽는 순간에 일어난다. 독서 치료영역에서는 치료와 관련된 모든 프로그램들이 정신 병리학의 차원이 아닌 정신건강학적인 차원에서 출발한다. 따라서 심리치료에서 내담자, 클라이언트 등으로 명명되는 사람들이 독서 치료에서는 치료 프로그램에 자발적으로, 그리고 창의적으로 참여한다는 의미의 '참여자'라는 명칭을 쓴다. 이러한 명칭 뒤에는 이들이 스스로 치유과정을 자기 의지적으로 참여하고 일체의 치유 과정을 다른 참여자들과 공유하고 동참한다는 의미가 녹아 있다. 그러한 이유로 독서 치료는 개별 치료의 형태보다는 그룹 치료의 형태를 기본 구조로 한다.

이처럼 참여자는 책을 읽으면서 동시에 스스로를 모든 것으로부터 자유롭게 하는 몰입이나 소산 및 카타르시스의 과정을 경험하게 되는 것이다. 궁극적으로 독서 치료에서 우리가 얻고자 하는 것은 참여자 스스로 자신이 살아 온 삶을 고통이나 상처로 보는 것을 넘어서 삶의 활력으로 전환하도록 하는 것이다. 이러한 과정으로 전환하기 위해서 독서 치료에서는 참여자가 다양한 책을 통해 독서 치유적 힘 내지 언어적 보상을 받는 방법을 스스로 터득하도록 도와야 할 것이다.

이와 같이 문학이 작품분석을 통한 해석의 과정이라면 독서 치료에서의 텍스트 읽기와 공감 과정은 자아 발견의 과정이자 자아 존재의 확인이라 할 수 있다. 예를 들어 이야기를 끝까지 읽었을 때 서사의 여운이나 주요 의미가 독자의 삶의 맥락으로 발전되거나 몰입의 상황을 줄 수도 있다. 이처럼 독서 치료에서는 참여자나 환자의 삶을 매우 중요한 변인으로 보며 이것이 책을 읽는 과정에서 다양한 기억 작업을 가능하게 한다고 본다.

무엇보다도 독서 치료에서의 실제 적용은 참여자나 환자가 책을 읽어가는 과정이나 해석의 권한을 스스로 갖도록 해주는 데 커다란 의의를 둔다. 왜냐하면 우리나라의 교육 정서상 책을 읽고 해석하는 권한이 대부분 어떤 구조나 틀 안에서 실행되어 왔다고 보기 때문이다. 따라서 참여자 스스로가 해석의 권한 및 자율권을 갖는 것은 독서에 대한 즐거움이나 상상력을 불러일으키는 데도 많은 도움이 될 수 있다고 본다.

1.3. 독서 치료 실제 사례

일반적으로 전통적인 게슈탈트 심리치료나 정신분석에서는 정신병, 신경증, 성격장애 등 다양한 정신질환이 가진 심리적 병리학(Pathogenese)에 주안점을 두고 그 치유적 힘을 찾아가는 것이 원칙이나, 독서 치료에서는 인간이 가진 창의적인 힘과 타고난 감각을 최대한 활용하는 건강학(Salu-togenese)이 치유의 출발점이다. 이것은 마치 우리가 평소 안 쓰던 ─ 두 팔과 두 다리의 ─ 근육을 써서 드럼이나 스포츠 댄스를 배우고 푸른 하늘을 보면서 하늘의 이미지를 색으로 표현하거나 몸으로 재현하는 원리와 유사하다. 다시 말해 인간이 가진 모든 감각을 총동원하여 표현 가능한 것(의식적인 것)에서부터 표현 불가능한 것(무의식)에 이르기까지를 포괄한다는 의미를 지닌다. 이러한 특성으로 인해 독서 치료는 기술 및 원리적 측면에서 보면 독서행위 이론 및 인지 행동 치료의 영역에 속하며 21세기의 현대인이 살아가야 할 새로운 활로의 모색이나 인간학적 가치를 탐색한다는 차원에서 보면 인문치료(Humantherapie)에 속한다 하겠다.

독서 치료 영역은 얼핏 보면 이론이나 기술을 통해서 전해지는 것 같아보여도 실상을 좀 더 자세히 들여다보면 사람을 통해 전수되는 속성을 가지고 있다. 그래서 누구에게서, 언제, 어디서, 어떻게 배웠는지가 관건이다. 아울러 독서 치료의 기본 입장은 "읽기의 힘"이 가져다주는 생성적 치유력에서 출발한다. 다시 말해 독서 치료의 과정에서 참여자들이 만들어내는 창의적이고 자유로운 이해 및 공감 정서가 참된 치유력을 줄 수 있다고 보는 것이다. 이처럼 독서 치료는 참여자들이 치료의 과정에서 다양한 문학 텍스트를 읽고 그것을 다른 참여자들과 함께 공감함으로써 스스로도 예상치 못한 치유 및 치료적 활력을 얻을 수 있다. 이런 관점에서 독서 치료의 실제 사례를 살펴보는 것은 매우 흥미롭다 하겠다.

1.3.1. 아동 및 청소년의 정서 행동 장애 사례

독서 치료나 표현 예술치료와 같은 휴먼 테라피 영역에서는 아동 청소년의 정서 행동 장애를 정신건강학이나 심리치료에서 정의하는 심리적 병리적 관점에서 보는 것과는 달리 인간 발달과정에서 유발되는 일종의 건강학적 성장 과정의 일환으로 보는 것이 일반적이다. 다시 말해 아동 청소년의 정서 행동 요인을 인간 발달 및 성장의 긍정적인 변인으로 본다. 따라서 독서 치료에서는 이들의 정서 행동 측면을 병리적 요소로 다루기보다는 건강학적인 측면을 부각시켜 자연 치료적인 방법으로 전환하는 것이 특징이다. 물론 정신 건강학에서 아동 및 청소년들을 진단하고 처방한 내용들은 아동 및 청소년들의 독서 치료적 접근 및 방법을 결정하는 주요 협업 자료가 되어야 한다는 점은 매우 중요하다. 이러한 협업이 아동 및 청소년들을 지지하는 데 더 효과적인 활력을 가져다줄 수 있기 때문이다. 이처럼 독서 치료영역에서는 이들을 어떠한 대상으로 정의하는가 하는 점이 치료의 주요한 출발점이 될 수 있다.

최근 우리나라의 아동 및 청소년의 정서 행동 장애에 관한 보도 자료들을 살펴보면 이들의 상황이 매우 심각하다는 것을 알 수 있다. 예컨대 이들의 정서 행동 장애, 즉 우울증이나 주의력 결핍, 과잉 행동장애(ADHD), 인터넷 중독 등의 문제는 점차 증가하는 추세이지만 아동 및 청소년의 정서 행동 장애에 대한 인식의 부족이나 입시 중심의 교육환경으로 인해 독서 치료적인 접근이나 개입이 별 진전을 보이지 못하고 있다고 해도 과언이 아니다. 우리나라의 건강보험 통계연보에 따르면 아동 및 청소년의 정신질환 발생비율은 2002년 아동 1,000명당 10.3명에서 2005년 14.7명으로 42.7%로 증가하였고 1~9세 아동의 경우도 10.9명에서14.4명으로 32.1% 증가하였다(국민건강보험공단, 2002년~2005년 연도별 건강보험 통계연보).

Wicks-Nelson & Ksrael(1991)의 정서 행동 장애에 대한 정의에 따르면 아동 및 청소년들이 일상의 사회적 규범이나 사회나 가족의 기대에서 일탈한 정서 및 행동이나 자신을 포함한 다른 사람들을 괴롭히는 정서 행동을 의미한다. 이에 대한 사례들은 아동 및 청소년의 실제 사례가 아니더라도 문학 속에서 종종 등장한다. 예를 들어 최근 청소년 도서로 주목을 받았던 소설, 『아몬드』에서 곤이라는 소년 인물을 우리는 정서 행동 장애의 대표적인 인물로 볼 수 있겠다. 유복한 부모 밑에서 성장하던 곤이라는 인물은 어릴 때 실종되면서 서사의 절정 파트에 재등장하는 소년으로 이때 그가 보이는 행동은 우리가 흔히 정서 행동 장애로 진단된 아동 및 청소년들의 전형적인 외연이라 하겠다.

본 소설에서 소년, 곤이라는 인물은 서사가 진행되는 동안 여러 행동들을 보이는데 그의 행동들을 자세히 분석해보면 정서 행동 장애를 보이는 면도 있지만 동시에 공격적인 측면도 가지고 있다. 이처럼 소설 속에 나타난 곤이라는 인물의 행동들은 경우에 따라서는 정서 행동 결핍을 보이는가 하면 경우에 따라서는 매우 공격적인 특징을 보이기도 한다. 우여곡절 끝에 돌아온 아버지의 집은 그에게 낯설기만 하다. 특히 그는 스스로를 '잘못 찾아온 잡동사니'라고 생각하며 매우 낮은 자존감을 보인다. 그는 주변의 시선이나 외적인 면을 고려하는 아버지에게 어릴 때 받았던 정을 느끼기보다는 오히려 자신의 정서적인 면을 무시당한 느낌을 갖는다.

이러한 경우 독서 치료에서는 아동의 상황을 학업적으로 도와야하는 상황으로 보기보다는 정서적인 면에 비중을 두는 것이 바람직하다. 독서 치료적 방법론으로 아동 및 청소년들에게는 성인들과는 달리 책읽기와 창의적인 활동을 융합적으로 접목하여 시도하는 것이 매우 효과적이다. 이러한 방법은 아동 및 청소년기의 아이들이 자신들의 잠재력을 키워나갈 수도 있고 다양한 능력들을 동시에 표현할 수 있다는 장점이 있다. 예를 들어 책을 큰 소리로 낭독하게 한다거나 책을 읽고 느낌을 그림으로 표현하게 하여 창의적인 서사를 이야기하게 하는 방법도 적절하다고 본다.

이와 같이 아동 및 청소년들의 정서 행동 장애를 완화하고 돕는 독서 치료의 특징은 무엇보다도 즉흥적이고 놀이 형식에 주안점을 두고 프로그램을 구조화해야 한다는 것이다. 아동 및 청소년기의 참여자들은 리듬, 동작, 소리, 그림 및 이미지 그려보기, 느낌을 찰흙으로 모양 만들기 등을 선호한다. 가령 이들의 또래 아이들이 선호하는 매체(게임, 랩, 유투브, K-Pop, 카툰이나 웹툰, 핸드레트링Handlettering 등)를 접목하여 융합적 접근 방식을 쓰는 것이 효과적이다. 특히 요즘 아이들이 좋아하는 웹툰의 만화나 스토리들은 아동 및 청소년의 초기 독서 능력을 키워갈 수 있는 좋은 길잡이가 될 수 있다.

다음의 표는 아동·청소년들의 자기 성장 및 인지 능력을 향상하기 위한 독서 치료 프로그램 사례이다. 다음의 표에서처럼 아동·청소년들의 정서

표 9-1 | 정서 행동 유행에 따른 치료 절차와 도서 목록

독서 치료 회기		인물 유형 정서 행동장애	독서 치료 과정 및 절차	독서 목록
도입	1	바틀비 부정적 정서와 강박 반복행동	■ 프로그램 소개 및 텍스트 장면 낭독 ■ 치료사 1회, 참여자 1회 낭독	■ 허먼 멜빌 『필경사 바틀비』
	2	안톤 절망과 좌절	■ 작중 인물 정신건강 상태 이해와 재구성 ■ 유사상황 그룹작업	■ 모리츠의 『안톤 라이저』
작업	3	미하엘/한나 기억작업	■ 절망과 좌절, 자해 및 자살 심리탐색 ■ 예방과 극복의 방안 함께 모색하기	■ 슐링크의 『책읽어주는 남자』
	4	한스 죽음 기억의 반복	■ 작중 인물의 심리 이해 및 포착하기 ■ 참여자의 간접 소망과 행동 표현하기	■ 헤세의 『수레바퀴 아래서』
마무리	5	곤이 사고의 전환 및 자기 성장	■ 개별글쓰기 이후 그룹 낭독 및 상호 긍정적 피드백하기	■ 손원평의 『아몬드』

행동 유형에 따라 다양한 독서 목록이나 치료 절차가 제안될 수 있다.

1.3.2. 아동 및 청소년의 공격성에 관한 사례

아동 및 청소년의 공격성이 보이는 특징은 인간 발달적 측면에서 보면 매우 복합적이라 하겠다. 이들의 행동 유형은 단일적 특징을 배경으로 하기 보다는 여러 유형적 특징들을 동시에 갖는다. 다시 말해 공격성을 보이면서 동시에 정서 행동 장애 유형을 보이는가 하면 정서 행동 장애 유형을 보이면서 동시에 공격성을 보이는 경우가 다반사이다. 예를 들어 정서 행동 장애 특징으로 소개된 곤이라는 소년 또한 공격성과 정서 행동 장애를 동시에 보이는 대표적인 인물이다. 그는 공격적인 행동을 보이면서 주변 사람들로부터 끊임없이 결핍된 정서적 교감을 요구한다.

이는 아동 및 청소년의 공격성이 결국 이들의 성장 및 발달 과정에서 충족되지 못한 정서적 결핍에서 유발된다는 것이다. 곤이라는 소년인물

은 실제 부모로부터 실종된 이후 대림동 쪽 방촌에서 중국인 노부부와 살았는데 "몇 년간 그 애는 집 밖으로 나가 본 적이 없다"고 하며 출입국 관리소에서 검문을 나오면서 노부부는 자취를 감췄고 곤이는 이 집 저 집을 전전하다가 아동 보호 시설로 보내졌다. 곤이라는 소년은 한동안 보호 시설에서 지내다가 이런 저런 사고를 쳐서 소년원을 들락거리기 시작한다. 이와 같이 소설에서 보면 곤이라는 소년에게는 그의 정서적인 부분을 제대로 충족시켜줄 만한 환경이 없다.

그 외에도 아동 및 청소년기의 공격성은 이들이 자라 온 환경, 즉 가족이나 부모로부터 일차적 공격을 경험한 데서 비롯된다는 것이 일반적이다. 다시 말해 아동 및 청소년의 공격성은 내면에 만연된 공격성에 대한 자기 공격이거나 타인에 대한 공격이라 할 수 있다. 이를 독서 치료에서는 세대를 걸쳐 이어지는 '감정 유산(Gefühlserbschaft)'으로 정의한다. 여기서는 이들의 감정 유산이 어디에서 연유하고 있는지를 제대로 이해하고 공감하는 것이 매우 중요하다.

가령 『아몬드』에서의 곤이라는 소년이 윤재라는 친구를 만나면서 그의 행동이 처음에는 무차별 공격성으로 표출되지만 점차 이들 간의 우정이 싹트고 공감대가 형성이 되면서부터는 완화되는 경향을 보인다. 이처럼 아동 및 청소년의 공격성은 이들이 건강한 정서가 마련이 될 때까지 신뢰하고 인내하는 것이 매우 중요하다. 왜냐하면 이들에게는 너무나 많은 삶의 시간이 기다리고 있기 때문이다. 하지만 우리 사회의 대부분은 이들의 공격성을 일찌감치 문제시한다거나 범죄시하여 이들이 새로운 삶을 선택하는 데 별 도움을 주지 못하고 있는 실정이라 하겠다.

1.3.3. 아동 및 청소년의 자해 및 자살 충동 사례

최근 많은 아동 및 청소년들이 일상에서 여러 형태로 정신건강의 위기를 겪고 있으며, 이러한 불안정한 심리적 상황이 종종 반복적인 자살이나 자해 시도로까지 이어지는 현상이 광범위하게 나타나고 있다. 독서 치료는 아동 및 청소년들이 이러한 상황을 극복하기 위한 하나의 방안으로 책 속의 유년 인물들을 체험하게 함으로써 스스로 심신의 건강 및 생명 존중의 의미를 발견하도록 유도할 수 있다. 우리 사회의 아동 및 청소년들은 이들의 부모 세대가 비록 물질적 측면에서는 큰 성장을 이루었으나, 대다수는 삶의 거의 모든 단계에서 정신적 행복감을 느끼지 못하며 자신과 타인의 생명에 대한 존중 의식이 약해지고 있다는 상황에 봉착해 있다.

최근 연구에서도 알 수 있듯이 우리나라 젊은 세대, 특히 대학생들에게 정신건강의 위기는 종종 자살 시도로 이어지며, 실제로 3%에 해당하는 이들이 자살 시도를 하기도 한다(최명식, 2007; 김정연, 2012). 실제로 2018년 통계에 따르면 대학생이 포함된 20대의 사망원인 1위는 자살(고의적 자해)로 나타났음을 알 수 있다. 따라서 독서 치료에서는 이러한 위기 상황의 원인이 아동 및 청소년기의 자아 정체성 확립이 제대로 정립되지 않은 것에 있다고 보고, 이런 자아 정체성을 성인이 되어가는 과정에서 다시금 되돌아보고 단단하게 하는 작업이 요구된다고 본다. 무엇보다도 독서 치료에서는 이들이 자살 및 자해 사고를 반복적으로 시도할 즈음에 사전 예방책으로 다양한 상담 및 치유 방안을 실행한다.

이에 대한 문학 텍스트 사례로는 오스트리아 작가, 아르투어 슈니츨러의 독백 단편 Monolog Novelle, 『엘제 양 Fräulein Else』에서 기술된 엘제의 서사를 자해 및 자살하는 아동 및 청소년으로 들 수 있다. 이 단편의 서사는 이야기의 시작부터 그녀의 어린 시절을 회상하는 독백과 대화 내용이 서로 교차하는 방식으로 구성되어 있다. 또한 그녀가 유년 시절 이후 지속적인 관련을 맺어온 가족과 주변 사람들에 대한 회상 내용은 대부분 부정적인 것이 주를 이루는 것이 특징적이다. 예를 들어 엘제는 어린 시절을 떠올리면서 그런 회상이 부질없다고 말하면서 동시에 회상을 하는 행동을 반복한다.

"정말로 사랑에 한 번 빠졌던 땐 열세 살이었어. 반다이크에게 ─ 아니 아베 데 그뤼외에게 더 홀딱 반했었어, 그리고 베나르드란 여가수에게도. 그리고 내가 열여섯 살 때에는 뵈르터 호수에서. ─ 아 아냐, 그건 아니야.

지난 일을 생각하면 뭐 해, 회상록을 쓰는 것도 아닌데(백종유(옮김),『엘제 아씨(2010)』, 24).

그뿐만 아니라 과거 회상을 통한 그녀의 반복적 기억 행위는 그녀를 둘러싼 주변 인물들과 대화를 나누는 순간에서도 직접적인 대화의 내용보다는 자신의 내면 독백으로 표출되고 있다. 사실상 그녀의 대화문 사이사이에 채워진 독백들은 평소에 그녀가 대화의 상대에게 가졌던 진심의 표출로 대개 부정적인 평가들이 주를 이룬다. 그 밖에도 그녀의 독백 속에는 서사의 결말에서 드러나는 일들이 "아아, 나도 피어보지도 못하고 저렇게 시드는 건 아닐까(백종유(옮김),『엘제 아씨(2010)』, 27)", "마흔다섯 살 땐 난 어디에 있을까? 아마 오래전에 죽은 사람일거야. 차라리 그랬음, 좋겠어(백종유(옮김),『엘제 아씨(2010)』, 28)", "난 불행한 사랑을 못 견딘 나머지 자살한 것으로 되었음 좋겠어, 아니면 불행한 사랑을 스스로 선택한 나머지(백종유(옮김),『엘제 아씨(2010)』, 30)"라는 표현들에서 이미 예견되고 있는 것을 알 수 있다.

주위엔 온통 슬픔이. 아, 아니야 주변이 슬픈 게 아니라, 이렇게 사는 꼬락서니가 슬픈 거지. 난 멍청하게 창문턱에 앉아 있고, 아빠 감옥에 갇혀야만 한다. 안 돼. 절대 안 돼. 그렇게는 안 돼. 내가 아빠를 구출하겠어. 그래요 아빠, 내가 아빠를 구해줄게요. 정말 간단하잖아요. 몇 마디 말만 논샬랑/천연덕스럽게 지껄이면 되잖아요, 이건 정말 내 주특기가 아니겠어요, 난 '자존심이 대단하니까,' – 흐 아하, 내가 도르스데이 씨를 요리해서 우리에게 돈을 빌려주는 것이 그의 명예가 되도록 만들어보겠어요. (백종유(옮김),『엘제 아씨(2010)』, 37)"

엘제의 경우는 그녀가 성장하는 과정에서 부모와의 관계가 부정적으로 이어져 온 경우라고 할 수 있다. 이러한 상황을 상담학이나 심리학에서는 아이가 아동기 시절부터 긍정적인 애착 관계를 형성하지 못한 것의 결과로 보고 있다. 예를 들어 독일의 심리학자인 위르겐 베티히는 아동기의 애착이 긍정적이었나 혹은 부정적이었나 하는 것이 매우 중요하다고 보고 "많은 심리적인 질병들은 그 원인이 유년시절에 있다. 특히 부정적인 애착 경험들은 성인이 된 뇌에 '스트레스 흔적, 상처, 흉터'를 남긴다(Wettig 2006, S. 455)"고 강조하고 있다.

여기에 대한 텍스트 장면들은 엘제가 아버지의 빚으로 인해 어린 시절부터 고통을 받는 상황이라든가 가족에 대한 강한 애착으로 인해 이러한 상황을 벗어나 "완전히 다른 인생"을 시작하고 싶어도 그렇게 하지 못하는 양가감정을 잘 나타내고 있다.

> "그래 완전히 다른 인생을 시작하는 거야. 우리 모두 다시 시작해야만 해. 이런 식으로 계속 살아선 안 돼. 내가 한번 진지하게 아빠와 얘기해보겠어. - 그래 아직도 그럴 시간이 있다면 그래야만 해. 정말로. 난 왜 한 번도 그런 생각을 못했을까. 말도 안 되는 농담이나 주절대다가 우리 집구석은 완전 망조가 들었어. 그 누구도 농담할 기분은 사실 아니었는데. 우리는 모두 다른 사람에 대해 마음속으로 불안해하고, 모두가 외로워(백종유(옮김), 『엘제 아씨(2010)』, 47)."

엘제는 어린 시절부터 아버지에 대한 강한 애착과 연약한 어머니를 바라보며 자란 환경에서 잦은 빚 탕감을 원하는 부모의 욕구를 즉시 해결하지 못하는 자신을 스스로 탓한다거나 이에 대한 죄의식을 가지는 것은 물론, 정작 자기 자신에 대한 삶이나 가치에 대해서는 스스로를 비하하는 감정을 보인다. 그녀가 늘어놓는 독백 내용에서도 잘 드러나 있듯이 그녀는 부모를 떠나 시골에서 정착을 하고 안정적인 사람과 결혼도 하고 싶어한다. 그렇지만 이러한 생각도 결국 아버지라는 존재로 인해 체념상태에 빠지게 된다. 이러한 그녀의 삶은 반복적인 과거 기억의 반추 행위 속에서 점점 더 비극적으로 변해간다. 여기서 흥미로운 점은 엘제가 유년 시절 이후 줄곧 이러한 상황을 반복적으로 경험하고 되새김하고 있다는 것이다.

이제 그녀가 아동 및 청소년기를 지나 성인으로 가는 과정에 놓여 있음에도 불구하고 과거에 대한 그녀의 행동은 상황을 전환하거나 변화를 꾀하는 방향으로 나아가지 못하고 있는 것을 알 수 있다. 무엇보다도 이러한 상황은 그녀 스스로가 가족에 대한 강한 애착에 고착되어 있음으로써 점점 더 악화된다.

숲도 그리고 산도 그리고 저 별들도. 어쩜 이토록 아름다운 노랜 지금까지 들어본 적이 없어요. 이렇게 밝은 밤은 여태껏 본 적이 없고. 손을 이리 줘요, 아빠. 우리 같이 날아가봐요. 날아다닐 수 있으니 세상은 너무너무 아름다워요(백종유(옮김), 『엘제 아씨(2010)』, 127).

위의 독백에서도 잘 나타나 있듯이 아버지에 대한 과도한 애착 관계가 약물에 의지한 환각 상태에서 오히려 더 도드라지게 재현되고 있다고 볼 수 있다. 이처럼 우리는 엘제의 사례를 통해 가족과의 부정적인 애착 관계가 아동 및 청소년들에게는 과도한 심리적 스트레스로 작용할 수 있다는 것을 잘 알 수 있다.

1.3.4. 중년기 우울 및 불안에 관한 사례

중년기(Middle Age)의 우울 및 불안은 매우 자연스러운 현상이다. 인간이면 누구나 중년기에 접어드는 경험을 한다. 특히 중년기에는 우선 신체적 변화가 감지되면서 경제 및 사회적 변화 또한 동반이 되는 것이 특징이다. 그렇지만 이러한 자연스러운 삶의 과정을 별 문제 없이 보내는 사람들이 있는 반면, 불면과 좌절을 경험하면서 우울 및 불안에 빠지는 경우도 종종 있다. 또한 이들의 우울 및 불안에는 반드시 원인도 그 속에 내재해 있다. 따라서 독서 치료에서는 이들의 마음 속 자아를 신중하게 성찰하고 재설정하는 일을 우선적으로 하는 것이 유익하다. 예를 들어 아동 및 청소년기의 아이들과는 달리 많은 독서 매체를 제시하기보다는 이들이 '살아온 삶(The lived Life)'속으로 들어가는 작업을 하는 것이 필요하다. 다시 말해 이들을 위한 독서 치료에서는 글감 정도로 독서 매체를 제시하여 이것을 토대로 글을 쓰는 과정이 요구된다.

중년기의 우울 및 불안에는 여러 가지 원인들이 있을 수 있기 때문에 우선 그 원인에 초점을 두기보다는 '지금-여기'에 처한 중년으로서의 나 자신에 대한 연구가 매우 중요한 과정 중의 하나라고 할 수 있다. 과연 '나는 나 자신에 대해 얼마나 알고 있는가?' 혹은 '나는 누구인가'에 초점을 두고 살아온 동안의 전반, 즉 자신의 삶과 관련된 모든 것을 되돌아보는 작업이 필요하다. 예를 들어 현재 가족이 나에게 주는 의미나 결혼 생활 및 주변 사람들과의 대인 관계, 성취한 것들 등을 주제별로 표현해보는 작업도 도움이 될 수 있다.

이때 독서 치료에서는 오규원의 '가끔은 주목받는 생(生)이고 싶다' 같은 시를 낭독하고 참여자가 원하는 대로 패러디 시를 짓게 하는 방법도 제안할 만하다.

경우에 따라서는 서정주 시인의 '자화상'을 모토로 참여자 스스로의 자화상을 그려보면서 이를 시로 옮겨보아도 다양한 생각들이 만들어질 수 있다. 독서 치료에서 중년기의 여성 및 남성들에게는 단편이나 소설 매체보다는 간명한 이미지나 의미가 즉시 떠오를 수 있는 시 텍스트들이 활용도가 높다. 우선 시라는 매체는 삶이라는 이미지를 그대로 담고 있는 경우가 많아서 의미적으로도 정서적으로도 공감도를 높여줄 수 있는 특징을 가진다. 그리고 모방시나 패러디 시를 적어보는데도 시라는 매체가 매우 용이하다.

이러한 측면에서 독서 치료에서 활용되는 시 매체는 독서 교육에서 활용되는 면과는 다소 거리가 있다고 하겠다. 무엇보다도 독서 치료에서는 의미를 통해 이미지가 즉시즉시 발생할 수 있어야 참여자들이 자기화를 할 수 있다. 따라서 독서 치료에서의 시 텍스트는 복잡하거나 긴 행으로 된 것보다는 이미지가 간결하고 의미가 명확한 것이 좋다.

그 외에도 중년기의 우울 및 불안을 완화하기 위한 독서 치료에서는 현재까지 살아온 자신의 삶에 대한 자긍심을 갖게 하는 것이 필요한데 이를 위해서는 이들이 살아온 과정에서 힘든 일을 어렵게 극복한 일, 아이들을 잘 키워낸 일, 가족의 건강을 잘 유지해온 일, 직장에서 맡은 바를 충실히 해온 일 등 긍정적인 성취 목록을 작성하는 것도 많은 도움이 된다. '성취 목록 리스트'를 만들어 본다든가 중년기 이후 노년기를 대비하는 목록 등을 만들어보는 것도 향후 삶을 살아가는데 분명 활력이 될 수 있을 것이다.

2. 독서 상담의 실제

2.1. 독서 상담과 건강한 삶

독서 상담에서 다루는 문학이나 독서물에는 대개 '문제적 개인'이 녹아 있다. 여기서 문제적 개인은 인간이 일상에서 봉착하게 되는 다양한 상황을 경험하게 되는데 이때 이들이 경험하는 상황은 가족, 친구, 주변 사람들과의 관계 양상을 보여준다. 이것이 독서 상담에 책, 즉 독서물이 사용될 수 있는 근거가 된다 하겠다. 뿐만 아니라 독서 상담이란 독서, 즉 책을 매개로 한 상담 행위로써 그 자체가 융합 및 소통적 의미를 갖는다. 다시 말해 독서 치료사가 제시하는 책을 읽음으로써 마음 속 심층에 내재한 근심과 걱정, 두려움 등에서 벗어나 일체의 감정을 소산하는 효과를 얻을 수 있다고 보는 것이다. 일반적으로 우리가 독서 상담이라고 하면 상담의 문제를 해결해주는 독서 행위를 통해 이러한 효과를 얻을 수 있다.

따라서 상담의 목적이 인간의 문제를 해결해가는 것이라면 독서 행위를 활용한 독서 상담에서는 독서물을 통한 문제 해결의 열쇠를 찾아가는 노정으로 볼 수 있다. 우리가 읽는 독서물, 즉 문학작품 속에는 인물들이 삶의 고통이나 문제를 풀어가는 실마리들이 던져져 있다. 무엇보다도 우리 인간이 삶 속의 다양한 관계들로 인해 고통을 받고 이를 상담하려고 한다면 우리는 독서를 통해 우리 삶이 가진 관계의 난맥상을 작중 인물들의 문제 해결 과정을 통해 풀 수 있는 묘안을 얻을 수 있을 것이다. 따라서 독서 상담에서는 일상에서의 삶의 모든 문제들을 단순히 문제로 보기보다는 삶 자체가 문제들을 포괄한다고 보고 이러한 문제조차도 삶의 일부로 간주하는 것이 특징이다. 그러므로 독서 상담에서는 우리 삶을 둘러싼 모든 환경이 상담 주제가 될 수 있다.

2.2. 독서 상담의 실제 적용 방법

독서 상담은 문학작품을 매개로 한 상담을 말한다. 독서 상담은 인간의 정신 심리적인 안정과 인간관계에서의 갈등이나 삶의 문제를 해결하고, 내적인 성장과 성숙을 도와준다. 나아가 문학적 요소를 가진 다양한 예술 활동까지 텍스트와 독서활동으로 간주하고 이를 융합하여 독서 상담에 적용할 수 있다. 그러므로 독서 상담의 실제 적용은 독서치료사가 책과 시, 예술작품, 예술 활동을 매개로 하여 개인과 집단의 치유와 성장에 활용한다.

독서 상담의 실제 적용 방법은 상담의 과정과 단계로 볼 수 있다. 첫째, 독서 상담의 과정은 하인즈와 하인즈 베리에 의하면 '인식(recognition), 고찰(examination), 병치(juxtaposition), 자기 적용(application)'으로 진행된다. 인식은 자료에 내포되어 있는 의미를 내담자가 지각하는 것을 말한다. 등장인물이 된 것처럼 공유하는 것이다. 고찰은 문학작품을 자세히 살펴보는 것으로, 정보인식을 넘어 사고과정으로 들어가는 것이다. 앞서 인식한 것에 대한 감정에 대한 반응이 어떤 의미를 주는지 탐색한다. 병치는 인식한 반응과 고찰한 인상을 나란히 놓고 대조하여 문제 해결을 위한 다양한 방법을 생각하는 창의적 사고 과정이다. 자기 적용은 작품을 통해 경험한 다양한 감정과 사고, 창의적 사고, 문제 해결에 대해 대입시켜 보는 것이다.

둘째, 독서 상담의 방법으로 Doll & Doll(1997)은 다섯 단계를 제시했다. 그 5 단계는 ① 자료 선택 ② 자료 제시 ③ 이해의 조성 ④ 추후 활동 ⑤ 평가 등으로 구성된다. 자료 선택 이전에 내담자와 신뢰 관계를 형성하고 심리검사를 하고 문제를 파악한다. 그리고 내담자의 수준에 맞으며 문제 해결을 제공할 수 있는 자료를 선택하여 제시하고, 내담자가 책에 나오는 주인공들과 중요한 문제들을 검토하는 것과 해결책으로 인한 결과와 주인공과 비슷한 점들을 볼 수 있도록 도와준다. 그러나 집중력이 부족하고 증상의 심한 정도에 따라 책을 권하는 것이 내담자에게 오히려 부담이 될 수 있기에 상황에 따라 적절히 대응하도록 유의한다. 독서 상담에서는 가능한 임상적 적용보다 발달 차원에서 적용하는 것이 바람직하다. 이후 내담자가 적절한 활동을 할 수 있도록 결정을 내리게 격려한다. 성공 가능한 합리적인 계획을 실천하도록 도와준다.

2.3. 독서 상담의 실제 사례

2.3.1. 아동 및 청소년의 애착 관계 증진 사례

영국의 정신분석학자, 볼비(Bowlby)에 따라 애착은 주 양육자와 영아 사이의 관계 형성에서 정서적 친밀감의 결속 정도를 말한다. 안정적으로 애착을 형성한 아동은 빨기, 울음, 미소, 매달리기, 따라다니기와 같은 초기 사회적 신호체계 및 물리적 접촉 행동을 통해 애착 대상을 안전기(security base)로 삼고 위안을 얻게 된다. 영아를 포함한 아동 및 청소년 시기의 긍정적인 애착 관계는 이들이 삶을 살아가는 데 매우 중요한 변인이 될 수 있다.

영아는 스트레스 상황에서 새로운 주위 환경에 대해 불안해하고 거부감을 갖기보다 애착 대상을 안전 기지로 삼아 호기심을 가지며 탐색할 수 있게 된다. 이후 영아는 애착 관계 형성의 유형에 따라 자신과 타인, 그리고 세상에 대한 인지적 상들을 발달시키게 된다. 이는 내적 작동 모델로서, 친밀한 대인 관계 및 전반적인 사회적 관계에 영향을 미친다. 아울러 정서적 안정 및 조절, 자기 조절과 대인 관계의 토대가 된다.

메리 에인스워스(Mary Ainsworth)는 유아의 애착을 평가하기 위해 '낯선 상황 실험'을 했다. 이 실험에서는 낯선 상황에서 낯선 사람과 남겨질 때와 후에 어머니가 돌아올 때 유아의 반응이 평가된다. 애착의 유형은 어머니가 떠나고 다시 돌아올 때 정상적인 슬픔 및 행복함을 보이는 안정(secure) 애착, 어머니에게 매달리면서도 어머니가 다시 돌아왔을 때 분노하는 양가적(ambivalent) 애착, 그리고 어머니가 돌아왔을 때 무시하는 회피(avoidant) 애착으로 나뉘었다. 양가적 애착과 회피 애착은 불안정(insecure) 애착의 한 유형으로, 불안정 애착 유형은 자기 영속적인 특성을 지닌다. 애착에 대한 많은 연구들에 의하면, 영유아기에 안정 애착을 보인 이들은 그렇지 않은 이들보다 학업 성취도가 더 높고, 친구 관계 및 이성 관계에서 안정된 모습을 보인다.

따라서 특히 친구관계에서 친밀감을 형성하지 못하고 불안하거나 불안정 애착을 보이는 아동 청소년은 독서 상담을 통해 외롭고 불안한 감정을 해소하고 독서치료사와 애착 관계를 형성하는 연습을 할 수 있고, 애착관계를 증진시킬 수 있다. 아울러 독서 과정에서 치료사가 보이는 아동 및 청소년에 대한 신뢰나 안전함 또한 이들이 삶에 대한 애착이나 활력을 찾아가는 데 매우 중요하며, 이들이 스스로 자신에 대한 소중함과 애정을 되찾을 수 있도록 도울 수 있다. 따라서 독서 상담에서의 초반부는 독서 매체를 직접 읽거나 읽고 글을 쓰는 방법보다는 이들 마음에 만성적으로 남아있는 스트레스나 억압, 불만들을 표출하는 그림 그리기라든가 이야기 들려주기를 통해 다음 과정을 상상하는 등의 간접적인 방법들이 효과적이다.

아동 및 청소년의 애착 관계를 독서 상담을 통해 개선하거나 증진한 사례를 소개해보면, 15세의 한 여아 청소년은 태어나면서부터 부모님의 이혼으로 엄마와 떨어져 살게 되었다. 할머니가 키우다가 형편이 어려워져 시설로 보내게 되었으며 그 과정에서 주 양육자가 몇 번 바뀌었고, 다시 친아버지가 초등학교 2학년부터 맡아 키웠으나 돌봄을 받기는커녕 오히려 학대를 당하였다.

여아는 4학년 때 결정적으로 아버지의 폭력 이후로 다시 시설에서 살게 되었다. 여아는 시설에서 학교를 다니고 있으나 학업에 집중이 어렵고 외모에만 신경을 쓰며, 신경이 예민하고 날카로웠고 친구들과 갈등이 잦았다. 또한 같은 반 친구를 따돌리며 괴롭히기도 하여 학교 폭력에까지 이르렀다.

그러나 여아는 학교 위클래스에서 책과 시를 읽고 쓰면서 심리적 변화와 삶의 변화가 생기기 시작하였다. 독서치료사와 주기적인 만남을 통해 대화 속에서 관심과 공감을 『아낌없이 주는 나무』 그림책을 읽으며 감동을 받고, 자신도 이제 친구를 괴롭히지 않고 나무처럼 누군가에게 도움이 되고 싶다는 희망이 생겼으며 그것은 사랑이라는 통찰까지 하게 되었다. 그리고 마지막 노인이 나무 등걸에 초라하게 혼자 앉아 있는 모습을 보고 자신의 외로운 모습을 보기도 하고 나이 들어서 홀로 외롭게 지내고 싶지 않다고 하며 친구들과 잘 지내고 싶다는 마음도 갖게 되었다.

김춘수의 시 〈꽃〉을 읽으며 자신의 이름을 불러주는 것에 대해 공감과 새로운 감동을 받으며 기뻐하는 모습을 보였다. 그리고 자신의 소중함을 깨달았다. 비록 부모에게 버려지고 학대를 당했어도 자기 자신은 자기를 버리지 않고, 포기하지 않기, 존중하며 학대하지 않기로 깨달았다. 그리고 자신에게 '천사'라는 새로운 이름도 붙여주며 천사처럼 살고 싶다는 변화도 보였다. 독서 상담을 통해 여아는 처음보다 우울이나 불안감이 낮아지고 심리적인 안정감을 점차 찾아갔다. 이후로 계속해서 독서치료사와 친밀감을 형성하며 애착 관계를 1년간 유지했고 나아가 학업에도 전보다 관심을 보이며 더 이상 친구들을 괴롭히지 않았다. 또한 친구들과의 관계도 더욱 좋아지게 되었다. 이렇듯 어릴 때 형성된 불안정 애착이라 할지라도 독서 상담을 통해 애착관계가 증진될 수 있다.

2.3.2. 아동 및 청소년의 자존감 향상 사례

아동 및 청소년의 자존감은 어린 시절부터 생겨난다. 스스로 무엇인가를 할 수 있을 때 자존감이 생긴다. 밥을 먹을 때, 숟가락을 잡고 먹으려고 할 때부터 일상에서 무엇인가를 스스로 선택하고 결정하며 성취할 때 자존감은 높아진다. 그러나 대부분의 엄마들은 아이가 밥을 스스로 먹으려고 할 때 흘리고 묻히며 아이와 주변이 지저분해 지는 것을 견디지 못해 기다려 주지 못하고 이내 아이의 숟가락을 뺏어버리고 만다. 엄마는 급기야 밥을 떠서 입에 넣어준다. 이러한 엄마의 행위는 아이의 자율성을 박탈하는 것일 뿐만 아니라 자존감을 키울 기회를 주지 않는 것이다. 왜냐하면 아이가 숟가락질을 통해서 밥을 스스로 떠먹으며 실패하며 배우고 성취할 수 있는 기회를 엄마가 빼앗기 때문이다. 아이는 자신의 뜻대로 스스로 선택하고 도전하며, 실행하고 실패하고 다시 도전하고 성취하는 성공 과정에서 자존감을 획득한다. 실패는 적절한 좌절로써 인격의 바른 성장에 필수적이다.

초등학교 6학년 여아는 늘 자신감이 부족하고 위축되어 있다. 집중력이 부족하고 학업에 대한 흥미를 잃었으며, 외모에 대한 열등감이 높고 왕따를 당하는 비만아이다. 낮은 자존감은 지나친 수줍음과 겁쟁이, 외톨이가 되거나 자기평가를 낮게 하는 경향이 있다. 스트레스를 잠과 먹는 것으로 풀고 있는 경우이다.

자존감이 낮은 경우에는 우선 자신이 얼마나 귀한 존재인가에 대한 자각과 인식이 필요하다. 부정적인 자기규정과 자기 표상이 긍정적으로 변화되어야 한다. 자존감을 상하게 하고 낮추는 부모의 말이 변화해야 한다. 여아는 부모에게 핀잔을 자주 듣고 칭찬을 듣지 못하고 자라고 있었다. "그것도 못해", "그럴 줄(그렇게 못할 줄) 알았어" "네가 그렇지" "그래서 뭐가 될래", "이래라 저래라"…. 이런 말들을 듣고 자라는 여아는 겁나고 위축될 수밖에 없고, 자신을 쓸모없다고 낮게 자기 평가하고 있었다. 이런 말들은 반복 상처를 주고 자존감은 낮게 하는 말들이다.

『강아지 똥』을 읽고 여아는 친구들에게 놀림 받는 강아지 똥에게 감정이입이 되어 속상했던 동병상련의 위로를 받고, 쓸모없는 아이가 아닌 강아지 똥이 민들레꽃에게 몸을 녹여 스며들어 비료가 되어 준 것처럼 누군가에게 훌륭한 일을 하고 싶다고 희망을 가졌다. 이는 이제 자신이 쓸모없는 사람이 아니라 쓸모 있는 사람이 될 수 있다는 생각을 한 것으로 유추하면 자존감이 높아졌다고 볼 수 있다.

『미운돌멩이』에서는 주체성을 주제로 한 동화이기에 여아는 내 생각의 중요성과 나답게 사는 모습과 내 삶의 주인으로 살기 위해 약해진 자기 목소리를 살리는 것이 중요하다는 것을 〈목소리〉 단편을 통해 깨닫게 되었다. 그래서 거침없이 자기가 생각하는 것을 말하는 연습도 하고 자기 주장도 할 수 있게 되었다.

2.3.3. 아동 및 청소년의 자아정체성 강화 사례

독일의 상담학에 "유년 시절이 삶을 결정한다"라는 말이 있다. 이는 아동 및 청소년기의 성장 과정이 성인이 된 이후의 과정보다도 훨씬 더 중요하다는 것을 말해준다. 특히 아이들이 처음으로 맺게 되는 부모와의 긍정적인 애착 관계는 아이의 삶 전반을 결정짓는 성장 변인이 될 수 있다는 것을 알 수 있다. 왜냐하면 아동 및 청소년기의 심리적 질병들은 그 원인이 유년 시절의 부모와의 부정적인 애착 관계에 있다고 보는 심리학자들이 많기 때문이다. 특히 부정적인 애착 경험들은 성인이 된 이들의 뇌에 스트레스의 흔적을 남기고, 이러한 흔적은 아동 및 청소년기의 정서적 성장에 지대한 영향을 미치게 된다(Wettig 2006, 455-457).

따라서 독일의 소통학자인 베티히는 "우리 인간은 부모 선택에 있어서는 충분히 주의를 할 수 없다"라고 말하고 있다. 이 말은 아이들이 아동 및 청소년 시기의 가정환경이나 성장 배경이 얼마나 중요한지를 말해준다. 다시 말해 어느 누구도 자신의 부모를 선택할 수는 없지만, 부모가 자녀의 교육이나 성격 및 발달과정에 미치는 영향은 너무나 지대하다는 것을 역설적으로 말하고 있다. 특히 아이들이 어릴 때 '가장 친밀한 대상(Bezugsperson)'과 얼마나 밀접한 애착 관계를 가졌는가 하는 것은 아이들에게 매우 중요하다.

이처럼 아동 및 청소년기의 아이들은 가족, 특히 부모와의 건강한 관계에서 자아의 모습을 자동적으로 혹은 모방적으로 수용하기 때문이다. 물론 최근 우리나라에서도 아동 및 청소년기의 자아 정체성 정립의 과정에서 반드시 관계 인물들이 부모가 아닐 수도 있다. 가령 이들의 친지나 학교의 선생님, 그리고 다양한 관계의 사람들로 구성될 수 있다. 다만, 이들과의 관계에서 중요한 것은 신뢰와 확신을 토대로 한 관계가 되어야 한다는 것이다. 뿐만 아니라 이들은 아직 삶 전반에 대한 경험 매트릭스가 없는 아동 및 청소년기 아이들에게 사회 규범의 전형이 될 만한 삶의 모습을 제시할 수 있어야 이들의 자아 정체성 정립에 직접적인 도움이 될 수 있다.

여기에 대한 사례로는 아동 및 청소년기 자아 탐색 및 삶의 의미 발견을 위해 숀탠(글, 그림, 김경연 옮김)의 〈빨간 나무〉를 읽고 느낌을 애니메이션이나 웹툰으로 표현해보기를 시도했을 때 아이들이 자신들의 취향에 맞게 흥미로운 이야기나 만화를 삽화식으로 창작하는 것을 쉽게 찾아볼 수 있다. 이때 이들에게는 이들이 창작한 결과물을 스스로의 삶의 리소스로 전환해주는 기술이 필요하다. 가령 만화 주인공이나 웹툰의 장면에 이들 자신들의 구성, 서사, 그리고 해석이 만들어지도록 유도하는 것이 매우 유의미하다. 이들의 이야기는 그저 단순한 이야기가 아니라 이들 내면에 누적된 무의식의 표출이기 때문이다.

2.3.4. 또래 관계 향상 및 공감 감성 강화 사례

독서 상담에서 아동 및 청소년의 또래 관계 향상 및 공감 감성 강화를 위해 독서치료사가 우선적으로 가져야 할 마음가짐은 글로벌 시대를 살아가는 이들을 열린 마음으로 대하는 자세이다. 무엇보다도 독서 상담이라는 경계를 다각적으로 넘나드는 기술이 매우 중요하다고 하겠다. 왜냐하면 21세기 아동 및 청소년기의 아이들은 책이라는 매체보다는 영상이나 유투브 채널에 대부분 각인되어 있기 때문이다. 따라서 독서 상담에서는 주요 매체로 영상이나 유투브를 활용하는 방안을 신중하게 고려하는 것도 필요한 실정이라 하겠다.

가령 손원평의 단편 소설 『아몬드』 중에서 아래와 같은 구절을 독서 상담의 활용 텍스트로 들 수 있겠다.

곤이가 남긴 편지속에는 "미안하다", "그리고 고마워"라는 말이 적혀 있었다. 이처럼 또래 사이의 관계는 심각한 갈등으로 인해 악화될 소지도 있지만 서로의 진심이 전달되고 또 그 진심이 구어나 문어로 발화됨으로써 자연스럽게 해소되는 결과를 가져다줄 수도 있다. 그런 관점에서 소설, 『아몬드』는 또래 관계 향상 및 공감 감성을 강화하는데 적절한 글감을 많이 담고 있다고 하겠다.

최근 들어 우리나라의 26%의 아동 및 청소년들은 다른 친구들을 신뢰할 수 없다고 한다. 이는 참으로 심각한 수준의 신뢰도라 할 수 있다. 따라서 독서 상담에서 또래에 대한 신뢰감이나 공감 감성을 되찾는 것은 매우 중요한 작업이라 하겠다.

그 외에도 리차드 바크의 『갈매기의 꿈(2003)』에서 조나단 리빙스턴은 자신이 최고의 갈매기가 되기 위해 날기 연습만을 계속한다. 이를 지켜본 갈매기의 우두머리는 조나단을 갈매기 무리에서 방출시킨다. 하지만 조나단은 혼자서 높이 비상하기를 계속하는 가운데 자신과 같은 처지에 놓인 또래 갈매기를 만나게 된다. 이들은 서로의 마음을 공감하고 더욱더 높이 비상하는 비행 연습을 함께 한다. 이 이야기는 또래 아이들의 감성을 잘 보여주는 것으로, 힘든 과정을 이해하고 공감하는 데 매우 유익한 텍스트라 하겠다. 물론 독서 상담의 과정에서 유튜브로 이 이야기를 노래로 개작한 Neil Diamond, Be - Jonathan Livingston Seagull, 1973(6분 34초 동영상)을 감상하여 아이들이 스스로 상상의 나래를 펼 수 있도록 한 단계 더 나아갈 수도 있다. 독서 상담의 마무리에는 나의 꿈, 리빙스턴, 친구 리빙스턴 등의 주제로 간단한 글쓰기를 하면 더욱더 확실한 마음가짐을 얻을 수 있을 것이다. 아울러 독서치료사는 헤르만 헤세가 노래한 '청춘은 아름다워라'를 독서 카드로 만들어 아동 및 청소년들이 상호 낭독을 해주는 의식으로 마무리를 할 수도 있다.

"내 청춘의 찬란함을 믿는다. 어떤 수식어도 필요 없을 내 청춘의 찬란함을 믿는다. 가장 뜨겁고 아름다운 청춘이길. 조그만 감정에도 가슴 뛰는 청춘이길…. 커다란 감정에도 함부로 흔들리지 않는 청춘이길…."

– 헤르만 헤세,《청춘은 아름다워라(1994)》中

독서 행위란 책 속의 서사를 읽고 체험하는 과정이자 독자 스스로 어떤 특정 인물에 몰입하거나 감정이입하게 되는 과정을 말한다. 특히 아동·청소년기의 독서는 성인들이 수행하는 독서 행위와는 다른 차원이다. 왜냐하면 성인에 비해 상대적으로 협소한 삶의 경험지평을 가진 이들은 성인과는 다른 차원의 독서 경험을 하기 때문이다.

따라서 이들이 감정이입하고 몰입하는 책들은 삶의 지표가 될 정도로 중요한 매체라고 할 수 있다. 아울러 이러한 독서의 과정이 치료 과정으로 수행되는지, 상담으로 수행되는지를 판단하는 것 또한 의미 있는 작업이라 하겠다.

독서 치료에서는 일반적으로 삶의 과정에서 커다란 변화나 전환을 경험한 경우나 정신건강과 관련하여 의사의 진단을 받은 경우가 해당되므로 진단받은 내용에 따라 상담이 필요한 것인지 아니면 치료가 필요한 것인지를 감안하여 독서 매체를 신중하게 선정해야 한다.

치료로서의 독서 과정인 경우는 다양한 매체들을 상호매체적으로 교차하여 활용할 수 있다. 가령 적절한 텍스트 구절을 읽어주고 받은 느낌을 그림으로 표현한다거나 몸으로 표현하여 감정소산을 의도할 수도 있다. 감정소산이 일어나면 그 순간의 느낌을 글로 적어볼 수 있게 할 수도 있다. 글쓰기에 익숙하지 않은 경우에는 몇 개의 단어나 문장으로 적어보게 하는 것도 효과적이다.

독서 상담에서는 대개 긍정적인 서사나 시 한 구절이 활력을 줄 수도 있다. 실제로 상담에서는 흔히 말하는 '좋은 문학'은 모두 활용이 가능하다. 다만, 서사 전달이나 시 텍스트는 그 의미가 명징하고 이해가 잘 되도록 하는 것이 좋다. '좋은 문학'은 언제 읽고 들어도 그 의미 확장이 확산적이다. 물론 치료사가 듣는 사람과의 상호 교감이 잘 되도록 낭독하고 전달해야 한다.

도입 단계:

※ 다음 글을 치료사가 크게 낭독하고 참여자들이 느낀 점을 한마디 한 문장으로 말하게 한다.

손원평의 소설, 『아몬드』 속 화해 구절, "고마워" 장면을 낭독하기

실행 단계:

※ 참여자의 마음에 다가온 이미지나 느낌을 그림이나 이미지로 그려보게 한 후 다른 참여자와 대화를 나누게 한다.

통합 단계:

※ '지금—여기' 상황에서 남은 생각을 자유로운 글쓰기로 옮기도록 한다.

재통합 단계

※ 각자 쓴 글을 크게 낭독하도록 한다. 낭독한 이후 새로운 의미가 생겼는지를 표현하도록 한다.

베른하르트 슐링크(2002). 책 읽어주는 남자. 김재혁(역). 이레.

최소영외(2013) 옮김. 시치료: 한 번도 소리 내어 울지 못한 그대에게. 아시아.

최소영(2016). 문학치료학 이론과 실제. 고요아침.

김현희(2004). 독서치료. 학지사.

채연숙(2010). 글쓰기치료. 이론과 실제. 경북대학교출판부.

_____(2015). 통합문학치료학. 교육과학사.

Damasio, Antonio R. Damasio(2009). Der Spinoza-Effekt. Wie Gefühle unser Leben bestimmen. Berlin. p.138.

Domin, Hilde(1995). Das Gedicht als Begegnung, in: Poesie und Therapie, H. Petzold, I. Orth(Hrsg.)(2017). Junfermann-Verlag, Paderborn. p.11.

Heimes, Silke. Lesen macht gesund: Die Heilkraft der Bibliotherapie, Göttingen.

Petzold, Hilarion G. , Orth, Ilse(1995). Poesie und Bibliotherapie. Entwicklung, Konzepte und Theorie-Methodik und Praxis des Integrativen Ansatzes, wieder-zitiert aus dem Aristotels 1449 b, 24-28; 1980, 30, in: Poesie und Therapie, H. Petzold, I. Orth(Hrsg.), Junfermann-Verlag, Paderborn, p.25.

Wettig, Jürgen(2006). in: Deutsches Ärzteblatt. pp.455-457.

Knoch, Habbo(2005). Gefühlte Gemeinschaften. Bild und Generation in der Moderne, in: Ulrike Jureit & Michael Wildt, Generationen. Zur Relevanz eines wis-senschaftlichen Grundbegriffs, Hamburger Edition. pp.295-319.

진로 독서의 이론과 실제

학습목표

- 진로 독서의 개념과 진로 독서교육의 목표와 지도 방향을 이해할 수 있다.
- 진로와 관련한 각종 검사 결과를 반영하여 독서 지도를 할 수 있으며, 진로 지도에 필요한 다양한 독서 활동을 마련할 수 있다.

학습내용

이 장에서는 먼저, 진로교육에 대한 이해를 바탕으로 하여 진로 독서의 개념, 진로 독서교육의 목표와 지도 방향에 대해서 학습한다. 이어서, 진로 지도를 위해 이루어지고 있는 각종 심리 검사의 결과를 반영하는 독서 지도에 대해서 학습한다. 그리고 마지막으로, 현장에서 쉽게 도입할 수 있는 진로 독서 지도 활동의 몇 가지 대표적인 예를 익히도록 한다.

1. 진로교육의 이해

1.1. 진로의 개념과 진로교육의 방향

진로를 뜻하는 Career는 '수레가 다니는 길을 따라감'을 의미하는 'Car-ro'를 어원으로 하는 말이다. 여기서 짐작할 수 있듯이, 진로는 한 사람이 인생을 살아가는 삶의 여정을 따라가며 추구하는 모든 생애 활동과 관련된다. 그래서 진로는 '개인이 그의 일생을 통해서 하는 일의 총체를 일컫는 개념'(김충기, 2000: 23)으로 이해되기도 한다.

넓은 의미의 진로가 사람이 일생을 통해 나아가고자 하는 삶의 방향을 뜻한다면, 좁은 의미의 진로는 고입, 대입 등 상급학교 진학 시 계열을 정하거나 취업을 앞두고 이루어지는 직업 선택의 문제를 뜻한다. 좁은 의미의 진로는 한 사람이 생애 전반적으로 추구하는 넓은 의미의 진로에 큰 영향력을 지니므로 진로교육의 관심이 좁은 의미의 진로에 집중되는 경향이 있다.

진로의 개념을 고려할 때, 진로교육은 궁극적으로 삶의 전체 차원에서 접근해야 한다. 진로 선택을 어떻게 하느냐에 따라 개인에게 요구되는 능력이 달라지며, 살아가는 방식도 달라지고, 살면서 맺게 되는 공적이고 사적인 인간관계도 달라진다. 뿐만 아니라 머릿속 사고방식과 가치 체계도 다르게 자리 잡는다. 때문에 진로교육은 한 개인이 소질과 능력을 계발하고, 타인이나 사회와 조화로운 관계를 맺고, 자아를 실현하며 만족스러운 삶을 누릴 수 있도록 그 방향을 잡아 주는 교육이라고 할 수 있다.

진로교육이 전(全) 생애적으로 이루어지는 교육이기는 하지만, 현실적으로 가장 많은 관심이 집중되는 쪽은 주로 학령기에 이루어지는 진학 교육이나 취업 교육이다. 가고 싶은 학교로 진학을 하게 되는가의 여부가 직업 선택의 폭을 좌우하고 사회 진출의 향방을 가를 수 있기 때문이다. 그래서 진로교육은 학령기의 진학 교육이나 취업 교육과 밀접하게 연동되어 있다. 이런 맥락에서 학령기 대상의 진로교육이란 국가 및 지방자치단체 등이 학생에게 자신의 소질과 적성을 바탕으로 직업 세계를 이해하고, 자신의 진로를 탐색·설계할 수 있도록 하며, 학교와 지역사회의 협력을 통하여 진로수업, 진로심리검사, 진로상담, 진로정보 제공, 진로체험, 취업지원 등을 제공하는 활동(국가법령정보센터, 2015)으로 구체화되어 있다.

1.2. 진로 의사결정 요인

진로교육을 하려면 진로를 어느 쪽으로 할 것인지를 정하는 데 관여하는 요인을 이해할 필요가 있다. 진로 의사결정 요인은 환경 요인, 일 요인, 개인 요인으로 나누어 볼 수 있다. 환경 요인은 진로에 영향을 미치는 주변 환경과 관련된 요인을 말한다. 이 요인은 심리적 환경 요인과 물리적 환경 요인으로 다시 나눌 수 있다. 일 요인은 진로 결정에 개입하는 일 자체와 관련된 요인을 말한다. 개인 요인은 개인의 인지적, 정의적, 신체적 특성에서 비롯되는 요인이다. 환경 요인, 일 요인, 개인 요인은 서로 영향을 미치기 때문에 진로 의사결정에 이들 요인이 상호 복합적으로 작용한다.

표 10-1-1 | 진로 의사결정 요인

환경 요인	심리적 환경	부모의 양육 방식, 가풍, 부모나 주요 인물의 가치관과 기대 수준, 가정의 사회경제적 지위 등
	물리적 환경	주요 산물, 기후, 교통, 지역색 등
일 요인		급여, 사회적 평판도, 인기도 등
개인 요인		나이, 건강, 성(性), 신체조건, 운동능력, 취미, 종교, 학력, 지능, 성격, 흥미, 적성 등

2. 진로 독서의 개념과 진로 독서교육의 목표

2.1. 진로 독서의 개념

진로교육을 위해서 시도할 수 있는 활동은 여러 가지가 가능하다. 그중 독서는 다른 어떤 활동보다 진로 교육의 효과가 큰 편이다. 독서를 하면서 학생들이 여러 세계를 경험하고, 자신의 잠재력과 진로 가능성을 탐색하며, 주어진 환경과 조화를 이루며 어려움을 극복할 수 있는 유연한 자세를 효과적으로 배울 수 있기 때문이다.

진로교육의 관점에서 볼 때, 아동기나 청소년기는 자기 자신과 직업 세계에 대해 깊고 넓은 인식을 형성해 놓아야 하는 중요한 시기이다. 자신의 적성이 무엇인지 자신이 원하는 길을 가기 위해 무엇을 준비해야 하는지 등을 알기 위해서는 해당 분야에 들어가서 그 일을 직접 체험해 보면 된다. 그러나 직접 체험은 시간적으로나 공간적으로나 경제적으로 그리 쉬운 일이 아니며, 실제 체험이 가능한 범위도 매우 제한적일 수밖에 없다. 그에 비해 책 읽기는 직접 체험만으로 알기 어려운 더 깊은 정보도 얻을 수 있으며, 직접 체험으로는 도저히 접근하기 어려운 다양한 세계의 다양한 일을 접할 수 있도록 해 준다. 그래서 아동기나 청소년기에 진로와 관련된 독서를 하게 되면 다방면의 정보와 경험을 얻고 자기 자신과 직업 세계에 대한 올바른 인식을 형성하는 데 매우 유익하다.

책 속에는 우리가 진로를 탐색하는 과정에서 궁금해 할 법한 풍부한 내용들이 들어 있다. 주인공이나 등장인물, 또는 저자가 인생 항로를 개척하고 성공하기까지 겪었던 크고 작은 경험들이 들어 있는 것이다. 그래서 독서 활동은 책 속에 등장하는 수많은 사람들이 겪은 다양하고 풍부한 삶의 경험들을 통해 진로에 대해 코칭을 받는 과정이라고도 할 수 있다.

이와 같이 진로교육과 관련된 독서 활동을 진로 독서라 할 수 있다. 다시 말해서, "진로 독서(reading for career)란 진로를 돕기 위한 목적으로 이루어지는 독서를 말한다"(김명순, 2014: 103). 진로 독서를 국어과의 하위 영역으로 설정되어 있는 교과로서의 독서 활동과 비교할 때, 진로 독서와 교과로서의 독서 활동 모두 기본적으로 독서 활동이기 때문에 책과 글이 있고, 이것을 읽는 행위가 일어난다는 공통점이 있지만 진로 독서는 독서의 목적이 진로 이해, 진로 탐색, 진로 개척을 돕는다는 차이점이 있다(김명순, 2014:104)고 할 수 있다.

2.2. 진로 독서교육의 목표와 지도 방향

진로 독서가 진로교육을 위한 여러 활동 중의 하나라는 사실에 비추어 볼 때 진로 독서교육의 목표는 진로교육의 목표와 상호 관련될 수밖에 없다. 현재 국가 차원에서 설정된 학교 진로교육의 전체 목표는 "학생 자신의 진로를 창의적으로 개발하고 지속적으로 발전시켜 성숙한 민주 시민으로서 행복한 삶을 살아갈 수 있는 역량을 기른다."(교육부, 2015: 18-19)는 것이며, 이를 구체화하기 위해 제시된 세부 목표는 네 가지이다.

첫째, 긍정적 자아개념을 형성하고 소질과 적성에 대하여 정확하고 객관적으로 이해하며 타인과 적절하게 관계를 맺고 소통할 수 있는 역량을 기른다. 둘째, 일과 직업의 중요성과 가치, 직업 세계의 다양성과 변화를 이해하고, 건강한 직업의식을 배양한다. 셋째, 자신의 진로와 관련된 교육 기회 및 직업정보를 적극적이고 체계적으로 탐색하고 체험하며 활용하는 역량을 기른다. 넷째, 자기 이해와 다양한 진로탐색을 바탕으로 자신의 진로를 창의적으로 설계하고 적절한 계획을 수립하고 준비하는 역량을 기른다.

이 네 가지 세부 목표로부터 진로교육의 영역 또한 자기이해, 직업 세계의 이해, 진로 탐색, 진로의사 결정 및 계획의 네 가지로 나뉜다. 그리고 이에 따라 진로 독서교육의 목표도 네 가지 영역으로 도출할 수 있다.

첫째, 진로 독서교육은 독서를 통한 자기이해 역량을 기르도록 한다. 자기이해 역량은 자아를 이해하고 긍정적 자아 개념을 형성하는 힘과 이를 바탕으로 타인이나 사회 조직과 조화로운 관계를 형성할 수 있도록 자신을 조절하는 힘을 말한다. 자기이해는 자신이 어떤 환경에 처해 있으며, 자신이 하고 싶은 것은 무엇인지, 자신이 좋아하는 것과 싫어하는 것은 무엇인지, 자신이 잘하는 것과 못하는 것은 무엇인지 등을 아는 것이다. 이와 같은 것을 알지 못하면 진로 선택을 제대로 할 수 없다. 진로 독서에서 자기이해는 자신에 대한 주관적 판단을 최소화하고 독서를 통해서 자신에 대한 객관적 이해를 최대화하는 것이다.

둘째, 진로 독서교육은 독서를 통해 여러 다양한 직업 세계를 이해하도록 한다. 직업 세계를 이해하지 못하면 진로를 선택했더라도 추진력을 가지고 나아가기가 어렵다. 그래서 해당 직업 세계에 대한 정확한 이해는 자기 자신에 대한 이해만큼 중요하다. 독서를 하면 책 속에서 여러 다양한 세계를 만나면서 직업의 세계를 직접적으로나 간접적으로 이해하게 되는 장점이 있다. 이때 중요한 것은 겉으로 보기에 멋있고 좋아 보이는 면뿐만 아니라 이면에 놓여 있는 어려운 점, 힘든 점, 갈등 요소 등에 대해서도 생각해 볼 수 있도록 해야 한다는 점이다. 자신이 하고 싶은 일을 하는 것이 생각만큼 쉽지 않다는 점을 이해할 수 있을 때 내실 있는 진로 준비가 가능하다.

셋째, 진로 독서교육은 진로 발달 단계에 따라 자신에게 맞는 진로를 탐색하도록 한다. 학년 수준이 높아질수록 진학과 취업에 대한 적극적인 탐색이 요구되기 마련이다. 그러나 진로 발달은 개인의 전 생애에 걸친 발달 과정 중의 하나라는 점에 유의해야 한다. 가장 전통적인 진로 발달 이론으로 꼽히는 Super(1955)에 의하면 전(全) 생애에 걸친 인간의 진로 발달은 다음 〈표 10-1-2〉와 같이 다섯 단계로 구분할 수 있다.

표 10-1-2 | 진로 발달 단계(Super, 1955)

발달 단계	연령	특징
성장기	출생~14세	가정과 학교의 중요 인물에 대한 동일시를 통해 자아 개념이 발달되는 시기 – 환상기(4세~10세) – 흥미기(11세~12세) – 능력기(13세~14세)
탐색기	15세~24세	흥미, 가치, 능력 등을 고려하여 자신에게 맞는 진로를 잠정적으로 결정해 보는 시기 – 잠정기(15세~17세) – 전환기(18세~21세) – 시행기(22세~24세)
확립기	25세~44세	자신에게 맞는 직업을 찾아서 발전을 이루어 가며 해당 분야에서 안정적이고 영구적인 위치를 확보하려고 힘쓰는 시기 – 시행기(25세~30세) – 안정기(31세~44세)
유지기	45세~64세	지금까지 종사하고 있던 직업에 정착하려는 시기
쇠퇴기	65세 이후	정신적, 신체적 기능 저하로 직업 전선에서 은퇴하고 다른 활동이나 새로운 역할을 찾는 시기

위의 〈표 10-1-2〉에서 학령기의 진로발달 단계는 성장기와 탐색기에 해당함을 알 수 있다. 성장기는 주로 유초등교육 시기에 해당하며, 탐색기는 대체적으로 중등교육과 고등교육 시기와 생애 첫 직업을 갖게 되는 시기에 걸친다. 각 단계의 특징을 고려할 때, 유치원 아동이나 초등학교 아동을 대상으로 한 진로 독서 지도는 아동들이 책 속 등장인물이나 주인공과의 적극적인 상호작용을 일으키도록 하고, 그 과정에서 자아를 인식하고 서서히 자기이해가 이루어질 수 있도록 해야 한다. 중학교나 고등학교 청소년들의 경우는 독서를 통해서 자아를 객관화해서 살펴보고 열린 가능성을 두고 진로의 세계를 탐색하도록 끌어주어야 한다. 이 시기에 무리하게 진로 선택을 강요하거나 특정 방향으로 제한해서는 안 된다. 대학생이나 취업을 앞둔 청년들을 대상으로 하는 경우는 독서를 통해 자아와 세계의 관계를 이해하고 자신과 관련짓는 활동을 강화하도록 하되 보다 전문적인 진로 정보를 접할 수 있도록 폭 넓고 깊이 있는 독서 기회를 마

련해 주어야 한다.

넷째, 진로 독서교육은 독서를 통해 자신의 진로를 주체적으로 설계하며 구체적인 실천 계획을 세우고 준비하도록 한다. 진로교육은 진로 선택에 대한 의사결정과 실질적인 사전 준비까지 따라야 한다. 진로에 대한 의사결정과 실천 계획의 수립은 자기를 이해하고 직업 세계를 이해한 다음 진로에 대한 다방면의 탐색 과정을 거쳐 도달하는 최종 산물이라고 할 수 있다. 진로 독서교육도 독서를 통하여 진로에 대한 의사결정 능력을 개발하고 진로에 대한 실천 계획을 수립하는 데까지 뒷받침할 수 있어야 한다.

이상에서 진로 독서교육의 목표를 네 가지로 살펴보았는데, 이를 반영하여 진로 독서교육의 지도 방향을 설정하면 다음 [그림 10-1-1]과 같다.

그림 10-1-1 | 진로 독서교육의 지도 방향

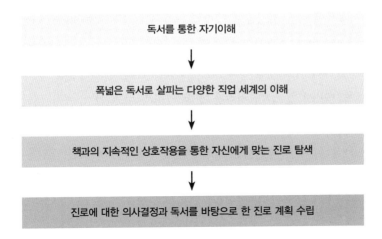

3. 진로 검사와 진로 독서의 지도

진로 선택에 큰 영향을 미치는 대표적인 개인 요인으로 성격, 흥미, 적성 요인을 들 수 있다.

- 성격: 타고난 심리적 성향

  한 개인을 다른 사람과 구별해 주는 지속적이고 일관된 특성
- 흥미: 관심을 기울이고 좋아하게 하는 힘

  성장과 더불어 변화하고 발달함.
- 적성: 지금 잘할 수 있는 능력

  향후 잘할 수 있을 것으로 기대되는 잠재적 능력

성격, 흥미, 적성 요인에 대해서는 개별 심리검사가 개발되어 있다. 진로 독서교육에 이들 검사를 활용하면 주관적 판단에 치우칠 수 있는 개인 특성에 대해 보다 객관적인 이해를 도모할 수 있다. 그리고 검사에서 말하는 개별 유형의 특성을 살려 보다 세밀한 진로 독서 활동을 설계할 수 있다. 개인의 성격, 흥미, 적성은 성장 과정과 주변 환경, 주요 인물들과의 상호작용에 따라 독자적으로 발달한다. 따라서 진로 독서를 지도할 때도 각종 심리검사가 제공하는 정보가 일반적 경향성에 따른 것임을 알고 개인이 지닌 특수성이 간과되지 않도록 해야 한다.

3.1. 성격검사와 진로 독서의 지도

사람마다 성격이나 기질, 정서가 다른데 이런 특성을 파악하기 위해 개발된 검사가 성격검사이다. 성격검사는 칼 융(Carl Jung)의 분석심리학을 기초로 한 MBTI와 몸의 에너지 순환을 중심으로 한 에니어그램(Enneargram)이 대표적이다.

가장 보편적으로 사용하는 성격검사인 MBTI는 네 가지 지표에 따라 사람의 성격을 16가지 유형으로 나눈다. 네 가지 지표란 외향형과 내향형[E-I], 감각형과 직관형[S-N], 사고형과 감정형[T-F], 판단형과 인식형[J-P]을 말한다. 외향성(extraversion)과 내향성(introversion)은 주의와 관심이 외부 세계 지향적인지 자신의 내부 세계 지향적인지에 따라 구분된다. 감각형(sensing)과 직관형(intuition)은 타인이나 사물을 인식할 때 오감과 같은 감각 체계가 중심이 되는지 육감과 같은 통찰력이 중심이 되는지를 나타낸다. 사고형(thinking)과 감정형(feeling)은 주어진 정보에 대해 판단을 내릴 때 인지적 사고를 더 따르는 편인지 정의적 감정을 더 따르는 편인지에 따른 결과이다. 판단형(judging)과 인식형(perceiving)은 생활 방식이 질서정연한 쪽을 선호하는 성향이 강한지 상황에 맞추어 모험을 추구하는 등 자유로운 성향이 강한지로 구분한 결과이다. 이 네 가지는 주기능과 부기능에 따라 [E/I] → [S/N] → [T/F] → [J/P]와 같은 순서로 성격 정보를 제공하며 이들의 조합에 따라 16가지 성격 유형이 도출되는데, 다음 〈표 10-1-3〉과 같다.

에니어그램은 몸의 에너지 중심이 어디에 있는가에 따라 사람의 성격을 크게 머리형, 가슴형, 장형으로 구분하는 방식을 말하는데 고대로부터 내려온 종교적 전통에 뿌리를 두고 있다. 머리형은 정신적인 사고 중심형이라고 할 수 있는데 객관적, 논리적, 합리적인 근거를 바탕으로 의사결정이 이루어지고 효율성을 중시한다. 감정 중심의 가슴형은 느낌이나 감정을 따르고 인간관계를 중시하는 성향을 보인다. 그래서 혈연, 지연, 학연 등에 따른 의사결정이 이루어질 때가 많다. 본능에 따르는 장형은 행동형이라고도 할 수 있는데 행동과 실천이 즉각적으로 나타나며 '하면 된다'는 가치관으로 주어진 상황에 부딪히는 것을 주저하지 않는 모습을 많이 보인다. 이 세 가지는 다시 각각 머리형, 가슴형, 장형으로 세분화되는데, 다음 〈표 10-1-4〉와 같다.

진로 독서교육에서도 개인의 성격을 고려하여 지도하는 것이 필요하다. 성격 유형에 따라 직업에 대한 동기 부여도 달라질 수 있고 인간관계

표 10-1-3 | MBTI 성격 유형

유형	일반적 특징	유형	일반적 특징
ISTJ	책임감이 강하고 현실적임. 변화보다 안정을 우선시함.	ESTP	외부 세계에 관심이 많고 관용적임. 타협과 문제 해결에 능숙함.
ISFJ	침착하고 차분한 편임. 헌신적이고 감정 변화에 민감함.	ESFP	호기심이 많고 개방적임. 감정적이고 모험을 수용하는 편임.
INFJ	내향적이고 직관에 따르는 편임. 실생활 대처가 합리적임.	ENFP	상상력이 풍부하고 순발력이 좋음. 반복적 활동을 지루해 하는 편임.
INTJ	의지가 굳고 독립적임. 정보 해석이 분석적임.	ENTP	통찰력이 발달하고 독창적임. 새로운 시도에 주저하지 않음.
ISTP	과묵하고 분석적임. 상황에 따라 유연하게 적응함.	ESTJ	외부 세계에 관심이 많음. 체계적인 접근을 선호함.
ISFP	온화하고 겸손함. 문제 대처 방식이 유연함.	ESFJ	타인과 주변 세계에 관심을 기울임. 친절하고 동정심이 많음.
INFP	성실하고 이해심이 많음. 문제 해결에 유연하고 개방적임.	ENFJ	사교적이고 타인의 의견을 존중함. 타인으로부터의 비판에 주목함.
INTP	내향적이며 지적 호기심이 높음. 합리적 해결을 선호함.	ENTJ	사전 준비에 철저함. 리더십이 강한 편임.

표 10-1-4 | 에니어그램 성격 유형

머리형	머리형-머리형[유형 5번], 머리형-가슴형[6번], 머리형-장형[7번]
가슴형	가슴형-머리형[3번], 가슴형-가슴형[2번], 가슴형-장형[4번]
장형	장형-머리형[1번], 장형-가슴형[9번], 장형-장형[8번]

에 대한 개인의 성향이 어느 분야로 진출하면 적절한지를 고려하는 데 영향을 미칠 수도 있기 때문에 이런 것이 진로를 위한 독서 활동에도 반영되어야 한다. 가령, 에니어그램 6번 유형[머리형-가슴형]의 학생들은 새로운 것에 대한 도전을 어려워하고 문학적인 것을 선호하는 경향이 있다. 따라서 이들에게는 자신들의 성장을 목표점으로 하여 도전을 자연스럽게 받아들이는 것을 보여주는 문학 도서를 선정하고, 함께 읽고, 토론을 하면서 도전에 대한 부정적 감정을 표출해 내거나 둔감화할 수 있는 활동이 필요하다.

3.2. 흥미검사와 진로 독서의 지도

대표적인 흥미검사로 홀랜드(Holland) 흥미검사가 있다. 이 검사는 '개인-환경 간 적합성 이론'에 바탕을 두고 개발되었는데, 직업 환경도 고려하여 직업 흥미를 살핀다. 그 이유는 흥미가 있으면 그 흥미가 요구되는 행동을 하도록 할 수 있기 때문이라는 것이다. 그래서 홀랜드 검사는 직업 흥미를 그 사람이 나아갈 길이나 직업을 예견하는 데 쓸 수 있다고 본다.

홀랜드 흥미이론은 RIASEC 모델*이라고도 불린다. 개인은 흥미에 따라 R-I-A-S-E-C의 여섯 가지 유형으로 구분할 수 있으며 직업 환경 또한 환경의 특성에 따라 R-I-A-S-E-C의 여섯 가지 유형으로 구분할 수 있다고 본다. 개인은 자신의 직업 흥미 유형과 일치하는 환경에서 일하는 것이 바람직하다고 본다.

먼저, 현실형(Realistic, R형)은 기술자형이라고도 할 만큼 도구나 기계를 다루는 데 흥미가 있으나 대인관계 등 사회적 분야에는 흥미가 부족하다. 탐구형(Investigative, I형)은 과학자형으로서 호기심이 많아서 분석하고 탐구하는 데 흥미를 느끼는 반면 사람들을 이끌거나 설득하는 데는 관심이 적은 편이다. 예술형(Artistic, A형)은 음악가나 화가와 같은 경우가 해당되는데 감성적 표현에 흥미를 느끼고 자유분방하고 개성을 발휘할 수 있는 환경을 찾으려 하는 성향이 강하다. 사회형(Social, S형)은 타인과 관계를 맺고 같이 어울리는 데 흥미를 느끼기 때문에 남을 도와주고 봉사할 수 있는 사회적 환경을 찾지만 기계적이거나 사무적인 환경은 피하고자 한다. 기업형(Enterprising, E형)은 정치가나 경영자형이라고 할 수 있는데 남을 통솔하고 야심차게 일을 추진해 가는 데 흥미가 있고 대인 접촉이 많은 환경을 선호한다. 관습형(Conventional, C형)은 사무형으로 볼 수 있는데 자료 정리, 기록, 관리 등에 흥미가 있어서 체계적이고 정확성을 요하는 행정 위주의 환경을 선호한다. 홀랜드의 흥미검사는 비록 개인이 환경을 변화시키는 능력을 고려하지 못한 한계는 있지만 직업 흥미와 직업 환경을 관련지었다는 점에서 의의가 있다.

이를 다음과 같은 육각형 모형으로 나타내기도 하는데, 대체로 육각형에서 서로 인접해 있는 유형은 높은 상관관계를 보이고 마주 보고 있는 유형은 낮은 상관관계를 보인다.(아래 그림)

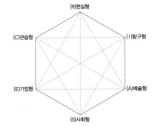

어떤 일이든 흥미가 있으면 그 일에 대한 자율성을 촉발할 수 있다. 흥미검사 결과를 고려하여 자신의 흥미 유형에 맞추어 진로 독서를 하게 되면 진로 분야에 대한 관심과 호기심을 활성화하고 진로 분야를 구체화하는 데 효과적이다. 아울러 책 읽기 자체에 대한 흥미를 부여하는 데도 도움이 된다. 이에 진로 독서 활동에 흥미 요인을 반영하기 위해서는 다음과 같은 흐름으로 접근하는 것이 적절하다.

> 흥미 유형 확인하기 → 흥미 분야 책 읽기 → 진로 흥미 발전시키기

먼저, 진로 흥미를 발전시키기 위한 진로 독서의 첫 단계는 흥미검사 결과를 확인하는 데서 시작한다. 검사 결과가 알려주는 흥미 유형은 일반화된 특성을 말한다. 그러므로 개인의 실제 흥미 특성과 정확히 맞아떨어지지 않을 수 있다. 이런 점을 주지하면 진로 독서 지도는 흥미검사 결과를 참고하면서 개개인이 지닌 실제 흥미를 존중하도록 이루어져야 한다.

다음으로, 흥미 유형을 고려하여 읽을 책을 정하고 독서 활동을 하도록 한다. 흥미검사 결과에 나타난 흥미 유형이 같은 사람끼리 함께 독서 활동을 하도록 하면 독서 활동의 효과를 높일 수 있다. 흥미가 비슷한 사람들끼리 모여 책을 읽게 되면 독서 내용을 토의하고 진로 관심사를 구체화하는 데 시너지 효과를 기대할 수 있다. 이 단계의 진로 독서 활동은 진로 흥미를 발전시키는 중간 과정이므로 독서를 하면서 알게 된 내용이나 더 알고 싶은 내용을 간추리도록 유도한다.

마지막으로, 지금까지의 독서 활동을 바탕으로 진로 분야에 대한 흥미를 심화할 수 있도록 지도한다. 더 읽고 싶은 책을 찾아보고 개인별 독서를 하거나 앞 단계에서 같이 독서를 했던 친구들과 다시 공동 독서를 하게 할 수도 있다. 이 단계는 궁극적으로 진로 분야에 대한 관심을 구체화하는 데 목적이 있으므로 진로에 대한 지도가 보다 적극적으로 펼쳐져야 한다.

그림 10-1-2 | 진로 흥미를 고려한 독서 활동 예

1. 흥미 유형 확인하기

(1) 흥미 검사 결과 나의 흥미 유형은 어디에 속하는가?

현실형(R형) ☐

탐구형(I형) ☐

예술형(A형) ☐

사회형(S형) ☐

기업형(E형) ☐

관습형(C형) ☐

(2) 이 유형의 특징과 나 자신의 실제 일치도는?　☆ ☆ ☆ ☆ ☆

2. 흥미 분야 책 읽기

(1) 흥미 유형이 같은 친구들과 모여 읽을 책을 정하고 함께 읽어 보자.

(2) 책을 읽고 진로 분야에 대해 새로 알게 된 내용과 더 알고 싶은 내용을 메모해 보자.

책 이름 (저자)	진로 분야에 대해 새로 알게 된 내용	진로 분야에 대해 더 알고 싶은 내용
	· · ·	· · ·

3. 진로 흥미 발전시키기

(1) 내가 가장 흥미를 느끼는 분야를 써 보자.

• 1순위:

• 2순위:

• 3순위:

(2) 이 중에서 내가 가장 잘할 수 있다고 생각하는 일은 무엇인지 써 보자. 그리고 그 일과 관련하여 더 읽을 책을 찾아보자.

• 가장 잘할 수 있다고 생각하는 일:

• 더 읽을 책:

3.3. 적성검사와 진로 독서의 지도

적성은 현재 잘하고 있는 능력도 관련되지만 장차 잘할 것으로 보이는 잠재적 능력을 나타낸다. 일반적으로 진학이나 취업을 할 때 최우선적으로 고려하는 것이 자신의 적성이다. 그만큼 적성은 성격이나 흥미에 비해 진로 의사결정에 차지하는 비중이 큰 요인이라 할 수 있다.

직업 적성을 알아볼 수 있는 대표적인 도구로 하워드 가드너(Howard Gardner)의 다중지능(Multiple Intelligences)이론을 바탕으로 개발된 다중지능 검사가 있다. 다중지능이론은 인간의 인지 능력을 IQ와 같은 단일한 능력으로 보지 않고 여러 영역의 능력으로 설명하는 새로운 패러다임을 제시하였다. 가드너에 따르면, "지능이란 현실생활에서 당면한 문제를 해결하는 능력, 효율적인 물품을 만들어 내거나 특정 문화 상황에서 가치 있는 서비스를 제공하는 능력, 개인이 새로운 지식을 습득하도록 돕는 문제를 발견하거나 만들어내는 잠재 능력"(문용린·유경재, 2007: 48-50)을 의미한다.

언어 지능은 말이나 글을 통해 생각이나 느낌을 표현하는 언어 사용 능력을 말한다. 논리수학지능은 수학이나 사회 현상 등을 논리적으로 분석하며 과학적으로 문제를 해결해 내는 능력을 뜻한다. 음악 지능은 음악적 상징체계를 익숙하게 사용할 수 있는 능력을 말하며, 신체운동지능은 운동, 춤 등의 상징체계를 익히고 산출하는 능력을 말한다. 공간지능은 공간 세계에 대한 정신적 모형을 조절하고 사용하는 능력을 가리키며, 인간친화지능은 타인을 이해하고 적절하게 상호작용하는 능력을 가리킨다. 자신을 객관적으로 이해하고 자신의 삶을 효율적으로 살아갈 수 있는 능력은 자기성찰지능에 해당한다. 마지막으로, 주변 환경과 자연을 체계적으로 이해하고 탐구하고 감상할 수 있는 능력은 자연친화지능이다.

이들 각 지능은 동등하다고 보기 때문에 어느 한 지능이 더 중요하고 덜 중요하다고 말할 수 없다. 그리고 비교적 서로 독립적이어서 어느 한 특정 영역에서 잘하더라도 다른 영역에서는 열등할 수 있다고 이해해야 한다. 이 여덟 가지 지능은 정도의 차이는 있지만 한 사람 안에 모두 존재하며 각각의 지능을 일정한 수준까지 개발할 수 있다. 그렇기 때문에 다중지능검사 결과를 활용하여 진로 독서교육을 할 때 학생들이 먼저 다중지능을 이해하도록 하고, 이를 바탕으로 하여 자신의 강점 지능과 약점 지능을 균형 있게 파악하도록 한다. 이어서 독서 활동을 통해 강점 지능을 적극적으로 활성화하되 약점 지능도 일정 수준으로 보완할 수 있도록 독서 활동을 전개할 수 있다.

그림 10-1-3 | 다중지능과 연계한 진로 독서 활동 예

1. 나의 강점 지능이라고 생각하는 곳에 체크 표시하고 그 지능을 살리기에 적합한 일이 무엇일지 써 보자.

나의 강점 지능		적합한 일
언어 지능	☐	
논리수학지능	☐	
음악 지능	☐	
신체운동지능	☐	
공간지능	☐	
인간친화지능	☐	
자기성찰지능	☐	
자연친화지능	☐	

2. 도서 검색을 통해 나의 강점 지능을 키우는 데 도움이 되는 도서를 찾아보자.

-
-
-

4. 진로 독서 교사와 진로 독서 지도 활동

4.1. 진로 독서 교사의 역할과 자질

진로 독서 교사는 독서 교사이면서 진로 교사이다. 이에 따라 진로 독서 교사는 독서교육과 진로교육에 대한 이해가 동시에 필요하다. 독서 교육의 관점에서 진로 독서 교사는 학생들이 의미 있는 독서를 할 수 있도록 안내할 수 있어야 하고, 독서 방법을 지도할 수 있어야 하며, 필요한 진로 독서 활동을 마련할 수 있어야 한다. 진로교육의 관점에서 진로 독서 교사는 학생이 자신의 성격과 흥미와 적성을 이해할 수 있도록 도울 수 있어야 하며, 그에 맞추어 자신의 진로를 탐색하고 진로 관련 정보를 수집하고 체계화할 수 있도록 해야 하며, 진로 성숙도 및 진로 준비도를 높여 줄 수도 있어야 한다. 따라서 진로 독서 교사에게는 기본적으로 다음과 같은 자질이 요구된다.

- 독서 방법의 이해와 지도 능력
- 성숙한 진로관
- 진로교육에 대한 이해
- 성격, 흥미, 적성 등 진로 검사에 대한 이해
- 개인의 진로 요구를 고려한 독서 지도 능력
- 진로 탐색에 필요한 도서 선정 및 안내
- 진로 준비 단계에 맞는 독서 수업 구성 능력
- 진로 특성에 맞는 독서 활동 구성 능력
- 진로 목표 달성을 위한 독서 수업모델 개발 능력
- 진로 연계 학습 활동 개발 능력

4.2. 과정 중심 진로 독서 활동

과정 중심 접근법에서는 일반적으로 독서 과정을 실제 읽는 단계를 중심으로 하면서 그 전후를 구분하여 독서 전-중-후의 세 단계로 나눈다. 독서 전 활동은 독서 목적을 설정하고 곧 읽게 될 책에 대한 스키마를 활성화하는 데 초점이 있다. 진로 독서에서는 진로 세계를 이해하기 위해 독서를 하는 것이므로 독서 전 단계에서 앞으로 독서를 하면서 책 속 인물이 삶을 살아가는 행로와 자세를 주의 깊게 살필 것을 강조하도록 한다. 아울러 인물이나 주요 사건에 대한 스키마를 활성화해야 한다. 실제 책을 읽는 독서 단계의 활동에서는 책을 통한 진로 세계의 간접 체험이 일어나도록 하는 데 중점을 두어야 한다. 책을 읽으면서 책 속에 드러난 진로 세계를 파악하면서 진로 세계를 간접적으로 체험하고, 책 속의 인물이 진로에 대해서 고민하고 주변 사람과 어떤 갈등을 겪고 이를 어떻게 해결해 가는지 또는 주어진 환경 속에서 어떤 어려움을 겪고 이를 어떻게 극복해서 자신의 삶을 걸어 가는지 살필 수 있도록 해야 한다. 책을 읽은 후에는 책을 읽은 것으로 그치지 않고 진로에 관한 조망이 일어날 수 있도록 독서 결과를 유의미하게 내재화할 수 있는 활동이 제공되어야 한다. 이를 위해서는 책 속에서 빠져 나와 자신과 자신의 실제 주변 환경을 객관적으로 조망하고 이해하는 데 필요한 반성적 사고가 작용하도록 도와주어야 한다.

4.3. 전기류 읽기 진로 독서 활동

전기문, 자서전 등 전기류 읽기 활동은 학생들이 책 속 위인이나 대상 인물을 자기 인생의 멘토로 삼고 진로에 대한 의사결정을 돕는 효과가 있다. 왜냐하면 전기류 읽기는 해당 위인이나 인물이 자신의 진로를 모색하고, 진로에 대해 고민하며, 주변 환경이나 상황과 어떤 갈등을 겪게 되는지, 그러한 장애 요인을 어떻게 극복하는지, 진로 결정에 무엇을 중시하

표 10-1-5 | 독서 과정별 진로 독서 활동 예

과정	목표	학습활동	지도상의 유의점
독서 전	진로 독서 목적 확인	■ 책 속에 진로의 세계가 펼쳐져 있음을 이해하기 ■ 등장인물이나 주요 사건에 대한 스키마 활성하기	■ 진로 준비, 진로 탐색 등 진로 설계를 위한 독서라는 점에 초점을 둘 것
독서 중	책 속에 드러난 진로 세계 파악하기 인물의 진로 설정과 삶의 과정 살피기	■ 책 속에 다루어진 직업의 장단점 말하기 ■ 인물이 진로를 놓고 고민한 내용과 이유 정리하기 ■ 인물의 주변 환경이 지닌 좋은 점과 나쁜 점 파악하기 ■ 인물이 겪은 어려움과 대응 방식 파악하기 ■ 인물이 진로를 결정하고 준비한 일 살피기 ■ 인물이 하는 일과 느끼는 보람 살피기	■ 인물의 성공 행로에만 주목하지 않도록 한다. ■ 인물이 처한 어려움, 인물이 지닌 단점 등에 대해서도 파악하도록 한다.
독서 후	자신과 주변 환경 조망하기 삶의 자세와 진로 가치관 내면화하기	■ 인물이 겪은 경험에 대한 판단 ■ 나에게 필요한 것 정리하기 ■ 인물과 비교하여 자신의 장단점 이해하기 ■ 자신의 이상과 현실 정리하기	■ 진로가 특정 직업의 선택만을 의미하는 것이 아님을 주지하도록 한다. ■ 진로 가치관의 형성이 삶을 살아가는 자세로 확장해서 이루어지도록 한다. ■ 사람마다 주어지는 환경과 처하게 되는 어려움이 다를 수 있음을 인식하도록 한다.

는지, 그 결과로 얻고 잃는 것은 무엇인지 등 진로를 계획하고 시행착오를 겪으며 발전해 가는 전반적인 과정을 자연스럽게 경험해 볼 수 있도록 하기 때문이다. 진로 독서 교사는 학생들이 인물의 이야기를 자신에게 대입하여 읽어 보게 함으로써 삶을 살아가는 자세와 함께 자신의 진로에 대한 계획을 구체화하는 등 진로 탐색과 진로 계획의 과정을 구체적으로 살펴볼 수 있도록 한다.

표 10-1-6 | 전기류 읽기 진로 독서 활동 예

고려사항	등장인물: _____	나
진로 분야	▪	▪
진로 가치관	▪ 인물이 우선시한 기준은?	▪ 나는 무엇을 우선시할 것인가?
준비 사항	▪ 인물이 꿈을 실현하기 위해 준비한 것은?	▪ 내가 준비할 것은?
현실 진단과 성찰	▪ 인물이 처한 환경의 좋은 점과 나쁜 점은? ▪ 인물의 성격과 장단점은?	▪ 내 주변 환경의 좋은 점과 나쁜 점은? ▪ 나의 성격과 장단점은?
장애 요인 극복	▪ 인물이 환경상 불리한 점과 자신의 단점을 어떻게 극복했는가? ▪ 인물의 삶에서 가장 감명 깊었던 것은?	▪ 나는 환경의 불리한 점과 성격상 단점을 어떻게 극복하고 대처해 나갈 것인가? ▪ 내가 더 노력해야 할 것은?
성취감과 보람	▪ 인물이 성취감과 보람을 느낀 것은 무엇인가?	▪ 내가 성취감과 보람을 느낄 수 있는 것은 무엇인가?

4.4. 도서관 활용 진로 독서 활동

학교 도서관은 학교 교육과정과 연계하여 교수·학습 활동을 지원하는데 주요 목적이 있는 필수적인 교육 인프라로서 독서 교육은 물론이고 진로 지도의 중심 센터가 될 수 있다. 진로 독서의 관점에서 학교 도서관을 활용하면 독서와 진로 정보의 연계를 극대화할 수 있으며 도서 자료와 다양한 매체 자료를 통합적으로 사용할 수 있는 장점을 기대할 수 있다.

도서관을 활용하는 진로 독서 지도는 우선, 관심 분야의 자료를 검색하고 읽을 자료 목록을 작성하도록 한다. 다음으로 이들 자료를 읽으면서 진로 정보를 탐색하도록 하는데 이때 읽기에 몰입할 수 있는 분위기 조성

그림 10-1-4 | 도서관 활용 진로 독서 활동 예

1단계	관심 분야 자료 검색 읽을 자료 목록 작성	■ 학생들이 자신에 대하여 긍정적 자아 개념을 형성하도록 한다. 초반에는 자신의 단점보다 장점에 주목하도록 유도한다. ■ 자료 검색 방법에 대한 교육이 선행되어야 한다.(사서와의 협력 필요) ■ 자료 검색은 도서 자료를 기본으로 하여 영상 자료 등 다양한 매체 자료로 확장하도록 한다. ■ 자료를 논픽션 자료로 한정할 필요는 없다. 직업 세계를 직접적으로 다루는 매뉴얼, 사실적 자료, 설명적 자료는 자칫 학생의 흥미를 끌기 어렵다. ■ 관심 있는 사람, 주목도가 높은 사람 등을 다룬 위인전, 자서전도 고려할 수 있으며, 문학 작품 등 허구의 세계를 다루는 자료도 무방하다. ■ 읽을 목록은 자기 선택적 독서(Self-Selected Reading, SSR)를 기본 방침으로 하여 작성한다.

⇩

2단계	자료 읽기 관심 분야 정보 탐색	■ 읽기에 몰입할 수 있도록 우선순위를 둔다. ■ 특정 정보의 수집은 읽기 몰입에 방해가 되지 않도록 진행한다. ■ 읽기 몰입을 위해 읽기를 마친 후에 관심이 가는 정보를 수집하도록 할 수 있다.

⇩

3단계	진로 포트폴리오 완성	■ 수집한 정보를 체계화하여 포트폴리오를 완성하도록 한다. ■ 포트폴리오는 읽은 결과를 저장해 놓기 위한 것이 아니라 향후 자신의 관심을 더 발전시키기 위한 용도임을 주지시킨다. ■ 포트폴리오의 내부 구성은 도서 및 매체 자료의 읽기 결과를 바탕으로 다양할 수 있음을 안내한다.

⇩

4단계	진로 멘토 만들기 진로 관심 발전시키기	■ 진로 멘토는 학생 자신의 설정으로 그쳐도 무방하다. 멘토와 반드시 구체적인 접촉을 해야 하는 것은 아니다. ■ 진로 멘토는 현존하거나 실재하는 인물이 아니어도 된다. 과거의 인물이어도 무방하며 문학 작품 등에 등장하는 허구의 인물이어도 괜찮다. ■ 멘토와의 실제 일지나 가상의 일지 작성을 통해 자신의 관심을 심화 발전시킬 수 있도록 한다. ■ 이러한 일련의 활동을 바탕으로 실제의 진로 상담으로 이어지거나 본격적인 진로 활동으로 발전할 수 있으면 보다 바람직하다.

이 중요하다. 읽기가 끝나면 읽은 내용을 바탕으로 진로 포트폴리오를 완성하도록 한다. 이후 최종적으로 진로 멘토를 만들거나 진로에 대한 관심을 좁혀 나가도록 진행한다.

넓은 의미에서 진로는 사람이 일생을 통해 나아가고자 하는 삶의 방향을 뜻하고, 좁은 의미에서 진로는 일이나 직업 선택의 문제를 뜻한다. 궁극적으로 진로교육은 개인 삶의 전체 차원에서 접근해야 한다. 진로를 의사결정하는 요인에는 심리적 환경과 물리적 환경을 포함하는 환경 요인, 일 요인, 개인 요인이 있으며 이들 요인은 상호 복합적으로 작용한다.

진로 독서란 진로를 돕기 위한 목적으로 이루어지는 독서라 할 수 있다. 진로 독서교육의 목표는 1) 독서를 통한 자기이해 역량을 기른다, 2) 독서를 통해 여러 다양한 직업 세계를 이해하도록 한다, 3) 진로 발달 단계에 따라 자신에게 맞는 진로를 탐색하도록 한다, 4) 독서를 통해 자신의 진로를 주체적으로 설계하고 계획을 세우고 준비하도록 한다의 네 가지로 설정할 수 있다. 이에 따라 진로 독서교육은 [독서를 통한 자기 이해] → [다양한 직업 세계의 이해] → [책과의 상호작용을 통한 진로 탐색] → [진로 의사결정과 독서를 바탕으로 한 진로 계획 수립]의 순으로 진행할 수 있다.

진로 독서 지도에 진로 지도를 위해 실시하는 각종 심리검사를 연계하여 접근할 수 있다. 성격검사로는 MBTI 검사와 에니어그램 검사, 흥미검사로는 홀랜드 흥미검사, 적성검사로는 다중지능검사가 보편적으로 이용된다. 성격, 흥미, 적성에 따라 동기 부여 방식도 달라질 수 있고 인간관계에 대한 각기 다른 성향이 의사결정과정에 영향을 미칠 수 있으므로 심리검사 결과에 따라 진로 독서를 위한 도서 선정, 독서 토의, 독후 활동 등을 달리 하도록 한다.

진로 독서 교사는 독서교육과 진로교육에 대한 이해가 동시에 필요하다. 그래서 학생들이 의미 있는 독서를 할 수 있도록 안내할 수 있어야 하고, 독서 방법을 지도하는 동시에 필요한 진로 독서 활동을 마련할 수 있어야 한다. 독서 전-중-후의 과정에 따른 과정 중심 진로 독서에서는 독서 전 활동을 독서 목적을 설정하고 곧 읽게 될 책에 대한 스키마를 활성화하는 데 초점을 두도록 하며, 독서 단계의 활동은 책을 통한 진로 세계의 간접 체험이 일어나도록 하는 데 중점을 두고, 독서 후 활동은 진로에 관한 조망이 일어날 수 있는 유의미한 활동이 되도록 한다. 전기문, 자서전 등 전기류 읽기 진로 독서 활동은 학생들이 인물의 이야기를 자신에게 대입하여 읽어 보게 함으로써 진로 탐색, 진로 계획의 과정을 구체적으로 살펴볼 수 있도록 지도한다. 학교 도서관 활용 진로 독서 활동은 독서와 진로 정보의 연계를 극대화할 수 있으며 도서 자료와 다양한 매체 자료의 통합적 사용이 가능한 장점을 살리도록 해서, 관심 분야의 자료를 검색하고 읽을 자료 목록을 작성하고 이들 자료를 읽으면서 진로 정보를 탐색하고 진로 포트폴리오를 완성하여 진로에 대한 관심을 좁혀 나가는 순서로 진행하도록 한다.

01 다중지능의 특성을 반영한 독서 전략이나 활동을 마련하고 학생들에게 적용해 보자.

지능	특성	독서 전략 및 활동
언어 지능	■ 읽기, 쓰기, 말하기, 듣기 등 언어를 이해하고 표현하는 능력 ■ 적합한 단어를 구사하는 능력	■ 어휘 목록 만들기 ■ ■
논리수학지능	■ 수학적 문제를 해결하는 데 사용하는 능력 ■ 숫자를 효과적으로 사용하고 추리하는 능력 ■ 범주화, 분류, 추론, 일반화 등 논리적으로 사고하는 능력	■ 개념 정리하고 분류하기 ■ ■
음악 지능	■ 음악적 형식의 자극을 지각하고 변별하는 능력 ■ 음악적 형식으로 생각이나 감정을 구성하고 표현하는 능력	■ 줄거리 랩으로 만들어 노래하기 ■ ■
신체운동지능	■ 신체 전체나 일부분을 사용하는 능력 ■ 신체를 이용하여 생각이나 감정을 구성하고 표현하는 능력 ■ 손 등 신체를 이용해 어떤 것을 만들거나 변환하는 능력	■ 주요 내용 춤으로 표현하기 ■ ■
공간지능	■ 형태와 이미지를 이해하는 능력 ■ 외부 세계의 지각에 근거해 기존의 형태를 변환하거나 생각이나 느낌을 기하학적으로 표현하는 능력 ■ 자신을 삼차원상에 적절하게 위치시키는 능력	■ 내용 흐름도 만들기 ■ ■
인간친화지능	■ 타인을 식별하고 그들의 기분, 의도, 동기, 기질 등을 가려내는 능력 ■ 타인의 얼굴 표정, 목소리, 몸짓에 대한 민감성이 있고 대인 관계상의 다양한 단서를 구분하는 능력 ■ 대인 관계상의 다양한 단서에 효과적으로 반응하고 타인과 관계를 맺는 능력	■ 관점 바꾸어 인터뷰하기 ■ ■

지능	특성	독서 전략 및 활동
자기성찰지능	■ 자신을 이해하고 자신의 느낌이나 감정을 통제할 수 있는 능력 ■ 자신의 행동을 돌아보고 판단할 수 있는 능력	■ 자기 감정 그래프 그리기 ■ ■
자연친화지능	■ 동식물이나 주변 사물을 자세히 관찰하여 차이점이나 공통점을 찾아낼 수 있는 능력 ■ 자연 세계를 이해하고 규칙이나 원리를 탐구하는 능력	■ 관찰 일지 만들기 ■ ■

02 머리형 아동, 가슴형 아동, 장형 아동의 특징을 생각하며 이들에게 적합한 독서 동기 부여 방안을 마련해 보자.

• 머리형 아동:

• 가슴형 아동:

• 장형 아동:

교육부(2015). 2015 학교 진로교육 목표와 성취기준. 교육부.

국가법령정보센터(2015). www.law.go.kr. 법제처.

김명순(2014). 진로 독서의 특징과 지도 방향. 독서연구, 33, 99-124.

김수경·유정림·유순애(2013). 다중지능이론을 적용한 독서프로그램 개발에 관한 연구. 한국독서교육학회지, 1(1), 135-155.

김충기(2000). 진로교육과 진로상담. 동문사.

하워드 가드너 저, 문용린·유경재 역(2007). 다중지능. 웅진지식하우스.

이화진(2006). 다중지능과 교수-학습, 시그마프레스.

Super, D. E.(1955). The dimensions and measurements of vacational maturity. Teachers College Record, 57, 151-163.

진로 독서 지도의 실제

학습목표

• 진로 독서의 의미와 필요성을 설명할 수 있다.
• 진로 독서 지도에서 도서 선정의 방법에 대해서 설명할 수 있다.
• 진로 독서 지도 사례에 나타난 특징과 유의점을 이해하고, 이를 활용하여 진로 독서 지도 계획을 수립할 수 있다.

학습내용

이 장에서는 진로 독서의 교육적 의미를 바탕으로 국어과 교육과정의 재구성을 통해 설계된 진로 독서 지도의 구체적 사례를 소개하였다. 또한 진로 독서 지도를 하는 과정에서 발생할 수 있는 어려움과 이를 해결하기 위한 방안도 제시하였다.

1. 진로 독서 지도의 의미와 영역

1.1. 진로 독서의 의미

진로 독서라고 할 때 진로(進路)의 사전적 의미는 '앞으로 나아갈 길'이다. 따라서 진로 독서란 학생이 자신이 앞으로 나아갈 삶의 방향을 탐색하고 꿈을 키워나가는 독서라고 할 수 있다. 한편 진로라는 말과 함께 진학이나 직업이라는 용어도 많이 쓰이는데, 직업(職業)이란 '생계를 유지하기 위하여 자신의 적성과 능력에 따라 일정한 기간 동안 계속하여 종사하는 일'을, 진학(進學)은 '학문의 길에 나가 배움'을 의미한다. 그래서 진로 독서는 꿈을 탐색하는 독서에서부터 대학 진학을 위한 독서, 특정한 직업을 얻기 위한 독서까지 그 의미역이 다양하다.

진로의 의미를 어떻게 규정하는가에 따라 진로 독서의 방향이나 도서 선정 등이 달라질 수 있다. 아래 〈표 10-2-1〉에서 보듯이, 2015 개정 교육과정에 제시된 진로교육 관련 내용을 살펴보면, 초등학교 단계에서는 '자신을 발견'하는 과정에 지향점이 있으며, 중학교 단계에서는 '다양한 직업 세계를 이해하고 진로를 탐색하는 과정'에 초점이 있다. 중학교 시기는 진로 발달 과정 중 진로 탐색기로 자기 탐색 및 이해를 기반으로 다양

표 10-2-1 | 2015 개정 교육과정 학교급별 교육목표 중 진로 교육 관련 내용

학교급	진로 관련 교육목표	지향점
초	자신의 소중함을 알고 건강한 생활 습관을 기르며, 풍부한 학습 경험을 통해 자신의 꿈을 키운다.	나의 발견
중	심신의 조화로운 발달을 바탕으로 자아존중감을 기르고, 다양한 지식과 경험을 통해 적극적으로 삶의 방향과 진로를 탐색한다.	직업세계의 이해와 진로의 탐색
고	성숙한 자아의식과 바른 품성을 갖추고, 자신의 진로에 맞는 지식과 기능을 익히며 평생학습의 기본 능력을 기른다.	진로 의사 결정과 계획 및 준비

한 진로를 탐색하고 준비하면서 성장해 나가야 하는 과업을 가지고 있기 때문에, 이 시기 학생들에게는 자기 이해 및 진로 탐색의 능력을 키워주는 활동들을 제공할 필요가 있다(최선영 외, 2013:63). 따라서 중학교에서는 자유학년제 프로그램을 통해서 다양한 진로 탐색 활동이 이루어지고 있다. 또한 고등학교에서는 이전 단계에서 탐색된 다양한 진로의 방향 중에서 자신이 선택하고자 하는 진로를 결정하고, 이에 따른 준비를 하는 단계로 설정되어 있다.

Super와 동료들(Super et al., 1963)도 학생들의 연령에 따른 직업 발달 과업을 〈표 10-2-2〉와 같이 제시하였는데, 이들은 중·고등학교 단계 학생들의 직업 발달 과업을 자신의 흥미와 가치에 따라 선호하는 직업에 대해 계획하고, 그 계획을 어떻게 실행할 것인가를 탐색하는 것으로 보았다.

그런데 중·고등학교 단계에 있는 학생들은 발달 과업이 다양하고 진로 성숙도 역시 다양한 수준으로 나타날 수 있기 때문에 학생들의 상황을 고

표 10-2-2 | 연령에 따른 직업 발달 과업(Super et al., 1963; 류보라 외, 2014: 356에서 재인용)

직업발달 과업	연령(세)	일반적인 특징
구체화 (crystallization)	14~17	자신의 흥미, 가치는 물론 가용 자원과 장차 일어날지도 모르는 일 그리고 선호하는 직업을 위한 계획 등을 인식하여 일반적인 직업 목적을 형성하는 지적 과정 단계의 과업. 이 과업은 선호하는 진로에 대하여 계획하고, 그 계획을 어떻게 실행할 것인가를 고려하는 것임.
특수화 (specification)	22~24	잠정적인 직업에 대한 선호에서 특정한 직업에 대한 선호로 옮기는 단계의 과업. 이 과업은 직업 선택을 객관적으로 명백히 하고, 선택된 직업에 대하여 더욱 구체적으로 이해하여 진로 계획을 특수화하는 것임.
실행화 (implementation)	22~24	선호하는 직업을 위한 교육 훈련을 끝마치고 취업하는 단계의 과업.
안정화 (stabilization)	25~35	직업에서 실제 일을 수행하고 재능을 활용함으로써 진로 선택이 적절한 것임을 보여 주고, 자신의 위치를 확립하는 단계의 과업.
공고화 (consolidation)	35 이후	승진, 지위 획득, 경력 개발 등을 통하여 자신의 진로를 안정되게 하는 단계의 과업

려하여 진로 독서의 방향을 설정할 필요가 있다. 고등학교 단계에서도 아직 구체적인 진로 방향을 정하지 못한 학생들도 있는데, 이런 학생들을 대상으로 진로 독서 지도의 초점을 '진학'에만 둘 경우에는 대학에서 원하는 전공 적합서를 찾아 소위 스펙에 도움이 되는 독서만을 하는 경향이 생기게 되고, 소위 기록을 위한 가짜 독서로 이어지는 경우도 생길 수 있다. 이는 결국 학생들의 독서 행위에 대한 흥미를 잃게 하는 결과를 낳게 한다.

그러므로 학교 교육에서 진로 독서는 삶의 가치와 의미를 성찰하고 삶의 방향을 탐색하는 독서에서부터 학생들의 적성과 흥미, 능력에 따라 자신의 하고 싶은 일의 영역을 탐색하는 독서까지 광범위하게 다룰 필요가 있다. 교사는 학생들의 학교급이나 상황을 고려하여 진로 독서의 방향을 수립해야 한다.

진로 독서는 삶의 방향을 탐색하고 자신이 하고 싶은 일의 영역을 구체적으로 들여다보는 독서임과 동시에, 독서의 의미를 깨닫고 독서 행위가 주는 즐거움을 만끽하는 과정이어야 한다. 자칫 독서 행위가 '진로 찾기'라는 목적을 위한 수단으로만 기능할 경우 학생들의 독서는 일회적인 행위로 끝날 수도 있다. 진로 독서는 자신의 진로를 찾는 순간 끝나는 것이 아니라, 끊임없이 변화하는 사회 속에서 삶의 의미를 모색하는 지속적인 과정이야 한다.

1.2. 진로 독서의 필요성

청소년기에 진로 독서가 필요한 이유는 다음과 같다.

첫째, 독서를 통해 학생들이 직접 경험해 보지 못한 다양한 인간 군상의 모습들을 발견할 수 있다. 이를 통해 다양한 삶의 의미와 가치를 탐색하고 자신의 삶의 목표를 설정할 수 있다. 학생들은 다양한 장르의 텍스트 속에서 다양한 인물들과 직업 세계를 서사적으로 인식할 수 있고, 이는 학생들의 삶의 맥락과도 연결될 수 있다. 그 과정에서 자신의 적성과 흥미, 가치관이 변화하거나 새롭게 형성되는 경험들을 할 수 있어서 중학교 학생들의 진로 탐색에 더욱 유용한 도구가 될 수 있을 것이다(류보라 외, 2014: 358).

둘째, 청소년들에게 긍정적 자아 정체감을 형성시켜주고, 진로를 효과적으로 탐색할 수 있는 기회를 제공한다. 독서를 통해 간접적으로 체험하게 되는 다양한 삶의 의미와 가치, 인간들이 직면하게 되는 갈등 상황과 이를 해결해 나가는 과정 등은 아직 자아 정체성이 확립되지 못한 청소년들이 긍정적 자아 정체감을 형성할 수 있도록 도와준다.

셋째, 자신의 능력이나 흥미에 맞는 일과 직업의 세계를 탐색함으로써 자신의 생애에 대한 지도를 단계적으로 그려나갈 수 있다. 학생들이 희망하는 직업의 세계는 무궁무진한데, 그 직업의 세계를 먼저 경험한 이들의 이야기를 읽는 경험은 학생들에게 자신의 삶의 단계를 미리 그려볼 수 있는 기회가 된다.

1.3. 진로 독서에서 도서의 선정

앞서 언급했듯이, 진로 독서는 삶의 방향을 탐색하는 것에서부터 자신이 직업으로 삼고자 하는 일의 영역을 살펴보는 것에 이르기까지 광범위하다. 청소년기 학생들을 대상으로 한 진로 독서에서 활용할 수 있는 도서를 선정하는 일은 매우 중요하다. 진로 독서를 위해서는 학생 스스로 자신의 진로 방향과 관련된 책을 선정하여 읽도록 안내할 수도 있지만, 교사가 여러 종류의 책을 안내하고 이 중에서 학생들이 스스로 선택하여 읽게 하는 방법도 있다. 진로 독서 지도를 위해서 제안할 수 있는 도서의 종류는 다음과 같다.

첫째, 삶의 의미와 다양한 가치를 담고 있는 책이다. 학생들이 자신이 원하는 진로를 탐색하기 위해서는 자신이 중요하게 생각하는 삶의 의미와 가치가 무엇인지를 성찰하는 과정이 선행되어야 한다. 이를 위해서는 구체적인 진로와 직업의 세계를 다루고 있는 책보다 인간이 살아가는 이유와 가치 등을 생각해 볼 수 있는 책을 읽는 것도 중요하다. 예를 들어, 권정생의 〈강아지똥〉은 세상에 존재하는 모든 것들은 나름의 유의미한 가치를 지니고 있고, 소중한 존재라는 주제 의식을 담고 있다. 이해인의 〈기다리는 행복〉도 인생의 의미에 대해서 생각해 보는 시간을 가질 수 있 다는 점에서 학생들에게 권할 만한 책이다.

둘째, 자신이 하고자 하는 일에 대한 가치를 세우는 데 도움이 되는 책이다. 학생들은 자신이 원하는 진로나 직업이 사회적으로 인정받는 가치와 충돌했을 때에 혼란스러움을 느끼기도 하고, 어떤 일을 하는 것이 자신의 삶에 있어서 가치 있는 일인지를 결정하는 데 어려움을 느끼기도 한다. 모니카 페트가 글을 쓰고, 안토니 보라틴스키가 그림을 그려 엮은 책 〈행복한 청소부〉는 어떤 일을 하는 것이 행복한 것인지, 직업의 가치라는 것은 어디에서 찾을 수 있는 것인지에 대해서 생각해 볼 수 있는 책이다. 박종인의 〈행복한 고집쟁이들〉은 소금장수에서부터 제주 석장까지 오랜 세월 동안 고집스러운 집념을 통해 자신의 일을 하며 올곧게 걸어가는 사람들의 이야기를 담고 있다. 삶의 가치를 세우는 일은 직업 선택에 선행해서 이루어지는 것이 매우 중요하기 때문에 아직 자신의 진로 방향이 명확하지 않은 학생들에게는 이런 종류의 책을 먼저 읽도록 안내하는 것도 필요하다.

셋째, 자신이 닮고 싶은 인물의 생애와 삶의 가치관이 담겨 있는 책이다. 학생들은 자신의 삶에서 멘토가 되는 인물을 닮고 싶어 하고, 그 인물이 걸어간 길을 탐색하고 싶어한다. 최가영의 〈조앤 롤링, 스토리텔링의 힘을 보여줘〉, 태기수의 〈과학의 전도사 리처드 파인만〉, 정지아의 〈인권 운동의 희망 마틴 루터 킹〉, 이상건의 〈워런 버핏, 부는 나눠야 행복해져〉, 이제석의 〈광고천재 이제석〉은 모두 청소년들이 자신이 닮고 싶은 인물들에 대한 이야기이다. 이런 책들을 통해 자신이 롤 모델로 정하고 싶은 인물들의 삶의 여정을 따라가 보는 것도 좋은 독서 경험이 될 것이다.

넷째, 특정한 직업인이 되는 과정이나 수행에 필요한 능력들을 정리한 책이다. 캠퍼스멘토 출판사에서 출간한 〈어떻게 되었을까〉 시리즈는 국

표 10-2-3 | 전공학과별 추천도서

학과	도서명	지은이	출판사
범죄심리학	사이코패스는 일상의 그늘에서 숨어 지낸다	이수정, 김경옥	중앙M&A
역사학	소년이 온다	한강	창비
	그 많던 싱아는 누가 다 먹었을까	박완서	세계사
	소소한 일상의 대단한 역사	그레그 제너 (서정아 옮김)	와이즈베리
언론홍보학	슬기로운 미디어생활	권혜령, 송여주	우리학교
	미디어와 대화하라	임상훈	지식공감
경제학	하버드 박사의 경제학 블로그	김대환	살림
	너 이런 경제법칙 알아?	이한영	21세기북스
심리학	심리학의 오해	키이스 스타노비치 (신현정 옮김)	혜안
법학	법은 얼마나 정의로운가	폴커 키츠(배명자 옮김)	한스미디어
	검사 내전	김웅	부키
정치외교학	서희의 외교담판	장철균	살림
	침팬지 폴리틱스	프란스 드 발 (장대익 외 옮김)	바다출판사
특수교육학	장애인 복지 천국을 가다	백경학 외	부티
사회복지학	얘들아 너희가 나쁜 게 아니야	미즈타니 오사무 (김현희 옮김)	에이지21
	나는 사회복지사로 살기로 했다	최형묵	하야BOOK
의류학	샤넬, 미술관에 가다	김홍기	아트북스
	패션을 뒤바꾼 아이디어 100	해리엇 위슬리 (김지윤 옮김)	시드포스트
소프트웨어 컴퓨터공학	미래를 바꾼 아홉 가지 알고리즘	존 맥코믹(민병교 옮김)	에이콘
	로봇시대, 인간의 일	구본권	어크로스
생태공학	시티 그리너리	최성용	동아시아
	환경정의, 니가 뭔지 알고 시퍼	반영운 외	이매진
통계학	통계의 미학	최제호	동아시아
	통계학, 빅데이터를 잡다	조재근	한국문화사
화학	죽이는 화학	캐스린 하쿠프 (이은영 옮김)	생각의 힘
수의학	10퍼센트 인간	앨러나 콜렌 (조은영 옮김)	시공사

*출처: 「32개 전공별 추천도서 열정, 미즈내일」

회의원, 요리사, 프로게이머에서부터 인공지능 전문가까지 학생들이 선호하는 다양한 직업들을 소개하고, 그 분야 최고의 전문가가 된 직업인들을 인터뷰한 책이다. 이 책들은 소개된 직업인들이 직업을 결정하기까지 어떤 선택을 했고, 어떤 과정을 거쳐 그 직업인으로 살아가게 되었는지를 보여주고 있다.

다섯째, 진로와 관련하여 대학의 해당 학과와 관련된 책이다. 고등학생 단계에서 구체적으로 진학하고자 하는 학과가 결정된 후에는 진로와 관련하여 진학하고자 하는 학과와 관련된 책을 읽을 수 있다.

1.4. 진로 독서의 방법

진로 독서가 학생들의 진로 탐색을 넘어 진로 계획 및 결정에까지 이르기 위해서는 책을 읽는 독서 행위로만 그치는 것이 아니라, 쓰기나 말하기와 같은 표현 활동을 통해서 스스로를 성찰하거나 성찰한 내용을 공유하는 과정이 필요하다. 송승훈 외(2018: 67)는 책 속의 질문이 학생 자신의 삶에 대한 질문으로 이어지도록 자아 성찰을 담은 글쓰기 활동과 연계하여 지도하는 것이 중요하다고 보았다. 이처럼 진로 독서 지도는 읽기와 쓰기, 말하기 등의 언어 통합적인 방법으로 이루어지는 것이 효과적이다.

진로를 결정한 이후의 계획과 준비에는 독서와 작문이 병행되어야 계획과 준비가 충실해질 수 있다. 롤 모델의 진로 경로를 배워 계획하고, 해당 분야의 전문 자료를 접하면서 진로에 대한 본격적인 준비를 할 수 있다. 새로운 롤 모델과 경로를 설정하고 개발할 수도 있으며, 여러 분야를 아우르는 상호텍스트적인 폭넓은 독서를 할 수 있다. 이 과정에서 독서가 배경지식이 되고, 작문이 정리와 결정을 하는 대표적 진로교육의 방법이 될 것이다(김봉순, 2014: 87).

따라서 학교 수업에서는 읽기와 쓰기의 성취기준을 활용하여 진로 독서를 위한 교육과정 재구성이 이루어질 수 있고, 타 교과와의 통합 교육과정 운영도 고려할 수 있다. 그 외의 진로 독서 지도에서도 읽기와 쓰기,

읽기와 말하기 등을 결합하여 독서 지도하는 방법이 고려될 수 있다. 이때 쓰기는 그 목적에 따라서 보고서, 설명문, 논설문 등 다양한 장르가 선택될 수 있다.

또한 진로 탐색을 위한 정보 탐색의 도구로서 인쇄 매체와 인터넷 매체를 그 특성에 따라 적절하게 활용할 수 있는 방법을 안내하고, 실제 활용으로 이어질 수 있도록 해야 한다. 디지털 매체에 익숙한 학생들에게는 인쇄 매체 이외에도 인터넷 매체 등 전자 텍스트를 통한 읽기 자료를 제시할 수도 있다.

2. 진로 독서 지도의 사례

2.1. 국어과 교육과정 재구성을 통한 진로 독서 수업: 한 학기 한 권 읽기 프로젝트

2015 개정 국어과 교육과정에서는 학생들의 독서 경험의 확장과 통합적인 독서활동을 장려하기 위해서 '한 학기 한 권 읽기'를 교수·학습의 방향에서 제시하고 있다. 여기에서는 한 학기 한 권 읽기 프로젝트를 진로 독서와 연결하여 지도할 수 있는 사례를 제시하고자 한다. 이를 위해 듣기·말하기, 읽기, 쓰기의 교육과정 성취기준을 재구성하여 진로 독서를 통해 학생들의 진로를 탐색하고 성찰할 수 있는 활동으로 구성하였다.

진로 독서 수업을 위한 교육과정 재구성

성취기준	[10국01−02] 상황과 대상에 맞게 언어 예절을 갖추어 대화한다. [10국02−05] 자신의 진로나 관심사와 관련된 글을 자발적으로 찾아 읽는 태도를 지닌다. [10국03−04] 쓰기 맥락을 고려하여 쓰기 과정을 점검·조정하며 글을 고쳐 쓴다.		
주제명	진로 독서를 통한 보고서 작성하기		
핵심역량	비판적·창의적 사고 역량, 자료·정보 활용 역량, 자기 성찰·계발 역량	학년	고1
수업의도	'한 학기 한 권 읽기'를 통해 학생들이 긴 호흡으로 한 학기에 걸쳐 진로 관련 책을 읽고 자신의 진로에 대해 진지하게 고민하고, 이를 친구들과 함께 나눌 수 있는 기회를 제공하고자 함. 또한, 자기 성찰을 내면화하고 이를 체계적으로 정리하는 과정으로 진로 탐색 보고서 쓰기를 함으로써 탐색의 과정을 정리하고자 함.		

교수·학습 활동 내용

단계	개요	시간	활동내용
1	책읽기 준비하기	1~2	제시된 글을 읽고 독서에 대한 생각 나누기
2	책 소개 듣고 책 고르기	3	교사나 친구의 책 소개를 듣고 한 학기 동안 읽을 책 고르기
3	책 읽으며 독서 일지 기록하기	10주	주 1회 책읽기 시간에 진로 책을 읽고 독서 일지 기록하기
4	책 대화 나누기	3	월 1회 같은 책을 읽는 학생들이 모둠을 이루어 책 대화하기
5	보고서 작성하기	2	독서일지, 책 대화 내용을 참고하여 자신의 진로 탐색 보고서 작성하기
6	나의 독서활동 돌아보기	2	한 학기 동안 자신의 독서 활동을 돌아보고, 다음 학기 독서 활동 계획하기

추천 도서 목록	이철수 외, 〈나는 무슨 일을 하며 살아가야 할까?〉 고도원, 〈위대한 시작〉 김치국, 〈소리로 세상을 밝히다〉 로버트 레슬리, 〈응급실의 천사들〉 김은재, 〈누가 뭐래도 내 길을 갈래〉 표창원, 〈프로파일러 표창원의 사건추적〉 박정준, 〈미대 나와서 무얼 할까?〉 박인찬, 〈우리 시대 웹툰 작가들의 생존기〉 최현정, 〈진로를 정하지 못한 나, 비정상적인가요?〉 김향금, 〈고고학자 손보기〉 문광기, 〈미스터 나이팅게일〉 도래샘, 〈하루를 살아도 나는 사회복지사다〉

□ 1단계 : 책 읽기 준비하기

※ 아래 글을 읽고 질문에 답해 봅시다.

어렸을 적 사방이 산으로 둘러싸여 대중교통 수단 하나 없던 미국의 작은 시골 마을에서 초등학교 시절을 보냈다. 그런 나에게 책은 우주로 가는 꿈을 꾸게 했고, 나이팅게일처럼 목숨을 걸고 전쟁터로 달려가 사람들을 돕는 상상을 하게 했으며, 허클베리 핀과 함께 강에 배를 띄워 모험을 하고 싶게 했고, 초원의 집 로라의 어머니를 따라 나무 울타리 위 수북이 쌓인 눈 위에 설탕물을 부어 사탕을 만들어 보는 실험을 하게 했다.

어른이 된 뒤로 책은 내가 경험하고 성장해 가는 다양한 사회의 모습 속에서 혼란이 올 때마다 스스로 믿고 따르는 가치가 최선이라는 믿음을 주고, 내가 겪는 갈등과 불확실함 그리고 희망 사이의 공간을 가득 메워준다. '그래도 괜찮을 거야'라고 다독여주는 친한 인생 선배처럼. 그래서 난 책을 붙잡고 놓지 않는다. 가능성과 관계없이 꿈을 품고, 도전하고, 도전하는 길 위에서 응원군이 되어 주니까.

-「가수, <이소은>의 서가 중에서」

① 윗글의 글쓴이가 많은 것들을 알 수 있는 방법으로 제시한 것은 무엇인가요?

_____

_____

_____

② 윗글의 글쓴이는 책 읽기를 통해 어떤 점이 변화했나요?

_____

_____

_____

③ 책을 읽는 것은 왜 중요한가요? 글쓴이의 생각에 대한 나의 생각을 친구들과 공유해봅시다.

_____

_____

_____

　□ 2단계 : 책 소개 듣고 책 고르기

　① 선생님이나 친구들의 책 소개를 듣고 직접 책을 살펴본 후, 마음에
드는 책 몇 권을 생각해 봅시다. 혹은 도서관에 가서 관심이 가는 책을 몇
권 골라서 제목과 작가, 출판사를 써 봅시다.

_____

_____

_____

　② 나의 관심사와 진로를 고려하여 고른 책 중에서 최종적으로 내가 읽
을 책을 한 권 정하고, 서지 사항을 기록해 봅시다.

나의 관심사:

나의 진로:

제목:　　　　　　　　저자:

출판사:　　　　　　　발행연도:

　③ 동일한 책을 고른 학생들과 모둠을 이루고, 각자 이 책을 고른 이유
를 공유해 봅시다.

　[이 책을 고른 이유]

_____

_____

_____

□ 3단계 : 책 읽으며 독서일지 기록하기

※ 일주일에 한 시간씩 책을 읽고 책의 내용에 대해 독서일지에 기록합니다.

읽은 날짜	책 제목	지은이	읽은 쪽수
20 . . . 교시			( )~( )쪽
인상적인 문장과 그 이유			
책을 읽으면서 든 생각			
그 밖에 쓰고 싶은 내용			
선생님 논평			(확인)

□ 4단계 : 책 대화 나누기

※ 월 1회 자신과 같은 책을 읽고 있는 모둠 친구들과 책 대화를 나누어 봅시다. 모둠 친구들이 매월 돌아가면서 모둠별로 나눈 책 대화의 내용을 정리해 봅시다.

① 각자가 고른 인상적인 문장이나 책을 읽으면서 든 생각을 다른 친구들과 공유해 봅시다.

_____

_____

② 책 내용과 관련하여 친구들과 이야기를 나누며 새롭게 알게 된 내용이 있으면 적어봅시다.

_____

_____

③ 모둠에서 작성된 책 대화 일지를 전체 학생들과 공유해 봅시다.

□ 5단계 : 보고서 작성하기

※ 한 학기 동안 작성한 독서 일지와 책 대화 내용을 바탕으로 진로 탐색 보고서를 작성할 준비를 해 봅시다.

① 자신이 작성한 보고서를 읽게 될 독자는 누구인지 써 봅시다.

_____

_____

② 자신이 작성하는 보고서의 목적이 무엇인지 써 봅시다(예, 자신의 진로와 관련된 정보를 정리하여 전달, 읽은 책의 내용에 대한 서평 등).

_____

_____

③ 자신이 작성한 보고서를 어떤 매체를 통해 전달할 것인지를 써 봅시다.

_____

_____

④ 위의 내용을 바탕으로 보고서를 작성하여 봅시다.

□ 6단계 : 나의 독서활동 돌아보기

※ 한 학기 동안 나의 진로 독서 활동을 성찰해 봅시다.

① 한 학기 동안 책을 읽고 독서일지를 기록하면서, 책 대화를 하면서 느낀 점을 써 봅니다. 책을 읽으며 스스로 잘했다고 생각하는 점, 아쉬운 점도 같이 써 봅시다.

_____

_____

② 한 학기 동안 독서일지를 기록하며 '책 읽기'에 대한 생각의 변화가 있었는지 써 봅니다.

_____

_____

※ 나의 진로와 관심사를 고려하여 다음 학기에 읽을 책 목록을 만들어 봅시다.

① 진로나 관심사가 비슷한 친구들끼리 모여서 모둠을 구성하고, 주제와 목적을 정합니다.

■ 주제:

■ 독서 목적:

---

② 각 모둠의 주제에 맞는 책 목록을 아래 기준에 맞게 10~15권 정도 골라봅니다.

■ 우리의 관심사/진로와 관련이 있는가?

■ 너무 쉽거나 어렵지는 않은가?

■ 책의 저자는 어떤 사람인가?

■ 책에 대한 평가는 좋은 편인가?

2.2. 핵심 질문을 활용한 진로 독서 수업 – 정말 책 속에 길이 있을까?[*]

여기서 제시된 수업 모형은 경기도교육청에서 정책연구로 수행된 〈교사의 전문성과 자율성에 기반한 핵심질문 활용 배움중심수업 실천 방안 연구(정혜승 외, 2017)〉의 내용을 바탕으로 재구성한 내용임.

핵심 질문을 활용한 진로 독서 수업은 국어과 교육과정에서 진로 독서와 관련된 성취기준에서 핵심 질문을 도출하고, 이 핵심질문에 답을 하기 위한 전개 질문을 통해서 학생들의 학습 경험을 도출하는 방식으로 구안된 수업 모형이다. 각각의 전개 질문을 구현하기 위해 제시된 학생 활동에서 활용되는 텍스트는 학생들의 수준에 맞게 다양하게 변형하여 사용할 수 있다.

〈교수 · 학습 계획안〉

수업 주제	정말 책 속에 길이 있을까?
핵심 질문	독서를 통해 삶의 방향을 찾을 수 있을까?
성취 기준	[10국02–05] 자신의 진로나 관심사와 관련된 글을 자발적으로 찾아 읽는 태도를 기른다.
핵심어	진로 독서, 진로 탐색, 자발적 독서
수업 의도	이 단원에서는 독서를 통해서 자신의 진로를 개척한 사람들의 이야기를 통해 진로 탐색 과정으로서의 독서의 의미를 생각해 보게 하고, 학생들이 스스로 자신의 진로와 관심사와 관련된 정보를 찾아보면서 적극적으로 진로를 탐색하는 활동을 할 수 있음.
지도상의 유의점	· 자신의 진로나 관심사와 관련된 글을 자발적으로 찾아 읽는 태도를 지도할 때에는 짝이나 모둠 토의 활동을 활용한다. · 진로나 관심사가 비슷한 친구들과 이야기를 나누고, 관련되는 글이나 책을 읽고 정보를 공유하기 위한 활동이 될 수 있도록 한다.

전개 질문	학습경험	평가의 방향	자료와 매체
사람들은 어떻게 독서를 통해 진로를 탐색할까? 〈탐구하기 ①〉	1. 독서를 통한 진로 탐색의 의미 찾기 – 글쓴이에게 독서가 갖는 의미 찾아보기 – 독서를 통한 진로 탐색의 의미 떠올려 보기	– 제시된 글 속에서 글쓴이에게 영향을 미친 독서 과정을 이해하고 있는지를 점검한다. – 독서를 통한 진로 탐색의 의미를 학생들이 스스로 떠올릴 수 있게 한다.	– 글 「내 인생을 바꾼 한 권의 책」(잭 캔필드, 게이 핸드릭스 지음, 웅진씽크빅, 2007)
독서를 통해 자신의 진로와 관심사에 대한 정보를 어떻게 얻을까? 〈탐구하기 ②〉	1. 독서를 통해 진로에 대한 정보 찾기 – 자신의 진로 방향 탐색하기 – 진로 목표를 위한 독서하기	– 진로 목표를 위해서 다양한 독서를 활용하고, 그 속에서 많은 정보들을 탐색하고 있는지 스스로 점검하게 한다.	– 학생 활동 자료

〈학생 활동지〉

〈정말 책 속에 길이 있을까?〉

> **1. 생각 열기**
> 독서가 의미 있었던 순간이나 경험 공유하기, 독서와 관련된 '나만의 명언' 만들기

1) 다음의 명구를 읽어보고 자신에게 독서가 의미 있었던 순간이나 경험을 떠올리고 친구들과 이야기해 보자.

- 좋은 책을 읽는 것은, 과거의 뛰어난 사람과 대화를 나누는 것과 같다.

  – 〈데카르트〉

- 내가 인생을 알게 된 것은 사람과 접촉해서가 아니라 책과 접했기 때문이다.

  – 〈A. 프랑스〉

- 나에게 독서가 의미 있었던 순간은~

---

2) 위의 활동을 바탕으로 독서와 관련된 '나만의 명언'을 만들어 보자.

"   "

3) 이 수업에서의 탐구해야 할 핵심 질문을 정리해 보자.

_____

_____

_____

_____

2. 탐구하기 ①

독서가 의미 있었던 순간이나 경험 공유하기, 독서와 관련된 '나만의 명언' 만들기

> 너무나 매력적인 이야기였다. 책을 통해 다른 세계를 경험할 수 있다는 게 무슨 뜻인지를 최초로 이해하는 순간이었다. 그때까지 읽은 책에서는 주로 개와 말 등의 동물이 등장했고 가족이나 나 같은 아이들에 대해 이런저런 방식으로 이야기하는 게 고작이었다. 말수가 적고 개를 키우고 있는 도시 아이에겐 너무나도 친숙한 세상이었다. 그런데 모든 우주 사람들이 마음 놓고 살 수 있도록 행성을 순찰하는 경찰대 이야기라니. <우주 사관학교>는 내게 전혀 새로운 세계를, 인생을 변화시키는 좋은 소설이란 어떤 것이어야 하는지를 알려준 책이다.
>
> (중략)
>
> 처음에 독서는 내게 호의적이지 않은 현실에서 달아나 숨는 도피처였지만, 곧 수많은 다른 현실의 비전들을 배우고 껴안도록 해주는 도구가 되었다. 책은 내 발로는 결코 가지 못했을 도시로, 나라로, 심지어 우주로 나를 데려다 주었다.
>
> — 낸시 펄, '상상을 실현하는 자가 세상을 바꾼다'

1) 글쓴이가 자신의 진로를 결정하게 된 과정을 파악하고 어떤 삶을 지향하게 되었는지 정리해 보자.

_____

_____

2) 글쓴이가 읽은 책의 내용이 글쓴이의 삶에 어떤 의미가 있었는지를 생각해 보자.

_____

_____

3) 글쓴이에게 하고 싶은 질문을 모아 가상의 인터뷰 질문지를 만들어 보자.

_____

_____

명사들의 독서 경험과 관련된 텍스트들은 인터넷 포털에서 '명사의 서가'와 관련된 칼럼 자료들을 통해서도 얻을 수 있다.

자기 자신을 발견하는 글쓰기는 '일기'를 비롯하여 '감상문'이나 '편지' 등의 다양한 상황 설정과 형식 선택이 가능하고, 직업 세계에 대한 정보를 정리하는 데 있어서는 전형적인 '설명문'만이 아니라 '프리젠테이션 작성하기', 직업 안내용 '광고문 쓰기' 등을 다양하게 구사할 수 있다. 진로 의사 결정을 위한 글쓰기를 한다면, 자신의 결정 과정과 결과를 '설명문'이나 '논설문'과 같은 글의 형식 만이 아니라 '자기 자신의 전기문 또는 자서전 쓰기', '30년 후의 자기에게 편지쓰기' 등, 의사 결정의 과정이나 결과를 담을 수 있는 것이면 모두 가능할 것이다(김봉순, 2014: 84).

3. 생각 키우기
명사들의 독서 경험*을 읽고, 나를 나답게 만들어 준 독서 경험 소개하기, 20년 후의 나에게 편지쓰기*

1) 명사들의 독서 경험을 읽고, 내가 읽은 책 중에서 나를 나답게 만들어준 책을 떠올려 보자.

_____

_____

_____

2) '나'는 어떤 삶을 살고 싶은지를 떠올리며, 20년 후의 나에게 편지를 써 보자.

_____

_____

_____

4. 탐구하기 ②
독서를 통해서 나의 진로와 관심사에 대한 정보를 어떻게 얻을까?

1) 나는 어떤 사람인지 거울 속의 나에게 말을 걸어 보자.

- 네가 가장 좋아하고 재미를 느끼는 일은 무엇이니?

- 네가 자신 있게 잘 할 수 있는 일은 무엇이니?

- 평소에 인생의 롤 모델이 되고 싶은 인물이 있다면 누구이고, 그 이유는 무엇이니?

2) 직업 선택과 관련하여 중요한 가치라고 생각하는 항목에 표시하고, 내가 추구하는 가치와 가장 어울리는 직업을 생각해 보자.

가치 항목	선택(∨)
1. 남들에게 도움이 되며 봉사와 나눔을 할 수 있는 직업이 좋다.	

가치 항목	선택(∨)
2. 오랫동안 안정되게 일할 수 있어야 한다.	
3. 노동에 대한 대가로 충분한 경제적 보상을 받는 것이 중요하다.	
4. 창의성을 발휘할 수 있는 근무 환경이 중요하다.	
5. 사회적인 명예와 권위가 있는 직업이 좋다.	
6. 스스로 일을 선택하고 결정할 수 있도록 자율성을 보장해 주는 것이 좋다.	
7. 사회 발전에 도움이 되는 일이어야 한다.	
8. 변화가 있고 다양한 일을 경험할 수 있어야 한다.	
9. 사람들과 어울려서 활동하며 좋은 관계를 가질 수 있어야 한다.	
10. 장래성이 있고 성취감을 느낄 수 있어야 한다.	
11. 위험을 동반한 새롭고 흥분된 일을 하는 것이 좋다.	
12. 예술적인 활동을 통해 정신적인 만족을 얻는 환경이 좋다.	
13. 인정이나 경제적 보상을 받는 직장이 좋다.	
14. 자신만의 시간과 공간을 갖고 주로 혼자 일하는 것이 좋다.	
15. 타인에게 직접 지시하거나 정책 결정에 영향을 미치는 일을 하고 싶다.	

*출처 : 임성미 저, 「진내 꿈을 열어 주는 진로독서」, 31쪽 재구성

3) 흥미와 관심사가 비슷한 친구들끼리 모여서 어떤 진로를 선택하면 좋을지 이야기를 나눠보자.

_____

_____

4) 모둠에서 진로 목표를 세운 친구들에게 해주고 싶은 말이나 묻고 싶은 질문이 있다면 메모지에 써 보자.

_____

_____

5) 위에서 탐색한 진로 목표를 위해 읽었던 책이나, 앞으로 읽고 싶은 책의 목록을 인터넷이나 도서관에서 찾아보고 '나만의 진로 탐색 서재'를 만들어 보자.

_____

6) 나의 서재 책 목록에서 한 권을 골라 읽고, 가장 인상적인 구절과 이 책이 내 진로에 도움이 되는 이유를 각각 적어 보자.

- 가장 인상적인 구절 :

- 이 책이 나의 진로 탐색에 도움이 되는 이유 :

---

5. 핵심질문으로 돌아가기

1) '독서를 통해 나의 삶의 방향을 찾을 수 있을까?'에 대한 답을 자신의 말로 답해보자.

---

6. 진로 탐색 활동 평가하기

1) 아래의 점검표를 활용하여 이 수업에서 수행했던 진로 탐색 활동을 스스로 평가해 보자.

번호	점검 항목점검 항목	평가
1	독서를 통한 진로 탐색의 의미를 잘 이해하였는가?	☆☆☆☆☆
2	명사들의 독서 경험을 읽으며 자신의 독서 경험을 성찰하는 기회를 가졌는가?	☆☆☆☆☆
3	진로 독서를 통해서 자신에게 필요한 다양한 정보를 수집하였는가?	☆☆☆☆☆
4	진로 독서를 통해서 진로에 대한 구체적인 로드맵을 만들었는가?	☆☆☆☆☆

번호	점검 항목점검 항목	평가
5	모둠에서 선정한 롤 모델을 소개하는 자료를 다양하게 수집하고 이를 잘 분석하였는가?	☆☆☆☆☆
6	제시된 글을 몰입하여 읽고 궁금한 점을 적극적으로 질문하였는가?	☆☆☆☆☆
7	자신의 진로와 관련된 책을 주도적으로 선택하여 읽었는가?	☆☆☆☆☆
8	모둠별 발표 자료를 만들 때 다른 구성원들과 적절하게 협력하며 활동하였는가?	☆☆☆☆☆

2) 짝과 점검표를 상호 교환하여 살펴보고, 짝에게 조언하고 싶은 이야기를 써 보자.

_____

_____

　　학교 교육에서 진로 독서는 학생들의 진로성숙도나 독서에 대한 흥미 등을 총체적으로 고려하여 그 방향을 수립해야 한다. 삶의 가치와 의미를 성찰하고 삶의 방향을 탐색하는 독서에서부터 학생들의 적성과 흥미, 능력에 따라 자신의 하고 싶은 일의 영역을 탐색하는 독서까지 광범위하게 다룰 필요가 있다.

　　진로 독서는 삶의 방향을 탐색하고 자신이 하고 싶은 일의 영역을 구체적으로 들여다보는 독서임과 동시에, 독서의 의미를 깨닫고 독서 행위가 주는 즐거움을 만끽하는 과정이어야 한다. 진로 독서는 자신의 진로를 찾는 순간 끝나는 것이 아니라, 끊임없이 변화하는 사회 속에서 삶의 의미를 모색하는 과정이어야 한다.

　　청소년기에 진로 독서가 필요한 이유는 첫째, 독서를 통해서 다양한 삶의 의미와 가치를 탐색하고 자신의 삶의 목표를 설정할 수 있기 때문이다. 둘째, 청소년들에게 긍정적인 자아정체감을 형성시켜주고, 진로를 효과적으로 탐색할 수 있는 기회를 제공해 준다. 마지막으로 자신의 능력이나 흥미에 맞는 일과 직업의 세계를 탐색함으로써 자신의 진로 지도를 단계적으로 그려나갈 수 있다.

　　진로 독서에서의 도서 선정은 학생들이 스스로 결정할 수도 있지만, 도서 선정에 어려움을 겪는 학생들이 있다면 교사가 여러 가지 책을 안내하여 학생들에게 선택하게 할 수도 있다. 진로 도서에서 활용될 수 있는 도서로는 첫째, 삶의 의미와 다양한 가치를 담은 책이 있다. 둘째, 자신이 하고자 하는 일에 대한 가치를 세우는 데 도움이 되는 책이다. 셋째는 자신의 롤모델이 될 만한 인물의 생애와 가치관이 담겨 있는 책이다. 넷째는 특정 직업인이 되는 과정과 수행에 필요한 능력들을 정리한 책이다. 마지막으로 진학하고자 하는 대학의 학과와 관련된 책도 제시될 수 있다.

　　진로 독서의 효과를 높이기 위해서는 읽기와 쓰기, 읽기와 말하기, 읽기와 쓰기, 말하기 등을 통합적으로 구성하여 수업을 설계할 필요가 있다. 이를 위해 학교 수업에서는 교육과정을 재구성하거나, 타 교과와의 통합 수업 방법도 고려할 수 있다.

진로 독서 지도는 한 학기 한 권 읽기 활동을 진로 독서와 결합하여, 학생들이 진로가 비슷한 학생들과 동일한 책을 함께 읽고, 책 대화를 나누며 자신의 진로 방향을 탐색하는 보고서를 작성하는 방향으로 수업을 설계할 수 있다. 또한 핵심질문을 활용한 진로 독서 지도에는 독서를 통해 자신의 진로를 찾을 수 있을까라는 질문에 답을 하는 여정을 수업으로 설계할 수 있다.

01 본 장에서 학습한 진로 독서의 의미와 필요성을 참고하여, 중학교 자유학년제 학생들을 대상으로 한 학기 동안 진행할 수 있는 진로 독서 수업을 설계해 봅시다.

02 본 장에서 제시된 진로 독서 지도 사례를 참고하여, 언어 통합적인 진로독서 지도 방법을 설계해 봅시다.

03 독서에 대한 흥미가 낮은 학생들을 대상으로 진로 독서 지도를 하고자 할 때 학생들에게 제시할 수 있는 도서 목록을 작성해 보고, 진로 독서 지도의 차원에서 각각의 책들이 가진 특징을 정리해 봅시다.

김명순(2014). 진로독서의 특징과 지도 방향. 독서연구, 33, 99-123.

김봉순(2014). 진로교육과 독서·작문교육의 관련성과 상호 발전 방안. 독서연구, 33, 69-97.

류보라·김소현(2014). 중학생의 독서와 진로 탐색의 관계. 독서연구, 33, 353-385.

송승훈 외(2018). 한 학 기 한 권 읽기. 서해문집.

임성미(2013). 내 꿈을 열어 주는 진로 독서. 꿈결.

정혜승 외(2017). 교사의 전문성과 자율성에 기반 한 핵심질문 활용 배움중심수업 실천 방안 연구. 경기도교육청 정책연구.

최선영·홍지영(2013). 독서활동을 활용한 진로집단상담 프로그램 개발 및 효과. 청소년문화포럼. 33. 62-87

인성: 인성 발달을 위한
독서 지도의 실제

학습목표

• 인성 발달을 위한 독서 지도의 가치와 특징을 이해하고 설명할 수 있다.
• 인성 발달을 위한 독서 지도의 원리를 이해할 수 있다.
• 인성 발달을 위한 독서 지도의 방법을 알고 실제에 적용할 수 있다.

학습내용

이 장에서는 인성 독서의 목표와 내용, 방법에 대해 학습한다. 인성 독서교육에서 추구할 인성 덕목과 역량을 이해하며, 나아가 인성 독서지도 방법을 위한 교사의 발문과 수업 과정을 중심으로 익힌다. 특히, 발달적 독서 치료 기반, 내러티브 중심, 은유적 사고 중심, 토의 중심의 인성 독서 교육 방법에 대해 이해한다.

1. 인성 발달을 위한 독서지도의 방향성

1.1. 인성 발달, 왜 독서인가?

독서가 인간 내면의 성장과 변화를 촉진한다는 점은 인류의 오래된 깨달음이다. 인류는 오래전부터 독서를 독자의 인성 발달에 활용해 왔다. 성숙한 정서 함양, 올바른 가치관의 성장 그리고 공동체적 삶의 영위를 위한 인성 교육에서 독서는 빠지는 법이 없었다. 특히 동양에서는 독서를 인간의 정신적 수양이나 인격 발전을 위한 활동으로 보고 앎 뿐 아니라 삶 그리고 나아가 됨으로 나아가는 지혜를 펼쳤다.

한편, 인성 발달을 위한 독서는 4차 산업혁명의 시대를 맞이하여 그 미래 가치가 더욱 부각될 전망이다. 유발 하라리가 지적하였듯이 매체의 급속한 변화와 함께 인간은 자신에 대한 감각과 정체성을 직면하는 일 자체가 중요해지고 있다. 자기 소외와 존재적 불안정, 관계 단절의 위기적 상황에서 독서는 그 어느 시대보다 인간이 인간으로서의 품격과 존재 가치를 살리는 행위가 되고 있다.

인성 발달을 위한 독서는 독서 활동의 본질에 맞닿아 있다. 국어사전에 보면, 인성은 사람의 성품을 말한다. 독서가 인성 발달에 관여하는 것은 읽기 행위에 작동하고 있는 성찰적 기제 때문이다. 독서는 텍스트의 내용을 이해하는 활동에서 나아가 그 읽기를 수행하는 독자 마음을 되돌아보고, 재구성하며, 변화시킨다. 한 권의 책을 읽고, 용기를 내어 새로운 인생 진로를 개척하거나 또 오래된 자신의 사고 습관을 바꾸어 거듭나는 독자들을 종종 만날 수 있다. 독서는 외부의 강제적인 힘이 아니라 자신의 자발적인 각성과 자각을 이끌어내기 때문에 이러한 일이 가능하다. 독서의 이러한 힘을 충분히 활용하여, 인성 발달의 독서는 앎(knowing)과 삶(living), 됨(being)이 함께 하는 종합적 활동을 지향한다. 그렇다면, 독서가 인성 발달에 기능하는 바를 몇 가지로 세분화하여 살펴보기로 하자.

첫째, 독서는 자아 정체성을 형성한다. 우리가 나 자신을 알 수 있는 가장 대표적인 방법이 바로 독서이다. 텍스트의 세계에 참여하고 나름의 의견을 표현하다보면 내가 누구인지, 어떤 사람이 되고 싶은지, 어떤 가치관과 태도를 가지고 있는지, 어떤 정서 패턴을 가지고 있는지를 알 수 있다. 그리고 이 과정을 메타적으로 성찰하다 보면 새로운 자아의 모습으로 거듭나게 될 수 있다. 이처럼 독서는 독자가 자신의 참 자아를 이해하고 형성해 나갈 수 있도록 하며 자기 교육과 혁신을 위한 과정과 전략을 제공한다.

둘째, 독서는 사고의 구성과 재구성을 통해 인성 발달을 돕는다. 독서는 지식의 생산과 활용 능력의 뿌리인 논리적 사고력, 창의적 사고력, 의사 결정 능력과 같은 고등 정신 능력을 기를 수 있다. 인성의 기초에는 상상과 고등 사고의 힘이 있다. 독서는 인간이 사물과의 연관 관계를 다양하게 이해할 수 있고, 인간과 사물을 이해하는 관점의 폭을 넓히며, 자신의 경험에 의미와 질서를 부여할 수 있도록 해 준다. 또, 책이 펼치는 또 다른 가능성의 지평을 통해 이해할 수 없는 것을 이해하거나 수용하고, 평소의 인지 프레임을 바꾸어 인지적 유연성을 길러 준다.

셋째, 독서는 독자의 정서적 순화와 세련을 돕는다. 독서가 세계에 대한 간접 경험이라고 할 때 그 경험은 정서와 함께 이루어진다. 독자는 텍스트의 어떤 부분에서 즐거움과 감동을 느끼고 울고 웃는 감정적 경험에 참여한다. 그 경험은 눈물이 나고 가슴이 조여 오는 것처럼 생생하며 현실적이다. 이 과정에서 독자는 자신도 잘 모르고 있던 감정을 표출하여 알아차리며 그 의미와 가치를 깊이 통찰할 수 있다.

넷째, 독서는 삶의 구체적이고 총체적인 상황에서 가치관의 내면화와 실천을 도와준다. 인성은 곧 자신의 세계관과 가치관을 형성하는 과정이라고 할 수 있다. 독자가 접하는 글은 인간이 살아가면서 선택해야 할 가치관의 문제나 갈등 상황이 표현되어 있다. 독자가 글을 읽고 의미를 부여하는 과정은 신념이나 가치관을 판단하여 무엇이 옳은 일이며 바람직한 일인지를 선택하는 과정이기도 하다. 이러한 선택은 의지를 북돋우며,

행함을 이끌어낸다.

다섯째, 독서를 통해 독자는 공동체 구성원으로서의 결속력과 사회적 유대감을 강화해 나갈 수 있다. 공동체나 집단 구성원으로서 각 개인이 지녀야하는 태도, 사상, 가치관은 독서 활동을 통해 형성되는 경우가 많다. 독서를 통해 개인은 보편적 존재로 인류 전체와 연결될 수 있다. 〈반쪽이〉 민담을 읽으면서 인류 보편의 지혜를 얻고 전통과 유대를 이어 나갈 수 있으며 〈위대한 개츠비〉를 읽으면서 미국 문화를 이해하고 글로벌 시민으로서의 결속력을 만들어 갈 수 있다.

1.2. 독서지도를 통한 인성 발달의 방향

그렇다면, 독서지도를 통한 인성 발달의 방향성은 무엇일까? 이는 인성교육의 목적과도 깊은 연관을 갖는데 크게 세 가지 접근법이 있다. 독서를 통한 바람직한 인성, 건강한 인성, 성숙한 인성으로의 발달이다.

첫째, 인성 독서는 바람직한 인성으로의 발달을 추구한다. 바람직한 인성의 모습은 오랜 세월 인류의 공감을 얻어 전승되어 온 종교적 경전, 우화, 민담, 전기문, 문학 작품 등에 담겨 있다. 이 속에 담긴 인류의 위대한 지혜를 이해함으로써 독자는 타인에 대한 이해와 동정, 책임 의식, 도덕적 행동, 인권과 정의의 존중 등 넓은 의미의 도덕성을 지닌 존재로 거듭날 수 있다. 그러나 이것이 주입식 가치 교육을 의미하지는 않는다. 독자는 감동과 동일시를 통해 자율적으로 변화를 일구어 낼 수 있기 때문이다.

둘째, 건강한 인성으로의 발달이다. 이는 발달 치료적 접근에서 주로 다루어져 왔는데 인간됨의 내재적 가치를 신뢰하며 심리적 불편감과 왜곡을 개선하여 원래대로의 인성다움을 회복하는 관점이다. 위대하고 뛰어난 인성보다는 자기 자신의 온전함과 충만함을 이끌어내는 교육에 중점을 두고자 한다. 그렇기에 계몽과 훈육하는 인성교육에 대해서는 비판적인 입장을 취한다. 마음의 건강은 내면의 지·정·의가 서로 조화를 이룬 충만한 상태로 자신의 본성을 발견하고 회복함으로써 마음의 복지에 이를 수 있다.

셋째, 성숙한 인성으로의 발달이다. 인간은 새로운 상황에 부단히 적응하며 자신을 조절, 변화시켜 나가야 한다. 성숙한 인성은 다양한 상황과 환경에 처해 자신을 이해하고, 공동체 속에서 더불어 살아갈 수 있는 능력을 기르고자 한다. 이를 위해서는 사람됨과 같은 추상적이고 막연한 인성교육은 한계가 있다. 실제의 현실 상황 속에서 사회 정서적 문제를 다루는 보다 구체적인 인성교육적 접근이 필요하다. 개인의 정서 조절과 관리, 사회적 관계 함양이 그 내용이다.

이 세 가지는 배타적이라기보다는 상호보완적이며 인성교육의 다양한 방향을 시사하고 있다.

2. 인성 독서교육의 내용: 인성 덕목과 역량

그렇다면, 인성 독서 지도에서는 무엇을 교육해야 하는가? 인성을 제도적으로 교육할 수 있는가에 대한 회의도 있다. 하지만 교육학에서 인성(character)은 바람직한 삶을 영위하기 위해 필요한 개인의 특성이라고 하여, 의도적인 교육이나 학습에 의해 습득하거나 변화가 가능한 성품으로 이해해 왔다.

인성교육에는 인성 덕목 중심의 지도와 인성 역량 중심의 지도가 있다. 전통적으로 우리나라 학교 인성교육은 성리학의 인성론(人性論)이나 '인격 도야'를 위한 인성 덕목 중심으로 진행하였다. 대표적인 예로 2014년에 교육부가 발표한 〈2014년 인성교육 강화 기본 계획〉이 있다. 여기에서는 "자신의 내면을 바르고 건전하게 가꾸고 타인·공동체·자연과 더불어 살아가는데 필요한 인간다운 성품과 역량"을 기르기 위한 인성 덕목으로, 예(禮), 효(孝), 정직, 책임, 존중, 배려, 소통, 협동 등을 제시하고 있다. 미국의 인격교육 운동(character education movement)에서도 "정직, 공정성, 책임감, 온정적 배려, 자신과 타인에 대한 존중"을 강조한 바 있다. 이러한 인성 덕목은 주로 도덕적 덕목으로 구성되고 있으며 독서 자료 선정이나 주제 선정의 기준으로 활용되어 왔다. 다만, 추상적인 도덕 덕목에만 치우치게 되면 독자의 현실적 삶과 괴리될 한계가 있음에 주의해야 한다.

반면, 새로운 동향의 인성교육은 인성을 역량으로 보고 개인적·사회적 문제 해결을 할 수 있는 실천적 인성 교육에 주력한다. 역량은 문제를 해결할 수 있는 실천적 능력을 일컫는다. 인성 역량은 학습자가 미래 사회에서의 성공적인 삶을 이끌 수 있고, 현실의 실제적 삶에서 부딪치는 문제를 극복하기 위해 인간다운 품성과 미래 문제를 해결할 수 있는 마음 자세와 태도를 갖출 수 있도록 한다.

인성 역량은 인성의 도덕성 차원과 함께 사회적, 정서적 차원을 중시한다. 사회적 차원의 역량은 공감, 소통으로 다양한 상황과 장소에서 타인의 생각, 감정, 관점을 이해하고 갈등을 해결할 수 있는 능력을 말한다. 감성차원의 역량은 긍정, 자율과 같은 심리적 특성을 계발하여 자신의 강점, 약점, 흥미, 능력 등을 파악하며 개인적 목표를 설정하고 목표달성을 위해 자신의 정서를 조절·실행할 수 있는 능력을 강조한다. 다음, 도덕성 차원의 역량은 정직, 책임과 같은 핵심 덕목을 내면화한 뒤 다양한 윤리적 상황에서 중요한 핵심 가치가 무엇인지를 인식하고 판단하는 능력, 그리고 책임 있는 의사 결정을 할 수 있는 능력을 중시하고 있다.

특히, 미국이나 싱가포르의 사례를 보면, '사회 정서 학습'(social and emotional learning, SEL)중심으로 인성 역량 교육을 강화하고 있다. 사회 정서 학습은 학습자의 안녕감(wellness)을 최우선적인 가치로 두고 전인적 성장을 추구하는 방향이다. 이는 학습자의 인성적 문제나 결핍의 측면보다는 정신적으로 건강하고 자기 자신의 삶을 성공적이고 행복하게 잘 이끌어 나갈 수 있도록 하는 예방적, 발달적 측면에 강조점을 둔다. 이 사회 정서 학습에서는 다음 도표에 제시되어 있듯이 인성의 요소를 대략 크게 다섯 가지로 설정한다.

사회 정서 학습은 학습자의 직접 경험을 소재로 진행할 수도 있지만 독

표 11-1 | 사회 정서 학습의 요소

역량	정의	사례
자기 인식	자신의 정서, 인지, 가치, 강점, 요구를 확인할 수 있는 능력	어려운 수학 문제를 풀면서 좌절을 느끼고 있는데, 지나친 좌절감은 부정적이며 비현실적인 사고를 초래함을 인식한다.
사회적 인식	타인의 입장, 차이, 정서를 인식하는 능력	친구들과 농구를 할 때 칭찬을 받은 팀원은 더 열심히 경기를 하며 더 행복해 한다는 것을 인식하고 친구를 격려하기 위해 노력한다.
책임 있는 의사 결정	도전을 인식하고 효과적인 문제 해결 절차를 시행하는 능력, 자신의 행위를 평가하고 숙고하는 능력, 개인적 책임감을 발달시키는 능력	한 학생이 몇 주안에 제출해야 하는 어려운 학기말 프로젝트를 완성하기 위해 시간 계획표를 짠다.
자기 관리	개인적 목표를 달성하기 위하여 자신의 감정, 충동, 행동을 감독하고 통제하는 능력	어려운 시험을 치면서 심한 좌절과 불안을 느끼는 한 학생이 긴장을 풀기 위해 심호흡을 한다.
관계 관리	만족스러운 대인 관계를 이루기 위하여 의사소통하고 협동하며 타협하고 지지를 주고받는 능력	규칙을 둘러싸고 부모와 갈등을 겪으면서 가정에서 힘든 시간을 보내고 있는 한 학생이 부모와 규칙에 대해 상의하고 타협한다.

서 활동이 매개된다면 더욱 효과적이다. 텍스트의 세계에 참여하여 자신의 인성 역량을 시뮬레이션 해 보고, 사고와 정서, 행동을 성찰하여 객관화함으로써 자신의 행동을 재구성할 수 있는 대안들을 넓힐 수 있기 때문이다. 가령, '자기 인식'의 역량을 기르기 위해, 그림책 〈소피가 화나면〉를 선택했다고 가정해 보자. 먼저, 작품 속 등장인물 '소피'의 감정 흐름을 분석하며 그녀가 감정에 사로잡힘으로써 자신의 원래 계획을 어떻게 망가뜨리고 있는지 또 그 과도한 감정이 현실 인식을 어떻게 과장 혹은 왜곡하고 있는지를 해석한다면, 독자는 분노의 감정에 빠진 자기 자신을 보다 객관적으로 인식할 수 있다.

또한 표〈11-2〉와 같이 교과와 연계하여 인성 덕목과 역량을 통합하게 되면 학교 현장에서 보다 구체적으로 활용할 수 있다.

표 11-2 | 교과 연계 인성 역량 요소

가치덕목 · 인성역량	인성 요소
존중	자기 존중 : 자신감, 자아 수용, 자기표현, 자기 통제, 긍정적 태도
	타인 존중 : 인권 존중, 다른 문화에 대해 편견 갖지 않기
배려	관용, 연민, 양보, 친절, 봉사, 헌신.
책임	자가 임무 완수, 정직, 성실, 신뢰, 윤리적 책임감.
참여와 협동	공동체 의식, 민주시민의식, 협력, 도움 주기, 팀워크.
공감과 수용	타인의 감정에 대한 공감, 타인의 입장 이해, 미적 공감, 심미적 수용
대화와 소통능력	의사소통 능력, 대화를 통한 관계 개선
문제와 갈등 해결 능력	문제 인식, 가능한 해결 방안 모색, 결정에 따른 결과를 예상해 보기, 도덕적 성찰, 합리적인 의사 결정 능력
정의	준법, 규칙 준수

아울러 인성 역량이나 덕목은 사회적, 역사적 상황과 교육 이념에 따라 얼마든 달라질 수 있고 변화 가능하다는 점에 주목할 필요가 있다. 또, 아동, 청소년 독자 뿐 아니라 유아, 성년기, 중년기, 노년기 등의 전생애 독자 모두를 대상으로 할 수 있다. 특정 직업 종사자에게 필요한 특정 직무 수행을 위한 인성 독서(교사, 의료인, 법조인)도 가능하다. 이처럼 인성독서는 다양한 독자층과 목적으로 프로그램화 될 수 있다.

3. 인성 발달을 위한 독서 지도의 방법

그렇다면, 인성 독서를 위한 구체적 방법은 무엇인가? 인성 독서를 위한 별도의 지도방법이 있다고는 하기 힘들 것이다. 다만, 독자의 도덕적, 사회적, 정서적 성장을 위한 다양한 방법을 활용할 수 있겠다. 이 글에서는 독서 치료, 내러티브, 은유, 독서 토의를 활용한 방법을 제시하겠다.

3.1 발달적 독서 치료 기반의 지도 방법

독서 치료는 독서 행위를 매개로하여 개인의 심리적 문제를 통찰하고 변화를 이끄는 상담 방법 중의 하나이다. 발달적 독서치료는 인생의 어려운 고비를 넘는 과정에서 누구나 겪는 고통과 갈등의 해결을 도와주어 심성의 성숙을 도와주려는 것으로 인성 독서의 지도 방법으로 활용할 수 있다. 치료적 접근이 유효한 것은 자신이 처한 문제적 상황과 정서적, 사회적 어려움을 극복하면 누구나 훌륭한 인성을 지닐 수 있다고 보기 때문이다. 이상적인 인성 덕목 뿐 아니라 이기심, 탐욕, 공격심 등 충동적 요소를 다루고 가다듬는 것 역시 인간됨의 교육에 중요하다. 흔히 '문제적'인 인성이라고 지칭하는 내용은 사실, 나쁜 경우라기보다는 아픈 경우가 더 많다. 과거의 상처로 인해 방어적 태도를 고집하거나 고착된 생각, 가치관에서 벗어나지 못할 경우 적응력이 떨어지고, 사회적 갈등 관계를 증폭시키기도 한다. 이러한 경우 발달적 독서치료의 방법은 효과적이다.

이 지도 방법은 독자가 스스로 자신의 문제를 자각, 통찰하고 나아가 새롭게 변화할 수 있도록 하는데 주안점을 둔다. 독서가 본래적으로 지니고 있는 카타르시스와 성찰, 자발성, 상상적 이해의 힘을 최대한 활용하여 독자는 심리적 불균형에 균형을 찾아 안정감을 찾을 수 있도록 하거나 낯선 미래에 대한 적응력을 높여 심리적 갈등을 줄일 수 있다.

이 접근법을 활용한 지도 방법은 크게 네 단계로 진행된다. 1) 동일시 2) 카타르시스 3) 통찰이 그것이다. 각 단계별 특징과 그 때마다 적합한 발문법을 제시해 보기로 한다. 이 발문법은 텍스트 층위의 발문과 독자 층위의 발문으로 나누어 볼 수 있으며 텍스트 이해와 독자 내면의 이해를 세분화하고 상호 연결하여 보다 효과적인 지도를 할 수 있다. 〈선녀와 나무꾼〉을 텍스트로 하여 에시를 들도록 하겠다.

3.1.1. 동일시

동일시(identification)는 등장인물의 성격, 환경, 사건, 감정 등을 받아들여 자신의 성향 혹은 상황적 특징으로 간주하거나 인정하는 행위를 말한다. 특정한 작중인물에게 호감이 가는 것은 긍정적인 면의 동일시이며 반면 혐오감을 느끼는 것은 부정적인 동일시이다. 자신과 유사한 자아상을 지닌 대상을 찾고 그 특징을 파악하면 그 대상을 통해 자기에 대해 간접적으로 이해할 수 있다.

동일시의 발문은 텍스트 층위와 독자 층위에서 각각 진행 가능하다. 텍스트 수준의 동일시 발문은 텍스트 내 인물이나 사건을 찬찬히 관찰하고 분석, 해석하여 그 특성이나 입장을 발견할 수 있도록 한다. 분석이 정교하게 이루어질수록 독자의 감정적 전이도 효과적으로 일어난다. 그 인물의 외모, 행동, 말하는 방식, 처한 상황, 이념, 감정 등을 자세히 분석하면 동일시도 넓고 깊어질 수 있다. 가령, "어떤 등장인물이 인상 깊었니?" 혹은 "어떤 사람이 혐오스러웠니?", "그 인물은 주로 어떤 생각과 감정을 가지고 있니?", "그 인물의 어떤 행동이 가장 인상적이었니?", "그 인물은 어떤 상황에 처해 있니?" 등이 그 예에 해당된다.

또한, 독자 수준에서의 동일시 발문은 독자 자신의 마음을 되돌아 볼 수 있도록 촉진한다. 이 과정에서 독자는 자신도 모르게 등장인물에게 전이했던 무의식적 과정을 의식화할 수 있다. "네가 나무꾼에게 혐오감(동정심, 감동, 미움)을 느끼는 이유는 무엇일까? ", "너도 선녀와 유사한 생각(감정, 고민)을 가져본 적이 있니?", "너는 왜 이 인물이 처한 상황에 공감하고 있니?" 등의 질문을 통해 독자 스스로 자신의 마음을 되돌아 볼 수 있도록 한다.

3.1.2. 카타르시스

카타르시스(Catharsis)는 감정의 정화가 일어나는 단계이다. 독자의 내면에 쌓여 있는 욕구 불만과 충동적 정서는 책 속의 등장인물과 사건을 통해 간접적으로 표출될 수 있다. 그리하여 표면적으로는 등장인물에 대해 말하지만 실은 독자 자신의 억압된 감정인 경우가 많다. 감정이 복잡하고 모호한 경우, 감정 카드를 사용하는 방법도 있다. 그리고 막연한 감정 표현보다는 구체적인 정황을 제시하여 독자가 보다 명료하게 자기감정을 드러낼 수 있도록 한다.

가령, 〈선녀와 나무꾼〉의 텍스트 층위에서 가능한 발문은 다음과 같다. "나무꾼이 자신의 옷을 감추었을 때 선녀는 어떤 마음이었을까?", "선녀는 나무꾼과 함께 살면서 속으로는 어떤 생각을 감추고 있었을까?" 등이다. 반면, 독자 층위의 발문은 포괄적일수록 좋다. 너무 구체적이면 독자의 위축이나 저항감을 불러일으킬 수 있기 때문이다. 예를 든다면, "네가만약 선녀라면 어떤 기분이 들까?", "네가 만약 나무꾼이라면 어떤 선택을 했을까?", "네가 사슴이라면 어떻게 도와주었을까?" 등의 질문이 가능하다. 반면, "네가 만약 선녀처럼 옷을 일방적으로 빼앗겼다면 어떤 기분이 들었을까?", "나무꾼처럼 네가 약속을 지키지 못해 난처한 상황에 빠졌다면 어떻게 행동하였을까?"처럼 지나치게 내용을 구체화하는 질문은 학습자의 저항감을 가져올 수 있어 부정적 효과를 낳을 수 있다.

3.1.3. 통찰

통찰(Insight)은 합리적인 사고를 통해 자신의 문제를 보다 객관적으로 볼 수 있는 단계를 말한다. 자신이 사로잡혀 있던 부정적인 감정이나 고착된 생각에서 벗어나면 학생들은 상황을 보다 객관적으로 볼 수 있다. 독자들이 전체적 시각에서 문제 상황을 볼 수 있는 활동이 필요하다.

〈선녀와 나무꾼〉에 대한 텍스트 층위의 발문으로는 "선녀가 나무꾼의 집을 떠난 이유는 무엇일까요?", "나무꾼이 선녀와 자식들과 함께 살려면 어떻게 했어야 할까요?", "나무꾼이 선녀의 옷을 감추도록 영향을 준 사람은 누구일까요" 등이 있다. 이는 동일시나 카타르시스 때문에 독자가 미처 인식하지 못하는 부분을 깨우칠 수 있도록 안내하는 질문이다.

반면, 독자 층위의 발문은 "네가 만약 나무꾼과 같은 처지라면 더욱 행복해지기 위해 어떤 일을 하였을까?", "네가 만약 선녀였다면 가족 내 갈등 해결을 위해 어떤 행동을 하였을까?", "네가 사슴이었다면, 나무꾼에게 어떤 보상을 주었을까?" 등이 있다. 그러나 교사의 직접 발문만 효과적인 것은 아니다. 오히려 독자 자신이 스스로 통찰한 문제를 발문 형태로 제시하고, 그 문제에 대한 해결을 찾아보는 활동도 좋다. 독자의 내면 변화를 이끌 수 있기 때문이다.

3.2. 내러티브를 활용한 지도 방법

우리의 삶 자체가 한 편의 이야기를 살아 내는 과정이다. 마음 속 내러티브에 따라 자신과 타인에 대한 태도와 자세가 달라지고 또 세계를 향한 행동도 변화한다. 또한 내러티브는 구체적인 상황 맥락에서 발생하는 곤경과 삶의 문제 그리고 이 문제의 해결과정을 다룸으로써 독자들에게 자신의 문제를 보다 생생하게 보여준다. 따라서 내러티브를 읽고, 고쳐 쓰고, 다시 이해하는 활동은 성숙한 인성으로서의 발달을 돕는 훌륭한 매개체가 된다. 다만, 내러티브의 다양한 층위를 고려하면 보다 다양하게 활용할 수 있다.[*]

내러티브를 다양한 목적으로 활용하려면, 스토리(이야기), 담론, 스토리텔링 층위로 나누어 보는 것이 필요하다. 스토리 층위는 인물, 사건, 배경처럼 독자의 인지 활동으로 추론된 추상적 구조이다. 또한 담론 층위는 서술 화자와 인물의 시각과 관점, 서술 시간, 사건 배열 방법(플롯)이 속하며 작가의 의도를 효과적으로 드러내도록 하기 위해 활용하는 층위를 말한다. 스토리텔링 층위는 독자의 서술 행위를 통해 재구성되어 표현되는 층위이다. 각 층위는 인성 독서의 모형이나 모델에 따라 다양하게 쓰일 수 있다.

3.2.1. 스토리 층위에서의 공감 독서

먼저, 이야기 층위에서 작품 속 등장 인물의 삶과 품성을 모방하여 독자의 심리적 모델링에 활용할 수 있다. 전통적으로 소학이나 채근담, 논어, 장자, 사기 등의 동양 고전에 있는 이야기나 와신상담(臥薪嘗膽)과 같은 고사성어로 인격 훈련을 했던 인성교육이 이에 해당된다.

내러티브는 사건을 시간적 순으로 전개하는 텍스트 유형을 모두 일컫는다. 이 글에서는 내러티브와 서사를 동일하게 사용한다. 서사는 문자, 동영상, 구어, 디지털 등 다양한 매체로 실현되며, 다양한 장르를 포함한다. 허구적 서사물 (소설, 영화, 드라마 등)과 경험적 서사물(뉴스, 다큐멘타리, 일기, 자서전), 또 대중 매체 서사물 (뉴스, 토크쇼 등) 과 예술적 서사물 (발레, 영화) 등이 있다.

이 때 지도 방법은 주로 공감 독서를 활용한다. 독자가 이야기에 감정 이입 할 수 있을 때, 이야기가 지닌 강력한 감동의 요소는 독자 내면의 스토리, 마음의 모델이 될 수 있다. 도덕적 이야기는 특정한 상황에서 어떻게 생각하고 판단하고 행동할 것인지 그 방향성과 삶의 태도를 보여주어 독자들의 심리적 모방을 촉진한다. 또한 이야기 이면에는 두려움과 희망, 성공과 실패, 탄생과 죽음 등과 같은 삶의 보편적 주제를 담고 있기에 독자들은 자신의 문제들을 이야기를 통해 인류 보편과 연결될 수 있다. 이 연결을 통해 내가 잊고 있던 나의 부분들을 되찾을 수 있고 내면의 또 다른 가능성을 다시 주장할 수 있다. 다만, 도덕적 가치를 도식적이고 주입식으로 지도할 우려가 있음은 각별히 경계해야 한다. 주입하지 않으려면 독자의 능동적인 해석을 이끌어야 한다. 인물에 감정이입하면서도 인물이 처한 상황과 행동을 해석, 평가하며 그 의미를 생각하는 능동적인 활동이 함께 할 때라야 독자는 자신의 시각에서 도덕적 가치를 내면화할 수 있다.

그 예를 위해 소포클레스의 〈필록테테스〉를 자료로 하여 '공감'이라는 주제를 다루어보겠다. 다음은 그 대략의 줄거리이다.

필록테테스는 헤라클레스를 도와주고 그의 활을 얻었다. 이 활은 트로이 전쟁 승리의 필수품이었다. 그런데 그는 독사에게 입은 상처가 있어 악취와 비명을 달고 살았다. 트로이로 가던 배에 함께 있던 군사들이 불만을 토로하자 오디세우스는 그를 무인도 섬에 버렸다. 그는 고통 속에서 혼자 살았다. 한편 오디세우스는 승리를 위해 필록테테스의 화살이 꼭 필요했다. 그래서 네옵톨레모스에게 책략을 짜 주며 그의 활을 꼭 가져오라고 했다. 처음에는 그도 오디세우스의 명령대로 거짓말을 했다. 하지만 필록테테스의 외로움과 고통에 공감하자 그에게 우정을 느꼈다. 그래서 임무 수행을 위해 그의 활을 빼앗아야 할지 아니면 친구와의 우정을 위해 그대로 두어야 할지 갈등했다. 결국 그는 자신의 거짓을 고백하고 활을 돌려주었다. 그리고 필록테테스도 고집을 버리고 트로이로 가서 치료 받고 조국의 승리를 도와야 한다고 설득하였다. 분노로 필록테테스가 오디세우스를 죽이려 하자 그를 다독이기도 하였다. 이 때 헤라클레스의 혼백이 나타나 두 사람이 힘을 합쳐 운명을 따르라고 한다.

이 이야기에는 진정한 공감이란 무엇인지가 잘 그려져 있다. 필록테테스가 헤라클레스의 귀한 화살을 얻게 된 이유는 그의 엄청난 고통에 공감해 주었기 때문이다. 또, 네옵톨레모스가 나라를 구하기 위해 어렵게 필록테테스에게 접근했음에도 불구하고 원했던 화살을 손에 넣지 않은 이유 역시 그의 처지와 고통에 깊이 공감했기 때문이다. 언뜻 보기에 그는 자신의 임무를 수행하지 못한 것처럼 보인다. 그러나 '네옵톨레모스'의 공감은 모두에게 행복과 만족을 가져다 주었다. '필록테테스'는 섬에 외롭게 있다가 군대로 복귀할 수 있었고, 그리스 군대와 오디세우스는 활과 화살을 얻을 수 있었으며, '네옵톨레모스'는 친구를 잃지 않게 되었다. 모두 자신의 자존감과 타인 존중을 잃지 않고도 원하는 바를 얻을 수 있었던 것이다. 반면, '오딧세우스'는 공감 대신에 협박과 명령을 사용하여 '필록테테스'를 압박하였기 때문에 결국 친구를 잃어버리게 된다. 공감은 상대방의 처지와 마음과 함께 함으로써 자신의 주관적인 경계를 넘어설 수 있는 이타적 태도이다. 자아 중심성을 넘어서 다른 사람의 정서와 연결될 때 상호주체적인 존재로 변화할 수 있다. 이것이 공감이 지닌 가치이다. 인성 독서는 '네옵톨레모스'와 '필록테테스' 등의 주요 인물에 감정이입하여, 그가 자신들이 상황에서 어떤 판단과 행동을 했는지 그 행동의 의미와 가치는 무엇인지를 해석하는 방법으로 진행할 수 있다.

3.2.2. 담론 재구성을 통한 가치 탐구 독서

다음은 내러티브의 담론 층위에서 이루어지는 가치 탐구 독서이다. 내러티브의 담론 층위는 서술자에 의해 말해진 이야기이다. 서술자는 자신의 시각에서 특정 인물을 부각시키기도 하고 특정 사건을 길거나 짧게 서술하기도 한다. 만약, 서술자를 바꾸어 서술한다면 같은 스토리라 하더라도 다른 방식의 서술이 가능하다. 이러한 특징을 인성 독서에서 활용한다면 독자들은 다른 시각에서 도덕적으로 판단하고 평가하는 활동을 해 볼 수 있다.

구체적으로 보면, 인물의 시점을 바꾸어 보기도 하고 서술되지 않은 인물의 내면을 추론하며, 배제된 인물의 목소리를 복원하기도 하고, 새로운 인물을 첨가해 볼 수도 있다. 이 과정에서 학습자는 도덕적 덕목과 가치에 대해 자신의 시각에서 판단하고 추론하며 평가하는 활동을 할 수 있다. 또, 다양한 텍스트들 비교, 대조하는 활동 역시 복잡한 가치 탐구에 도움이 된다.

앞의 〈필록테테스〉 이야기 역시, 담론 층위에서 다양하게 판단해 볼 수 있다. '오디세우스'의 입장에서 생각해 보면, 공감 능력이 없어 '필록테테스'를 무인도에 버리고 왔다고만은 볼 수 없다. 군대 조직을 이끄는 책임자로서 필록테테스의 상처를 부담스러워하는 대다수의 부하들의 의견을 무시하기 힘들었을 것이다. 또 승리에 결정적인 역할을 할 수 있는 화살을 무엇보다 중요하게 고려할 수밖에 없었을 것이기 때문이다. '네옵톨레모스' 역시 마찬가지이다. 그가 '필록테테스' 활을 가져오지 않는다면, 그리스는 승리하지 못할 수도 있다. 그렇다면 친구와의 우정 때문에 국가를 위한 소명을 저버려야 할 것인가? 아니면 국가를 위해 친구를 버려야 할 것인가? 갈등 상황이 아닐 수 없다. 그럼에도 그는 친구의 마음에 공감하여 자기 이익과 국가에 대한 소명을 포기하였다. 등장인물의 고민을 따라가는 과정에서 독자는 공감이라는 가치가 언제나 옳은 절대적이고 이상적인 가치만은 아니며 상황에 따라 주체적으로 선택하여 판단해야 하는 가치임을 인지하게 된다.

실제 삶에서 인성 관련 이슈는 결코 정답이 확실하게 주어져 있지 않다. 항시 복잡한 상황과 딜레마 속에 놓여 있다. 타인에 대해 공감하다보면 자존감 문제가 뒤따르기도 하고, 다른 사람의 상처에 공감하고 싶다는 생각은 있지만 감정이 뒷받침해 주지 않는 경우도 있다. 또, 공감하는 마음은 있었지만 그 표현 방법이 부족하여 상대방에게 전달이 되지 않는 경우도 있다. 한편, 주변 사람들의 고통에는 쉽게 공감하면서도 자신과 직접 상관이 없는 사회적 약자나 주변부 집단 사람들의 고통에는 무관심하기도 하다.

이런 점에서 가치 탐구의 인성 독서 지도는 학습자들이 복잡다단한 가치 갈등을 통찰하고 판단할 수 있도록 이끌 수 있다.

3.2.3. 자기 서사의 구성과 스토리텔링

다음, 자기 서사의 스토리텔링을 통한 인성 독서교육이다. 인성 독서교육은 궁극적으로 자기 서사의 구축이다. 인간의 마음과 정체성은 이야기로 구성되어 있다. 내가 어떤 존재이고 어떤 존재가 될 수 있는지 그리고 타인은 어떤 존재인지에 대한 이미지들은 모두 서사 형태로 마음 속에 저장되어 있다. 가령, 자신을 피해자의 역할로 규정하고 차별과 피해의 스토리로 자기 삶을 해석하는 사람이 있다. 그는 어떤 상황이든 자신은 소외되고 피해를 입었다고 생각하고 실망하며 타인을 원망한다. 그가 다른 사람과 갈등을 하거나 어떤 일에 도전하지 않을 때 그런 행동의 내면에는 이 피해자 스토리가 담겨 있는 것이다. 그가 자기 자신을 이해하기 위해서는 일차적으로 이 마음 속에 담긴 스토리를 이해하는 일이 필요하다. 또, 새로운 자신을 가꾸는 일은 다른 스토리 자원을 발굴하여 과거 자신을 지배해 왔던 스토리를 바꾸는 일이라고 할 수 있다.

그런 점에서 인성 독서의 최종적인 지향은 글쓰기를 통한 자신의 정체성 이해와 재구성이다. 책에 등장하는 역할에 공감하고, 새로운 역할 모델을 경험하는 과정은 기존의 자아를 확장하고 재구성하는 과정이다. 하지만 이런 일들이 마음 속 활동으로만 머무는 것이 아니라 구체적인 표현의 과정을 거친다면 내면과 행동의 변화에 이를 수 있다. 이 표현 활동은 자신의 경험을 직접 드러내는 자기 서사와 간접적으로 드러내는 다시 쓰기 활동으로 진행될 수 있다.

먼저, 직접적인 자기 서사 쓰기를 살펴본다. 자기 서사는 자신의 경험을 대상으로 한 경험 서사이다. 인성 독서와 연계한 자기 서사의 대표적인 예는 자서전이나 생애 일기, 저널과 같은 '자기 표현적인 쓰기'(expressive writing) 등이 있다. 자신을 이야기하거나 글로 표현하는 행위는 자기 집중, 정서 조절, 자기 통제의 기능을 향상시킨다. 하지만 주의할 점이 있다. 솔직하고 진정성 있는 자기 이야기가 나올 수 있도록 해야 한다는 점이다. 이상적인 자아상을 너무 의식한 나머지 자신의 마음 속 딜레마, 자신의 감정을 노출하지 못한다면, 혼란스러운 자기 마음을 의미화하기 힘들다. 자기 서사쓰기는 자신의 개인적 경험과 진진하게 대면하고, 자기만의 개인적인 의견을 떠올려 표출하는 과정이 일차적으로 되어야 그 자기 이야기를 재구성할 수 있다

둘째, 기존의 이야기를 다시 쓰는 활동을 통해 간접적으로 자기 서사를 구축할 수 있다. 독자의 입장에서는 원전 작품에 등장하는 인물, 사건 등을 차용하기 때문에 보다 안전하게 자신을 드러낼 수 있는 장점이 있다. 관점, 배경, 생략된 관점 등을 동원하여 자신의 시각을 안전하게 표출할 수 있다.

이 때 장르 형식을 지키라고 주문할 필요는 없다. 장르 형식을 잘 지킬 필요는 없다. 오히려 자신의 생각, 느낌, 반응을 자연스럽게 드러낼 수 있도록 관습적 제약(맞춤법, 표현법, 글의 구조)으로부터 자유롭게 해 주고, 개인적인 반응을 존중해 줄 필요가 있다.

앞에서 예를 들었던 〈필록테테스〉의 이야기를 읽고 학습자가 자신의 삶과 관련된 이야기를 다시 써 보는 활동을 구안해 볼 수 있다. 자신의 삶과 연관지어 텍스트의 장면을 설정하게 하고 자신의 이야기를 구체화할 수 있다. 예를 들어 "나는 친구, 주변 사람들 중에서 필록테테스처럼 주변 사람들로부터 버림받거나 소외된 사람들의 도움을 외면해 본 적이 있는가? 혹은 사람들에게 외면당해 본 적이 있는가? 주변 사람들을 공감하지 못했다면 그 이유는 무엇이라 생각하는가? 또, 공감하려고 노력한다면 어떤 행동이나 대화가 필요하다고 생각하는가? 혹, 주변 사람 중에 그들과 대화를 시도한 사람들이 있었다면 그들의 방식은 어떤 것이었는가?" 등등의 질문을 통해 자신의 경험 이야기를 환기한다. 그러는 가운데 학생들은 인물의 감정에 주목하면서 사회적인 상황이 어떻게 공감의 문

제와 연결되는지 그리고 인물들이 어떻게 그 문제를 통합하고 해소해 가는지를 살핀다. 학생들은 자기 서사를 통해 자신의 행동, 가치 정서를 살피면서 인성과 관련된 자신의 문제를 되돌아보고, 해결할 수 있는 방안을 모색할 수 있다. 자기 서사 쓰기는 인성교육 중에서도 성찰적 인성교육에 많은 효과가 있다고 전해진다. 작지만 자신의 경험을 직접 대면하면서 자신의 문제를 분석하고 해결 전략을 마련하는 활동은 스스로의 변화를 이끄는 힘을 제공하였다.

3.3. 은유를 활용한 지도 방법

인성 교육의 최종 목적은 학습자가 가치를 내면화하고 스스로 변화해 나가도록 함에 있다. 이를 위해서는 독자의 은유적 사고를 활성하는 방법이 있다. 은유는 A의 원관념 대신에 B라는 보조 관념으로 대신 표현하는 수사법이지만 사고의 일종이기도 하다. 은유적 사고는 이질적인 두 사물 사이에 유사성(닮음)을 창조하고, 발견한다. '풀잎은 하느님의 손수건이다'라고 한다면, 독자는 전혀 다른 두 사물 사이의 닮음을 발견하여, 풀잎을 신선한 관점으로 이해할 수 있게 된다.

은유적 사고는 독자와 작품 속 인물 사이에도 작동한다. 독자가 허구적인 인물과 유사성을 창조하여 "나는 심청이다"라고 하는 경우가 그것이다. 독자는 은유적 연관을 맺는 작품 속의 인물에 비추어봄으로써 자신에 대한 새로운 통찰을 얻으며 내면 변화를 이끌어 낼 수 있다. 초등학교 1학년 학생이 〈강아지똥〉(권정생)을 읽고 "강아지 똥은 냄새가 나도 민들레꽃을 피웠다. 나도 받아쓰기는 못하지만 나도 쓸모가 있다. 우리 친구들도."라는 감상문을 남겼다. 이 독자는 '나와 친구들은 강아지똥이다.'라는 은유적 사고를 통해, 자신에 대한 기존의 생각을 바꾸어 변화된 생각으로 대할 수 있게 되었다. 작품 속 인물의 눈으로 '나'와 '나의 삶'의 경험을 새롭게 해석하고 새롭게 다시 쓸 수 있는 것이다. 이에 도달하는 과정을 제시하면 다음과 같다.

3.3.1. 1단계: 현실 세계와 허구 세계 사이의 유사성 발견

먼저 교사는 학습자가 허구세계의 인물, 공간, 행위 등과 자신의 문제나 감정 등에서 닮음을 발견할 수 있도록 한다. "나는 ( )이다"의 은유형식을 빌려서 작품 속 세계와 유사성을 발견하게 할 수 있다. 그런데 유사성은 서로 이질적이고 낯선 존재들 사이에서 같음을 발견할 때 의미론적 긴장과 새로움의 강도도 강해지는 것이다. 예를 들어 모범생이었던 중학생이 "나는 심봉사다"라고 한다면 두 존재 사이의 이질감이 '나'라는 인물을 새롭게 볼 수 있는 통찰의 계기를 풍부하게 한다. '나는 심봉사처럼 현실을 똑바로 직면하지 못하고 있어' '나는 심봉사처럼 다른 사람의 힘든 사정을 생각하지 못했어' 등등의 유사성을 발견하는 과정에서 평소에는 미처 깨닫지 못했던 나의 또 다른 모습을 들추어 낼 수 있도록 한다. 이를 위해 교사는 학습자들이 작중 인물과 자신이 표면적으로는 다르지만 이면적으로는 유사함을 발견 혹은 창조할 수 있도록 상상력을 촉진해 준다.

3.3.2. 2단계: '~로 보기'를 통한 새로운 관점의 경험

이 단계에서는 독자가 은유적 연관을 맺고 있는 허구 세계의 필터를 통해 자신을 새로운 관점에서 인식하고 통찰할 수 있도록 한다. '나는 강아지 똥'이라고 한다면, '강아지똥'의 필터로 나 자신을 새롭게 보는 것이다. 이 필터는 시야를 전환하여 고착된 생각, 가치관을 일거에 바꾸어 볼 수 있는 일종의 모델 역할을 한다. 허구 속 인물의 필터로 '나'를 바라보게 되면, 그 인물의 형상으로 '나' 자신을 보다 생생하고 구체화된 이미지로 인식할 수 있다.

앞의 예에서 독자는 자신의 모습을 '강아지 똥'으로 '보기' 시작하였다. 그러자 자신의 못난 모습도 보이지만 민들레를 피울 수 있는 쓸모 있음도 보인다. 평소에는 깊이 생각하지 못했던 자신의 가치이다. 교사는 학생에게 작품 속 인물들과 연결하여 그들의 눈으로 보는, '관점 취하기'를 지도할 수 있다. 작품 속의 인물들은 구체적인 속성, 가치관, 행동으로 형상화되었기에, 독자의 자아를 명료하고 풍부하게 이해할 수 있는 기회를 제공한다. '나'는 '강아지똥'이 아니기 때문에 '~로 보기'의 은유적 관점을 취함으로써 독자는 문자적 의미에서 벗어나 허구적 상상의 세계에 참여하는 경험을 한다.

3.3.3. 3단계: 경험의 재형상화와 스토리텔링

이 단계에서는 은유적 관계를 통해 얻은 새로운 관점을 통해 자신의 경험과 세계를 재형상화하는 활동을 한다. 교사는 학습자들이 자신과 은유적 유사성을 발견한 사물/인물/공간을 주인공으로 하여 자기 스토리텔링을 하도록 한다. '나는 강아지똥'이라는 은유를 발견한 학습자는, "강아지똥을 주인공으로 하여 자신의 삶을 서사화한다. 예를 들어 "강아지똥은 오늘도 교실 창가의 화분에 담겨 아이들을 바라보았어요. 다들 즐거워 보였지요. 갑자기 그는 외로워졌어요"와 같이 '강아지똥'의 이름으로 자신의 삶을 서사화하는 과정에서 독자는 일상의 자아와는 다른 방식으로 행동하는 새로운 자기 형상을 창조할 수 있다. 이 새로운 자기 형상은 평소에는 표현하지 못했던 숨겨 두었던 또 다른 모습일 수도 있고, 바꾸고 싶은 자신의 미래 모습일 수도 있다.

이러한 활동은 은유적 형상의 힘을 빌어 안전하게 자신을 표현하고 재구성할 수 있도록 한다. 그리고 의식적 자아의 저항을 허물고 자기 내면의 또 다른 모습을 진솔하게 표현함으로써 자기 자신의 경직된 생각이나 편견 등으로부터 자유로와질 수 있는 계기가 되기도 한다. 특히, 은유를 통한 스토리텔링은 생생하고도 구체적인 이미지로 전이됨으로써 생각 뿐 아니라 정서적인 변화까지 이끌어 낼 수 있는 장점이 있다. "강아지똥은 교실에서 외로왔지만, 매일매일 화분에 와서 웃고 가는 영희를 보니 힘이 났어요. 으쓱한 마음도 들었답니다."와 같은 스토리텔링은 이미지의 힘을 빌어 독자들이 그 현장에 가 있는 듯한 사실감과 생동감을 경험하도록 한다. 이는 학생들의 내면 변화를 촉진하는 강력한 계기가 되기도 한다.

3.4. 토의 중심의 지도 방법

온정 넘치는 배려 공동체에서 사회적으로 상호작용하는 경험은 인성 함양에서 매우 중요하며 효과적이다. 사회적 상호작용을 통해 타자의 역할과 관점을 이해할 수 있기 때문이다. 인성 역량의 핵심은 공동체 속에서 더불어 살아가는 역량을 기르기 위한 것인데 이 역량은 추상적인 인성 항목을 기계적으로 내면화하는 방식으로는 실제적인 인성 함양의 효과를 거둘 수 없다. 남을 배려하고 공감해야 한다는 규칙이 실천지로 거듭나기 위해서는 독자 자신이 공동체에 참여하여 실제적인 가치의 내용을 경험할 필요가 있다. 이 경우, 공동체의 가치는 추상적인 규준이 아니라 구성원이 공유하는 사항이기 때문이다. 그런 점에서 독서 동아리는 구성원들이 공유하는 가치를 이해하고 교섭(negotiation)할 수 있는 좋은 기회이다.

또한 자기 이해와 수용 역시 타인과의 상호작용을 통해 효과적으로 경험해 볼 수 있다. 대화를 통해 자신의 어려움을 객관화하거나 자신의 개성적인 가치관과 정체성을 파악하고, 나아가 대안적 방법을 모색할 수 있기 때문이다. 이 때 대화란 단순한 의견 교류가 아니다. 각자의 차이를 존중하면서 열린 태도로 새로운 방법을 찾으려는 태도가 전제되어야 한다. 독서 토론을 통해 인성교육의 효과를 거두기 위해서는 교사가 몇 가지 점에 주의할 필요가 있다.

첫째, 교사는 학습자들이 자신의 인성 문제와 관련한 개인적 반응을 최대한 구체적이고 상세하게 표현할 수 있도록 도와주어야 한다. 텍스트의 객관적 의미가 아니라 자신만의 개인적 의미와 입장을 구체화할 수 있도록 격려할 필요가 있다는 것이다. 우리나라 교실에서는 흔히 이상적인 자아상이나 규범적 가치를 의식하느라고 자신만의 개인적 경험과 의미를 왜곡하는 경우가 있을 수 있다. 학습 독자들이 자신만의 개인적 의미를 표현하는데 서툴고 자신이 없어서이기도 하지만 담화 공동체 구성원들 간의 친밀도, 담화 규칙의 결과인 경우도 많다. 교사나 특정의 위치에 있는 학생이 담화 권력을 행사하거나 혹은 외부의 어떤 목적과 과도하게 밀착된 경우, 토의는 잘 이루어지기 힘들다. 인성 독서의 목적을 분명하게 하여 개인적 의미와 가치는 각자의 정체성을 드러내는 소중한 것임을 주지시킬 필요가 있다.

둘째, 교사는 독서 토론에서 발생하는 담론 경쟁을 존중하고, 다양한 입장(stance)을 경험하고 비교할 수 있는 기회를 충분히 제공할 필요가 있다. 인성 독서는 독자의 성찰과 변화 과정을 중시하는 독서이다. 독자들이 서로 다른 위치에서 보여주는 경쟁적인 정체성을 접하게 되면 독자는 자신의 입장과 위치, 태도를 보다 명료하게 인지할 수 있게 된다. 평소에는 미처 생각지도 못했던 인성의 문제를 객관화할 수 있다는 장점도 있다. 그런 점에서 갈등과 경쟁은 봉합보다는 오히려 텍스트 읽기 과정에서 드러난 자신의 태도와 정서, 가치를 변형, 수정, 확장, 조절할 수 있는 기회가 될 수 있다.

이제까지 다양한 인성 독서 지도 방법을 소개하였다. 그러나 인성교육만을 위한 지도법이 별도로 존재하지는 않을 것이다. 독자의 자기 이해와 성찰, 공동체의 도덕적 가치를 공유할 수 있는 방법이라면 모두 활용할 수 있을 것이다.

독서는 본질적으로 독자의 인성 함양에 기여한다. 독자는 텍스트 이해에서 나아가 자신의 마음을 되돌아보고, 재구성하며, 변화시킬 수 있는 기회를 얻기 때문이다. 구체적으로, 첫째, 독서는 자아 정체성을 형성하는 역할을 한다. 둘째, 독서는 사고의 구성과 재구성을 통해 인성 발달을 돕는다. 셋째, 독서는 독자의 정서적 순화와 세련을 돕는다. 넷째, 독서는 삶의 구체적이고 총체적인 상황 속에서 가치관의 내면화와 실천을 도와준다. 다섯째, 독서를 통해 독자는 사회적 결속력과 유대감을 강화해 나갈 수 있다. 그렇다면, 독서지도를 통한 인성 발달의 방향성은 무엇일까? 크게 바람직한 인성, 건강한 인성, 성숙한 인성의 형성과 교육이 있다.

인성 독서 지도에서는 무엇을 교육해야 하는가? 인성교육에는 인성 덕목 중심의 지도와 인성 역량 중심의 지도가 있었다. 전통적으로 우리나라 학교 인성교육은 성리학의 인성론(人性論)이나 '인격 도야'를 위한 인성 덕목 중심으로 진행. 인성 덕목으로, 예(禮), 효(孝), 정직, 책임, 존중, 배려, 소통, 협동 등을 제시하고 있다. 이는 다소 수동적인 인성교육이 될 수 있는 한계가 있어, 새로운 동향으로 인성을 역량으로 보고 개인적, 사회적 문제 해결을 할 수 있는 인성 역량 교육에 주력한다. 특히 사회 정서 학습은 성공적인 삶을 이끌 수 있도록 자기 정서를 이해하고 관리할 수 있도록 하며, 사회적으로 책임 있는 활동을 할 수 있도록 한다. '자기 인식', '사회적 인식', '책임 있는 의사결정', '자기 관리' 등이 있다.

그렇다면, 인성 독서를 위한 구체적 방법은 무엇인가? 인성 독서를 위한 별도의 지도 방법이 있다기보다는 독자의 도덕적, 사회적, 정서적 성장을 위한 다양한 방법을 활용할 수 있다. ① 발달적 독서 치료 기반의 독서 지도 방법은 1) 동일시 2) 카타르시스 3) 통찰로 진행되며, 교사의 발문은 텍스트 층위와 독자 층위로 나누어, 텍스트 이해와 독자 내면의 이해를 세분화하고 상호 연결하여 보다 효과적인 지도를 할 수 있다. ② 내러티브를 활용한 방법은 스토리(이야기), 담론, 스토리텔링 층위로 나누어 볼 수 있다. 내러티브는 인성교육에서 특히 중요한데, 우리의 삶 자체가 한 편의 이야기를 살아 내는 과정이기 때문이다. 또 구체적인 상황 맥락에서 발생하는 곤경과 삶의 문제, 그리고 이 문제의 해결을 다루어 독자들에게 자신의 문제를 보다 생생하게 보여준다. 스토리(이야기) 층위는 도덕적 예화에 대한 공감 독서를 통해 심리적 모델링을 심어 줄 수 있다. 또, 내러티브의 담론 층위에서 이루어지는 가치 탐구 독서가 있다. 플롯, 시점, 서술 층위에서 도덕적 가치를 판단하고, 토론하여 재구성함으로써 스스로 가치 탐구의 경험을 한다. 다음, 자기 서사의 스토리텔링을 통한 인성 독서교육이다. 인성 독서교육은 궁극적으로 자기 서사의 구축이다. 이처럼 내러티브를 활용하면 구체적인 삶의 문제 상황을 중심으로 인성교육을 할 수 있다. ③ 인성 독서 교육에서는 인성 가치의 내면화와 변화를 촉진하는 교육이 필요하다. 문학 독서 지도에서 독자의 은유적 사고를 활성하는 방법이 가능하다. ④ 독서 토의를 통한 인성 독서지도가 가능하다. 작품 속 인물과 나와 은유적 관계를 형성함으로써 독자는 자신을 다른 관점에서 이해하고 변화시켜 나갈 수 있다. 인성 교육에서 온정 넘치는 배려 공동체에서 사회적으로 상호작용하는 경험은 매우 중요하며 효과적이다. 사회적 상호작용을 통해 타자의 역할과 관점을 이해할 수 있기 때문이다. 독서 동아리 활동을 통해 인성적 가치를 추상적인 규준이 아니라 공동체 구성원이 공유하는 내용으로 받아들일 수 있도록 한다.

01 인성교육은 시대상을 반영한다. 21세기의 급변하는 사회 문화적 상황을 고려할 때 학교에서 강화하거나 새롭게 부각시켜야 할 인성 덕목에 대한 자신의 의견을 서술하시오. (아래 글 참조 가능)

> 오늘날 우리 청소년들은 꿈을 꾸지 않으려 한다. 즉 꿈꾸기를 두려워한다. 왜냐면 실생활의 문제에 부딪쳐 실패하는 것이 두렵고 스스로 할 수 있는 역량도 부족하기 때문이다. 그래서 타인에 기생하여 살아간다. 집집마다 부모에 기대여 살아가는 이른바 '기생충', '은둔형 외톨이'라 불리는 젊은이들을 보라. 학교에서는 조금만 힘들어도 적응하지 못하고 학교를 떠나는 청소년이 늘면서 매년 6만 명 넘게 학교 밖 청소년을 배출하고 있다. 이들에 대한 사회와 국가의 관심은 날로 증대하여 사회문제화 되고 있다. 이제는 그들을 어떻게 해야 할지 국가적, 사회적, 지역적, 학교와 가정 차원에서의 지혜를 모아야 할 때이다.
>
> 전재학, "청소년의 역경 지수(AQ) 함양을 위한 교육", 한국교육신문, 2020. 8. 6

02 〈홍길동전〉을 교재로 삼아 인성 독서교육을 기획하고자 한다. 발달적 독서치료의 방법을 활용할 때, 각 단계에 맞는 교사의 발문을 만들어 봅시다.

	교사의 발문	
	텍스트 층위	독자 층위
동일시		
카타르시스		
통찰		

03 다음 우화를 인성 교육에 활용하고자 한다. 내러티브의 다양한 층위를 활용하여 각 목적에 맞는 학습 활동을 구안해 봅시다.

보이고 싶은 대로

어느 날, 한 여자가 간디를 찾아왔다.

"스승님, 제 아들이 너무 살이 쪄서 걱정입니다. 부디 이 아이에게 단 것을 먹지 말라고 말씀해 주십시오."

"부인, 3주 뒤에 다시 오십시오."

여자는 까닭이 궁금했지만 간디의 말대로 3주 후에 아들과 함께 다시 왔다.

간디가 소년에게 말했다.

"얘야. 이제 단 것을 그만 먹으려무나."

소년이 방을 나가자, 여자는 간디에게 왜 3주 전에는 그 말을 해 주지 않았는지 물었다.

간디는 이렇게 대답했다.

"부인. 3주 전에는 저도 단 것을 먹고 있었습니다."

내러티브 층위	수업 목적	학습 활동 구안
이야기 (스토리)	도덕적 덕목과 가치를 위한 심리적 모델링 제공	
담화	독자의 주체적인 가치 탐구력 형성	
스토리텔링	자기 서사 구성과 재구성	

김경혜 역(2014). 은유의 마법. 커뮤니케이션북스.

김도남(2007). 성찰적 읽기 교육의 방향 탐구. 국어교육학연구 28, 239-274.

김명순(2002). 인성 발달을 돕는 독서 지도 방안 연구. 독서연구 7, 169-200.

김수진(2015). 인성교육의 주요 접근 및 쟁점 분석. 이화여자대학교 대학원 박사 학위논문.

김한식(2019). 해석의 에움길. 문학과지성사.

김혜리 · 엄혜영 역(2008). 독자, 텍스트, 시. 한국문화사.

노승영 역(2014). 스토리텔링 애니멀. 민음사.

박인기(2007). 국어교육학과 인문학적 상상력. 국어국문학 147, 5-28.

박혜진 · 우신영 · 조고은 · 최영인(2012). 내러티브를 활용한 핵심 역량 중심의 국어과 창의 인성 수업모델 개발 연구. 한국어교육학회 발표 논문집, 1-17.

신현숙 역(2010). 사회 정서 학습. 교육과학사.

양정실 외(2013). 교과교육을 통한 인성교육 구현 방안. 한국교육과정 평가원, 연구보고 RRC 2013-6.

우한용(2013). 창의인성의 방향과 국어교육의 역할. 국어교육 140, 1-29.

이민용(2014). 내러티브와 서사학, 그리고 인성교육. 인문언어 16(3), 59-80.

이영식(2013). 독서치료 어떻게 할 것인가. 학지사.

이인재(1999). 인격교육에 있어서 도덕적 이야기 자료의 활용 방안. 초등도덕교육 5, 59-87.

이진우 역(1997). 덕의 상실. 문예출판사.

조난심(2013). 학교 인격교육의 재음미. 교육철학연구 35(2), 93-117.

진선희(2015). 아동문학과 인성교육의 방향. 청람어문교육 55, 89-117.

천병희 역(2008). 소포클레스 비극 전집. 숲.

최숙기(2013). 인성 교육을 위한 독서 지도 방안. 청람어문교육 47, 205-232.

최인자(2015). 사회 정서 학습을 위한 내러티브 기반 교과 융합 인성교육. 국어교육연구 36, 337-360.

최인자(2016). 인성교육을 위한 '자기이해와 수용'의 문학 독서. 독서연구 41, 93-118.

_____(2019). 문학 독자의 내면변화를 촉진하는 마음기제로서의 '은유'와 독서

은유 스토리텔링 교육. 문학교육학 63, 275-303.

최인자(2019). 현대소설 기반의 성찰적 정서 리터러시 교육. 문학교육학 65, 167-173.

한철우·박영민(2003). 독서 클럽 활동을 통한 인성 지도. 독서연구 9, 331-352.

L. Rosenblatt, The Reader, the Text, the Poe. (1994)

M. Kenneth, G. Barbara A. Social and Emotional Learning in the Classroom, (2010)

12

디지털 미디어 기반
독서지도의 실제

학습목표

• 디지털 미디어 환경에서 독서가 실행되는 양상을 이해할 수 있다.
• 디지털 미디어 기반의 독서 능력 향상에 초점을 둔 교육 내용을 구성하고 효과적인 교육 방법을 계획할 수 있다.

학습내용

이 장에서는 디지털 미디어의 등장으로 인해 독서 양상에 상당한 변화가 나타나고 있다는 점을 이해하고, 디지털 미디어 환경에서 강조되는 독서 능력의 실체를 파악하며, 그러한 능력을 향상하는 데 필요한 교육 내용과 교육 방법에 대해 학습한다. 또한 디지털 미디어에 기반한 학습 활동의 비중이 높아짐에 따라 학습 독서의 개념을 새롭게 이해하고, 이에 적합한 교육 내용과 교육 방법을 구성해야 할 필요가 있다는 점에 대해서도 학습한다.

1. 디지털 미디어의 발달과 독서 양상의 변화

1.1. 미디어와 독서의 관계

독서는 사회적 소통의 한 방식이다. 이러한 소통 방식의 출현은 문자와 문자를 기록할 수 있는 미디어의 등장과 밀접한 관련이 있다. 기록된 말로부터 의미를 구성하는 행위, 즉 독서의 시작을 통해 인간은 기억에 얽매일 수밖에 없었던 사고에서 벗어나 새로운 것을 상상할 수 있게 되었고 이렇게 축적된 사고가 다시 기록으로 남아 후대에 전해짐으로써 현대 문명을 이룩하는 토대가 되었다. 20세기 후반부터 발달하기 시작한 디지털 미디어는 소통의 과정에 관여하는 시공간의 제약을 극복하고 시각중심이었던 소통 방식을 대면 상황에 가깝게 복원함으로써 정치, 경제, 사회, 문화 등 다방면에서 인류 전체를 하나의 거대한 마을 공동체로 만들어나가고 있다.

우리가 지금까지 실행해 온 독서 방식, 그리고 이러한 독서 방식의 숙달에 초점을 둔 독서교육 내용은 책이라는 기록 미디어와 밀접한 관련이 있다. 흔히 코덱스라 불리는 이 미디어의 제책 방식은 문자를 하나의 선으로 이은 다음, 왼쪽에서부터 오른쪽으로, 위에서부터 아래로, 앞에서부터 뒤로 배열함으로써 시각과 선형적 사고에 기반한 의미 구성을 촉진시켜 왔다. 또, 차례를 통해 전체 텍스트의 내용을 예상하거나 인덱스와 쪽 번호를 활용하여 필요한 내용을 찾아 읽는 등의 독서 전략 역시 현재 우리가 주로 독서 대상으로 삼고 있는 미디어인 책의 구성 방식과 밀접하게 관련된다. 하지만 디지털 미디어의 등장에 따라 이러한 독서 방식의 한계가 여러 측면에서 나타나고 있다. 다음에서는 디지털 미디어의 등장과 함께 새롭게 부각되고 있는 독서 방식에 대해 다룬다.

1.2. 새로운 텍스트의 확산

협의의 독서가 책을 비롯한 전통적인 인쇄 매체로부터 의미를 구성하는 행위라면, 광의의 독서는 기록된 언어 텍스트 또는 언어를 비롯한 여러 기호 체계가 결합된 텍스트로부터 의미를 구성하는 행위로 정의될 수 있다. 독서의 개념을 이렇게 폭넓게 이해하면 21세기의 독서 방식에는 디지털 미디어를 기반으로 한 새로운 텍스트의 등장으로 인해 상당한 변화가 나타나고 있음을 알 수 있다.

대표적인 예로 하이퍼텍스트와 증강현실 텍스트를 들 수 있다. 하이퍼텍스트는 텍스트와 텍스트가 링크를 통해 비선형적으로 결합된 상태를 의미하는데, 특히 포털 사이트와 같이 일상에서 자주 접속하는 사이버 공간은 서로 다른 주제와 다양한 기호 양식들로 끝없이 이어진 하이퍼텍스트들의 집합체라고 할 수 있다. 코덱스 텍스트의 독서 상황에서는 대체로 필자가 독서의 경로와 분량을 결정한다면, 하이퍼텍스트의 독서 상황에서는 독자가 독서의 경로와 분량에 대한 의사결정을 주도해 나가야 한다. 만약 하이퍼텍스트 독서 상황에서 독자가 자신의 독서 상황 전반을 메타적으로 인식하지 못하거나 하이퍼텍스트의 속성을 충분히 고려하지 못할 경우 방향감을 상실하거나, 느슨하게 연결된 수많은 텍스트의 홍수 속에서 인지적 과부하를 경험하게 될 가능성이 높다.

한편, 전통적 텍스트가 2차원 수평 공간에 기호를 나열하는 방식이었다면 증강현실 텍스트는 기존의 수평 공간 위에 수직적인 기호들을 추가한 3차원 텍스트를 의미한다. 이 증강현실 텍스트 역시 전통적인 독서·작문 관습에 상당한 변화를 초래하고 있다. 한 예로 과학 교과서에 수록된 달에 대한 설명 텍스트를 떠올려 보자. 필자는 달이라는 실체를 학습자들이 이해할 수 있도록 한정된 자원(문자 기호와 달에 관한 몇 장의 이미지)과 언어 관습에 따라 텍스트를 만들어 낸다. 이 상황에서 독서란 그 선형적 텍스트로부터 달의 실체를 머릿속으로 표상하는 과정이라고 할 수 있다. 또, 이 상황에서 독서 능력이란 그 표상 과정에서 발생할 수 있는 잡음을 극복하고 필자가 원래 의도했던 메시지를 복원해 내는 수준이라고 할 수 있다. 그런데 증강현실 텍스트는 언어로부터 의미를 구성하는 과정에 발생 가능한 잡음을 차단하거나 최소화함으로써 독자들의 학습 효과를 극대화하는 데 기여할 수 있다. 디지털 기술이 발달할수록 특히 학습 목적의 독서 상황에서는 이러한 증강현실 텍스트 또는 가상현실 텍스트의 수요가 증가할 것으로 보이며, 그만큼 독서 과정에서 언어에 대한 의존도는 낮아질 것으로 예상된다. 이로 인해 언어 중심의 소통 능력이 약화될 것이라는 우려도 타당한 면이 있으나, 학습 독서의 일차적인 목적은 어디까지나 보다 온전한 학습에 있다는 점도 동시에 고려해야 한다. 따라서 향후의 독서교육은 전통적 텍스트와 새로운 형태의 텍스트를 모두 아우르는 병행적 관점을 지향할 필요가 있다.

1.3. 필자의 증가

디지털 미디어의 발달로 인해 나타난 또 다른 변화 중 하나는 텍스트 생산에 참여하는 사회 구성원들과 이들이 생산해 내는 텍스트의 양이 기하급수적으로 늘고 있다는 점이다. 대표적인 예로 최근 급증하고 있는 1인 미디어 콘텐츠 제작자들과 이들이 생산하는 동영상 텍스트를 들 수 있다. 이처럼 콘텐츠 제작자가 늘어나면서 전통적인 콘텐츠 제작자(예를 들어, 방송국이나 신문사)와 새롭게 등장한 콘텐츠 제작자 간의 경쟁도 심화하고 있다. 콘텐츠를 자체 제작하지는 않지만 각종 SNS를 통해 기존의 텍스트를 공유하거나 댓글에 참여하는 것 역시 이차적인 텍스트 생산 행위로 간주하면 필자의 증가 속도는 더 폭발적이라고 할 수 있다. 그만큼 독자들이 하루에 접하는 텍스트의 양은 전통적인 독서(책, 잡지, 신문 등) 상황에서 접하는 텍스트의 양보다 훨씬 많다고 볼 수 있다.

이러한 독서 환경 역시 독자들에게 새로운 독서 능력을 요구한다. 우선 텍스트 생산에 참여하는 개인이나 집단이 급증하고 텍스트의 생산 및 유통 과정도 간소해지면서 텍스트의 전문성, 정확성, 편향성을 판단하기가

표 12-1 | 잘못된 정보에 대한 대응 능력의 국가 간 비교

질문 내용	대한민국	31개국 평균
다양한 정보 소스를 체크했다.	30%	41%
더 믿을 만한 뉴스 소스에 의존했다.	30%	26%
정확성이 의심되는 뉴스 소스 이용을 중단했다.	12%	24%
정확하지 않다고 판단되는 뉴스는 공유하지 않았다.	18%	29%

그만큼 더 어려워졌다. 특히 텍스트 생산을 본격적인 경제 활동의 수단으로 삼는 사회 구성원들이 증가하면서 조회 수를 늘려 수익을 극대화하려고 하거나 집단 극화(group polarization)가 심화하는 현실 속에서 자신이 속한 집단의 영향력 강화에 몰입된 일부 필자들로 인해 자극적이거나 기만적인 텍스트가 증가하고 있다는 점도 우려할 부분이다.

그렇다면 우리나라 국민들은 이러한 독서 환경에 얼마나 잘 적응하고 있을까? 영국 옥스퍼드대학교 부설 로이터저널리즘연구소가 주도한 '디지털 뉴스 보고서 2019(Digital News Report 2019)'에 따르면, 잘못된 정보에 대해 우리나라 국민들이 대응하는 능력은 위의 표에 나타나는 것처럼 다른 참여국들에 비해 높다고 평가하기 어렵다(김선호·김위근, 2019).

이러한 문제는 궁극적으로 텍스트의 질적 수준에 대한 독자들의 평가 능력을 제고하는 방식으로 해결되어야 한다. 이를 위해서는 우선 같은 주제에 대해 출처가 서로 다른 텍스트들을 적극적으로 비교 검토하면서 읽는 태도가 중요하다. 아울러 부적절한 텍스트에 대해 구독을 취소하거나 댓글 또는 부정적 평가를 통해 그러한 텍스트가 유통되지 않도록 독자들이 연대하여 단호한 태도를 보이는 것도 중요하다. 아울러 출처가 불분명하거나 필자의 전문성이나 진실성을 판단하기 어려운 텍스트들을 SNS를 통해 무분별하게 공유하는 것 역시 우리 사회에 혼란을 초래하는 일인 만큼 이러한 행위에 대해서도 더 신중할 필요가 있다.

이와 관련하여 인터넷의 여러 텍스트 읽기 상황에서 구체적으로 다음과 같은 질문에 대해 각자 점검해 보고(양길석·서수현·옥현진, 2020), 부족하

다고 판단되는 부분을 중심으로 개선을 위한 실천 방안에 대해 논의해 보는 것도 좋은 학습 활동이 될 수 있다.

- 나는 텍스트가 최신의 것인지 확인한다.
- 나는 텍스트가 게시된 웹 사이트의 주소를 확인한다.
- 나는 텍스트를 작성한 사람이 믿을 만한지 확인한다.
- 나는 인터넷에서 찾은 정보가 쓸모 있는지 확인한다.
- 나는 텍스트에 대한 내 생각을 정리할 때 댓글을 참고한다.
- 나는 필요한 경우에 다른 사람이 게시한 텍스트에 댓글을 쓴다.
- 나는 이메일이나 문자에 첨부된 파일을 열기 전에 안전한 것인지 확인한다.
- 나는 텍스트의 내용에 의심이 갈 경우 다른 자료를 찾아 사실 여부를 확인한다.
- 나는 텍스트의 내용이 특정한 사람이나 단체의 입장을 지지하지 않는지 확인한다.

1.4. 독서를 지원하는 디지털 기술의 양면성

인쇄 텍스트에 대한 디지털 변환과 애초부터 디지털 형태로 제작되는 텍스트의 비중이 증가하면서, 이제는 도서관을 직접 방문하지 않아도 각종 검색 서비스를 통해 디지털 텍스트에 접근하기가 점점 더 수월해지고 있다. 이러한 서비스를 적극적으로 활용하기 위해서는 사이버 공간에 텍스트가 존재하는 방식에 대해 이해하고 효과적인 검색 방법을 익혀 자신의 독서 목적에 부합하는 텍스트를 선별할 줄 아는 능력을 기를 필요가 있다.

더 나아가 최근에는 독자가 일일이 텍스트를 찾아다니지 않아도 독자의 특성이나 독서 선호도에 대한 분석을 기반으로 맞춤형 텍스트를 추천하는 기술이 날로 발전하고 있다. 필자가 새로운 텍스트를 게시하였을 때

이에 대한 알림 메시지를 구독 설정한 독자들에게 발송해 주는 기능, 키워드를 설정해 둔 독자들에게 해당 키워드의 신문 기사를 이메일로 발신해 주는 기능, 관련 연구 분야의 새로운 학술 정보가 검색되었을 때 이에 대한 정보를 그 분야 학자들에게 제공하는 기능 등이 그러한 서비스의 구체적인 예이다. 독서를 지원하는 이러한 기술들을 이해하고, 이를 적극 활용하며, 이런 서비스를 통해 수신한 각종 정보들을 효과적으로 관리하여 필요한 상황에 활용하는 것 역시 디지털 미디어 시대에 확장된 독서 능력이라고 할 수 있다.

하지만 이러한 기술적 지원이 초래할 수 있는 역기능에 대해서도 인식하고 대처하는 것이 중요하다. 앞서 소개한 기술들은 지속적으로 선별된 텍스트만 제공하여 그 알고리즘 밖에 존재하는 텍스트에 폭넓게 접근할 기회를 박탈하거나, 독자와 입장이나 견해가 다른 사회 구성원들이 생산한 텍스트에 접근할 기회를 박탈함으로써 독자들을 이른바 '필터 버블(filter bubble)' 속에 가두어버릴 수 있기 때문이다.

1.5. 디지털 미디어에 대한 의존도 증가

최근의 실태조사 보고서(과학기술정보통신부·한국정보화진흥원, 2020)에 따르면 우리나라 만3세 이상 국민의 인터넷 이용률은 91.8%, 주 평균 사용 시간은 17.4시간이다. 사회경제 전반에서 디지털 미디어에 대한 의존도가 높아질수록 이 수치는 더 증가할 가능성이 높다. 같은 맥락에서 디지털 미디어에 기반한 독서 활동의 비중 역시 증가할 것으로 예상된다. 이러한 양상에 대해 우려하는 목소리가 있는데, 그 핵심은 전통적 형태의 독서 활동의 비중이 갈수록 줄어들 것이라는 점이다. 그런데 이러한 우려는 대체로 교양 목적이나 성찰 목적의 독서를 염두에 둔 것이라 판단되며, 신속하게 정보를 습득하거나 시사적인 문제에 참여하기 위한 목적의 독서는 점점 더 디지털 미디어를 기반으로 전개될 가능성이 높다. 따라서 이러한 양상을 분리하여 전통적인 방식의 독서 행위를 지속해 나갈 수 있도록 지원하는 방안과 디지털 미디어 기반의 독서 능력을 신장하는 방안을 동시에 고려하는 것이 보다 생산적인 접근 방법이다. 이 둘을 굳이 제로섬 관계로 인식할 필요는 없다.

물론 이와는 별개로 디지털 미디어 환경 속에서 독자들이 주로 어떠한 독서 행위를 하고 있는지 점검하고, 부족한 부분에 대해 개선 방안을 찾는 것은 필요하다. 대표적으로 과의존의 문제를 생각해 볼 수 있다. 과의존은 필요 이상으로, 특히 다른 일상생활에까지 상당한 영향을 미치며 디지털 미디어에 몰입하는 경향을 의미한다. 다음과 같은 질문들을 통해 각자의 독서 양상을 점검해 보고(양길석·서수현·옥현진, 2020), 개선을 위한 실천 방안에 대해 논의해 보는 것도 좋은 학습 활동이 될 수 있다.

- 나는 스마트폰 사용 시간을 스스로 정한다.
- 나는 놀 때와 공부할 때를 구분해서 인터넷을 사용한다.
- 나는 원래 찾으려 했던 것을 생각하면서 인터넷 검색을 한다.
- 나는 인터넷에서 텍스트를 읽을 때에 나에게 필요한 것을 골라 읽는다.

2. 디지털 미디어 환경과 학습 독서

2.1. 학습 독서에 대한 전통적 개념

독서는 학습의 기본 수단이며, 학습에 필요한 독서 능력의 향상은 독서교육에서 중요한 목표 중 하나로 논의되어 왔다. 학습 독서 능력 향상을 위한 독서교육 상황에서 일차적으로 고려된 것은 여러 교과의 교과서였다. 이는 우리 사회에서 '교과서 위주로 공부했다.'는 말이 종종 화제가 되곤 하는 데에서도 잘 드러난다. 그렇다면 학습 독서를 잘한다는 것은 구체적으로 무엇을 의미하는가? 인쇄 매체 시대에 학습 독서를 잘한다는

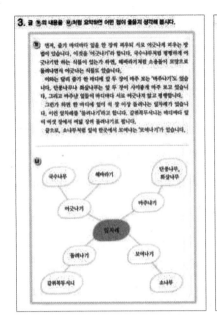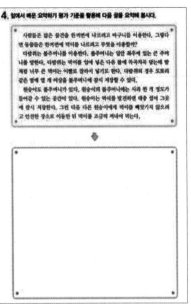

그림 12-1 | 국어 교과서에 제시된 학습 독서 활동의 예

것은 기본적으로 교과서에 선조적으로 제시된 텍스트로부터 지적 구조를 잘 표상해 내는 것을 의미했다. 위에 제시된 그림이 학습 독서 능력 향상을 염두에 두고 국어 수업 시간에 이루어지는 학습 활동의 전형적인 예에 해당한다고 볼 수 있다(출처: 2015 개정 초등 국어 교과서, 5-2, '7. 중요한 내용을 요약해요').

기존에 학습 독서 능력에 초점을 둔 독서교육은 대체로 다음과 같은 독서 상황을 전제로 한 것으로 볼 수 있다. 첫째, 학습을 위해 읽어야 할 텍스트는 주어지며, 학습자인 독자의 역할은 그 텍스트의 내용을 최대한 온전하게 수용하는 것이다. 둘째, 학습자가 읽을 텍스트는 해당 분야의 전문가가 작성한 것으로 전문적이며 신뢰할 수 있다. 셋째, 학습용 텍스트는 학습에 용이하도록 구성되어 있으며, 일상에서 접하는 텍스트의 형태와는 다르다. 넷째, 주어진 텍스트의 분량을 잘 읽는 것만으로도 의도한 학습 목표에 근접할 수 있다.

2.2. 디지털 미디어 환경에서 학습 독서의 전개 양상

최근 여러 교과의 교과서 내용을 살펴보면 학습의 양상에 상당한 변화가 있음을 확인할 수 있다. 초등학교 3학년 사회 교과서에 제시된 다음과 같은 교과서 활동이 구체적인 사례에 해당한다. 이 단원에서 학습자들은 자신이 속한 지역에 대한 소속감을 제고하는 방안의 하나로 그 지역의 옛이야기를 수집해 보는 활동을 수행한다. 이 수집 활동을 수행하는 여러 가지 방법의 하나로 교과서에서는 '고장의 문화원과 시·군·구청 누리집 검색하기'를 제안하고 있다.

이는 인쇄된 교과서에 수록된 내용을 잘 파악하는 것만으로 의도한 학습 목표에 도달하기가 어려우며, 학습 목표 성취를 위해서는 교과서 밖으로 나가 다양한 학습 활동을 수행해야 할 필요가 있다는 것을 의미한다. 이러한 변화가 비단 사회 교과서에만 국한된 것은 아니다. 일상의 삶 속에서 우리가 이미 인터넷을 기반으로 하여 다양한 학습 활동을 수행하고 있는 것처럼, 각 교과에서도 이제 인쇄된 교과서에 수록된 내용을 읽는

그림 12-2 | 초등 사회 교과서의 디지털 미디어 기반 학습 활동 사례(3-1, p. 64)

것만으로는 학습자들이 실제적인 학습을 경험하기에 한계가 있다는 점을 인식하고 그 대안을 마련하고 있는 것이다.

2.3. 새로운 학습 독서 교육의 필요성

문제는 학습 독서를 위한 독서교육이 이러한 학습 양상의 변화에 제대로 대응하지 못하고 있다는 점이다. 위의 [그림 12-2]의 경우를 보면, 관공서를 비롯한 각종 기관의 누리집의 경우 일차적인 기능이 학습을 지원하는 데 있지 않기 때문에 초등학교 3학년 학습자가 단지 해당 누리집에 접속한다고 해서 원하는 정보를 곧바로 습득할 수 있는 것은 아니다. 원하는 정보를 습득하려면 누리집 내에서 콘텐츠가 배열되는 방식이 인쇄된 교과서에서 내용이 제시되는 방식과 다르다는 점을 이해할 수 있어야 하고, 누리집의 내용을 훑어 읽는 것만으로 원하는 정보를 찾기 어려울 때는 검색 기능을 활용하여 원하는 정보를 검색할 수도 있어야 한다. 이러한 변화를 대비하여 정리해 보면 〈표12-2〉와 같다.

여러 교과의 학습 방식에서 변화가 나타나고 있다는 점은 교육적으로 상당한 의미가 있지만, 실제로 그러한 학습 방식에 학습자들이 잘 적응하고 있는가 하는 점에서는 우려가 되는 부분이 있다. 교과서에서는 대체로 학습과 관련된 누리집의 사이트 주소를 알려 주거나 해당 누리집을 방문

표 12-2 | 전통적 학습 독서와 디지털 미디어 시대 학습 독서 상황 비교

전통적 학습 독서 상황	디지털 미디어 시대 학습 독서 상황
■ 학습에 필요한 텍스트는 주어진다.	■ 학습에 필요한 텍스트를 스스로 찾아서 읽어야 한다.
■ 텍스트의 내용은 전문적이고 신뢰할 수 있다.	■ 필자가 다양한 만큼 텍스트의 질적 수준을 학습자가 스스로 판단할 수 있어야 한다.
■ 학습에 용이하도록 텍스트가 구성되어 있다.	■ 실세계의 텍스트로서 구성 방식이 매우 다양하다.
■ 학습에 필요한 텍스트 분량이 정해져 있다.	■ 학습자 스스로 학습에 필요한 텍스트의 분량을 판단해야 한다.

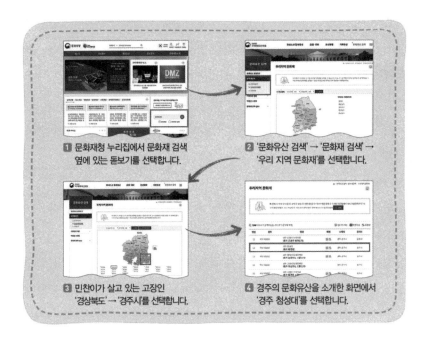

그림 12-3 | 초등 사회 교과서(2015 개정, 3-1, p. 78)의 인터넷 기반 학습 안내

해서 학습하라고 안내만 하고 있을 뿐, 실제로 그 학습 과정이 어떠해야 하는지 상세하게 안내하고 있는 경우는 드물기 때문이다.

　물론 예외인 경우도 일부 발견되는데, [그림 12-3]의 예가 그러하다. 이 역시 3학년 사회 교과서의 한 부분으로, 이 단원의 경우 3학년 학습자들이 스스로 그러한 활동을 수행하기가 쉽지 않을 것이라는 판단 하에 누리집에서 자료를 수집하는 절차를 구체적으로 안내하고 있다. 즉, 새로운 형태의 학습 독서 방법을 사회 교과서 내에서 자체적으로 제시하고 있는 것이다. 이러한 안내는 필요한 학습 내용과 이를 수행할 학습자의 독서 능력 사이에 발생하는 격차를 해소해 준다는 점에서 의미가 있지만, 특정한 누리집(문화재청 누리집)을 탐색하고 원하는 정보를 얻는 데에만 유용할 뿐 다른 누리집을 방문했을 때에도 효과적으로 적용될 수 있는 성질의 안내는 아니라는 점에서 한계를 보인다. 보다 메타적인 차원에서, 누리집의 콘텐츠 배열 방식이나 하이퍼텍스트의 특성을 이해하고 검색 기능을 활용해 원하는 정보를 효과적으로 얻는 방법에 대한 교육은 결국 학습 독서 교육의 틀 속에서 보다 체계적으로 이루어져야 할 필요가 있는 것이다.

2.4. 디지털 미디어 기반의 학습 독서 능력 향상을 위한 개선 방안

변화하는 학습 상황에 대비한 학습 독서 능력을 어떻게 길러줄 수 있을까? 무엇보다도 중요한 것은 이러한 학습 상황에서 필요한 독서 능력의 실체를 구체화하고 이를 명시적인 교육 내용으로 구성하는 일이다. 그러한 노력의 예로 호주의 현행 자국어(English) 교육과정을 참조할 수 있다. 호주 자국어 교육과정에서는 유치원 단계(Foundation year)에서부터 지속적으로 디지털 텍스트의 특성을 이해하고 디지털 텍스트를 효과적으로 읽는 방법과 관련된 성취기준을 제시하고 있는데, 그 예를 몇 가지 소개하면 다음과 같다.

- 책, 영화, 간단한 디지털 텍스트 등의 예를 통해 인쇄 텍스트와 디지털 텍스트의 개념을 이해한다(유치원).
- 쪽 번호, 차례, 제목, 탐색 버튼, 막대, 링크 등 텍스트를 조직하는 데에는 다양한 장치가 활용된다는 것과 이를 바탕으로 인쇄 텍스트와 디지털 텍스트가 구성되는 방식을 이해한다(1학년).
- 탐색 버튼, 하이퍼링크, 사이트 맵 등 인터넷 텍스트에서 탐색이 용이하도록 지원하는 장치들의 특징을 이해한다(3학년).

참고로 국내 연구에서도 중학생 학습자의 디지털 매체 기반 학습 독서 능력 신장에 기여할 수 있는 성취기준 안이 제시된 바 있는데(옥현진·오은하·김종윤, 2018), 그 구체적인 예는 다음과 같다. 이 성취기준 안에 대해 국내 전문가들은 중요도를 비교적 높게 평가하였다(서수현·옥현진, 2020).

표 12-2 | 디지털 미디어 기반의 학습 독서 능력과 관련된 성취기준 안

범주	하위범주	중학생용 성취기준
정보 탐색	접근	■ 과제와 관련된 정보를 찾기 위해 다양한 사이버 공간을 활용할 수 있다.
	검색	■ 과제와 관련된 키워드를 다양하게 생성할 수 있다.
	훑기 (스캔)	■ 웹 페이지나 검색 결과를 정보의 유형, 장르별로 다양하게 확인하고, 그중에 과제와 관련된 부분이 무엇인지 확인할 수 있다.
	선택	■ 과제를 해결하기 위해 과제와 관련되는 정보를 다양하게 선택할 수 있다.
해석과 통합	내용 확인	■ 텍스트, 이미지, 동영상 등 복합양식 텍스트에서 명시적 내용을 정확하게 파악할 수 있다.
	추론	■ 텍스트, 이미지, 동영상 등의 복합양식 텍스트에서 명시적이지 않은 내용을 추론할 수 있다.
	상호텍스트적 연결	■ 과제와 관련된 다양한 정보 간의 관련성을 파악하여 비교, 분석, 종합할 수 있다.

그렇다면 이러한 학습 요소들을 어떠한 방법으로 교육할 수 있을까? 아쉽지만 그 방법론에 대한 논의는 아직 본격적으로 이루어지지 못하고 있다. 향후 학습 독서와 관련된 각종 담론에서 이 부분을 본격적으로 논의해 나갈 필요가 있다. 다만 현 시점에서 다음과 같은 몇 가지 제안은 가능할 것이다. 첫째, 교사의 디지털 미디어 기반 학습 경험을 학생들에게 자주, 그리고 체계적으로 안내함으로써 학습자들이 그 안내에 따라 디지털 미디어 기반의 독서 경험을 축적하는 방법이다. 둘째, 교사들 간의 정보 공유를 통해 개인적 경험의 한계를 극복하는 것도 중요하다. 셋째, 실제 타 교과에서 디지털 미디어를 기반으로 이루어지는 학습 활동 사례들을 독서교육의 장으로 가지고 와서 교사의 안내에 따라 그 활동들을 수행해 보는 것도 권장할 만한 방법이다.

독서 양상은 미디어의 발전에 따라 계속해서 변화해 왔다. 기존의 독서교육이 인쇄된 텍스트, 특히 코덱스 형태의 도서를 전제로 한 것이었다면, 최근 들어 디지털 미디어의 발달로 디지털 미디어 기반의 독서 활동이 증가함에 따라 이러한 독서 상황에 필요한 새로운 독서교육의 필요성도 커지고 있다. 먼저 하이퍼텍스트나 증강현실 텍스트와 같이 텍스트의 형태가 다양해지고 있다는 점을 이해하고 이러한 텍스트 특성을 고려한 독서교육이 필요하다. 디지털 미디어의 발달로 필자와 텍스트의 양이 급증하고 이러한 텍스트를 통해 우리 사회의 다양한 이해관계가 표출됨에 따라 텍스트의 전문성, 정확성, 편향성을 보다 적극적으로 평가할 수 있는 독서 능력이 강조되고 있다. 디지털 기술의 양면성을 이해하고 그 편의성을 적극 활용하면서 부작용을 최소화하려는 노력도 중요하다. 마지막으로 디지털 미디어에 대한 의존도가 높아지면서 디지털 미디어 기반의 독서 활동에 필요 이상으로 몰입하고 있지는 않은지 성찰하고 이를 개선하려는 태도도 중요해지고 있다.

독서의 중요한 목적 중 하나는 학습인데, 디지털 미디어의 발달로 인해 학습 목적의 독서 양상도 급변하고 있다. 기존의 학습 독서가 교과서에 제시된 내용을 최대한 온전하게 수용하는 데 초점을 두었다면 디지털 미디어 기반의 학습 상황에서 독서 양상은 교과서 밖으로 나가 실제 세계에 존재하는 다양한 텍스트들을 스스로 찾아 읽고 이로부터 학습자가 주도적으로 의미를 구성하는 방식으로 변모하고 있다. 여러 교과에서 이러한 학습 방식을 확대하는 것은 교육적으로 유의미한 현상이지만, 그 토대가 되는 디지털 미디어 기반의 독서 능력을 충분히 고려하지 못하고 있다는 점은 문제이다. 따라서 향후의 독서교육에서 학습을 위한 도구적 능력으로서 디지털 미디어 기반의 학습 상황에 필요한 독서 능력을 신장하는 것은 시급하고 중요한 과제라고 할 수 있다.

01 다음은 중학교 1학년 과학 교과서(비상교육)에 제시된 디지털 미디어 기반 학습 활동의 일부이다. 해당 학습 활동을 실제로 수행해 보고, 이 학습 활동을 성공적으로 수행하려면 어떠한 독서 능력이 전제되어야 하는지 분석하시오. 그리고 그러한 학습 독서 능력이 부족한 학생들을 지도할 수 있는 구체적인 방안에 대해 논의해 보시오.

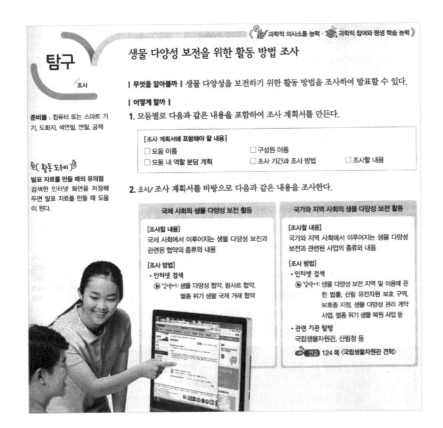

교육부(2018). 사회 교과서 3-1. 지학사.

_____(2019). 국어 교과서 5-2. 미래엔.

김선호·김위근(2019). 유튜브의 대약진: 〈Digital News Report 2019〉한국 관련 주요 결과. Media Issue, 5(3), 1-11.

비상교육(2018). 중학교 과학 1. 비상교육.

서수현·옥현진(2020). 디지털 리터러시 교육 내용 구성에 관한 전문가 의견 조사. 국어교육, 170, 203-231.

양길석·서수현·옥현진(2020). 디지털 리터러시 역량의 자기진단 평가도구 개발. 디지털융복합연구, 18(7), 1-8.

옥현진·오은하·김종윤(2018). 중학생 학습자를 위한 디지털 리터러시 인지적 영역 성취기준 개발. 국어교육연구, 41, 121-152.

시(가)
읽기 지도의 실제

학습목표

- 독서 대상으로서 시의 텍스트적, 담화적 성격을 이해한다.
- 독서 행위로서의 시 읽기의 특성을 이해한다.
- 맥락 중심의 시 읽기 방법을 활용하여 시(가)를 읽는다.

학습내용

이 장에서는 문학 읽기 중에서도 시 읽기의 특성과 방안을 실제 작품의 읽기에 적용한다. 현대시와 고전시가 모두에 적용될 만한 작품 읽기에 초점을 두고, 작품을 시인과 독자 사이의 소통 과정이자 결과로 이해하는 담화적 맥락에서의 읽기 방법들을 학습한다.

1. 대화하듯 시(가) 읽기

1.1. 담화로서의 시

다른 읽기 대상이 모두 그러한 것처럼, 시 또한 두 가지 다른 모습으로 우리 앞에 등장한다. 하나는 아직 그 의미가 결정되지 않은 미지의 해석적 영역 속에 있는 텍스트로서의 모습이고, 다른 하나는 이제 그 의미가 밝혀진, 누군가로부터 독자인 우리에게 보내진 메시지의 그릇이자 도구이고 통로인 담화로서의 모습이다.

전자의 모습인 텍스트로서의 시는 그 자체가 고유한 기호적 질서를 가지고 있다고 가정된다. 대개는, 특히 현대시에서는, 시는 시행을 가지고 있어서 이를 중심으로 각각의 행에서 의미가 확장되어 가는 문법적 관계를, 그리고 행들 사이에서 등가적인 자질을 공유하는 기호들이 중첩되어 가는 의미적 관계들을 만든다고 여겨진다. 그리고 이러한 약속에 동의하는 한, 독자는 아직 시를 읽기 전이라 하더라도 문법적 관계와 의미적 관계가 마치 씨줄과 날줄처럼 직조되는 이 기호적 질서가 어떤 구조적인 의미로 발전하게 될 것이라고 예상할 수 있게 된다. 이런 맥락에서 시는 해독*될 수 있는 대상이 된다.

반면 후자의 모습인 담화로서 시는 그것의 의미를 결정하는 지배적 요소가 무엇인지에 대한 이해나 판단 차이에 의해 전혀 다른 의미를 갖게 될 수도 있는 일종의 관습적 규약의 체계로 여겨진다. '형식이 곧 메시지'라는 관점에서 볼 때와 '맥락이 곧 메시지'라는 관점에서 볼 때, 시의 의미는 다른 방식으로 실현된다. 담화라는 성격은 갖지만, 이 지점에서 예술 작품으로서의 시와 일종의 수행적 담화로서의 시가 구분된다.

어찌 보면, 꽤나 복잡하고 어려운 척하며 설명한 것처럼 보일 수는 있지만, 실상 이러한 구분은 시에 국한될 것도 아니고 우리가 텍스트라 부를 수 있는 대상이 있다면 어떤 것에 대해서든 적용되는 설명이다. 이 구

해독(decoding) 텍스트의 기호들을 그것들이 관계를 맺는 각 조직의 층위에서 의미로 복원해 가는 과정. 시 읽기에서는 시에 사용된 어휘들의 의미와 구문 구조와 시행의 배열을 통해 만들어지는 구조적인 의미를 일차적으로 파악해 가는 읽기의 과정을 말한다.

분을 좀더 쉽게 하기 위해 보충하여 설명하자면, 시는 아직 읽혀지기 전의 대상이 있는가 하면, 누군가에 의해 읽혀짐으로써 일정한 의미를 갖게된 대상이 있기도 하고, 아니면 그때그때 상황이나 조건에 따라 다른 의미로 이해될 수 있는 대상이 있기도 한 것이다. 그것은 나나 여러분이 어떤 독자로 시에 접근했느냐에 따라 달라진다.

우리는 어려운 읽기를 택하는 대신, 아주 친숙한 일상의 담화를 읽는방식으로 접근하려고 한다. 그것이 시 읽기를 예전에 포기했지만 여전히시에 관심이 있는 다수를 위한 교육적 접근이라고 믿으면서 말이다. 자,이때가 우리에게는 시를 담화로서 읽기로 한 첫 순간이 된다. 시는 누군가의 메시지를 담은 그릇이 되고, 그릇을 치워 놓고 내가 조금 전 먹었던음식을 떠올리듯, '그래, 그래서 시인은 뭐라고 말하려 한 거야?' 이렇게질문할 수 있는 상태가 된다. 마치 대중들이 영화를 볼 때 굳이 심각하게분석하려 하지 않고 영화를 보는 동안은 그것에 몰입하여 희로애락을 경험하다가 영화가 끝나면 '그래서 감독이 하고 싶은 얘기가 뭐래?' 또는 '그영화 꽤나 흥미진진했어.' 하면서 주제든, 주된 내용이든, 혹은 인상적인에피소드든 간에 자신이 보고 싶었던 어떤 장면이나 이야기에서 경험하였던 내용을 떠올리거나 공유하듯. 이런 것이 시가 담화라는 것의 의미이다.

1.2. 누가 말하는가, 누구에게 말하는가

담화로서의 시를 읽는 것을 음식 먹기에 비유했으니 좀더 나아가보자.음식을 먹으면서 우리는 한 가지 맛과 향과 식감과 모양 등을 품평할 수도 있고 그러면서 동시에 그 음식을 식사로 즐길 수도 있다. 그런데 우리의 음식 먹는 목적이 식사에 있었다면, 그리고 그 음식을 차려준 사람이적어도 나와 가까운 사람이라면, 우리는 정성스럽게 차려준 한 끼 식사를먹고 나서 (그것이 평범한 음식이었다고 하더라도) 까다롭게 맛과 향과 식감 같은 것을 품평하는 일 같은 것은 하지 않을 것이다.

시 읽기도 이와 유사하다. 우선 이 시는 평소 먹었던 음식처럼 내게 익숙한 형태의 시일 수도 있고, 이름도 모르는 음식마냥 낯선 형식의 시일 수도 있다. 이 낯선 음식이 조심스러울 수는 있겠지만 대개는 어떤 식재료가 사용되었고 조리법이 어떤 것인지에 대한 기본적인 이해가 가능할 것인데, 이와 비슷하게 아무리 시가 익숙지 않은 형식과 표현을 가지고 있다고 하더라도 그것이 어휘들을 재료로 해서 시행과 그것들의 배치를 통해 만들어가는 기본적인 장르적 관습을 가지고 있다고 생각할 수 있다. 거기에 우리가 음식 품평을 함부로 하지 않거나 적어도 음식을 즐기기 전에 비평적 언사를 하지 않는 것이 그 음식을 내어준 사람과의 기본적인 믿음과 기대와 반가움 때문이듯이, 생물학적인 존재로서의 시인은 한 번도 만나거나 본 적이 없더라도 시에서 만나는 시인을 오래전부터 가까이 알고 지냈음직한 존재로서 받아들이며 우리에게 적어도 의도적인 트릭을 쓰거나 약속의 배반을 하지는 않을 것이라고 여기게 될 것이며 이러한 바탕 위에서 우리는 그의 말을 믿을 만하다고, 그가 사용하는 화법과 태도를 이해할 만하다고 여기게 된다.

이것이 시가 담화일 때의 시 읽기의 담화적 맥락이다. 조금 더 들여다보면, 다음과 같은 것들이 이 비유와 연결된다. 먼저, (1) 담화로 받아들이는 한, 시는 시인과 독자가 화자와 청자로서 참여한 대화이다. 담화는 쓴(말한) 것만큼이나 읽은(들은) 것에 의해 결정된다. 시인과 독자는 서로 뜻이 통하는 관계이다. 그리고 (2) 담화로서의 시에 화자와 청자로서 참여하기로 한 순간부터 이미 시인과 독자는 공감적 관계가 된다. 그 공감은 일차적으로는 독자가 시인에 감정이입*하는 태도를 형성하며, 때로는 정서적 투사*가 일어난다. 이를 통해 시는 이해 가능한 대상이 된다. 그리고 이 관계를 가능하게 하기 위해 (3) 시인과 독자는 모두 시적 존재로서 자기 존재를 변화시킨다. 여기서는 생물학적인 존재로서의 시인과 독자는 유보된다. 시인은 시 속에서 아이가 되었다가 노인이 되기도 하고 모든 것을 통달한 존재에서 무지의 한계에 봉착해 버린 존재로 바뀌기도 한다. 그때마다 독자는 그에 동조되기도 하고 거리두기를 하기도 하며 다감하

감정이입(empathy) 대상이 놓인 상황과 처지에 대해 깊이 공감하는 바탕에서 대상과 같은 감정을 느끼게 되는 심리적 상태. 감정이입에 의해 나는 나와 구분되는 대상의 입장에서 그가 놓인 상황과 처지를 조망할 수 있게 된다.

투사(projection) 대상도 나와 비슷한 처지에서 나와 같은 감정이나 욕구를 느끼고 있을 것이라고 여기는 심리적 상태. 따라서 대상의 행위나 반응은 나의 감정과 의지의 표출로서 이해된다.

게 들어주는 옆자리의 조언자였다가 시인에게 불린 청자가 되기도 한다. 그리고 이제 이러한 바탕에서 (4) 독자는 시인과 담화의 맥락을 공유하게 된다. (적어도 공유한다고 믿는다.) 이 맥락은 시의 의미를 뒷받침하는 근거가 된다.

이제 이 담화적 맥락을 시 읽기에 적용해 보자.

1

내 그대를 생각함은 항상 그대가 앉아 있는 배경(背景)에서 해가 지고 바람이 부는 일처럼 사소한 일일 것이나 언젠가 그대가 한없이 괴로움 속을 헤매일 때에 오랫동안 전해오던 그 사소함으로 그대를 불러 보리라.

2

진실로 진실로 내가 그대를 사랑하는 까닭은 내 나의 사랑을 한없이 잇닿은 그 기다림으로 바꾸어 버린 데 있었다. 밤이 들면서 골짜기엔 눈이 퍼붓기 시작했다. 내 사랑도 어디쯤에선 반드시 그칠 것을 믿는다. 다만 그 때 내 기다림의 자세를 생각하는 것뿐이다. 그 동안에 눈이 그치고 꽃이 피어나고 낙엽이 떨어지고 또 눈이 퍼붓고 할 것을 믿는다.

– 황동규, ‘즐거운 편지’

더 많은 단서를 가질수록 (‘더 정확히’가 아니라) ‘더 풍부하게’ 시의 의미를 읽을 수 있는 맥락이 생기기는 하겠지만, 이 시를 읽기 위해 굳이 시인이 누구이며, 어떤 시대인지 묻지 않아도 된다. 내가 이 시를 읽기로 한 맥락에서 나는 시 속의 화자(시적 화자)가 말하는 내용을 적어도 말한바 그대로 받아들여 주는 청자가 된다. 이 청자는 독자로서 나의 처지나 상황에 따라 달라질 수 있다. 만약 내 자신이 누군가를 애태우게 하고 있거나 누군가로 인해 애태우고 있는 중은 아니라면 청자로서는 ‘나’나 ‘그대’의 입장에 놓이기는 쉽지 않다. 그 대신 ‘나’의 옆자리에 우연히 앉아 독백처럼 읊조리는 그의 말에, 못들은 척, 하지만 마음으로는 공감하며 듣고 있을 수는 있다. 그것이 일반적인 독자가 이 시를 읽을 때 가장 편한 읽기의 맥락이 된다. 물론 이 글을 읽고 있는 누군가가 연애의 아슬아슬한, 혹은 안타까운 처지에 있다면, '나'에 훨씬 감정이입할 법하다.

나는 공감하는 자이자 청자로서 '나'의 말을 엿듣다가 그가 '그대를 생각'하는 것을 사소한 일에 빗대어 말할 정도로 그의 말에서 '그대'가 다른 모든 풍경으로부터 부각되어 있다. 마치 아웃포커싱 효과(out of focus)[*]가 생기는 것처럼, 이 전경화는 '사랑'이라는 이름의 '기다림'이 만드는, 전적으로 대상 의존적인 관계를 형성하고 있음을 알게 된다. 그러니 화자가 '진실로'를 거듭 강조하며 '사랑'이라고 부르는 것도 실은 안타깝고 애절한 '기다림'에 다름 아닌 것이다.

이제 이쯤에서 한걸음 뒤로 물러서 이 시의 제목이 '즐거운 편지'임을 확인해 본다. 방금 우리가 읽은 방식대로라면 이 독백처럼 들리는 화자의 말이 즐거울 리 없으며 그의 말이 편지의 내용이라고 긍정한다고 하더라도 결국 보내지 못했거나 보냈는데 답장을 받지 못했을, 편지가 마땅히 가져야 할 소통의 기능을 갖지 못한 상황을 보여준다. 그렇다면, 시인은 결국 '즐거운 편지'라는 표현 안에 담긴 반어적 의미를 말하고 있는 게 아닐까?

이렇게 담화로서 '즐거운 편지'는 화자인 '내'가 직접적인 청자인 '그대'에게 건네고 있는 대화 같은 독백과, 화자는 눈치 채지 못하고 있었겠지만 그의 옆에서 연민의 마음으로 그를 공감해 주고 있는 또 다른 청자가 엿듣고 있는 그의 독백과, (혹은 그와 같은 처지에서 그와 같은 괴로움을 경험하고 있는 또 다른 청자의 맞장구와,) 끝없는 기다림의 안타까운 상황을 애써 외면해 보려는 화자의 심정을 정당화하고 있는 시인의 변명과, 이 기다림의 의미를 이미 알고 있을 독자들에게 화자의 독백이 일종의 반어이고 시적 담화가 시인의 반어적 전략의 소산임을 말하고 있는 시인의 주장을 포괄하고 있는 것이다. 독자인 우리가 이 담화적 관계에 참여하는 것은 선택적이다.

아웃포커싱 효과 사진을 찍을 때, 망원 화각의 조리개를 열고 카메라와 초점이 되는 피사체의 거리를 가깝게 했을 때, 피사체와 멀리 떨어진 배경의 초점이 흐려지는 현상

1.3. 말할 수 없는 것

담화로서의 시 읽기의 시작은 당연히 소통적 관계의 형성이다. 단순하게 말해서 시인과 독자는 서로 뜻이 통하는 관계로서 함께 시를 이룬다. 여기서 시인의 말은 믿을 만한 것이 되고 '팥으로 메주를 쑨다.'고 해도 그럴 만한 것이 된다. 그리고 이 전제 위에서 시인의 발화로서의 시는 독자에게는 합리적인 의미 구조를 갖는다. '겨울은 강철로 된 무지개'는 '팥으로 쑨 메주'보다 더 이상하고 비현실적이지만 아무튼 진실 되고 의미가 통하는 발화로서 인정된다. 이 믿음은 시인의 발화를 독자가 이해한 담화로 만드는 약속이다.

그런데 시인에 의해서나, 혹은 독자에 의해 이 관계가 의심이 된다면, 그래서 말하고 들은 것이 서로 통할 수 없는 관계라고 여겨진다면, '그들 사이에서' 시는 담화로서의 기능을 갖지 못하게 된다. 어떤 표현이든 어떤 의미가 될 수 있는 약속이 무너진다면, '콩으로 메주를 쑨다.'고 한들 믿을 수 있겠는가. 이런 경우, 담화로서의 기능을 멈춘 시가 시로서 여전히 존재할 수 있는지 의심스러워질 수 있다. 특히 이러한 의심, 곧 '모든 시가 담화여야 하는가?'라는 의문에 대한 분명한 반응 중 하나는 이 시를 누군가를 향한 발언으로 읽지 않는 것이다. 이때 인용되는 대표격으로 순수서정시가 있는데, 몇 날 며칠을 홀로 양떼를 몰며 외로이 산언덕에 앉아 시간을 보내는 목동이 저만을 위해 애닳은 노래를 부르는 것처럼 시인도 저 혼자를 위한 시를 썼다고 말하는 것이다. 곧, 이 순수한 독백의 형식을 담화로서 보지 않겠다는 반응인 셈이다.

하지만 짧은 탄식처럼 시가 단순한 감정의 표출이 아닌 바에야 '읽혀질 수 있는' 것을 청자(독자)의 맥락에서 떼어놓는 것은 형용모순이다. 읽혀질 수 있다는 것은, 또는 적어도 독백으로라도 시인 자신이 청자로서 의미 구성을 하고 있다는 것은, 시인에 공감하는 모든 독자들을 청자로 삼을 수 있게 하는 조건이다. 여기서 우리가 알 수 있는 것은, 만약 내게 이해되지 않거나 공감되지 않는 시가 있다면, 시인에게는 염두에 둔 또 다른 청자(독자)가 있을 것이라는 사실이다. 청자(독자)인 나로서는 그것을 읽어낼(들을) 수 없었다거나 그렇게 읽히지(들리지) 않았지만, 그것을 진실의 발화로 읽었을(들었을) 또 다른 청자(독자)가 있고 그 이해의 맥락이 있었을 것이라는 말이다.

이해의 맥락은 두 가지 차원에서 독립적으로 가능하다. 하나는 화자(시인)와 청자(독자) 사이에 존재하는 담화의 통로로 이것은 내가 생각하는 것보다 훨씬 다양하게 열려 있다. 내가 알아듣지 못한다고 해도 모든 외국어와 지역 방언과 속어들은 그 말을 주고받는 사람들 간의 문법과 규약과 관습을 통해 어디선가 통로를 만들면서 소통을 가능하게 한다. 하지만 내가 일차적인 청자(독자)가 되지 않은 더 중요한 원인은 그 담화의 통로가 내게 낯설었다는 것보다는 내가 그것을 잘 상상해 보지 않았다는 것에 있다. 이 상상은 청자(독자)로서 나의 역할 설정이 어디까지 가능한가에 달려 있다.

> 예비군훈련및훈련기피자일제자진신고기간
> 자:83.4.1-지:83.5.31
>
> — 황지우, '벽1'

인용한 '벽1'은 화자와 청자의 대화보다는 연사(발언자)와 청중의 시연적 소통(demonstrative communication)이 두드러진 시각적인 시이다. 그런 만큼 직접적이고 정서적인 화자의 목소리가 드러나기는 어려울 수밖에 없다. 이 시의 배경에는 '5·18광주민주화운동'이 있고, 그 이후로 5월 그 무렵쯤이면 많은 청년들이 이런저런 사유로 예비 검속이 되는 일들이 있었다. 간첩, 폭발물 소지자, 총기 소지자, 향정신성 약물 투약자, 범죄 수배자, 거주 불명자, 예비군 소집 불응시자 등등을 수배하고 검속하는 공안통치가 공고문이나 벽보의 형식으로 담벼락과 식당 벽 등을 장식하던 때였다. '벽1'은 이러한 공안의 시대에 공고문의 문구를 그대로 옮기는 형식으로 쓴 시인데, 이 시의 표현상의 핵심은 벽보의 문구가 벽 그 자체의 환유적 대상이 되면서 공권력이 갖는 소통 불능의 완고함과 강제성을 그대로 드러냈다는 점이다.

하지만 이것이 담화적 의미를 갖기 위해서는 그 시대의 공권력을 체감했을 독자들이 필요했을 것이다. 아마도 80년에 군에 강제 징집을 당하고 3년 만에 사회에 복귀한 젊은 청년들에게는 거대한 권력의 벽처럼 벽보의 문구가 느껴졌겠지만, 이러한 해석적 맥락이 21세기의 독자들에게는 쉽게 상상되기 어려울 것이다.

시가 낯설게 여겨지게 되는 또 다른 맥락은 시인이 의도적으로 화자를 속여 독자가 쉽게 청자의 역할을 하지 못하게 하는 것이다. 화자의 발화는 화자와 화자가 지목한 청자 사이에서는 진실의 담화를 구성하지만, 시인이 그 담화적 소통의 맥락을 전도시킨다. 이런 경우 독자는 쉽게 소환된 청자의 역할을 취하지 못하고 스스로 청자의 역할을 설정해야 한다. 논리적으로 보면, 표면에 등장한 화자는 신뢰하지 못하는 화자가 되어 버린 셈이고, 그와는 독립적인 화자가 등장하게 되었기 때문이다. 다만 이 화자는 대개 직접적으로 발화하지는 않기 때문에 다만 그림자나 실루엣처럼 어렴풋하게 그 존재를 느낄 수 있을 뿐이다.

> 1947년 봄
> 심야(深夜)
> 황해도(黃海道) 해주(海州)의 바다
> 이남(以南)과 이북(以北)의 경계선(境界線) 용당포(浦)
>
> 사공은 조심 조심 노를 저어가고 있었다.
> 울음을 터뜨린 한 영아를 삼킨 곳.
> 스무 몇 해나 지나서도 누구나 그 수심(水深)을 모른다.
>
> — 김종삼, '민간인'

'민간인'에서 '1947년 봄'이라는 시간적 배경과 '황해도 해주의 바다'는 작품 안과 작품 밖을 연결하는, 그러니까 문학과 현실의 경계지 같은 역할을 하는 작품의 소통적 맥락을 형성한다. 현실에서는 남북이 각기 단일 정부를 향해 치닫으며 3·8선이라 불리는 경계선이 완전한 단절의 분단선으로 기능하기 시작하기 직전의 바로 그 시공간을 시는 하나의 상상적 공간으로 재구성한다. 거기에 있어야만 하는 증언자들은 모두 민간인이다. 그들은 이 분단의 책임자들도 아니고, 당사자들도 아니다. 그럼에도 그들은 그 긴장과 갈등의 무대 한 복판에 있게 된다. 그리고는 하나의 사건이 발생한다.

바다가 '영아를 삼켰다는 주동 구문은 영어에서나 사용되는 표현이다. 이 말의 원래 의미는 누군가 영아를 바다에 던져 죽였다는 것이다. 하지만 아무도 그런 말을 하지 않는다. 아무도 말을 하지 않고 아무도 어떤 일이 있었는지 모른다. 여기에는 유일한 행위자이자 주관자로서 '바다'가 등장한다. 사람들은, 민간인은 다만 그 일의 진면이 어떤 것인지 모를 뿐인 무지하고 무기력한 존재로 그려진다. 아마도 바다는 배에 타고 있던 사람들에게는 운명과도 같은 거대한 힘을 은유한다고 할 수 있을 것이다.

분명 저 배에 탔을 소수의 사람들만이 알 수 있는 일이고, 그 일이 지금 누군가의 입을 통해 발화되고 있다면 응시자는 그 소수의 사람들 중 어느 누구일 것인데, 이제 어떤 충격적인 일이었든 간에 드러내 놓고 얘기할 만한 한 세대의 시간인 '스무 몇 해나 지나서도' 아무도 그 수심의 깊이를 모른다고 하고 있다. 아니, 정확하게 말하자면, 아무도 그에 관해 말을 하고 있지 않다. 그렇다면 지금 증언하고 있는 존재는 누구인가? 화자들을 배반하여 시인이 직접 말하고 있다고밖에 말할 수 없는데, 문제는 시인은 오직 화자의 입을 통해서만 말할 수 있다는 점이다. 그래서 우리는 화자가 아닌 또 다른 어떤 화자를 떠올리게 되는 것이다.

화자들(!)의 침묵은 무엇을 뜻하는가? 괜히 바다에 책임을 미루면서 그것을 어찌할 수 없는, 그렇게 하지 않으면 모두 발각되어 죽을 수밖에 없었을 것이라고 하는, 핑계로 합리화하였지만, 실은 그것이 깊이를 알 수 없는 깊은 바다 때문이 아님은 누구나 안다. 황해도 해주는 통치 구역으로는 북한에 속해 있었지만 지리적으로는 3·8선 이남에 위치해 있어서 바다는 남한에 속한 곳이었다. 한밤중에 남한으로 사람들을 옮겨준 수단이 노 젓는 배였으니 해안을 따라 이동했을 것이었겠으나, 원래 해주 앞바다는 조수간만이 크고 수심도 얕은 곳이라고 한다. 그러니 수심이 깊다고 한 것은 의도된 거짓말일 수밖에 없다.

아무도 말하는 이가 없었지만, 엄연히 우리가 듣고 있는 저 자백은 그만큼의 고통의 진술일 수밖에 없다. 예수를 십자가에 못 박아 죽게 하는 형벌을 내리고는 자신이 아닌, 유대인들의 요구 때문이라며 손을 씻어 죄 없음을 증명하려 한 로마의 총독 빌라도가 결국 그 손 씻는 행위로 죄 있음을 자백한 것처럼, 바다의 수심을 알 수 없다며 행위가 아닌 사건을 지목할 때 이미 그 행위는 씻어낼 수 없는 깊은 죄책감을, 그 죄의 깊이를 환기시킨다.

시는 간결한 형식으로 대화적 질서를 만들어가는 것이 일반적이다. 그런 만큼 독자는 화자가 말한 것에만 주목하게 될 수 있다. 대개는 이렇게 읽어가도, 혹은 청자의 역할을 취해 듣는 경우에도 그 의미의 맥락을 파악하기에 어렵지 않다. 하지만 때로는 말하지 않은 입이, 다루어지지 않은 빈틈이 다른 말을 전달하고 있기도 하다. 사실은 복화술처럼 화자 뒤에서 실제로 말하는 시인의 목소리를 들어야 할 수도 있다.

나는 얼굴에 분을 하고
삼단같이 머리를 따 내리는 사나이

초립에 쾌자를 걸친 조라치들이
날나리를 부는 저녁이면
다홍치마를 두르고 나는 향단이가 된다

– 노천명, '남사당'에서

여성 시인으로서 노천명은 향단의 역할을 하기 위해 얼굴에 분을 하고 삼단 같은 머리를 따 내려야 하는 젊은 사내의 서글프고 기쁜 복잡한 심정을 노래한다. 어떤 목소리가 진짜 목소리이며, 어떤 목소리가 전하는 말이 이 시의 진짜 메시지일까? 그 답은 독자가 화자를 만난 청자가 되었을 때 비로소 드러나게 될 것이다.

2. 새로운 약속을 찾아가는 시(가) 읽기

2.1. 시의 담화적 질서

우리가 어느 정도 전문적인 훈련을 받고 초밥을 만들거나 자동차를 수리하거나 프로그램을 짜거나 할 게 아니라면, 맛있게 초밥을 먹는 법을 배우고 자동차를 안전하거나 신나게 타는 법을 배우며 프로그램을 잘 사용하는 법을 배우는 편이 외려 삶에 도움이 된다. 이와 마찬가지로 모두가 시의 전문적인 독자가 되어야 하는 것은 아닐 것이니, 시에 내재된 언어의 기호적 질서를 일일이 다 배우려 애를 쓸 필요까지는 없다. 우리는 시를 포함한 문학을 독서의 맥락으로 접근할 것이니까. 그리고 이런 맥락에서, 시의 의미 구성이나 감상에 작동하는 규칙과 문법과 약속들에 대한 얘기는 가급적 하지 않기로 한다. 그러면 남는 것은 다음과 같은 규칙들이다.

첫 번째 규칙: 시행의 진술은 각기 독립적이다.
두 번째 규칙: 진술은 반복을 통해 의미를 구성한다.
세 번째 규칙: 진술은 반복을 기피한다.

이것을 최소 규칙이라고 부르기로 하겠다. 시의 형태는 일반적인 글과 다르지만, 이 규칙은 일반적으로 적용되는 최소한의 조건이다. 이를테면 시에서 행은 글에서 문장과 같은 기능을 한다. 그러니 단일한 독립적인 의미 단위가 된다. 각각의 시행은 각기 독립적인 의미 단위로서 등가적이고, 이 등가성은 각각의 시행을 단일한 심상의 표상으로 기능하게 만든다. 이것이 시 형식의 첫 번째 최소 규칙으로서의 독립성 유지 규칙이다.

시에서는 아직은 막연하고 추상적인 마음속의 이미지가 구체적인 표상을 통해 표현된다. 이 표상이 나타내는 심상들이 통합되면서 하나의 시상을 이룬다. 심상은 비교적 단순하지만 시상은 그보다는 풍부하다. 연이 따로 구분되지 않는 '비연시'에서가 아니라면 시상은 연 단위로 형성된다. 연이 바뀌면 초점이 되는 심상들이 바뀌고 이에 따라 시상도 바뀌게 된다. 이를 시상 변화라고 하며, 시는 이렇게 다채로워지는 변화를 통해 하나의 복합적이고 통합된 심상을 형성하게 된다. 이때 심상이 시상을 이룰 수 있는 것은 반복을 통해 심상들이 통합되기 때문이다. 이것이 두 번째 최소 규칙으로서의 통합성 지향 규칙이다.

하지만 반복은 각각의 진술이 갖는 의미의 무게를 감쇄하는 부정적인 작용을 한다. 반복은 반복되는 것들을 계속해서 잉여적으로 만듦으로써 통합성 지향이라는 최소 규칙에 부정적으로 작용하기도 한다. 나아가 이러한 반복은 각 시행들의 독립성을 해치기도 한다. 따라서 이러한 문제를 회피하기 위해 각 시행은 같은 심상을 구성하면서도 계속하여 변주한다. 각 시행에서 표상되는 심상이 다채로워질수록 통합된 심상은 더 풍부하고 섬세한 의미망을 가질 수 있게 된다. 이것이 세 번째 최소 규칙으로서의 잉여성 회피 규칙이다.

최소 규칙들은 함께 실현됨으로써 시의 담화적 질서를 만든다. 최소 규칙 두 번째와 세 번째는 리듬 조성의 기반이 되고, 첫 번째와 두 번째는 비유와 감각적 표현의 바탕이 된다. 다만 서정적 주체와 화자는 모든 시에서 드러나는 것은 아니기에 최소 규칙에 직접적으로 근거하지 않으며, 반어, 역설, 시행 엇붙임, 수사적 전략 같은 시적 언어는 오히려 최소 규칙의 재료로서 기능하는 것들이므로 그것에 의해 직접적으로 영향을 받지는 않는다.

최소 규칙이 시에서 일반적으로 적용되는 원리라고 부르기는 했으나, 시조(또는 현대시조)처럼 시 전체 구조에서 독특한 형식 원리를 갖춘 경우라면 규칙의 적용 방식은 달라질 수 있다. 예컨대,

봄처녀 제 오시네 새 풀옷을 입으셨네
하얀 구름 너울 쓰고 진주 이슬 신으셨네
꽃다발 가슴에 안고 뉘를 찾아 오시는고

님 찾아 가는 길에 내 집 앞을 지나시나
이상도 하오시다 행여 내게 오심인가
미안코 어리석은 양 나가 물어 볼까나

– 이은상, '봄처녀'

현대시조인 '봄처녀'에서 '봄처녀'는 봄의 은유로서 이 은유의 이차적인 은유가 (연시조의 '1연'*에서) 초장과 중장, 종장 모두에서 반복된다.(새 풀옷을 입음 / 하얀 구름 너울 씀 / 진주 이슬 신음 / 꽃다발 가슴에 안음 : 모두 신체 의복 구성의 각 부분으로 빗대어져 있음.) 이 반복은 각 장에서 구분되며 엄격하지는 않지만 원경에서 근경으로 거리감을 좁히는 방식으로 조직되어 있다고 볼 수 있다. 하지만 만약 같은 표현을 주제 심상(봄)의 표상으로 반복 사용했다면, 진술의 잉여성을 키우고 진술의 탄력을 약화시켰을 것이다. 이 작품에서는 각기 다른 표현을 통해 원관념인 봄의 새롭고 화려한 여성적 이미지를 풍성하게 만들었다.

시조의 장르적 규범을 지키기 위해 종장의 진술 초점을 바꾸었고, 연시조의 유기적 구성을 위해 1연의 종장과 2연의 초장을 연계시킨 것이 눈에 띈다. 이 점을 제외하면, 1연의 종장과 2연의 초장 및 중장은 '봄처녀의 방문'(봄의 도래)이라는 통합된 심상을 구성하는 개별 심상들의 반복과 변주로 구성되었음을 확인할 수 있다.

연시조의 연 원래 연시조에서 각 수는 독립적인 작품, 곧 단시조로 평가된다. 다만 현대시조에서 이를 연처럼 활용하여 전체를 하나의 단일 시 작품으로 구성한 예들이 많고, 학교 현장에서도 연시조의 각 수들을 연으로 호칭하는 것이 일반적인 만큼 이를 준용하였다.

사랑하는 나의 하나님, 당신은

늙은 비애(悲哀)다.

푸줏간에 걸린 커다란 살점이다.

시인(詩人) 릴케가 만난

슬라브 여자(女子)의 마음속에 갈앉은

놋쇠 항아리다.

손바닥에 못을 박아 죽일 수도 없고 죽지도 않는

사랑하는 나의 하나님, 당신은 또

대낮에도 옷을 벗는 어리디어린

순결(純潔)이다.

삼월(三月)에

젊은 느릅나무 잎새에서 이는

연둣빛 바람이다.

— 김춘수, '나의 하나님'

　현대시인 '나의 하나님'에서는 8행의 "사랑하는 나의 하나님, 당신은 또"를 기준으로 전후 두 부분으로 시상이 전환되어 나뉘면서 각 부분마다 '나의 하나님'이라는 원관념의 은유적 표상으로서 '늙은 비애(悲哀)', '푸줏간에 걸린 커다란 살점', '놋쇠 항아리'(이상 전반부), '어리디어린 순결(純潔)', '연둣빛 바람'(이상 후반부)을 반복 배치하였다. 이 반복되는 심상을 꾸미는 시행들의 독립성이 상대적으로 약하기는 하지만 독립성의 약화를 담보로 호흡의 균등성을 확보하였고 이것은 다시 각 시행의 진술의 등가성을 확보하는 동력으로 삼았다고 할 수 있다. 이를 바탕으로 개별 심상들을 분석해 보면, 모든 개별 심상은 '나의 하나님'의 은유로서 병치되고 있고(따라서 은유적 대상이 같은 표상들이 반복되고 있고), 표상의 세부 내용은 단순 반복을 취하지 않음으로써 잉여성을 회피하고 있는데, 죽음의 환유적 대상으로 연상되는 전반부의 무기력하고 무거운 심상이 후반부의 새롭고 활력이 있는 심상과 대비되면서 부활 모티프를 전체를 통합하는 원리로 활용하였음을 알 수 있다.

이상은 각 시행의 심상들이 변주를 통해 반복을 피하고 통합적인 주제적 심상을 형성해 간 예가 되겠지만, 잉여성을 굳이 감수하면서 같은 표상을 반복하여 독특한 담화적 효과를 만든 예도 존재한다.

부제: 마태복음(福音) 오장(五章) 삼(三) ― 십이(十二)

슬퍼하는 자는 복이 있나니
슬퍼하는 자는 복이 있나니
슬퍼하는 자는 복이 있나니
슬퍼하는 자는 복이 있나니
슬퍼하는 자는 복이 있나니
슬퍼하는 자는 복이 있나니
슬퍼하는 자는 복이 있나니
슬퍼하는 자는 복이 있나니

저희가 영원(永遠)히 슬플 것이오.

― 윤동주, '팔복(八福)'

신약 성경의 '산상수훈'을 원본 텍스트로 삼은 '팔복'은 윤동주가 연희전문 재학 중 종교적 회의를 가졌을 것으로 짐작되는 시기에 쓴 시이다. 이시 외에도 '간', '바람이 불어', '태초의 아침' 같은 작품들이 성경의 일화들을 소재로 하여 다분히 삶에 대한 회의적 태도를 주제로 형상화한 것들이다. 그의 아버지의 바람과 달리 문학에 뜻을 가졌던 윤동주는 지금보다더한 취업난과 식민 치하의 전시 동원 체제 속에서 삶에 대한 낙관적인전망을 가지기 어려웠을 것이다. 이러한 때 현실에서든 문학에서든 간에자신의 목소리를 갖기란 어려운 일인데, 그것이 시의 형식 선택에서 담화차용(패러디)을 선택하게 된 계기로 보인다.

시는 원본 텍스트를 부제로 명시하면서 시작한다. "마음이 가난한 자는 복이 있나니, 천국이 저희 것임이요"로 시작되는 산상수훈(山上垂訓 : 산 위에서 가르침을 베풀다)은 기독교에서 가장 완전한 形태의 설교로 평가되고 있는 예수의 가르침이다. 그 중 팔복은 그 앞자리에 놓여 있는 것으로서 아마도 그 진의의 해석은 기독교인들의 현시대적 믿음과 조금씩은 결이 다를 수도 있을 것이다. 말하자면, 이 말은 윤동주의 시 '팔복'은 윤동주가 산상수훈의 팔복을 정확히 이해하고 있느냐 하는 문제와는 별개의 것이라는 뜻이다. 중요한 것은 원본 텍스트와는 다르게 시인은 '슬퍼하는 자는 복이 있나니'를 여덟 번이나 반복하고서는, 다시 말해 서로 다른 여덟 가지 축복의 메시지를 단 하나 '슬퍼하는 자의 복'으로 치환하고서는 이를 '저희가 영원(永遠)히 슬플 것이오'와 대응시켜 버린 것이다.

여기서 여덟 번의 반복을 통해 시적 진술에는 마땅히 잉여성이 생기게 된다. 어째서? 어째서 시인은 이 잉여성을 감수하면서까지(설령 이러한 지각이 없었다고 하더라도) 같은 진술을 반복한 것일까? 잉여성 회피 규칙을 시적 담화의 최소 규칙 중 하나로 인정할 수 있다면 이 반복은 시의 실패이거나 (하지만 의도적 선택이라는 점에서 보면) 위험을 감수한 기획이라고 봐야 할 것인데, 우리는 이것이 원본 텍스트에 대응하여 이루어졌다는 점을 주목할 필요가 있다. 즉, 이 시에서의 반복은 단순 반복이 아니라 서로 다른 축복을 모두 하나의 비극적 전망으로 대치시키면서 축복의 가치를 전도하고 있다는 것이다. 이 의도적 선택이 결과적으로 훌륭한 시로 귀결되었는지는 이 글에서 다루지 않을 것이다. 다만 감당하기 어려울 정도의 권위 있는 진술을 뒤틀어 구조적 반어를 만들 때 이 시의 반복이 만들어내는 긴장은 꽤 성공적인 것으로 보인다. 이는 이상의 '오감도 시제일호'에서 일찍이 확인했던 예이기도 한데, 무서운 아해와 무서워하는 아해가 반복적으로 진술되면서 교차하는 가운데 '무서운 존재를 특정할 수 없는 사태'가 두려움의 근원임을 볼 수 있었기 때문이다.

2.2. 비유로서의 언어, 익숙함과 새로움 사이

비유는 우리의 경험 세계와 우리의 사고가 일치하지 않는 것에서 비롯되는 언어의 근본 조건이다. 우리의 경험 세계는 경험적이고 직관적이고 물리적인데 반해 우리의 생각은 상상적이고 추상적이고 관념적이어서, 언어의 경험적 재료로는 생각을 드러내기 쉽지 않고 상상적 재료로는 그 언어 자체가 의미를 포착하는 데 어려움을 겪게 하기 때문이다. 그래서 경험 세계에 빗대어 사고를 드러내는 약속들을 만들고 이를 통해 관념적이고 추상적인 사고를 물리적이고 직관적 대상으로 만들고 마치 실제로 경험한 것처럼 만들고자 한다. 이로 인해 비유는 보는 시각에 따라 은유나 상징 같은 사고의 방식으로 이해되기도 하고, 아니면 수사법 같은 담화적 전략의 방식으로 이해되기도 한다.

만약 시적 담화가 관습과 제도에 의해 안정화되었다면, 그만큼 비유 또한 관습적이고 제도적인 규약성을 갖게 될 것이다. 한편에서 보면 상투적일 수 있지만 다른 한편에서는 안정적인 해석의 기반이 생기는 일이 된다. 반면 격변하는 시기, 일종의 신세기(new era)의 시적 담화에서는 비유는 낯설고 새로우며 불안정하고 창조적인 것이 된다.

> 국화야 너는 어찌 삼월 춘풍(三月春風) 다 보내고?
> 낙목한천(落木寒天)에 네 홀로 피엿는다?
> 아마도 오상고절(傲霜孤節)은 너뿐인가 하노라
>
> — 이정보

이제 익숙한 논의들이 등장하겠지만, 인용한 이정보의 시조에서처럼 관습성이 강한 시적 담화에서 비유는 그 관습성에 기대어 해석의 안정성과 문화적 함축성을 갖게 된다. 국화가 군자의 품성을 비유한다고 했을 때 이미 관습적으로 확보된 해석적 맥락은 '낙목한천(落木寒天)'의 '오상고절(傲霜孤節)'을 전제한다. 그런 만큼 이 진술은 잉여적이라고 할 수밖에 없다. 다만 시조의 관습성은 이 잉여성을 부당한 것으로 치부하지 않는 미덕, 오히려 그것에 근거하여 이제 말하지 않은 것을 말하게 하는 효력을 발휘한다. 시조 종장의 '오상고절(傲霜孤節)'은 국화의 품성이지만 그것이 지시하고 있는 것은 일반적인 국화가 아니다. 마음속에 국화를 떠올렸을 때, 일종의 표본으로서 국화의 이미지가 그려질 수 있겠지만, 관습적인, 제도적인, 문화적인, 상징적인 저 품성이 가리키는 것은 바로 시인 자신이다. 여기에 일반성이 일거에 특수성으로 전환되는 논리가 자리 잡고 있는 것이다.

관습적인 시가에서 관습적인 비유는 그 관습적인 것의 보편성을 누가 선취하느냐에 대한 주도성의 경연 대상이었다고 할 수 있다. 그러므로, 여기서는 더 이상 비유에 머물지 않고 상징의 차원이 된다. 반면 근대시에 오면 관습성에 대한 이 근본 가정이 흔들리게 되므로 관습적인 것의 보편성은 주제적 지위에서 내려갈 수밖에 없게 된다. 그 대신 새로운 비유의 약속이 제안되곤 한다.

그립고 아쉬움에 가슴 조이던
머언 먼 젊음의 뒤안길에서
인제는 돌아와 거울 앞에 선
내 누님같이 생긴 꽃이여.

— 서정주, '국화 옆에서'에서

한 떨기 국화(菊花)꽃이여,
너 앞에 지금 나는 할 말이 없다.

불붙던 쌀비아는
어느새 잿더미로 식어 가고
플라타너스도 반 넘어 잎이 졌는데,

서릿발 싸늘한 이 아침을

홀로 늠름히 피어난 꽃이여,

너 앞에 지금 나는 목이 메인다.

　　　　　　　　　　－ 김종길, '국화 앞에서'에서

　서정주의 '국화 옆에서'에서 '국화'는 새로운 상징을 얻었다는 평을 받고 있는데, 덧붙여 수식하거나 잔뜩 꾸며 보태는 일 없이도, 군자의 품성과는 다른, 다른 성정을 가진 국화를 표상해 냈을 때, 의미를 두고 만들어지는 긴장도는 매우 높았을 것이다. 또 다른 상징으로 성공하느냐 못하느냐는 독자들에 의한 그 상징의 수용 여부에 달려 있을 것인데, 결과적으로 보면 성공한 셈이다. 이제 이 '국화'는 순결할 것도 없고 고고할 것도 없고 지조니 덕성이니 하는 것도 없고 다만 그나마 그 고생과 시련을 다 겪고 핀 것인데, '내 누님'처럼 특별할 것도 없이 한창의 전성기를 지나가 버린 채로 여기 특별할 것 없는 한 존재에게 만물조응을 보여주는 신비한 '인연성'을 갖는다. 어쨌든 이것은 새로운 약속이고, 그럼에도 불구하고 여전히 그 인연의 만물조응은 새로울 것도 없는 매우 오래된 발상이다. 어쩌면 이 오래된 것에 또 오래된 것을 연결했더니 새로운 것이 되었다는 점에서는 새로울 수 있겠다.[*]

　다만 한마디 보태자면, 이 시의 제목이 '국화 옆에서'임은 주목해 볼 필요가 있다는 것이다. 우리는 방금 전까지 상징이라는 측면에서 이 시의 국화가 지닌 의미를 해석해 보았는데, 그것은 우리에게 전경화된 대상이 국화였다고 보았기 때문이었다. 너는 국화, 너를 위해 봄부터 소쩍새가 울고 여름에 천둥이 울고 간밤엔 무서리까지 내려 내가 잠도 자지 못했을 정도로 특별한 존재인 국화, 대단할 것도 없이 젊은 시절 인생의 간난신고를 겪고 나서 이제 막 자신의 존재를 반추하며 비로소 그 의미를 발견하게 된 국화. 이렇게 말이다. 여기서 '거울 앞에 선 내 누님'은 국화의 새로운 상징성을 갖게 하는 데 결정적인 기능을 한다.

　그런데 제목이 '국화 옆에서'라는 것은 여전히 이상해 보인다. 화자는

관습상징과 긴장상징 관습화된 상징은 특별한 맥락을 부여하지 않고도 그것의 의미 체계 전체를 환기해 낼 수 있다. 반면 신선하고 창의적인 발상에 근거하여 새로운 상징을 만들어내는 긴장상징에서는 상징성을 갖출 수 있게 하는 맥락과 체계적인 의미구조가 뒷받침되어야 한다.

국화를 보며 말을 하고 있는 게 아니라 국화를 옆에 두고 앞을 보면서 말을 하고 있는 중이다. 이 맥락을 이해해 보면, 화자가 앞을 보았을 때, 아마도 거기에는 거울이 있었을 것이고 거울에 비춰진 국화가 보였을 것이다. 그리고 그때 국화가 누님의 모습으로 보였을 것이다. 이 지점에서 다음 세 가지 질문이 도출된다. 첫째, 이 시는 국화의 품성을 노래하는 시라고 할 수 있을까? 그렇지는 않을 것이다. 그렇다면 시의 제목을 그렇게 정하지는 않았을 테니까. 김종길의 '국화 앞에서' 같은 시라야 비로소 국화를 논할 수 있는 법이다. 둘째, 이정보의 시조도 결국 자신을 국화와 일체화한 것이라고 할 수 있으니, '내 누님'을 말한다고 해서 상징이 사용되지 않았다고 할 수 없지 않은가? 그렇기는 하다. 하지만 이정보의 시조에서 자기 자신을 표상하여 상징과 연결짓게 되는 것은 관습상징이 뒷받침해 주는 보편성 덕분이다. 하지만 긴장상징에서는 아슬아슬하게 그 상징성이 유지된다. 다른 누군가를 보편적 가치로 뒷받침해 줄 여건이 되지 않는다. 게다가 그러기 위해서는 순환논리가 필요하다. (국화는 내 누님 같은 존재이니 상징성을 갖는다. 그래서 내 누님 같은 삶에도 모든 것들이 합심하여 한 생명을 이루는 존귀함의 상징성이 있다. 그리고 무한반복.) 셋째, 국화 옆에서 화자가 본 것이 국화였든, 혹은 누님이었든 간에 그 보는 행위에서 화자 자신이 깨우치게 되는 것은 무엇인가? 이 질문이 본질적인 것인데, 항용 이러할 때에는 화자 자신의 삶을 반추하고 성찰하게 되는 것이 일반적이지 않을까? 즉, (국화를) 직시하는 것이 아니라 견주어 보는 것으로서 말이다.

상징으로 보자면, 차라리 아래에 인용된 박목월의 시에 자리 잡은 부재와 존재 사이의 혼란과 현실 자각이 만드는 '폐원'이라는 시공간이 더 익숙하면서도 더 새롭다.

그는 / 앉아서 / 그의 그림자가 앉아서 //

내가 / 피리를 부는데 / 실은 그의 / 흐느끼는 비오롱 솔로 //

눈이 / 오는데 / 옛날의 나직한 종이 우는데 //

아아 / 여기는/ 명동(明洞) / 사원(寺院) 가까이 //

여기서는 시의 앞 4연만 인용하여 살펴본다. 앞 장면은 두 개의 연을 통해 '그'가 바이올린 솔로를 연주하는 모습을 보여준다. 그런데 '실은'이라고 말하면서 언급한 '비오롱 솔로'는 진술과는 다르게 정작 그의 부재를 보여주는 진술이다. 실제로 연주하고 있는 존재는 피리를 불고 있는 '나'이고 '그'는 그림자로만, 삼인칭으로만 존재한다. 이 장면을 어떻게 이해해야 할까?

시의 앞부분이 이렇게 부재하는 그와 현존하는 내가 함께 연주를 하는 모습을 보이는 것은 시간의 중첩을 인정한다면 얼마든지 가능한 사건이다. 즉, 그와 나는 명동 부근에 있는 한 사원의, 혹은 사원 가까이에 있는 돌층계에 앉아 연주를 한 적이 있다. 그 연주가 이미 함께 이루어졌을 수도 있고, 아니면 그만이 과거에 연주를 한 것일 수도 있다. 그리고 현재 시점에서 나는 같은 장소에서 피리를 불고 있다. 즉, 두 사건 사이의 시간적 간극을 같은 장소라는 공간 축에서의 매개체가 좁히고 있는 것이다.

나에게 일어나고 있는 상상적 현실은 그의 그림자가 앉아 있는 것을 보는 행위에서 이미 실재와 혼재되고 있지만, 더욱 드라마틱한 것은 피리와 바이올린과 종소리가 협응하고 있는 소리의 향연이다. 그의 바이올린 솔로는 기억을 통해 소환된 소리이다. 그 소리는 내가 피리를 연주하고 있을 때 아마도 같은 곡으로서 불리게 되었을 것이다. 그런데 그의 바이올린 솔로가 내 피리 연주로 재현되는 것은 내 기억이 만들어낸 현실이지만, 내 피리 연주가 그가 연주한 바이올린 솔로와 같다고 자각하는 데에서는 외려 그의 부재가 확인된다. 여기에 '옛날의 나직한 종'소리는 나의 현실 인식을 각성시켜 명동 사원이라는 장소가 그의 부재를 나타내는 표지가 되게 한다. 말하자면, 종소리는 시간 축에서의 매개체로서 나와 그의 공간적 거리를 부각시키고 있는 것이다.

심상들 중에서 울림의 청각적 심상이 미래를 예고하는 기능을 갖는다는 것은 비슷한 심상들이 등장하는 시들에서 항용 확인되는 일이지만, 어쩌면 그가 바이올린 솔로 연주를 다 끝마쳤을 무렵에 울렸던 과거 시점의 종소리가 그 시점에서의 미래, 곧 지금 시점에서 그의 부재를 예고하는 일이 되고 있고, 지금 다시금 울리고 있는 종소리가 나를 각성시켜 지금 현재 내가 있는 명동 사원이라는 이 장소를 '폐원'으로 인식하게 하고 있다는 점도 함께 주목할 필요가 있다.

결국 이 시(의 앞부분)에서 피리 소리, 바이올린 소리, 종소리는 하나의 공간에서 세 개의 시간을 맞물려 돌아가게 하면서 현실과 상상이 혼재된 상징적 공간이 되게 하는 매우 강력한 상징성을 갖게 하는 것으로 보인다.

3. 맥락을 살펴보는 시(가) 읽기

3.1. 시공간적 거리 : 시의 맥락과 독자의 맥락

독자에게 읽기의 대상이 되는 시(가) 작품은 모두 과거의 문학이다. 여기서 과거의 문학이란 시간적인 거리뿐만 아니라 공간적인 차이까지를 내포한 말이다. 먼 과거 신라 시대의 노래는 물론이고 최근에 나온 현대 시조차도 독자들에겐 과거의 문학이다. 작품이 지어진 시점이 작품을 읽거나 향유하는 시점보다 앞설 수밖에 없는 까닭이다. 그리고 그 시간적 거리가 불가피하게 공간적인 차이까지 수반하는 까닭이다.

사실 고전시가이든 현대시든 간에 모두 특정 시대, 특성 장소에서 누군가에 의해 지어졌거나 향유된 언어 문학이자 일종의 역사적 실체이다. 작품이 지어진 시대와 장소, 작자 및 작자가 처한 상황에 따라 언어적 대응 혹은 미적 선택으로서의 작품 세계 또한 다양할 수밖에 없다. 이처럼 고유한 맥락을 가지고 있는 시가 작품들과 마찬가지로 독자들 역시 각자 고유한 시공간을 살아가는, 그래서 고유한 삶의 맥락과 이력을 가지고 있는 주체들이다. 삶의 이력 속에서 형성된 독자들 개개인의 미적 취향이나 태도, 작품 읽기의 바탕이 되는 경험이나 지식수준 역시 다양할 수밖에 없다. 작품 읽기란 이처럼 시공간적 거리는 지닌, 각각 고유한 맥락을 가진 작품과 독자와의 만남이다. 그래서 작품 읽기는 시공간적 거리를 뛰어넘는, 일종의 대화 혹은 소통의 양상을 보인다.

따라서 시 읽기는 구체적으로 독자들이 텍스트 내적 맥락과 외적 맥락을 연관시키고, 자신의 사전 지식, 경험, 상상력 등을 동원하면서 자신의 감정, 생각 등을 이입하거나 투사하며, 여러 사회문화적 맥락을 고려하여 자아를 성찰함으로써 그것을 내면화하는 양상으로 전개된다. 텍스트에서 출발하기는 하지만 독자들은 텍스트가 제시한 세계와는 '다른 세계'를 구축하며 동시에 텍스트에 의해 해석된 자신의 세계를 갖게 됨으로써 '자기 이해'에 도달(Willenberg, 1978: 29; 송휘재, 2002: 251-253에서 재인용)하게 된다.

3.2. 맥락 중심 시 읽기의 단계

독자의 입장에서 생각하면 작품 읽기란 대화와 소통을 위한 노력에 다름 아니다. 그 노력이 성과를 내려면 우선 독자가 낯선 시(가) 작품의 존재를 인정하는 과정이 우선 되어야 한다. 정복주의적 관점에서, 즉 '지금-여기'의 관점으로 '지금-여기 있지 않은' 텍스트의 가치를 미리 판단하거나 단정 지어 버리는 자기중심적 태도를 벗어버릴 때 대화가 시작되기 때문이다.

독자로서 관심과 호기심이 생겨서 시 텍스트를 찾아 읽는 경우도 있지만 독서의 계기가 외부에서 주어지는 경우도 많다. 더군다나 시공간적인 거리가 멀거나 독특한 역사적 맥락에서 나온 텍스트의 경우 현대 독자들에게 그 텍스트는 낯설고 어렵게 여겨질 가능성이 있다. '지금-여기' 있는 독자가 가지고 있는 배경지식이나 앎을 바탕으로 텍스트 내 해석의 미결정부분을 채워 넣을 수가 없기 때문이다. 그러나 나와 같은 생각을 가진 사람과의 대화가 의미를 지니듯이 나와 다른 생각을 가진 타자와의 대화 역시 다른 면에서 의미를 지닌다. 나의 생각을 객관화함으로써 나에 대한 이해를 깊게 하는 동시에 나의 생각을 넓히는 계기가 될 수 있다. 낯설고 어려운 시 텍스트와의 대화 역시 마찬가지로 생산적인 의미를 지닌다. 독자 자신에 대한 이해를 넓게 함과 동시에 독자의 인식 지평이 넓힐 수 있는 계기가 된다. 낯설고 어려운 것을 이해 가능한 것으로 바꿈으로써 인식의 지평이 넓어지는데, 인식 지평의 확장이 곧 성장이며 그런 점에서 독서는 성장을 도모하는 일이고 독서교육은 그 성장을 조력하는 일이다. 따라서 고유한 맥락을 지닌 시 텍스트가 낯설고 어렵게 여겨지는 것은 자연스러운 일일 뿐만 아니라 교육적으로 의미 있는 일임을 먼저 공유할 필요가 있다.

나에게 낯설거나 어려운 시(가) 텍스트가 의미 있는 타자일 수 있음을 인식했다면 이제 본격적인 시 읽기를 시작할 수 있다. 시 읽기의 과정은 작품과 독자 간의 역동적이면서 회귀적인 대화의 과정인데, 이를 단계별로 살펴보면 다음과 같다.

시 읽기, 즉 시를 해석하는 것은 우선 언어로 구성된 작품 내적 맥락을 파악하는 일로부터 시작된다. 이른바 상향식 접근으로, 시어의 의미를 파악하고 문장의 의미를 파악하여 결국에는 시 전체 주제나 의미를 구성해 내는 활동을 수행한다. 읽기 주체인 독자가 텍스트 내적 정보를 바탕으로 텍스트 내적 맥락을 추론해냄으로써 텍스트의 의미를 잠정적으로 구성해 내는, 이른바 1차적 맥락화의 단계이다. 텍스트 내적 정보를 활용하여 일종의 해석 서사를 구성하는 단계인데, 이때 앞 절에서 살핀, 텍스트 안에서 말하는 이는 누구인지 파악하고 비유적으로 사용된 단어나 문장의 의미를 추론해보는 등의 활동을 수행하게 된다.

그러나 시 텍스트 안의 정보를 바탕으로 1차적 맥락화가 가능한 경우도 있지만, 작품을 둘러싼 외적 맥락의 도움이 필요한 경우가 적지 않다. 1차적 맥락화를 통해 시가 텍스트의 의미가 온전하게 드러나는 경우가 사실은 드물다. 또한 1차적 맥락화를 통해 어느 정도 의미가 파악되었다고 하더라도 텍스트 외적 맥락을 고려하여 텍스트를 다시 읽었을 때 그 의미가 더욱 풍성해거거나 다양해질 수 있다. 그런 점에서 '1차 맥락화'를 통해 얻은 일차적 해석 텍스트를 상황 맥락, 사회문화적 맥락, 텍스트 간 맥락과 같은 텍스트 외적 맥락과 조화시키고 초점화하는 2차적 맥락화의 단계로 넘어가야 한다. 2차적 맥락화의 단계는 앞서 1차적 맥락화를 통해 잠정적으로 해석한 내용을 작자 정보나 창작 및 당시의 상황, 문화적 관습 등 작품 외적 정보를 대입해 보강하고 구체화하고 조정하는, 일종의 대화 양상을 띤다. 이 단계에서는 독자의 능동적인 추론과 사고 활동이 중시되는, 일종의 하향식 읽기 방법이 주로 사용된다. 이때 추론 등 사고 활동의 중요한 자원이자 근거가 되는 것이 바로 텍스트 외적 맥락임은 물론이다.

1차적 맥락화와 2차적 맥락화라고 부를 수 있는 단계를 차례로 기술하기는 했지만 실제 읽기의 상황에서는 꼭 순차적으로 진행되는 것은 아니며 회귀적으로 진행되기도 한다. 회귀적인 읽기의 과정을 거쳐 텍스트의 정보성이 격상되었을 때 텍스트 해석의 깊이와 폭이 확보될 수 있으며, 독자의 자기 이해가 깊어지고 인식 지평이 확장되는 교육적 경험이 일어나게 된다. 그 경험의 과정에서 그리고 그 결과로, 작품에 대한 독자의 태도-주관적인 평가나 관심, 취향 등- 역시 형성된다.

3.3. 맥락 중심 시 읽기의 실제

다음 시조는 고려 시대 말 이색이 지었다는 시조로, 조선 중기 이후 여러 문집에 기록되어 전한다.

백설(白雪)이 자자진 골에 구름이 머흘레라
반가온 매화(梅花)는 어느 곳에 피었는고
석양(夕陽)에 홀로 서 있어 갈 곳 몰라 하노라
(인용된 텍스트는 '진본 청구영언'본을 현대어로 표기한 것임.)

위 시조 읽기의 출발은 텍스트 내적 정보를 해독하는 일이다. 단어의 뜻을 살피고 문장의 의미를 따지며 문장과 문장 간의 관계를 살펴 시상의 흐름을 짐작함으로써 결국에는 텍스트의 전체 의미를 짐작해내는 상향적 접근을 먼저 시도할 수 있다.

옛 문헌에 기록되어 전하는 노래라 단어나 어법이 오늘날의 그것들과 다소 다르지만 어렵지는 않다. 우선 '자자진'이나 '머흘레라' 등의 단어가 낯설게 다가올 수 있다. 이 낯선 단어의 뜻을 알아내는 것이 위 시조 읽기의 시작이다. '자자진'은 '잦아지다'의 활용형으로 '고여 있던 액체가 점점 말라 없어지게 된다'는 뜻과 '어떤 일이나 행위 따위가 자주 있게 되다'는 뜻을 지닌 동사이다. 백설이 주어라는 점을 고려하면 전자로 해석하는 것이 가능하다. 혹자는 후자로 해석하기도 하지만 그렇게 해석해도 전체적인 의미는 크게 달라지지 않는다. '머흘다'는 '험하고 사납다'는 뜻이다. 그렇다면 첫 장은 골짜기의 백설이 점점 녹고 있는데 구름이 험하고 사납다는 말로 해석된다. 그러나 백설이나 구름의 함축적 의미나 초장의 전체적인 의미가 아직까지는 분명하지 않다. 현대 독자들에게 백설은 낭만적인 분위기를 떠올려주는 소재일 수 있지만 그러한 현대적 관념을 떠올려 해석하려고 하면 전체적인 분위기와 자연스럽게 연결되지 않는다. 그럴 땐 해석을 유보하고 이어지는 행을 살펴보는 것이 좋다. 다행히 둘째 행, 즉 중장을 읽어보면 백설의 의미는 물론이고 초장의 내용이 다소 특정되고 구체화된다. 중장을 살펴보면 '매화' 앞에 '반가운'이라는 수식어가 붙어 있고, 화자가 그 반가운 매화가 어느 곳에 피었을까 묻고 있다. 화자가 매화를 기다리고 있음을 추론할 수 있는데, 매화가 반가운 그 무엇이라면 백설은 매화의 개화를 더디게 하는, 겨울을 상징하는 소재가 된다. 그리고 반가운 매화가 어디에 피었을까 하는 질문은 일종의 수사적 질문이 된다. 중장까지 읽은 독자들은 백설이 잦아드는 듯하지만 금방이라도 눈이 다시 올 듯 구름이 험악한 상황에서 반가운 매화가 피기나 할까 걱정하는 화자의 목소리를 떠올릴 수 있게 된다. 그리고 마지막 행인 종장에 이르러 독자들은 석양, 즉 날이 다 저물어 가는 저녁에 갈 곳을 몰라 하는 화자의 모습까지 떠올릴 수 있게 된다. 여기까지가 텍스트 내적 정보를 바탕으로 작품의 의미를 추론한, 1차적 맥락화의 과정이다.

그런데 이 시조가 지어진 시기의 역사적 맥락을 감안하면 시조에 대한 이해가 더 깊어질 수 있다. 여말 선초라는 격동의 시기에 고려의 신하가 지었다는 점을 감안하여 시어들의 함축적 의미를 추론해 낼 수 있다. 백설이나 험한 구름은 당시의 정치적 정황을, 매화는 이 혼란을 타개할 새로운 사람을, 석양은 기울어져 가는 고려 왕조를 암시하는 것으로 해석하면, 낙관을 갖기 어려운 시기에 구신(舊臣)으로서 어찌해야 할지 몰라 방황하고 있는 작자의 마음을 드러낸 작품으로 해석하는 것이 가능하다.

한편 석양을 고려 왕조의 몰락으로 해석할 수도 있지만 이색이라는 역사적 인물의 개인사와 연결 지어 해석하는 것도 얼마든지 가능하다. 작품에 대한 의미가 더 풍성해질 수 있다. 이색은 고려는 물론이고 원나라에까지 이름을 떨쳤던 학자이다. 그러나 세계 질서 재편의 필연성을 인식하면서도 고려 왕조의 정통성을 주장하는 입장에 서 있었기 때문에 구 왕조가 무너지고 새 왕조가 건국되는 시기에 거듭 탄핵되고 유배되어 말년에는 "돌아갈 전택도 없는" 신세로 전락하고 만 비극적인 인물이다. 깃들여 살 곳도 그를 반겨주거나 옹호하는 사람도 하나 없었던 말년에 지어진 시조라면, 마지막 행은 석양에 홀로 서서 갈 곳 몰라 하는 늙은 정치가이자 학자의 처절한 심정을 노래한 것으로 해석하는 것이 가능하다.

이상으로 텍스트 내적─외적 정보를 바탕으로 텍스트 의미를 구성해내는 과정을 살펴보았는데, 이와 같은 읽기의 방법을 일컬어 맥락 중심의 읽기 방법이라 한다. 맥락 중심의 시 읽기는 끊임없는 대화와 소통을 통해 독자의 이해 및 인식 지평이 넓어지는 인문적 활동이다.

4. 시(가)를 통해 언어와 문화 읽기

4.1. 삶의 표현으로서의 시

고유한 시공간적 맥락에서 창작되거나 향유된 시(가) 텍스트는 작자나 작자층 혹은 향유층을 포함하여 당대 사람들의 삶을 표현한다. 따라서 텍스트에 대한 이해는 시(가) 텍스트에 표현된 삶에 대한 이해를 수반하며, 현대 독자들에게 삶의 다양성과 보편성에 대한 이해를 깊게 하는 계기가 될 수 있다.

다음은 이른바 '둥당기 타령'이라고 불리는 전라도 민요이다. 초등학교 음악 교과서에 수록되어 잘 알려진 노래이다.

> 당기둥당 기둥당기허 당기둥당 기둥당기허
> 산에 올라 옥을 캐니 당기둥당 기둥당기허
> 이름 좋아 산옥이냐 당기둥당 기둥당기허
> 산에 올라 도라지 캐니 당기둥당 기둥당기허
> 들고 보니 산삼일세 당기둥당 기둥당기허
> 당기둥당 기둥당기허 당기둥당 기둥당기허
> 꽃을 꺾어 머리 꽂고 당기둥당 기둥당기허
> 잎은 훑어 입에 물고 당기둥당 기둥당기허
> 산에 올라 절 구경하니 당기둥당 기둥당기허
> 나를 보고 모두 웃네 당기둥당 기둥당기허

둥당기는 가야금 소리인데, 노래가 '당기둥당 기둥당기허 당기둥당 기둥당기허 [a-a]'로 시작한다. 이어 '산에 올라 /옥을 캐니 [b]'처럼 서너 음절 정도의 마디 두 개가 대(對)를 이루고 거기에 '둥기둥당 기둥당기허 [a]'가 뒤따르는데 이런 행이 네 번 반복된다[b-a-c-a-d-a-e-a-f-a]. 그리고 이런 구조가 반복되면서 노래가 이어진다.

노래의 내용은 가야금 반주가 오히려 일반적이던 때, 옥이나 산삼을 가치 있게 여겼던 사람들의 삶을 반영한다. 산에 보다 밀착해서 생활하는 삶은 물론이고 절 구경이라는, 현대 독자들에게는 낯선 유람 문화가 등장한다. 짧은 노래지만 신이 나서 꽃을 꽂고 절 구경을 가는 모습을 떠올릴 수 있고 '모두들 나를 보고 웃는다'는 구절에 이르면 주인공이 된 듯한 화자의 기분까지 느껴진다. 짧은 텍스트이기 때문에, 어렵지 않게 그리고 의식하지 않아도 앞 절에서 배운 맥락 중심의 읽기가 가능하고 노래의 의미를 파악하는 일 또한 어렵지 않다. (이렇게 둥당기 타령의 의미를 파악했다면 이 노래가 언제, 어떤 방식으로 불렸는지 등을 조사하는 등 작품에 대한 확장적 이해를 시도해 볼 수 있다.)

그런데 텍스트 이해에서 한걸음 더 나아가 읽기를 독자 자신의 삶을 표현하는, 보다 적극적인 활동으로 발전시킬 수 있다. 둥당기 타령의 형식에 기대어 둥당기 타령의 화자가 자신의 삶을 자연스럽게 표현한 것처럼 독자 역시 자신의 삶을 표현해 보는 단계로까지 나아갈 수 있다. 둥당기 타령과 같은 민요는 애초에 작자나 가창자가 즉석에서 내용을 바꿔 부르거나 새롭게 창안하는 것이 허용되는 시가이며, 심지어 간단한 형식적인 틀을 유지한다면 무한히 길어질 수도 있고, 여러 사람들이 창작에 참여하는 것 역시 일반적인 시가 양식이다. 전문작가가 아닌 일반들의 창작과 향유를 가능하게 하는, 이러한 생산성과 참여성이 바로 민요의 본질임을 독자들 역시 경험할 수 있어야 한다. 둥당기 타령에 나오는 '산'을 자신이 자주 가는 장소로 바꾸고 그곳에서의 일상적인 행위가 뜻밖의 행운으로 이어지는 상상을 한 후, 자신의 존재감을 드러내는 것으로 마무리하면 된다. 나의 삶을 반영한 둥당기 타령을 만드는 과정을 통해 기존 둥당기 타령의 내용이나 형식에 대한 이해 또한 깊어질 수 있다.

삶과 밀접한 관련성을 지니는 민요의 형식에 기대 독자 자신의 삶을 표현하는 것은 민요의 속성을 배우고 활용하는 적극적인 읽기의 한 방법일 수 있다. 나아가 민요 읽기, 즉 시가 텍스트의 읽기를 넘어, 민요 즉 시가 텍스트 생산 및 향유의 전통에 참여한다는 의미까지 지닌다. 민요 등 구술적 전통 속에서 나온 전통 시가의 경우에는 읽기라는 이해 활동을 표현 활동으로까지 확장하는 것이 용이하고 또 필요한 갈래라, 이상에서 설명한 것처럼 이해 활동과 표현 활동을 통합하여 지도할 필요가 있다.

4.2. 상징과 문화적 코드 읽기

텍스트 내적 맥락은 물론이고, 외적 맥락 중 작자나 시대적 상황뿐만 아니라 당대의 상징 혹은 문화적 코드까지 고려했을 때 텍스트에 대한 깊고 풍부한 이해가 가능한 경우도 적지 않다.

다음은 송강 정철의 〈사미인곡〉 앞 부분이다. 우리의 문화유산이기도 하고, 광한전이나 하계, 연지분 등 낯선 단어에도 불구하고 문장이 전반적으로 어렵지 않아 어린 독자들도 도전해볼 만한 작품이다.

이 몸이 생길 때에 임을 따라 생겼더니
한 생 연분임을 하늘 모를 일이던가
나 하나 젊어 있고 임 하나 날 사랑하시니
이 마음 이 사랑 견줄 데가 전혀 없다.
평생을 원(願)하기를 함께 있자 하였더니
늙어서 무슨 일로 홀로 두고 그리는고
엊그제 임을 모셔 광한전(廣寒殿)에 올랐는데
그 동안에 어찌하여 하계(下界)에 내려오니
올 적에 빗은 머리 헝클어진지 삼년(三年)일세
연지분(臙脂粉) 있지만 누굴 위해 바를 건가
(이하 생략)

우선 상향식으로 접근하여 작품 내적 정보를 바탕으로 텍스트의 의미를 구성해볼 수 있다. 태어날 때부터 임을 따라서 생겨났다고 하는 화자는 자신과 임의 인연이 한평생의 연분인 것을 하늘이 모를 일이겠느냐며 수사적 질문을 던진다. 말인즉슨 하늘도 아는 인연이라는 것이다. 그런데 전체 맥락을 보면, 그런 화자가 지금은 임과 헤어져 혼자 있음을 알 수 있다. 과거와 현재가 대비되고 있는데, 과거와 관련된 시어나 문장과, 현재와 관련된 시어나 문장을 찾아 표시하며 대비해 보면, 텍스트 내적 맥락은 물론이고 전체 작품의 의미를 파악하는 게 가능하다. 즉 과거에는 내가 젊었고 임이 나를 사랑하였으며 임과 함께 광한전에 올랐지만 지금은 내가 늙었고 하계에 내려와서 홀로 임을 그리워하는 처지임을 알 수 있다. 이별한 지 3년이 경과했으며 그 동안 최소한의 몸단장조차 하지 않고 살았음 또한 알 수 있다. 그런데 이별한 이유는 잘 모른다고 말한다. 작자의 전기적 생애 등 텍스트 외적 맥락을 동원해 이별한 이유에 대해 추론해볼 수 있지만, 이별한 이유를 알지 못해도 작품을 즐기고 이해하는 데는 어려움이 없다.

하지만 광한전이나 하계 등의 시어를 이해하려면 당시 문화와 문학적 관습을 이해하는 것이 필요하다. 광한전은 신선 세계의 옥황상제가 사는 궁전인데, 문면에 따르면 옥황상제와 함께 광한전에 '오르던' 화자는 하계에 '내려와' 있다. 화자가 상계에서 살다가 하계로 내려왔다면 화자 역시 상계에서 살던 신선이었는데, 지금은 하계에서 임을 그리워하는 처지가 되어 있는 것이다. 조선조 사대부들이 이유가 어떻든 간에 임금이 있는 중앙 정치판에서 쫓겨났거나 물러났을 때 그 처지를 하계로 내려온 신선의 처지에 빗대는 문화적 관습은 고전시가 전반에서 두루 확인할 수 있는 발상이다.* 〈관동별곡〉 등 정철의 다른 작품뿐만 아니라 사대부 시가 전반에서 두루 나타난다. 그렇다면 이 작품에 보이는 화자의 임에 대한 사랑과 그리움은 임금에 대한 신하의 그것임을 알 수 있다. 사미인곡, 즉 '미인을 사모하는 노래'라는 제목으로 볼 때 사모의 대상이 되는 미인이 곧 임금이라는 것이다.

임금을 미인이라고 칭한 것은 오늘날의 용례에 비춰볼 때 다소 낯설게 여겨질 수 있다. 낯설기 때문에 모종의 새로운 앎이나 인식이 가능할 수

적강 모티프 유배가사 등에서 반복적으로 보이는 이러한 모티프는 정치판에서의 쫓겨난 자신의 처지를 선계에서 쫓겨난 신선으로, 정치판의 중심에 있는 임금을 옥황상제로 빗대고 임금에 대한 그리움을 노래함으로써 임금이 있는 상계로의 복귀를 희망하는 내용을 주로 나타낸다.

있음은 물론이다. 당시까지만 해도 '아름다움[美]'이란 외적인 것이 아니라 정신적이고 도덕적인 것까지를 포함하는 절대선에 가까운 개념이었고 그런 의미에서의 아름다운 사람은 절대군주인 임금 외에 다른 사람일 수 없었다. 따라서 조선 중기까지는 물론이고 그 이후에도 '미인곡'이라는 제목은 임금을 그리워하는 노래에 붙여지는 경우가 많았다. 화자를 여성 화자로 설정하고 여성 화자가 절대적인 임을 그리워하며 다시 만날 것을 고대하는 노래를 지은 것이다.

여기서 하필 여성 화자를 선택한 이유는 무엇일까 질문하며 비판적 읽기를 시도해볼 수 있다. 사실 어떤 화자를 택하느냐의 문제는 작품에 설정된 극적 상황에 의해 좌우되며, 화자는 그에 어울리는 목소리로 그에 어울리는 역할을 수행하게 된다. 어조와 '연지분' 등 소재를 통해, 정철이 선택한 화자가 이별을 당한 여성임을 알 수 있다. 그런데 여성 화자의 선택에는 실제 작자이자 당대 독자인 남성들의 상상이 개입되어 있다는 점을 인식할 필요가 있다. 의식하든 의식하지 않든 간에, 어떤 방식으로 말하면 이것을 여성이 말하는 것으로 믿게 할 수 있을까 하는 남성 작자인 정철의 관점이나 상상이 개입할 수밖에 없는 것이다. 극적 상황의 설정이나 역할의 수행은 철저히 독자나 작품이 통용되던 시대로부터 자유로울 수 없는데, 그런 점에서 위 작품을 포함하여 이른바 미인곡류의 작품에는 군신 관계 및 여성에 대한 관념 혹은 이데올로기가 개입했다고 보아야 한다.

여성 화자는 이 지경이 된 것에 대해 원망하지도 억울함을 호소하지도 않고 3년 동안을 마치 죄인처럼 살고 있다. 상(喪)을 당한 자식의 모습과도 흡사한바, 이는 임금과 신하의 관계를 부모와 자식 간의 수직적인 질서로 이해했음을, 그리고 남녀 관계 역시 수직적인 질서 안에 있는 것으로 보았음을 알 수 있다. 물론 이것이 바로 당시 임금에 대한 신하의 태도이자 남성 작자들과 독자들이 원하는 여성의 태도이며, 이러한 여성의 목소리와 이미지가 여러 작품 속에 반복적으로 나타나는 것은 이러한 여성 화자가 지극히 남성 중심적인 문화 속에서 하나의 문학적 관습으로 자리 잡았음을 알려준다.

사실 어떤 화자를 내세울 것인가의 문제는 일차적으로는 작자 개인의 선택이지만 그 개인이 속한 시대와 문화를 반영한 선택이기도 하다. 따라서 화자의 정체를 파악하고 작가의 의도나 당대적 의미까지 간파하는 것이 문학 읽기에 필요함을 알 수 있다. 그런 점에서 위 작품은 중세 임금과 신하의 관계, 남녀 관계에 대한 생각을 반영하고 있는 작품임을 알 수 있다.

5. 시(가) 읽기의 독서교육

학교 교육을 전제로 말하자면, 시 읽기를 가르치거나 배우는 일이란 시를 일종의 담화로 대하는 것으로부터 작품으로서 대하는 것으로 읽기의 방식을 확장해 가는 과정이라 할 수 있다. 대부분의 독자가 그러하듯이 처음에는 일반적인 읽기를 통해 읽을 수 있는 만큼만 읽다가 차츰 시 읽기에 고유하게 사용되는 방법까지를 적용하게 될 것이니, 시를 담화로 대하는 것이 작품으로 대하는 것보다 접근하기 쉽고 더 일반적인 셈이다. 이때 '확장'의 과정이란, 비유하자면, 음식에 대해 알게 되는 과정 같다. 처음에는 내 입에 맞는지가 중요했다가 점차 영양에도 관심을 갖고 조리법도 따지는 등 음식 자체에 대해 이해하게 되는 것이 맛있게 음식을 먹는 일과 함께, 혹은 그것과 독립적으로 중요해진다.

다만 언제쯤 읽기의 방식이 바뀌거나 넓혀지는지, 이 시기에 읽기 방식이 달라지는 것을 어떻게 설명하거나 납득시켜야 할 것인지 같은 문제가 실행상의 어려운 일일 것임은 분명하다. 게다가 학년이 바뀌고 고등학교쯤 올라가게 되면 이제 작품으로서의 시 읽기라는 확장된 읽기의 과정에서도 텍스트로서의 시 읽기와 작품으로서의 시 읽기를 구분하는 일이 만만치 않게 된다.

이 글은 작품으로서의 시 읽기는 잠시 미루어두고 전적으로 독서교육의 맥락에서 시 읽기의 가능한 범위와 방식에 대해 다뤄 보고자 하였다. 마찬가지로 텍스트로서의 시 읽기로 돌아가는 것도 차후로 미루었는데, 그것은 텍스트로서의 시와 작품으로서의 시가 둘 다 언어 기호들 간의 관계를 규정하는 형식적 규약들을 분석과 해석과 감상의 객관적 근거로 삼기 때문이었다. 그러한 관점이 잘못된 것은 아니지만, 반드시 그렇게 접근해야만 시를 읽고 이해할 수 있는 것 또한 아니라고 보았다.

그 대신 일상의 대화처럼 시를 읽어 보게 하는 것이었고, 이를 위해 선택한 기준이 시의 대화적 국면을 이해하고 시의 발상적 특성을 이해하며 시의 맥락을 이해하고 시를 통해 언어와 문화를 이해하는 등의 기준을 제시하였다. 이 중 어느 하나로도 시 읽기는 시작될 수 있을 것이다. 기억해야 할 점은 더 정확하게가 아닌, 더 풍부하고 섬세하게 읽는 준비를 갖추어야 한다는 것이다.

시(가)는 텍스트로서의 모습과 작품으로서의 모습을 모두 가지고 있다. 보통의 독자가 시에 쉽게 접근할 수 없다고 여기는 것은 텍스트로서의 시에 작품으로서의 독자적이고 완결적인 예술성의 형식 원리가 내재되어 있고, 이를 읽어낼 수 있어야 비로소 작품으로서의 시도 읽을 수 있다고 여기기 때문이다. 하지만 보통의 독자로서 우리는 시를 우리가 일상에서 쉽게 접하는 여느 담화들처럼 접근하여 읽을 수도 있다. 이때 담화로서 시가 성립될 수 있기 위해 우리는 시인과 독자 사이의 공감적 관계와 대화적 맥락을 가정할 수 있다.

시행이나 대구를 단위로 하는 시(가)의 진술 방식은 다른 담화들에서는 보기 힘든 독특한 담화적 질서를 갖는다. 이 질서는 시적 대상이나 시적 화자와 시적 대상 간의 관계를 보여주는 심상을 진술의 반복을 통해 축적하면서 시상을 통합하는 과정에서 시로 구조화되는 특징을 지닌다. 그러면서도 진술의 반복이 잉여적인 정보를 만들어내지 않도록 시상이 변화되거나 응축되는 과정에서 다시 심상의 맥락을 새롭게 변화시킴으로써 결과적으로 주제적 심상을 만들어낸다. 이러한 시의 담화적 특징은 그 안에서 시어들이 익숙하면서도 새롭게 변주되도록 하는 시어의 비유적 기능으로 인해 뒷받침된다.

현대시이든 혹은 고전시가이든 간에 시(가) 읽기는 독자의 사전지식과 경험, 상상력 등을 동원하는 소통적 행위이며, 이 과정에서 자신의 감정, 생각 등을 이입하거나 투사하면서 여러 사회문화적 맥락을 고려하여 자아를 성찰함으로써 그것을 내면화하는 과정이다. 이 과정에서는 여러 층위의 맥락적 읽기가 이루어진다. 시의 텍스트 내적 맥락 정보를 활용하는 1차적 맥락화와 시를 둘러싼 상황이나 사회문화적 환경, 다른 시와의 관계 등을 참조하는 2차적 맥락화가 모두 활용되지만, 실제 읽기 상황에서는 순차적이기도 하고 회귀적이기도 하는 등 다양한 맥락화 과정이 일어나며 그에 따라 읽기의 내용이 달라지기도 한다.

이러하듯 시 읽기가 이루어졌을 때, 결과적으로 시는 향유되는 것으로서 담화적 실현을 완성한다. 이를 통해 그 실현은 독자에게 삶을 표현하는 유희적 기쁨과 상상적 경험의 즐거움을 줄 수도 있고 삶의 다양성과 보편성에 대한 이해를 깊게 하는 계기를 제공할 수도 있다. 시 읽기가 어떤 경험이 될 것인지는 독자의 선택에 의해 달라지겠지만, 그 경험들은 따로 우열을 가릴 필요 없이 모두 가치 있는 것이다.

※ 나희덕의 '그 말이 잎을 물들였다'를 읽고, '그 말'에 담긴 사연에 대해 상상해 보자.

> 살았을 때의 어떤 말보다
>
> 아름다웠던 한마디
>
> 어쩔 수 없을지도 모른다는,
>
> 그 말이 잎을 노랗게 물들였다.
>
>
> 지나가는 소나기가 잎을 스쳤을 뿐인데
>
> 때로는 여름에도 낙엽이 진다.
>
> 온통 물든 것들은 어디로 가나.
>
> 사라짐으로 하여
>
> 남겨진 말들은 아름다울 수 있었다.
>
>
> 말이 아니어도, 잦아지는 숨소리,
>
> 일그러진 표정과 차마 감지 못한 두 눈까지도
>
> 더이상 아프지 않은 그 순간
>
> 삶을 꿰매는 마지막 한땀처럼
>
> 낙엽이 진다.
>
>
> 낙엽이 내 젖은 신발창에 따라와
>
> 문턱을 넘는다, 아직은 여름인데

(1) 화자에게는 어떤 일이 있었을지 각자 상상했던 사건이나 이야기를 말해 보자.

(2) 화자가 말한, '어쩔 수 없을지도 모른다'는 말의 의미는 무엇일지, 다른 표현으로 바꾸어 말해 보자.

(3) 이 시에서 '물들다'는 것은 무엇을 뜻할지 설명해 보자.

※ 이조년이 지은 다음 시조를 읽고, '다정도 병'인 까닭을 짐작해 보자.

> 이화(梨花)에 월백(月白)하고 은한(銀漢)이 삼경(三更)인 제
>
> 일지춘심(一枝春心)을 자규(子規)야 알랴마는
>
> 다정(多情)도 병인양 하여 잠 못 들어 하노라
>
> **(진본 청구영언본을 현대어로 표기함.)**

―이화: 배꽃, 월백: 하얀 달빛, 삼경: 밤11–1시 사이, 일지춘심: 한 가락 봄의 마음, 자규: 소쩍새

(1) 이화 등의 시어를 보고 계절을 짐작해 보자. 작자가 언제 어떤 상황에서 이 시조를 노래했을지 짐작해 보자.

(2) 위 시조를 문면 그대로 애정 시조나 그리움을 노래한 시조로 보고, 다정이 병인 까닭을 짐작하여 설명해 보자.

(3) 작자가 왕(충혜왕)에게 간언을 했다가 받아들여지지 않자 벼슬길에서 물러나 나라를 걱정하며 지었다는 역사적 맥락을 참조하여 '다정도 병'인 까닭이 무엇인지 이야기해 보자.

송휘재(2002). 외국어 문학 텍스트의 이해를 위한 읽기 교수법 전략. 외국어로서의 독일어, 11, 243−272.

염은열(2015). 현대독자가 과거의 시가를 만났을 때−고전문학 인식론의 과제. 역락.

염은열·류수열·최홍원(2019). 문학교육을 위한 고전시가작품론. ㈜사회평론아카데미.

유종호(2005). 시 읽기의 방법. 삶과꿈.

윤여탁·최미숙·최지현·유영희(2017). 현대시 교육론. ㈜사회평론아카데미.

정재찬·김정우·남민우·김남희·정정순·김미혜(2017). 현대시 교육론. 역락.

최지현(2014). 문학교육심리학: 이해와 체험에 관한 문학교육적 설명. 역락.

최홍원(2016). 잘 알면서도, 잘못 알았던 시조: 시조 담론에서의 오류와 오개념을 찾아서. 문학교육학, 51, 235−264.

포항국어교사모임(2006). 시 맥락 읽기(개정판). 나라말.

한철우·김명순·박영민(2001). 문학 중심 독서 지도. 미래엔.

Willenberg, H.(1978), Zur Psychologie literarischen Lesens. Wahrnehmung, Sprache und Gefühle.

소설과 동화
읽기 지도의 실제

학습목표

- 소설과 동화의 본질에 대한 이해를 바탕으로 소설과 동화 독서의 의의를 이해할 수 있다.
- 독자의 특성에 따른 소설과 동화 읽기 지도 방법을 이해할 수 있다.
- 독자, 상황, 목적에 따라 소설과 동화 읽기 지도를 수행할 수 있다.

학습내용

이 장에서는 소설과 동화의 장르적 본질, 소설과 동화 읽기의 의의에 대한 이해를 도모한다. 이를 바탕으로 연령이나 상황 등에 따른 독자의 특성을 고려하여 소설과 동화 읽기를 지도하는 방법적 지식을 익힌다. 그리고 독서 지도사로서 실제적인 상황에서 소설과 동화 읽기를 지도하는 능력을 기르기 위한 연습을 한다. 이 장에서는 소설은 시대적 기준을 바탕으로 고전소설과 현대소설로 구별하며, 여기에 독자의 특수성을 염두에 두고 동화를 별도의 꼭지로 더하였다.

1. 인간의 이야기 본능

흔히 '이야기 주머니'라는 제목으로 전승되는 민담이 있다. 일종의 메타 민담(meta-folklore)이라 할 수 있는 이 이야기는, 이야기가 인간에게 어떤 의미인지를 암시적으로 알려준다. 그 내용은 다음과 같다.

이야기를 좋아하는 소년이 여기저기서 들은 이야기를 모조리 큰 자루에 집어넣고 주둥아리를 꽁꽁 묶어 놓았다. 거의 무한한 이야기가 자루 속에 갇히게 되었다. 이 소년이 장성하여 장가를 가게 되었다. 이제 그는 이야기 주머니에 관심이 없다. 그 자루는 대청 대들보에 대롱대롱 매달려 있을 뿐이다. 자루 속에 구속되어 있는 이야기들은 이제 주인에게 복수하기로 했다. 이야기들은 독수(毒水), 독사(毒蛇) 등으로 변하여 젊은 신랑을 죽이려 했다. 그러나 충직한 신랑의 하인으로 인하여 그 복수는 실현되지 못했다.

이야기에 대한 이야기라 할 수 있는 이 짧은 이야기가 함축적으로 암시하는 바는 무엇일까? 여러 가지 추측이 가능할 것이다. 그중에서 이야기를 가두어 두면 죽음의 위기를 맞이한다는 점에 주목해 보면, 이야기가 인간에게는 본능에 가까움을 말해주는 것으로 읽을 수 있을 것이다. 이 이야기는 세부적으로 서사 문학의 다양한 갈래 중의 하나인 민담에 속하지만, 이야기의 본능은 서사 문학 전반의 층위에도 여전히 유효하다 할 것이다.

넓게 보아 모든 텍스트는 이야기(story)이다. 툴란(Toolan, 김병욱 외 역, 1993: 15-16)에서는 전기와 자서전, 역사에 관한 텍스트들, 뉴스 스토리와 그 밖의 매체에서의 형태들, 사적인 편지와 일기, 소설, 스릴러물과 로맨스, 내과 환자의 내력, 학교 기록부, 연례행사, 경찰의 사건 기록, 일 년 간의 공연 일지 등등을 서사의 예로 들었다. 『삼국사기』 등의 역사서에서 보이는 열전(列傳)이나 조선왕조실록에 기록된 다양한 기사들도 모두 이야기인 셈이다. 뿐만 아니라 구술(口述) 서사물도 우리의 삶 도처에 도사리고 있다. 구술 서사물 역시 그 중요성의 근거는 기술(記述) 서사물과 다르지 않다. 이처럼 허다한 텍스트 중에서도 가장 이야기다운 이야기는 서사 텍스트이고, 서사 텍스트 중에서 가장 발달한 면모를 보이는 것이 바로 소설이다.

그렇다면 왜 인간은 이토록 다양한 이야기를 만들고 전달하고 들으면서 이를 즐기는 것일까? 그리고 왜 이것은 인간의 본성에 가까운 행위일까? 아마도 그것은 이야기에는 우리가 세계를 인식하고 그것을 언어로 표현하고 이해하는 기본적인 원리가 담겨 있기 때문일 것이다. 지금으로부터 약 2,300년쯤 전에 살았던 아리스토텔레스의 저서 『형이상학』은 "모든 사람은 본성적으로 앎을 원한다."라는 문장으로 시작되는바, 이야기는 앎의 가장 기본적인 형식이었을 것으로 짐작된다.

인간이 앎을 원한다는 것은 인간이 꿈을 꾸는 존재, 무엇인가를 추구하는 존재, 또 다른 삶을 상상하는 존재라는 사실과 유사한 의미이다. 인간이라면 누구나 꿈을 꾼다. 현실을 도피하기 위한 방편이든 현실을 극복하기 위한 전략의 모색이든, 인간은 꿈을 꿀 수 있기에 살 수 있다. 꿈의 방향과 내용은 제각기 다를 수 있다. 과거의 상태가 온전히 회복되기를 바라기도 하고, 더 나은 미래가 다가오기를 기대하기도 한다. 현재 눈에 보이는 현상만이 아니라 그 너머에 무엇이 있었던가를 상상한다. 자신이 변하기를 바라고, 세계가 바뀌기를 꿈꾼다. 중요한 것은 인간이 무엇인가를 끊임없이 추구하는 존재라는 점이다.

그렇다면 이야기하기란 그 꿈꾸고 추구하고 상상하는 바를 언어로 표현하는 것이고, 이야기 듣기란 이에 동참하는 일에 다름 아니다. '나'와 '우리'가 서있는 자리가 궁금하고, '세계'가 걸어온 길과 걸어갈 길을 알고 싶은 것이다. 우리가 살고 있는 이 땅이 어떻게 생겨났는지를 밝혀내고, 하늘은 왜 홍수로써 이 세상을 파괴하는가를 설명한다. 바위 한 덩어리가 어찌해서 그 자리에 놓이게 되었는가, 풀 한 포기는 어떻게 해서 이런저런 이름을 갖게 되었는가를 해명한다. 성질이 괴팍한 우리 동네 김 씨는 어떻게 살다 갔는가, 나는 또 어떠한 사정으로 이 자리에 있게 되었나를 풀어낸다. 그것은 기원과 내력에 대한 설명이고, 현재의 상황에 대한 해명이면서, 동시에 미래에 대한 소망의 투사이기도 하다. 그래서 우리는 끊임없이 이야기를 만들고 전달하며, 듣고 읽고 쓰는 것이다.

이제 소설과 동화로 대표되는 이야기 문학을 왜 읽는가 하는 질문에 대해 답해 보기로 하자. 교과서적인 몇몇 대답은 있을 수 있지만, 명쾌한 답을 기대하기는 어려운 질문이다. 그렇지만 다음과 같은 명민한 한 비평가의 대답은 이야기 문학 읽기에 관한 한 부인할 수 없는 진실을 담고 있는 것으로 보인다.

> 이 대목을 쓰려니 갑자기 내 의식은 어렸을 때의 어머니의 음성으로 향한다. 겨울밤엔 고구마나 감, 그것이 아니면 하다못해 동치미라도 먹을거리로 내놓으시고, 나직한 목소리로 아벨과 카인의 이야기를, 우물에 뛰어들어 자살한 수절 과부의 이야기를, 도적질하다가 벌을 받은 그녀의 친지 중의 한 사람의 이야기를 어머니는 내가 잠들 때까지 계속하신다. 그때에 내가 느낀 공포와 아픔, 고통을 나는 생생히 기억한다. 그러나 그 아픔이나 고통 밑에 있는, 어머니의 나직한 목소리가 주는 쾌감을 내가 얼마나 즐거워했던가! 무서워하기 위해서가 아니라, 우리가 즐기기 위해서 이야기를 듣는다. 그 즐거움 이쪽에서, 오랜 후에 혹은 즉시로 우리는 해야 할 것에 대한 의무감과 해서는 안 될 것에 대한 공포감을 느끼는 것이다. 그처럼 문학은 억압 없는 쾌락을 우리에게 느끼게 해준다. 그러면서 그것은 그것을 읽는 자에게 반성을 강요하여, 인간을 억압하는 것과 싸울 것을 요구한다. '인간은 이런 수모와 아픔을 당할 수도 있다, 그러니 그것을 안 당하도록 해야 한다'라고 느끼게 한다. '인간은 이래야 행복하다, 그러니 그렇게 해야 한다'라고 느끼게 하는 것이다.(김현, 1991: 50-51)

이야기 문학 읽기에는 무서움과 즐거움, 그리고 해야 할 것에 대한 의무감과 해서는 안 될 것에 대한 공포감이 공존한다는 설명이다. 그리고 억압하는 것과 싸울 것을 요구한다고도 했다. 이 평문은 다음과 같이 해석될 수 있겠다. 이야기 문학은 독자에게 질문을 던지며 독자는 그 질문을 '발견'하고 이에 답한다. 질문과 대답을 자극과 반응으로 대체해도 무방하다. 이야기 문학이 내재하고 있는 질문에 이야기 문학이 스스로 답하기도 하지만, 독자는 이야기 문학이 스스로 하는 대답과는 다른 방향, 다른 층위에서 답할 수 있다. 나아가 독자는 이야기 문학이 던지지 않은 질문을 '구성'하기도 한다. 그것은 독자의 권한이다. 물론 이 설명이 이야기 문학 읽기의 매력을 온전히 포괄한다고 볼 수는 없다. 그러나 우리의 독서 경험상 소설과 동화를 비롯한 이야기 문학을 읽는 동인에 대한 이 글의 관점에 우리는 충분히 공감할 수 있을 것이다.

2. 고전소설 읽기 지도

2.1. 고전소설을 대하는 관점

2.1.1. 현대 독자들과 고전소설의 거리

우리가 현재 살고 있는 이 시대가 디지털 사회라는 점은 현대 사회의 성격을 규정하고자 하는 모든 시도의 전제이다. 그만큼 디지털은 좀 더 발전된 기술이라는 공학적 규정을 넘어 삶의 양식을 근본적으로 뒤바꿀 만큼 강력한 위력으로 우리에게 다가와 있다. 디지털 문화는 해체주의로 대표되는 포스트모더니즘의 물결과 만나면서 전통적인 삶의 패러다임을 통째로 흔들고, 문학 향유의 전통적인 질서를 근본부터 뒤흔들고 있다.

'쿼터리즘(quarterism, 15분주의)'이라는 신조어가 표상하는 바대로 디지털 매체가 지닌 가소성(可塑性)과 속도감을 몸으로 체현하고 있는 독자들의 성향 변화, 대중매체를 비롯한 사회적 리터러시 환경에 의한 학교 리터러시 환경의 압도 등등은 이론과 실천의 양면에 걸쳐 독서 지도에 여러 과제를 던져주는 사회적 조건들이다.

이런 상황이니만큼 문학 향유를 이끄는 일에 딜레마가 없을 수 없다. 잠시 "아는 사람은 좋아하는 사람만 같지 못하고 좋아하는 사람은 즐기는 사람만 같지 못하다.(知之者不如好之者 好之者不如樂之者)"라는 공자의 말에 기대어 문학 향유의 현재를 진단해 보기로 하자. 아는 것과 좋아하는 것과 즐기는 것의 가치론적 위계는 자명하게 드러난다. 무엇인가를 아는 단계를 넘어 좋아할 수 있어야 하고, 좋아하는 수준을 넘어 즐길 주 있어야 한다. 무엇인가를 알게 하는 데는 강제성이 개입한다 하더라도 호오와 취향마저 강제할 수는 없으므로, 오늘날의 일반 시민들이나 독자들이 문학을 좋아하지 않고 즐길 줄 모른다고 한탄할 일은 아니다. 더욱이 과거에 문학이 주었던 즐거움을 대체할 만한 오락거리, 위안거리가 우리 주변에 다양하게 포진해 있는 사태를 감안하면 이러한 한탄은 오히려 부당한 일일 수도 있다.

그러나 무릇 문화란 자연스러운 전승과 창조의 변증법을 통해 발전하는 법이다. 과거에서부터 축적되어 왔던 문화의 한 정수를 차지하는 문학은 그래서 학교에서도 끊임없이 교육의 주요 레퍼토리가 되어 있고 과목으로 독립되어 있기도 하다. 문학이 교육의 장에서 주요한 레퍼토리로 자리 잡고 있다는 것은, 그것을 배우는 일이 학습자 개인의 취향에 따라 선택되기 이전에 사회적으로 부여된 일종의 통과 제의임을 뜻한다. 이 점에서 고전문학은 현대문학과는 또 다른 위치에 놓인다. 삶의 양식을 기준으로 할 때, 오늘날이 아무리 디지털 시대라고 하더라도 산업사회와 후기산업사회 사이의 지층에 비해 근대와 전근대 사이의 지층이 더 두텁다. 따라서 근대 이전의 문학을 통칭하는 고전문학은 우선은 적극적인 향유의 대상 이전에 지적 섭렵의 대상이 될 수밖에 없다. 역으로 적극적인 향유를 위해서라도 지적인 섭렵이 선행되어야 한다는 논리도 성립된다.

사정이 이러하다면, 고전소설 향유의 국면에서 특히 두드러지게 나타나는 딜레마는 '읽어야 할 것'과 '읽기 어려운 것' 사이의 긴장이기도 하다. 동서고금을 막론하고 고전문학은 사적, 공적 교육의 자료로서나 내용으로서나 배제되지 않는다. 고전(古典)이 '옛것(antique)'의 의미이든 '전범

(canon)'의 의미이든, 우리 사회가 문화의 전승과 창조라는 인류 역사의 본래적 기능을 포기하지 않는 한 고전문학은 독서 목록에서 배제될 수 없는 것이다. 그러나 현란한 디지털 문화의 자장 속에서 성장하고 있거나 생활하고 있는 오늘날의 독자들 입장에서 고전문학의 표기 문자는 생소하고, 문학적으로 형상화된 작중 세계는 외국문학보다 더 낯설게 다가온다. 수차례에 걸쳐 이루어진 교과서 개정에도 불구하고 고등학교 국어 교과서에 고정된 레퍼토리로 자리를 잡고 있는 서포의 〈구운몽〉은 셰익스피어 작품보다 훨씬 더 거리가 먼 '타자(他者)'가 되었다. 이처럼 읽어야 한다는 당위와 읽기 어렵다는 현실 사이의 긴장, 이것이 고전문학 향유가 처한 딜레마의 한 국면이다.

그런데 긴장이란 모든 생명체가 자신의 생명을 유지하고 존속시키는 데 활력을 주기도 한다. 고전소설이 오히려 낯설기 때문에 더 의미 있는 타자가 될 수 있다는 역설적 인식이 필요한 이유이다. 고전소설은 우리의 조상들이 어떤 생각을 하면서 어떤 삶의 방식을 유지해 왔는지를 고스란히 보여주는 문화유산이다. 그러기에 우리의 당대적 문학들이 보여주지 못하는 세상을 경험하게 하고, 그럼으로써 인간이 경험할 수 있는 폭을 한층 더 넓혀주는 것이다. 그렇다면 단지 '우리 것'이니까 소중하고 그래서 고전소설 읽기를 지도한다는 것은 애호가의 자기 위안일 수는 있어도, 적어도 계획성과 의도성에 바탕을 둔 독서 지도의 장에서는 그것은 당위에 압도되는 맹목일 따름이다. 이것이 고전소설의 무엇을, 어떻게 가르쳐야 하는가 하는 지도 방법 문제에 대해 꼼꼼히 점검해야 하는 이유이다.

2.1.2. 고전소설에 대한 오해와 이해

고전소설이라고 하면 어떤 작품들이 떠오르는가를 생각해 보자. 아무래도 중고등학교 교과서에서 자주 실리는 작품들이 먼저 다가올 것이다. 〈이생규장전〉, 〈홍길동전〉, 〈조웅전〉, 〈임경업전〉, 〈박씨부인전〉, 〈사씨남정기〉, 〈구운몽〉, 〈춘향전〉, 〈별주부전〉 혹은 〈토끼전〉, 〈심청전〉, 〈숙영낭자전〉, 〈운영전〉, 〈장화홍련전〉, 〈배비장전〉, 〈이춘풍전〉 등등이 이에 해당된다. 세부적인 인물들의 말이나 구체적인 사건은 잊어버렸다고 해도, 대략의 줄거리는 알고 있다고 믿는다. 그래서 고전소설은 낯익은 인상을 준다.

그런데 중고등학교에서 교과서를 통해 접하기 전부터 우리는 사실 고전소설을 접하면서 자랐다. 어린이용으로 각색된 동화 버전의 고전소설들이 이른바 '고전 명작' 등의 이름으로 우리들의 독서 경험을 확충해 주었기 때문이다. 고전소설이 낯익다고 생각한다면 아마도 중고등학교 시절의 교과서를 통한 독서 경험보다 유년기 시절의 독서 경험이 훨씬 더 강렬하게 작용한 결과일 것이다.

그러나 고전소설에 대한 낯익은 인상은 개별 작품들이 대체로 주인공의 성취나 승리로 막을 내리는 이른바 해피엔딩의 구조를 갖는다는 사실과 무관하지 않는 것으로 보인다. 그 과정에서 주인공을 위기에 처하게 했던 악인들은 모두 자멸하거나 처벌을 받는다. 또 초월적인 인물의 도움도 나타난다. 우리 고전소설에 대한 독서 경험을 가진 이라면 대체로 이와 같은 인상을 가지게 된다.

실제로 고전소설의 특징에 대한 참고서식 설명은 일대기적 구성, 권선징악의 주제, 평면적·전형적 인물, 환상적·비현실적·우연적 사건 전개 등등으로 항목화되곤 한다. 여기에 편집자적 논평의 빈번한 등장이 추가되기도 한다. 한마디로 개성이 없다는 평판을 깔고 있는 설명이다. 이러한 설명은 포털 사이트에서 검색을 해도 비슷하게 변주된 수준으로 나온다. 그만큼 널리 퍼져 있다는 뜻이기도 하다.

그러나 우리 고전소설 중에서는 일대기적 구성을 취하지 않은 작품, 악인이 등장하지 않는 작품, 입체적인 인물이 주인공으로 등장하는 작품도 많으며, 비현실적·우연적 사건이 반드시 고전소설에서만 배타적으로 전개되는 것은 아니다(정출헌, 2017). 요컨대 개별 작품들이 지닌 개성을 무시하고 고전소설 전체의 특징을 한꺼번에 설명하려는 욕심이 성급한 일반화로 흐른 결과 이와 같은 무차별적 항목화가 나타나게 된 것이다.

그리고 이와 같은 설명은 성급한 일반화라는 오류 못지않게 소설이라는 갈래의 속성을 무시하고 있다는 점에서 한계도 뚜렷하다. 모든 소설의 구성 요소들은 그것이 우연히, 임의적으로 선택되었다기보다는 역사적, 문화적 맥락 속에서 형성되고 성립된 필연의 산물로 이해되어야 마땅하다. 이런 맥락을 제거하고 현대소설의 미학을 재단하는 서구 중심적 시각으로 우리 고전소설을 평가해서는 그 가치를 온전히 드러내기란 불가능에 가깝다.

가령 소설의 갈래적 본질상 사실성(reality)과 짝을 이루는 환상성(fantasticality)이 어떤 가치를 지니는지를 생각해 보기로 하자. 소설은 태생적으로 대중과 밀접한 관련이 있는 문학 갈래로 간주되어 왔다. 인류 역사의 초창기에서부터 인간과 함께해 온 시와 다른 점이다. 물론 아득한 옛날부터 소설의 전신이라 할 수 있는 신화, 전설, 민담이 있었기는 했지만 소설은 인쇄술의 발달과 더불어 서책이 상업적으로 유통되는 때를 기다려서야 부흥한 갈래로서, 우리의 역사에서도 소설은 조선 후기에 본격적으로 문학적 시민권을 얻었다. 이때 상업적 유통이란 곧 대중성의 다른 이면이다. 그렇다면 소설은 어떻게 대중의 욕구를 충족할 수 있었는가? 그것은 당연히 감동과 쾌락의 제공이다. 문학의 기능을 인식적 기능, 윤리적 기능, 미적 기능 등으로 나누어 설명하기도 하지만, 이는 결국 감동과 쾌락으로 압축될 수 있는 것이다.

소설이 이러한 기능을 발휘하기 위해서는 사실성이 필요하다. 그것은 '그럴듯함'이나 '개연성'을 지니고 있음을 뜻한다. 작품의 시간적·공간적 배경, 인물의 행위나 능력, 사건의 전개 과정이 현실적으로 실현 가능한 수준에서 설정될 때 독자는 이야기에 몰입하면서 이를 자신의 것으로 받아들일 가능성이 높다. 그러나 소설이 사실성만을 추구하게 되면 역사서와 같은 사실의 기록과 크게 다르지 않게 된다.

소설에서 환상성이 요구되는 이유는 여기에 있다. 현실에서는 선한 주인공이 패배를 하는 것이 일반적이지만, 소설에서는 이들이 성공하거나 승리하기를 바라는 독자들의 소망을 반영하게 된다. 그래서 평범한 인물이 아니라 영웅이나 재자가인과 같은 출중하고 비범한 능력을 가진 인물이 주인공으로 선택된다. 그에게도 위기와 시련을 있을 것이므로 그를 돕는 조력자도 필요하게 되고, 경우에 따라 그 조력자는 초월적인 능력을 지닌 인물로 설정된다. 비범한 인물과 초월적 조력자가 환상적인 사건을 일으키는 것은 오히려 자연스럽다. 이를 통해 독자들은 현실에서 겪는 불합리나 부조리로부터 경험하는 심리적 불만을 해소하게 된다. 척박하기 짝이 없는 삶의 조건을 잠시나마 벗어던질 수 있는 경험을 통해 대리만족을 얻기도 한다. 현실에서 좀처럼 일어나기 힘든 사건을 그럴듯하게 그려 내는 데서 소설은 매력을 가지게 되는 것이다. 말하자면 환상적 사건의 개연성이 독자들이 소설에 매료되는 요건인 셈이다. 이런 점에서 환상성은 사실성의 또 다른 이면이라 할 수 있다.

게다가 고전소설이 아무리 환상적 인물과 사건을 포함하고 있다고 하더라도 그것이 무한정으로 확장되지는 않는다는 점도 염두에 둘 필요가 있다. 〈홍길동전〉전에서 무소불위의 능력을 자랑하던 홍길동이 조선에서 한판 변혁의 물결을 일으켰다고 가정해 보자. 그래서 적서차별을 철폐하고 허균의 〈유재론〉에서처럼 인재를 적재적소에 등용하는 시스템을 개척했다고 가정해 보자. 나아가 아예 왕좌를 차지했다는 식으로 사건이 전개되었다고 가정해 보자. 아마도 독자들의 공감을 얻지 못했을 것이다. 고전소설의 환상성은 독자들이 공감하는 범위 내에 있음을 알 수 있다. 마찬가지로 〈박씨부인전〉에서 패전이라는 역사적 사실을 완전히 부정하는 서사적 설정이 있었다면 이 역시 독자들의 공감을 얻기는 어려웠을 것이다. 〈박씨부인전〉에서는 오직 정신적 설욕이라는 창작의 의도를 달성하는 범위 내에서만 환상성이 허락되었던 것이다.

이와 같은 관점에서 고전소설의 개별 작품들을 차근차근 읽어가다 보면 작품마다 지니는 고유한 개성이 보인다. 낯설게 느껴지는 것이다. 물론 그것은 최근에 처음 나온 작품을 읽을 때 느낄 수 있는 낯섦과는 다르다. 과거의 기억 속에 묻혀 있던 작품들의 아우라가 개별적인 인물들과 구체적인 사건을 접하면서 생생하게 살아나게 된다는 점에서, 낯익음과 공존하는 낯섦 혹은 낯익음 속의 낯섦이라 할 수 있다.

2.2. 고전소설 읽기 지도의 실제

2.2.1. 작품 내적 서사 맥락 따라 읽기

소설은 시간의 예술이다. 어떤 소설이든 그것을 읽는 독자는 특별한 경우가 아니면 작가가 순서대로 제시한 정보를 그 순서대로 따라 가게 마련이다. 이 과정에서 가장 우선적으로 만나는 장벽은 현대소설과는 다른 어휘와 문체의 생소함이다. 그러나 어린이용이나 청소년용으로 재구성하여 편찬된 서적들이 많이 출판되어 있기 때문에 이는 그다지 크게 걱정할 난점은 아니다.

어떤 소설을 읽어가는 과정이라 하더라도 독자는 이 과정에서 반드시 수행해야 하는 인지적 과제들이 있다.

첫째, 문맥을 고려한 해석이 요구된다. 특정 장면에서 인물들이나 서술자의 말이 어떠한 의미를 지니는지, 그리고 인물이 어떠한 말하기 전략을 구사하는지를 해석하는 단계이다. 이는 현대어로 풀이하는 수준을 넘어서서 추론을 동반해야 한다는 점에서 해석이라 규정할 만하다. 예컨대 〈춘향전〉의 후반부에는 죽을 위기에 처한 춘향이 어사가 되어 내려온 이도령을 만나 유언을 남기면서 "서방님 귀히 되어 청운에 오르거든 일시도 둘라 말고 육진장포(六鎭長布) 다시 염하여 조촐한 상여 위에 덩그렇게 실은 후에 북망산천 찾아갈 제, 앞 남산 뒤 남산 다 버리고 한양으로 올려다가 선산(先山)발치에 묻어 주고" 운운하는 대목이 나온다. 이때 '선산발치'에 묻어달라는 요청은 단순히 자신이 묻힐 위치만을 지정하는 것이 아니라, 엄연히 이몽룡의 가문에 입적시켜 달라는 뜻이 담겨 있다고 보는 것이 문화적 전통을 존중한 해석일 것이다. 천출로서 양반가의 며느리로 당당히 인정받고 싶은 욕망 혹은 죽어서라도 이몽룡과 함께하고자 하는 욕망의 소산인 셈이다. 이런 점을 간과한다면 온전한 이해라 하기 어렵다.

둘째, 서사적 전개의 전체적인 이해이다. 세부적인 어휘와 구절을 이해하고 각 장면의 함축적 의미를 해석하면서 한 편의 소설을 완독한 독자라면 당연히 전체적인 줄거리를 기억해야 할 것이다. 작품에 의존하여 이루어지는 이 과제의 수행 결과는 소설의 경우 텍스트를 완독했음을 보여주는 가장 명시적인 증거가 된다. 물론 작품의 세부적인 사항까지 일일이 기억하기는 어렵겠지만 포괄적인 수준에서라도 사건의 선후 관계 및 인과 관계를 반영한 줄거리는 충분히 구성하거나 기억할 수 있을 것이다.

셋째, 주제에 대한 추론이다. 소설 읽기에서 주제 찾기가 목적이 되는 것은 아니다. 읽어가는 과정에서 문체의 힘에서 느끼는 즐거움도 있을 수 있고, 인물이나 서술자의 말에서 얻는 깨달음도 즐길 수 있다. 서사적 구성의 묘미에서 오는 긴장감도 소설을 읽은 즐거움이 될 수 있다. 그럼에도 불구하고 인물과 사건을 통해 형상화된 전체적인 주제의식을 놓치고 만다면 소설을 읽는 보람도 반감될 수밖에 없다. 주제의식은 명시적으로 제시될 수도 있지만 작품의 세부로부터 독자에 의해 추상의 과정을 거쳐 발견되는 것이 일반적이다. 그러므로 어느 하나의 단일한 내용으로 수렴될 필요도 없다. 능동적인 독자라면 이러한 과제를 스스로 선택하여 고전 소설 향유에 한 걸음 더 육박해 들어갈 것이다. 특히 감식력 있는 독자라면 이 과제를 외면하지 않을 것이다. 만일 〈이생규장전〉을 읽은 독자라면 '이생이 담장을 넘보는 이야기'라는 제목이 작품 전반부를 이루는 사건의 핵심적 계기임을 쉽게 알 수 있다. 그런데 여기에서 더 나아갈 수 있다. 작품의 후반부에서 이생은 아내의 환신(幻身)과 함께 행복한 나날을 보내다가 때가 되어 저승으로 돌아가려는 아내를 만류한다. 생과 사의 엄연한 경계를 넘본 것이다. 이 점에 주목하면 이 제목은 생과 사를 나누는 담장을 넘본다는 상징적 의미로 이해될 수도 있다.

넷째, 인물 및 작품에 대한 평가이다. 감상(鑑賞)은 작품에 대해 주체적으로 반응하고 평가하는 활동이고(조하연, 2004), 필연적으로 작품의 자기화 과정과 맞물리게 된다. 이런 점에서 감상은 객관성과 타당성을 지향하는 해석(解釋)이나 이해(理解)와는 구별된다(류수열 외, 2014: 22). 문학 향유에서 작품에 대한 접근의 단계로 보면 최종적인 도달점에 있는 감상은 의도적으로 이루어지는 문학 교수·학습에서는 물론이고 자발적인 독서에서는 배제될 수 없는 인지적 과제이다. 그 중심에는 주인공을 비롯한 다양한 인물들에 대한 평가가 놓여 있다. 가령 〈토끼전〉을 읽은 독자라면 토끼에 대해 허영심 많고 경망스러운 인물로 몰아갈 수도 있고 지혜를 발휘하여 위기를 스스로 탈출한 인물로 평가할 수도 있으며, 별주부에 대해서는 충성심이 강한 인물로 볼 수도 있고 그 충성심이 맹목적이어서 죄 없는 인물을 억울하게 죽음의 위기로 몰아가는 인물로 볼 수도 있다.

이러한 읽기 과정은 선조적(線條的)으로 일정하게 이루어진다기보다는 회귀적이고 반복적으로 이루어진다. 부분에서 전체로 흘러가는 방향을 취하고 있지만, 전체에서 다시 몇 개의 서사 단락이나 장면으로 집중되는 과정을 반복하게 되는 것이다.

2.3.2. 당대의 맥락에 조회하며 읽기

모든 문학 작품은 역사적, 시대적 상황의 산물이다. 역사적 상황이나 시대적 배경이 거세된 작품마저도 특정한 역사적, 시대적 상황에 대한 특정한 입장을 반영한 결과물이라 할 수 있다. 문학 작품은 또한 사회문화적 상황의 산물이기도 하다. 오늘날과 다른 삶의 문법을 그려내고 있는 고전소설을 읽을 때에는 특히 이 사실을 염두에 둘 필요가 있다. 이를 외면하면 평가는 물론이고 온당한 이해도 불가능하다.

작품을 조회할 당대의 맥락에는 작가의 생애, 사회문화적 맥락, 역사적 맥락, 문학사적 맥락 등이 있다.

작품을 이해할 때 작가 맥락이 중요한 이유는 작품이란 기본적으로 작가의 체험, 사상, 감정의 표현물이기 때문이다. 작가는 불행한 일, 부끄러운 일, 자랑스러운 일, 감격적인 일 등 어떤 사건을 보거나 겪었을 때 소통의 욕구나 치유의 의지 등을 바탕으로 이를 작품으로 형상화한다. 따라서 작가의 창작 동기, 전기적 사실, 심리 상태 등이 작품 이해의 주요한 단서가 될 수 있다. 이는 곧 '누가, 그 사람의 어떤 시기에, 왜 썼는가?' 하는 문제에 해당된다. 또한 작가는 한 개인이기도 하면서 동시에 특정 계층, 특정 시대, 특정 성, 특정 세대를 대표하는 존재로 간주되기도 하므로 사회문화적 상황도 동시에 고려해야 한다. 물론 작가의 전기적 사실이나 실제적인 체험이 항상 있는 그대로 작품으로 나타나는 것은 아니므로, 작품과 작가 사이의 거리도 고려해야 할 것이다. 우리 고전 소설의 경우에는 대부분 작가 미상이어서 작가라는 맥락으로부터 비교적 자유로운 편이지만, 김시습, 허균, 김만중, 박지원 등이 지은 작품은 이들 작가의 생애를 고려하지 않을 수 없다.

작품의 사회문화적 맥락은 같은 사회에서 같은 문화의 자장 안에 살고 있는 사람들을 둘러싼 사회적 제도나 질서, 문화적 관습, 그들이 지닌 보편적인 정신 자세나 태도를 가리킨다. 문학 작품은 작가가 살아가는 특정한 시기, 특정한 사회의 다양한 이념이나 사상, 제도, 문화적 관습을 반영할 뿐 아니라 이에 대해 비판적인 질문을 제기하기도 한다. 독자들은 이러한 맥락을 고려하여 작품을 읽음으로써 작품의 주제의식을 깊이 있게 이해할 수 있고, 삶의 보편성과 다양성에 대한 이해를 도모할 수 있다.

역사적 맥락은 한 작품을 창작하는 계기가 되거나 그 작품의 배경이 되는 특정한 시기의 역사적 사건을 가리킨다. 왕조 교체, 식민 통치, 전쟁 등의 국가 및 민족 단위의 사건은 물론이고 한 공동체 구성원들의 관심이 집중되는 사회적 사건이 작품의 배경이나 소재가 되기도 하며, 특정한 역사적 시기의 물질적·정신적 환경도 여기에 포함된다. 독자는 역사적 맥락을 고려하면서 작품을 읽음으로써 작품에 담긴 주제의식을 더 깊이 있게 이해하고 역사에 대응하는 인간의 다양한 모습을 확인할 수 있다.

문학사적 맥락에 조회하며 작품을 읽어야 하는 까닭은 한 편의 문학 작품은 일정한 언어문화의 지평 안에서 여러 가지 문학적 관습을 매개로 하여 작가와 독자 사이에서 소통되며, 선행하는 작품들의 영향을 받으면서 동시대의 수많은 다른 작품들과 경쟁하고 공존한다는 사실에서 찾을 수 있다. 문학사적 맥락에 조회하며 작품 읽는다는 것은, 이와 같은 문학 작품의 존재 방식을 염두에 두고 그 작품이 소속되는 역사적 갈래의 전개 과정, 작품의 문학사적 영향 관계, 작품에 나타난 공동체의 정신과 상상력, 풍속과 사회상 등에 초점을 맞추어 작품에 접근한다는 뜻이다.

이제 당대의 맥락에 조회하며 작품을 읽어가는 한 가지 사례로서 〈숙영낭자전〉 읽기를 들어 보기로 한다. 백선군은 본래 하늘나라에서 선관이었다가 숙영과 함께 죄를 지은 대가로 인간 세계에서 태어난다. 어느 날 꿈속에서 지시를 받고 옥연동에 머물던 숙영을 찾아가서는 결연을 맺고 자신의 집안으로 데려온다. 숙영은 아이들을 낳아 기르던 중 선군이 과거를 보러 떠난 사이에 간통 혐의를 꾸며낸 매월의 흉계로 시아버지의 문초를 받는다. 무죄가 밝혀진 이후에도 숙영은 죽어서 세상을 잊겠다는 뜻을 밝히고 결국 자결하고 만다.

백선군의 아버지가 며느리를 의심하고 문초한 것은 조선시대 양반가에서 있을 수 있는 일이긴 하지만 이 작품에서는 좀 다르게 볼 수도 있다. 번듯한 양반가의 가장 입장에서 보면 아들이 데려온 여자는 아리따운 선녀가 아니라 출신 성분이 의심되는 한 여자에 불과하다. 백선군의 아버지는 처음부터 정체가 불분명한 숙영을 며느리로 흔쾌히 받아들 수 없었던 것이다. 그렇다면 여기에서 옥연동이란 곳은 소설에 제시된 대로 적강한 선녀가 머무르는 신비한 공간으로만 이해되기는 어렵다. 사회문화적 맥락에 조회해 보면 옥연동은 미천한 신분의 여자가 태어나고 자랐으며 현재 머물고 있는 초라한 공간을 소설적 허구로 반영한 것으로 볼 수 있을 것이다. 같은 맥락에서 숙영이 적강 선녀로 등장한 것은 하층민 출신이라는 사실을 역으로 투사한 결과라 할 수 있다. 그렇다면 숙영의 자결은 하층민 출신으로서 인간적 자존을 지키면서 동시에 자신의 존재 가치와 사랑을 인정해 주지 않는 부조리한 현실에 항거하는 유일한 수단이라 할 것이다(이상구, 2010).

이와 같이 당대의 맥락에 조회해서 작품을 읽다 보면, 낭만적이고 환상적인 소설이 매우 현실적인 맥락을 갖추게 되고 각도가 다른 주제의식을 발견할 수 있게 된다. 이것이 작품 감상의 유일하고 절대적인 방법이 될 수는 없지만, 적어도 깊이 있는 감상의 한 방법임은 분명하다 하겠다.

2.3.3. 현대의 맥락에 조회하며 읽기

문학 작품의 감상(鑑賞)은 작품을 거울[鑑]로 삼아 '나' 혹은 '우리'를 성찰하는 일이다. 작품이 본래적으로 지닌 의미도 있고, 작가가 제시하고자 했던 주제의식도 있겠지만, 감상은 이와 별도로 독서 주체인 독자가 그 작품에 자기 자신의 삶과 공동체의 삶을 비추어 보는 데서 이루어진다. 서정시가 주로 개인의 내면으로 귀결되는 경향이 있는 데 반해 소설은 개인보다는 사회나 공동체의 문제를 주로 다룬다는 점에서, 고전소설을 읽을 때에는 작품에 우리 시대, 우리 사회의 문제를 비추어 보도록 이끌기가 쉽다.

〈흥부전〉을 읽는 경우를 예로 들어보기로 하자. 다른 고전 소설의 인물과 마찬가지로 〈흥부전〉의 놀부와 흥부도 소설이 창작된 당대의 인간상을 반영하고 있다. 가장 흥미로운 점은 작품에서 드러난 조선 시대 후기 인물의 욕망과 삶이 현대인의 모습과 닮아 있다는 것이다. 이러한 이유로 〈흥부전〉은 오늘날의 독자들에게 큰 공감을 불러일으키며 많은 사랑을 받고 있다. 흥부의 삶은 당장 의식주 문제를 해결하고자 몸부림치는 빈민의 삶과 닮아 있고, 놀부는 모든 것을 가졌음에도 끊임없이 더 소유하기를 원하는 사람, 일확천금을 노리는 권력자나 재력가의 삶과 비슷하다.

이제 한 걸음 더 나아가 현대 사회를 살아 나가는 우리의 욕망과 삶을 흥부와 놀부 두 인물과 연결하여 성찰해 보자. 그 과정에서 우리가 대면하고 있는 자본주의적 욕망의 문제를 해결할 단서를 얻을 수 있다. 단서는 흥부와 놀부가 박을 타는 각각의 까닭과 박을 대하는 각각의 태도, 박을 타고 난 뒤에 보이는 각각의 언행 등에서 충분히 찾을 수 있다.

흥부는 제비 다리를 치료해 준 대가로 박씨를 받았으며, 박씨를 심고 잘 길러서 박을 타기에 이른다. 흥부가 박을 타는 이유는 단 하나, 바로 먹고 살기 위해서이다. 이본에 따라 양귀비가 첩의 자격으로 나와 흥부 부부 간 불화를 초래하기도 하지만, 이는 재미를 주기 위해 추가된 장면으로 보인다. 대부분의 〈흥부전〉에서는 의식주가 하나씩 튀어나오는 것으로 박 타는 장면이 마무리된다. 배불리 먹을 수 있는 흰쌀밥, 추위를 막아 줄 질 좋은 비단과 옷가지들, 안락하게 잠을 잘 수 있는 집. 흥부가 평소에 욕망하는 모든 것이 단 몇 통의 박으로 너끈하게 충족된다. 우리의 눈길을 끄는 것은 흥부가 욕심을 더 내지 않고 원하는 것들을 언자 박 티는 일을 멈춘다는 점이다. 더 큰 기대감을 안고 박을 계속 탈 법도 한데 말이다. 흥부는 이미 분에 넘치는 살림을 얻었고 이 상황에 충분히 만족한다. 부자가 된 뒤의 흥부 또한 낯설기는 마찬가지다. 그는 자신의 선행 덕분에 얻은 부를 이웃들에게 나눠 줄 뿐 아니라, 심지어 자신과 가족을 내쫓았던 형 놀부에게까지 나눔의 손길을 뻗친다. 이런 장면들이 우리에게 오히려 낯설게 다가온다면, 그것은 우리가 욕망 추구에 그만큼 익숙해져 있기 때문일 것이다.

이에 반해 놀부는 그야말로 대박을 노리며 끊임없이 박을 탄다. 박을 탈 때마다 악행에 대한 벌로 온갖 재앙을 맞게 되지만, 재물을 향한 놀부의 욕망은 그칠 줄 모른다. 의식주는 일찌감치 해결되었고, 이미 많은 재물을 손에 넣고 있으면서도 부를 추구하는 모습이다. 말 그대로 눈먼 욕망, 곧 맹목(盲目)이라 할 것이다. 충족을 모른 채로 줄달음질쳤을 욕망이다. 죽을 줄도 모르고 불로 뛰어드는 불나방과 다름없다. 그런 놀부의 욕망은 죽음을 앞두고서야 비로소 멈춘다.

이렇게 대비되는 두 인물을 두고 우리는 오늘날의 자본주의 사회에서 인간의 욕망이 어떻게 발현되고, 그것이 환경 문제, 생태 문제, 식량 문제, 양극화 문제 등등의 사회적 문제와 어떻게 연관되는지를 성찰해 보도록 할 수 있다.

또 다른 방향으로 흥부와 놀부 형제의 상반된 인간성을 상징적으로 읽도록 안내하는 것도 가능할 것이다. 이는 같은 부모 아래 태어나고 자란 두 형제가 어쩌면 이렇게 상반된 인성을 가지게 되었을까 하는 질문에서 출발한다. 성장 환경도 같았을 테고, 부모로부터 받은 교육도 비슷했을 텐데, 한 사람은 악의 화신으로, 또 다른 사람은 오직 착하기만 한 사람으로 살아가게 되었을까? 현실적으로 그럴 가능성이 없지 않겠지만, 이렇게 상반된 인물들을 형제로 설정한 데는 상징적 기능이 깔려 있지 않을까 하고 추측을 해 본다.

그렇다면 그 상징적 기능이란 무엇일까? 우선은 두 인물이 극단적으로 선인과 악인으로 확연하게 갈라지는 인물은 아니라는 점을 주목해 본다. 흥부는 현실 상황을 벗어나려고 할수록 점점 더 열악한 처지로 전락해 가면서 동정심과 연민을 유발하는 인물이다. 괜히 자존심을 내세우다가 낭패를 당하기도 하고 마누라에게 화풀이를 하기도 한다. 그리고 관대한 눈길로 바라보면 놀부의 심술도 짓궂은 장난에 가깝다. 엄동설한에 동생 가족을 내쫓은 악행을 제외하면, 전형적인 악인으로 보기 어려운 인물이다. 결국 흥부도 놀부도 시시하고 비속하며 성질이 삐딱빼딱한 인생들이다. 아주 거리가 먼 두 인물형이 아닐 수도 있다는 것이다.

우리 또한 저와 다르지 않다. 그렇다면 놀부와 흥부가 한 부모에게 태어난 형제라는 서사적 구도는 결국 우리 인간들 내부에 두 가지 인간형이 모두 잠복되어 있다는 점을 보여주는 소설적 상징이 아니겠는가? 내 안에는 놀부와 흥부가 공존하고 있음을 보여주는 것으로 〈흥부전〉을 읽어도 대과 없을 것이다(류수열, 2020: 122-124).

이처럼 고전소설은 시간적 거리와 무관하게 과거와 현재의 대화를 가능하게 하며, 그 과정에서 나와 우리의 현재적 삶을 성찰하는 거울로 작용할 수 있다. 독자는 이를 통해 고전소설이 지닌 인간의 삶의 다양성과 보편성이라는 두 축에 기대어, 더 나은 삶을 추구하고 더 나은 세상을 상상하는 인간의 본성을 실현하게 되는 것이다.

3.1. 현대소설 읽기 지도

3.1.1. 현대소설과 장르 인식

현대소설의 특징 중 하나는 예술로서의 자의식이다. 근대 이전 동양은 소설을 '가담항어 도청도설(街談巷語 道聽塗說)'이라고 하여 길거리 잡담 또는 그러한 잡담을 적은 글로 여겼다. 재도지문(載道之文)인 경서에 한참 미치지 못하는 가치 없는 글이라는 것이다. 이러한 인식은 서양도 마찬가지이다. 서양에서 소설을 의미하는 말 중 하나인 로망스(romance)는 '프랑스어로 이야기하다'라는 뜻인데 이때 프랑스어는 대중들이 사용하는 속어의 의미와 크게 다르지 않다. 귀족 계층이 사용하는 고급의 라틴어가 아닌, 하층민의 속어로 쓰인 이야기가 소설이라는 것이다.

소설에 대한 이러한 인식은 근대와 더불어 달라진다. 우리 문학의 경우 〈무정〉을 통해 근대문학의 장을 연 것으로 평가받는 이광수는 1916년 11월에 발표한 〈문학이란 하오〉라는 글에서 문학자를 "미를 편애하는 인간"으로 규정하면서 "문학의 용은 오인의 정의 만족"이라고 주장한다. 문학은 예술이며 그 가치는 아름다움에 있다는 것을 분명히 한 것이다. 그로부터 2개월 뒤에 발표한 〈무정〉은 이를테면 정의 만족을 위한 예술로서의 소설을 시도한 사례로 볼 수 있다. 김동인은 예술로서의 인식을 보다 적극적으로 실천한 작가이다. 그는 "소설가는 즉 예술가요, 예술은 인생의 정신이요, 사상이요, 자기를 대상으로 한 참사랑이요, 사회개량, 신인합일을 수행할 자"로 주장하면서 미적 가치를 최우선에 두는 소설을 창작하고자 하였다. 그는 『소설작법』이라는 책을 서술하여 예술로서 소설의 기원과 의의, 구상과 문체로 나눠 상세하게 설명하였다.

그렇다면 현대소설을 예술답게 만드는 것, 다시 말해 시(詩)도 희곡(戲曲)도 아닌, 소설을 소설답게 만드는 것은 무엇일까? 이 질문은 소설론의 주된 질문이기도 한데 그중 많은 사람이 동의하는 답 중에는 다음이 있다.

> 시점의 문제는 서사 예술만의 문제로, 서사 예술이 서정시나 극 문학과 공유하지 못하는 문제이다. 정의상 서사 예술은 이야기와 이야기꾼을 요구한다. 화자와 이야기 사이의 관계에는, 그리고 화자와 청중의 또 다른 관계에는 서사 예술의 본질이 놓여 있다.(Scholes, Kellogg & Phelan, 2007: 312)

서사 예술의 본질을 밝힌 위의 논지에는 이야기꾼이 그 중심에 있다. 이야기꾼은 인물, 사건, 배경 등으로 구성된 이야기를 다양한 방식으로 전달하면서 청중에게 재미와 감동을 안긴다. 이야기꾼은 말과 행동만을 묘사하는 것으로 인물의 생각과 정서를 효과적으로 전달하며 일어난 순서와는 다른 순서로 사건을 전달하면서 긴장과 호기심을 선사한다. 사건을 바라보는 다양한 인물의 시선 중 한 명의 시선에 초점을 맞춰 이야기를 전할 수 있고 작가가 비판하고자 하는 인물이 놀랍게도 이야기꾼이 되기도 한다. 이처럼 어떻게 이야기하는가의 문제는 소설이 시와 희곡과는 구분되는 고유한 예술적 속성이다.

어떻게 이야기하는가는 소설 일반의 중요한 특성이지만 현대소설은 서사 예술로서의 자의식을 바탕으로 이 문제에 천착하면서 고전소설과 차이를 만든다. 흔히 고전소설에서 현대소설로의 변화로 '영웅적 인물의 후퇴', '선형적 서술 구조의 약화', '전지적 주관적 서술자의 후퇴', '시간화 경향에서 공간화 경향으로의 이행'을 꼽는데 후자의 세 특성은 모두 이야기의 방법과 관련이 있다(이재선, 2000 : 16–33). 현대소설은 고전소설의 이야기 방식을 계승하면서도 다양한 실험을 시도하면서 이야기하기의 예술을 구축하였다.

주요섭의 단편 소설 〈사랑손님과 어머니〉를 보자. 이 소설은 사랑손님, 어머니, 옥희라는 인물, 사랑손님과 어머니의 만남과 이별, 이 둘을 오가는 옥희의 장난과 오해라는 사건을 펼쳐나가며 이야기를 듣는 이에게 재미와 감동, 또는 슬픔과 분노를 선사한다. 그런데 이때의 체험이 온전히 이야기만으로 형성된 것일까? 질문을 바꿔, 이 소설의 이야기를 옥희가 아니라 모든 것을 알고 있고 많은 것을 말할 수 있는 전지적 능력의 누군가가 전달했다면 이 소설을 읽는 체험은 어떻게 바뀔 것인가? 같은 이야기라도 그 이야기를 누가 어떻게 전달하느냐에 따라 독자의 체험은 달라진다. 그리고 우리는 이야기를 전달하는 옥희를 제외하고 〈사랑손님과 어머니〉를 읽는 우리의 체험을 제대로 설명하기 어렵다.

소설은 기본적으로 화자가 청자에게 이야기를 전달하는 방식을 취한다. 소설의 예술성은 이러한 방식을 갈고 다듬으며 세련되게 발전시키는 것인바, 독자가 소설의 서사적 특성에 주목하면서 소설을 읽는다면 소설의 의미를 좀 더 깊이 있게 이해할 수 있다. 그렇다면 소설의 서사적 특성을 고려하여 소설을 읽는다는 것은 어떻게 하는 것일까? 이제부터 그 방법을 살펴보도록 하자.

3.1.2. 서사적 특성에 대한 소설론의 세 관점

서사 예술로서 소설을 소설답게 만드는 것을 소설의 서사적 특성이라 부를 수 있다. 이러한 서사적 특성에는 내용의 층위를 구성하는 인물, 사건, 배경과 함께 형식의 층위를 구성하는 순서, 지속, 빈도, 초점화, 서술자 등이 있다. 그렇다면 서사적 특성을 고려하며 소설을 읽는다는 것은 이러한 서사적 요소를 주목하면서 소설의 의미를 이해하는 것이다. 주목할 점은 소설론 내부에서 서사적 특성에 접근하는 서로 다른 관점이 있다는 것이다. 각각의 관점은 소설의 서사성을 다른 방식으로 설명하며 이에 따라 서사적 요소에 주목하면서 소설을 읽는 방식에도 차이가 있다. 소설론에서 각각의 관점은 서로 경쟁하고 협업하면서 소설의 서사적 특성을 깊이 있게 탐색하고 있는바, 이러한 관점을 살피는 것은 서사적 특성을 고려한 소설 읽기를 이해하는 출발점이 된다(정진석, 2014: 203-204).

서사론은 기본적으로 "서사란 '본질적으로' 무엇인가"라는 질문에 기반을 둔 학문이다(Chatman, 2003: 4). 시점, 초점화, 인물, 플롯 등의 장르 지식은 이러한 질문에 대해 답을 모색하는 과정에서 정립한 서사론의 개념이다. 물론 이러한 개념이 소설 읽기에서 항상 같은 방식으로 경험되는 것은 아니다. 서사론에서 '서사적인 것'은 관점에 따라 달리 규정되고 이에 따라 장르 지식의 특정한 차원이 변별적으로 조명된다. 따라서 장르 지식 중심의 현대소설 읽기를 체계화하기 위해서는 무엇보다 '서사적인 것'을 바라보는 서사론의 유의미한 관점들을 도출하여 그 특성을 이해하는 것이 중요하다.

서사론의 시작은 시학적 관점에 기반을 둔다. 시학적 관점이란 문학을 체계로 보는 관점을 의미한다. 문학을 일정한 원리에 따라 조직된 통일된 전체로 보고 그 전체를 구성하는 기본 요소의 특성, 기능, 요소 간 관계를 밝히는 것이다. 시학적 관점에서는 '문학은 무엇인가', '문학이 비문학과 변별되는 자질은 무엇인가', '문학의 형식과 종류에 어떤 것이 있는가'라는 질문이 제기될 수 있다(Rimmon-Kenan, 1999: 10-11). 서사론 또한 이러한 질문을 통해 발전하였다. 다른 언어 양식과는 구분되는 서사적인 것의 체계를 밝히려는 것이다. 이는 채트먼의 다음과 같은 주장에서 명료하게 드러난다.

시학적 관점이 밝힌 인물, 시점, 플롯 등의 요소는 서사의 형식적 체계를 구성하는 요소이다. 그런데 이들 요소는 의사소통을 위해 작가가 선택한 기법으로 간주할 수도 있다. 서사를 이처럼 일종의 의사소통으로 보는 대표적인 관점이 수사적 관점이다. 이 관점에 따르면 서사는 실제작가가 내포독자를 향해 특정한 가치를 호소하는 행위이자 실제독자가 내포작가의 가치 호소를 경청하고 응답하는 행위이다. 여기에서 장르 지식은 텍스트를 매개로 수행되는 작가와 독자의 소통 수단이다. 가치 호소를 위해 작가가 선택한 기법이자 호소한 가치를 추론하기 위해 독자가 주목한 단서인 것이다(Phelan, 2005: 500-504). 이런 점에서 수사적 관점에서 중요한 질문은 '작가가 전하고자 하는 바는 무엇인가', '소통을 위해 선택한 장르 지식은 무엇인가', '소설 텍스트에 실현된 장르 지식이 독자의 체험에 어떤 영향을 미치는가' 등이다.

수사적 관점에서 장르 지식은 '서사적 소통'에서 특정한 의도를 가지고 '작가'가 '선택한' 것이다. 하지만 이데올로기적 관점에서 이러한 선택은 '사회문화적 이념'에 의해 '선택된' 것이다. 이데올로기적 관점은 서사를 지배적 이념을 재생산하는 주된 문화 형식으로 본다. 서사는 당대의 사회문화적 지배 담론 또는 성적·계급적 체계를 자명한 것으로 받아들이게 한다. 따라서 이데올로기적 관점에서 시점이나 플롯은 작가가 의도적으로 선택하거나 독자가 자각적으로 수용할 수 있는 것이 아니다. 오히려 이데올로기에 의해 당연한 것처럼 선택되거나 수용되는 자연화의 산물이다.

통시적 차원에서 이상의 관점들은 순차적으로 형성되고 부상하면서 서사론의 지평을 넓혔다. 하지만 이들 관점의 시간적 선후 관계를 우열이나 발전의 과정으로만 보는 것은 온당하지 않다. 시학적 관점이 구조주의 서사학을 거쳐 인지 서사학으로 계승된 것에서 확인할 수 있듯이 서사에 대한 개별 관점은 고유의 문제의식과 접근 방법을 지닌 독자적인 것이며 그 자체로 발전한다. 이와 관련하여 20세기 후반부터 현재까지의 서사론을 정리한 팰런의 논의를 참고할 수 있다. 그에 따르면, 서사론에서 서사의 본질은 크게 '형식적 체계로서의 서사', '수사로서의 서사', '이데올로기 도구로서의 서사'로 규정되었다. 주목할 점은 이러한 규정이 서사론의 역사에서 차례대로 제안되었지만 교체되거나 사라지지 않고 현재에도 '서사 현상'을 이해하고 '서사적인 것'을 규정하는 데 필요한 핵심 개념으로 활용된다는 점이다. 이 세 개념을 중심으로 서사론의 발전 과정이 병렬적으로 기술될 수 있었던 것도 이 때문이다(Scholes, Kellogg & Phelan, 2007: 431-500).

이상의 논의를 바탕으로 서사적 특성을 중심으로 현대소설을 읽는 방법을 '서사 문법 중심의 분석적 소설 읽기', '서사 기법 중심의 수사적 소설 읽기', '서사적 이념소 중심의 비판적 소설 읽기'로 나눠 구체적으로 살피고자 한다.

서사 문법 중심의 소설 읽기에서 '서사 문법 중심'은 서사를 형식적 체계의 하나로 전제함을 의미한다. 여기에서 '장르 지식'은 소설 텍스트의 의미를 가능하게 하는 형식적 체계의 한 요소이다. 따라서 이에 대한 '분석적 소설 읽기'는 소설 텍스트를 해석하는 것보다는 서사의 장르적 속성을 이해하는 데 초점이 맞춰 있다. 소설 텍스트로 실현된 서사 장르의 요소를 변별하고 그 기능을 확인하면서 궁극적으로는 서사 장르의 요소와 일반적 기능을 확인하는 것이다.

서사 기법 중심의 소설 읽기에서 '서사 기법 중심'은 서사를 작가와 독자가 의미를 공유하며 상호작용하는 일종의 소통 양식으로 전제함을 의미한다. 여기에서 '장르 지식'은 작가가 독자에게 특정한 가치를 호소하기 위해 선택한 장치이다. 따라서 이에 대한 '수사적 소설 읽기'는 소설 텍스트를 매개로 수행되는 작가의 가치 호소를 경청하는 데 초점이 맞춰 있다. 작가가 선택한 서사 기법에 주목하여 작가가 호소하고자 하는 가치를 추론하고 그 효과를 평가하는 것이다.

서사 이념소 중심의 소설 읽기에서 '서사 이념소 중심'은 서사를 소설 텍스트가 창작된 사회·문화적 맥락의 지배 이념을 재생산하는 주된 형식으로 전제함을 의미한다. 여기에서 '장르 지식'은 당대 사회의 지배적 이념을 정당한 것으로 받아들이게 하는 매개물이다. 따라서 이에 대한 '비판적 소설 읽기'는 장르 지식이 자연화하는 이념을 탈은폐하는 것이다. 여기에는 장르 지식이 전제하는 지배 이념에 대한 조명과 함께 이를 자연스럽게 인식하는 창작 및 수용 맥락에 대한 반성을 포함한다.

3.2. 현대소설 읽기 지도의 실제

3.2.1. 서사 문법 중심의 분석적 소설 읽기

서사 문법을 중심으로 소설을 분석적으로 읽는다는 것은 개별 작품에서 확인되는 서사의 요소를 변별하고 그 기능을 확인하는 것이다. 우리가 어떤 텍스트를 서사적이라고 부를 때 공통적으로 지칭하는 구조나 요소가 있다. 예를 들어 스토리, 서술, 텍스트의 삼원 구조나 사건과 작중 인물 등의 스토리 요소이다(Rimmon-Kenan, 1999: 9-16). 소설 텍스트 각각은 이러한 구조와 기본 요소, 즉 서사 문법이 실현된 개별 사례이다. 서사 문법 중심의 분석적 읽기는 언어학의 랑그와 파롤처럼 형식적 체계인 서사와 구체적 실현태인 소설 텍스트의 관계를 전경화하면서 후자를 바탕으로 전자를 구성하는 요소와 그 특성 및 관계를 드러내는 것을 목표로 한다.

서사 문법 중심의 분석적 읽기는 소설 텍스트에서 서사 문법의 특정 요소를 변별하는 것에서 시작한다. 예를 들어 김유정의 〈동백꽃〉을 읽는 독자는 대체로 서술자 '나'의 말하기에 주목하게 된다. 그의 말하기, 특히 점순이의 마음에 대한 그의 인식과 판단을 독자는 점순이의 진심으로 받아들이기 어렵기 때문이다. 물론 독자가 서사의 구조나 요소를 처음부터 직접 인식하거나 경험하기는 어렵다. 서사는 형식적 체계로 그 구조와 요소는 추상적인 것이기 때문이다. 따라서 이들 요소가 서로 결합하면서 구성된 소설 텍스트에 먼저 주목해야 한다. 소설 텍스트의 의미 형상화는 서사 문법의 요소와 기능을 직관적으로 인식할 수 있는 분석적 읽기의 중요 단서이다.

문제는 한 편의 소설 텍스트만으로는 이들 요소를 서사 문법의 한 형식으로 인식하거나 그 기능을 확정적으로 파악하기 어렵다는 데 있다. 서사 문법은 텍스트의 개별적 특성을 넘어 서사라는 형식적 체계의 보편성을 지향한다. 따라서 특정 소설에서 확인한 형식과 그 기능을 서사 문법으로 인식할 수 있으려면 다른 텍스트에서도 동일하게 변별하고 확인해야 한다. 이런 점에서 서사 문법 중심의 분석적 읽기에서 두 번째 단계는 문법 요소의 변별과 그 기능 확인을 다른 여러 텍스트로 확장하는 것이다. 예를 들어 〈동백꽃〉의 서술자가 지닌 믿을 수 없음과 그 기능에 주목한 독자는 다른 유사한 소설들, 주요섭의 〈사랑손님과 어머니〉, 채만식의 〈치숙〉이나 김유정의 또 다른 작품인 〈봄·봄〉의 서술자도 분석할 수 있다.

동일 형식이 적용된 소설 텍스트들을 여러 번 읽는 경험은 서사 문법 중심의 분석적 읽기에서 매우 중요한 과정이다. 보다 많은 소설 텍스트에서 동일한 형식을 변별하고 그 기능을 확인할수록 그 이해는 특정 텍스트의 개별적 차원을 넘어 서사 문법의 보편적 차원으로 심화될 수 있기 때문이다. 이런 점에서 서사 문법 중심의 분석적 읽기에서 마지막 단계는 서사 문법의 해당 요소를 범주화하고 그 기능을 명료하게 기술하는 것이다. 〈동백꽃〉에서 시작하여 〈사랑손님과 어머니〉, 〈치숙〉 등을 엮어 읽은 독자는 이들 소설에서 공통적으로 나타나는 '1인칭 시점의 서술자', 더 나아가 '믿을 수 없는 서술자'를 범주화하여 인식할 수 있다.

서사 문법 중심의 분석적 읽기는 서사 문법의 요소와 그 보편적 기능을 구체적 실현태인 소설 텍스트에 대한 분석을 통해 이해하는 활동이다. 구체적으로 첫째, 소설 텍스트에서 서사 문법의 요소를 변별하고 그 기능을 직관적으로 추론하며, 둘째, 동일한 형식이 적용된 복수의 소설 텍스트를 찾아 그 기능을 확인한 후, 셋째, 서사 문법의 해당 형식을 범주화하고 그 기능을 명료하게 기술한다. 이를 통해 독자는 다양한 소설 텍스트를 비교하고 하나의 범주로 분류할 수 있는 서사 문법의 특정 형식과 그 기능을 명료하게 이해할 수 있다. 또한 분석적 읽기의 범위를 서사 문법의 다른 요소로 확장하는 과정에서 서사적인 것의 다양한 가능태를 명료하게 설명할 수 있는 형식적 체계로서의 서사에 대한 이해에 도달할 수 있다.

3.2.2. 서사 기법 중심의 수사적 소설 읽기

소설의 장르 지식을 서사 기법으로 간주하면서 소설을 수사적으로 읽는다는 것은 장르 지식의 선택과 결부된 작가의 의도를 추론하고 평가하는 것이다. 서사 기법으로서 장르 지식은 소설 텍스트를 매개로 상호작용하는 작가와 독자의 소통을 전제한다. 작가는 소설 텍스트를 통해 특정한 가치를 호소하며 독자는 이러한 텍스트를 읽는 과정에서 그 가치에 정서적으로 반응한다. 서사 기법은 이러한 소통을 위해 작가가 선택한 것이다.

이런 점에서 서사 기법 중심의 수사적 읽기는 소설을 읽는 가운데 형성된 독자의 체험을 명료화하는 것에서 시작해야 한다. 소설 읽기는 서사적 소통에 독자가 참여하는 것이며 그 결과는 독자가 경험한 깨달음이나 정서이다. 이러한 체험은 서사 기법의 영향을 확인할 수 있는 기본 단서이다. 독자의 체험을 형성하는 데 관여하는 여러 요소 중 핵심적인 것이 바로 서사 기법이기 때문이다. 독자는 소설을 읽으며 자신이 깨달았던 것, 느꼈던 것을 확인하는 과정에서 서사 기법의 존재를 감지할 수 있다. 예를 들어 〈동백꽃〉을 읽고 난 후의 체험은 다양한데, 어떤 독자는 재미를 느끼는 반면, 어떤 독자는 슬픔과 연민을 느끼기도 한다.

서사 기법 중심의 수사적 읽기에서 두 번째 과정은 체험을 형성하게 한 서사 기법에 주목하고 그 기능을 분석하는 것이다. 작가의 서사적 소통은 다양한 서사 기법에 의존하지만 독자가 소설 텍스트에 적용된 서사 기법 모두에 관심을 보이거나 동일한 정도로 주목하는 것은 아니다. 독자는 형성된 체험과 소설 텍스트의 영향 관계를 인식하는 과정에서 서사 기법을 선택적으로 주목한다. 체험의 형성에 중요한 영향을 미친 서사 기법이 무엇인지를 살피고 그 기법이 어떻게 작용하였는지를 따지는 것이다. 예를 들어 〈동백꽃〉의 읽으며 재미를 느낀 독자는 그러한 재미가 소설에서 점순이의 감정에 대해 무지한 '나'의 말하기와 관련되어 있음을 파악할 수 있다. 또는 슬픔과 연민을 느낀 독자는 그러한 체험이 계층적 차이로 점순이의 행동에 제대로 대응하지 못하는 '나'의 말과 행동에서 촉발된 것임을 이해할 수 있다.

서사 기법 중심의 수사적 읽기에서 세 번째 단계는 작가의 의도를 추론하고 평가하는 것이다. 서사 기법의 선택과 적용에는 반드시 작가의 의도가 개입한다. 채트먼은 이러한 의도를 작가의 '미적 목표'와 '가치적 목표'로 나눈다. 그에 따르면 가치적 목표는 삶과 세계에 대한 작가의 문제 제기나 제안을 독자가 의미 있게 수용하거나 공감하도록 하는 것이다. 반면 미적 목표는 인물과 사건에 대한 독자의 특정한 정서적 반응을 유도하는 것이다(Chatman, 2003: 297-304). 이런 점에서 수사적 읽기에서 작가의 의도를 추론하는 단계에는 서사 기법을 매개로 작가가 호소하려는 가치에 대한 추론과 서사 기법의 적용에 대한 적절성의 평가를 포함한다.

서사 기법 중심의 수사적 읽기는 작가에서 서술자를 거쳐 독자로 향하는 서사적 소통의 과정을 역으로 추적하는 활동이다. 즉 독자는 첫째, 소통의 결과로 발생한 자신의 체험을 명료화하고, 둘째, 이를 근거로 선택적으로 주목한 서사 기법의 소통 작용을 살피며, 셋째, 작가의 의도를 추론하고 서사 기법의 선택에 대한 적절성을 평가하는 것이다. 이를 통해 독자는 '작가가 소설 텍스트를 통해 전하고자 하는 바'가 무엇인지 적절하게 이해할 수 있으며 타당하게 평가할 수 있다. 또한 이 과정에서 독자는 서사 기법으로서 장르 지식이 작가가 가치를 호소하기 위해 선택하는 미적 자원이라는 점을 이해할 수 있다.

3.2.3. 서사적 이념소 중심의 비판적 소설 읽기

소설의 장르 지식을 서사적 이념소로서 간주하면서 소설을 비판적으로 읽는 것은 장르 지식이 암묵적으로 전제하는 이념을 밝히고 드러내는 것이다. 서사적 이념소는 장르 지식의 사회적 성격, 즉 소설 텍스트가 사회 문화적 힘의 위계를 반영하거나 재생산한다는 점을 전제한다.

계층, 성별, 직업으로 묶인 공동체 집단은 사건을 서술하고 의미화하는 특유의 방식을 공유한다. 이들 방식은 구성원들이 암묵적으로 인준한 권위에 근거하여 여러 담론의 이념을 위계화하며 이를 당연한 것으로 간주하게 한다. 소설의 장르 지식도 이러한 차원에서 이해될 수 있다. 말하는 사람과 그의 목소리를 언어로 묘사하는 소설에서 말하는 사람은 사회·역사적 개인이며 그의 목소리는 사회적 언어와 불가분의 관계에 있다 (Bakhtin, 1988 :64-257). 주목할 점은 이러한 사람과 목소리에 대한 재현에도 지배 담론의 이념이 개입한다는 것이다. 서사적 이념소로서 장르 지식은 작가를 포함한 공동체 구성원이 당연하게 여기는 지배 담론의 이념에 의해 '선택된 것'이다.

서사적 이념소 중심의 비판적 읽기는 소설 텍스트에 재현된 위계화의 양상을 파악하는 것에서 시작할 수 있다. 서사적 이념소는 특정 담론의 이념을 표상하는 것이며 그 이념의 정상성을 독자로 하여금 당연한 것으로 수용하게 한다. 이러한 자연화(naturalization)는 위계화의 방식으로 수행된다. 예를 들어 〈동백꽃〉에서 '나'의 목소리에는 산골 소년의 목소리와 소작농 아들의 목소리가 혼재하는데 작품에 따라 또는 독자의 읽기에 따라 특정한 목소리는 보다 가치 있는 것으로 강조되는 한편, 다른 목소리는 주변적인 것으로 낮춰 간과하게 된다.

소설 텍스트에는 다양한 목소리가 위계화되어 있는데 그 이면에는 장르 지식의 선택이 자리하고 있다. 그리고 이때의 선택은 의도적으로 '선택한 것'이 아닌 암묵적으로 '선택된 것'이다. 여기에 개입하는 것이 이념인데 이 이념은 특정 공동체가 이상적으로 생각하는 가치나 표상이라는 점에서 사회적인 것이다. 이런 점에서 서사적 이념소 중심의 비판적 읽기에서 두 번째 단계는 위계화의 논리가 기원하는 사회적 맥락을 재구하는 것이다. 소설 텍스트가 창작되거나 향유된 당시의 사회문화적 환경과 인식을 검토함으로써 소설 텍스트의 서사적 이념소가 왜 선택된 것인기를 밝히는 것이다.

독자는 소설에서 목소리들이 강화되거나 약화되는 양상을 살폈고 창작 당시의 맥락을 재구하였다. 후자의 활동은 서사적 이념소에서 긴장 관계에 있는 목소리들이 무엇인가를 밝히는 것이고 전자는 이들 목소리가 서사적 이념소를 매개로 어떻게 위계화되는가를 확인하는 것이다. 서사적 이념소 중심의 비판적 읽기에서 마지막 단계는 이를 근거로 서사적 이념소가 자연화하는 이념을 드러내는 것이다.

서사적 이념소 중심의 비판적 읽기는 서사적 이념소를 통해 당연한 것으로 여기게 하는 이념을 폭로하고 비판하는 활동이다. 독자는 첫째, 소설 텍스트에서 인물이나 그들의 목소리가 서사적 이념소를 매개로 강화되고 약화되는 위계화의 양상을 파악하고, 둘째, 서사적 이념소를 둘러싼 사회문화적 정보를 맥락화하며, 셋째, 이를 근거로 장르 지식에 전제된 이념을 비판적으로 드러낸다. 이 과정에서 독자는 장르 지식과 이념의 관계를 사회문화적 맥락을 근거로 설명할 수 있다. 더 나아가 자연스럽게 여긴 현상이나 그 권위를 당연하게 간주한 이념이 사실 역사적이고 특수한 것임을 인식함으로써 장르 지식을 선택하고 활용하는 방식 자체가 이념적 행위라는 점을 이해할 수 있다.

4. 동화 읽기 지도

4.1. 동화와 독자에 대한 인식

4.1.1. 동화, 어린이를 위한 문학

흔히 어린이를 위한 이야기를 통칭하여 '동화(童話)'라고 부른다. 고전소설이나 현대소설을 나누는 기준이 작품이 창작된 '시기'에 있다면, 소설과 동화를 가르는 기준은 '독자'에 있다. 동화 장르가 별도의 범주로 묶일 수 있는 것은 어린이 독자의 특별한 성격 때문이다. 앞 장에서 살핀 것처럼, 고전소설 읽기 지도는 작품이 창작된 시대와 수용되는 시대의 간극을 넘어서는 데에 주요 과제가 있고, 현대소설 읽기 지도는 다른 담화들과는 구별되는 언어 예술로서 소설의 특성을 포착하는 것에 관심이 집중되어 있었다. 이에 비해 동화 읽기 지도에서 주안점을 두는 문제는 대개 독자와 관련되어 있다. 동화 읽기 지도는 어린이 독자를 어떻게 이해하는가 하는 문제로부터 출발하게 되며, 어린이의 독서 과정에 함께하는 어른 작가/교사/독자의 역할을 어떻게 설정하느냐에 따라 지도의 방향과 내용이 달라질 수 있다.

일찍이 방정환은 〈새로 개척되는 동화에 관하여〉(개벽, 1923.1)에서 "동화의 동은 아동이란 동(童)이요 화는 설화(說話)이니 동화라는 것은 아동의 설화, 또는 아동을 위하야의 설화"라고 했다. 여기에서 '설화'는 문맥상 '이야기'라는 뜻으로 사용되었으니, 결국 동화는 '어린이를 위한 이야기'라는 설명이다. 간명하고 지당한 뜻풀이이지만, 과연 '어린이를 위한다'는 것이 어떤 것인지가 보충 설명될 필요가 있다. 동화에 대한 그의 생각을 구체적으로 파악하기 위해 다른 글을 추가로 참조해 보자.

학대받고 짓밟히고 차고 어두운 속에서 우리처럼 또 자라는 불쌍한 어린 영들을 위하야, 그윽히 동정하고 아끼는 사랑의 첫 선물로 난 이 책을 짰습

니다. (방정환, 1922)

위의 인용문은 방정환이 『사랑의 선물』에 쓴 서문이다. 『사랑의 선물』은 방정환이 세계 여러 나라의 작품을 번역하여 펴낸 동화집으로서 그가 생전에 남긴 유일한 단행본이다. 이 책은 1922년, 한국에서 아동문학 장르가 막 자리를 잡아가던 때에 발간되었는데, 1920년대에만 이미 10쇄 이상 발행했으니 어린이책 분야 최초의 베스트셀러라고 할 수 있다. 책의 제목에서 살필 수 있듯, 방정환은 동화를 어린이에게 사랑으로 주는 귀하고 아름다운 선물에 빗대었다. '선물'은 받는 사람을 기쁘고 즐겁게 하기 위해서 대가를 바라지 않고 주는 것이다. 상대의 상황과 마음을 잘 헤아릴 때 딱 맞춤한 좋은 선물을 줄 수 있다. 만약 상대방의 필요나 취향은 무시하면서 자기 말을 잘 듣게 하려는 목적으로 건네는 것이라면, 그것은 선물이 아니라 얄팍한 속임수나 우회적인 협박, 미끼나 뇌물이 아닐까. 동화가 어린이에게 진정한 선물이 되려면, 우선 선물 받을 상대인 어린이를 존중하고 배려하는 마음으로 창작한 수준 높은 예술이어야 할 것이다.

때문에 아동문학을 생각할 때도 문학이 "인간의 사상이나 감정을 상상의 힘을 빌려 언어로 표현한 예술"(표준국어대사전, 1999)라는 점은 일부러라도 강조할 필요가 있다. 2015 교육과정에 명시된 것처럼 문학의 본질은 "인간의 삶을 언어로 형상화한 작품을 통해 즐거움과 깨달음을 얻고 타자와 소통하는 행위"에 있으며, 이는 '어린이를 위한 문학'에서도 마찬가지다. 정도의 차이는 있겠지만 어린이가 동화를 읽는 이유도 어른 독자와 크게 다르지 않다. 어린이도 무언가를 배우고 받아들이기 위해서만이 아니라, 흥미진진한 재미를 만끽하고, 슬프고 외로웠던 시간에 공감과 위로를 받으며, 새롭고 낯선 상상의 모험을 즐기고, 치열하거나 섬세한 감정의 파동을 느끼고, 세계와 인간에 대한 진지한 깨달음을 얻는 등 다양하고 풍요로운 예술적 경험에 자신을 열어 놓고 타자와 소통하기 위해 동화를 읽는다.

그럼에도 불구하고 아동문학에 대한 선입견은 광범위하고 뿌리깊다.

우리도 혹시 어린이를 '위한' 문학의 의미를 국어사전에 풀이된 것처럼 "어린이를 대상으로 그들의 교육과 정서 함양을 위해 창작한 문학"(표준국어대사전, 1999) 정도로 여기고 있지는 않은지 다시 생각해 볼 필요가 있다. 우리는 시나 소설에 대해서는 성인들의 "교육과 정서 함양"을 목적으로 창작한 것이라고 말하지 않는다. 작가가 독자를 가르치고 정서를 길러주기 위해 소설을 쓴다고 한다면 불쾌감을 느낄 독자도 적지 않을 것이다. 그러나 아동문학에 대한 설명에서는 이와 같은 표현이 낯설지 않다. 이는 어린이를 '교육받을 대상'으로만 한정하고 심지어 독자가 문학적 감동을 느끼는 것조차 모종의 메시지나 깨달음을 얻기 위한 사전 절차 정도로 치부하는 통념과 관련이 깊다.

우리는 흔히 동화에 대해 생각할 때, 어린이에 대한 고정관념으로 독자의 성격을 단일하게 규정하고 이러한 선입견을 작품을 창작하거나 해석할 때 과잉 적용하는 경향이 있다. 그러나 동화의 어린이 독자층은 선입견과는 달리 편차가 매우 크다. 동화를 읽는 어린이 독자 그룹의 내부는 성인 독자 그룹에 비해 독서 경험, 취향, 서사 역량 등에서 차이가 더 크면 컸지 결코 적다고 할 수 없다. 때문에 동화의 독자를 일종의 선입견이나 고정관념으로 단일하게 규정하고, 어린이를 '위한' 문학의 효용성을 좁은 의미의 교육적 효과로만 제한하는 것은, 문학 독서의 풍부한 가능성을 제약하는 것은 물론이고 교육적 효과에도 근본적으로는 한계를 초래할 수밖에 없을 것이다. 혹여 동화를 문학예술 장르의 하나로 인정하기보다는 어른들이 어린이에게 주입하고 싶은 메시지를 부드러운 방식으로 전달하는 편리한 수단으로 생각하고 있지는 않은지, 어린이 독자를 문학 작품의 미적인 특징을 판단하고 의미를 해석하는 주체로 보기보다 주어진 메시지를 수동적으로 받아들이는 대상으로 생각하고 있지는 않은지 새삼 돌아볼 필요가 있다.

4.1.2. 동화, 어린이와 어른이 함께 읽는 문학

동화는 어린이를 위한 언어 예술이다. 동화는 어른에게 소설이 필요한 것처럼 어린이 독자에게도 별도의 서사가 필요하다는 논리로 장르 존립의 기본 근거를 마련한다. 그러나 이와 같은 장르의 기본 개념 정의로부터 한발 나아가 실제적인 소통 장면을 생각해 보면 동화의 1차 수신인이 어린이라고 해서 반드시 어린이 독자만 동화를 읽는 것이 아니라는 사실에 금세 부딪히게 된다. 동화의 실제 독자 중에는 어린이에게 동화를 골라주거나 읽어주기 위해 먼저 읽는 교사와 양육자가 있을 수 있고, 특별한 목적 없이 그냥 읽고 싶어서 읽는 어른도 있을 수 있다. 어린이만 읽는 것이 아니라 어른도 함께 읽는 것은 아동문학이 오랫동안 지향해 온 이상적 상황이기도 하다. 방정환은 "오직 이 동화의 세상에서만 아동과 일반 큰 이가 '한테 탁 엉킬 수'가 있는 것이요 이 세상에서만 대인의 혼과 아동의 혼과의 사이에 조금도 차별이 없어지는 것"(방정환, 1923:23)이라고 한 바 있다. 훌륭한 아동문학 작품은 어린이, 어른 할 것 없이 모두에게 감동을 준다는 것은 누구나 잘 아는 사실이다.

이처럼 동화의 1차 독자는 어린이지만 어른들도 기꺼이 독자로 참여하고 있다는 사실, 즉 현실 경험과 관심사, 문해력과 인지 수준, 사회적 위치나 문화적 환경이 크게 달라서 문학작품을 수용하는 성향에 뚜렷한 차이가 있을 것이 예상되는 두 유형의 독자 집단이 공존한다는 사실은 동화의 의사소통 구조와 의미 실현의 과정을 복잡하게 만드는 요인이 된다. 마리아 니콜라예바는 이와 같은 '이중 독자(dual audience)'의 문제 때문에 예술 형식으로서의 아동문학이 어떤 면에서는 성인들의 문학보다 훨씬 복잡해진다고 말한다. 즉 아동문학은 두 가지 코드의 '이중 수신(dual address)' 시스템을 갖는데 그중 하나의 코드는 어린이를 향하고, 다른 하나는 종종 어린이 뒤에 있는 어른들을 무의식적으로 지향한다는 것이다. 그는 아동문학 장르가 다른 문학 장르와 구별되는 것도 바로 이와 같은 '이중적 코드 시스템' 때문이라고 보았다(Nicolajeva, 1998: 92-93). 마리아 니콜라예바는 널리 통용되고 있는 시모어 채트먼의 서사적 담화 구조 모형의 오른쪽 부분

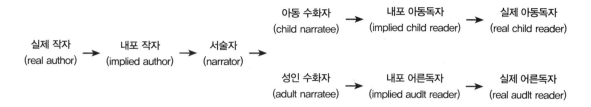

그림 14-1 | 마리아 니콜라예바의 아동서사 이중 수신 모델(Nicolajeva, 2005: 262)

을 변형시켜서 아동문학 텍스트의 이중 수신 구조를 다음과 같이 제시했다.

그런데 아동문학에서 성인들은 단지 '독자'의 자격으로만 참여하는 것이 아니다. 극히 드문 경우를 제외하면 아동문학은 대개 수신자와 다른 사회·문화적 배경을 가진 그룹에 속한 사람, 즉 성인 작가들이 창작한다. 마리아 니콜라예바가 언급한 것처럼 아동문학은 발신자와 수신자가 언제나 서로 다른 두 사회에 속해 있는 "아주 드문 텍스트 타입 중의 하나"다(Nicolajeva, 1998: 92). 따져보면 아동문학장에는 작가, 편집자, 디자이너, 비평가처럼 작품 생산과 유통에 참여하는 전문가들도 있고, 교사나 양육자처럼 어린이의 책 읽기에 일상적으로 참여하는 조력자들도 존재한다. 목적과 역할은 다를지라도 어른들은 동화를 창작하고, 출판물로 만들어 유통시키고, 작품을 감상하며 평가하는 모든 과정에 직·간접적으로 참여하며 '동화적인 것'을 만드는 데 집단적인 영향력을 행사하고 있다.

페리 노들먼은 이러한 현상을 강조하기 위해 '숨겨진 어른(hidden adult)'이라는 표현을 사용했다. 그는 언뜻 보아 단순하고 투명해 보이는 아동서사 텍스트의 표층 아래에 잘 보이지 않는 지배 이데올로기의 저장소로서 '그림자 텍스트(shadow text)'가 존재할 수 있으며, 성인 집단은 텍스트의 작중 인물이나 서술자 등을 통해 자신들이 생각하는 아동에 대한 이데올로기를 주입해 왔다고 주장한다. 그는 아동서사에 특정한 '어린이'의 이미지를 형상화하고, '어린이문학다움'의 서사 규범과 장르 정체성을 구성해 온 것은 바로 이 숨어있는 어른들의 집합적 힘이라고 지적한다(Nodelman, 2008).

아동문학에 존재하는 이중 독자 그룹 간의 힘의 불균등성은 어른과 어린이 사이에 실재하는 권력 관계에 기반한다. 아동문학에 관여하는 어른들의 권력 작용에 대한 가장 극단적인 비판은 아동문학은 본질적으로 어른들이 어린이들을 '식민화'하는 데 일조한다는 것이며, 이러한 주장은 종종 아동문학 무용론으로까지 귀결되곤 한다. 그러나 이러한 견해는 아동문학의 일면을 극단적으로 과장한 것일 수 있으며, 무엇보다 어린이 독자를 지배 이데올로기를 일방적으로 받아들이는 수동적이고 무기력한 존재로 규정한다는 점에서 문제가 있다. 파울로 프레이리는 교육이 지배 이데올로기를 재생산하는 것은 맞지만 반드시 그런 일만 하는 것은 아니라고 한 바 있다. 현대 사회의 모순들을 함께 품고 있는 "학교는 지배 이데올로기를 복제하기도 하지만 이를 변형시키기도 한다"는 것이다(Freire, 2014: 10). 프레이리의 이러한 주장은 '학교'뿐만 아니라 '동화'에도 적용 가능할 것이다. 동화는 어린이에게 어른들이 바라는 어린이상을 꾸며내고 지배 이데올로기를 주입시키는 효율적인 채널로 기능할 수도 있다. 그렇지만, 이와 반대로 지배적인 이데올로기를 비판하거나 협상하며 새로운 변화를 모색하는 가능성의 장소가 될 수도 있을 것이다.

따라서 어떻게 성인과 어린이 사이에 존재하는 불평등한 권력 관계를 지양하고 상호 대화적 관계를 만들어 갈 것인가, 어린이 독자가 능동적인 주체로 참여하며 계속 성장해 나갈 수 있도록 지원할 것인가 하는 문제는, 어린이와 함께 동화를 읽는 어른들에게 주어진 중요한 윤리적 책무가 된다.

4.2. 동화 읽기 지도의 실제

4.2.1. '함께' 읽기에서 대화적 관계 만들기

모든 문학 장르가 마찬가지지만 동화 읽기의 과정도 서로 다른 주체의 참여로 이루어지는 '대화'에 비유할 수 있다. 특히 동화의 문학적 소통 과정에는 성인과 아동과 같이 차이가 큰 주체들이 참여하게 되므로, 동화 읽기 지도의 이상은 결국 작가와 독자, 작품과 독자, 독자와 독자 사이에 존재하는 권력의 불균등성을 극복하고 대화적 관계에서 함께 성장해 나가는 길을 도모하는 데 있다고 해도 과언이 아니다.

널리 알려진 것처럼, 미하일 바흐친은 서로 다른 존재가 대등한 권리와 의미를 지니고 의식적인 상호작용으로 만나는 언어와 문학의 소통 행위를 '대화'라는 개념으로 설명했으며, 열려 있는 세계의 무한성 속에서 다른 타자의 낯선 의식과 만나는 대화적 과정이 주체의 성장과 사회·문화의 역동적인 창조를 이끈다고 보았다. 바흐친의 대화주의는 교육의 문제를 근본적으로 성찰하는 데 많은 영감을 주어 왔지만, 문학 수업 상황에서도 텍스트와 독자, 교사와 학습자, 독자와 독자 간의 대화적 관계 형성의 의의를 재고하게 하는 면에서 의미가 깊다(남지현, 2017: 22-34).

동화에서 아동과 성인의 대화적 관계를 형성하고자 하는 노력은 여러 층위에서 이루어져 왔으며, 상황에 따라 새롭게 시도될 수 있다. 먼저, 작가는 자신과 어린이 독자가 권력 관계에서 결코 평등하지 않다는 점을 잘 알고, 이러한 관계를 재조정하기 위해 다양한 전략을 사용해 왔다. 독자의 나이가 어림에도 불구하고 상대를 높이는 존대법을 사용하는 한국어 동화의 서술 문체는 작가와 독자의 불균등한 관계를 조정하고자 하는 의도가 반영된 결과로서, 어린이에 대한 근대적 인식의 출현과 긴밀한 연관관계를 맺으며 형성되었다(조은숙, 2009: 222-223). 동화에는 때로 친근한 어조로 어린이 독자에게 직접 이야기를 건네는 인격적인 서술자가 등장하기도 한다. 다음은 박태원의 〈영수증〉의 서두인데, 어른 화자와 어린이 청자 간의 문답 장면을 설정하여, 이 작품의 장르와 작중 인물에 관한 정보를 제공하고 있다.

이제 이야기를 하나 하겠습니다. 이렇게 제가 말하면 여러분은 응당
"옛날 어느 나라에 임금이 있었습니까."
하고 미리 앞질러 말씀하시겠지요.
그러나 제가 지금 하려는 이야기는 옛날이야기가 아닙니다. 또 임금의

이야기도 아닙니다.

(…)

여러분이 한번이라도 노마하고 만나시는 일이 있다면 아마 틀림없이 여러분은 그애하고 동무가 되고 싶어하실 것입니다.

"그러나 마음이 어떤 아인지 알아야지."

이렇게 여러분은 말씀하시겠지요. 그러나 그런 것은 조금도 염려 마십시오. 노마는 마음도 퍽이나 순하고 착한 아이랍니다.

잘 들으십시오. 노마에게는 아버지도 어머니도 안 계십니다. 물론 집도 없지요.(박태원: 1933.11.1.)

어린이 독자를 배려한 이와 같은 서술 방식은 마리아 니콜라예바의 용어를 빌리자면 '나이 우선하기(aetonormative theory)'를 극복하기 위한 성인의 자기 부정 전략이 반영된 것이라고 볼 수 있다(Nicolajeva, 2012: 304).

한편 어린이들과 함께 동화를 읽는 과정에서 성인 교사/독자 또한 어린이 독자와의 불평등한 관계를 조정하기 위해 다양한 전략을 사용할 수 있다. 최근 '온작품 읽기', '슬로리딩', '책 읽어주기', '문학 독서 토론' 등 독서에 참여하는 주체들 간 대화적 상호 작용이 이루어지는 독서 문화를 만들어 가고 있는 것은 현장에서의 대표적 실천 사례들이다. 이들 독서 활동의 구체적인 목표나 주안점은 다를지라도, 교사와 학생 모두 주체적으로 참여하여 조각나지 않은 하나의 작품을 '함께', '천천히', '깊게' 읽고, 그 과정에서 문학적 '경험'의 즐거움을 온전하게 누리며 서로의 성장을 도모한다는 점은 공통적이다.

4.2.2. '함께' 읽기에서 문학적 경험 활성화하기

어린이들이 동화를 읽는 과정에서 교사는 어떻게 하면 어린이들의 능동적인 문학 경험을 활성화하는 조력자가 될 수 있을까? 동화 읽기의 지도의 초점은 독자, 장르, 작품의 특성 등 다양한 요인에 따라 달라질 수 있기 때문에 하나의 방법을 제안하기는 어렵다. 많은 사람들이 공통으로 제안하는 것은 어린이들이 문학적인 경험의 주체가 될 수 있도록 지원하라는 것이다. 여기에서 문학적 경험이란 일단 개인 독자들이 작품에 구조화되어 있는 여정을 충실히 따라가면서 작중 세계에 흠뻑 빠져보는 것을 출발점으로 하여, 자기 생각과 느낌을 말이나 글로 표현해 보거나 다른 사람과 대화하며 더욱 섬세하고 풍요롭게 심화·확장해 나가는 과정을 뜻한다.

어린이들이 문학작품을 잘 감상하고 해석하며 즐거움을 얻기 위해 하는 일들은 성인 독자가 소설을 읽으면서 하는 일들과 마찬가지다. 그러나 어린이들은 아직 독서 경험이 충분하지 못해서 장르 규범에 대한 이해가 부족할 수 있으며 이야기를 파악하는 데 필요한 적절한 읽기 전략을 사용하지 못할 수 있다. 때문에 교사는 어린이들이 문학 작품 읽기의 즐거움을 충분히 경험할 수 있도록 하되, 보다 다양한 장르의 작품을 접하고 문학 능력을 성장시킬 적절한 기회를 제공할 필요가 있다.

어린이의 문학 독서를 지도하는 과정에서 교사는 다양한 역할을 담당하게 된다. 어린이들에게 작품을 소개하는 것부터 시작해서, 독서의 진행 과정을 전체적으로 관리하면서, 어린이들이 자기 생각과 느낌을 표현할 수 있도록 격려하고, 텍스트 탐색의 과제나 분석 전략을 제시함으로써 이야기의 구조나 작동 원리를 발견하게 하기도 하며, 적절한 질문을 통해 텍스트의 빈틈을 채우고 의미를 구성하는 데 조력하며, 대화나 글쓰기를 통해 문제의식을 심화·확장하거나 의미를 정련할 수 있도록 이끌어 나가기도 한다. 이처럼 다양한 역할을 원활하게 수행하기 위해서는 먼저 교사 자신이 동화 읽기의 즐거움을 충분히 경험해야 하며, 비평적 안목으로 작품을 판단할 수 있어야 할 것은 물론이다. 또한 어린이들의 반응을 민감하게 포착하여 상황에 따라 적절하게 대처하는 융통성 있는 자세를 가질 필요가 있다.

교사는 텍스트에 설정된 '내포 독자'와 눈앞에 있는 '실제 어린이 독자'를 연결해 주는 매개자의 역할을 수행한다(Sipe, 2011: 108-109). 이야기 읽어주기 활동은 작품과 어린이 독자를 매개하는 교사의 역할을 잘 보여준다. 동화를 읽어주는 동안 교사는 어린이 독자들에게는 부족할 수 있는 사회·문화적 배경 지식을 활용하여 맥락화하기도 하고, 텍스트의 어느 부분에 초점을 두어 살펴야 하는지 언급하거나 무의식적으로라도 암시하게 된다. 이야기를 읽어주는 교사 목소리의 강약과 어조, 리듬에는 이미 교사가 경험한 감정이나 작품에 대한 해석이 반영되어 있다. 그러나 단순히 작품을 실감나게 읽어주는 것만이 중요한 것은 아니다. 작품을 읽어가는 과정에서 교사가 던지는 질문이나 어린이들과 이야기를 나누는 것은 언어적 비계가 되어 어린이들의 문학 탐구를 활성화하는 데 일조한다.

작품을 읽을 때, 어디에 주안점을 둘 것인가는 독서의 목적, 독자의 상황, 작품의 특성에 따라 달라질 수 있어서 일률적인 기준을 세우기는 어렵다. 그러나 텍스트에 기초하여 읽고자 한다면, 장르의 특성을 고려하지 않을 수 없다. 흔히 어린이를 위한 서사물을 통칭하여 '동화'라고 부르고 있기는 하지만, 사실 아동서사의 하위 장르에는 우화, 의인동화, 전래동화, 옛이야기 형식의 창작동화, 생활동화, 사실동화, 역사동화, 추리탐정소설, 모험소설, 과학소설, 판타지, 인물 이야기 등 연원과 계보를 달리하는 다양한 유형의 이야기들이 포함되어 있다. 동화의 다양한 장르를 접함으로써 장르마다 이야기를 만들어 내는 방식이 다르다는 것을 이해하고, 이에 부합하는 적절한 읽기 전략을 익히도록 할 필요가 있다.

또한 문학 읽기의 즐거움을 느끼고 싶다면 이야기를 만들어 내는 기본 요소에 관심을 기울여 볼 필요가 있다. 사이프(Sipe)는 아주 어린 유아라고 하더라도 문학 작품을 비평적이며 심미적으로 읽는 것이 가능하며, 이를 통해 스스로 의미를 구성하는 즐거움을 느낄 수 있다는 연구 결과를 다수 소개한 바 있다. 그는 교사가 문학적 원리를 바탕으로 어린이 독자의 경험과 이해를 발전시키는 역할의 중요성을 강조한다(Sipe, 2011: 104-108). 페리 노들먼은 동화를 읽을 때도 유능한 독자가 문학 텍스트의 틈을 채울 때 사용하는 흔히 사용하는 전략을 참조할 필요가 있다고 하면서, 구체화, 캐릭터, 테마, 구조, 초점맞추기 등에 관심을 기울여 볼 것을 조언했다(Nodelman, 2001: 105-123). 먼저 구체화는 작품을 읽어가면서 작품에 그려진 대상이나 장면을 생생하게 감각적으로 떠올려 보는 것이다. 작가가 아무리 세밀하게 표현한다고 하더라도 텍스트에는 미지정의 부분이 반드시 잔존해 있기 마련이다. 직접 경험해 보거나 눈에 보이지 않은 것을 떠올려 상상하는 힘은 중요한 문학 능력이다. 이은정의 〈목기린 씨, 타세요!〉에서 화목마을의 버스의 모양을 구체적으로 떠올려 보거나, 은소홀의 〈5번 레인〉에서 강나루가 수영장 레인에서 물살을 가르며 반복적으로 수영 연습하는 장면을 상상해 보는 것은 작중 인물의 상황을 이해하는 데 도움이 된다. 캐릭터는 당연히 서사의 핵심적인 요소이다. 서사에서 인물은 행위 주체로서 사건을 이끌어 가는 기능을 담당하기도 하고, 다양한 인간성의 면면을 보여주기도 한다. 특히 동화의 주인물은 어린이 또는 어린이의 속성이 부여된 동물인 경우가 많은데, 이는 어린이 독자들에게 작중 인물의 처지와 내면에 공감하며 읽게 하는 기호로 작용하기도 한다. 이현의 〈푸른 사자 와니니〉에서 와니니는 몸집도 작고 힘도 약한 암사자로서, 제대로 된 사냥꾼이 되지 못할 것이라는 낙인을 극복해 가는 성장형 캐릭터다. 초원의 법이 지배하는 세렝게티 초원을 배경으로 하기 때문에 인간중심의 사회 질서를 넘어서 생명의 윤리를 생각해 보게 만든 작품으로 의의가 있다. 동화는 순차적 시간의 스토리로 구성되어 있고 행복한 결말로 끝난다고 생각하기 쉽지만, 현대 아동서사는 다양한 플롯의 미학을 경험하게 해준다. 유은실의 〈내 이름은 백석〉이나 김남중의 〈수학왕 기철이〉처럼 아이러니한 긴장 속에 끝을 맺는 작품도 자주 볼 수 있으며, 송미경의 〈나를 데리러 온 고양이 부부〉처럼 집으로의 안전한 귀환을 거부하는 일탈형 환상 동화도 등장하고 있다. 문학 작품은 해석의 다양성에 열려 있다. 의미 있는 주제를 독자 스스로 발견하고, 이러한 의미를 자신의 삶에 연결지으며 인식을 확장해 나가는 과정도 동화 읽기의 즐거움을 더할 수 있을 것이다. 또한 작품에 반복적으로 등장하는 표현이나 이미지의 구조를 읽는 것 또한 언어로 된 예술을 탐구하는 한 방법이 될 것이다. 시점은 이야기의 어떻게 전달하는가 하는 데 결정적인 영향을 미친다. 누구의 눈으로 누구의 경험이 반영되어 보고 있는가는 이야기의 관점이나 분위기를 좌우하는 중요한 조건이다. 그러나 이 모든 것들 이전에 중요하게 고려되어야 할 것은, 어린이들에게 작품에 머물며 다양한 읽기 경험을 쌓을 수 있는 시간과 문학과 자신의 삶을 연결지을 수 있는 기회가 넉넉하게 주어지는 일이다.

디지털 사회에서 고전소설은 독자들에게 낯익음과 낯섦의 인상을 동시에 주는데, 성급하게 일반화된 특성에 구속되지 말고 그런 특성들이 역사적, 문학적 산물임을 이해하면서 개별 작품이 지닌 개성에 접근함으로써 새로운 이해의 지평을 열 수 있다.

고전소설 읽기에서는 우선 문맥을 고려한 해석, 서사 전개의 전체적인 이해, 주제에 대한 추론, 인물 및 작품에 대한 평가와 같은 과정을 거쳐 서사 내적 맥락을 이해하는 과정이 있다. 그리고 고전소설은 역사적, 시대적, 사회문화적 산물로서 작품의 내용을 당대적 맥락에 조회하면서 읽음으로써 깊이 있는 해석이 가능해진다. 고전소설 읽기 지도에서는 인간의 삶의 보편성과 다양성을 축으로 하여 오늘날의 삶을 비추는 거울로 작용할 수 있도록 이끌어야 한다.

소설은 기본적으로 화자가 청자에게 이야기를 전달하는 방식을 취한다. 소설의 예술성은 이러한 방식을 갈고 다듬으며 세련되게 발전시키는 것인바, 독자가 소설의 서사적 특성에 주목하면서 소설을 읽는다면 소설의 의미를 좀 더 깊이 있게 이해할 수 있다. 서사 예술로서 소설을 소설답게 만드는 것을 소설의 서사적 특성이라 부를 수 있다. 주목할 점은 소설론 내부에서 서사적 특성에 접근하는 서로 다른 관점이 있다는 것이다. 각각의 관점은 소설의 서사성을 다른 방식으로 설명하며 이에 따라 서사적 요소에 주목하면서 소설을 읽는 방식에도 차이가 있다.

서사적 특성을 중심으로 현대소설을 읽는 방법에는 '서사 문법 중심의 분석적 소설 읽기', '서사 기법 중심의 수사적 소설 읽기', '서사적 이념소 중심의 비판적 소설 읽기'가 있다. 서사 문법 중심의 분석적 소설 읽기는 소설 텍스트로 실현된 서사 장르의 요소를 변별하고 그 기능을 확인하면서 궁극적으로는 서사 장르의 요소와 일반적 기능을 확인하는 것이다. 서사 기법 중심의 수사적 소설 읽기는 작가가 선택한 서사 기법에 주목하여 작가가 호소하고자 하는 가치를 추론하고 그 효과를 평가하는 것이다.

서사 이념소 중심의 소설 읽기는 장르 지식이 전제하는 지배 이념에 대한 조명과 함께 이를 자연스럽게 인식하는 창작 및 수용 맥락에 대한 반성을 포함한다.

동화는 기본적으로 어린이를 위한 문학으로서, 인간의 사상이나 감정을 상상의 힘을 빌려 언어로 표현한 예술의 하나다. 작가, 비평가, 교사 등 동화의 소통구조에 참여하는 어른들에게는, 성인과 어린이 사이에 존재하는 불평등한 권력 관계를 지양하고 상호 대화적인 관계를 만들어 갈 윤리적 책무가 있다.

동화에서 상호 대화적 관계를 형성하고자 하는 노력은 텍스트 안과 밖에서 이루어질 수 있다. 동화 읽기 지도를 하는 교사는 텍스트에 설정된 내포독자와 실제 어린이 독자를 연결해 주는 다양한 역할을 수행한다. 교사는 어린이와 함께 동화를 읽으면서 해석과 감상에 필요한 언어적 비계를 제공하고, 이야기의 기본 요소와 작동 원리에 관심을 기울이게 함으로써 어린이들의 심미적, 비평적 읽기 능력을 진작시킬 수 있다.

01 액자식 구조로 이루어진 〈운영전〉은 운영과 김 진사의 사랑이 파탄에 이르는 내부 이야기를 두고 비극적인 결말로 인식되곤 한다. 그러나 외부 이야기에 초점을 맞추면 비극적이기만 한 것은 아니다. 두 사람이 왜 지상에 다시 내려왔는지를 유영에게 밝히는 대목을 중심으로 〈운영전〉의 주제의식을 파악해 보자.

02 고전소설의 제목은 대체로 주인공의 이름을 내세워서 '○○○전'과 같은 식으로 구성되는 경우가 많다. 위와 같은 제목을 가진 작품 하나를 택하여 그 작품의 개성이 드러날 수 있도록 새로운 제목을 만들어 보자.

03 현대소설의 인상적인 서술자를 꼽아보고 그 서술자의 특성을 서사 문법, 서사 기법, 서사 이념소의 차원에서 밝혀보자.

04 유은실의 〈내 이름은 백석〉, 김남중의 〈수학왕 기철이〉 중 1편을 선택하여 읽어보자. 먼저 자신의 느낌과 생각을 담아 감상평을 작성해 보고, 다음에는 이 작품을 어린이 독자는 어떻게 읽을 것인지 생각해 보라. 어린이의 반응과 자신의 반응에 공통점이 많을 것으로 예상되는가, 차이점이 많을 것으로 예상되는가? 특별히 어떤 부분이 그러한가? 왜 그렇게 생각했는가?

05 최근에 좋은 평가를 받았던 동화 중에서 한 편을 선택해 보자. 책 읽어주기 활동을 한다고 생각하면서, 어린이의 문학적 반응을 활성화할 수 있는 질문을 '읽기 전/중/후' 과정에 맞추어 만들어 보자.

고선주 외 역(2012). 어린이 문학에 나타난 힘과 목소리, 주체성. 교문사.

김병욱·오연희 역(1993). 서사론 : 비평언어학 서설. 형설출판사.

김서정 역(2001). 어린이문학의 즐거움 1. 시공주니어.

김현(1991). 한국문학의 위상/문학사회학– 김현 문학전집 ①: 문학은 무엇을 할
수 있는가. 문학과지성사.

남지현(2017). 책 읽어주기와 문학토의. 사회평론.

류수열(2020). 청소년을 위한 고전소설 에세이. 해냄.

류수열 외(2014). 문학교육개론Ⅱ–실제 편. 역락.

서정숙 역(2011). 유아교사의 그림책 읽어주기. 창지사.

이상구(2010). 숙향전·숙영낭자전: 해설: 조선 후기 애정소설의 환상성과 현실
성–〈숙향전〉과 〈숙영낭자전〉을 중심으로. 문학동네.

이재선(2000). 한국소설사. 민음사.

임병권 역(2007). 서사문학의 본질. 예림기획.

전승희 역(1988). 장편소설과 민중언어. 창작과비평사.

정진석(2014). 소설 읽기에서 장르 지식의 탐구와 소설교육의 내용. 독서연구 33,
199–233.

정출헌(2017). 고전소설의 특징과 그 기원에 대한 변증. 우리말교육현장연구
11(2), 7–53.

조은숙(2009). 한국 아동문학의 형성. 소명출판.

조하연(2004). 감상(鑑賞)의 개념 정립을 위한 소고(小考). 문학교육학 15, 377–
412.

최상규 역(1999). 소설의 현대 시학. 예림기획.

한용환 역(2003). 이야기와 담론. 푸른사상사.

Phelan. J.(2005). Rhetorical approaches to narrative. In D. Herman, M, Jahn, &
M. Ryan(eds), Routledge Encyclopedia of Narrative Theory(500–504).
Routledge..

Nodelman, P.(2008). The Hidden adult. Baltimore: Johns Hopkins University
Press.

Nikolajeva, Maria(2005). Aesthetic Approaches to Children's Literature. Lanham, Md. : Scarecrow Press.

15 그림책 읽기 지도의 실제

학습목표

- 그림책의 장르적 특성을 이해하고 이에 기반을 둔 읽기 지도를 수행할 수 있다.
- 그림책 독자의 연령별 특성을 고려한 읽기 지도를 수행할 수 있다.
- 그림책 작가에 대한 탐구의 중요성을 인식하고 작가 중심의 읽기 지도를 수행할 수 있다.

학습내용

그림책 읽기 지도의 실제는 그림책의 독특한 장르적 특성을 이해하고 이러한 특성에 따른 효과적인 읽기를 생각해 보도록 한다. 그림책은 모든 연령의 독자들을 위한 책이라 할 수 있지만 연령별 발달 특성을 고려한 읽기 지도가 이루어져야 한다. 또한 그림책의 하위 장르별 특성을 고려한 읽기 지도가 이루어져야 한다. 마지막으로, 그림책 작가별로 그들이 추구하는 이야기와 그림의 고유한 특성이 있음을 인지하고, 이러한 이해에 바탕을 둔 그림책 읽기 지도가 필요하다. 이 장에서는 이러한 그림책의 장르, 독자, 작가의 특성을 알고 이에 따른 읽기 지도 양상을 개괄할 수 있다.

1. 그림책의 특성

1.1. 장르적 특성

1.1.1. 문학과 시각예술이 결합된 하이브리드 장르

그림책은 글과 그림이 각자의 표현 양식과 역할을 맡아 하나로 결합된 책이다. 그러나 글과 그림의 관계 양식에 대해서는 이견이 많다(Lewis, 2008). 그림책을 문학으로 볼 것인가? 아니면 시각 예술로 볼 것인가? 그림책의 영문 표기에도 'picturebook', 'picture book', 'picture-book' 등 다양한데, 각각 표기를 사용하는 데에도 그림을 우선할 것인가 반대로 텍스트를 우선할 것인가에 대한 다른 생각들이 담겨있다.

그림책에서 글과 그림에 대한 생각은 옳고 그름의 문제라기보다는 어떠한 입장에서 그림책을 보느냐에서 비롯되는 것이다. 독서교육을 하는 입장에서 보면 글을 읽는 것이 우선되어야 할 것이라고 생각할지 모르지만 '읽기'에 '글 읽기'와 '그림 읽기'를 모두 포괄하고 '텍스트(text)'의 범위를 '시각 이미지(visual image)'까지 확대한다면 그림책에서의 독서는 단순히 문자로 된 글을 읽는 것에만 해당하지 않는다. 게다가 최근 그림책에 시도되고 있는 다양한 기술적 장치들은 시각을 넘어 청각, 촉각, 후각에 이르기까지 감상할 수 있게 한다. 또한 디지털 기술과 뉴미디어와의 결합은 그림책에 현실감을 더해주고 책 너머의 세계와 연결되는 경험을 가능하게 한다. 이렇게 확장된 독서는 경험과 생각의 폭을 증대하고 창의성과 감수성을 발달할 수 있는 더없이 훌륭한 매체가 되었다. 따라서 독서교육에서 그림책 읽기를 단순히 어린이를 위한 '쉬운 문학'이 아닌 '예술과 문학의 하이브리드 장르'를 읽는 것으로 접근하는 것이 좋다. 이러한 접근은 그림책을 활용한 독서교육 대상의 연령, 지적 수준, 건강 상태 등 여러 요건들 사이를 넘나들며 독서교육 현장을 넓혀 나가는 데 기여할 수 있다.

1.1.2. 문학의 모든 장르를 포함

그림책의 하이브리드 특성은 그 자체로 독특한 장르임과 동시에 문학의 모든 장르를 포괄할 수 있다. Cullinan과 Galda(2002)는 아동문학의 장르를 동요·동시(poetry and verse), 전래이야기(folklore), 환상동화(fantasy), 과학동화(science fiction), 사실동화(realistic fiction), 역사동화(historical fiction), 전기(biography), 논픽션(nonfiction), 그림책(picture books)으로 나눈다.

동요·동시는 응축된 언어와 이미지를 바탕으로 상상된 사고와 감정을 운율로서 표현한 장르이다. 전래이야기는 인류의 문학적 유산으로서 전래이야기, 신화, 전설, 자장가, 민요. 작자미상의 구전이야기를 포함한다. 환상동화는 상상과 가상의 세계를 다루는데, 실제 존재하지 않는 장소, 사람, 피조물들이 설정되고, 현실에서는 가능하지 않은 사건들로 만들어진 이야기이다. 과학 동화는 물리학의 법칙과 과학적 원리를 논리적으로 연장시켜 미래에 일어날 수 있을 법한 이야기들을 담고 있다. 사실동화는 "만약 이렇다면~"하고 현실을 반영한 이야기이자 현실 세계에서 발생 가능한 이야기를 담고 있다. 따라서 사실동화의 등장인물들은 실제성을 가지며 배경에 있어서도 동시대적인 장면들을 바탕으로 한다. 역사동화는 과거의 장면을 다루는 것으로 과거에 이미 있었던 또는 발생 가능했던 사건들을 이야기로 재구성한 것을 말한다. 전기는 개인의 일생에 기초한 플롯과 주제를 다루는 것으로 한 개인의 삶을 설명하거나 부분적인 삶의 역사가 이야기로 펼쳐진다. 전기는 편지, 기록, 일기, 자서전 등의 다양한 형식을 갖는다. 논픽션은 현실 세계의 사실을 다룬다. 따라서 어떤 현상이나 사실을 주제로 하거나 어떤 개념을 설명하는 정보책(information book)을 포함한다.

마지막으로 그림책은 글과 그림의 상호의존적인 조합을 통해 이야기 또는 개념을 제공하는 것으로 앞서 분류한 모든 장르를 포괄할 수 있는 독특한 장르이다. 이는 그림책이란 장르가 담겨진 내용이 아닌 형식에 따른 분류이기 때문이다. 따라서 그림책은 전통적인 문학 장르의 분류에서 제외하기도 하지만 문학과 예술의 경계를 넘나들며 점점 비중 있게 자리를 잡고 있는 사실은 부정할 수 없다. 그림책이 포괄하고 있는 다양한 장르적 특성과 그에 따른 독서지도에 대해서는 다음 절에서 살펴볼 것이다.

1.1.3. 모두를 위한 그림책

그림책은 남녀노소, 장애와 비장애, 문화, 인종의 차이를 넘나들며(crossover) 읽을 수 있는 책이다. 이는 그림책이 특별한 대상을 염두에 두고 제작한 것이 아닐지라도 그 내용이나 형식의 특성 때문에 모든 이들이 읽을 수 있다는 의미에서 모두를 위한 그림책으로 설명될 수 있다.

먼저 그림책의 내용면에서 보면, 그림책의 내용은 짧고 함축적이어서 누구나 자신의 방식대로 독서할 수 있다. 최근 출간되고 있는 그림책들 중 어른을 위한 그림책, 나이든 아동을 위한 그림책 등 연령이 높은 독자들을 위한 그림책으로 분류될 수 있는 것들이 있기는 하지만, 어린 아동들이 이렇게 분류된 책을 읽을 수 없는 것은 아니다. 어린 아동도 나름의 이해 방식을 통해 그림책에 의미를 부여하며 책을 읽는다.

그림책의 형식면에서 보면, 글과 그림이 함께 어우러져 이야기를 전달하는 것뿐만 아니라 그림이 단독으로, 또는 하위 텍스트들이 이야기를 만들기 때문에 다양한 읽기 방식이 가능하다. 다양한 읽기는 글을 읽을 수 없는 독자에게도 그림책을 감상할 수 있도록 한다. 예를 들어, 모양 책, 촉각 책, 팝업 북, 점자책, 청각적 장치가 되어 있거나 멀티미디어가 적용된 책들은 어린 아동, 장애인, 노인, 다른 언어와 문화적 배경을 지닌 독자들도 '그들의 가능한 방식'으로 그림책을 즐길 수 있도록 해준다.

따라서 그림책은 과학기술의 발전과 떨어질 수 없으며, 진취적인 예술의 형식과도 긴밀한 관계를 유지하면서도 문학적 즐거움을 잃지 않는 모두를 위한 이야기책이라 할 수 있다.[*]

『노란우산』(류재수 저/보림)은 류재수의 그림에 신동일이 작곡한 음악을 한봉예가 피아노로 연주한 그림책이다. 이 그림책에서는 글이 없으며, 대신 음악이 이야기를 전달한다. 『노란우산』의 새로운 형식은 화제를 모았으며 가장 많은 나라에 수출되었다. 이 그림책은 크로스오버의 대표적 예라 할 수 있다.

1.2. 문학요소로 살펴본 특성

1.2.1. 주제

주제는 이야기의 중심 아이디어를 말한다. 그림책의 주제는 탄생과 죽음, 가족, 일상생활의 경험, 자연에 대한 호기심, 다문화 존중, 사회현상 이해, 환상세계의 즐거움 등 우리 삶에 필요한 모든 것을 다룰 수 있다. 예를 들어, 『엄마의 의자』(베라 B. 윌리암스/시공주니어)는 가족의 사랑을, 『플라스틱 섬』(이명애/상출판사)은 환경오염의 심각성을 주제로 한다. 반면 환상세계의 즐거움을 다룬 그림책으로는 『괴물들이 사는 나라』(모리스 샌닥/시공주니어), 『구름공항』(데이비드 위즈너/시공주니어), 『그림자 놀이』(이수지/비룡소) 등이 있다.

1.2.2. 인물

인물은 크게 주인공과 보조인물로 나뉘며 주인공은 이야기를 만드는 주체가 된다. 그림책의 인물도 다양한 차원으로 특징지어질 수 있다. 그러나 어린 독자가 감정 이입하기 쉬운 인물이 등장하는 경우가 많다. 어린아이가 주인공이 되거나 의인화된 인물이 등장한다. 『프레드릭』(레오 리오니/시공주니어)의 들쥐처럼 동물이 의인화되거나 『말괄량이 기관차 치치』(버지니아 리 버튼/시공주니어)와 같이 기관차가 의인화되기도 한다.

1.2.3. 플롯

플롯은 작품의 구성으로 일반적으로 발단, 전개, 위기, 절정, 결말의 흐름을 따른다. 특별히 그림책에서는 나열, 누적, 연쇄, 순환의 구성방식을 갖는다. 나열은 일반적 흐름의 구성으로 이야기가 진행된다. 누적은 문장이나 사건이 반복되면서 그 흐름에 따라 새로운 인물들이 등장하는 구성이다. 『야 우리 기차에서 내려』(존 버닝햄/비룡소)나 『우리 엄마 어디 있어요?』(기도 반 게네흐텐/한울림)는 누적적 구성의 예이다. 연쇄는 하나의 사건이 원인이 되어 다른 사건이 연쇄적으로 일어나는 이야기가 전개된다.

『꼬리를 돌려주세요』(노니 호그로라인/시공주니어), 『커다란 순무』(이반 프랑코/비룡소) 등을 통해 연쇄적 이야기 전개의 예를 볼 수 있다. 순환은 시간의 흐름에 따라 사건이 진행되나 결국 원점으로 돌아오는 이야기이다. 『사윗감 찾아 나선 두더지』(김향금/보림), 『곰사냥을 떠나자』(마이클 로랜 글, 헬린 옥슨버리 그림/시공주니어)가 그 예이다.

1.2.4. 배경

배경은 이야기의 사건이 벌어지는 시간과 장소를 말한다. 그림책에서 배경은 다른 어느 문학 장르보다 구체적으로 드러난다. 그림으로도 이야기를 감상하기 때문이다. 그러나 이야기가 어떤 배경을 갖느냐는 하위 장르에 따라 달라진다. 옛이야기 그림책은 특정한 시간과 장소가 언급되기도 하지만 그렇지 않고 단순히 먼 옛날 어느 마을 정도로만 배경을 제시할 수 있다. 판타지의 경우 시간과 장소가 명확하지 않고 비현실적인 세계를 배경으로 하지만, 일상생활을 담은 그림책의 경우 시간과 장소가 분명하게 제시된다. 『괴물들이 사는 나라』(모리스 샌닥/시공주니어)의 배경은 현실세계에는 존재하지 않는 곳이지만 『엄마의 의자』(베라 윌리암스/시공주니어)는 현실에도 있을 법한 장소에서 일어나는 사건들이 펼쳐지며, 인물들의 옷이나 거리, 집안의 모습 등으로 시대적 배경을 알 수 있다.

다른 문학과 달리 그림책에서 배경은 글을 통해서 명시될 수 있는 것뿐만이 아니라 글에서는 분명한 언급이 없어도 그림을 통해 그 시대적 공간적 배경이 드러난다. 따라서 그림읽기를 통한 배경 추론이나 배경지식에 대한 독서교육이 이루어질 수 있으며 이를 통한 즐거움 또한 매우 크다.

1.3. 텍스트와 그림으로 살펴본 특성

1.3.1. 텍스트와 주변텍스트

그림책은 텍스트와 주변 텍스트로 구성되어 있다(서정숙·남규, 2010). 이때의 텍스트는 글만이 아닌 그림까지 포함한다. 주변 텍스트는 앞표지,

뒤표지, 면지, 속표지, 책의 크기와 형태, 글자 배열, 서체, 글씨 크기, 프레임 등을 포함한다. 그림책에서는 텍스트만이 이야기를 전달하는 것이 아니라 주변 텍스트가 함께 이야기를 전달한다. 따라서 주변 텍스트를 읽는 것 또한 매우 중요한 독서활동이 된다.

그림책의 표지(앞표지와 뒤표지)는 책을 펼쳐보지 않고도 그 내용이나 특징을 알 수 있도록 하는 대표 페이지이다. 따라서 독서를 시작하는 데 있어 표지 읽기는 독서의 방향에 영향을 주는 중요한 역할을 한다.

면지는 표지와 본문 사이에서 이야기를 여는 막과 같은 역할을 한다. 전통적으로 면지는 단색의 빈 종이를 넣었지만 현대 그림책은 면지의 활용을 다양하게 한다. 따라서 면지 읽기 또한 그림책 독서에 비중 있는 역할을 할 수 있다.

속표지는 본격적으로 그림책의 이야기 세계로 들어가는 문 역할을 하며 이 문을 열면 바로 이야기가 펼쳐지는 화면과 만나게 된다.

책의 크기와 형태, 글씨체나 글씨의 크기, 그림과 글이 배치된 공간, 그림이 놓인 틀인 프레임 모두 그림책을 보는 방식에 영향을 주며, 저마다 이야기 감상에 영향을 미치는 중요한 요인이 된다.

이러한 하위 텍스트의 다양한 요소들은 메인 텍스트와 일관성을 가질 뿐만이 아니라 그 특성에 따라 그림책을 감상하는 독특한 즐거움을 제공한다.

1.3.2. 텍스트와 그림의 유기적 관계

글과 그림의 관계에 있어, Lanes(1980)는 삽화(illustration)의 역할에 대해 '장식으로서의 삽화', '서술적 삽화', '해석적 삽화'의 3가지 유형들로 구분했다. 장식적 삽화는 이야기의 의미에는 아무것도 보태는 것이 없으면서 단지 책을 아름답게 꾸미기 위한 그림을 말하며, 서술적 삽화는 이야기의 내용을 시각 이미지로 담은 것이다. 해석적 삽화는 주어진 텍스트를 확장하여 새롭고 더 풍부한 의미를 주는 그림을 말한다.

그러나 현대 그림책은 글과 그림의 관계가 더 복잡한 양상을 보인다. 서정숙(2004)은 여러 연구들을 토대로 글과 그림의 관계를 크게 '동행'과

'비동행' 관계로 나누었다. 동행 관계는 글과 그림이 이야기를 같은 방향으로 이끌어 가는 것인 반면 비동행 관계는 그렇지 않다. 동행 관계는 Lanes의 3유형으로 설명이 될 수 있을 것이다.

비동행 관계를 좀 더 자세히 살펴보면 '영감', '아이러니', '대위법'의 3가지 유형으로 나눈다(서정숙·남규, 2013). 영감은 글을 충실하게 옮기거나 그것에 보충하는 차원을 넘어서 글에서 느껴지는 정서를 공유하는 이미지를 그림에 담는 것이다. 마지막으로 대위법은 글과 그림이 두 개의 독립적인 이야기를 끌고 가는 것을 말한다. 이러한 비동행 관계를 즐길 수 있는 독서는 글 읽기와 그림 읽기가 유기적으로 통합된 독서기술을 필요로 하며 단순히 글을 읽는 것 이상의 풍부한 이야기를 전달해주어 책읽기의 즐거움이 배가된다.[*]

대위법은 각각 독립된 선율을 동시에 결합시켜 하나의 조화된 곡을 만드는 음악 기법으로, 영화에서는 한 화면에 다른 화면이 더해져 통일된 하나의 영상을 만드는 기법으로 응용된다.

그림책에서의 대위법은 두 인물의 시점을 글과 그림이 각각 취하는 등장인물에 대한 대위법, 이야기의 두 사건을 글과 그림이 각각 취하는 사건에 대한 대위법, 두 개의 장르를 글과 그림이 각각 취하는 장르에 대한 대위법이 있다.

2. 그림책 읽기 지도

2.1. 연령별 읽기 지도

2.1.1. 영유아를 위한 그림책 읽기 지도

영아기의 가장 큰 특징은 감각운동적인 사고와 애착형성이다. 감각운동적인 사고는 세상을 알아가는 방식뿐만이 아니라 세상에 대한 반응이 오감을 통한 지각과 움직임에 의존한다는 것이다. 따라서 이때의 그림책 읽기는 글을 읽는 것보다는 그림책을 마치 장난감처럼 가지고 노는 것처럼 만져보고 조작하는 활동이 중심이 된다. 내용면에서는 이야기가 담겨있는 것보다는 어휘나 사물의 개념을 보고 배울 수 있는 색깔책, 개념책, 숫자 또는 글자책이 좋으며, 세밀화나 사진처럼 구체적인 이미지를 볼 수 있는 그림이 좋다. 이때의 읽기는 사물이나 개념을 말해주고 그림을 보여주거나 만져보게 한다.

또한 분리불안을 다룰 수 있는 내용의 책이나 자조기술(self help skills)을 익히는 데 도움이 되는 그림책을 함께 볼 수 있다. 아기 물고기 하양이 시리즈(하위도 판 헤네흐턴 저/한울림어린이), 『사랑해 사랑해 사랑해』(버나뎃 로제티 슈스탁 글, 캐롤라인 제인 처치 그림/보물창고)는 따뜻한 목소리로 읽어주는 것만으로도 정서적인 안정감을 전해줄 수 있다. 『달님안녕』(하야시 아키코 저/한림출판사)과 같은 그림책은 잠자리에 들기 전 편안함을 느끼게 해준다.

한 단어에서 두 단어로 말하고 어휘가 증가하는 만 2세 이후 시기에는 말놀이 그림책이 좋다. 맛있는 말놀이 그림책 시리즈(아울북)와 같이 재미난 어휘를 배울 수 있는 그림책이나 동요그림책처럼 운율을 살려 읽을 수 있는 그림책도 좋다. 동요그림책의 경우는 음반이나 동영상을 함께 감상하면 즐거움이 배가된다.

유아기에는 상상한 바를 표현하기를 즐기는데 환상그림책은 이러한 즐거움을 배가시키는 기회를 제공한다. 『야, 우리기차에서 내려!』(존 버닝햄 저/ 비룡소), 『검피아저씨의 뱃놀이』(존 버닝햄 저/시공주니어)로 대표되는 존 버닝햄의 이야기나 의『구름빵』(백희나 저/한솔수북), 『달 샤베트』(백희나 저/ 책 읽는 곰) 등으로 유명한 백희나의 그림책은 유머를 놓치지 않고 환상세계를 보여주어 유아들이 더욱 재미있게 읽을 수 있다.

또한 유아기에는 어휘력이 증가하고 사회적 관계에서 감정과 같이 자신의 내적 세계를 표현하고자 하는 욕구도 커진다. 따라서 이 시기에 읽는 일상생활 그림책들은 유아가 자신의 감정 상태나 생각을 표현하는데 좋은 모델이 될 뿐만이 아니라 속마음을 이야기할 수 있는 통로 역할을 한다. 로렌 차일드의 그림책은 평범한 일상생활에서 벌어지는 일들을 유머러스하고 기발한 상상력으로 해결하는 이야기를 펼치고 있어 유아들과 재미있게 읽을 수 있다. 『난 토마토 절대 안 먹어』(로렌 차일드 저/ 국민서관) 이후 『난 하나도 안졸려』, 『잠자기 싫어』가 번역되어 시리즈를 읽으면서 작가에 대한 이야기도 나눌 수 있다. 『왜요?』(린제이 캠프 글, 토니로스 그림/베틀북), 『피터의 의자』(에즈라 잭 키츠 저/ 시공주니어), 『아빠와 피자놀이』(윌리엄 스타이그 저/ 비룡소) 등도 유아의 마음을 잘 반영한 그림책이다.[*]

그림책을 활용한 책 놀이
어린 유아들의 책읽기는 감각운동놀이와 통합하여 재미를 더하고 일상생활에 연결될 수 있도록 할 수 있다.
『사랑해 사랑해 사랑해』(버나뎃 로제티 슈스탁 글, 캐롤라인 제인 처치 그림/보물창고)는 텍스트를 읽는 자체가 유아에게 행복한 말을 들려주는 것으로 부드러운 터치와 움직임을 함께 할 수 있다.
『또, 또, 또, 해 주세요』(베라 B. 윌리엄스)는 유아와 그림책에 나오는 놀이를 실제로 해보거나 유아가 좋아하는 놀이를 연결 지어 해 볼 수 있다.

2.1.2. 아동을 위한 그림책 읽기 지도

학령기 아동들은 부모와 가족 관계를 넘어서 또래 관계가 더 중요하게 된다. 사회적인 현상에 대한 관심이 커져 빈부격차, 인종차별, 인권, 폭력, 전쟁, 기아와 난민 등 사회문제를 생각하고 이야기 나눌 수 있다. 『크리스마스 휴전』(존 패트릭 루이스 글, 게리 켈리 그림/사계절)은 1차 세계대전 중 서로 대치중이던 영국군과 독일군이 크리스마스를 맞아 휴전을 맺은 실화를 바탕으로 한 이야기로 전쟁 중에도 살아있는 인간애를 느낄 수 있다. 『비빌의 강』(마저리 키난 롤링즈 글, 래오 딜런과 다이엔 딜런 그림/사계절)은 자연과 인간을 막론하고 베푸는 것에 대한 미덕을 이야기한다. 『인종 이야기를 해볼까?』(줄리어스 레스터 글, 카렌 바버 그림/사계절)는 더 직접적으로 인종의 문제를 다루며 『1964년 여름』(데버러 와일즈 글, 제롬 리가히그 그림/느림보)은 두 소년의 이야기로 인종차별의 불편한 진실을 말한다. 『힘든 때』(바바라 슈크 하젠 저/ 미래아이)는 경제적 어려움에 처한 가족의 모습을 아이의 시선으로 이야기하는 가정의 경제적 궁핍이나 부모의 실직 등 현실적인 문제들도 그림책을 읽으며 다룰 수 있다. 『내가 만난 꿈의 지도』(유리 슐레비츠 저/ 시공주니어)는 제2차 세계대전 때문에 유럽을 8년 동안 떠돌며 보낸 작가 자신의 어린 시절이야기인데, 작가는 빵 대신 세계지도를 사 오셨던 아버지 덕분에 화가가 될 수 있었다고 한다. 이러한 그림책들을 읽으며 편견, 차별이 발견되는 현실 속에서도 포용과 사랑을 잃어버리지 않는 삶의 희망에 대해 이야기 나눌 수 있다.

또한 학령기에는 학습량이 많아지고 그 범위도 확대되면서 지식과 정보를 습득하는 것이 중요해진다. 그림책은 그림이나 사진 등 보다 구체적인 정보를 제공하기 때문에 상대적으로 쉽고 명확하게 이해할 수 있어 전문 학습을 도울 수 있다. 『미생물 이야기』(아서 콘버그 글, 애덤 알라니츠 그림, 로베르토 콜터 사진/톡)와 같은 그림책은 재미있게 과학지식을 배울 수 있다. 또한 전통문화 및 다문화 관련 그림책들을 읽으며 교과학습과 관련된 지식 정보를 습득할 수 있는데,『경복궁에서의 왕의 하루』(청동말굽 글, 박동국 그림/문학동네어린이)로 대표되는 '전통문화 즐기기 시리즈'는 궁궐에서부터 무기, 악기, 그림에 이르기까지 다양한 우리 전통문화에 대한 정보와 지식을 제공한다. 정보량이 많거나 전문적이어 어렵게 느껴지는 분야도 그림책을 활용해 흥미롭게 접근할 수 있다.

지식과 정보를 전달하는 그림책도 시의성을 갖는데, 최근 국내에서도 지진이 자주 발생하면서 지진에 관한 책들도 많이 출간되었다. 아동들도 지진이 일어날까 불안해하면서도 그에 대해 알고 싶어 한다. 『지진』(요리후지 분페이/다림)은 실제 지진이 일어났을 때의 대처 방법을 알려주는 책으로 아동들도 매우 집중해서 보는 책이다. 이와 같이 아동의 흥미에 따른 주제로 지식정보그림책을 찾아 함께 읽는다면 다른 어떤 독서보다도 집중하고 많은 이야기를 나눌 수 있다.

2.1.3. 청소년을 위한 그림책 읽기 지도

청소년은 그림책이 어린아이를 위한 책이라는 편견을 갖기 쉽다. 이런 편견으로 인한 거부감이 성인보다 훨씬 더 큰 경향이 있다. 그러나 어려서부터 그림책을 좋아했던 경우이거나 특별한 계기로 그림책에 매료되면 누구보다도 열성적인 독자가 될 수 있다.

청소년을 위한 그림책으로 특별히 분류된 책은 없다. 청소년에게 그림책을 읽게 하는 것 자체가 목적은 아니지만, 그림책에 친숙하게 만들기 위해서는 유명 그림책 작가가 쓴 그래픽노블을 먼저 읽어 볼 수 있다. 예를 들어, 『인어 소녀』(도나 조 나폴리 글, 데이비드 위즈너 그림/보물창고)를 먼저 읽고 『이상한 화요일』(데이비드 위즈너/비룡소)와 『시간상자』(데이비드 위즈너/시공주니어)와 같은 작품을 읽을 수 있다. 『시간상자』의 경우, 한 사람이 사진을 찍어 카카오 톡이나 인스타그램과 같은 SNS에 올리면 다음 사람이 그 사진을 받아들고 사진을 찍어 다시 SNS에 올리는 것과 같은 활동을 그림책 읽기 활동과 연결 지을 수 있다.

숀 탠의 그림책들도 청소년과 함께 읽기에 좋다. 『도착』(숀 탠/ 사계절)을 읽으며 이주민과 난민들의 삶에 대해 생각해볼 수 있다. 살던 곳을 떠나 낯선 곳에 도착한 삶의 경험은 우리 생활 중에서도 유사한 경우를 들 수 있다. 새로운 학교, 새로운 또래집단, 새로운 모임, 새로운 동네에서 지내게 되는 경우뿐만이 아니라 이사나 여행 등의 경험을 떠올리면서 더 많은 이야기를 나누어 볼 수 있다.

사회, 역사, 예술, 문학과 관련된 주제도 그림책으로 읽으면서 이야기 나눌 수 있다. 특히 역사적으로 무거운 주제들도 그림책을 활용하는 경우 글과 그림이 함께 전달하는 정서적인 측면까지 이야기를 나눌 수 있기 때문에 지식 중심의 토론에서 벗어나 다양한 독서활동을 펼칠 수 있다. 예를 들어, 나치의 유대인 대량학살의 생존자인 에리카의 실화를 다룬 그림책인 『에리카 이야기』(로베르토 이노센티/마루벌), 한국 전쟁 당시 흥남 철수 작전 마지막 피란선 이야기를 다룬 『온양이』(선안나/샘터) 등과 같은 그림책으로 전쟁이 남긴 아픈 상처들에 대한 이야기를 나누어 볼 수 있다.

예술의 경우도 『피카소, 게르니카를 그리다』(알랭 세르/톡), 『건축가들의 집을 거닐어요』(디디에 코르니유/톡)와 같은 그림책을 읽으면서 전문지식을 아는 즐거움을 느끼게 할 수 있다.

2.1.4. 성인들을 위한 그림책 읽기 지도

프랑스의 그림책 기획자 뤼비달(François Ruy-Vidal)은 "아이들을 위한 예술이 아니라 예술이 있을 뿐이고, 아이들을 위한 그림이 아니라 그림이 있을 뿐이다. (…) 아이들을 위한 문학이 아니라 문학이 있을 뿐이며, (…) 좋은 어린이책이란 모든 사람에게 좋은 책을 의미한다."고 주장한 바 있다(이성엽, 2016, 재인용, pp 135).

그림책을 어린이와 성인을 위한 그림책으로 경계 짓는 것은 무의미하나, 그림책에서 성인에게 좀 더 적합한 것으로 여겨질 수 있는 기준은 텍스트의 분량이 아닌 그림에 있다. 그림이 가지고 있는 다층적인 의미와 복잡성은 성인들이 그림책에 매료될 수 있는 중요한 요소이다. 또한 그림책의 상징성과 상호텍스트성은 어른들의 지적 호기심을 자극한다(이성엽, 2016). 『영원히 사는 법』(콜린 톰슨/논장), 『도착』(숀 탠/사계절)은 복잡한 그림 읽기를 통해 성인과 독서활동을 할 수 있는 대표적인 책이다.

이 외에도 생애 주제에 따른 그림책을 선택할 수 있는데, 『언젠가 너도』(피터 H. 레이놀즈/문학동네어린이)는 자녀를 바라보는 부모의 마음을 이야기할 수 있고, 『세상에서 제일 힘 센 수탉』(이호백 글, 이억배 그림/재미마주)은 노화에 관한 이야기를 『내가 함께 있을게』(볼프 에를브루흐/웅진주니어)는 죽음에 대한 주제를 함께 나눌 수 있는 그림책이다.

『골목에서 소리가 난다』(김장성 글, 정지혜 그림/사계절)와 『나의 사직동』(한성옥/보림)은 어린 시절 살던 동네를 찾아간 듯한 감상을 하게 되는 그림책으로 그때 그 시절에 대한 많은 이야기들을 만들어 낼 수 있다.

2.2. 하위 장르별 읽기 지도

2.2.1. 전래이야기 그림책

전래이야기를 담은 그림책은 예부터 전해내려 오는 민화, 신화, 전설, 우화를 포함한다. 전래이야기는 환상성에 기반을 두어 현실의 불만족이나 제약을 보상해주는 욕구충족의 가치가 있으며, 권선징악, 정직, 은혜 갚음, 선행 등과 같은 도덕적 가치를 담은 조상의 지혜와 정서 등을 배울수 있다. 또한 세계 여러 나라와 민족들의 옛이야기를 통해 저마다의 문화적 가치와 삶의 모습을 알 수 있다. 특히 민담의 경우 문화권 간 유사한 특징을 가지고 있는데, 예를 들어 한국의 「콩쥐팥쥐」와 서양의 「신데렐라」, 베트남의 「떰과 깜」은 착한 아가씨와 나쁜 계모와 의붓자매, 잃어버린 신발을 찾는 것 등 유사성을 가지고 있다.

민담을 담은 대표적인 그림책으로는 『팥죽할멈과 호랑이』(서정오 글, 박경진 그림/보리)이 있다. 같은 이야기를 다른 그림이나 형식으로 만든 다양한 출판사의 그림책을 볼 수 있다. 신화는 신이나 영웅의 이야기로 신화를 담은 그림책은 『마고할미』(정근 글, 조선경 그림/보림), 『백두산 이야기』(류재수 글·그림/보림), 『거미 아난시』(이주윤 그림/ 시공주니어) 등이 있다. 전설은 특정 인물이나 자연물, 장소 등에 대한 이야기로 『까막나라에서 온 삽사리』(정승각 그림/초방책방), 『견우직녀』(이미애 글, 유애로 그림/ 보림) 등이 있다. 우화는 동물의 이야기를 빗대어 풍자 또는 교훈적인 이야기를 전하는데 이솝 우화나 세계 여러 나라의 유명한 우화들을 담은 그림책들이 많다.

전래이야기 그림책은 하위 장르별 특징들을 살려 문화 간 유사성과 차이를 발견하는 즐거움, 이야기에 함축된 교훈이나 가치관을 정리하거나 이야기가 유래된 특별한 장소나 사물에 대한 정보를 찾아보는 책읽기를 할 수 있다.

2.2.2. 동요/동시 그림책

동요와 동시는 운율을 가진 문학의 장르로 전래동요를 포함하여 그 특징을 살펴볼 수 있다. 리듬과 운율이 살아있는 동요와 동시는 언어의 아름다움과 감정의 자연스러운 표현, 감각적 경험을 묘사할 수 있는 능력을 길러준다. 특히 전래동요는 놀이와 연결된 노래인 경우가 많아 다양한 놀이 활동과 즐길 수 있다.

전래동요를 담은 그림책은 『시리동동 거미동동』(권윤덕 저/ 창비), 『잘잘잘 123』(이억배 저/사계절) 등을 들 수 있다. 동시그림책으로는 『고양이가 나 대신』(이상교 글, 박성은 그림/ 창비), 『개구리네 한솥밥』(백석 저, 유애로 그림/ 보림) 외에도 다양한 동시를 엮음 동시집이 그림책의 형식을 출간되었다.

동요·동시그림책은 소리 내어 읽거나 노래를 부르며 그림을 넘기는 방식의 독서가 즐거움을 배가시킨다. 또한 그림책을 읽은 후 동요나 동시를 쓰는 활동을 이어나갈 수 있는데, 이때 대구시(對句詩)나 변형시의 형식으로 글쓰기를 우선하면서 완전히 독창적인 동요와 동시를 창작하도록 할 수 있다.

2.2.3. 환상그림책

판타지는 현실세계와 비현실 세계가 교차하는 세계에 관한 이야기로 환상그림책은 이러한 판타지 문학을 글과 그림으로 담은 그림책이다. 환상그림책에서는 의인화된 동물이나 식물, 무생물, 마법, 초현실적이거나 비현실적인 인물들이 등장한다. 배경 또한 제약 없는 시간과 공간으로 묘

사된다. 그러나 이러한 비현실성 안에서도 이야기가 전개되는 논리와 질
서가 있다. 때문에 이야기가 전달하는 주제도 현실세계를 다루는 이야기
또는 전래이야기와 다르지 않다. 우리가 가치를 두어야하는 것이 무엇인
가를 말하며 우리가 살면서 직면하게 되는 여러 위기와 고통을 극복하기
위해 필요한 덕목, 그리고 그 위기를 극복한 이후의 성장에 대해 이야기
한다. 이러한 이야기의 특징 때문에 환상그림책은 상상의 즐거움과 더불
어 삶의 다양한 위기와 어려움을 대처할 수 있는 지혜와 통찰력을 발달시
키는데 도움을 준다.

2.2.4. 일상생활 그림책

일상생활의 모습을 담은 그림책은 형식보다는 주제나 소재로 분류되는
하위 장르이다. 일상생활 그림책으로 분류될 수 있는 이야기주제는 발달
과업, 가족 관계, 사회적 관계, 자연과 환경문제로 나누어 볼 수 있다.

발달과업은 전 생애에 걸친 인간발달의 과정의 중요한 전환 시기별로
겪어야 하는 위기의 문제나 달성해야 하는 과제를 말한다. 발달 과업을
주제로 하는 그림책은 자조기술의 습득, 주도성, 감정조절과 긍정적 자기
개념의 획득 등 주로 초기 발달의 주제들을 다루고 있다.

『이슬이의 첫 심부름』(쓰쓰이 요리코 저/ 한림출판사), 『용감한 아이린』(윌리엄
스타이그 저/ 웅진닷컴), 『점』(피터 H. 레이놀즈 저/ 문학동네어린이) 등의 그림책은
자신감을 가지고 도전할 수 있는 용기를 내는데 도움을 주는 그림책이다.
이러한 그림책을 읽을 때에는 그림책 속 인물들의 문제에 공감하고 어떻
게 새로운 도전을 하게 되었는가를 이야기 나누어 볼 수 있다.

『겁쟁이 빌리』(앤서니 브라운 저/ 비룡소), 『저리 가! 짜증송아지』(아네테 링겐
글, 임케 쥐니히센 그림/ 아름다운 사람들), 『밤을 켜는 아이』(레이 브래드 버리 저/ 국
민서관) 등의 그림책은 정서적 어려움을 어떻게 해결할 수 있는지 보여준
다. 이러한 그림책을 읽으면서 이야기 속 인물들이 했던 문제해결을 자신
의 생활에 적용해보도록 이야기를 나누고 관련된 독후활동을 제공할 수
있다.

가족 관계 또는 사회적 관계에 관한 그림책들은 상대에 대한 이해와 애정의 확인을 통해 문제해결을 하는 과정을 잘 보여준다. 『피터의 의자』(애즈라 잭 키츠 저/시공주니어), 『엄마의 의자』(베라 윌리엄스 저/시공주니어), 『오른발, 왼발』(토미 드 파올라 저/ 비룡소), 『위층 할머니, 아래층 할머니』(토미 드파올라 저/비룡소) 등과 같이 가족의 이야기를 담은 그림책에서부터 『내 짝꿍 에이미』(스티븐 마이클 킹 저/ 국민서관), 『이모의 결혼식』(선현경 저/ 비룡소), 『고맙습니다, 선생님』(페트리샤 폴라코 저/ 아이세움) 등과 같이 더 확대된 사회적 관계, 더 나아가 다문화 간 발생할 수 있는 갈등이나 문제들을 다루는 그림책들은 우리 생활 속 다양한 관계의 문제들을 어떻게 해결할 수 있는가를 보여주며, 읽는 독자들도 자신의 삶 속에서 이러한 지혜를 적용할 수 있도록 돕는다.

이 밖에도 『적』(다비드 칼리 글, 세르주 블로크 그림/문학동네), 『내가 함께 있을게』(볼프 에를브루흐 저/ 웅진주니어)스티븐 마이클 킹 저/ 국민서관), 『난민의 뭐예요?』(호세 캄파나리 저/ 라임)와 같은 그림책들은 전쟁, 죽음, 난민, 기아 등의 현실문제들을 다룬다. 『플라스틱 섬』(이명애 저/ 상출판사), 『난지도가 살아났어요』(이명희 저/ 마루벌), 『지진』(지진 일상 프로젝트 글, 요리후지 분페이 그림/다림)과 같은 그림책은 환경문제와 자연재해에 관한 것으로 우리가 어떻게 현명하게 대처해 다갈 수 있는지를 알려준다. 이러한 그림책은 우리의 일상문제와 직결되는 것으로 현실에서 벌어지는 사례들을 더 많이 탐색해 봄으로써 독서활동 후에도 풍부한 이야기를 나눌 수 있으며 실천방법을 모색할 수 있다.

2.2.5. 논픽션 그림책

논픽션은 허구가 아닌 사실 정보에 바탕을 둔 문학 장르이다. 논픽션의 이야기를 담은 그림책은 크게 전기와 정보그림책으로 나누어볼 수 있다. 전기는 실존했던 인물의 이야기를 담은 것으로 전 생애에 걸친 내용뿐만이 아니라 생애 한 부분만을 다룰 수 있다. 독자들은 이야기에 등장하는 인물이 실존했었다는 사실에 더 큰 감동을 받으며 그들이 보인 용기와 노력, 가치관을 본받을 수 있다. 전기를 읽고 이야기를 나눌 때에는 그 인물이 업적이나 성취를 하게 된 결과보다 그렇게 되기까지의 과정, 동기, 개인적인 자원 등을 찾아보도록 하는 것이 좋다.

또한 저명한 인물들의 전기뿐만이 아니라 작지만 큰 영향력을 만들어 낸 용기를 보인 인물들의 이야기를 함께 나눌 수 있다. 『사라, 버스를 타다』(윌리엄 밀러 글, 존 워드 그림/시계절)와 같이 흑인 인권운동에 영향을 준 이야기와 『루비의 소원』(S. Y. 브리지스 글, S. 블랙올 그림/비룡소)과 같이 중국의 여성운동에 영향력이 있는 이야기들이 그 예이다.

정보그림책은 어린 독자들의 호기심을 충족시키고, 생각하는 힘을 길러주며 설명적 텍스트에 접하고 이를 이해할 수 있는 능력을 길러준다. 또한 사회적인 현상은 물론 과학적인 지식을 알려주어 쉽고 재미있는 학습의 장을 펼쳐준다. 정보그림책을 읽고 이야기를 나눌 때에는 새롭게 알게 된 사실이 무엇인지 어린 독자 스스로 답을 해보게 하는 것이 좋다.

대개 정보그림책의 주제는 한국의 전통문화, 다른 나라와 민족의 문화(다문화), 인권, 동식물의 생태와 환경, 자연현상과 우주, 첨단과학과 미래 비전 등 광범위한 주제들을 다룬다.

한국의 전통문화를 다룬 그림책은 『약이 되는 우리음식 한식』(김민희 글, 허재호 그림/한솔수북), 『설빔』(배현주/사계절), 『우리가 사는 한옥』(이상현/시공주니어)과 같이 의식주를 다룬 것에서부터 우리의 전통 통과 의례들을 다룬 『나이살이』(청동말굽/문학동네어린이), 전통문화 유적지를 다룬 『경복궁에서의 왕의 하루』(청동말굽/문학동네어린이) 등 다양하다.

다른 문화에 대한 이해를 위하 그림책은 『찬다 삼촌』(윤재인 글, 오승민 그림/느림보), 『이모의 결혼식』(선현경/비룡소), 『살색은 다 달라요』(신형건/보물창고) 외에도 많은 그림책들을 찾을 수 있다.

환경문제를 다룬 『난지도가 살아났어요』(이명희 글, 박재철 그림/마루벌)에서부터 첨단과학지식을 담은 『인공지능 로봇: 미래의 지구를 상상하는 책』(브루노 토놀리니 글, 마르코 소마 그림/세상모든책)에 이르기까지 다양한 주제의 정보그림책을 찾을 수 있다.

2.2.6. 패러디 그림책

패러디 그림책은 익숙한 기존의 이야기를 주제, 인물, 플롯 등을 변형시켜 다시쓰기를 한 그림책을 말한다. 연구들(서정숙·전효훈, 2012; 신명숙·김호, 2015)은 패러디 그림책이 어린독자의 창의성을 증진시킬 수 있다고 하였다. 패러디 그림책은 포스트모더니즘과 페미니즘 등 현대사상이 반영되어 있어(현은자·김세희, 2005) 비평적 사고를 기르기 위한 독서활동에 활용될 수 있다.

패러디의 유형은 결합, 확장, 역할이 바뀐 등장인물, 등장인물의 성격변화, 사건의 변화, 관점의 변화로 구분할 수 있다(서정숙·남규, 2013). 여러 개의 이야기가 결합된 패러디 그림책은 『아기돼지 세 마리』(데이비드 위즈너/마루벌), 뒷이야기가 확장된 것은 『개구리와자 그 뒷이야기』(존 세스카/보림), 역할이 바뀐 등장인물은 『아기늑대 삼형제와 못된 돼지』(에예니오스 트리비자스 글, 헬린 옥슨버리 그림/웅진닷컴), 사건의 변화는 『빨간모자』(에린 프리시 글, 로베르토 이노센티 그림/사계절), 고정관념이나 편견에서 벗어나야함을 말하는 관점의 변화는 『늑대가 들려주는 아기돼지 삼형제 이야기』(존 세스카 글, 레인 스미스 그림/보림), 『종이봉지 공주』(로버트 먼치/비룡소)를 예로 들 수 있다.

패러디 그림책을 어린 독자들과 함께 읽을 때는 기존 이야기에 무엇이 변형되었는지, 그러한 이야기 변형이 우리의 생각이나 관점을 변화시킬 수 있음을 이야기 나눌 수 있다. 결국 진실이란 상대적인 것이며 맥락에 따라 변화될 수 있는 것임을 생각하게 됨으로써 우리의 일상 태도에 대해서도 비평적인 사고를 할 수 있도록 도울 수 있다.

2.2.7. 글 없는 그림책

글 없는 그림책은 텍스트 없이 그림만으로 이야기를 전달하는 그림책의 장르이다. 독자는 글을 읽는 대신 그림을 읽어야 한다. 시각 문해(visual literacy)는 그림의 시각적인 요소들을 의미로 해석할 수 있는 그림 읽기 능력이 필요하다.

글 없는 그림책을 읽을 때는 그림을 통해 사건의 순서, 인과관계, 세부적인 단서들을 추론해 나가도록 지도할 수 있다. 또한 하나의 장면 안에서 인물, 사건, 배경, 그림의 특성 등에 대해 질문하면서 이야기를 나눌 수 있다. 이러한 활동은 어린독자들의 시각 문해력과 이야기 구성 능력을 길러준다. 글 없는 그림책은 애니메이션으로 제작된 경우가 많아 이를 보조 자료로 활용할 수 있다.

그렇다고 글 없는 그림책이 어린 아동만을 위한 형식이라 할 수는 없다. 나이든 독자들은 더 높은 수준에서 그림들이 전하는 이야기를 즐길 수 있다. 뿐만 아니라 자신의 독창적인 방식으로 그림을 읽거나 새로운 이야기를 만들어 내기도 한다. 글 없는 그림책은 독자가 가지고 있는 경험, 배경지식, 시각 문해의 깊이와 수준에 따라 무궁무진한 이야기의 세계를 만들어 낼 수 있다.

『눈사람 아저씨』(레이먼드 브리그스/ 마루벌), 『구름공항』(데이비드 위즈너/시공주니어)으로 이야기를 만들어 볼 수 있다. 한국의 글 없는 그림책으로 이수지 작가의 그림책들이 유명한데, 『검은새』(이수지/길벗어린이), 『파도야 놀자』(이수지/비룡소)는 관계에 대한 이야기를 나누어 볼 수 있다. 또한 글 없는 그림책에 다양한 음악을 함께 감상하면서 함께 하는 음악에 따라 그림책에서 발견할 수 있는 이야기가 달라질 수 있음을 발견하는 즐거움도 크다.

2.3. 작가 중심의 읽기 지도

2.3.1. 작가 이해의 중요성

독서교육에서 작가에 대한 이해도 중요한 수업의 부분이다. 문학작품의 경우, 한 작가의 여러 작품들을 읽으면서 그의 독특한 문체, 주제 영역, 주된 장르, 가치관 등에 매료되게 된다. 이때 작가에 대한 탐구는 문학작품의 이해를 돕기도 하며, 반대로 문학작품에 대한 이해를 통해 작가에 대해 관심을 갖게 되는 양방향의 영향 하에서 이루어진다. 그림책도 마찬가지로, 그림책을 많이 읽다 보면 선호하는 작가가 생기기도 하고, 반대로 특정 작가에 대한 정보를 먼저 접한 후에 그의 그림책을 감상하게 된다. 그러나 텍스트 위주의 문학작품과 달리 그림책은 그림의 화풍과 색채 등 예술적인 측면에 의해서 작가에 대한 관심이 커질 수 있다.

최근 백희나 작가가 한국 최초로 아동문학계의 노벨상이라고 불리는 '아스트리드 린드그렌상*'을 수상했는데 이를 계기로 그림책 작가에 대한 대중적인 관심도 높아졌다. 이처럼 언론매체에 보도된 그림책 작가들의 소식이 작가 중심의 그림책 읽기의 좋은 동기가 된다.

그림책 작가에 대해 어린 독자들과 이야기 나눌 때에는 출생, 생애, 교육, 가족 관계 등 일반적인 정보에만 치중할 것이 아니라 그의 작품세계와 관련된 시대적 배경, 개인적인 고충과 노력, 그림책에 대한 작가의 생각 등을 알아보는 것이 좋다.

독서교육을 하는 교사는 작가에 대한 이해를 갖추는 것이 좋다. 수업의 특별한 부분에 작가 이해를 다루는 경우는 물론 어린독자인 학생들에게 그림책을 소개하거나 함께 읽을 때에도 작가에 대한 이야기를 들려줌으로써 흥미와 관심을 높일 수 있으며 작품 이해에도 도움을 줄 수 있다. 이 교재에서 소개하는 작가 외에도 우리에게 잘 알려진 수많은 작가들이 있다. 이들에 대한 정보를 미리 정리해 간단한 정보라도 미리 정리해 두면 어린 독자들과 다양한 작가마다의 독특한 작품세계를 탐구하는 멋진 여행을 언제든 떠날 수 있다.

2.3.2. 작가 중심 그림책 읽기

2.3.2.1. 앤서니 브라운

앤서니 브라운은 1946년 영국 셰필드에서 출생했다. 그는 미술대학을 졸업한 후 메디컬 일러스트레이터와 카드디자이너로 일하다가 1976년 첫 그림책 『거울 속으로』를 출간했다. 이후 『고릴라』와 『동물원』으로 케이트 그린어웨이상*을 수상하고 한스 크리스티안 안데르센상*을 수상하였다. 대표작은 『헨젤과 그레텔』, 『돼지책』, 『터널』, 『공원에서 일어난 이야기』, 『행복한 미술관』, 『숲 속으로』, 『마술연필』, 『미술관에 간 윌리』 등이 있다. 한국에서 가장 인기 있는 그림책 작가라해도 과언이 아니다. 그의 작품은

아스트린드 린드그렌 문학상(ALMA)은 세계적인 아동문학가 아스트리드 린그그렌을 기념하기 위해 스웨덴 정부가 제정한 상으로, 한스 스리스티안 안데르센 상과 더불어 작가의 작품관과 영향력, 공헌 등을 심사하여 수여하는 어린이문학의 노벨상이라고 불린다. 모리스 샌닥 등 세계적으로 저명한 작가들이 이 상을 수상한 바 있다.

케이트 그린어웨이상(Kate Greenaway Medal)은 훌륭한 일러스트레이터를 수상하는 상으로 영국도서관협회에서 주관한다. 미국 도서관협회에서 뉴베리상과 칼데콧상을 주관하듯이 영국도서관협회에서는 카네기상과 케이트 그린어웨이상을 주관한다.

한스 크리스티안 안데르센상(Hans Christian Andersen Awards)은 국제아동청소년도서협의회(IBBY)에서 '아동문학에 지속적으로 기여한' 글작가 1명과 그림작가(일러스트레이터) 1명을 2년마다 선정하여 수여하는 가장 국제적인 권위를 지닌 상이다.

전시뿐만이 아니라 뮤지컬, 연극 등으로 공연되고 있다. 그는 달리와 마그리트의 초현실주의 기법의 영향을 받아 사진처럼 현실감 있는 그림을 인공적인 색상, 현실에 맞지 않는 행동과 배경을 적극 사용하며 인간의 상상 속에서만 가능한 비합리적인 세계를 그려낸다. 특히 고릴라를 주요 인물로 설정한 것은 자신의 아버지에게서 영감을 얻은 것이라 전해진다. 가족의 이야기를 찾을 수 있는 그의 그림책들을 읽으며 현대사회의 가족 관계를 다시 생각해볼 수 있다.

그의 그림책은 간결한 글에서 얻지 못한 정보를 그림에서 얻을 수 있도록 하며 때로는 글과 그림이 다르게 표현되는 아이러니 기법을 사용하여 그림책을 읽는 재미를 더해준다. 또한 그의 연작들 사이에 연결성을 찾을 수 있다. 가령 한 책에서 사용된 벽지의 무늬가 다른 책에서는 소파의 무늬로 나온다. 이런 그림의 연관성을 발견하는 것도 책 읽는 재미를 더해준다.

2.3.2.2. 존 버닝햄

존 버닝햄은 영국 잉글랜드 서레이에서 출생해 2019년 82세로 사망했다. 어릴 적부터 친구들과 어울리지 않고 혼자만의 세계에 빠져있는 아이였다고 하며, 열 번 이상 학교를 옮겨 다니다가 결국 영국의 유명한 대안학교인 서머힐 스쿨에 정착했다. 그는 공부보다는 숲과 동물에 빠져 살던 괴짜 소년이었다. 그러나 어린 시절 자유로움이 그의 창작에 중요한 바탕이 되었다. 첫 번째 그림책 『깃털 없는 거위, 보르카』로 케이트 그린어웨이상을 받으면서 주목받게 되었고 이후 『검피 아저씨의 뱃놀이』로 상을 한 번 더 받게 되었다. 존 버닝햄은 브라이언 와일드 스미스, 찰스 키핑과 더불어서 영국의 3대 일러스트레이터이자 동화작가의 한 사람으로 꼽힐 정도가 되었고 전 세계에서 사랑받는 작가가 되었다. 대표작으로 앞서 소개한 책 외에도 『지각대장 존』, 『야 우리기차에서 내려』, 『크리스마스 선물』, 『우리 할아버지』, 『알도』등 많은 책들이 있다. 어딘가 어설프지만 자유분방하고 친숙한 그림은 나약하고 무능해 보이지만 상상의 세계에서는 무한한 능력을 발휘할 수 있는 아동관에 따른 이야기를 그려나가기에 더

없이 잘 어울린다.

그의 그림책을 읽을 때에는 진정 소중한 것이 무엇인지, 작고 나약한 것들을 소중하게 지켜내는 마음을 이야기 나눌 수 있다. 또한 이야기의 사건들이 펼쳐내면서 만들어내는 리듬감으로 흥겨움을 느끼고 무한한 상상의 세계를 만끽하는 즐거움을 느낄 수 있도록 한다.

2.3.2.3. 에즈라 잭 키츠

에즈라 잭 키츠는 1916년 미국의 뉴욕 브루클린에서 태어나 1983년 사망했다. 가난한 집에서 태어나 미술교육의 지원을 제대로 받지 못했지만 독학으로 공부해 우수한 그림 실력을 인정받았다. 뒤늦게 파리에서 마음껏 그림공부를 할 수 있었으나 상업미술을 선택해 일을 했다. 『눈 오는 날』, 『안경』으로 칼데콧상*을, 『안녕, 고양이야!』로 보스턴 글로브 혼 북 상을 받았다. 그는 미국 아동연구협회에서 주관하는 '올해의 어린이 책'에 열네 번 선정된 그림책 작가이기도 하다. 대표작으로 『피터의 의자』, 『휘파람을 불어요』, 『피터의 편지』, 『내 친구 루이』 등이 있다. 그림책에 흑인 아이를 주인공으로 등장시켜 화제가 되었으며 그림의 콜라주, 마블링 등 독특한 기법은 가난했던 어린 시절 나무 조각, 천 조각, 종이 등 무엇이든 모아 그림을 그리던 경험에서 나온 것으로 생각된다. 유니세프에서는 전 세계의 우수한 그림책 일러스트레이션을 시상하는 에즈라 잭 키츠상*을 설립하였다. 에즈라 잭 키츠의 공식 사이트(https://www.ezra-jack-keats.org/)에서 더 많은 정보를 찾아볼 수 있다.

그의 책은 이야기의 가치뿐만이 아니라 그림의 기법들을 감상하는 재미가 있다. 책을 읽고 어린독자들과 콜라주와 마블링, 오려 붙이기, 찍기, 불기 등의 다양한 미술기법들을 사용해 그림책 다시 만들기를 하는 것도 매우 즐거운 활동이 된다.

2.3.2.4. 데이비드 위즈너

데이비드 위즈너는 1956년 미국 뉴저지 출생이다. 로드아일랜드 디자

칼데콧상은 미국어린이도서관협회에서 그해 가장 뛰어난 그림책을 쓴 사람에게 주는 문학상으로 뉴베리상과 함께 그림책의 노벨상이라 불린다. 19세기 후반의 영국 그림책 작가 랜돌프 칼데콧의 이름을 따 제정되었으며 1939년부터 칼데콧 메달과 칼데콧 아너 상으로 나누어 수여하고 있다.

에즈라 잭 키츠상(Ezra Jack Keats Award)은 1985년 설립되었고 2001년 뉴 일러스트레이터상(New Illustrator Award)을 제정해 아동 도서 분야에서 떠오르는 인재를 발굴하여 수상했다. 2012년부터 아너상이 추가되었다.

인 학교에서 일러스트를 전공했다. 그의 첫 그림책인 『자유낙하』로 칼데콧 아너상을 받았으며 이후 『이상한 화요일』, 『구름공항』, 『아기돼지 세마리』, 『시간상자』등의 작품들도 계속 칼뎃콧상을 수상하면서 전 세계적으로 유명한 작가가 되었다. 한국에서 여러 차례 원화 전시회가 열렸으며 내한하여 작가와의 만남의 시간을 가질 정도로 인기 높은 그림책 작가이다. 최근에는 미술의 기법을 탐구할 수 있는 새 그림책 『아트와 맥스』를 출간했으며 한국에서 다시 원화 전시회를 가졌다. 그는 어린 시절부터 미켈란젤로, 레오나르도 다빈치, 마그리트, 키리코, 달리 등 초현실주의 영향을 받았다. 그의 관심은 글자 없는 이야기, 그림이 주가 되는 이야기를 추구했으며 그에 가장 적합한 장르가 그림책이었다고 했다. 그의 그림책은 글자가 전혀 없거나 있더라도 최소화되어 있다. 특히 공간과 차원의 이동을 자주 다루고 있으며 완성도 높은 수채화로 그려내는 환상의 세계가 특징적이다. 이야기의 사건 또한 현실에서 일어날 수 없는 사건들이지만 그의 어린 시절과 일상의 경험을 모티브로 한 것이다. 더 많은 정보들은 그의 공식 사이트(https://www.hmhbooks.com/wiesner/index.html)에서 찾아볼 수 있다.

그의 그림책은 비현실적인 환상의 세계 그 자체를 즐기는 즐거움을 누릴 수 있다. 여기에 독자의 상상이 보태어 이야기를 연장시키거나 확장시킬 수 있다. 또한 어린 독자라면 그러한 상상이 마치 현실에서도 이루어지는 것처럼 놀이 활동과 연결 지을 수 있다.

2.3.2.5. 이억배

이억배는 1960년 경기도 용인에서 출생한 작가다. 미술대학에서 서양회화를 공부하다 조소로 바꾸어 전공했다. 이후 민화를 그리다가 민중미술로 방향 전환을 했고 지역 문화운동을 하며 판화 강습을 했던 그는 어린 딸을 위해 『솔이의 추석이야기』를 만들었다고 한다. 대표작으로는 『솔이의 추석이야기』, 『잘잘잘123』, 『세상에서 제일 힘센 수탉』, 『손 큰 할머니의 만두 만들기』등이 있다. 그의 전공 이력에서 알 수 있듯이 민화적인 기법이 담겨있는 그림들로 우리의 일상의 모습을 그대로 보여주는 그림책을 그린다. 또한 민중운동을 했던 그의 마음가짐에서 알 수 있듯이 작은 것들과 소외되기 쉬운 것들에 대한 이야기들을 만들어 낸다. 최근에는 평화로운 한반도 풍경을 꿈꾸는 손녀와 할아버지의 여행기를 담은 그림책 『봄이의 여행』을 출간했다. 사회와 우리의 현실에 대한 관심과 참여가 그의 작품 속에 담겨 있음을 발견하고 이야기 나눌 수 있다.

우리의 일상생활과 가깝게 연결 지을 수 있는 그의 이야기들은 어린독자들에게 이야기를 통해 자신의 경험들을 떠올리고 그에 대해 이야기를 나누거나 모방 이야기를 만들어 보도록 할 수 있다.

2.3.2.6. 권윤덕

권윤덕은 1960년 오산에서 출생한 작가이다. 대표작으로는 『만희네 집』, 『일과 도구』, 『시리동동 거미 동동』, 『꽃 할머니』등이 있다. 권윤덕에 대한 정보는 그의 공식 사이트(http://kwonyoonduck.com)에서 자세히 찾아볼 수 있다. 그의 이력은 독특하다. 학부에서 식품과학을 전공하고 대학원에서 광고디자인을 전공했다. 거기에 중국에서 배운 산수화, 공필화의 기법이 더해지고 불화와 채색화가 어우러져 권윤덕의 그림책에 담겨있다. 뿐만 아니라 그림책의 상상을 현실로 옮긴 공연 〈고양이는 나만 따라해〉, 5.18 광주민주화 운동을 다룬 그림책인 『씩스틴』을 그림과 애니메이션으로 전시하기도 했다. 권윤덕은 자신의 생각을 강연이나 영상을 통해 자주 전하고 있기 때문에, 수업에 이러한 영상을 활용하는 것도 좋다. 『나무도장』이라는 그림책 한 권이 만들어지기까지의 과정과 이야기들을 담은 영상도 어린 독자들과 함께 볼만 하다.

권윤덕의 최근작품들은 시의적인 사안들을 다루고 있는데, 어린 독자들과 그러한 그림책의 이야기를 읽고 그 역사의 현장들을 답사하거나 더 많은 이야기들을 찾아보는 활동으로 안내할 수 있다. 권윤덕의 그림책을 옮긴 공연을 관람하는 것도 권할 수 있다.

그림책은 문학과 시각예술이 결합된 하이브리드 장르이다. 그림책은 읽기 쉬운 문학이라고만 여겨서는 안된다. 시각적 이미지 읽기와 텍스트 읽기가 유기적으로 결합되어 있는 독특한 읽기를 요구하기 때문이다. 그림책의 하이브리드 특성은 그 자체로 독특한 장르임과 동시에 문학의 모든 장르를 포괄할 수 있다. 읽기 지도를 위해서는 그림책이 포괄하고 있는 다양한 장르적 특성을 이해하고 그에 적합한 독서 지도가 이루어져야 한다.

그림책은 남녀노소, 장애와 비장애, 문화, 인종의 차이를 넘나들며 읽을 수 있는 모두를 위한 책이다. 이는 그림책이 특별한 대상을 염두에 두고 제작한 것이 아닐지라도, 그 내용이나 형식의 특성 때문에 모든 이들이 읽을 수 있다는 의미에서 모두를 위한 그림책으로 설명될 수 있다.

그림책 읽기 지도는 문학의 요소, 텍스트와 그림의 상호관계성을 충분히 이해하고 이를 염두에 둔 읽기가 이루어질 수 있도록 지도해야 한다. 그림책 읽기 지도를 위해서는 독자의 연령별 발달 특성 및 과업에 대한 이해를 바탕으로 영유아기, 아동기, 청소년기, 성인기별로 적합한 하위 장르, 주제, 형식, 독서활동을 선택할 수 있다.

그림책은 장르 특성에 따라 전래이야기 그림책, 동요/동시 그림책, 환상 그림책, 일상생활 그림책, 논픽션 그림책, 패러디 그림책, 글 없는 그림책 등으로 나눌 수 있으며 그 특성에 따라 적합한 읽기 지도의 방식을 적용할 수 있다.

그림책 읽기 지도에서도 작가 이해가 중요한 수업의 부분이다. 텍스트 위주의 문학작품과 달리 그림책은 그림의 화풍과 색채 등 예술적인 측면에 대해서 탐구할 수 있다.

01 예술그림책, 그림 없는 그림책, 미디어와 호환 또는 융합이 가능한 그림책 등 새로운 형태의 그림책을 어떻게 독서지도에 활용할 수 있는가?

02 선호하는 그림책 작가의 홈페이지, 인터뷰 동영상 등을 탐구하는 것이 독서 지도에 어떤 도움을 줄 수 있는가?

03 글 없는 그림책을 글쓰기, 그림 그리기, 극화하기 등 다른 활동들과 통합한 다면 어떠한 방법으로 지도할 수 있는가?

서정숙(2004). '유기체로서의 그림책' 분석을 위한 기준 연구. 어린이문학교육연구, 5(1), 1-36.

서정숙·남규(2013). 유아문학교육. 서울: 창지사.

서정숙·전효훈(2012). 패러디 그림책의 유형 분석. 어린이문학교육연구, 13(3), 285-306.

신명숙·김호(2015). 패러디 그림책을 활용한 이야기 짓기 활동이 유아의 창의성과 비판적 사고력에 미치는 영향. 열린유아교육연구, 20(6), 353-378.

이성엽(2016). 모든 연령층을 위한 그림책. 창비어린이, 14(1), 134-143.

이순영·최숙기·김주환·서혁·박영민(2015). 독서교육론. 서울: 사회평론아카데미.

이혜란(역)(2008). 현대 그림책 읽기. 서울: 작은씨앗.

현은자·김세희(2005). 그림책의 이해 2. 경기: ㈜사계절 출판사.

Cullinan, B. E., & Galda, L. (2002). Literature and the child(5th ed.). CA: Wadsworth/Thomson Learning.

Lanes, S. (1980). The art of Maurice Sendak. London: The Bodley Head.

16

설득하는 글
읽기 지도의 실제

학습목표

- 설득하는 글의 개념과 특징을 알고 설득하는 글의 이해에 적용할 수 있다.
- 설득하는 글의 읽기 방법과 설득하는 글 읽기의 유의점을 이해할 수 있다.
- 글을 읽고 설득하는 바를 찾아내고 비판적으로 읽을 수 있다

학습내용

이 장에서는 설득하는 글을 읽는 방법과 효율적으로 지도하는 방법을 다룬다. 이를 위해 설득하는 글의 개념과 특성을 알아 설득하는 글 이해의 기초 지식을 만들고자 한다. 이 위에 설득하는 글을 읽는 방법을 가능한 사고의 절차에 따라 제시하며 설득하는 글에 대해 의사결정의 과정을 익히게 하였다. 이를 통해 설득하는 글에 대한 이해를 넓히고 비판적으로 읽고 사고하는 힘을 기를 수 있도록 한다.

1. 설득하는 글의 개념

설득이란 상대편이 이쪽 편의 이야기를 따르도록 여러 가지로 깨우쳐 말하는 것이다. 설득하는 글은 독자가 필자의 생각을 따르도록 쓴 글을 말한다. 이와 같은 설득을 목적으로 쓰인 글을 '설득하는 글'이라 한다.

'설득하는 글'은 독자에게 필자의 생각을 알려줄 뿐만 아니라 그에 동조하게 만들려는 목적을 가지고 있다. 이에 따라 '설득하는 글'을 읽는 것은 필자의 생각을 알게 되면서 동시에 필자의 생각을 따라가며 동조되어가는 과정이 된다.

필자의 생각을 이해하고 설득에 동조하는 것도 독자의 사고가 그 글을 읽기 이전보다 발전하는 과정일 수도 있지만, 그 생각은 독자 자신이 아닌 필자의 관점과 상황에 적합한 것이라는 점을 상기해야 한다. 독자는 독자 자신의 관점과 상황으로 필자의 설득을 마주하는 것이 좋다. 이른바 비판적 사고가 반드시 필요한 것이다.

이 비판적 사고를 통해 궁극적으로, 독자는 필자의 생각을 이해하고 비판할 뿐만 아니라 자신의 생각을 형성하고 의사결정을 하는 대로 나아가야 한다. 글에서 필자가 설득하려 한 바를 참고하여 독자가 필자보다 더 나아간 사고와 판단을 할 수 있어야 하는 것이다. 그래서 설득하는 글의 읽기가 독자의 사고를 성장케 하고 발전시키는 디딤돌과 같은 역할을 할 수 있게 만드는 읽기를 해야 한다.

이를 위해, 먼저 설득하는 글의 특징을 살펴본다. 그리고 이런 특징을 고려하여 필자의 주장을 이해하고 나아가 비판적으로 사고하는 방법을 살펴본다. 이로써 독자가 읽은 글을 딛고 글보다 더 성숙한 사고를 하는 데로 나아가는 과정과 방법을 알아본다.

2. 설득하는 글의 특징

2.1. 설득하는 글의 내용과 표현

다음 두 글을 읽어 보자. 글 (가)와 글 (나)의 종류 내지 성격이 같다고 생각하는가? 아니면 다르다고 생각하는가?

글 (가)와 글 (나)에서 "(∅)"는 문장의 주어가 생략되어 있음을 표시한 것이다. 괄호 안의 번호는 이후의 설명을 위해 문장별로 붙여둔 것이다.

(가)

(1)한국의 전통 음악을 소개하는 자리에서 자주 볼 수 있는 공연의 하나가 사물놀이이다. (2)**사물놀이**는 꽹과리, 북, 장구, 징 등 네 가지의 타악기만으로 구성된 놀이인데, 이는 예로부터 널리 행해진 풍물놀이에 뿌리를 두고 있다. (3)**풍물놀이**는 농악을 달리 이르는 말인데, 농사와 직접 관련하지 않고도 널리 행해지기 때문에 풍물놀이라는 말이 많이 사용되고 있다.

(4)**풍물놀이와 사물놀이**는 사물을 비롯한 풍물을 사용하여 음악을 연주한다는 공통점이 있지만, 차이점도 적지 않다. (5)우선, **풍물놀이에는** 사물놀이에서 쓰는 네 가지 악기 이외에도 소고, 나팔, 태평소 등 더 많은 악기들이 사용되고, 양반이나 무동과 같은 가장 무용수들이 등장한다. (6)그리고 **풍물놀이에는** 마당에서 춤을 추고 몸짓을 해 가며 악기를 연주하지만, **사물놀이**는 무대 위에서 연주하고 춤은 추지 않는다. 또, 풍물놀이가 대체로 한 지역의 독특한 가락만을 연주하는 데 비해, (7)**사물놀이**는 거의 전 지역의 가락을 모아 재구성하여 연주한다. (8)(∅)* 가락이 같은 경우라고 해도 서로 풀어가는 모양새가 다르다.

(9)1980년대 이후 크게 확산되고 주목을 받아온 **사물놀이**는 야외에서 행해지던 풍물놀이를 현대적인 무대에 올린 것이라고 할 수 있다. (10)즉, (∅) 마당놀이의 성격이 짙은 전통 농악의 다채로운 음악적 재료들을 현대적 무대 공간에 걸맞게 재구성하고 재창조한 음악이라고 할 수 있다. 전통의 현대화는 전통을 살리는 또 하나의 길이 될 것이다.

(나)

　(1)**인간은** 언젠가는 죽음에 이르게 된다. (2)**(∅)** 나이가 들어감에 따라 힘이 모두 소멸되어 생명이 다하기도 하고, 병에 걸려서 생명을 연속하지 못하기도 하고, 사고에 의해 생명을 다하지 못할 때도 있다. (3)**인간은** 생명이 다할 때까지 모두가 행복하게 살아갈 수 있는 권리가 있다. (4)하지만 **(∅)** 몸이 아파 고통스럽게 지내는 경우를 많이 볼 수 있다. (5)이러한 경우에 **(∅)** 안락사를 생각하게 된다.

　(6)**안락사란** 현대 의학 기술로 보아 도저히 치료할 수 없는 불치의 질병으로 사경을 헤매고 있는 환자에 대하여 그 자신이나 보호자의 진지한 뜻에 따라 그가 인간다운 죽음을 맞이할 수 있도록, 그의 생명을 인위적으로 단축케 하는 조치를 뜻한다. (7)이러한 의미의 **안락사는** 두 가지로 생각해 볼 수 있는데, **그중의 하나는** 치명적인 에이즈나 암과 같은 질병으로 환자 자신의 장래가 인간다운 삶을 기대될 수 없다는 인식 아래 본인의 진지한 요구로 그의 생명을 단축케 하는 경우다. (8)그리고 **다른 하나는** 뇌의 손상으로 인해 식물 상태의 인간이 된 환자의 경우로 더 이상 이성적인 인간다운 삶을 누릴 수 없기 때문에 인격의 존엄을 유지하기 위해서 죽을 시기를 단축케 하는 행위이다. (9)이런 안락사를 **(∅)** 특히 존엄사라 부른다.

　(10)**우리나라에서는** 안락사가 아직 법적으로 허용되고 있지 않다. (11)**외국에서는** 일부 안락사를 허용하는 나라도 있다. (12)인간은 생명을 마음대로 조정해서는 안 된다. (13)하지만 **(∅)** 현대 의학으로 고칠 수 없는 불치의 병이라면 **(∅)** 생명을 고통에서 벗어나게 해 주어야 될 것이다. (14)**안락사는** 인간의 고통을 덜어주는 유일한 방법으로 허용되어야 한다.

다르다고 느끼는 사람이 많을 것이다. 글 (가)는 '사물놀이'에 대해 알려 주는 설명하는 글이고, 글 (나)는 '안락사를 허용하라'고 주장하는 설득하는 글이라고 생각될 것이다. 이렇게 생각했다면, 글의 종류를 이와 같이 판단한 근거가 무엇인지 스스로 물어보자. 글 (나)를 설득하는 글로 판단한 이유는 무엇인가?

먼저 글 (나)에서는 글에서 말하는 내용의 핵심이 필자의 의견, 주장, 판단이라고 느껴진다. 반면 글 (가)는 내용의 핵심이 필자가 알고 있는 지식이나 정보라고 느껴진다. 이와 같이 직관적으로 파악되는 내용의 핵심이 어떤 성격인가로써 '설득하는 글'임을 알게 된다.

그리고 필자의 의견, 주장, 판단을 말하고 있음은 문장의 표현에서 드러난다. 필자가 자신의 생각(의견, 주장, 판단)을 제시하기 때문에, '필자(나, 우리)는 무엇을 어떻게 해야 한다(무엇이 어떠하다)고 생각한다.'는 식의 문장으로 표현된다. 필자를 드러내지 않으려고 '필자는(나는, 우리는)'에 해당하는 주어를 생략하거나 다른 사물을 주어로 한 문장으로 바꾸어 표현하기도 하지만, 의미에서 필자를 1인칭으로 하고 필자의 생각임을 드러내는 서술어가 사용된다.[*]

글 (나)의 마지막 문장 "안락사는 인간의 고통을 덜어주는 유일한 방법으로 허용되어야 한다."는 주장이 표현된 문장이다. '안락사'를 주어로 하여 피동으로 표현하였지만, 이것을 능동형 문장으로 바꾸어 보면 "(우리는) 안락사를 인간의 고통을 덜어주는 유일한 방법으로 허용하여야 한다."로 바꿀 수 있다. 1인칭 주어가 내재되어 있고, 문장 어미가 당위를 뜻하는 '~해야 한다.'로서 필자의 주장이 담겼음을 알 수 있다. 이와 같이 주장을 담은 문장의 전형적인 표현은 말하는 사람으로 1인칭(필자)이 내재되어 있고, 문장의 '~해야 한다.'와 같이 당위를 뜻하는 것으로 마무리 된다. 이외에도 주장을 담은 문장은 '~하라.'와 같이 명령문으로 표현되기도 하고, '~이 좋다. ~을 바란다. ~이 안타깝다. ~이 문제 있다' 등과 같은 선호나 평가의 표현으로 나타날 수 있다(이종철, 2005). 주장이 제목에 담길 때는 제목을 문장 형식으로 바꾸어 봄으로써 주장을 파악할 수 있다.

반면 글 (가)와 같이 설명하는 글에서는 주장이 뚜렷하게 표현되지 않는 경우가 많다. 물론 설명하는 글도 글의 마지막 부분에서 필자가 설명한 바에 대해 옹호하거나 전망을 제시하여 주장을 하는 것처럼 표현된 글도 있다. 그러나 문장 표현 전반에서 1인칭이 떠오르는 내용이 거의 없고 의견을 담는 문장이 없거나 적다. 설명하는 글은 글의 표면에 드러난 내용이 의견보다 사실·지식·정보에 더 비중이 있다고 느껴진다. 간혹 설명 내용이 특정 관점에 치우칠 때는 설명하는 글도 주장이 암시되는 것으로 느껴진다. 이런 경우에도 일단은 글의 표면적인 내용에 기준하여 설명하

간혹 필자의 생각임이 완전히 감추어져 문장에서 드러나지 않을 때가 있는데, 이런 경우에는 맥락에서 필자의 생각(의견, 주장, 판단)이 강하게 느껴지면 설득하는 글이 되고, 그렇지 않으면 설명하는 글로 판정하게 된다.

는 글로 보고, 글을 읽는 독자의 필요에 따라서 암시된 주장을 찾아내는 것이 일반적이다.

2.2. 설득하는 글의 구조

설득하는 글의 내용과 표현은 글 구조를 생각해 볼 때 더욱 명확해진다. 글 구조(text structure)는 망(network) 형태로 나타내는 글 내용(의미)을 말한다.

지금까지의 연구에서 설득하는 글과 설명하는 글은 일차적으로는 글 구조가 같은 망 형태를 가진 것으로 알려져 있다. 하나의 구심점이 되는 내용이 있고, 이와 연결되는 세부내용들이 있고, 또 각각의 세부내용들에 더욱 세부적인 내용들이 연결되는, 이른바 위계적인 구조를 가진다. 이를 '위계적인 글 구조(hierarchical textstructure)'라 하고, 이런 글 구조를 가진 것을 '설명적인 글(expository text)'이라고 한다. 이와 구별되는 글 구조는 시간에 따라 연쇄적으로 내용이 이어지는 형태이고, 이런 형태를 가진 글을 '서사적인 글(narrative text)'이라 한다.

설득하는 글과 설명하는 글은 모두 '설명적인 글(expository text)'로서 기본적인 글 구조가 같다. 그러나 다음에서 살펴볼 바와 같이, 설득하는 글은 '위계적'인 기본의 구조 외에 또 다른 연결 관계를 더하여 생각할 필요가 있다는 것을 알게 될 것이다.

2.2.1. 일차적인 글 구조

앞에서 예로 든 글 (가)의 글 구조를 분석하면 다음과 같다.[*]

글 구조는 다양한 형식으로 표현할 수 있는데, 여기서는 글의 전개 방식을 최대한 반영하여 표현해 보도록 한다.

밑줄은 핵심이 되는 내용을 말하고, 이탤릭체는 내용간의 관계를 명시해주는 표지어를 표시하였다. ↓는 반복 연결된 개념을 표시하였다.

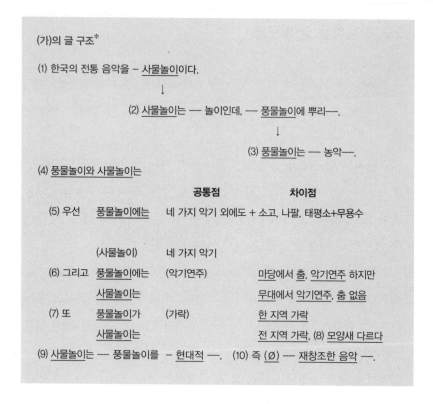

(가)의 글 구조[*]

(1) 한국의 전통 음악을 – <u>사물놀이</u>이다.

↓

(2) <u>사물놀이</u>는 — 놀이인데, — <u>풍물놀이</u>에 뿌리—.

↓

(3) <u>풍물놀이</u>는 — 농악—.

(4) <u>풍물놀이와 사물놀이</u>는

		공통점	**차이점**
(5) 우선	<u>풍물놀이</u>에는	네 가지 악기 외에도 + 소고, 나팔, 태평소+무용수	
	(사물놀이)	네 가지 악기	
(6) 그리고	<u>풍물놀이</u>에는 <u>사물놀이</u>는	(악기연주)	<u>마당</u>에서 <u>춤</u>, <u>악기연주</u> 하지만 <u>무대</u>에서 <u>악기연주</u>, <u>춤 없음</u>
(7) 또	<u>풍물놀이</u>가 <u>사물놀이</u>는	(가락)	<u>한 지역</u> 가락 <u>전 지역</u> 가락, (8) <u>모양새 다르다</u>

(9) <u>사물놀이</u>는 — 풍물놀이를 – <u>현대적</u> —.   (10) 즉 (Ø) — <u>재창조한 음악</u> —.

위의 글 구조에서 내용의 연결 및 전개를 한눈에 알 수 있다. 서문에서는 '사물놀이'와 '풍물놀이'를 제시하고 있으며, 본문에서 '풍물놀이'와 '사물놀이'의 특징을 비교하고 있다. 결문에서 '사물놀이'에 초점을 두어 '풍물놀이'와 비교했을 때의 핵심을 요약적으로 진술하였다.

이렇게 논리적으로 분석한 구조를 전체적으로 다시 검토해 볼 때, 이 글의 중심생각(main idea)이 무엇인지를 가장 중요하게 먼저 생각하게 된다. 이 글의 중심생각은 결문으로 보건대 '사물놀이가 어떠한 것인가'를 설명한 것이라 이해되고, 본문은 이를 자세하게 말한 것으로 이해된다. 상세히 보면, 필자는 독자가 기존에 '농악'으로 알려져 있는 '풍물놀이'를 이미 알고 있을 가능성이 높다고 전제한 것으로 보이며, 이에 풍물놀이를 먼저 설명하고 사물놀이가 이와 어떤 점이 같고 다른지를 제시하였다. 서문에서는 이 내용을 제시하기 위하여 '사물놀이'와 '풍물놀이'라는 이름을 간략히 소개하며 화제를 제시하였다. 다만, 서문에서는 '사물놀이'와 '풍물놀이'를 모두 제시하여 두 가지가 대등한 비중인지 아니면 어느 하나에 더 초점이 있는지 알 수 없으나, 결문에서 '사물놀이'를 화제로 하여 정리하였다는 점에서 이 글은 전체적으로 '사물놀이'를 새로운 정보로서 소개하고 있고, 이 설명을 보조하는 내용으로 '풍물놀이'가 사용되었음을 알수 있다.

이렇게 구조를 검토해 보건대, 이 글은 전체적으로 '사물놀이'에 대해 알려주려는 의도로 쓰인 것임을 알 수 있고, 본문에 제시된 정보들이 그것을 뒷받침하는 세부내용으로 자연스럽게 연결됨을 알 수 있다. 일차적인 글 구조 분석으로도 글의 의도와 내용 전반이 충분히 설명된다.

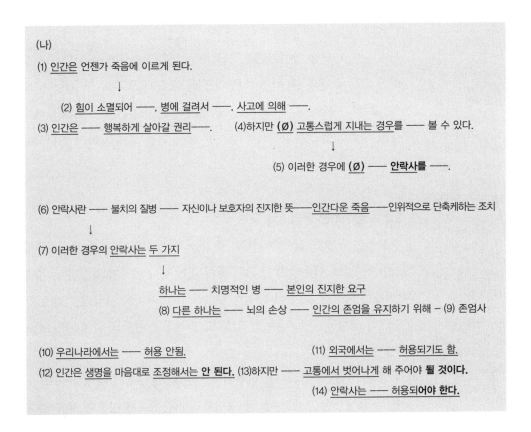

(나)

(1) 인간은 언젠가 죽음에 이르게 된다.
   ↓
   (2) 힘이 소멸되어 ──, 병에 걸려서 ──. 사고에 의해 ──.
(3) 인간은 ── 행복하게 살아갈 권리──.   (4)하지만 (Ø) 고통스럽게 지내는 경우를 ── 볼 수 있다.
                                                        ↓
                                    (5) 이러한 경우에 (Ø) ── 안락사를 ──.

(6) 안락사란 ── 불치의 질병 ── 자신이나 보호자의 진지한 뜻 ──인간다운 죽음──인위적으로 단축케하는 조치
   ↓
(7) 이러한 경우의 안락사는 두 가지
                ↓
        하나는 ── 치명적인 병 ── 본인의 진지한 요구
        (8) 다른 하나는 ── 뇌의 손상 ── 인간의 존엄을 유지하기 위해 – (9) 존엄사

(10) 우리나라에서는 ── 허용 안됨.   (11) 외국에서는 ── 허용되기도 함.
(12) 인간은 생명을 마음대로 조정해서는 안 된다. (13)하지만 ── 고통에서 벗어나게 해 주어야 될 것이다.
                        (14) 안락사는 ── 허용되어야 한다.

다음으로 앞의 글 (나)의 글 구조를 분석해보자.

서론에서 '인간의 죽음'이라는 일반적이고 넓은 개념에서 시작하여 '안락사'라는 구체적인 개념으로 좁히며 화제를 제시한다. 본론에서 '안락사'의 개념을 정의하고 두 가지 유형이 있음을 말한다. 결론에서는 우리나라와 외국을 비교하며 '안락사'가 법적으로 '허용되어야 한다.'는 주장을 분명히 말한다.

이렇게 분석한 구조를 역시 전체적으로 다시 검토해 볼 필요가 있다. 먼저 이 글의 중심생각(main idea)이 무엇인지를 생각해 보면, 이 글의 중심생각은 결론에 잘 드러나 있는 "안락사는 ~ 허용되어야 한다."라고 판단된다. 서론에서 이를 위해 '안락사'를 화제로 제시하였음도 알 수 있다. 그런데 본론에서는 안락사의 개념과 유형을 소개하였는데, 이것이 이 글의 중심생각인 '안락사는 허용되어야 한다.'와 직접 연관이 맺어지지 않는다. '안락사가 허용되어야 한다.'고 주장하는데 왜 안락사의 개념과 유형을 제시한 것일까?

이에 대한 대답을 찾아가면서, 설득하는 글은 설명하는 글과 달리 중심생각이 되는 주장과 글 속의 다른 내용들, 이를 테면 위의 글 (나)에서 본론이 내용의 대부분을 차지하며 글의 중심부를 이루는 것으로 보임에도 주장과 명료하게 연결되어있지 않다면 그런 연결 관계를 다시 판단해볼 필요가 생긴다.

2.2.2. 설득하는 글의 2차 구조

주장에는 근거가 있어야 한다.* 주장을 펴면 그렇게 주장하는 이유가 있어야 하고, 그 이유를 통해 그 주장에 대한 설득 여부가 결정된다. 주장의 이유는 다양한 것이 다 가능하지만, 이유 중에서도 사실에 기반을 둔 논리적인 사항을 주로 '근거'라고 하고, 합리적인 판단을 위해 가장 중요하다고 생각한다.

위의 글 (나)에서 '안락사는 허용되어야 한다.'는 주장에 대해 '근거'가 있어야 함을 생각할 수 있는데, 글 표현으로는 근거로서 명시된 것이 없다.

실제 엄밀히 말하면, 주장을 담은 글 중에 근거를 충실히 갖춘 글은 일상에서 쉽게 보기 어렵다. 주장만을 계속 말하거나, 주장을 작은 주장으로 쪼개서 말하기도 한다. 논리적인 근거 대신 비유나 사례, 권위, 감정에 호소하기도 한다. 논리적인 근거를 충분히 드는 글이 많지 않은 것이다.

그럼에도 주장을 하려면 논리적인 근거가 있어야 한다고 우리는 상식적으로 생각한다. 학교 국어교육에서도 일관되게 '주장-근거'의 구조를 가르친다. 물론 바람직하다고 해서 더 효과적이라고 단정할 수는 없다. 비유이든, 사례이든, 권위이든, 감정이든, 독자에게 미치는 영향은 따로 판단되어야 한다. 다만 여기 교육의 장면에서는 '합리적인 판단'을 강조하고, 이를 위해 주장을 뒷받침하는 '논리적인 근거'를 강조하는 것이다.

본론은 안락사의 개념과 유형을 설명했을 뿐이다. 그러면 글 (나)는 설득하는 글로서 주장을 담고 있는데 그에 대한 이유는 어디에 있는 것일까?

그 이유를 찾으면서 검토해 보면, 본론에 있는 '안락사의 개념과 유형'이 이유의 역할을 하고 있음을 발견할 수 있다. 본론에 설명된 안락사의 개념과 유형은 안락사에 대한 긍정적인 면 내지 안락사의 장점만을 말하고 있다. 표면적으로는 안락사의 개념과 유형을 말했지만, 이면으로는 안락사의 장점을 말한 것이다. 따라서 본론에서 '안락사는 이러이러한 장점이 있다.'고 말한 것이 되고, 결론에서 '그러므로 안락사는 허용되어야 한다.'는 주장이 성립하는 것이다.

이러한 이면적인 구조를 나타내면 다음과 같다.

주장	근거
안락사는 허용되어야 한다	(개념): 인간다운 죽음을 맞이하기 위한 인위적 단축
	(유형): 1. 인간다운 삶을 기대할 수 없어 본인의 진지한 요구
	2. 뇌손상으로 인간다운 삶을 누릴수 없어 인격 유지
	(동향): 외국에서는 허용하는 나라도 있음
	(효과): 고통에서 벗어나게 해 줌
	반론
	생명을 마음대로 조정해서는 안 된다

'안락사가 허용되어야 한다'는 주장에 대해, 안락사의 긍정적인 장점을 말한 본론과 결론에 들어있는 내용들이 모두 근거의 역할을 한다. 반론도 언급하였지만 비중이나 강조가 약하여 또 하나의 주장으로 느껴지기보다 필자가 안락사의 단점도 고려하고 있음에도 불구하고 장점이 더 많다는 인상을 주어, 오히려 필자에 대한 신뢰감을 주는 역할을 하는 것으로도 보인다.

이와 같이 전체를 다시 검토하였을 때, 이 글은 '안락사가 법적으로 허용되어야 한다'는 것을 주장하려는 의도로 쓰인 것임을 판단하고, 본론 등 글에 제시된 내용이 표면적으로는 객관적인 설명 같아 보이지만 실제로는 주장에 대한 이유, 즉 주장을 뒷받침하는 근거임을 파악할 수 있다. 따라서 처음 글 구조로 파악했던 내용을 '주장-근거'의 구도로 재구성함으로써 이 글의 의도가 선명해지는 것을 볼 수 있다. 설득하는 글은 이런 이차적인 구조의 분석이 필요한 것이다.

설득하는 글의 이차적인 구조는 '주장-근거' 외에도, '실태 고발 - 원인 분석 - 대안 제시', '문제점 - 해결책', '필요성 - 실천방안' 등의 다양한 전개 양상이 나타난다. 따라서 '주장'이 강하게 느껴지는 글이라면 표면적인 글 구조 외에 '주장'을 뒷받침하는 내용이 무엇이며 주장과 어떤 관계에 있는지 다시 글 구조를 재구성하여 또렷이 이해할 수 있도록 하는 것이 좋다.

2.3. 설득의 방법

전통적으로 설득의 방법으로 '권위에 의한 설득, 감정에 의한 설득, 논리에 의한 설득(logos, ethos, pathos)을 꼽는다. 이 중 논리에 의한 설득이 학교에서 가르치는 대표적인 설득 방법으로서, 앞에서 살펴본 바와 같은 내용과 표현 및 구조에서의 특징을 가진다. 권위에 의한 설득은 필자의 권위 자체로 독자에게 설득력을 갖게 되는 것을 말하는데, 윗사람이나 전문가 등 필자의 권위에 대해 신뢰함으로써 이들의 의견을 수용하고 따르게 되는 것이 이에 해당한다. 감정에 의한 설득은 감정적인 측면을 자극함으로써 공감을 얻어내는 방식의 설득이다. 이 두 가지는 학교 교육에서는 그리 부각시키지 않지만 일상에서는 흔히 사용되고 있다. 전문가나 저명한 사람의 특별 기고를 신문에 싣거나 방송에서 인터뷰를 하는 것이 말의 내용만이 아니라 그 사람이 가진 권위로 더욱 강하게 설득하기 위한 것이기도 하며, 사건 사고를 보도하면서 안타까운 사연을 세세하게 보도하는 것이 독자의 감정에 호소하여 원하는 방향의 설득을 얻어내려는 의도를 갖고 있다.

한편, 모든 글은 어떤 식으로든 독자에게 영향을 주게 된다. 정보를 전달하려는 글, 관계 맺기를 목적으로 쓴 글, 정서 표출을 목적으로 하는 글 등 독자에게 읽혀지는 글 모두가 주장의 강약 내지 선명함의 차이는 있으나 독자에게 어떤 식으로든 영향을 주면서 설득을 하게 된다. 이런 글에서 논리뿐만이 아니라 권위와 감정 등의 요인들이 복합적으로 작용하면서 설득의 효과를 만들어낸다.

관계 맺기를 일차적인 목적으로 한 글이나 정서 표출을 목적으로 하는 글 등은 필자의 권위(신뢰, 친근감 등 필자의 특성)와 정서적인 설득이 많이 나타날 수 있다. 물론 내용이나 상황에 따라서 이런 글도 얼마든지 논리성이 포함될 수 있지만, 대체로 권위와 정서에 따른 설득이 흔하다.

정보 전달을 주로 하는 글은 내용 자체가 객관적인 성격이 있고 독자도 논리적인 접근을 하는 글이다. 그럼에도 불구하고, 정보전달의 글도 어떤 정보가 선별되어 글 속에 담겼는가에 따라 그에 대한 독자의 판단에 편향성이 생기고 독자가 특정 의견을 갖게 만드는 쪽으로 설득을 한다. 앞에서 살펴본 안락사에 대해 긍정적인 면을 얘기했던 앞의 글과 달리 부정적인 면을 다룬 정보들, 이를 테면 '치료비용을 아끼기 위해 생명장치를 끊는 사례'나 '뇌사자가 깨어난 사례' 등을 접하게 되면, 안락사 제도에 반대하는 의견을 갖게 되기 쉽다. 정보전달을 하고 있음을 강조하는 방송, 신문 등 언론이 대중의 여론을 형성하는 방법에 이런 '정보의 선별'이 대표적이다. 또한 어떤 정보에 비중을 두는가도 독자의 판단에 큰 영향을 준다. 대체로 중요한 정보는 제목으로 선정하는 경우가 많은데, 동일 사건에 대해 언론매체에서 붙이는 제목에 따라 독자들의 판단은 영향을 받게 된다. 뿐만 아니라 다음과 같이 정보에 사용된 지칭어나 수식어, 덧붙은 해설에 따라서도 독자의 생각이 달라진다.

> 피고는 마약중독 혐의로 기소된 바 있습니다.
>
> 피고는 약물남용 혐의로 기소된 바 있습니다.
>
>
> 장밋빛 경제 정책을 내놓았습니다.
>
> 미래지향적인 경제 정책을 내놓았습니다.
>
>
> 우리가 현실에 주목해야 한다고 주장했다.
>
> 우리가 현실에 주목해야 한다고 일갈했다.

또한 맥락을 포괄적으로 살펴보는 것도 필요하다. 누가 어떤 상황에서 말한 것인가를 봄으로써, 이면에 있는 설득 요소를 발견할 수도 있다. 예를 들어 간척 사업이 한창인 때에, 갯벌에 사는 생물들에 대한 설명하는 글을 발표했다면 이것은 단순히 갯벌의 생물을 설명하기 위해서가 아니라 간척 사업에 반대 의견을 간접적이고 암묵적으로 표현한 것일 수 있다. 뿐만 아니라 명시적으로 설득을 담은 글도 이면에 또 다른 설득을 포함하고 있을 수 있다. 예를 들어 '태양열 발전 등 청정에너지의 중요성'을 명시적으로 주장한 글에서 명시적으로 설득하는 바는 '청정에너지 시설을 늘려가자' 일 수 있다. 그러나 이 글이 석유 생산국의 불안한 정세가 알려진 상황에서 나왔다면 이 글의 이면에 숨겨져 있는 또 하나의 주장은 '석유 소비를 어떻게든 줄이자'는 바를 말하고 있을 수 있다.

이들은 앞서 살펴본 '표현'과 '내용' 및 '구조'에서와 달리, 필자의 설득하는 바가 명료하게 드러나지 않지만, 독자는 은연중에 강력한 영향을 받게 된다. 특히 필자가 명료하게 주장을 말하지 않았음에도, 독자의 판단이 저절로 기울어져 독자 스스로 주장을 형성하는 방식이 되어, 필자가 주장한 바에 대해서보다도 암묵적이지만 그 설득의 힘이 더 클 수 있다.

이와 같이, 설득의 방법은 다양하다. 그러므로 전형적인 설득하는 글에서 설득하는 바를 찾는 것 외에도, 모든 글에서 어떤 설득이 숨어있는지 생각해보고 찾는 것도 필요하다. 이러한 설득이야말로 독자가 자각하지 못하는 속에서 은연중에 설득되어서, 비판의 기회조차 갖지 못하고 설득 당해 버릴 수 있기 때문이다. 요컨대, 설득하는 바가 명시적으로 드러나는 글뿐만이 아니라, 모든 글에서 설득의 요소를 찾아보며 읽는 것이 좋다. 이것이야 말로 진정 수준 높고 사려 깊은 읽기가 될 것이다.

3. 설득하는 글의 읽기 방법

3.1. 주장에 대해 판단하기

명시적인 주장을 담고 있는 설득하는 글일 때, 그 주장에 초점을 두고 글쓴이의 설득이 합리적인지 평가하여 주장의 수용 여부를 판단한다. 이런 판단의 과정이 설득하는 글을 읽는 가장 일반적인 방법이 된다. 글을 읽으면서 또는 읽은 후, 다음과 같은 질문으로 판단을 이끌어간다(박인기, 2004).

① 주장하는 바가 한 마디로 무얼까?

② 주장을 정당화한 근거가 무엇이더냐?

③ 주장을 정당화한 근거 중 미더운 것(마음에 드는 것)은 무엇이고 아닌 것은 무엇이더냐?

④ 주장에 동의를 하는 편이니? 반대하는 편이니? 유보적이니?

⑤ (동의하는 편이라면) 반대하는 사람들은 어떤 주장을 할 것 같니?

⑥ 반대 주장에 논리적 문제는 없겠니?

⑦ 너의 느낌은 어떠니?

이 일곱 가지는 주장에 대해 판단하는 가장 기본적인 요소라고 할 수 있다. 이것은 '①주장을 명료화한다. ②근거를 찾는다. ③근거의 신뢰도를 평가한다. ④이로써 주장의 동의 여부를 판단한다.'는 기본 4단계와, 이에서 나아가 다른 주장과 비교하는 확장 단계들로 이루어져 있다. 글쓴이의 주장에 동의할 경우에는, '⑤이와 반대의 주장을 생각하고, ⑥반대 주장의 근거를 생각한 후, ⑦글쓴이의 주장(내가 지지하는 주장)과 반대 주장을 비교하여 최종적인 판단을 내린다.' 단계를 밟을 수 있다.

만약 ④에서 글쓴이의 주장에 동의하기 어렵다면, '⑤글쓴이 주장의 문제점을 말하고, ⑥문제를 없애거나 해결할 수 있는 대안을 생각한다. ⑦대안을 모아 주장으로 명료화하여 글쓴이의 주장에 대항하는 새로운 주장을 제시한다.'는 과정으로 나아갈 수 있다. 또한 만약 ④에서 글쓴이의 주장에 대한 판단이 유보적이라면, '⑤결정하지 못하고 판단을 유보하는 이유를 말하고, ⑥판단 유보의 이유를 하나씩 해결하여 판단할 수 있는 상황으로 만들어간다. ⑦구체화된 상황 내지 자료로 판단을 내린다.'는 과정으로 판단을 이끌어낸다.

주장에 대한 판단의 과정에는 다음과 같은 점을 유념하도록 한다(황정현, 2009).

① 학생들의 논리와 가치를 존중한다.
② 한 가지 답만 강요하지 말고, 교사가 질문을 할 때는 '내가 생각하기에는 ~'과 같은 태도로 접근한다.
③ 아이들의 비판의식이 한쪽으로 치우칠 때, 비판은 객관적 비교와 판단임을 알려주고, 먼저 수긍하고 긍정해 준다. 그리고 나서 문제점에 대해 더 생각해보도록 한다.

주장에 대한 판단은 주관적인 면이 있을 수밖에 없으므로 개인의 의사를 존중하는 것이 필수적이다. 배우는 이와 가르치는 이의 관계라고 해서 어느 한 쪽의 의견이 더 옳거나 설득적인 것은 아니다. 때로는 어떤 결론인가가 그리 중요하지 않을 수도 있다. 특히 판단하기를 연습하는 상황에서는 더욱 그러하다. 다만 각자의 주관성에 대해 근거를 들고, 다른 생각과 비교하고, 장단점을 찾아보는 등으로 안목을 넓혀 생각하도록 이끄는 것이 필요하다.

설득하는 글의 읽기 방법은 평소의 생활에서 사고 습관과 사고력을 기르도록 하는 데서 형성된다. 평소 주장하는 글에 거리감을 두거나 어렵게 느끼도록 하지 말고 삶 속에서 읽고 접하는 생활의 한 부분으로 익숙해지게 하는 것이 좋다. 이에 먼저 설득하는 글을 흔히 접하고 쉬이 읽을 수 있도록 동기를 길러준다. 동기를 기르는 방법으로 다음과 같은 활동을 생각할 수 있다(박인기, 2004).

① 주장하는 글을 읽는 상황이나 읽은 경험에 대해 칭찬하고 격려하기
② 다른 이의 주장에 대해 평가하거나 자기주장을 말하고 겪은 실패 경험을 치유하기
③ 현실 문제에 관심 갖게 하기
④ 일상 문제에서 설득과 문제해결의 필요성과 경험에 주목하게 하기
⑤ 자신의 가치와 태도 생각해보게 하기
⑥ 논리적인 표현과 감성적인 표현 등을 접하게 하기

설득하는 글을 읽는 모습을 보거나 알게 된다면 이것을 칭찬해 주는 것이 우선적이다. 한편으로 자신의 판단이나 주장에 대해 무시나 폄하 등의 경험으로 인한 무관심이나 반감은 다양한 의견의 가치로움과 당시 상황에 대한 이해 등을 통해 도전감과 자신감으로 바꾸어나갈 수 있도록 격려한다. 이러한 태도 위에 현실의 문제에 관심을 갖고, 크고 작은 다양한 일상사에서 의견이 다른 경우 설득과 문제 해결이 필요함에 주목하게 한다. 상대방의 설득이나 자신의 대응에 대해 그 논리나 방법, 내재한 가치와 태도 등을 분석적으로 보며 판단자로서의 자질을 형성하고 기를 수 있도록 한다. 평소 논설문 읽기나 TV 토론 프로그램 시청하기 등으로 설득의 상황에 많이 노출시켜 주는 것이 좋다.

3.2. 비판적으로 사고하기

주장이 명시적인 글만이 아니라, 주장이 함축적이거나 주장이 느껴지지 않는 글을 읽을 때에도 독자 스스로 글 내용에 대해 판단해보는 사고가 필요하다. 글에서 말한 것만이 아니라 더 깊은 것을 찾아 안목과 사고의 범위를 넓힐 수 있기 때문이다. 뿐만 아니라 모든 글은 잠재적으로 설득을 담고 있기도 하다. 그러므로 글에서 말해진 것을 당연시하기보다, '진짜 그런가? 다 그런가? 말하지 않은 것은 없는가? 다른 관점에서 보면 어떤 점이 달라지는가?'와 같이 생각하는 것이 가치롭고, 이를 비판적 사고라 한다.

모든 글의 읽기에서 비판적 사고가 적용된다. 글을 읽는 데에는 여러 가지 사고 전략이 필요하며, 이 중에 비판적 이해는 글의 이해를 넘어 사고를 심화하기 위한 필수 요건이다. 글 읽기에서 적용되는 사고 전략을 개략적으로 목록화하면 다음과 같다(김라연, 2012).

세부 전략 목록	
독서의 목적 파악하기	
어휘의 이해	
사실적 이해	중심생각 찾기
	요약하기
	내용과 관련된 문단, 문장, 단어의 관계
	글의 종류와 특성, 글 구조 파악하기
추론적 이해	생략된 정보, 장면과 분위기의 추론
	저자의 성격과 특성 추론
	배경지식의 활용
	저자의 숨겨진 의도 추론
비판적 이해	글의 정보를 자신의 관점으로 분석, 종합하기
	내용(자료)의 타당성, 신뢰성 판단하기
	글 구성과 표현의 비판
	주장과 근거, 가치관, 사회문화적 배경에 대해 공감, 반박, 평가
감상적 이해	공감하기
	내면화하기

창조적 이해	자기만의 생각 밝히기
	문제해결 방법 구안과 필자의 생각 보완하기
	다른 작품과 비교, 재구성하기
초인지	초인지 전략

비판적인 사고는 우선적으로 글을 독자가 주체가 되어 평가하는 것이다. 글의 내용에 대해 평가할 수도 있고, 글의 구성이나 형식 또는 표현에 대해 평가할 수도 있다. 대체로 글의 내용에 대한 평가가 비판에서 중심이 되는데, 필요에 따라 글의 외형적인 구성이나 표현을 평가함으로서 내용을 더 깊이 이해·분석할 수 있고 숨은 의도 등도 찾아낼 수 있으므로 이에 대한 평가도 의미 있다. 평가를 하면서는 글 내용을 정리하고, 필자와 독자 각각의 가치관이나 처한 사회문화적 배경 등에 대한 검토가 필요하다. 평가의 결과는 공감(동의), 반박(반대) 및 유예 등을 할 수 있다. 이런 비판적인 사고는 사실적 이해 및 추론적 이해와 연결되고 감상적 이해나 창조적인 이해와도 연결되어 있으므로, 비판적 이해만을 분리해서 다루기보다는 연관성 위에서 다루도록 한다.

비판적 읽기는 이런 연관성 위에서 더욱 상세한 전략으로 세분화해서 지도할 수 있다. 다음과 같이 비판적 사고를 하며 읽을 때 작용하는 전략을 상세화할 수 있다(황정현, 2009).

① 필자의 신뢰성 판단하기
② 사실과 의견 구분하기
③ 현실과 허구 구분하기
④ 설득 기술 발견하기
⑤ 주요 오류 발견하기
⑥ 주관적 감정이 담긴 단어 발견하기
⑦ 필자의 어조·목적·관점 파악하기
⑧ 판단하기 전 평가 기준 세우기

필자의 전문성이나 신뢰성에 대해 먼저 검토해 본다. 필자에 대해 알지 못할 때는 필자 정보를 조사해 보는 것도 좋다. 그리고 글 내용에 대해 세부적으로 따져 생각해 본다. 글이 실제의 일을 내용으로 하는 것이면, 글 내용이 '사실'인지 '의견'인지를 판단해 '사실'에 대해서는 정확성을, '의견'에 대해서는 타당성을 검토한다. 글이 이야기나 소설과 같이 허구의 일을 포함하는 것이라면, 현실과 허구를 구별하여 각각의 의도나 가치를 생각한다. 특히 설득에 대해 판단하려고 하면, 글에 사용된 설득의 기술이 무엇인지, 오류는 없는지를 검토한다. 글에 사용된 명시적인 설득의 기술 외에도, 주관적인 감정이 담긴 단어나 어조 등을 분석하고 알 수 있는 필자의 목적이나 관점을 고려하여 숨은 의도나 숨겨진 설득을 발견해 본다. 그리고 이에 대해 합리성, 현실성, 실천가능성, 필요성 등 평가 기준을 세워 판단해 본다.

이러한 비판적인 사고는 모든 글에 적용될 수 있다. 주장이 표면에 드러나 있는 논설문이나 사설, 칼럼 등만이 아니라 광고, 뉴스 보도, 시사분석의 글 등과 같이 설득적인 정보를 담은 글도 비판적 읽기가 필수이며 매우 중요하다. 뿐만 아니라 교과서, 이야기, 유머와 같이 비판할 필요가 없을 것 같은 글도 비판적으로 읽을 수 있고, 비판적인 읽기로서 정보나 즐거움만이 아니라 새로운 문제의식이나 창의적인 사고를 할 수 있어 가치롭다.

3.3. 설득의 요소 분석하기

주장이 표면에 드러나지 않지만 이면에 주장을 담고 은연중에 설득하는 글을 읽을 때, 설득하는 요소를 발견해 주장을 명료하게 인식하고 이에 대해 판단하는 것이 필요하다. 설득하는 요소는 모든 글에 다양한 형태로 잠재되어 있어 어휘와 문장부터 맥락에 이르기까지 글을 꼼꼼히 분석하는 것이 필요하다.

신문의 보도 기사와 같이 정보전달의 성격을 가진 글이 강한 설득력을 띠어 여론 형성에 영향을 준다. 이런 보도 기사는 다음과 같은 점에서 설득 요소를 발견하여 주장하는 바를 찾을 수 있다(김봉순, 2006).

① 정보 선택의 주관성

    ㉠ 핵심 내용의 선택에 나타난 주관성

    ㉡ 부가 내용의 선택에 나타난 주관성

② 정보 표현의 주관성

    ㉠ 명명 또는 명칭의 표현에 나타난 주관성

    ㉡ 서술어나 명제(문장)의 표현에 나타난 주관성

    ㉢ 기타 조사 등의 표현에 나타난 주관성

③ 정보 해석의 주관성

    ㉠ 인용문의 재언급을 통한 해석에 나타난 주관성

    ㉡ 추론(전망)을 통한 해석에 나타난 주관성

특정 입장을 지지하는 정보는 많이 포함하고 반대 입장의 정보는 담지 않는다면, 비록 사실만으로 작성했다 하더라도 그 글은 특정 입장을 지지하는 주장을 암시하게 된다. 중요하지 않은데 덧붙여진 부가 내용의 선택도 필자가 강조하고 하고 싶어 하는 방향을 지지하게 된다. 선택된 정보가 어떤 언어로 표현되는가도 중요하다. '동학농민혁명'과 '동학란'의 의미가 다른 것처럼 동일한 사건에 대해 '소신'이라는 단어로 표현하는가 '고집'이라는 단어로 표현하는가에 따라 긍정적이고 부정적인 평가가 담긴다. '도둑이 경찰에 잡혔다.'보다 '경찰이 도둑을 잡았다.'고 쓸 때 경찰의 활약상이 잘 환기되는 것처럼, '주가가 오르내렸다.'는 표현보다 '주가가 출렁였다.'는 표현이 불안정한 시세와 원인이 되는 사건의 영향을 좀더 강하게 환기시킨다. '2%로 올랐다.'에 비해 '2%밖에 오르지 않았다.'도 사실 외에 과소 평가의 의미가 담긴 표현이다. 이보다 더 적극적으로 글쓴이의 해석이 반영되는 표현도 있다. 동일한 발언을 '~라고 말했다.' 대신 '~라고 비난했다.'고 전하면 이는 그 발언의 의미를 해석해서 전달하고 있으며, 마무리 말로 '앞으로의 귀추를 지켜봐야 한다.'는 말에 비해 '국민들의 관심이 쏠리고 있다.'는 표현이 사건에 대한 중대성과 압박의 정도가 강하다. 이와 같은 분석으로 정보 전달의 글에서 설득성을 추출할 수 있다. 이런 분석을 위해서는 성향이 다른 둘 이상의 글을 비교하며 읽는 연습을 하는 것도 좋은 방법이다.

이 외에도 필자에 대한 정보나 당시의 사회적·상황적 맥락 등에서 설득성을 추론할 수도 있다. 예를 들어 갯벌의 생태계를 과학 교과서에서와 같이 지식을 담아 설명하였는데, 만약 필자가 갯벌 보호 단체의 구성원이라거나 또는 당시 갯벌 간척사업에 대한 찬반 논의가 사회적으로 뜨거운 때라면, 이 글은 갯벌을 보호해야 한다는 주장을 지지하는 역할을 하게 된다.

4. 설득하는 글 읽기의 실제

4.1. 논설문의 주장 평가하기

설득하는 글의 가장 기본적이고 전형적인 글이 논설문이다. 논설문은 추상적인 개념으로 학교 교육에서 주로 사용하는 용어이다. 교과서에 실린 논설문은 대개 맥락이 제거되고 글 내부의 내용만을 주목해서 주장을 살피게 되는데, 합리적이고 논리적인 주장을 교육 장면에서 강조하기 때문에 주로 '주장-근거'의 내용 구조(2차 구조)를 강조한다. '논술'로 일컬어지는 글도 주장이 명료하고 강하면 논설문의 형태가 된다.*

논설문이 실제 현실에서는 사설, 칼럼, 논평, 성명서, 건의문, 설교문, 훈화문, 정치 연설문 등 주장이 명시된 설득하는 글을 말한다. 이들 글은 '주장-근거'의 내용 구조를 갖추기도 하지만, '주장-이유(작은 주장), 문제-해결, 실태-원인-대안 등'의 내용 구조로 되는 경우가 많다. 또한 권위나 정서에 의한 설득, 표현에 의한 암시적 설득 등으로 쓰이기도 한다.

논술은 논리적인 기술이라는 뜻으로 엄밀히 말하면 설명문의 성격도 띤다. 그러나 대개 통용되는 방식은 논리적인 기술을 통해서 주장의 타당성을 제시 내지 입증하는 글을 쓰게 되므로 논술의 결과물은 논설문과 같은 유형이 되는 경우가 많다. 논술에 대한 대부분의 정의에 '논리적인 기술을 통하여 주장하는 것'이라고 한 이유가 여기에 있다. 반면에 만약 논리적인 기술이되 주장을 강하게 드러내지 않는다면 표면적으로는 설명문이 될 수 있다. 그러나 논리적인 설명은 그 이면에서는 항상 어떤 주장을 암시하게 된다는 점에서 결국 주장을 담는 글이 된다.

여기서는 간단한 논설문을 예시로 하여 논설문 읽기의 실제를 연습해 보기로 한다.

교복을 입어야 하는가?

정○○

① 옷이 날개라는 말이 있다. 옷에 따라 사람이 달라 보인다는 말이다. 옷이 사람을 표현하기 때문이다. 그런데 제복은 반대이다. 사람들 사이의 차이를 없애고 같은 점을 강조한다. 같아 보여서 좋은 점도 있지만 좋지 않는 점도 많다. 특히 학생들에게 교복은 더 그러하다. 왜 학생들에게 교복이 좋지 않은지 그 이유를 알아보자.

② 첫째, 활동이 너무 불편하다. 운동하고 나면 옷이 온통 흙투성이가 되어 다음날 입고 가야 하는 것이 부담스럽다. 그래서 조심해서 움직이게 된다. 실제로 교복은 입은 학생들은 체육복을 입은 학생들보다 운동장에 덜 나가고 덜 움직인다.

③ 둘째, 개성을 기를 수 없다. 모두가 똑같은 옷을 입고 공부한다면 자기 특성을 알아가기 없다. 자기가 무슨 색을 좋아하는지 무슨 모양을 좋아하는지를 알 기회가 적어지기 때문이다. 자기가 좋아하는 것이더라도 그것을 선택할 수 없어 힘들 수도 있다. 교복을 입는 학교의 학생들이 자부심을 느끼기도 하지만 억압감 때문에 극단적인 선택을 하는 경우도 더 많다. 다양함 속에서 자신에게 맞는 것을 발견할 줄 아는 것이 필요하다.

④ 셋째, 경제적으로도 도움이 되지 않는다. 성장기에 키가 자라기 때문에 같은 교복을 계속 입을 수 없어 새 옷을 사야하고, 학교 밖에서 입는 일상복도 따로 필요하다. 따라서 가격 면에서 교복이 결코 유리하지 않다. 부모님들도 교복을 관리하기 위해 더 신경을 써야하기도 한다. 한 조사에 따르면 교복이 있는 학교에 다니는 학생들의 평균 의복비가 교복을 입지 않는 학교 학생들의 의복비에 비해 더 적지 않았고, 부모님들의 교복 관리 스트레스도 더 컸다.

⑤ 그러므로 교복을 권장할 일이 아니다. 아이들의 성장과 개성, 그리고 가격 면에서도 이익이 되지 않는 교복을 입을 이유가 없다. 아이들이 자유롭고 자신의 개성을 알아가며 자라는 것보다 더 중요한 것은 없다. 의복에서도 자유롭게 자란 아이들이 개방적이고 창의적인 미래 사회를 더 잘 만들어 갈 수 있을 것이다.

먼저 글을 훑어보거나 읽으며 글 구조를 분석해 본다. 문단 ①에서 '학생들에게 교복이 좋지 않은 이유'를 살펴보겠다고 했고, 문단 ②~④에서 이유가 나열되어 있으며, 문단 ⑤에서 이 내용을 다시 말하고 있다.

① 학생들에게 교복이 좋지 않은 이유에 대해 알아보자.

② <이유1> 첫째, 활동이 너무 불편하다.

③ <이유2> 둘째, 개성을 기를 수 없다.

④ <이유3> 셋째, 경제적으로도 도움이 되지 않는다.

⑤ 그러므로 교복을 권장할 일이 아니다.

글의 전개로 보아 문단 ①이 서두이고 문단 ⑤가 마무리이다. 문단 ①의 일곱 번째 문장 '특히 학생들에게 교복은 더 그러하다.'와 문단 ⑤의 첫 번째 문장 '그러므로 교복을 권장할 일이 아니다.'에서 말하는 이의 주장이 느껴진다. 문면에 표현되지는 않았지만 이들 문장은 '나는(필자는) ~라고 생각한다.'는 뜻을 내포하고 있다. 문단 ②~④는 이를 지지하는 이유가 되므로, 주장하는 글로 볼 때 통일성이 느껴진다. 그러므로 이 글을 주장을 담은 '설득하는 글'로 판단한다. 주장은 서두와 마무리에서 '교복 착용에 반대한다.(교복 착용이 좋지 않다.)'로 정리할 수 있다.

이 주장에 대해 문단 ②~④에는 세 가지 이유와 각각의 이유에 대응하는 근거에 해당하는 내용이 하나씩 연결된다. 문단 ②에서는 '실제로 교복은 입은 학생들은 체육복을 입은 학생들보다 운동장에 덜 나가고 덜 움직인다.'는 것이 사실 자료를 통한 근거가 되고, 문단 ③에서는 '교복을 입는 학교의 학생들이 자부심을 느끼기도 하지만 억압감 때문에 극단적인 선택을 하는 경우도 더 많다.'가 사실 자료에 해당하는 근거가 된다. 문단 ④에서는 '한 조사에 따르면 교복이 있는 학교에 다니는 학생들의 평균 의복비가 교복을 입지 않는 학교 학생들의 의복비에 비해 더 적지 않았고, 부모님들의 스트레스도 더 컸다.'는 조사의 통계 자료가 해당 이유에 대한 근거가 된다.

주장 : 교복 착용에 반대한다.

이유 : 첫째, 활동이 너무 불편하다. - 근거 : 교복 입은 학생이 덜 움직인다.

　　　둘째, 개성을 기를 수 없다. - 근거 : 극단적 선택이 더 잦다.

　　　셋째, 경제적으로도 도움이 되지 않는다. - 근거 : 의복 지출비가 같다.

이에 대해 평가적인 판단을 한다. 먼저 주장과 이유 및 근거의 연결이 적절한지 판단한다. 예를 들어 이유 중 '둘째'의 근거가 '개성을 기를 수 없다.'는 것과 '극단적 선택이 잦다.'는 것의 관계가 엄밀히 무엇을 뜻하는지 더 생각하고 관련 자료를 찾아보거나 하면서 근거로서 적절한지 판단한다.

그리고 글을 전체적으로 볼 때, '주장에 동의하는 편인지'를 생각해 본다. 나아가 반대되는 주장 또는 제삼의 다른 주장이 없겠는지 떠올리고, 그런 주장의 이유나 근거를 생각해본다. 필요하다면 자료를 찾아서 관련 내용들을 정리해 볼 수 있다. 이 경우, 예를 들면 '교복을 입는 것이 더 좋다.'는 반대되는 주장이 있을 수 있고, 이에 대해 '통일성이 있으므로 학습 분위기가 더 좋고, 소속감과 단결심 등이 커질 수 있고, 소득 간 계층 차이가 나타나지 않는다.'는 등을 생각할 수 있다. 그런 후 이런 상반된 또는 제삼의 주장과 비교하며 각각의 장단점을 따져본다. 현실적으로 어떤 주장이 실제 현실에서 더 중요하고 필요한 일인지도 알아본다.

이런 비교를 통해 나의 의사를 결정할 수 있다. 당장 의사결정이 어렵다면 시간을 두고 생각해 보거나 관련 현상이나 자료를 더 찾아보고 관찰하면서 판단해 갈 수 있다. 때때로 결국 가치관에 따른 선택이라 보일 경우, 나의 가치에서 무엇이 더 중요하다고 보는지, 왜 그런지를 생각한다.

4.2. 신문기사의 설득성 분석하고 비판하기

신문의 기사문을 예로 들어 비판적인 읽기를 해보자. 다음은 신문의 보도 기사로서 2019년 00월 00일자 A신문 21면 '경제' 난에 실린 글이라고

> ### 일용노동자, 250만 명 – 1년에 총 수입이 300만원도 안 돼
>
> 따로 버는 돈이 없이 일용직에만 일하는 노동자들은 우리나라에 현재 500만 명가량 된다. 그런데 그 절반가량의 연소득이 300만 원 이하로 조사되었다. 일용노동자의 소득 및 세금 현황을 조사한 결과에 따른 것이다. 건설노동자는 1년, 나머지 노동자는 3개월 미만 일하는 경우 일용직으로 분류한다. 일용근로자는 40~60대 중년층에 집중되어 있어 주목된다. 이들은 가정의 중심축으로 수입원이 되는 연령대이다. 50대와 40대가 16~17%로 가장 많았고, 다음이 60대와 30대, 20대와 70대는 1.4~1.5%로 적었다. 국세청에 따르면 순수일용근로자의 대표적 유형은 농촌에서 단기 아르바이트를 하거나 3개월 미만 공공근로에 종사하는 사람들이다. 다른 가족들과 동거하며 방학 동안에만 아르바이트를 하는 학생, 재택 알바를 하는 주부 등도 일부 해당할 수 있다. 따라서 순수 일용근로자가 반드시 저소득층 가구에 속한다고 단정할 수는 없다. 그러나 주된 생계 부양자가 일용직이라면 빈곤에서 빠져나오기 어려운 것은 분명하다. 올해 근로장려금 수급가구 가운데 144만가구가 일용직 가구라고 한다. 일용직 소득에만 의존하고 있는 순수일용직노동자 중 약 250여 만 명이 연 300만원도 벌지 못하는 현실을 고려할 때 저소득 일용근로자에 대한 지원정책을 강구해야 한다.

가정한다.

이 보도 기사에서 구체적인 정보도 알 수 있지만, 전체적으로는 글의 제일 마지막 문장에 밝혔듯이 '저소득 일용근로자에 대한 지원정책을 강구해야' 할 필요성을 느끼게 한다.

여기에서 이 기사의 앞뒤에 있는 다른 기사들과의 관련성을 살펴볼 수 있다. 이 신문의 제1면 제1 기사문에 '아이들 치료는 어디에?'라는 소아재활병원의 부족을 다룬 기사가 있다고 하자. 그런 경우 이 기사문과의 연계성을 보면, 전체적으로 '복지 정책이 필요함'을 이 신문 전면에서 설득하고 있음을 느끼게 된다.

이 기사문을 쓴 필자(기자)의 성향과 관련해 판단해 보거나 이 신문사의 성향과 관련해 판단해 보는 것도 좋다. 해당 신문사가 소위 '진보적'인 정책을 지지하는 성향을 갖고 있다고 알려졌다고 하면, 필자 내지 생산자의 신뢰도나 성향 측면에서도 복지정책의 필요성을 강조하고 있다고 느껴진다.

이 기사문이 실린 시점에서의 현실 맥락과도 연결지어보는 것도 좋다. 이 시기가 국회의원들이 법안에 대한 논의를 하지 않고 정쟁을 하고 있는 상황이었다고 하자. 그러면 이 기사문이 갖는 암시적이고 심층적인 의미는 '국회의원들이 입법 활동을 해야 할 사안이 많고 급하다.'는 것일 수 있고, 이 기사문은 독자들에게 당시 국회의 모습을 비판하고, 국회의원들이 하고 있는 정쟁이 부당하다는 점을 간접적으로 지지한다고 해석할 수 있다.

이와 같이 필자의 신뢰성과 글 밖의 맥락과 연관지어 봄으로써, 이 기사문이 품고 있는 '설득하는 바'를 찾아보고, 이에 대해 판단해볼 수 있다. 만약 이러한 비판 의식이 없이 글을 읽는다면 이 기사문이 갖고 있는 암시적인 설득성이 독자에게 무비판적으로 전달될 수 있으므로, 설득성에 대한 분석과 인식 그리고 이에 대한 비판적 사고가 필요한 것이다.

다음으로 이 기사문의 내용 면에서도 비판적으로 판단해야 할 부분을 발견하고 이에 대한 적극적인 사고가 필요하다. 이 기사문의 경우, 예를 들어 밑줄 친 부분을 주목해서 보면, '300만원도 벌지 못하는 일용직 근로자 248여 만 명' 중에서도 정부의 지원정책이 필요한 대상은 '아르바이트 학생이나 주부 등'은 제외한 '근로장려금 수급가구'에 해당하는 일용직 근로자들이다. 그런데 이 기사의 정보에서는 '300만원도 벌지 못하는 일용직 근로자 250만 명' 중에서 몇 명이 '근로장려금 수급가구'에 속하는 사람들인지 알 수 없다. 해당 자료가 없어서인지 알 수 없으나, 이 기사문에서 설득하는 바인 '저소득 일용근로자에 대한 지원정책을 강구해야 한다.'에 해당하는 대상이 몇 명이나 되는지, 이 주장의 중요성이 얼마나 큰지에 대한 직접적인 자료는 없는 것이다. 부언하면, '아르바이트 학생이나 주부 등' 가구에 다른 소득자가 있으면서 보조적인 소득자로서 일용직인 사람들이 예컨대 240만 명쯤으로 대부분이고, 8만 명만이 '근로장려금 수급가구'에 속하는 사람들이라면, 이 기사에서 시사하는 바의 긴요성이 상대적으로 낮아질 수 있는 것이다. 이와 같이 기사문의 내용을 분석함으로써 설득하는 바의 타당성, 중요성 등을 비판적으로 보는 것이 필요하다.

4.3. 표현 분석하여 설득 발견하기

다음은 동일한 경기를 보도한 스포츠 기사문이다.[*] 동일한 사건이 어떻게 다르게 느껴지는지 직접 읽으며 실감해 보자.

원문은 '손석춘(1997). 신문 읽기의 혁명. 개마고원, pp. 58~60.'에서 가져옴. 분석 내용은 '김봉순(2006). 텍스트언어학 7, pp. 72~80.'에서 가져옴.

한국 아이스하키가 북한을 <u>제압</u>. 동메달을 추가했다. 한국팀은 13일 쓰키사무 실내링크서 벌어진 제2회 동계 아시안게임 아이스하키 최종경기서 북한을 6대5로 <u>제치고</u> 1승2패를 마크, 일본 중국에 이어 3위에 입상했다. 당초 열세가 예상됐던 한국팀은 이날 <u>필승의 정신력으로 똘똘 뭉쳐</u> 1p <u>초반부터 파상적인 공격</u>을 펴던 중 3분쯤 첫 골을 성공시키면서 <u>기세를 높였다.</u>(1990. 3. 14. A신문)

아이스하키 남북대결에서 한국이 예상을 뒤엎고 6대5로 승리, 동계 아시아경기 동메달을 획득했다. 한국팀은 13일 삿포르 쓰기사무 실내링크에서 열린 북한팀과의 경기에서 초반 <u>수비치중에 기습공격 작전</u>이 적중하면서 승세를 타기 시작, 한차례의 동점도 허용하지 않고 경기를 끝냈다. 한국팀은 이로써 북한팀과의 대표대결에선 3승1패로 앞섰다.(1990. 3. 14. B신문)

위의 두 기사에서 동일한 지시대상이 서로 다르게 인식 또는 표현되고 있어서 경기 분위기에 대한 독자의 이해가 완전히 달라지는 것을 볼 수 있다. '제압↔승리', '제치다, 기세를 높이다↔승세를 타다', '파상적인 공격↔수비치중에 기습공격 작전', '필승의 정신력으로 똘똘 뭉쳐↔작전이 성공하면서' 등은 동일한 현상을 지시하는 것이면서 그것에 대한 인식과 표현은 다를 수 있음을 보여준다. 이런 표현으로 하여 A신문은 이 경기가 상당히 '적대적'인 입장에서 수행되었다는 것을 암시하는 반면, B신문은 결코 적대적이지 않았음을 말하고 있다. 이 기사를 접한 독자는 각각 이 경기를 매우 다른 분위기로 상상할 것이고, 북한에 대해 구축하는 이미지도 서로 다를 것이다.

이 외에, 순수한 격의 표현이 아니라 특수한 의미의 첨가 기능을 갖는 보조사의 선택 또한, 필자의 주관성이 개입한 요소이다. '-까지, -조차,

－이나, －씩이나' 등을 통해서 지시 대상은 변화시키기 않으면서 그 지시 대상이 갖는 의미 기능을 변화시킨다. 다음의 예에서 보듯이, 보조사 '－밖에' 등의 사용을 통해 반칙의 수가 매우 적다는 인식을 표현하고 있다.

> 반칙을 두 개 범했다.
>
> 반칙을 두 개밖에 범하지 않았다.

이와 같이, 그 지시대상(referent)은 동일하지만 표현의 차이에 따라 발생하는 의미 효과는 달라지기 때문에, 어떠한 표현을 선택하느냐 하는 것은 어떤 의미 효과를 발생시키고자 하는가, 곧 어떤 주관성을 부여하고자 하는가의 문제가 된다. 따라서 동일 대상에 대한 지칭 표현의 선택은 곧 필자의 주관성이 개입하고 설득을 하는 또 하나의 방식이 된다.

필자의 사실 인식과 표현이 얼마나 정확한 것인지(진실에 가까운 것인지)를 독자가 직접 그 사실을 접해 보기 전에는 판단하기가 쉽지 않다. 예컨대, 위의 '아이스하키 남북 대결'의 기사에서 어떠한 관점이 진실에 가까운 것인지를, 직접 그 경기를 보기 전에는 독자가 텍스트만 읽고는 판단할 수 없는 것이다. 이러하므로 독자는 이러한 문제에 대해서, 무엇이 진실에 가까운가를 판단하기보다는 어떤 요소가 확인할 수 있는 사실적 요소이며 어떤 요소가 주관적일 수 있겠는지를 판단하는 것이 가능한 것으로서 더 의미 있을 것이다.

이러한 주관적 요소 판단의 방법으로, 먼저, '구체성'과 '추상성'의 개념이 요긴하다. 예컨대 '자동차가 100Km로 / 빠르게 달린다.'나 '반칙이 적었을 뿐만 아니라 경기가 끝난 후 선수들은 일일이 서로 악수를 나누었다 / 경기의 분위기는 우호적이었다'에서 전자는 후자보다 구체적인 진술로서 사실 요소일 가능성이 높으며, 후자는 추상적인 진술로서 주관성이 개입한 요소일 가능성이 높다. 다만 여기서 구체성과 추상성은 상대적이고 점진적인 개념이지 이분법적으로 분명히 구별되지는 않으므로,* 그 사실

예를 들면, '강 폭이 210M이다 ↔ 강 폭이 200M가 넘는다 ↔ 강 폭이 한 번에 헤엄쳐 건너기 어려운 정도이다 ↔ 강 폭이 매우 크다' 와 같이 구체성과 추상성은 매우 다양한 차원을 갖는다.

성 정도를 상대적으로 판단할 수 있을 뿐이지 절대적으로는 할 수 없음을 분명해 해 두어야 한다.

그리고 정보의 표현에서 나타나는 주관적 요소를 변별하는 또 하나의 방법으로, '사회어'의 개념을 도입하는 것도 유용하다. 사회어란 경험적, 징후적 의미가 부여되는 어휘 목록*이나 이런 어휘 목록의 대립적 집합인 약호*로서, 일정한 주제적 의미를 형성할 수 있다(허창운 역, 1991, p. 98). 사회어를 주관성 변별의 전략으로 도입할 경우, 예를 들어 위의 '아이스하키 남북 대결' 기사는 A신문에서 '제압, 제치다, 기세를 높이다, 필승의 정신으로 똘똘 뭉쳐' 등의 '어휘 목록'을 작성하고, 이것에서 '적대적 경쟁'이라는 주제적 의미를 추출하며, 그리고는 '약호 체계'로서 이 주제적 의미와 대립되는 '우호적 경쟁'을 설정하여 이 의미 범주에서 대응 가능한 개념으로 앞의 어휘 목록에 대치해 비교해 봄으로써, 주관성의 작용 범위를 가늠할 수 있다. 요컨대, 정보의 표현에 작용하는 필자의 주관성은 '구체성과 추상성'과 '사회어'의 개념 도입으로 변별할 수 있을 것이다. '정보 표현'에 개입하는 주관성의 특성상 무엇이 진실인가를 판단할 수 있는 것은 아니지만, 최소한 주관성이 어느 범위에서 작용할 수 있는지는 파악할 수 있다.

예를 들어 마르크스 레닌주의를 알아볼 수 있는 어휘 목록으로 '제국주의', '계급투쟁', '민주집중제', '계급적대', '데카당스', '인민성', '문화적 유산' 등을 들 수 있다.

예를 들어, 마르크스 레닌주의의 사회어에서는 '리얼리즘'이 '전형적', '구체적', '총체적', '전망', '긍정적 주인공', '긍정적인' 등의 의미소를 지니고, 이에 대립하여 부정적인 개념으로 '자연주의'가 '우연적', '추상적', '단편적', '전방의 부재', '거부', '데카당스' 등의 의미소들이 대응적으로 설정된다.

설득하는 글은 독자가 필자의 생각을 따르도록 설득하여 쓴 글을 말한다. 설득하는 글은 독자에게 필자의 생각을 알려줄 뿐만 아니라 그에 동조하게 만들려는 목적을 가지고 있기 때문에, 설득하는 글을 읽는 것은 필자의 생각을 알게 되면서 동시에 필자의 생각을 따라가며 동조되어가는 과정이 된다. 따라서 독자는 설득하는 글을 읽을 때 필자의 생각을 이해하고 비판할 뿐만 아니라, 글에서 필자가 설득하려 한 바를 참고하여 독자가 이보다 더 나아간 사고와 판단을 할 수 있도록 하여 독자를 성장시켜야 한다.

설명하는 글이 사실·지식·정보에 비중이 있는 반면, 설득하는 글은 필자의 생각·의견·주장·판단에 비중이 있는 글이다. 그래서 설득하는 글에는 '필자(나, 우리)는 무엇을 어떻게 해야 한다(무엇이 어떠하다)고 생각한다.'는 식의 문장이 설명문보다 많이 나타난다. 설득하는 글의 중심내용을 찾아 1차적으로 글의 구조를 정리해보고, 2차적으로 주장에 대한 이유 등을 찾으며 읽는다. 설득하는 글은 논설문과 같이 주장이 표면에 뚜렷이 드러나는 글뿐만이 아니라 다양한 형식의 글에서 주장을 담아 설득할 수 있고, 주장을 뒷받침하는 요소는 논리적인 근거만이 아닌, 필자의 권위에 기대거나 감정에 호소하는 방식 등 다양하다. 그러므로 논리, 권위, 감정, 정보의 선별, 지칭어·수식어·해설의 편향성 등 글의 여러 가지 특징들을 주의 깊게 살펴 주장과 뒷받침 요소들을 찾아야 한다.

설득하는 글을 효과적으로 읽기 위해서는 먼저 주장을 파악한 뒤, 그 주장에 초점을 두고 글쓴이의 설득이 합리적인지를 평가하여 주장의 수용여부를 판단한다. 즉 주장을 명료화하고, 근거를 찾고, 근거(뒷받침 요소)의 신뢰도를 평가하고, 이로써 주장에 내가 동의할 것인가의 여부를 판단하며, 더 나아가 다른 관점과 비교하거나 동의할 수 없는 부분에 대한 문제점과 대안을 찾는 등의 읽기 전략이 필요하다.

이 때 교사의 생각이나 한 가지 생각만을 강요하지 않아야 하고, 학생들의 논리와 가치를 존중하여 수긍해 주면서 동시에 객관적으로 다른 생각과 비교하게 하고 장단점을 찾게 하면서 객관적이고 균형 있는 판단을 할 수 있게 해야 한다. 이 외에도 평소 비판적으로 사고할 수 있도록 모든 글 읽기와 일상생활에서 비판적 이해를 강조한다. 다양한 글의 표현과 맥락을 분석하며 설득의 요소를 찾아내는 연습을 하게 하는 것도 중요하다.

설득하는 글 읽기의 지도는 논설문과 같이 주장과 근거(뒷받침 요소)가 명확히 드러나는 글부터 시작하는 것이 좋다. 이후 점차 신문기사와 같이 설득의 요소가 더 다양하고 복합적으로 짜인, 현실 사회의 맥락을 가진 글을 읽히며 주장과 뒷받침 요소 등을 찾아 분석하고 비판하는 연습을 한다. 이런 현실 속의 복합적인 글을 읽을 때는 특히 내용에서 드러나는 주장과 근거(뒷받침 요소)만이 아니라 표현이나 맥락에서 암묵적으로 드러나는 주장과 근거를 찾는 고급한 읽기로 나아갈 수 있도록 지도한다.

※ 다음 글을 초등학교 6학년 학생에게 읽게 할 때 지도할 수 있는 설득하는 글의
특징과 지도할 내용을 분석하여 제시하시오.

다이어트는 왜 하는가

다이어트가 우리 사회의 중요한 화두가 되고 있다. 어린이부터 노년까지 다이어트를 생각하지 않는 사람이 거의 없는 정도이다. 운동하고 식단을 조절하고 때로 물만 마시면서 단식도 한다.

다이어트를 하는 이들이 바라는 것은 예쁜 몸매와 건강한 몸이다. 몸이 굵으면 자기 관리를 못한 사람으로 보이고 날씬하면 그 자체로 예쁘다고 생각하고 자기 관리를 잘한 사람이 된다. 또한 몸이 굵으면 각종 병이 생기기 쉬워 건강을 살리려면 다이어트부터 해야 하기도 한다.

그런데 이미 충분히 건강하고 정상 체중임에도 과도하게 다이어트를 하는 경우가 있다. 가녀린 몸일수록 아름답다고 여기고 더 눈에 띈다고 여긴다. 대중 앞에 나서는 직업일수록 이 기준은 더욱 엄격하고 중요하다.

이런 생각은 대중 앞에 나서는 특정 직업에서만이 아니라 거의 모든 사람들이 갖고 있는 다이어트의 첫 번째 이유이다. 날씬해 보이기 위해서 다이어트를 한다. 굵은 사람이건 알맞게 보이는 사람이건 대부분이 스스로를 뚱뚱하다고 여긴다. 가녀리지 않기 때문이다.

그러나 삶에서 정작 중요한 것은 건강과 체력이다. 외모는 그 다음이다. 건강을 잃어 본 사람은 누구나 절실히 공감한다. 건강하지 않으면, 체력이 떨어지면, 삶은 제대로 영위될 수가 없다. 보통의 또는 조금 굵은 몸으로도 건강하고 체력이 좋다면 우리는 하고 싶은 것들을 마음껏 하며 즐겁게 살 수 있다. 그러나 이 건강과 체력에 탈이 나면 가녀린 몸만으로는 즐겁게 살기가 어렵다.

지나치게 몸이 굵어서 건강과 체력이 문제된다면, 삶을 위해 다이어트를 선택하는 것은 누구나 응원할 것이다. 그러나 건강한 사람이 가녀리게 보이기 위해 더 체중을 줄이는 다이어트라면 모두가 응원하지는 않을 것이다. 이런 다이어트는 생명과 삶의 본질을 위하는 것이라기보다 사회의 편향된 시선을 따라가는 추종과 같은 것이기 때문이다.

우리의 생각 속에 다이어트는 필수이고 운동은 선택이라는 인식이 들어있는 것 같다. 그러나 다시 생각해보면 건강과 체력을 챙기는 운동이 필수이고 다이어트는 이 필수적인 것들을 더 잘 하도록 돕기 위한 선택이다. 대부분의 사람이 특정 사람들의 외모를 따라가기보다, 건강한 몸으로 즐겁게 살 줄 아는 생각의 전환이 필요하다.

설득하는 글 지도 계획

· 이 글이 설득하는 글이 될 수 있는 이유를 알아보자.

　설득하는 글이 되는 이유: _____

· 이 글의 구조를 그려보자.

1차 구조:	**2차 구조:**

· 이 글의 주장을 명확하게 한 문장으로 써 보자.

　_____

· 이 글의 주장을 뒷받침하는 내용과 표현을 찾아보자.

　_____

　_____

· 이 글의 주장에 대한 나의 의견을 간략히 정리해 보자.

　　　　　　　　　　　　　　　　　　　　　(자신의 의견에 ○표 하세요.)

　　　　동의한다(　)　　　　　　　　　　동의하지 않는다(　)

　이유: _____

　　　　_____

· 이 글을 읽고 '다이어트'에 대해 내가 갖는 생각이나 자세를 짧은 글로 써보자.

　_____

　_____

김라연(2012). 설득적 텍스트의 읽기 전략 활용 분석 연구. 우리말글, 54, 57–85.

김봉순(2006). 신문기사에 반영된 필자의 주관성. 텍스트언어학, 7, 72–80.

김세곤(2006). 초등학생의 논증적 글 쓰기 지도 방법 연구. 홍익대학교 박사학위 논문.

김수희(2006). 사고조직자 활용을 통한 비판적 사고력 신장 방안 연구: 중학생의 논설문 읽기 활동을 중심으로. 홍익대학교 석사학위 논문.

박민해(2017). 학령기 아동의 설명글 읽기이해 특성. 용인대학교 석사학위 논문.

박인기(2004). 'EBS 무릎학교 〈국어〉' 중 '10. 주장과 설득이 담긴 글 어떻게 읽도록 할까?'. EBS.

손석춘(1997). 신문 읽기의 혁명. 개마고원.

신재한(2005). 글의 목적에 따른 수준별 읽기전략 수업 설계. 한국초등국어교육, 28, 한국초등국어교육학회, 91–116.

이종철(2005). 신문 독자 의견 기사의 요청 화행 양상. 국어교육, 118, 283–318.

편지윤·서혁(2019). '독자 반응 텍스트'의 평가 준거 개발 연구: 정보 텍스트(설명 및 설득 목적의 글) 읽기를 중심으로. 국어교육학연구 54(3), 363–394.

황정현(2009). 'EBS 말하기, 듣기, 읽기 및 독서지도 프로그램' 중 No. 4 '1. 비판하며 읽기'. EBS.

허창운(역)(1991). 텍스트사회학. 민음사.

17

설명적 글
읽기 지도의 실제

학습목표

- 설명적 글의 특성을 이해한다.
- 설명적 글 읽기와 관련된 읽기 전략에 대해 이해한다.
- 설명적 글을 토대로 거시적 독서 지도를 계획할 수 있다.

학습내용

이 장에서는 설명적 글의 특성과 관련 읽기 전략에 대해 알아보고, 설명적 글에 대한 '미시적 읽기 지도'와 '거시적 읽기 지도'의 실제 사례에 대해 검토한다. '미시적 읽기 지도'는 읽기 기능과 전략 지도를, '거시적 독서 지도'는 실제적인 책읽기 지도를 뜻한다.

1. 설명적 글과 읽기 전략

1.1. 설명적 글의 특징

설명적 글은 '설명, 논증, 묘사/기술 등을 포함하는 글의 형식으로 논문, 안내서, 보고서, 기사, 정부 기록물, 저널, 지시문 또는 규약 등의 글을 포함한다. 설명적 글은, 글이 갖는 의사소통적 기능을 기준으로, 정보전달을 목적으로 하는 글과 설득을 목적으로 하는 글로 구분할 수 있다.'(김혜정, 2011: 37-38) 16장에 이어 이 장에서는 설명적 글 중 정보전달을 목적으로 하는 글을 다룬다.

설명적 글은 '주제 제시, 주요 내용, 어휘, 글의 구조 등에서 다른 유형의 글과 구분되는 특징이 있다. 우선 설명적 글은 글에서 다루고자 하는 주제를 비교적 명확하게 제시하고, 그 주제에 대해 다양한 정보를 제공하고 해당 주제를 반복적으로 다룬다. 따라서 설명적 글의 주요 내용은 주제와 관련된 어떤 대상의 속성이나 특징을 구체적으로 기술하는 것이 된다. 그런 기술 중에는 어떤 대상에 대해 개념정의를 하거나 대상들을 일정한 유형으로 구분하는 정의와 분류의 설명 방식이 많이 등장한다. 그러다 보니 설명적 글에는 정보전달의 대상이 되는 분야와 관련된 전문 용어가 종종 등장하게 된다. 또한 설명적 글에서는 3장에서 살펴본 것과 같이 비교/대조, 문제/해결, 원인/결과와 같은 구조를 찾아보기 쉽다. 이뿐만 아니라 설명적 글에는 그림과 사진, 표와 그래프, 서체 등 복합양식적 요소를 쉽게 발견할 수 있다.'(권이은, 2015: 25-27)

아래에서는 실제 글('더 많이 죽이기 위해 더 많은 지능이 동원되다'-세계사 분야)을 보면서 설명적 글의 특징을 짚어보자.

* 출처: 르몽드 디플로마티크(2014:16-17)

우선 이 글은 인류가 수많은 전쟁을 거치면서 무기 개발이 얼마나 현대화, 정교화 되어 갔는지(주제)에 대해 세계사의 맥락 속에서 훑어보고 있다. 텍스트 전체의 구조는 일차적으로 제1차 세계대전을 시작으로 20세기 초반을 거론한 뒤 시간의 경과에 따라 무기 개발이 진전된 주요 사건들을 중심으로 기술되어 있다. 무기개발(주제)과 관련하여 상당히 많은 용어들(지능형 정밀 유도폭탄, 고엽제 등)이 등장할 뿐만 아니라 리프전쟁, 6일전쟁 등 우리에게는 생경한 역사적 사건도 등장한다(이 책의 부록에서 이러한 역사적 사건에 대한 설명을 제공함). 또한 글 속에 제시된 연표와 도표는 글의 내용에 추가적으로 많은 정보를 제시하는 역할을 한다. 1860년대부터 2010년까지의 연표 아래에는 세계사에서 있었던 전쟁이 정리되어 있다(1950년부터 한국전쟁이 있었음을 볼 수 있다). 연표 위에는 그 전쟁의 역사에 상응하여 등장한 무기개발 관련 내용이 일별되어 있다. 글 왼쪽 아래의 막대 그래프는 무기개발의 대표적 국가인 미국의 1950년 이후 연구개발 국방비를 나타냄으로써 글의 내용을 보충해 주고 있다. 이 글의 핵심 주제는 제목에 압축적으로 드러나고 제목 아래 5줄짜리 텍스트에서는 제목이 뜻하는 바를 보다 상술한 내용이 제시되어 있고, 본문에서는 전술한 바와 같이 대체로 20세기 초부터 현재까지의 주요 사건들을 중심으로 무기개발의 현대화, 정교화에 대해 기술하고 있다.

1.2. 설명적 글에 대한 초등학생의 독해 전략

권이은(2015)는 인천의 초등학생 3학년과 6학년 494명을 대상으로 그들의 독해자료, 초점 그룹 학생(12명)과의 면담과 자유 생각 말하기 등을 통해 학생들이 설명적 글을 읽을 때 활용하는 읽기 전략이 무엇인지 분석하였다. 그 결과, 다음과 같이 다양한 독해 전략을 활용하는 것을 확인하였고, 크게 세 가지 유형으로 분류하였다.

첫째, 학생들이 설명적 텍스트를 읽을 때 새로운 정보 습득을 위해 자기의 읽기 방법이나 과정을 조절, 점검하는 것이 관찰되었다. 학생들은 많은 정보 중 새로운 정보에 집중하거나 기존에 자신이 가지고 있는 지식의 오류를 수정하고, 전문 어휘가 나오면 인식하여 그에 대한 설명을 확인하기도 하며, 간혹 설명적 글과 이야기 글 독해 시 독해 목적을 달리 설정하여 활용하는 양상을 보였다.

둘째, 학생들은 복합양식 요소를 활용해서 의미를 확장하고 정교화하는 독해 전략을 활용하였다. 학생들은 문자에 담기지 않은 의미를 그래픽을 통해 얻기도 하고, 그래픽이 주는 정보와 문자 정보를 종합하여 이해하기도 하며, 어휘에 대한 설명이 담긴 단락이 지면 구성상 다르게 되어 있는 경우, 그것을 이해하고 본문을 다시 이해하는 전략을 쓰기도 하였다. 또한 실사, 삽화, 다이어그램, 표, 서체 등의 요소를 인식하여 그 특징을 이해하여 독해에 활용하기도 하였고, 그래픽을 둘러싼 라벨(그림 제목 수준의 이미지 설명으로 주로 구 단위)과 캡션(그림에 대한 짧지만 구체적인 설명) 등의 그래픽 지원 요소를 인식하여 전체 텍스트의 의미와 연결하는 경우도 있었다.

셋째, 학생들은 설명적 글의 하위 유형별 특성을 이해하고 글을 독해하는 모습을 보였다. 학생들은 우선 설명적 글 중 대상에 대한 속성 기술이 많이 되어 있는 정보 종합형 텍스트에서는 속성 기술 관련 정보를 종합해 가면서 읽고, 주어진 그래픽을 통해 문자로 제시된 속성에 대한 이해를 확장하는 경우가 있었다. 그리고 설명적 글 중 과정 강조형 텍스트에서는 주로 특징적 행위와 관련된 기술이 자주 등장하는데, 학생들은 주로 특징적 행위에 대해 인식하고 그 정보를 종합하였고, 이때에도 문자로 제시된 내용을 이해하는 데 관련 그래픽을 활용하였다.

〈초등학교 3, 6학년생이 설명적 글 읽기에 활용하는 독해 전략(권이은, 2015)〉

① 새로운 정보 습득을 위한 독해 목적 설정
- 주어진 정보의 새로움에 대한 인식
- 선행 지식의 오류 수정
- 전문어에 대한 집중
- 텍스트 유형에 대한 지식 활용

② 복합양식적 요소를 활용한 의미의 확장과 정교화
- 이해 확장을 위한 그래픽 활용
- 문자 이해를 위한 보충 자료로서의 그래픽 활용
- 지면 구성의 이해와 활용
- 복합양식적 요소의 형태에 대한 인식과 활용
- 그래픽 지원 요소의 인식과 활용

③ 정보 텍스트의 하위 유형별 특성의 이해와 활용
- 정보 종합형 텍스트에 대한 독해 전략
  - 속성 기술 관련 정보 종합
  - 정적 특성을 가진 그래픽 활용
- 과정 강조 텍스트에 대한 독해 전략
  - 특징적 행위 관련 정보 종합
  - 동적 특성을 가진 그래픽 활용

1.3. 수능 국어 지문 중 설명적 글에 대한 독해 전략

한편, 김혜정(2017)은 수능 국어 지문 중 설명적 글 읽기에 필요한 독해 전략을 검토하였다. 크게 텍스트 구조의 층위에 따라 독해 전략을 구분하였는데, 미시구조 수준의 독해, 거시구조 수준의 독해, 상위구조 수준의 독해 및 기타 전략(그림, 어휘 표지, 유추를 활용한 독해 전략)으로 나누어 제시하였다.

우선 미시구조 수준의 독해는 글의 세부 정보들에 주목하는 독해 전략이다. 학생들은 설명적 글을 읽을 때 글이 어떤 화제를 다루고 있는지 파악하여 글의 목적을 예측하는 것이 필요하고, 여러 번 등장하는 단어에 주목하여 핵심어를 파악해야 한다. 그리고 담화표지(먼저, 첫째, 우선, 한편, 요컨대, 가령 등)가 제시하는 의미구조를 파악해야 하고, 담화표지가 없을 때에는 문장 구조를 확인하여 문단 간 관계를 파악하는 것이 필요하다. 이는 이후에 거시구조 및 상위구조 수준의 독해를 위한 기초 토대가 된다. 또한 기능적 어휘(문법적 기능을 담당하는 어휘: ~ 정의한다, 이 분류는 ~, ~라는 목적을 위하여 등), 시간 어휘(연대기식 상위구조를 가진 글에서 시간을 뜻하는 어휘), 부사어, 보조사 등은 중요한 의미를 드러내는 데 주효하기 때문에 이러한 단어들도 놓치지 않고 확인하여 글의 의미와 구조를 파악하는 데 도움을 받아야 한다. 세부 정보 중 글의 마지막 단락에 주목하는 것도 도움이 된다. 마지막 문단에서는 필자의 견해나 의도가 요약, 재정리되거나 어조가 바뀌는 경우도 있기 때문에 주목할 필요가 있다.

두 번째, 거시구조 수준의 독해는 미시구조 수준의 독해와 별개로 일어나기보다 동시적으로 일어나는데, 거시구조 수준에서는 세부 내용 확인을 통해 논지흐름을 파악하여 글 전체에 대해 이해해야 한다. 이때에는 글의 논지 전개 방식을 파악하여 글의 개요를 파악하고, 이를 바탕으로 각 문단별 소주제문을 연결하여 글 전체의 내용을 파악해야 한다.

세 번째, 거시구조 층위에서 이해가 이루어졌다면 글의 수사적 구조를 파악하여 글의 목적이나 기능과 연관 지어 이해하는 상위구조 수준의 독해가 필요할 수 있다. 이때에는 글의 상위구조(문제-해결/정의(지정)-예시 등의 구조)를 파악하는 것이 독해에 도움이 되고, 문종별 형식에 대한 지식을 활용하여 주어진 지문이 어떤 구조를 가지는지 분석하고 그에 따라 중요 정보가 어디에 집중될 것인지를 파악하는 전략을 활용할 수 있다.

마지막으로, 앞에서 살펴본 바와 같이 설명적 글의 복합양식적 요소들(그림, 그림의 라벨과 캡션, 도식 등)이 뜻하는 바를 적극적으로 읽어내어 생략된 내용을 정교화하는 전략을 쓸 수 있다. 또한 짧은 시간 안에 문제를 풀어야 하는 상황에서 중요한 정보의 위치를 기억해 두는 것이 문제풀이 시간을 줄이는 데 도움이 된다. 한편, 학생들은 글에서 낯선 개념을 만나면 당황하게 되는데, 이럴 때에는 글에 드러난 유추의 방법을 활용하거나 결론적으로 말하는 부분에 주목하여 낯선 개념의 이해를 도모하는 전략을 활용할 만하다.

〈수능 국어 지문 중 설명적 글 읽기를 위한 독해 전략(김혜정, 2017)〉

① 미시구조 수준의 독해

- 글의 화제와 목적 예측하기

- 반복되는 어휘의 중요도 인식하기

- 담화표지를 통해 의미구조 파악하기

- 문장 구조를 활용하여 문단 간 관계 파악하기

- 기능적 어휘의 역할 파악하기

- 부사어의 의미 기능에 유의하기

- 시간적 순서로 서술된 글에서 시간 어휘를 통해 구조 파악하기

- 보조사에 유의하여 신정보 파악하기[*]

- 마지막 문단에서 글의 요지 파악하기

② 거시구조 수준의 독해

- 논지 전개 방식 파악하기

- 내용 요약하기

김혜정(2017)에서는 기타 독해 전략으로 '시간적 순서로 서술된 글에서 시간 어휘를 통해 구조 파악하기'와 '보조사에 유의하여 신정보 파악하기'를 제시하였는데, 둘 모두 세부 정보에 주목하는 것이어서 본고에서는 구분을 달리하였다.

③ 상위구조 수준의 독해
- 글의 조직(상위구조) 파악하기
- 문종별 형식을 활용하여 전체 내용 파악하기

④ 기타 전략
- 그림과 글을 연결 지어 생략된 내용 정교화하기
- 세부 정보의 위치 파악하기/기억하기
- 유추나 결론을 통해 낯선 개념 추론하기

2. 설명적 글에 대한 미시적 읽기 지도

학생들은 글을 읽고 난 뒤 글과 관련된 여러 가지 질문에 응답해야 하는 상황에 처한다. 대표적으로 교과서에 제시된 글을 읽고 학습활동에 응하거나 시험을 치를 때 지문을 읽고 물음에 답하는 상황을 들 수 있다. 이절에서는 후자, 즉 설명적 글을 읽고 독해력 평가에 대비하는 상황에서의 읽기 지도에 대해 이야기하고자 한다. 학생들이 쉽게 답할 수 있는 질문이라면 고민스럽지 않지만 어려운 질문을 만나면 당황하게 된다. 이런 경우 대체로 글과 관련된 배경지식의 부족을 어려움의 원인으로 짚는 경우가 많다. 그래서 흔히 다양한 주제와 관련된 배경지식을 많이 쌓아서 여러 지문에 수월하게 응답할 수 있어야 한다고 조언한다. 맞는 말이다.

그러나 관련 배경지식이 부족하다고 하더라도, 독해력을 평가하는 질문의 답은 크게 4가지 방식으로 찾을 수 있음을 알아두는 것이 독해력 평가를 대비하는 데 도움이 될 수 있다. '첫째, 질문에 대한 답을 지문 내 한 곳에서 바로 확인할 수 있는 경우(사실 확인 문제), 둘째, 답이 지문 안에 제시되어 있지만 지문을 훑어보면서 답을 찾아 종합해야 하는 경우(추론적 질문), 셋째, 저자의 생각과 독자의 생각을 결합해서 질문에 대한 답을 구하거나(추론과 적용을 결합한 질문), 넷째, 질문에 대해 자기 자신만의 생각을 이용해서 답할 수 있는 경우(해당 지문만 읽는 것만으로 답하는 데 부족할 수 있음, 적용과 평가 수준의 질문)'가 그것이다.(Gail E. Tompkins, 박정진 조재윤 역(2012:147) 사실 확인 문제보다 추론적 질문이나 추론과 적용을 결합한 질문, 적용과 평가 수준의 질문이 까다롭다. 아래에서는 실제 독해력 평가 문항을 토대로 질문에 대한 답을 찾는 과정을 보여서, 미시적 읽기 지도에 참조가 되도록 하였다.

다음 절에서 보이는 예들은 학교의 정기고사나 학업성취도 평가, 수능시험 등에서 흔히 볼 수 있는 글이다. 시험용 지문은 학년에 따라 일정 길이를 넘지 않고, 비교적 짧은 분량의 글임에도 불구하고 나름의 완결성을 지닌다. 그리고 학업성취도 평가나 수능시험의 지문은 출제자들이 대체로 이미 출간된 글에 다소 수정을 가해 완성한 글이라는 점에서 실제 생활에서 접하는 글들과 조금 다르다. 이런 시험용 지문을 읽을 때에 학생들은 자기 나름의 읽기 전략을 동원할 수 있다. 예컨대, 문제부터 읽은 뒤 지문을 읽으면서 문제가 묻는 지점에 대한 정보를 중심으로 읽어 내는 전략을 취할 수 있다. 이때 흔히 중요 정보에 밑줄이나 동그라미 등으로 표시하여 질문에 대한 답을 찾는 작업을 보조할 수 있다. 이와 함께 앞에서 언급한 바와 같이 어떤 정보가 지문의 어느 위치 즈음에 나왔는지를 기억하는 전략도 요긴하다. 여기에서 한 걸음 더 나아가, 선택지의 진위와 관련된 정보를 지문 속에서 찾아 상호조회하여 선택지의 진위를 판정하는 전략을 쓸 수 있다.

2.1. 중학교 3학년 대상 글: 사실적 이해와 추론적 이해

다음 지문은 2019년 국가수준 학업성취도 평가(중3)에 등장한 설명적 글인데, 보다 구체적으로 살펴보자. 7번 질문을 보자. 일단, 여러 설명방식을 잘 알고 있는 독자라면, ㉠의 설명방식이 '대조'임을 파악하고(이때 '~와는 달리'와 같은 문면 표지와 의미상 '과거를 통해'와 '과거를 보지 않고' 등에 주목할 수 있음) 선택지 ①~⑤ 중 '대조'를 설명한 것을 정답으로 확정할 수 있다. '본

[7~8. 서답형 2] 다음 글을 읽고 물음에 답하시오.

1573년, 포천의 현감* 이 된 토정 이지함은 나라의 부를 쌓을 수 있는 방법을 제안하는 상소를 올린다. 이는 영국의 경제학자 애덤 스미스의 『국부론』*에 견줄 만한 '조선 최초의 국부론'으로 일컬어진다. 현재 많은 역사학자와 경제사학자들은 토정 이지함을 실학의 선구자로 인정하고 있다. 특히 이지함의 경제 사상은 실학자 중 상업을 중시한 이들에게는 '사상의 원천'이나 다름없다고 할 수 있다. 이렇듯 후대에 중요한 영향을 미친 이지함이라는 인물에 대해 살펴보자.

㉠ 충청도 보령의 명문가에서 태어난 이지함은, 과거 시험을 통해 관직에 올랐던 보통의 사대부와는 달리, 과거를 보지 않고 상업에 대한 여러 정보를 수집해서 직접 장사를 하였으며 뛰어난 수완으로 매번 많은 이윤을 남겼다. 그는 당시 물류의 중심지였던 마포 나루에서 장사를 하여 얻은 이익을 가난한 백성들에게 나누어 주었고, 여기에서 쌓은 경험과 지식을 백성들에게 가르치기도 하였다.

[A] 57세에 이지함은 경기도 포천의 현감이 된다. 포천은 토지가 척박해서 대부분의 백성들이 먹고살 길이 막막했다. 이에 대한 해결책을 고민하던 이지함은 왕에게 상소를 올려, 나라의 모든 자원을 국가가 체계적으로 관리하고 교역과 유통을 통해 나라의 부를 쌓아 가난한 백성을 구하자는 방안을 제시하였다. 그러나 당시 조선 사회는 육지와 바다 자원의 가치에 대한 인식이 낮았고, 자원을 개발해도 그 이득은 소수의 권력층에게만 돌아갔기 때문에 이지함의 상소를 결국 받아들여지지 못했다.

더 이상 뜻을 펼칠 수 없게 된 이지함은 포천 현감으로 부임한 지 1년 만에 자리에서 물러났으나, 1578년 다시 아산 현감으로 부임하게 된다. 그곳에서 그는 '걸인청'을 세워서 거지들의 능력에 맞춰 일감을 나누어 주었을 뿐 아니라 기술을 가르치기도 했다. 노약자나 병자들에게는 짚신을 삼거나 새끼를 꼬는 등의 쉬운 일을 시켰고, 젊고 튼튼한 거지들에게는 농사를 짓게 하거나 고기잡이를 시켰다. 그밖에 손재주가 좋은 자들은 수공업에 종사하도록 했으며 그들을 직접 데리고 나가 장사를 가르치기도 했다.

이지함은 아산 현감이 된 지 3개월 만에 천연두에 걸려 갑자기 세상을 뜬다. 이지함의 죽음 앞에 백성들은 마치 제 부모를 잃은 것처럼 슬피 울었다고 실록은 전한다. 토정 이지함은 선구적인 세상을 삶 속에서 실천함으로써 지쳐 있던 백성들에게 희망과 위로를 주고자 끊임없이 노력했던 인물이었다.

*현감 : 조선 시대에 작은 현(縣)의 으뜸 벼슬. 백성들은 '사또'라고도 부름.
*국부론 : 애덤 스미스(1729~1790)의 경제학 저서. 나라의 부(富)를 쌓기 위한 경제 정책 및 운영에 대한 논의를 담고 있음

7. ㉠에서 사용된 설명 방식에 대한 평가로 적절한 것은?

① 관직의 본래 뜻을 밝혀 글을 이해하는 과정에서의 혼란을 예방한다.
② 이지함의 외모를 자세하게 설명함으로써 이지함에 대한 이해를 돕는다.
③ 보통 사대부와 이지함의 차이점을 제시함으로써 이지함의 특징을 강조한다.
④ 이지함이 과거를 보지 않은 원인과 그 결과를 제시하여 사대부의 부정적 측면을 부각시킨다.
⑤ 이지함이 한 장사의 구체적인 예를 제시하여 이지함의 생각을 쉽게 파악할 수 있도록 한다.

8. 윗글을 읽고 내용을 이해한 후 떠올린 질문으로 가장 적절한 것은?

① 이지함이 현감에서 스스로 물러나면서까지 장사를 한 이유는 무엇일까?
② 이지함이 걸인들에게 기술이나 장사를 가르치려고 한 이유는 무엇일까?
③ 백성들의 살 길이 막막해질 만큼 아산의 토지가 척박해진 이유는 무엇일까?
④ 당시에 국가가 백성들이 상업에 종사하는 것을 금지한 이유는 무엇일까?
⑤ 조선의 모든 자원이 국가 차원에서 체계적으로 관리될 수 있었던 배경은 무엇일까?

〈2019년 국가수준 학업성취도 평가(중3) 중에서〉

래 뜻을 밝혀'는 설명방식 중 '정의', '외양을 자세하게 설명'은 '묘사', '차이점 제시'는 '대조', '원인과 그 결과 제시'는 '인과', '구체적 예 제시'는 '예시'에 해당함을 파악하고 응답할 수 있다.

만약 설명방식이 무엇인지 모르면, 독자는 다른 방식으로 질문에 접근해야 한다. 7번은 언뜻 보기에 독자의 평가를 요하는 질문인 것 같지만 질문에 대한 답을 찾다 보면, 텍스트 문면에 나타난 정보 파악(사실적 이해)에 기초하여 응답하는 것이 가능함을 알게 될 것이다. ㉠에 제시되어 있

17장 설명적 글 읽기 지도의 실제 563

는 텍스트의 문면 내용이 각 선택지 '관직의 뜻을 밝힌 것'인지, '이지함의 외양을 자세하게 설명', '보통의 사대부와 이지함의 차이점을 제시', '이지함이 한 장사의 구체적인 예를 제시'한 것 중 어디에 해당하는지를 판단하면 된다. 이 과정에서 선택지의 핵심 정보에 밑줄을 긋고, 각 정보와 ㉠의 내용이 서로 연결되는지 판단해서 정답을 확정할 수 있다.

다음 8번 질문을 보자. '내용을 이해한 후 떠올린 질문'임을 염두에 두고 선택지 하나하나를 살펴보자. 첫째, '이지함이 현감에서 스스로 물러나면서까지 장사를' 했는지를 확인해 보면, 지문에 이지함이 직접 장사를 했다는 정보(㉮)는 나오지만 장사를 하기 위해 현감에서 물러났다는 내용을 찾을 수 없다. 따라서 선택지 ①의 질문은 성립하기 어렵기 때문에 오답이 된다. 둘째, 이지함이 걸인들에게 기술이나 장사를 가르친 내용(㉯)은 확인할 수 있다. 셋째, '포천의 토지가 척박'하다는 내용(㉰)는 나오지만 아산의 토지와 관련된 내용은 나오지 않는다. 따라서 선택지③의 질문은 성립되지 않는다. 넷째, ㉮와 ㉯로 보건대 이지함이나 백성들이 상업에 종사했음을 간접적으로 확인할 수 있기 때문에 선택지④는 잘못된 질문이다. 다섯째 [A]에서 보듯, 당시 조선의 자원이 체계적으로 관리되지 못했음을 알 수 있으므로 선택지 ⑤의 질문은 성립되지 않는다.

이렇게 선택지의 진술과 지문 속 내용을 서로 연결해 보고 선택지의 진위를 판정하는 읽기 전략을 통해 정답을 확정할 수 있다. 이 문항은 사실적 이해와 추론적 이해 수준의 독해를 요구한다고 할 수 있다. 선택지 ③은 지문의 문면에 나타난 내용과 다름을 확인하면 되고, ②도 글 내용에 부합하는 질문임을 확인하여 정답으로 확정할 수 있다. 선택지 ①, ④와 ⑤는 지문의 내용에서 추론하여 성립되는 질문인지 파악하면 된다.

2.2. 고등학교 1학년 대상 글: 추론적 이해와 비판적 이해

[8, 서답형 3] 다음 글을 읽고 물음에 답하시오.

지구공학은 인간을 위해 지구의 환경을 변화시키는 공학 기술의 한 분야이다. 이는 지구의 위성 궤도에 거대 거울을 설치해 햇빛을 반사하거나 대기 중의 이산화탄소를 분리해 지각에 저장함으로써 지구의 온도를 낮추는 등에 활용된다. 기상현상을 조절하여 인위적으로 강수를 유도하는 기술인 인공강우도 지구공학 기술 중 하나이다.

인공강우는 구체적으로 어떤 원리로 가능한 것일까? 대개 비는 구름 속에 있는 물방울들이 결합하여 더 큰 물방울이 되어 지표로 떨어지거나, 구름 속에 있는 얼음 입자(빙정)가 점점 커져서 지표로 떨어지면서 내린다.

이때 구름 속의 물방울이 충돌하고 결합하여 더 큰 물방울이 되어 비가 내린다는 것으로 설명하는 이론을 병합설이라고 하고, 수증기가 빙정핵을 중심으로 빙정을 만들고 이 빙정이 성장하여 지표로 떨어지면서 비가 되어 내리는 것으로 설명하는 이론을 빙정설이라고 한다. 인공강우는 이 병합설과 빙정설을 이용하여 인공적으로 비가 내리게 하는 것이다. 그런데 인공강우는 구름이 없는 하늘에서 비를 내리게 하는 것이 아니라 비가 될 정도로 충분히 많은 구름이 형성된 상태에서 성공할 수 있다.

이를 좀 더 구체적으로 살펴보면 병합설의 경우, 0℃ 이상의 구름에서 강수가 발생하는 과정을 설명한다. 이 구름 속에서 수증기나 물방울이 해염 입자*와 같은 응결핵을 중심으로 뭉치고 충돌하면서 병합하여 비가 내린다는 것이다. 병합설을 이용한 인공강우에서는 응결핵이 될 수 있는 염화 나트륨, 염화 칼슘을 뿌려 구름 속에서 물방울들을 응결시키고, 병합 과정에 의해 물방울의 성장을 촉진하여 비를 내리게 한다.

빙정설은 0℃ 이하의 구름에서 강수가 발생하는 과정을 설명한다. 0℃ 이하의 구름 속에는 과냉각 물방울*과 빙정이 공존하고 있는데, 이때 과냉각 물방울에서 증발한 수증기가 빙정에 달라붙어 빙정이 성장하게 된다. 어느 정도 성장한 빙정은 무거워져 지표로 떨어지게 되는데 통과하는 대기의 온도에 따라 눈이나 비가 된다. 빙정설을 이용한 인공강우에서는 아이오딘화 은과 드라이아이스를 사용하는데 이들이 작용하는 방식에 차이가 있다. 아이오딘화 은은 이를 연소하여 연기를 구름 속에 살포하면 그 연기 속 미립자가 영하 5℃ 이하에서 빙정핵으로 작용하여 빙정을 만들고 비를 내리게 한다. 드라이아이스는 빙정핵을 만드는 환경을 조성한다. 표면 온도가 영하 78℃인 고체 상태의 드라이아이스를 잘게 빻아 구름에 뿌리면 기체 상태로 변하면서 주위 공기의 온도를 급격히 떨어뜨려 구름 속에 있던 다수의 과냉각 물방울을 빙정으로 바꾸어 강수가 이루어진다.

호주의 한 지역에서는 해마다 인공강우를 실시해 심한 가뭄으로 어려움을 겪는 주민들의 생활용수를 확보하고 있다. 이 경우처럼 인공강우와 같은 지구공학 기술은 우리 생활의 문제들을 직접 해결할 수 있을 것이다.

* 해염 입자 : 해면의 파도나 해안에 세게 부딪친 파도 등으로부터 나타나는 미립의 소금.

* 과냉각 물방울 : 0℃ 이하의 온도에서도 얼지 않고 액체 상태로 존재하는 물방울.

8. 윗글을 읽고 이해한 내용을 심화하기 위해 〈자료〉에 대해 추론한 내용으로 적절하지 않은 것은?

― 〈자 료〉 ―

우리나라 인공강우 실험 결과

목표지역	시딩* 물질	시딩 상황 (구름의 온도)	실험 결과 (성공 판단)
A 지역	아이오딘화 은	−8℃	O
B 지역	염화 칼슘	5℃	O

출처 : ○○년 ○월 ○일 기상청 보도 자료

* 시딩 : 인공강우를 위해 응결핵이나 빙정핵을 뿌리는 것.

① A 지역의 인공강우 실험에서는 빙정핵이 작용하여 빙정이 성장하는 원리를 이용했겠군. ㉮
② B 지역의 인공강우 실험에서는 염화 칼슘이 비가 될 수 있는 얼음을 만들었겠군. ㉯
③ A와 B 지역 모두 인공강우 성공을 위해 비가 될 수 있는 충분한 구름이 있었겠군. ㉰
④ A와 B 지역의 인공강우에 사용된 시딩 물질이 구름 입자의 상태 변화에 영향을 미쳤겠군. ㉮+㉯
⑤ A 지역과 B 지역의 시딩 물질이 다르게 사용된 것은 구름의 온도와 관련이 있겠군. ㉮+㉰

【서답형 3】 〈자료〉는 윗글을 읽은 학생이 자신의 생각을 정리한 글이다. 〈조건〉에 따라 ㉠을 완성하시오.

― 〈자 료〉 ―

이 글의 필자는 인공강우 같은 과학 기술이 우리 생활 문제에 대한 해결사의 역할을 한다고 이야기하고 있다. 그러나 신문에서 과학 기술의 부작용에 대한 ○○ 국가의 사례를 읽었다. 심한 가뭄을 겪고 있던 ○○ 국가에서는 가뭄이 가장 심한 C 지역에만 인공강우를 실시하였는데, 이로 인해 주변 지역이 오히려 더욱 심한 가뭄을 겪게 되었다. 그런데 이것이 주변 지역으로 이동하여 비를 내리게 할 수도 있었던 구름을 C 지역의 인공강우에 소모하였기 때문이라는 것을 알게 된 피해 지역 주민들이 정부 당국에 거세게 항의하였다고 한다. 이 사례를 보면 과학 기술을 실제에 적용할 때에는 (㉠).

― 〈조 건〉 ―

○ 주장과 그 이유를 포함하여 쓸 것.
○ 문맥을 고려하여 자연스러운 문장으로 완성할 것.

㉠ : 주변 자연 현상을 비롯하여 여러 여건을 종합적으로 고려해야 한다. 왜냐하면 자연 현상에는 미리 예상하기 어려운 변수들이 있을 수 있기 때문이다.

〈2018년 국가수준 학업성취도 평가 고등학교 예비시행 검사지 중에서〉

다음 고등학교 1학년 대상 독해력 평가 문항을 보자. 우선 질문을 살펴본 뒤, 지문을 읽어보면서 중요한 정보를 다양하게 표시해 보자. 우선 8번 문항을 보자. 선택지 ①의 진술은 구름의 온도가 영하 5도씨 이하로 떨어진 경우에 해당하므로 ㉮에서 그 내용을 확인할 수 있다. 선택지②는 지문의 ㉤를 토대로 '얼음'을 만든다는 부분이 맞지 않음(물방울의 성장 촉진)을 추론할 수 있다. ③은 ㉣와 같이 인공강우를 위해서는 구름이 있어야 함을 확인하여 맞는 진술임을 확정할 수 있다. ④는 ㉮와 ㉯를 토대로, ⑤는 ㉮, ㉱의 정보를 토대로 추론할 수 있다. 이 문항에서는 지문이 설명하는 내용을 이해하고, 선택지의 내용이 맞는지 지문에서 관련 정보를 확인하고 추론할 수 있어야 정답을 확정할 수 있다.

다음 [서답형3]을 보자. 우선 〈자료〉에는 지문에 대한 이해를 바탕으로 하되, 인공강우의 부작용에 관한 글을 읽었던 배경지식을 동원한 독자의 사례가 제시되어 있다. ㉠에 들어갈 내용은 일차적으로는 〈자료〉에서 추론한 내용이 들어가야 한다. 동시에 지문의 내용을 비판적으로 읽어내는 내용이 담겨야 한다. 이런 점에서 이 질문은 〈자료〉에 대해 추론적 이해 수준을, 지문에 대해서는 비판적 이해 수준을 요하는 질문이라고 할 수 있다. 〈자료〉에는 인공강우의 피해 사례가 제시되어 있으므로 ㉠에는 인공강우 적용과 관련하여 신중해야 하거나 여러 여건들을 고려해야 한다거나 하는 인공강우를 무비판적으로 받아들이지 않는 주장과 그 이유를 적어야 한다.

3. 설명적 글에 대한 거시적 읽기 지도

이 절에서는 전술한 여러 읽기 전략을 동원하여 실제로 책을 읽히는 거시적 읽기 지도에 대해 살펴보고자 한다. 거시적 읽기 지도는 '한 학기 한 권 읽기'가 기획되는 국어 교실이나 독서토론 동아리 등 비교과 활동 또는 기타 여러 형태의 책읽기 모임에서 이루어질 수 있다(도서선택은 3장 참조). 여기에서는 필자가 한 일반 고등학교의 독서토론 자율동아리 활동에 참여한 경험을 토대로 이야기하려고 한다(2019년 1, 2학기). 구체적인 책을 거론하지 않고 거시적 읽기 지도에 대해 논하는 것은 수박 겉핥기식이 되기에, 다양한 분야 중 역사, 사회과학, 과학(천문학)의 특정 책을 토대로 논하였다. 우리가 책을 선정할 때에는 필자와 담당 교사, 학생, 역사교육 및 문학교육 전공 교수 등의 추천을 받은 후 담당 교사와 필자가 책을 직접 검토한 후에 협의하여 결정하였다. 책을 선정하면서 해당 분야의 전문가가 아닌 저자의 책은 배제하였다. 그런 책은 내용의 깊이와 정확성, 신뢰성 등에서 염려되는 점이 있었기 때문이다. 그리고 학생들에게 유익하면서 흥미로운 책을 위주로 하고, 학생들이 감당하기 힘든 수준의 책은 제외하였다. 이전 학기에 이 동아리에서 너무 어려운 책을 골라 학생들이 절반도 읽지 못하고 포기한 경험도 있었고, 무엇보다 독서토론 동아리 활동을 통해 지적 자극을 받고 친구, 교사와 토론하는 즐거움을 느끼게 하는 것이 목적이기 때문이었다. 아래에서 소개하는 책들은 개별적으로 편차는 있겠으나 고등학생에게 적합한 난도이고, 학생들에게 유용한 지식과 정보가 많이 담긴 책으로 판단하였다.

책을 읽을 때 우리는 대체로 제목 및 부제, 지은이, 차례 등을 먼저 살펴보고 책이 어떤 내용을 담고 있는지 미리 가늠하는 전략을 쓰는데, 아래 책들도 이 전략을 활용할 수 있다. 이때 책장을 넘기면서 눈길을 끄는 시각적 요소가 있는지 살펴볼 수 있다. 아래에 소개한 천문학 책에는 컬러로 된 이미지(주로 사진이나 관측도구가 측정한 데이터 등)와 그림, 그래프 등이 많이 나온다. 사회과학 분야 책에는 다양한 종류의 그래프가 등장한다. 이렇게 미리 훑어보는 전략은, 살펴본 내용에 따라 독자가 흥미와 기대를 갖고 읽을 수 있게 하고, 텍스트 전체에 대한 조망도를 가지고 읽게 해 주기 때문에 도움이 된다.

3.1. 역사: KWL 변형

독서토론 자율동아리 학생들과 함께 읽은 역사 분야의 책은 『오늘과 마주한 3·1운동(김정인, 2019)』이다. 우리가 역사 분야의 책을 고른 과정은 다음과 같다. 우선 학생들이 읽고 싶은 책을 제시했는데[*], 모두 네이버 책

학생들은 유발 하라리(2017)의 『호모 데우스』와 매들린 올브라이트(2018)의 『파시즘』을 제시했었다. 직전 연도에 학생들은 유발 하라리의 『사피엔스』를 읽다가 중도 포기한 적이 있었다.

코너에서 1순위로 검색되는 책들이었고, 실제 책을 살펴본 결과 학생들이 감당할 수 있는 수준이 아니어서 제외하였다. 그런 다음 역사교육과 교수가 당시 100주년을 맞은 3·1운동과 연결되는 책으로 고등학생들도 능히 읽을 수 있는 책을 추천했고, 필자의 일독 후 선정하였다. 이 책은 다소 반복되는 내용이 있으나 다음과 같은 이유로 선정되었다. 첫째, 이 책은 역사 비전문가에게도 난도 면에서 부담이 없고, 독자는 읽는 중에 새로운 사실을 접하면서 책읽기에 몰입할 수 있다고 보았다. 둘째, 이 몰입감은 기존에 우리가 가지고 있던 3·1운동에 대한 상식과 다른 새로운 역사적 사실들이 거론되어서 생기는 것이라고 보았다. 즉, 학생들이 새롭게 주목할 만한 내용들이 많다는 것이다. 셋째, 이 책은 새로운 역사적 사실들 중 당시의 중고등학생들이 한 역할을 주요하게 다룬다. 이는 동아리 학생들의 주목을 끌 수 있으리라고 기대했다. 넷째, 이 책은 말미에 3·1운동을 다룬 역사 교과서를 통시적으로 고찰하는데 역사교육을 받는 고등학생들의 교과 학습과 직결되는 지점이 있어 학생들이 관심을 가질 듯하였다. 마침 동아리 학생들이 '한국사' 과목을 수강 중이어서 역사 공부와 연결될 수 있다고 보았다. 다섯째, 동아리 활동 당시 100주년이 되는 3·1운동을 재조명하는 일은 의미 있는 일이라고 보았다. 이 책은 일반 독자에게는 3·1운동에 대해 가지고 있던 상식을 갱신하는 데 도움을 주고, 역사를 배우고 있는 학생들에게는 교과서에 나오지 않는 확대된 정보를 제공한다는 점에서 독서의 의의가 있다고 보았다. 이뿐만 아니라 이 책은 민주주의 발전의 역사라는 측면에서 3·1운동이 갖는 의의를 세계사적 맥락에서 짚고, 역사에 대한 정확한 기술의 문제를 재고하게 한다는 점에서 교육적 의의가 있다고 판단하였다.

이 책을 읽을 때에는 앞에서 살펴본 KWL 활동이 상당히 의미가 있을 것이라고 본다. 왜냐하면 이 책은 이미 알고 있는 역사 지식을 소환하되 그것을 변형, 확대하는 데에 도움을 주기 때문이다. 다만 아래 표와 같이, KWL 활동을 다소 변형하여 이미 알고 있는 지점을 짚고 새롭게 알게 된 지점을 비교하면서 전체적인 독서 소감이나 책 전체에 대한 총평으

KWL의 원래 방식대로 학생들이 3·1운동에 대해 이미 알고 있는 점을 짚은 뒤에, 책의 목차를 보고 학생들이 알고 싶어 하는 점이 무엇인지 확인한 뒤에 책을 통해 새롭게 배운 점으로 나아가도 무방하다.

로 이어지게 이끌어도 좋을 듯하다.[*] 학생들은 이러한 활동을 통해 상당히 지적인 활동을 했다고 느낄 수 있을 것이다. 이 책은 모두 6장으로 '공간, 사람, 문화, 세계, 사상, 기억(교과서)'에 대해 이야기한다. 활동지를 다음과 같이 구안하고 각 항목에 대한 자신의 답을 바탕으로 학생들끼리 이야기를 나누도록 할 수 있다. 또는 K와 L 항목은 활동지를 바탕으로 모둠별로 이야기를 나누고 마지막 총평 부분은 글로 적게(분량은 학생의 수준이나 학년에 따라 조정) 할 수도 있다. 글에 대해서는 교사가 개별 피드백할 수 있다.

K : 내가 이미 3·1운동에 대해 알고 있는 것은 무엇인가?

- 3·1운동은 어디에서 일어난 것인가?
- 3·1운동을 한 사람들은 누구였는가?
- 3·1운동은 다른 나라와 어떤 영향을 주고받았는가?
- 3·1운동에 영향을 준 사상은 무엇인가?

* 역사 교과서에서 3·1운동에 대해 배운 사람이라면, 교과서는 위 질문에 대해 무엇이라고 말하는가?

L : 이 책을 통해 3·1운동에 대해 새롭게 알게 된 것은 무엇인가?

- 공간
- 사람
- 문화
- 세계
- 사상
- 기억

L beyond : 위 K와 L 활동을 되돌아보면서, 이 책을 읽고 난 뒤의 소감 또는 이 책에 대해 총평을 한다면?

3.2. 사회과학: 독서 일지와 서평 쓰기

우리 동아리에서 사회과학 분야의 책으로 3권(교육, 언론, 보건의학)을 다루었는데, 여기서는 보건의학 관련 책을 소개하고자 한다. 『우리 몸이 세계라면(김승섭, 2018)』이다. 이 책은 보건의학과 관련된 내용을 다루고 있지만 본질적으로 지식이 생산·유통되는 문제와 관련되기에 사회과학 분야의 책으로 분류할 수도 있다. 이 책은 모두 6장으로 '권력, 시선, 기록, 끝, 시작, 상식'으로 구분된다. 동아리 학생 9명은 이 책에 대해 5점 만점 중 4점, 4.5점, 5점을 부여했고, 평균은 4.1점이었다. 이 책은 그간에 우리가 알지 못했던 보건의학과 관련된 지식이 어떻게 형성되었는지, 누구의 재정 지원을 받았던 것인지, 일제 강점기에는 어떤 보건 의학 지식이 널리 유포되었는지, 의학을 사회학적으로 바라보면 어떤 부면이 떠오르는지, 죽음을 둘러싼 사회사의 문제, 앞으로 보건의학 지식 생산과 관련하여 질문해야 하는 지점, 연구되어야 할 지점 등에 대해 흥미롭게, 그리고 누구나 이해할 수 있는 언어로 제시한다. 이 책 한 권을 차분히 읽는 것만으로도 유익함과 즐거움을 충분히 느낄 수 있다고 보기 때문에 현란한 활동보다 가장 기본적인 활동으로 읽기 지도를 기획해 보았다.

이 책은 독자가 기록해 두고 싶은 부분, 인상적으로 다가온 부분에 대한 기록과 논평 또는 새롭게 알게 되어 유익했던 지점 등을 짚으면서 읽어 내고, 그러한 기록들을 반추하면서 서평 쓰기를 마지막에 하는 활동으로 꾸릴 수 있다. 이 책은 사실 학생들이 읽고 갑론을박할 수 있는 지점들을 추출하기 어렵다. 보건의학은 매우 전문적 영역이고 학교 교과 과정으로 충분히 다루어지지도 않는다. 또한 보다 중요한 것은 이 책은 보건의학과 관련된 새로운 사실을 알리면서도 궁극적으로 보건의학 관련 지식이 어떻게 생산, 형성, 유포되는지를 책 전체를 통해 보여주면서 보건의학 지식이 사회적으로 구성되는 것임을 드러낸다. 그 과정에서 어떤 지식은 사장되고, 어떤 지식은 부각되며, 정보가 변형, 왜곡되기도 함을 보인다. 학생들이 이런 문제까지 감당할 수 있는 수준이라면, 지식의 사회사적 맥락까지 다가갈 수 있도록 지도하는 것이 필요하다. 그러기 위해서 교사는 학생들이 토론 중에 이런 문제를 다루지 않는다면, 관련 질문을 준비해서 학생들이 이 지점을 놓치지 않도록 준비할 필요가 있다. '(이 책을 통해 보니) 보건의학 지식이 어떻게 생산, 형성, 유포되었는가?' 정도의 질문이 가능하고, 이에 대해 학생들이 충분히 생각하고 구어든 문어든 응답할 기회를 주어야 한다. 독서 일지 쓰기의 부담을 덜어 주기 위해 각 장별로 작성하도록 활동지를 구안하면 다음과 같다(지면 제약상 여백과 반복되는 부분은 줄임).

---

1. 권력: 어떤 지식이 생산되는가

- 인상적인 부분이 있었나?
- 특별히 기록해 두고 싶은 부분이나 생각이 있나?

2. 시선: 보는 것과 보지 않는 것

- 인상적인 부분이 있었나?
- 특별히 기록해 두고 싶은 부분이나 생각이 있나?

※ 보건의학 지식이 어떻게 생산, 형성, 유포되었는가?

위와 같은 활동지를 작성하면서 책을 읽고, 작성한 것을 바탕으로 친구들과 이야기를 나누면 좋을 것이다. 활동지 작성과 친구들과의 토론 이후에 서평 작성 활동으로 이어지게 해도 좋다. 독서 일지 작성 부분은 생략하고 마지막 질문에 대해서만 이야기를 나누어도 좋다. 이 경우에 저자의 메시지가 종국에 무엇이었는지를 짚어 내기 위해 각 장에서 어떤 내용이

나오는지 반추하는 이야기가 오가게 될 가능성이 크다. 이때에도 서평쓰기로 이어지도록 하거나 생략할 수도 있다.

이 책에 대한 거시적 읽기 지도로 독서 일지와 서평 쓰기 활동을 기획한 이유는 다음과 같다. 이 책은 지식 생산과 유통이라 상당히 묵직한 주제를 다루고 있고, 그 주제를 보건의학이라는 학생들에게는 다소 생경한, 그러나 삶과 직결되는 분야의 연구 결과, 상식이 되어 버린 지식, 우리가 몰랐던 지식들을 다루고 있다. 이 과정에서 각 장에서 읽은 내용 중 독자에게 인상적으로 다가가는 내용이 있기 마련이고 그에 대한 독자의 사유가 따르기 마련이다. 독서일지는 이런 것이 그냥 흘러가 버리게 하지 않고 그 사유를 기록해 둘 수 있게 하는 기제가 된다. 이렇게 사유의 흔적을 종합하고, 마지막 질문에 응답해 보면 독자 나름대로 책에 대한 평가를 위한 기초자료가 마련된다. 이 기초자료를 발판 삼으면 서평쓰기는 자연스럽게 이어질 수 있다. 그렇게 되면 좋은 책을 읽으면서 거친 여러 사유의 궤적을 따라서 책에 대한 평가까지 이어질 수 있다고 기대하는 것이다.

3.3. 과학: 부분으로 나누어 읽고 서로 이해한 바를 공유하기

과학 책 읽기는 쉽지 않은데, 특히 인문·사회 계열 학생들에게 그러하다. 또한 시중에 출간된 책 중 학생들의 수준과 흥미에 적합한 과학 분야의 책을 찾는 일은 녹록치 않다. 어떤 책은 불특정 다수의 대중을 향해 과학의 원리를 매우 일반적인 수준으로 설명하고 그러한 원리를 세상사의 원리와 연결하기도 한다. 이런 책은 과학을 실제로 배우고 있는 학생들에게 과학 지식을 제대로 보충해 주지 못하고, 과학의 원리와 인간사의 원리를 무리하게 빗대는 과정에서 논리적 비약이 발생하면, 오히려 과학 원리에 대한 이해도 저해할 수 있어서 꼼꼼히 살펴야 한다. 어떤 책은 아빠와 아이의 대화를 통해 생활 속 대상에 숨은 과학적 원리를 소상히 설명하는데, 제시된 도식에 과학 용어가 모두 영어로 표기되어 있어 포기하기도 했다. 과학 책은 학생과 교사가 필히 실물을 살펴보고 선택할 필요가 있다.

우리는 『하루종일 우주생각(지웅배, 2017)』을 예로 거시적 읽기 지도에 대해 이야기하려고 한다. 이 책은 크게 4장(아침, 낮, 저녁, 밤)으로 나뉘고 시간의 경과에 따라 사람이 일어나서 밤까지 하는 일과 관련된 별 이야기로 풀어간다. 그리고 각 장은 4개의 절로 나뉜다. 예컨대 '1장 아침'은 일어나기 전 침대 위 상황, 커피를 마시는 상황, 왕십리 지하철역, 지하철의 빈자리 등 아침에 마주하는 상황과 관련된 4가지 이야기가 나온다. 각 절의 내용을 이해하는 것이 쉬운 것은 아니다. 이 책은 실제 관측된 은하계의 모습 등을 보여주고, 지구와 은하계의 거리 계산 등 천문학 지식에 대해 설명한다. 천문학에 대한 배경지식 유무에 따라 독자는 난도 차이를, 천문학에 대한 관심 여부에 따라 흥미 차이를 느끼게 될 것이다. 이러한 소재도 과학 책을 선택할 때 유념해야 할 것이다.

이 책은 학생들이 흔히 접하는 학교 교육과정의 범위를 넘어서는 내용도 다루기 때문에 책을 친구들과 함께 읽어 나가게 하는 방법을 제시하였다. 4명 정도가 한 팀이 되어 같이 책을 읽어 나가는 것이다. 책이 모두 4장으로 되어 있는데, 각 장을 읽은 후 팀이 모여서 각자 읽은 내용을 공유하고, 물어보고 싶었던 부분에 대해 이야기를 나누고 각자가 이해한 방식을 서로 공유하는 것이다. 이때 이상적으로는 팀 내에 천문학에 대해 관심이 높고 잘 아는 학생이 참여하는 것이다. 또는 이런 역할을 읽기 교사가 하는 것이다. 둘 다 불가능하다면 학생들끼리 서로 설명하는 방법을 취할 수 있다. 혼자 읽는 것에 비해 서로가 아는 부분이나 이해한 부분을 공유하면서 이야기를 나누면 텍스트 이해가 훨씬 수월해질 수 있다. 이런 방식으로 이 책을 끝까지 읽어 내어 천문학에 대해 좀더 알게 되고 관심도 가질 수 있게 된다면 좋을 것이다. 천문학에 관심이 있거나 이해도가 높은 학생도 자신의 관심사나 이해도를 반영하여 친구들의 이해를 도와가면서 읽는 과정에서 자신의 지식을 되돌아보고 갱신하는 기회가 되어 도움이 될 것이다. 다음과 같이 활동지를 구안하여 지도할 수 있다. 책의 내용이 수월하게 읽히지 않을 수 있기 때문에 책 전체를 부분으로 나누어 읽고 동료와 함께 읽고 서로의 이해를 보완해가면서 읽는 방법이다.

1장 아침

■ 특별히 이해하기 어려웠지만 이해해 보고 싶은 부분이 있었나요?

■ 궁금해서 물어 보고 싶은 부분이 있었나요?

※ 친구들과 함께 위 두 질문에 대한 각자의 메모를 바탕으로 묻고, 답해 봅시다.

2. 시선: 보는 것과 보지 않는 것

■ 특별히 이해하기 어려웠지만 이해해 보고 싶은 부분이 있었나요?

■ 궁금해서 물어 보고 싶은 부분이 있었나요?

※ 친구들과 함께 위 두 질문에 대한 각자의 메모를 바탕으로 묻고, 답해 봅시다.

설명적 글은 설명, 논증, 묘사/기술 등을 포함하는 글의 형식으로 논문, 안내서, 보고서, 기사, 정부 기록물, 저널, 지시문 또는 규약 등의 글을 포함한다. 설명적 글은 주제를 비교적 명확하게 제시하고, 주요 내용은 주제와 관련된 어떤 대상의 속성이나 특징을 구체적으로 기술하는 것이 된다. 그런 기술 중 어떤 대상에 대해 개념정의를 하거나 대상을 일정한 유형으로 구분하는 정의와 분류의 설명 방식이 많이 등장한다. 그러다 보니 설명적 글에는 정보전달의 대상이 되는 분야와 관련된 전문 용어가 많이 쓰이고, 비교/대조, 문제/해결, 원인/결과와 같은 구조가 자주 등장한다. 이뿐만 아니라 설명적 글에는 그림과 사진, 표와 그래프, 서체 등 복합양식적 요소를 쉽게 발견할 수 있다. 설명적 글을 읽을 때에는 새로운 정보 습득이라는 독해 목적을 분명히 인식하고 읽는 전략, 복합양식적 요소를 적극 활용하여 글의 의미를 확장, 정교화하는 전략, 글의 미시, 거시, 상위 구조에 따라 언어 표지, 내용과 구조 파악하기 전략 등을 활용할 수 있다.

이러한 설명적 글 읽기를 지도할 때에는 읽기 전략과 기능을 갖추도록 돕는 미시적 읽기 지도와 실제적인 정보전달의 책을 읽고 토론하고 표현할 수 있도록 이끄는 거시적 읽기 지도를 기획할 수 있다.

설명적 글에 대한 미시적 읽기 지도에서는 많은 독자들이 글을 읽고 난 뒤 질문에 봉착하는 것에 착안하여, 질문이 요구하는 정보를 글 속에서 찾아 상호조회하는 방식으로 질문에 대해 답하는 전략을 국가수준 학업 성취도 평가 문항을 바탕으로 소개하였다. 질문에 대한 답은, 질문에 대한 답을 지문 내 한 곳에서 바로 확인할 수 있거나(사실 확인 문제), 답이 지문 안에 제시되어 있지만 지문을 훑어보면서 답을 찾아 종합하거나(추론적 질문), 저자의 생각과 독자의 생각을 결합해서 질문에 대한 답을 구하거나(추론과 적용을 결합한 질문), 질문에 대해 자기 자신만의 생각을 이용해서(적용과 평가 수준의 질문) 답할 수 있다.

설명적 글에 대한 거시적 읽기 지도의 사례로는 역사 분야의 책을 바탕으로 KWL을 변형하여 새롭게 알게 된 내용을 기존의 앎과 비교하여 논논하는 방법을, 사회과학 분야의 책을 바탕으로 독서 일지를 쓴 뒤 서평쓰기로 이어지는 활동을 소개하였다. 마지막으로 과학 분야의 책은 동료들과 함께 책을 읽고 책의 챕터에 따라 각자 읽고 이해한 바를 공유하여서로의 이해를 보완해 가면서 함께 읽는 방법을 소개하였다.

01 자신이 평소에 설명적 글을 읽을 때 활용하는 읽기 전략이 있는지 말해 보자.

02 국어 영역 수능시험의 과학 분야 지문을 하나 골라 보고, 지문을 읽고 문제를 풀어보자. 문제를 풀면서 자신은 어떤 읽기 전략을 활용했는지 되짚어 보고, 그 전략이 성공적이었는지, 혹은 그렇지 않았는지 생각해 보자. 성공적이었으면 왜 성공적이었는지, 별로 도움이 안 되었으면 왜 도움이 안 되었는지 말해 보자. 그리고 어떻게 하면 수능시험의 과학 분야 읽기 지도를 잘 할 수 있을지 토론해 보자.

03 일반적인 수준의 중학교 2학년 학생들을 대상으로 거시적 읽기 지도를 계획하고자 한다. 역사와 과학 분야의 어떤 책을 읽힐지, 어떤 방법으로 거시적 읽기 지도를 할 것인지 계획을 세워 보자.

	역사 분야	과학 분야
중학교 2학년에게 추천할 만한 책		
거시적 읽기 지도 방법		

권이은(2015). 초등학생의 정보 텍스트 독해 양상 연구. 고려대학교 박사학위논문.

김혜정(2011). 정보전달 텍스트의 특성과 교수학습 방법. 국어교육 136호, 37–66.

_____(2017). 설명적 글 읽기를 위한 독해 전략-수능 국어 시험의 지문 유형을 중심으로-. 우리말연구 50, 141–170.

르몽드 디플로마티크 기획, 이상빈 옮김, 조한욱 해제(2014). 르몽드 20세계사: 우리가 기억해야 할 광기와 암흑, 혁명과 회색의 20세기. 휴머니스트, 16–17.

한철우(2011). 거시적 독서 지도. 역락.

박정진·조재윤 역(2012). 문식성 전략 50. 한국문화사.

* 읽기 지도용 책 *

김승섭(2018). 우리 몸이 세계라면. 동아시아.

김정인(2019). 오늘과 마주한 3 1운동: 민주주의의 눈으로 새롭게 읽다. 책과함께.

지웅배(2017). 하루종일 우주생각. 서해문집.

18 초등학생 읽기 지도의 실제

학습목표

- 초등학교에서의 읽기 지도 사례를 유형별로 이해할 수 있다.
- 국어과 교육과정에 근간하여 초등학생 읽기 수업을 계획하고 실제로 적용할 수 있다.

학습내용

이 장에서는 초등학교에서 이루어지는 읽기 지도의 사례를 유형별로 확인한다. 이를 통해 국어과 교육과정의 성취기준에 대한 분석적 이해를 기반으로 비판적, 적극적인 재구성을 통해 초등학생 읽기 지도의 장을 확대해가는 교육의 장면을 실제적으로 살펴볼 수 있다.

1. 초등학교 읽기 교육의 현황

1.1. 국가 교육과정과 읽기 수업 운영

학교에서의 모든 교육은 당대의 교육과정에 근거하여 구체화된다. 그리고 현장 교사는 교육과정을 분석하고, 교육과정－수업－평가의 일원화된 관점에서 학교, 교사 수준의 교육과정을 실천해야 한다. 이러한 이유로 대부분의 교사들은 잦은 교육과정 개정을 달가워하지 않는다.

2015 개정 교육과정에 따라 국어과 읽기 영역의 성취기준은 16개(1~2학년군 5개, 3~4학년군 5개, 5~6학년군 6개)로 이전 교육과정에 비해 학년군별로 1개씩 축소되었다. 학생들의 학습 부담을 경감시키고자 하는 목적에서다. 모든 성취기준을 가르치고 평가해야 하는 현장 교사의 입장에서도 성취기준의 수를 비롯한 학습 내용의 감축은 반가운 변화이다. 그러나 내용적인 면에서도 그러한가? 2015 개정 교육과정은 성취기준의 수가 줄어들면서 과정 중심 접근의 기반이 약해진 대신 기능 중심의 접근을 취하게 되었다. 이러한 변화는 구조적인 체계성이나 학습 내용의 수준별 위계성, 반복성 등이 강조된다는 점에서는 유의미하나 정의적이거나 심미적인 것, 결과가 즉각적으로 드러나지 않는 잠재적인 성격의 성취기준은 사라지게 되는 결과로 이어졌다(김혜정, 2016). '독자로서의 정체성 형성'과 같은 정의적이면서도 중장기적인 목표가 약화된 것이 대표적인 현상이다. 그러나 성취기준에서 사라진다고 해서 그 내용이 중요하지 않은 것이 아니며, 수업에서 절대적으로 배제되는 것 또한 아니다. 이에 일부 적극적인 교사들은 '읽기' 수업을 구상함에 있어 도구교과로서의 관점을 넘어 융합교육으로서의 확장성에 기반하여 보다 적극적인 수업 재구성을 시도하기도 한다. 그렇다면 학교에서 수행하여야 할 읽기교육의 내용은 어디까지인가? 이와 관련하여 김창원(2018)이 제시한 '읽기의 팔요(八要)'는 다음과 같다.

표 18-1 | 읽기의 팔요(八要): 학교에서 수행할 읽기교육의 내용(김창원, 2018: 28)

영역별 내용/활동	관련 문식 특성
① 글자·단어·문장 읽기, 낭독하기	기초 문식성
② 기능(技能) 중심 읽기(사실적·비판적·창의적 읽기 / 읽기 전·중·후 활동 등)	기능적(機能的)·양식 /
③ 텍스트 양식 중심 읽기(정보 전달, 설득, 친교·정서 표현 텍스트 읽기 / 매체 읽기 등)	장르 문식성
④ 내용 중심 읽기(인문·예술, 사회·문화, 과학·기술, 문학 텍스트 읽기 / 시대·지역별 텍스트 읽기) 등, 암기·암송하기	인식성·비판적·문화적 문식성
⑤ 확장된 읽기(문자, 숫자, 기호, 표·그래프, 그림·사진, 지도, 화면 읽기 등 / 언어적 읽기, 기호론적 읽기, 소통론적 읽기)	다중(multi)·융합(integrative) 문식성
⑥ 목표 중심 읽기(자발적·전략적 읽기, 텍스트의 선택과 활용)	메타 문식성
⑦ 통합적 읽기(교과 통합 읽기, 비교과 읽기, 읽기 생활화)	
⑧ 한 권 읽기	종합 적용

위의 내용처럼 학교에서의 읽기 교육은 교과의 경계를 넘어 확장되고 융합적인 관점에서 이루어지는 것이 읽기 능력의 신장에 보다 적합할 것으로 보인다. 그러나 여전히 일부 교사들은 현 교육과정 문서에 제시된 교육 내용 관련 정보가 부족함에 따라 교육과정 상세화에 대한 부담을 느끼고 결국 교과서에 의존하게 되는 모습을 보이며(황현미, 2016), 성취기준의 내용이나 수준이 교사의 이해나 학생 수준과 괴리될 경우에는 교과서 기반의 수업 또한 의도하는 교육 결과를 내기 어려워진다. 따라서 현장 교사들에게는 교육과정 및 성취기준에 대한 비판적 관점은 견지하되, 교육 내용을 학생 수준에 맞게 재구성하려는 노력이 요구된다. 다만 그 방향은 학습자의 실질적인 국어 사용 역량 신장에 두어야 하며, 학생의 문식 활동을 고려한 실제적 텍스트를 활용할 수 있어야 한다.

이에 본 연구에서는 교과서 재구성의 한 가지 방법으로 미디어 리터러시 교육의 접근을 활용하고자 하며, 3학년 교과서 활동에 대하여 매체 읽기의 관점에서 재구성한 수업을 구현하고 그 결과를 확인할 것이다. 물론, 매체와 관련된 성취기준이 5~6학년군에 명시적으로 언급되어 있다는 점에서 그 대상이 적절한가에 대한 논의가 생길 수 있다. 이와 관련해서는 초등 3~4학년군 국어과 교육과정의 '국어과 교과 역량', '성취기준 해설', '교수·학습 방법 및 유의사항', '평가 방법 및 유의 사항', '국어 자료의 예'에서 해당 학년군의 국어 교과서에 미디어 리터러시와 관련된 내용이 반영될 수 있는 근거를 확인할 수 있다(정현선, 2018). 김수진(2018) 또한 2015 개정 국어과 교육과정과 미국 공통핵심기준(CCSS)를 비교한 연구에서 매체 읽기 관련 성취기준이 5~6학년에 이르러서야 나타난 것에 대한 문제의식을 제기한 바 있으므로 본 수업에서 적용하는 미디어 리터러시의 내용은 학생 수준에 적합할 것으로 보인다.

1.2. 학교 내 독서교육 프로그램의 운영

학교 내 독서교육은 그것이 지니는 교육적 의미와 현장에서의 요구에 의하여 지속적으로 강조되는 부분이지만, 일련의 교육활동이 학생들에게 독서에 대한 흥미나 동기를 높이는 데 실질적으로 기여하였다고 하기에는 다소 어려움이 있다. 초등학교 독서 지도에 있어 대부분의 교사들이 독서 지도가 필요하다고 인식하고 있고(98.4%) 독서 지도를 하고 있지만(90.6%), 지도 시간이 유동적이고 방법 또한 적절한 지도 행위 없이 독서 기회만을 제공하는 선에서 이루어지는 등 체계적인 지도 양상을 보이지는 않았다(정지욱, 2004). 김은경(2008) 또한 초등 독서교육의 실태를 분석하면서 현장의 독서교육이 독서 시간의 확보가 미흡한 점, 지도안이나 계획서 없이 교사의 재량으로 독서 수업이 이루어진 점, 독서 감상화 그리기, 편지 쓰기, 감상문 쓰기 등의 결과물 중심의 독후 활동이 이루어져 있음을 지적한 바 있다.

이전의 독서교육은 책 읽기의 중요성을 강조하면서도 책을 어떻게 읽고 어떤 과정을 통해 내면화하는지에 대한 깊이 있는 수업을 운영하지는 못했다. 얼마나 많은 책을 읽었는지 또는 책을 읽고 어떤 결과물을 만들어 냈는지에만 집중하는 독서교육이 이루어진 것이다. 책 자체가 아닌, 책으로 인한 양적 결과물에 의존했던 평가도 문제점으로 지적된다. 몇 년 전까지만 해도 교실마다 쉬이 볼 수 있었던 독서 오름길, 독서 계단 등과 대출한 책이나 독서록의 양을 기준으로 수상했던 독서 상장이 그 예이다.

독서교육을 중시하는 학교라 하더라도 그것을 구체적인 교육과정 및 활동으로 실현하는 것은 쉬운 일이 아니다. 다음은 충청북도 교육청 독서 예술 교육 우수사례를 요약한 것으로 일선 학교들이 학교 차원에서 학생들의 독서 체험을 지원하는 방법을 대략적으로나마 확인할 수 있다.

표 18-2 | 2018학년도 충청북도 교육청 독서예술 교육 우수사례 일부 요약

학교	활동 내용
S초등학교	도서관 이용 활성화, 독서 통장, 도서관 활용 우수아 시상, 독서 모범상 시상, 독서 데이 운영, 세계 책의 날 체험 행사, 원화 전시회, 사제동행 2080 아침 독서 운영, 독서 인증제, 소식지 발행, 독서 축제 운영, 독서 동아리 운영
G초등학교	책수레 운영(이동도서실), 독후 활동지 제출, 독후 활동 상장 수여
K초등학교	독서 마라톤(독서 기록), 독서 축제 운영, 도서 바자회 운영, 독서 캠프 운영, 독서 토론 운영, 작가와의 만남, 독서 동아리 운영, 슬로 리딩 운영
K초등학교	도서관 독서 체험 행사, 독서 동아리 운영, 아침 독서, 온작품 읽기, 숲속 도서관 (책 읽는 환경 구성)

이처럼 현장에서는 다양한 관점으로 독서교육 방법을 모색하고 있다. 독서 결과물을 제작하거나 양적 독서의 결과를 바탕으로 시상하는 이전의 방식과 더불어, 독서 자원(도서관, 학급문고)을 확보하여 책에 대한 접근성을 높이며 외적 자원(독서 강사, 작가와의 만남)을 활용한 독서 경험을 확대하기도 한다. 독서 행사나 축제를 운영하여 집중적인 독서 경험을 제공하기 위한 고민도 지속되고 있다. 이러한 활동들은 학생들의 독서 경험을 확대한다는 점에서 의의를 지니지만 독서 경험이 일회성 체험이나 활동에 국한되는 경우가 많고 교사의 재량에 따라 간극이 크다는 한계 또한 가진다.

이러한 현황을 토대로 2015 개정 교육과정에서는 독서 단원을 마련하고 '한 학기 한 권 읽기'를 제시하였으며, 이는 기존에 이루어지던 독서교

육의 단점을 보완하고 온전한 책 읽기와 내실 있는 독서교육이 이루어질 수 있는 기반을 마련하였다. 한 학기 한 권 읽기는 일회적인 독서 수업의 단점을 개선한다는 점에서 한 학기 한 단원(8차시 이상)을 기본으로 하며, 수업 시기나 내용을 탄력적으로 조정할 수 있게 한다. 더불어 이러한 모든 활동이 교수·학습 과정에서 이루어질 수 있도록 설정함으로써 기존에 가지고 있던 독서교육의 한계를 극복할 수 있도록 하고 있다.

2. 초등학교에서의 읽기 지도 사례

초등학교에서의 읽기 지도 사례는 교과서를 기반으로 매체 특성을 고려하며 비판적으로 텍스트를 읽도록 하는 매체 읽기 수업, 그리고 다소 독립적이고 자율적인 방법으로 현장에서 운영되고 있는 한 학기 한 권 읽기 수업으로 나누어 살펴보고자 한다.

수업을 구성하는 과정에서 특히 고민이 될 때가 있다. '어떻게 가르칠 것인가?'에 앞서 '과연 학생 수준에 적합한 내용인가?'의 질문을 하게 되는 순간이다. '3학년 1학기 9단원. 어떤 내용일까'는 읽기 영역의 성취기준 '(3)글에서 낱말의 의미나 생략된 내용을 짐작한다.'에 기반한 것으로 낱말의 뜻 추론과 내용 추론을 주요 학습 내용으로 한다. 해당 성취기준은 류보라(2016)의 연구에서 상향 조정이 필요한 읽기 영역의 성취기준 5개 중 하나로 논의된 성취기준이다. 이에 이 수업 차시를 학생 수준에 맞는 수업으로 재구성되어야 하는 읽기 교육 장면으로 확인하고, 2.1. 항에서 해당 수업의 사례를 제시하고자 한다.

또한 2.2.의 항에서는 6학년 학생을 대상으로 한 한 학기 한 권 읽기 수업 사례를 밝히며 한 학기 한 권 읽기에 대한 현장에서의 이해와 운영, 그리고 그 과정에서 교사들이 경험하고 있는 어려움에 대하여 논의할 것이다.

2.1 교과서 재구성을 통한 매체 읽기 수업

'3학년 1학기 9단원. 어떤 내용일까'의 단원 학습 목표는 '낱말의 뜻이나 생략된 내용을 짐작하며 글을 읽을 수 있다.'이다. 해당 목표를 달성하기 위하여 구성된 차시별 목표와 학습 내용은 다음과 같다.

표 18-3 | '3학년 1학기 9단원. 어떤 내용일까'의 차시 학습 목표 및 학습 활동

차시	차시 학습 목표	주요 학습 내용 및 활동
1	낱말의 뜻을 짐작했던 경험을 나눌 수 있다.	■ 단원 도입 ■ 일상생활에서 모르는 낱말 찾아보기 ■ 단원 학습 계획하기
2	낱말의 뜻을 짐작하는 방법을 안다.	■ 앞뒤 문장 살펴보기 ■ 뜻이 비슷한 낱말 넣어 보기 ■ 낱말을 사용한 예 떠올리기
3	낱말의 뜻을 짐작하며 글을 읽을 수 있다.	■ 모르는 낱말의 뜻 짐작하기 ■ 짐작한 낱말의 뜻과 국어사전의 뜻 비교하기
4~5	생략된 내용을 짐작하는 방법을 안다.	■ 글에서 단서를 찾아 짐작하기 ■ 자신의 경험을 떠올리며 짐작하기
6~7	생략된 내용을 짐작하며 글을 읽을 수 있다.	■ 생략된 행동과 마음 짐작하기
8	안내문을 읽을 수 있다.	■ 안내물의 낱말 짐작하기 ■ 단원 정리

이 중 본고에서 다루고자 하는 수업 장면은 실천 학습인 8차시로, 일상생활에서 접할 수 있는 안내문에서 뜻을 모르는 낱말을 찾아 그 뜻을 짐작해 보고, 생략된 내용을 짐작하는 것을 목적으로 한다.

그림 18-1 | 초등학교 국어 3-1㉯ 교과서(교육부, 2018, 262)

　교과서에서 제시한 안내문 텍스트는 「지진 발생 시 장소별 행동 요령」
으로 네 가지 경우에 대하여 간단한 삽화와 글로 설명하고 있다. 이와 관
련하여 학생들은 텍스트를 '꼼꼼히' 읽은 후, 뜻을 모르는 낱말을 찾고 그
뜻 짐작하기-국어사전에서 낱말의 뜻 찾아 쓰기-생략된 내용(지진이 났을
때 승강기를 타면 위험한 까닭) 짐작하기의 활동을 수행하게 된다. 낱말의 뜻을
짐작하는 방법이나 생략된 내용을 짐작하는 방법은 기본 학습에서 익힌
내용이므로 대다수 학생이 스스로 문제를 해결해 나갔으며, 교사는 전체
적인 방향을 잡아주는 역할만 하였다. 위의 텍스트를 기반으로 이루어지
는 교과서 활동 및 학생들의 응답은 다음과 같다.

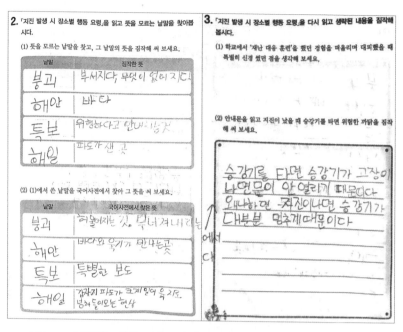

그림 18-2 | 초등학교 국어 3-1④ 교과서(교육부, 2018, 263-264) 및 학생 활동 내용

    단원 학습을 통해 앞뒤 문장을 살펴보거나 뜻이 비슷한 말, 낱말을 사용한 예를 떠올리며 낱말의 뜻을 짐작하는 방법을 익혔기 때문에 학생들은 큰 어려움이나 질문 없이 낱말의 뜻을 짐작하며 읽는 과업을 수행하였으며, 생략된 내용을 짐작하는 활동에서도 대부분의 학생이 자신의 경험을 떠올리며 적극적 읽기를 실천하는 모습을 보였다. 이는 7차시에 걸친 읽기 수업 과정에서 학습한 지식이나 기능이 실제적인 삶의 역량으로 전이될 수 있음을 보여주는 읽기 수업의 효과라 할 수 있다.

    그러나 교과서 텍스트가 교육적 목적에 의해 가공된 자료라는 점에서 학생의 삶과 밀접한 실제 텍스트를 접한다면 학생들은 어떠한 결과를 보일 것인가? 학습한 내용이 학생의 삶으로 온전히 전이되었다고 할 수 있을까? 하는 질문에 대해서는 명확히 답할 수가 없었다. 이에 활동 후, 간단한 설문을 통해 학습한 내용에 대한 자기 평가를 실행하였으며 학생들의 반응을 토대로 교과서의 재구성 방안을 모색하였다. 그중 낱말의 뜻 짐작하기에 대한 자기 평가의 항목 및 학생들의 응답은 다음과 같다.

표 18-4 | 낱말의 뜻 짐작하기에 대한 자기 평가의 항목 및 학생들의 응답

내가 찾은 낱말	(대다수) 차단, 확보, 붕괴, 해일, 특보, 발령
주로 어떤 방법을 이용했나요?	① 경험을 떠올렸다(1) ② 글에서 찾았다(12) ③ 그림을 보았다(8) ④ 마음대로 했다(2)
뜻을 짐작하기 어려웠던 낱말과 그 이유	들어보긴 했는데 글에서 단서를 찾지 못함. 글에서 찾기 어려웠음. 처음 보는 낱말임. 등 (사전 찾기에서) 어려운 낱말을 찾았더니 뜻으로 모르는 낱말이 나와서 또 찾으려니 힘들었음.
앞으로 책을 읽을 때 모르는 낱말이 나오면 무슨 뜻일지 생각해 볼 수 있을 것 같나요?	그러할 것 같다(16), 아니다(4) 아주 어려운 것만 그러할 것 같다(3)

학생들이 답한 것처럼 교과서 텍스트 내에 낱말에 대한 단서가 되는 정보는 다소 부족한 편이다. 학습한 대로 '앞뒤 문장'을 살필 만한 길이의 글이 아니며, 해일이나 특보, 발령의 낱말이 포함된 안내문에 대한 경험도 드물기 때문이다. 그럼에도 학생들은 본 단원에서 제시하지 않은 방법, 즉 그림을 분석하는 방법을 자율적으로 택하였으며 그로 인해 낱말의 뜻을 비교적 정확하게 짐작해 내었다. 미디어 리터러시적 접근이 요구되는 부분도 바로 이 지점이다. 읽기의 대상은 '문자'에 국한되는 것이 아니다. 우리가 일상에서 접하는 대부분의 텍스트는 문자와 이미지 요소가 결합되어 있기 때문에 읽기 교육에서는 복합적인 관점에서 텍스트의 의미를 분석적으로 읽어낼 수 있어야 한다.

정현선(2018)에 의하면 국어과 교육과정에서 미디어(매체)는 책, 그림책, 만화, 신문, 잡지 등과 같은 인쇄매체, 텔레비전, 라디오, 영화 등의 전통적인 대중매체 뿐 아니라, 디지털 기술을 바탕으로 한 인터넷, 웹툰, 사진, 동영상, 슬라이드 등 다양한 전달 형태 및 복합양식 텍스트(multimodal text)를 뜻하는 개념으로 사용되고 있다. 본 차시에서 다루고 있는 안내문 텍스트 또한 대표적인 복합양식 텍스트이므로 복합양식성에 기반한 읽기 활동으로 관련 성취기준에 도달할 수 있게 하는 수업을 재구성하여 운영할 수 있다. 안내문에서 낱말 뜻이나 생략된 내용을 짐작하는 것은 문자

그림 18-3 | 지진 발생 시 상황별 행동 요령(국민안전처, 2016)

뿐만 아니라 그림이나 사진에 대한 분석적 이해가 더해질 때 더욱 효과적
으로 이루어질 수 있으므로 해당 수업에서는 문자 정보와 이미지 정보의
결합을 통한 추론 활동의 장면을 마련하였다.

위의 자료는 국민안전처(2016)에서 발행한 자료이다. 교과서 텍스트는
해당 자료를 근거로 그림체와 문구의 일부를 학생 수준에 맞게 수정한 것
이며, 그 과정에서 적색 글씨가 모두 흑색으로 변경되었다. 재구성된 매
체 읽기 수업에서는 학생들의 기억 효과를 배제하기 위하여 교과서에 제
시된 '장소별' 행동 요령 대신 '상황별' 행동 요령을 활용하였으며, 텍스트
원본을 자료화함으로써 텍스트 생산자의 의도 또한 짐작할 수 있도록 하
였다.

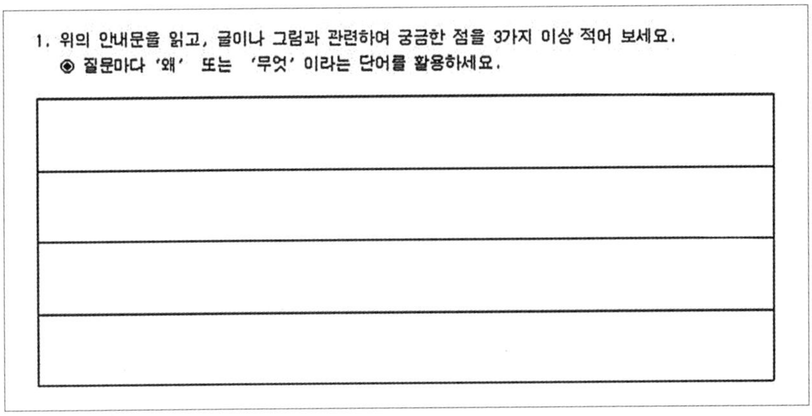
1. 위의 안내문을 읽고, 글이나 그림과 관련하여 궁금한 점을 3가지 이상 적어 보세요.
◉ 질문마다 '왜' 또는 '무엇' 이라는 단어를 활용하세요.

그림 18-4 | 「지진 발생 시 상황별 행동 요령」 관련 활동지 중 1번 활동

표 18-5 | 1번 활동에 대한 학생 반응

- 지진이 날 때 왜 승강기 사용을 금지할까?
- 승강기가 더 빠른데 왜 계단으로 가야 할까?
- 지진이 날 때 왜 차량을 이용하면 안 될까?
- 승강기 안에 있을 때 고장이 날 수도 있는데 왜 모든 층을 눌러야 할까?
- 라디오가 무엇을 하라고 하면 왜 해야 할까?
- 왜 올바른 정보에 따라야 할까?
- 왜 라디오나 공공기관의 안내 방송을 따라 행동하라고 할까?
- 왜 흔들림이 멈추면 전기와 가스를 차단해야 할까?
- 왜 넓은 공간으로 대피해야 할까?
- 왜 지진이 났을 때 탁자 밑으로 들어가 탁자 자리를 꼭 잡을까?

첫 번째 활동은 안내문에 대한 자유 분석의 단계이다. 학생들은 문제에 대한 답을 고민하기 전, 질문을 생각하기 위해 안내문의 글과 그림에 대하여 꼼꼼하게 살펴보게 된다. 문항 및 학생 답안은 위의 내용과 같다.

이 과정에서 학생들은 이미 텍스트의 정보를 분석하고 비판하며 생략된 정보까지 짐작하려는 모습을 보인다. 교과서의 기존 활동이 학생들의 경험에 근거하여 생략된 내용을 짐작하는 것으로 유의미하였다면, 본 활동에서는 '생략한 내용을 짐작하며 읽어야 하는 이유는 무엇인가?' 에 대한 답을 스스로 찾게 함으로써 보다 능동적인 독자가 될 수 있게 하는 효

2. 안내문에 나타난 글과 그림의 정보를 바탕으로 낱말의 뜻을 짐작하여 봅시다.		
낱말	짐작한 뜻	그렇게 짐작한 이유는 무엇인가요? (글이나 그림에서 찾으세요.)
차단		
확보		

그림 18-5 | 「지진 발생 시 상황별 행동 요령」 관련 활동지 중 2번 활동

과가 있다.

두 번째 활동은 낱말의 뜻을 짐작하는 단계이다. 복합양식 텍스트의 특성을 고려하여 글과 그림 모두에서 관련 단서를 찾도록 하였으며, 낱말 중 두 가지만 제시해 두고 공란에는 자유롭게 작성하게 하였다. 이는 완벽한 이해가 아님에도 불구하고 아는 낱말이라고 판단하거나 단서가 있음에도 경험에 근거하여 간단하게 적는 것에 그쳐 버리는 학생들에게 실질적인 학습 경험을 제공하기 위한 지도 방법이었다. 또한 낱말의 뜻을 짐작한 단서를 적게 함으로써 낱말의 뜻을 짐작하는 학생들의 사고 과정을 확인할 수 있었다.

세 번째 활동은 생략된 내용을 짐작하는 단계이다. 생략된 내용은 생산자의 의도와 결부되기도 한다. 이에 하나의 상황을 발췌하여 제시하고, 적색 글씨로 표시된 '올바른 정보'에 주목하며 이 부분을 강조하여 표현한 이유가 무엇일지 짐작하게 하였다. 이는 비판적 읽기 활동으로 매체 읽기 영역에서도 필수적인 과정이다.

3. 안내문에서 붉은색으로 표시된 부분은 중요하거나 그 내용과 관련하여 생략된 내용이 있음을 짐작하게 합니다. '지진 발생 시 상황별 행동 요령' 중 대피 장소에 도착한 후 **올바른 정보**에 따라 행동해야 하는 이유는 무엇일지 짐작하여 써 보세요.

◉ 생각해 볼 내용
- 이 안내문을 만든 사람은 왜 '올바른 정보'가 중요하다고 생각했을까요?
- 그림이나 글을 자세히 살펴보거나 자신의 경험을 떠올려 보세요.

그림 18-6 | 「지진 발생 시 상황별 행동 요령」 관련 활동지 중 3번 활동

　　3학년 수준에서는 다소 어려울 수도 있는 활동이었으나, 일부 학생들은 표 18-6과 같은 응답을 보이며 보다 실제적인 관점에서 생략된 내용과 의도를 짐작하는 모습을 보였다.

　　학생의 성취기준 도달을 목표로 하는 학교 교육 활동에서 교과서는 다양한 교재 중 하나로 확인된다. 이러한 열린 교과서관을 토대로 교사들은 다양한 수준과 방법으로 교과서를 재구성하며 최적의 교육 장면을 구현하고 있다. 특히, 디지털 미디어를 기반으로 하는 현대사회에서는 미디어 텍스트가 전 교과 교수학습자료로 활용되고 있으며, 이는 시의성 있고 실제적이라는 점에서 학습한 내용이 학생들의 실제적인 삶의 역량으로 이어지는 데 보다 유의미하게 작용한다. 그러나 중요한 것은 미디어 텍스트의 의미를 정확하게 이해하는 동시에 비판적으로 읽을 수 있어야 한다는 점이다. 따라서 매체 읽기 수업을 운영할 때에는 수업 자료로 활용되는

표 18-6 | 3번 활동에 대한 학생 반응

- 올바르지 않은 정보를 따르면 자연재해가 났을 때 이상한 데로 가거나 위험할 수가 있어서 중요한 것 같다.
- 올바른 정보에 따라 행동하면 위험하지 않고 올바르지 않은 정보에 따라 행동하면 위험하다.
- 왜 '올바른 정보'에 빨간색으로 적었냐면 광고 같은 올바르지 못한 정보에 따르면 (목숨 또는) 생명이 위험할 수 있어서 '올바른 정보'에다가 빨간색으로(중요하다는 의미로?) 표시한 것 같다.
- 올바른 정보에 따르면 다치지 않기 때문이다.

미디어 텍스트가 목표에 적합해야 함은 물론 의미 있게 읽을 정보가 많은 것이어야 하며, 수업 장면에서 교사가 매체 특성에 기반한 질문들을 제시함으로써 학생들이 비판적인 관점으로 읽기 활동을 수행할 수 있도록 지원해 주어야 한다.

2.2. 한 학기 한 권 읽기 수업

2.2.1. 한 학기 한 권 읽기의 필요성

2015 개정 교육과정의 '한 학기 한 권 읽기'는 2018년부터 3, 4학년을 시작으로 현장에 적용되고 있다. 교육과정과 교과서의 변화 이전에 독서교육의 중요성을 가장 절실하게 느끼고 있었던 것은 현장 교사들이었을 것이다. 학생들의 독서 수준이 전반적으로 저하되고 학습만화나 흥미 위주의 짧은 글만을 읽으려는 학생들이 많아지면서 유의미한 독서교육에 대한 요구가 높아지고 있었고, 이러한 시기에 도입된 '한 학기 한 권 읽기'는 학교 독서교육의 새로운 지평을 열어주었다. 물론 이전부터 슬로 리딩, 온 작품 읽기, 함께 읽기, 지속적 읽기 등의 이름으로 학생들에게 책 읽는 기쁨을 일깨워주기 위한 교사 개인 혹은 집단의 노력이 이어지고 있긴 하였으나 국가 교육과정 수준에서 한 학기 한 권 읽기가 도입된 것은 그 의미가 남다르다.

표 18-7 | 독서교육 방법 및 용어 정의

독서교육 방법	독서교육 방법 용어 정의
슬로리딩	일본의 하시모토 다케시가 『은수저』를 교재로 선택하여 3년간 읽기와 쓰기, 생각하기 등 다양한 방법으로 학습에 접근하여 성적을 향상시킨 것에서 유래한 독서교육 방법 교과서 대신 한 권의 책을 가지고 책속에 나오는 활동을 직접 해보거나 문장 속 단어, 어구를 하나하나 알아보는 등 '느리지만 깊고 넓게' 책을 읽는 것 읽기와 쓰기, 생각하기를 강조하는 수업(최영민 외, 2016)
온 작품 읽기	작품을 인위적으로 자르지 않고 '온전한 한 작품'을 읽고 이야기를 나누며 다양한 활동을 통해 책을 이해하는 방식(신수경 외, 2016)
함께 읽기	한 학급이 반별로 같은 책을 읽고 다양한 활동을 하는 방식 학급담임이 책을 읽어주거나 교사와 학생들이 함께 책을 읽으며 협력학습을 실천하기도 함.
지속적 읽기	한 학급 또는 한 학교가 교사를 포함하여 정해진 시간동안 지속적으로 조용히 읽기에 참여하는 독서교육 방법 학생이 자발적으로 원하는 독서 자료를 선택하여 정해진 읽기 활동시간 동안 방해받지 않고 읽으며 독후 기록은 하지 않아 읽기의 자율적 독서 습관을 기르기 위한 독서교육 방법

슬로리딩, 온작품 읽기, 함께 읽기, 지속적 읽기는 그것이 지향하는 목적이나 방법에는 차이가 있으나 학생에게 책 읽는 기쁨을 느끼며 성장하게 한다는 공통점이 있다. 현장에서 이루어지는 '한 학기 한 권 읽기' 또한 다양한 독서 지도 방법을 통해 책을 읽고 생각을 나누며 표현하는 활동으로, 학생에게 책을 즐겁게 읽는 동시에 지적, 정서적 성장을 경험할 수 있도록 기획되어야 한다.

2.2.2. 한 학기 한 권 읽기 지도의 실제

학교 현장에서 한 학기 한 권 읽기를 운영하기 위해서는 교육과정의 분석과 재구성, 책 선정, 활동 및 수업 아이디어 구상 등 일련의 과정과 노력이 수반된다. 실제 사례로 살펴볼 장면은 경기 K초등학교 6학년에서 실시된 '한 학기 한 권 읽기' 수업으로 『푸른사자 와니니』를 대상으로 이루어졌다. 해당 수업을 위한 준비 과정은 다음과 같다.

표 18-8 | 한 학기 한 권 읽기 수업(『푸른사자 와니니』)을 위한 준비 과정

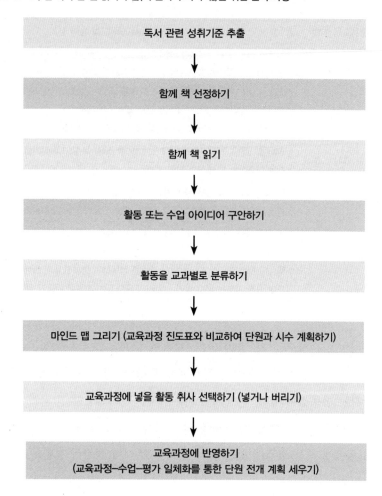

독서 관련 성취기준 추출

↓

함께 책 선정하기

↓

함께 책 읽기

↓

활동 또는 수업 아이디어 구안하기

↓

활동을 교과별로 분류하기

↓

마인드 맵 그리기 (교육과정 진도표와 비교하여 단원과 시수 계획하기)

↓

교육과정에 넣을 활동 취사 선택하기 (넣거나 버리기)

↓

교육과정에 반영하기
(교육과정-수업-평가 일체화를 통한 단원 전개 계획 세우기)

한 학기 한 권 읽기는 긴 호흡으로 진행되는 일련의 수업 과정이므로 독서 단원뿐 아니라 다른 단원 등의 성취기준을 분석하고 이를 재구성하는 과정이 선행되어야 한다. 본 수업을 위해 추출한 성취기준은 다음과 같다.

표 18-9 | 한 학기 한 권 읽기 수업(『푸른사자 와니니』) 관련 성취기준

[6국01-02] 의견을 제시하고 함께 조정하며 토의한다.
[6국01-03] 절차와 규칙을 지키고 근거를 제시하며 토론한다.
[6국02-03] 글을 읽고 글쓴이가 말하고자 하는 주장이나 주제를 파악한다.
[6국02-04] 자신의 읽기 습관을 점검하며 스스로 글을 찾아 읽는 태도를 지닌다.
[6국03-06] 독자를 존중하고 배려하며 글을 쓰는 태도를 지닌다.
[6국05-01] 문학은 가치 있는 내용을 언어로 표현하여 아름다움을 느끼게 하는 활동임을 이해
　　　　　하고 문학 활동을 한다.
[6국05-05] 작품에 대한 이해와 감상을 바탕으로 하여 다른 사람과 적극적으로 소통한다.

이어 교사들은 책을 선정하고 읽으며 수업 활동을 구상하였다. 이러한 협의의 과정을 통해 '글의 내용을 이해하고 타인과 소통하는 과정을 통해 자기 생각을 정리하며, 이를 말과 글로 표현할 수 있다.'로 수업 목표를 설정하고 다음과 같은 세부 계획을 수립하였다.

표 18-10 | 한 학기 한 권 읽기 수업(『푸른사자 와니니』)을 위한 세부 계획

순	목차	수업제재	타 단원·교과 통합
1	해 뜰 무렵	등장인물의 성격을 파악하고 서로 비교하기	
2	마디바의 아이들	와니니와 말라이카의 말과 행동을 통해 인물의 성격 파악하기	운명(p.25) 동음이의어 &다의어
3	듣고 싶지 않은 말	토론-마디바의 약한 새끼나 수컷을 버리는 무리 유지 방식 (비교-『강아지 똥』)	
4	한밤의 침입자	토론-와니니의 인도주의vs규칙 위반	
5	가장 무거운 벌	줄거리 요약하기	
6	미친 사자가 돌아다니고 있어	무리에서 쫓겨난 와니니의 모습을 상상하여 그리기	
7	익숙한 냄새	줄거리 요약하기	
8	떠돌이가 사는 법	인상 깊은 장면을 스톱모션으로 표현하기	
9	수사자들	우리 반 규칙 정하기	
10	첫 번째 사냥	토론-힘 있는 동물은 약속을 지켜야 해요. 그것이 초원의 법이라고 배웠어요.	

순	목차	수업제재	타 단원 · 교과 통합
11	커다란 행운	토론–다시 마디바의 아이가 되고 싶었다.	
12	코끼리의 말이라면	토론–하늘같은 낭떠러지를 넘으면 언제나 비구름이 머무는 초원이 나온다. (초원의 의미)	
13	초원의 끝	토론–알 수 없는 미래를 위한 탐험 (『마당을 나온 암탉』) 토론–그렇다면 약간의 거짓말이 필요하다. (하얀 거짓말)	도덕 와니니의 꿈 –인권, 정의, 협동 (p.169)
14	비	(과학 수업 운영)	과학 포유류, 먹이사슬
15	전쟁	이야기 세계와 현실 세계의 차이점 알아보기	
16	위대한 왕	토의–지도자의 자격	
17	강을 건너다	인상 깊은 구절 찾기	

수업은 총 17차시로 계획되었으며 대부분의 수업은 책 내용 깊게 이해하기, 관련 쟁점을 토대로 주제 토론하기, 배운 내용이나 느낀 점 등을 배움공책에 정리하기로 이루어졌다. 그 외에 다른 책이나 작품을 도입하여 수업의 소재를 다양화하였고 독서 수업뿐 아니라 타 단원 및 타 교과와의 통합을 통하여 다각적으로 책을 경험하고 이해할 수 있도록 하였다.

이 중 12차시의 수업 장면을 구체적으로 살펴보도록 하겠다. 이 수업은 『푸른사자 와니니』중 '12장 코끼리의 말이라면'을 읽은 후 친구들과 함께 정한 토론 주제에 대하여 모든 학생이 짝 토론을 하는 과정으로 진행되었다.

표 18-11 | 한 학기 한 권 읽기 수업 과정안(『푸른사자 와니니』)

수업일시	2019.06.03			장소	6학년 1반	
교 과	독서	단원	책을 읽고 생각을 넓혀요.	차시	13/17	
배움주제	『푸른사자 와니니』를 읽고 생각 나누기					
단원설정 이 유	글의 내용에 대한 친구들의 생각을 듣고 자신의 생각을 이야기하는 경험을 통해 다른 사람의 생각이나 관점을 이해하고 이를 고려하며 자신의 생각을 분명하게 말할 수 있도록 한다.					
본시배움 요소분석	『푸른사자 와니니』의 내용 이해하기 책 속에서 토론할 내용을 찾고 자신의 의견 정하기 타인의 의견을 경청하고 자신의 의견과 비교하며 토론하기					
배움 얻기 (5분)	▣ 전시학습 상기 및 동기유발 　– 독서 퀴즈를 통한 책 내용 상기 　→ 지난 시간에 읽은 『푸른사자 와니니』의 내용을 퀴즈로 확인함. ▣ 학습문제 확인하기 　– 『푸른사자 와니니』를 읽고 생각을 나눌 수 있다.					
배움 활동1 (생각 넓히기) (13분)	▣ 활동1: 생각 넓히기 　– 12장에서 읽었던 내용 확인하기 　→ 말라카이의 상황, 쫓겨난 이유, 와니니의 마음 등에 대하여 교사와의 문답을 통해 상기하고 해당 내용을 배움 공책에 정리함. 　– 토론 주제 정하기 　→ '말라이카가 다쳤다는 이유로 무리에서 내쫓아낸 마디바는 과연 좋은 리더인가?'라는 질문을 이끌어낸 후 학생들의 생각을 정리할 시간을 줌.					
배움 활동2 (생각 나누기) (15분)	▣ 활동 2: 짝 토론하기 　– 짝 토론하기 　→ '마디바가 몸이 아픈 말라이카를 내쫓은 것은 옳은 행동인가?'의 주제에 대하여 짝 토론을 실시함. 　→ 찬성, 반대의 입장을 나누어 1회당 1분씩 이야기하고, 시간이 지나면 이동하여 다른 학생과 이야기함으로써 다양한 의견을 나눌 수 있도록 함.					
배움 정리 (3분)	▣ 학습 정리 　– 토론을 하고 난 후의 생각이나 느낌 발표하기 ▣ 차시예고 및 과제 안내					

　학생들은 책의 내용을 충분히 파악한 상태로 수업에 참여하였으며, 토론 주제를 정하는 과정을 비롯하여 대부분의 활동 과정에 적극적인 모습을 보였다. 모든 학생이 성공적으로 짝 토론에 참여하기 위해서는 학생들에게 의미 있는 주제를 선정하는 과정이 중요하다. 이에 교사는 이전 시

표 18-12 | 한 학기 한 권 읽기 수업(『푸른사자 와니니』) 장면 및 활동 결과물

마인드맵 그리기

릴레이 토론

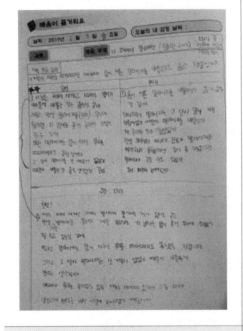

독서 수업의 정리

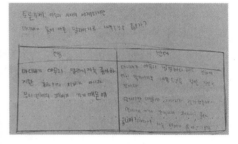

찬반토론

간 학생들이 논의한 토론 주제 중 가장 많은 학생들이 찬성한 토론 주제로 나아갈 수 있도록 일부 개입하였다. 이후 짝 토론 및 의견 정리의 과정은 학생들이 중심이 되었으며, 학생들은 충분한 짝 토론 후 최종적인 자신의 의견을 발표하고 배움공책에 그 내용을 기록하는 시간을 가졌다.

이러한 활동을 통해 학생들은 '법과 인정 사이에서 발생하는 갈등', '전체와 개인 중 우선시해야 하는 것은 무엇인가?' 등에 대하여 고민하는 시간을 가질 수 있었다. 친구들과의 토론을 통하여 자기 생각에 대한 근거를 명확히 하고 타인의 생각을 받아들이는 방법 또한 자연스럽게 익혔으며, 내용에 대한 이해를 넘어 타인과 유의미한 대화를 이어가는 과정 또한 이어졌다.

이 과정은 교사들에게도 유의미한 교육 경험이 되었다. 해당 수업을 운영한 교사들은 교사 간, 교사-학생 간 토의를 통해 수업을 완성해가는 과정에서 보람을 느꼈다. 책 한 권을 토대로 독서 단원을 넘어 타 단원, 타 교과와의 연계와 통합 운영을 실천하는 과정, 그리고 그 과정에 기반되는 교사의 자율성과 책무성 또한 교사의 자존감과 자신감을 높이기에 충분했다.

초등학교의 읽기 수업은 기본적으로 국가 수준 교육과정에 근거하여 운영된다. 이는 교과서 기반의 수업으로 진행되기도 하고 성취기준의 내용이나 수준이 현장과 괴리될 경우 국어과 성취기준에 대한 분석적, 비판적 이해를 기반으로 적극적으로 재구성되기도 한다. 이와 관련하여 본 장에서는 적극적인 교과서 재구성의 사례로 미디어 리터러시 교육과 접목한 읽기 수업을 제시하였다. 또한 2015 개정 교육과정부터 도입되어 다소 독립적이고 자율적인 방법으로 운영되고 있는 한 학기 한 권 읽기 수업 사례를 살펴봄으로써 초등학교에서 교육과정과 연계하여 이루어지는 독서 지도의 장면을 확인하고자 하였다.

매체 특성을 고려하며 비판적으로 텍스트를 읽도록 하는 매체 읽기 수업에서는 '낱말의 뜻이나 생략된 내용을 짐작하며 글 읽기'의 활동으로 안내문 읽기를 다루었다. 안내문에는 문자 텍스트뿐만 아니라 그림 텍스트도 중요한 의미를 담고 있으며 각 텍스트의 크기, 색깔, 위치 등에도 '의도'가 포함되어 있다. 학생들이 이러한 부분을 분석적이고 비판적으로 읽을 수 있도록 교사는 매체 특성에 기반한 읽기 질문을 제시하여야 하며, 의미 있게 읽을 정보가 많은 텍스트를 활용하여야 한다. 학생들은 해당 수업을 통해 보다 실제적인 삶의 역량으로서 성취기준을 달성하는 모습을 보였다. 한 학기 한 권 읽기 지도를 위해서는 독서 관련 성취기준 추출과 책 선정, 활동 구안, 교육과정 반영의 과정을 수행하였다. 제시된 사례는 『푸른사자 와니니』 책을 기반으로 한 17차시의 수업이다. 일련의 수업을 통해 학생들은 자기주도적인 책읽기로 책의 내용을 깊이 있게 이해하고 내면화하는 경험을 갖게 되었으며, 친구들과의 토론을 통하여 자신의 생각을 명확히 밝히고 타인의 생각을 수용하는 방법도 자연스럽게 익히게 되었다. 수업을 운영한 동학년 단위의 교사들 또한 교사 간, 교사-학생 간 토의를 통해 수업을 완성하는 과정에서 보람을 느끼고, 책 한 권을 토대로 교과 내 타 단원이나 타 교과와의 연계를 통해 적극적인 수업 재

구성을 실천해 가는 과정에서 교사로서의 자신감과 자존감을 높일 수 있
었다.

01 읽기 지도 방법은 텍스트의 종류나 성격에 따라 달라질 수 있다. 문자는 물론 이미지 요소도 읽기 교육의 중요한 대상이 된다. 이에 안내문 외에도 사진, 광고, 만화, 영화 등의 텍스트들이 이미 국어과 교육과정에서 읽기 텍스트로 다루어지고 있으며, 최근에는 카드 뉴스 또한 뉴스 미디어의 변화로 인하여 나타난 새로운 양식의 읽기 텍스트로 대두되고 있다. 초등학생을 대상으로 카드 뉴스의 의미를 읽기 위한 수업을 구성할 때 고려해야 할 요소들을 생각해 보자.

02 교과서 내 텍스트는 관련 전문가들의 숙고를 기반으로 성취기준 도달에 유의미하게 기여하고 내용적으로 읽을 가치를 가지는 등의 다양한 요건들을 고려하며 선정·수록된다. 그러나 교과서가 절대적인 교재는 아니라는 점에서 현장에서는 다른 텍스트로 대체되어 읽기 수업이 진행되기도 하는데, 이와 관련하여 교사 수준의 수업에서 다루어지는 텍스트가 교육의 목적이나 가치에 부합하는가 하는 의문이 있다. 읽기 수업을 위한 텍스트를 선정하는 과정에서 주의해야 할 점이 무엇인지 생각해 보고, 특정 텍스트를 골라 비판적으로 검토해 보자.

교육부(2015). 국어과 교육과정. 교육부.

신수경·이유진·조연수·진현(2016). 이야기 넘치는 교실 온작품 읽기. 북멘토.

최영민·주예진·염윤아(2017). 교사를 위한 슬로리딩 수업 사용 설명서. 고래북스.

김수진(2018). 2015 개정 국어과 교육과정과 미국 공통핵심기준(CCSS) 비교 연구. 서울교육대학교 교육전문대학원 석사학위논문.

김은경(2008). 초등학교 독서교육의 실태와 개선 방안: 경기도 포천시 초등학교를 중심으로. 대진대학교 교육대학원 석사학위논문.

김창원(2018). '읽기'의 메타퍼: 읽기는 학교교육의 축이 될 수 있는가?: 융합교육의 관점에서 본 2015 교육과정과 '읽기'. 독서연구, 46, 9-34.

김혜정(2016). 2015 개정 읽기/독서 교육과정의 내적 논리와 몇 가지 쟁점들. 국어교육연구, 62, 171-196.

류보라(2016). 2015 개정 국어과 교육과정의 계열성-초등학교 국어 성취기준을 중심으로. 새국어교육, 107, 111-133.

정지욱(2004). 비교과 활동으로서의 독서 지도 실태 조사 연구: 서울 지역 초등학교 교사를 중심으로. 고려대학교 교육대학원 석사학위논문.

정현선(2018). 초등 국어 교과서에 반영된 미디어 리터러시 학습 내용에 대한 비판적 고찰-3~4학년군 1학기 교과서를 중심으로. 한국초등국어교육, 65, 191-224.

충청북도교육청 미래인재과(2018). 2018 독서교육상 교사유공. 충청북도교육청, https://www.cbe.go.kr/dept/10/sub.php?menukey=3382&page=2(검색일자 2019. 9. 5.).

황현미(2016). 국어과 교육과정 성취기준 제시 방식에 대한 비판적 고찰-2015 개정 국어과 교육과정을 중심으로-. 한국초등국어교육, 61, 283-512.

중등학생
읽기 지도의 실제

학습목표

- 중등학생의 읽기 상황과 읽기 특성을 설명할 수 있다.
- 중등학생의 읽기 지도의 목표와 유의할 점을 말할 수 있다.
- 중등학생의 주제 통합적 독서를 위한 활동 계획을 세울 수 있다.

학습내용

이 장에서는 중등학생이 읽기를 하는 상황과 읽기의 특성을 살펴보고, 이들에게 읽기를 지도할 때 유의할 점들을 교육과정과 학교 현장에서의 사례를 중심으로 알아볼 것이다. 특히 주제 통합적 독서를 학생들이 수행할 수 있도록 지원하는 방법을 모색하였다.

1. 중등학생의 읽기 상황과 특성

1.1. 중등학생의 읽기 상황

1.1.1. 중학생과 고등학생 읽기 상황의 차이

우리나라에서 중등학생이란 중학생과 고등학생을 함께 이를 때 쓰는 단어이다. 독서 교육에서 이 중등학생은 어린이인 초등학생이나 대학생을 포함한 성인들이 아닌 독자들에 해당한다. 중학생과 고등학생을 함께 지칭하기 때문에 이에 속한 독자들의 읽기 양상이나 독서 교육이 비슷할 것이라고 예상할 수 있다. 그러나 중학교 저학년 학생일수록 초등학생의 읽기 양상과 오히려 비슷하고 고등학생의 읽기는 성인의 읽기와 유사하다.

2017년 국민독서실태조사(문화체육관광부)에 따르면 연간 독서량(종이책)이 초등학생은 67.1권, 중학생은 18.5권, 고등학생은 8.8권, 성인은 8.3권이었다. 학교에서 시행하는 아침독서 시간의 비율 또한 통계조사 대상자들 중 초등학생의 경우는 81.7%, 중학생 52.9%가 아침독서를 시행한 반면, 고등학생은 3.5%에 불과하다. 독서량과 학교에서의 아침 독서 시간이라는 이 두 가지 통계 수치만 보아도 중학생과 고등학생은 독서의 양상이 다를 것으로 예상할 수 있다.

그럼에도 불구하고 중학생과 고등학생을 하나로 범주로 묶어서 이들에 대한 읽기 지도의 실제를 알아보고자 하는 데는 우리나라의 학교급 구분과 교육과정의 영향이 크다. 중학교를 초등학교와 비슷한 체계라고 보기보다는 고등학교에 근접해 있다고 보는 것이 우리 사회의 통념일 뿐만 아니라, 초등학교 1학년부터 고등학교 졸업 때까지의 교육과정을 제시한 국가 교육과정에서도 중학교의 교육과정은 고등학교 교육과정의 이전 단계로서의 위계를 갖는다. 즉, 중학교는 초등학교와 급격한 차이가 있다고 보는 것이다.

사실, 중학생의 읽기 양상이 고등학생과 차이가 있다고 하였지만, 중학생은 초등학생과도 큰 차이가 있다는 것을 부인할 수는 없다. 초등학생이 부모의 도움을 받아 연간 67.1권이나 되는 독서량을 기록하는 반면, 중학생은 18.5권으로 초등학생 독서량의 27%정도 밖에 안 되는 독서량으로 그 양이 급격히 떨어지기 때문이다. 따라서 본고에서는 중학생과 고등학생의 독서를 한 범주로 설정하고 이에 대한 지도를 초등학생이나 성인의 독서와 구분하여 살펴보고자 한다.

1.1.2. 중등학생의 읽기 상황 구조

중등학생들에게 읽기 지도를 하기 전에 먼저 살펴보아야 할 것은 중등학생들의 읽기라는 현상을 둘러싼 구조와 이 학생들의 읽기에서 드러나는 특성이다.

읽기 상황 구조는 질적 연구 방법 중 하나인 근거이론 연구에서 어떤 중심 현상과 관계된 요건들을 구조화한 모형을 차용할 수 있다. 인과적 조건, 맥락적 조건, 현상, 중재적 조건, 작용·상호작용, 결과가 상황 구조의 요소라고 볼 수 있다. 이를 표로 정리하면 다음과 같다.

우리나라 중등학생의 읽기 상황은 학교 및 대학 입학 체제와 관련이 깊다. 학생들이 읽기를 하는 데 가장 직접적인 영향을 주는 것은 학생들 개인이 독서에 대해 갖고 있는 동기, 흥미, 습관, 독서 능력이다. 그러나 중등학생들의 독서는 단순히 이것에 의해서만 좌우된다고 보기 어렵다. 이들은 낮 시간 동안 주로 학교에 있으며 학교에서 정한 프로그램에 따라 움직여야 하기 때문이다. 게다가 초등학생과 달리 중등학생은 상급 학교 진학 때문에 교과 성적을 향상시켜야 한다는 부담감을 갖고 있다. 중등학생들에게 교과 공부와 독서는 병행, 조화된다기보다는 상충되는 관계이다. 이러한 것을 읽기 상황에서 맥락적 조건이라고 볼 수 있다. 그 결과, 중등학생은 초등학생이 하는 독서량보다 절대적으로 적은 현상을 보이고 있다.

'중등학생의 읽기(독서)'라는 현상은 이와 같은 우리 사회의 사회문화적 맥락에 깊게 얽혀 있다. 그래서 중등학생들이 읽기에 대해서 즐거움을 느

표 19-1 | 중등학생 읽기 상황의 요소

상황요소	정의	읽기 상황의 구조
인과적 조건	·어떤 현상을 일어나게 하거나 발전하도록 하는 사건, 즉 현상에 직접적인 영향을 미치는 사건이나 일	▶읽기 발생의 직접적 계기
		정의적 요인: 독서 동기, 흥미, 습관, 독서 효능감 인지적 요인: 독서 능력
맥락적 조건	·현상의 발생과 패러다임 전체에 기여한 상황 ·현상에 더 영향을 미쳐 어려움을 유지시키거나 가중시킨 조건	▶학생들의 읽기에 기여하는 상황
		독서의 가치에 대한 인정, 독서에 대한 주변인들의 시선, 생기부 등재에 대한 부담, 독서 수행 평가에 대한 의식, 학업 부담, 책 구비 환경
중심 현상	·참여자들이 경험하는 것 중 중요한 현상 ·'여기서 무엇을 경험하고 있는가?'라는 질문에 대한 응답	▶학생들이 읽기 활동에서 경험하는 가장 중요한 문제
		독서에 대한 쾌감/불쾌감 독서 갈등(독서의 가치를 알고 있지만 시간 부족이나 독해 능력 부족 등의 이유로 독서를 못 하는 경우)
중재적 조건	·특정한 전후 관계 안에서 취해진 작용·상호작용 전략을 조장하거나 강요하도록 하는 조건 ·중심 현상의 강도를 조절하거나 변화를 주는 조건들	▶독서 갈등의 해결에 개입된 요인
		독서 몰입, 독서의 개념 확대, 상호텍스트 독서, 독서 비계(飛階, scaffold)
작용·상호작용	·'누구에 의해서 어떻게'라는 질문에 의해 제시되는데, 이는 개인이나 집단이 그러한 조건 하에서 일어나는 쟁점, 문제, 사건에 대해 취하는 전략이나 반응	▶읽기 활동을 위한 전략과 행위
		독서를 하기 위해 노력하기(독서 계획, 독서량 점검, 자신의 독서 방법이나 태도 성찰, 독서 의지 다지기 등) 독서 외면하기
결과	·상호작용의 결과	▶읽기 활동을 위한 상호작용의 결과
		독서 심화 독서 중단

끼는 경우와 부담이나 거북함, 재미없음과 같은 불쾌감을 느끼는 경우와 같이 단순하게 양분하는 데서 끝나지 않는다. 많은 학생들이 읽기에 대해서 '갈등'을 느끼고 있다는 것이 중요한 현상이다. 이 갈등이란 독서의 가치를 알고 있지만 시간 부족이나 독해 능력 부족 등의 이유로 독서를 못 하는 경우에 느끼는 내적 곤란으로 정의될 수 있다.

이 갈등의 해결에 개입되는 요인들이 중재적 조건이다. 어떤 방식으로

든 학생들이 독서에 몰입하는 경험을 갖게 해 주거나, 독서라고 하는 것을 인쇄매체인 종이책만으로 한정하지 않고 휴대폰을 통해 읽는 글들도 읽기에 해당한다는 인식을 갖게 하는 것을 독서 중재라고 볼 수 있다. 어떤 글을 읽고 그와 관련된 글들을 연속해서 계속 읽게 되는 상호텍스트 독서도 독서에 대한 갈등을 완화시켜 줄 수 있다. 상호텍스트 독서가 독서에 대한 흥미를 심화시킬 수 있고 이는 독서에 대한 갈등을 완화하는 데 기여하기 때문이다. 읽기 동기를 갖고 있지 않은 학생들에게 동기를 부여하고, 문장 독해, 문단 독해, 전체 글의 이해에 대한 방법이나 전략을 배워서 적용하도록 독서 비계(飛階, scaffold)를 제공하는 읽기 지도는 읽기 상황에서 대표적인 중재적 조건이다.

읽기 활동을 하기 위해서 학생들 스스로가 하는 전략과 행위 등을 작용·상호작용이라고 할 수 있다. 독서 계획 세우기, 독서량 점검, 자신의 독서 방법이나 태도 성찰, 독서 의지 다지기 등이다. 물론, 부정적인 작용·상호작용으로서 독서를 아예 외면해 버리는 것도 있다. 읽기 상황의 구조에서 마지막 부분은 상호작용의 결과라고 볼 수도 있는 독서의 심화나 독서의 중단이다.

1.2. 중등학생의 독서 특성

중등학생의 읽기 상황에서도 나타나듯 학생들의 읽기 상황은 여러 가지 요소가 포함되어 있다. 학생 독자의 읽기 흥미나 태도를 단순하게 보고 독서에 대해 부정적인 인식을 갖고 있거나 읽기 능력이 낮은 이유를 학생들이 독서를 충분히 하지 않았다고 학생들의 잘못으로 치부하는 것은 상황을 너무 단순하게 본 것이다. 학생들은 실제로 독서가 가치 있고 중요하다고 생각하면서도 대학 입시를 위한 공부 때문에 독서를 할 시간을 갖기 어려운 경우가 많으며, 자신이 읽고 싶은 책과 읽어야 할 책 사이에서 갈등하는 경우 또한 있다.

2017년 국민 독서실태 조사에서 나타난 '중등학생들이 가장 많이 읽는

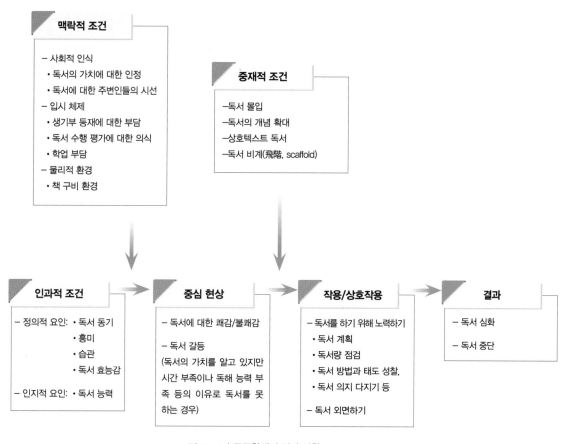

그림 19-1 | **중등학생의 읽기 상황**

책'의 종류는 장르소설로 나타났다(30.3%). 장르소설은 웹소설이라고도 불리는데 인터넷 사이트에서 읽을 수 있는 로맨스, 판타지, 무협, 추리 등의 오락 소설이다. 이어지는 순위는 문학(17.3%), 연예/오락/스포츠/취미/여행(9.9%)이었다. 초등학생은 소설(19.7%), 인물 이야기(12.2%), 취미(10.6%), 역사(10.4%) 순과는 대조적이다. 초등학생들이 아직 휴대폰과 같은 전자 기기를 중등학생만큼 많이 사용하지는 않고 부모의 영향력 안에 있으면서 종이책 독서를 많이 하는 반면, 중등학생들은 종이책 독서를 할 시간이 상대적으로 부족하면서 손쉽게 접할 수 있는 매체가 휴대폰인 데다가 부모의 영향을 덜 받으며 독서를 하기 때문이다. 많은 학생들은 결국 쉽게 접할 수 있는 매체, 휴식을 취하며 읽을 것으로 시선을 돌린다는 의미이다.

그럼에도 불구하고 중등학생들은 고전적인 종이책이나 전자책 중에서도 기성세대가 생각하기에 좋은 책이라고 하는 양서를 읽어야 하는 환경에 놓여 있다. 그것은 이 학생들이 진학하고자 노력하는 상급학교 합격을 위한 입시 준비와 관련이 깊다. 생활기록부의 '독서활동상황'이나 국어 교과의 독서 수행 평가, 그리고 국어 이외의 다른 교과에서도 요구하는 교과 독서 수행 평가 등이 그것이다.

더불어 중등학생들은 국어 교과 평가 내의 '읽기'영역에서 우수한 점수를 받아야 한다는 부담도 안고 있다. 글의 사실적 독해, 비판적 독해, 창의적 독해 등을 주어진 시험 시간 몇 분 안에 출제자가 의도하는 바를 정확히 짚어가며 수행해야만 한다.

결국 중등학생들의 독서는 입시 체제를 중심으로 다소 모순적인 상황에 놓여서 독서에 대해 부정적인 태도, 독서를 포기해 버릴 수 있다는 특징을 갖고 있다. 입시 우선이기 때문에 독서를 할 충분한 시간을 가질 수 없고, 그래서 웹소설과 같은 흥미 위주의 글에 탐닉하곤 하는데 문제는 이들의 생기부에는 웹소설과 대항되는 종류의 양서가 기록되어야 하기 때문에 이것들을 읽어 내야만 하는 의무가 학생들에게 있다는 것이다. 양서 독서를 즐기는 학생도 있지만, 국어 교과의 읽기 영역 평가에서 드러나듯 독해 능력이 충분하지 않은 학생들이 웬만한 성인들도 소화하기가 쉽지 않은, 내용상 어려운 책들이나 관심사를 벗어나는 책들을 읽기란 거북할 수밖에 없다.

바로 이 지점이 중등학생들의 읽기 지도에서 신경 써야 할 부분이 된다. 중등학생들이 어려움을 느끼는 글에 대한 독해 능력의 신장, 읽어야 할 책과 읽고 싶은 책 사이의 괴리 완화를 통해 궁극적으로는 읽기 자체에서 즐거움을 느끼고 평생 독자로 나아가도록 교사는 도와주어야 한다.

2. 중등학생의 읽기 지도를 위한 계획

2.1. 중등학생의 읽기 영역 성취기준

중등학생들의 읽기 지도를 위해서 2015개정 교육과정 국어과 읽기 영역의 내용체계와 성취기준을 살펴보고자 한다. 중등학생들의 읽기 환경과 읽기 특징을 알고 이에 적절한 지원을 해 주기 위해서 이들이 도달해야 할 지점을 구체적으로 설정해야 하기 때문이다. 2015개정 교육과정에서 중등학생의 읽기 영역 부분만을 발췌하면 다음과 같다.

읽기 교육과정의 내용체계에서 '핵심 개념'은 크게 네 영역으로 나뉘어지고 있다. 읽기의 본질, 글의 종류나 매체, 읽기의 구성 요소와 과정, 방법, 읽기 태도이다. 이 중 읽기의 본질과 글의 종류나 매체에 해당하는 것은 개념적 지식이라고 볼 수도 있어서 한 시간 안에 교사가 설명이 가능할 수도 있다. 그러나 이러한 읽기의 본질, 글 자체가 가진 특징 등은 개념적으로 학생에게 주입할 지식이 아니다. 다음 성취기준에 나타나 있듯이, 읽기의 특징을 독서 '행위'를 통해서 이해하면서 읽어나가도록 해야 한다.

핵심 개념의 세 번째가 읽기의 구성 요소, 과정, 방법이다. 초등학교 때도 글을 읽으며 중심 생각을 찾고 내용을 추론하고(초등3~4학년) 내용을 요약(초등 5~6학년)하였다. 그러나 초등학생이 접하는 글과 중등학생이 접하는 글은 그 내용이나 구조의 어려운 정도가 다르다. 따라서 초등학교 때의 읽기 방법에 대한 성취기준이 중학교, 고등학교 때 반복되어 나타날 수 있지만 이러한 글과 독자의 수준에 따라 성취기준이 추가될 수 밖에 없다. 중등학생의 성취기준에서 주목할 것은 초등학교 읽기 교육과정에서 명시하지 않은 것들이다. 위 표에서 진한 글씨로 된 부분, 아래 표에서는 음영 셀 부분에 해당하는 것이다. 결국 읽기 방법 지도와 관련하여 중점을 둘 부분은 아래 중·고등학교의 읽기 성취기준을 정리한 표에서 보자면 총 7개이다.

표 19-2 | 중등학생의 읽기 영역의 내용 체계(2015개정 교육과정)

핵심 개념	일반화된 지식	학년(군)별 내용 요소		기능
		중학교 1~3학년	고등학교 1학년	
· 읽기의 본질	읽기는 읽기 과정에서의 문제를 해결하며 의미를 구성하고 사회적으로 소통하는 행위이다.	· 문제 해결 과정	· 사회적 상호 작용	· 맥락 이해하기 · 몰입하기 · 내용 확인하기 · 추론하기 · 비판하기 · 성찰·공감하기 · 통합·적용하기 · 독서 경험 공유하기 · 점검·조정하기
▶ 목적에 따른 글의 유형 · 정보 전달 · 설득 · 친교·정서 표현 ▶ 읽기와 매체	의사소통의 목적, 매체 등에 따라 다양한 글 유형이 있으며, 유형에 따라 읽기의 방법이 다르다.	· 정보 전달, 설득, 친교 및 정서 표현 · 사회·문화적 화제 · 한 편의 글과 매체	· 인문·예술, 사회·문화, 과학·기술 분야의 다양한 화제 · 한 편의 글과 매체	
▶ 읽기의 구성 요소 · 독자·글·맥락 ▶ 읽기의 과정 ▶ 읽기의 방법 · 사실적 이해 · 추론적 이해 · 비판적 이해 · 창의적 이해 · 읽기 과정의 점검	독자는 배경지식을 활용하며 읽기 목적과 상황, 글 유형에 따라 적절한 읽기 방법을 활용하여 능동적으로 글을 읽는다.	· **내용 예측** · 내용 요약[읽기 목적, 글의 특성] · **설명 방법 파악** · **논증 방법 파악** · **관점과 형식의 비교** · 매체의 표현 방법·의도 평가 · **참고 자료 활용** · 한 편의 글 읽기 · **읽기 과정의 점검과 조정**	· 관점과 표현 방법의 평가 · **비판적·문제 해결적 읽기** · 읽기 과정의 점검과 조정	
· 읽기의 태도 · 읽기 흥미 · 읽기의 생활화	읽기의 가치를 인식하고 자발적 읽기를 생활화할 때 읽기를 효과적으로 수행할 수 있다.	· 읽기 생활화하기	· 자발적 읽기	

표 19-3 | 중등학생의 읽기 영역의 성취 기준(2015개정 교육과정)

중학교 1-3학년	고등학교 1학년
[9국02-01] 읽기는 글에 나타난 정보와 독자의 배경지식을 활용하여 문제를 해결하는 과정임을 이해하고 글을 읽는다.	[10국02-01] 읽기는 읽기를 통해 서로 영향을 주고받으며 소통하는 사회적 상호 작용임을 이해하고 글을 읽는다.
[9국02-02] 독자의 배경지식, 읽기 맥락 등을 활용하여 글의 **내용을 예측**한다.	
[9국02-03] 읽기 목적이나 글의 특성을 고려하여 글 내용을 요약한다.	
[9국02-04] 글에 사용된 다양한 **설명 방법**을 파악하며 읽는다.	
[9국02-05] 글에 사용된 다양한 **논증 방법**을 파악하며 읽는다.	
[9국02-06] **동일한 화제**를 다룬 여러 글을 읽으며 **관점과 형식의 차이**를 파악한다.	
[9국02-07] 매체에 드러난 다양한 표현 방법과 의도를 평가하며 읽는다.	[10국02-02] 매체에 드러난 필자의 관점이나 표현 방법의 적절성을 평가하며 읽는다.
[9국02-08] 도서관이나 인터넷에서 관련 **자료를 찾아 참고**하면서 한 편의 글을 읽는다.	
[9국02-09] 자신의 **읽기 과정을 점검**하고 **효과적으로 조정**하며 읽는다.	[10국02-04] 읽기 목적을 고려하여 자신의 읽기 방법을 점검하고 조정하며 읽는다.
[9국02-10] 읽기의 가치와 중요성을 깨닫고 읽기를 생활화하는 태도를 지닌다.	[10국02-05] 자신의 진로나 관심사와 관련된 글을 자발적으로 찾아 읽는 태도를 지닌다.
	[10국02-03] **삶의 문제**에 대한 **해결 방안**이나 필자의 생각에 대한 **대안을 찾으며** 읽는다.

2.2. 중등학생 읽기 지도의 유형

중등학생 읽기 지도의 유형은 지도하는 사람과 지도 받는 사람과의 관계, 인원을 기준으로 나눌 수도 있고, 글이 짧은 것인가 아니면 한 시간만에 다 읽을 수 없는 분량의 긴 글, 책 읽기에 대한 지도인가에 따라 나눌 수도 있다.

표 19-4 | 중등학생 읽기 지도의 유형

<table>
<tr><th colspan="2">기준</th><th>추천 지도 유형</th></tr>
<tr><td rowspan="3">교사 : 학생</td><td>1 : 1</td><td rowspan="2">교사가 글의 구조, 글의 중심 내용을 찾는 방법, 추론하는 방법 등을 학생에게 질문하고 이에 대한 대답을 이끌어 냄. 교사 자신의 독해 방법을 시범으로 보이며 설명하기도 함.</td></tr>
<tr><td>1 : 다수</td></tr>
<tr><td>교사의 개입을 최소화한, 학생들 간의 읽기 (짝 활동, 소집단 모둠 학습)</td><td>읽은 글에 대해 서로 질문하고 대답을 하며 글에 대한 이해를 심화함.</td></tr>
<tr><td rowspan="2">글의 길이</td><td>30분 안에 읽을 수 있는 짧은 글</td><td>함께 동일한 글을 읽고 글의 종류, 주제 찾기, 사실적 독해, 추론적 독해, 비판적 독해, 창의적 독해 등 독해의 여러 가지 면을 꼼꼼히 짚어 감. 이때 글 안에서 어떤 정보를 어떻게 사용하며 읽기를 하였는지 근거를 밝혀 설명하는 것이 중요함.</td></tr>
<tr><td>몇 시간 이상 또는 며칠 이상이 걸리는 긴 글</td><td>읽기 태도 성숙을 격려하면서, 읽기 방법과 전략 또한 구체적 맥락 안에서 점검하게 필요가 있음. 독서가 중단되었다면 그 이유가 무엇인지 살펴서 독서를 계속 이어가서 독서에 대한 자기 효능감이 상승할 수 있는 방법을 제시해 주어야 함.</td></tr>
</table>

3. 중등학생 읽기 지도의 사례

3.1. 읽기 방법과 전략의 지도: 교사와 학생의 질문-대답

읽기 방법과 전략의 지도는 교사와 학생이 함께 짧은 글을 읽고 즉석에서 대화를 나누는 것이 효과적이다. 그 글은 교과서가 될 수도 있고, 책의 일부가 될 수도 있으며 중등학생 국어 문제집의 글이 되어도 상관은 없다. 그러나 학생들에게 읽기에 대한 흥미를 높이기 위해서는 읽기의 자료가 학생들에게 읽고자 하는 동기가 생기는 것이 좋은 제재이다.

아래의 글은 '뉴스 읽고 대화하기'라는 방과후 국어 수업 중에 한 학생이 스스로 준비해 온 읽기 자료이다. 이 수업에서 첫 시간에만 교사가 자료를 준비하고 이를 읽고 함께 대화를 나누었으며, 이후 시간부터는 학생들이 돌아가면서 여러 읽기 자료를 선정해 왔다. 이는 10학년(고등학교 1학년)의 읽기 교육과정 성취기준인 [10국02-05]인 '관심사와 관련된 글을 자발적으로 찾아 읽는 태도'를 기르는 것과 관련이 된다.

서울시교육감님, 이럴 줄 모르셨나요?

머리카락 색과 모양을 자신의 의지대로 하지 못하는 곳. 오직 나이가 어리다는 이유로 국민의 권리를 인정받지 못하는 곳. 서울에도 그런 학교가 여전히 많다. 학생에게 그러한 권리가 있다고 인정하는 서울시 학생인권조례가 있는데도 지난 몇 년간 어떤 교육감도 조례를 위반하는 학교를 제재하지 않았다. 비판의 목소리는 커졌고 비로소 지난해, 서울시교육감은 두발자유를 선언했다. 그 뒤에 이상한 말이 붙었다. 공론화를 통해 학교별로 자율적으로 교칙을 제·개정하라는 것이다. 자유를 선언하긴 했는데 알아서 하라니. 조례도 있고, 헌법에서도 보장하고, 유엔아동권리협약에도 있어서 국가인권위에서도 시정 권고를 내리는 사안인데 서울시교육감은 뜬금없이 공론화를 통해 수정하란다.

어쨌든 교육감이 하라고 했으니 내가 다니던 학교에서도 최근 공론화를 진행 중이다. 그 과정을 보니 학교에 대한 원망을 넘어 교육감을 향한 원망이 생긴다.

(중략)

교사들의 체벌을 금지할 때 공론화를 했다면 아마 지금도 체벌하고 있을 것이다. 때론 교육감이 결정해야 할 것들이 있다. 학생이 아무리 투표권이 없어도 그렇지, 이렇게 학생인권을 다수결로 하라는 것은 정말 비겁한 결정이다.

이윤승 (서울 이화미디어고 교사) 시사IN 제617호

자료 19-1 | 함께 읽고 독해 방법과 전략을 학습할 수 있는 짧은 글의 예

1500자 내외의 위와 같은 글을 읽는 데 우리나라 고등학생 중 평균 이상의 국어 성적을 받는 학생들이라면 10분이면 충분하다. 그러나 수업 중에는 너무 빨리, 정확하게 읽어야 한다는 강박을 심어 주지 말고 글을 찬찬히 읽을 여유를 주는 것이 바람직하다. 읽기도 다른 기술들처럼 방법을 배우는 과정 중에는 읽는 방법에 대해 점검하는 초인지가 필요하기 때문이다. 읽기 수업이 아닌 일상에서는 방법 자체에 대해 고민할 일이 드물다. 수업 시간만이라도 자신의 읽기 방법 자체에 대해 돌아보는 것이 필요하다.

글을 읽고 나서 학생들이 읽은 것에 대해 자신의 소감을 말하도록 한다. 학생들이 말하는 것을 어려워할 때 다음과 같은 질문을 교사가 제시할 수 있다.

표 19-5 | 읽기 방법, 전략을 지도할 때의 대화 예

교사의 질문과 대답	관련 교육과정 성취기준
Q. 제목을 읽고 무슨 생각이 들었어요? A. '서울시교육감'한테 하소연하는 투의 제목이네. 아마 서울의 교육 문제와 관련된 것인가 봐. 그리고 '이럴줄 몰랐'냐고 묻는 걸 보니 상황이 안 좋게 되었나 보구나.	[9국02-02] 독자의 배경지식, 읽기 맥락 등을 활용하여 **글의 내용을 예측**한다.
Q. 이 글이나 각각의 문단에서 핵심어나 핵심 어구가 뭘까요? A. 머리카락 색과 모양, 인권, 학생인권조례, 교칙, 공론화, 다수결	
Q. 이 글은 크게 어떤 구조로 처음, 중간, 끝이 이루어졌나요? A. 글의 처음 부분, 즉 1,2문단에서 학생인권조례가 있는데도 서울시교육감이 각 학교에 공론화를 통해 자율적으로 교칙을 정하라고 한 사건의 개요를 짧게 소개했네요. 그리고 나서 3문단에서부터 필자가 근무하는 학교의 사례를 서술했어요. 이것이 중략에 해당하는 부분이지요. 마지막 문단에서 교칙과는 약간 다른 경우이긴 하지만 학교와 관련된 문제인 교사의 체벌 문제를 예로 들면서 이번 일의 부당함을 역설하고 글을 마무리했어요.	[9국02-03] 읽기 목적이나 글의 특성을 고려하여 글 내용을 요약한다.
Q. 이 글에서 필자의 관점이 드러나는 곳은 어느 부분이지요? A. 2문단 '그 뒤에 이상한 말이 붙었다.'에서 공론화를 통한 교칙 제·개정이 잘못된 것임을 보여주고 있어요. 그 문단의 마지막 문장 '뜬금없이 공론화를 통해 수정하란다.'에서도 알 수 있습니다. 3문단 두 번째 문장 '학교에 대한 원망을 넘어 교육감을 향한 원망이 생긴다.'도 있어요. 그리고 글의 맨 마지막 문장에서 '학생인권을 다수결로 하라는 것은 정말 비겁한 결정이다.'라고 한 것은 주제라고도 볼 수 있지요.	[10국02-02] 매체에 드러난 필자의 관점이나 표현 방법의 적절성을 평가하며 읽는다.
Q. 이 글에서 필자는 무엇이 문제라고 보고 있고 어떻게 해결해야 한다고 생각하죠? A. 서울시교육감이 학생인권조례가 있는데도 이를 무시하고 교칙을 각각의 학교 자율에 맡기고, 이 과정에서 다수결이라는 명분하에 실제로는 학생들의 권리가 제대로 실현되지 못하는 상황이 문제라고 보았습니다. 이는 다수결로 해결할 문제가 아니라, 조례에 따라 단호하게 학생 인권을 존중하는 교칙이 만들어져야 해결된다고 보았어요.	[9국02-07] 매체에 드러난 다양한 표현 방법과 의도를 평가하며 읽는다. [10국02-03] **삶의 문제**에 대한 **해결 방안**이나 필자의 생각에 대한 **대안을 찾으며** 읽는다.
Q. 여러분은 필자의 생각에 동의하나요? 동의 또는 반대, 부분적인 동의라면 그 이유를 말할 수 있나요? A. 두발 자유를 인권이라고 보고 이를 존중하는 것에는 동의해요. 그런데 이에 대해 각 학교마다 공론화를 통해 다시 생각해보라고 한 교육감의 처사에 대해 부정적인 입장을 취한 것에는 전적으로 공감하기는 어려워요. 공론화를 통해 문제를 재고하는 것도 의미있지 않나요?	

Q. 이 글을 읽으면서 모르는 단어나 다른 기사를 검색해 봤나요? 어떤 것이었어요? 찾고 나서 어떤 생각을 더 하게 되었나요?	[9국02-01] 읽기는 글에 나타난 정보와 독자의 배경지식을 활용하여 문제를 해결하는 과정임을 이해하고 글을 읽는다.

A. '공론화'라는 단어를 막연하게 알고 있는데 사전에서 찾아보니 '여럿이 의논하는 대상이 됨. 또는 그렇게 되게 함.'이었네요.

그리고 이 교육감의 발표가 있었던 2018년 기사를 다시 찾아봤어요. 필자 이외에 다른 사람들은 이에 대해 어떻게 생각하는지 알고 싶어서요.

기사 중에 인터뷰 형식을 띤 것이 있었는데 그걸 보니, 필자처럼 생각하는 측도 있었지만 교육감의 발표를 찬성하는 측도 있었다는 걸 알게 되었어요.

학생들의 인권이 존중되는 쪽으로 사회가 나아가고 있지만 여전히 학생인권조례 같은 조례가 없는 시도가 많은 것은 이에 대한 찬반 논란이 아직 있다는 걸 보여주는 것 같아요.

[9국02-06] **동일한 화제**를 다룬 여러 글을 읽으며 **관점과 형식의 차이**를 파악한다.

[9국02-08] 도서관이나 인터넷에서 관련 **자료를 찾아 참고**하면서 한 편의 글을 읽는다.

3.2. 읽기 태도의 지도: 독서 일지 점검

독서 일지 쓰기는 학생들의 읽기 지도에서 가장 기본이 되는 것이다. 읽기 습관이 아직 형성이 안 된 학생들, 그리고 어릴 때 독서 습관이 형성되기는 하였으나 중, 고등학교에 와서 읽기가 뜸해진 학생들에게 독서 일지 점검은 유용하다. 초등학교 저학년 때 선생님들이나 교사가 일기 검사를 하여 학생들에게 글쓰기와 자기 성찰을 이끄는 것과 같다.

이러한 독서 일지 점검에서 교사가 유의해야 할 점을 다음과 같이 정리해볼 수 있다.

3.3. 주제 통합적 독서의 예: 진로 독서+독서 토의+보고서 쓰기

앞서 '2.1. 중등학생의 읽기 영역 성취기준'에서 음영 부분에 해당하는 것이 초등학교급에서 없던 성취기준이라고 하였다. 그중 '[9국02-06]동일한 화제를 다룬 여러 글을 읽으며 관점과 형식의 차이를 파악한다.'에 해당하는 것을 주제 통합적 독서(syntopical reading)의 일부라고 볼 수 있는데, 중등학생을 지도할 때 특히 주목할 필요가 있다.

표 19-6 | 독서 일지 점검 시, 교사가 유의할 점

시기	유의할 점
학기초 또는 새로운 모임 시작 시	학생 개인별 독서 계획을 스스로 세우게 하기(책의 권수, 독서 장소와 시간, 책의 종류) 적합도서 찾기(권장 도서 목록을 제공하고, 권장 도서 목록에 없는 것이라 하더라도 학생이 읽고자 하는 것을 적극 지원함) – 독서 일지 양식을 제시하되, 강요하지는 않기 (책제목, 읽은 쪽수, 읽은 날짜, 인상 깊은 구절, 내용 요약, 소감, 내 삶에 적용하기 등) – '느낀 점 포함하여 3–5줄 이상 쓰기'등과 같이 간소화하여 쓰기 부담을 줄이기 – 독후감처럼 책 한 권을 다 읽고 줄거리, 느낀 점들을 다 쓸 필요가 없음을 강조하기
독서 진행 중	– 독서 일지 점검 시, 학생이 쓴 기록보다는 독서 활동 자체에 초점을 두기 (책이 재미있는지 없는지, 어떤 부분에서 읽기에 어려움이 있는지 등을 질문하고 꾸준한 독서를 칭찬하고 격려하기) – 인터넷이나 책의 어느 부분을 그대로 베껴올 경우, 따로 불러서 이것이 표절에 해당하는 것임을 알려 주기. 독서 일지는 쓰기가 목적이 아니라 읽기임을 각인시키기 – 2주에 1회, 또는 한 달에 1회와 같이 정기적으로 점검하기 – 책 한 권을 완독하는 것이 좋으나 상황에 따라 어떤 책은 어느 선에서 발췌독이나 훑어 읽기 등으로 끝낼 수도 있고, 여러 권을 동시에 읽으며 일지에 쓸 수도 있음을 알려주기 – 지도 학생이 소수인 경우, 교사가 일지에 메모 형식으로 편지를 써 주거나 단어 몇 개라도 써 주면 학생의 독서 활동이 권장될 수 있음 – 독서 일지 또한 일기와 같이 사적인 기록이라고 볼 수 있으므로 그것의 일부를 공개적으로 이야기하기 위해서는 학생의 동의를 구하기 – 학기 초에 세웠던 계획대로 독서가 순조롭게 실천하고 있는지 확인하고, 조정하기 – 학기 초 읽고자 했던 책과 다른 책이라고 하더라도 읽고 싶어진 책에 대해 대화하기
학기 말	– 독서 일지를 첫 쪽부터 뒤로 넘겨가며 자신의 독서 생활을 돌이켜 보도록 하기 – 학생이 소감을 말하면 교사는 학생의 독서에서 특히 잘된 점을 칭찬하기. 부족한 부분은 학생이 스스로 깨닫도록 유도하는 것이 좋음. 예를 들어 '1년 동안 독서나 독서 일지를 쓰면서 아쉬웠던 점은 없니? 무엇이 좀 부족한 것 같아?'와 같은 질문을 학생에게 할 수 있음

이 주제 통합적 독서는 초등학교급에서는 부각되지 않았던 독서법으로서 독서의 수준에서 가장 고급의 단계에 속한다. 따라서 10학년까지에 해당하는 공통 교육과정이 아니라, 2015개정 교육과정에서는 고등학교 2학년 이상의 일반선택 과목인 '독서'의 내용 요소로 명시되고 있다. 고전주의 교육학자인 아들러와 도렌은 문장 독해 수준인 초급독서, 내용을 파악하는 수준인 점검독서, 구조와 용어, 주장 파악, 비평하기, 찬성 또는 반대하기를 수행하는 분석적 독서를 주제 통합적 독서의 전 단계 수준이라고 보았다. 즉, 우리나라 읽기 교육과정에서는 초등학교 때까지 분석적 독서를 성취기준으로 삼고, 중학교에서 주제 통합적 독서를 시작, 고등학교 2학년 이상에서 본격적으로 실현하도록 하고 있다.

주제 통합적 독서는 다음과 같은 절차를 가진다고 한다.

> 준비(주제 선정, 관련 문헌표 작성, 주제와의 관련성 조사) → 관련 문헌 조사와 정리 → 주제의 구체화 및 명확화 → 통합 독서 → 용어와 개념의 비교와 통일 → 일련의 질문과 공정한 명제 수립 → 저자의 대답 정리 및 논점 파악 → 질문과 논점 정리 후 논점 분석(일반적 논점에서 특수한 논점으로)
>
> 박정진(2014), 주제별 통합 독서(신토피컬 리딩)'의 의미와 독서교육적 맥락, 202쪽

간단하게 보자면 주제 통합적 독서는 동일한 또는 유사한 주제에 대해 여러 종류의 글이나 책을 읽는 통합 독서를 한 후, 그 각각의 글들에서 사용된 용어나 개념 등을 비교하면서 하나로 통일을 해서 독자인 '나'의 질문과 명제를 구체적으로 세운다는 것이다. 그런 후 다시 책으로 돌아가 저자들의 대답들을 정리하고 분석하여 최종적으로 나의 답을 찾는 절차로 이어진다.

중학교 성취기준에서는 주제 통합적 독서의 전체 과정 중에서 '동일한 화제의 여러 글'을 읽는다는 것과 그것들의 '관점과 형식의 차이를 파악'하는 것에 초점을 맞추었다. 그래서 독자가 여러 글들에서 무언가 공통되는 것들을 파악하고 주제와 관련하여 '나'의 문제에 대해 답을 찾는 것까

지 나타나지는 않았다. 그러나 교육과정에서는 이 성취기준을 '어떤 관점이나 표현 형식이 더 타당한지 평가하면서 비판적으로 읽는 데에 그치지 말고, 유사한 화제의 여러 가지 글이 지니는 각각의 특성과 효과를 이해하고 창의적으로 감상하며 읽는 데 초점을 둔다'고 해설해 놓고 있다. 창의적으로 감상하며 읽는다는 것은 글에 나타난 관점이나 내용 등을 비판하고 자신만의 방식으로 대안이나 생각을 제시하며 글 읽기를 하는 것이다. 이는 '[10국02-03]삶의 문제에 대한 해결 방안이나 필자의 생각에 대한 대안을 찾으며 읽는다.'와 관련이 있다.

비록 세련되고 완전한 주제 통합적 독서가 이루어지지 못한다고 하더라도 중등학생들이 초등학생과 달리 궁극적으로 추구해야 할 성취기준 중 중요한 것은 바로 [9국02-06]와 [10국02-03]이 함께 구현될 수 있는 주제 통합적 독서이다. 따라서 어떠한 방식으로든 학생들에게 이러한 독서를 시도하도록 하고, 반복하게 해서 독서의 확장과 심화가 일어날 수 있어야 할 것이다.

필자는 2019년, 고등학교 1학년 국어를 담당하면서 어떻게 주제 통합적 독서를 자연스럽게 실천하게 할까 고민하다가 '진로 독서'와 '독서 토의', '보고서 쓰기'를 통한 주제 통합적 독서의 장을 마련하였다.

진로 독서는 진로라는 일정한 주제에 따라 책과 자료를 찾아 읽어 나가는 독서이다. 학업에 쫓기는 학생들에게 특정 맥락 없이, 그저 수행평가라는 이유만으로 어떤 추상적 주제에 따라 여러 가지 글을 읽으라고 한다면 실제성이 떨어진다. 그렇기 때문에 국어 수행평가가 아니라고 하더라도 학생들이 자신의 진로에 따라 독서를 하고 봉사 활동을 하고 자율 활동을 해야 하는 상황을 고려하여 주제 통합적 독서를 하는 것이 학생들에게 부담이 덜 가는 것이다.

따라서 주제 통합적 독서를 위해 가장 먼저, 각 반에서 진로에 따라 모둠을 나누었다. 의료, 교육, 공학, 복지, 예술 등으로 크게 나눌 수 있었다. 그리고 세 달 동안 각자가 한 권 이상의 책을 읽은 후 다시 모여 독서 토의를 하게 하였다. 토의의 형식은 자율에 맡겼다. 진로에 따른 모둠이기는 하였으나 다시 모둠별 토의에서는 어떤 식으로 토의를 진행할 지는 학생들의 선택에 맡겼다. 그리고 이 토의에서 나온 내용을 정리하는 과정도 거치고, 토의의 내용 중 일부를 자신의 보고서에 인용하는 활동도 하게 하였다. 이러한 일련의 활동에서 다음과 같이 주제 통합적 독서 토의 지도 시, 교사가 제시할 큰 질문이나 유의점을 도출하였다.

표 19-7 | 주제 통합적 독서 토의 지도 시 활용 가능한 질문들

유형	일반적 질문	유의점	예시
	1. 해당 책(또는 책들)을 선정한 이유나 동기가 무엇인가요?	학생의 대답을 통해 진로나 관심사, 또는 책 선정의 특별한 기호가 드러날 수 있다. 단답형 대답에서 끝날 수도 있지만, 조금 더 길고 구체적으로 말하도록 해서 학생의 책 선정 동기를 스스로 돌아보게 하는 것도 좋다.	『청소년 정치 수업』, 『시민 교과서』, 『괴짜 사회학』 공무원이 되고 싶어서 공무원 관련 책을 학교에서 검색했지만 찾을 수가 없었다. '공무원'이라는 키워드가 들어있는 책마저 경찰 공무원에 관한 것이었다. 책 선정 기준을 공무원의 관점에서 사회를 바라볼 수 있는 사회와 관련된 책으로 바꾸었다.
	2. 독서 목적에 맞는 책이었나요?	목적에 맞는 책인지 점검하는 태도가 필요하다. 그러나 목적에 부합하지 않아도 책의 어떤 부분에서 독서의 가치를 느낄 수도 있으므로 이에 대해 말할 수 있도록 한다.	『생명과학을 쉽게 쓰려고 노력했습니다.』 화학교사가 꿈이긴 한데 이 진로에 대해 좀 더 구체적으로 알고 싶어서 읽게 되었는데 도움이 썩 되지는 않았다. 하지만 기본적인 것부터 심화적인 것까지 풀이가 잘 되어 있어서 읽는 데 어려움이 없었다. 나중에 내가 화학교사가 되어 '화학을 쉽게 쓰려고 노력했습니다.'라는 책을 쓰고 싶다.
	3. 책의 내용을 요약할 수 있을까요?	정보 나열의 책인지, 한 인물의 수필 형식의 책인지, 하나의 서사인지 등 글의 형식에 따라 대답할 수 있도록 유도한다. 이때 목차를 활용해도 됨을 일러준다.	『나의 직업 선생님』 이 책은 교육의 뜻, 교사의 종류, 조건, 연봉과 같은 다양한 정보를 준다.

유형	일반적 질문	유의점	예시
개인들 각자 돌아가며 대답	5. 기억에 남는 구절은 무엇이었어요? 이유는요?	인상 깊은 구절은 독자가 그 책에서 자신의 삶과 가장 연결되기 쉬운 부분이다. 그 구절이 왜 가장 기억에 남는지 이유를 생각하며 그 구절의 앞뒤 맥락과 자신의 삶을 반추하도록 한다.	『가르칠 수 있는 용기』 "가르침의 용기는 마음이 수용 한도보다 더 수용하도록 요구하는 순간에도 마음을 열어 놓는 용기"가 인상적이었다. 학생들을 가르치는 교사가 그 어떤 것보다도 스스로를 얼마나 성찰해야 하는지를 알려주는 단적으로 알려주기 때문이다.
	6. 책을 읽는 데 어떤 어려움이 있었나요? 그리고 그걸 어떻게 해결했나요? 해결하지 못했다면 못한 부분을 얘기해도 됩니다.	많은 아이들이 잘 모르는 전문 용어가 나오면 어려움을 느낀다. 인터넷 검색을 통해 바로 답을 찾아가는 방법은 지식의 확장을 가능케 한다는 장점이 있는 반면 독해 능력 향상에는 크게 도움을 주기 어렵다. 수업이나 토의 시에는 혼자 검색해서 할 수 있는 것을 넘어선 활동을 주고받는 것이 좋다. 글 자체에서 어떤 식으로 해결이 가능한지 그 자리에서 교사와 친구들이 함께 고민해 보기를 추천한다.	『빵의 지구사』 로프 브레드, 킴파뉴 등 전문적인 단어들이 많아서 책을 읽을 때 어려웠다. 하지만 한편으로는 내가 관련 분야에 대해 지식이 좀 부족했구나 싶어서 더 노력해야겠다고 생각했다.
	7. 누구에게 이 책을 추천하면 좋을까요?	막연하게 '어느 진로로 가려는 사람'이 아니라, 최대한 구체적으로 말할 수 있도록 유도하기	『PD가 말하는 PD(김민식 외 4명)』 'PD가 하는 일'이 궁금한 사람보다 'PD가 직접 말해주는 PD만의 세계'와 같은 것이 궁금한 사람이 읽으면 좋겠다.
여러 사람의 토의를 통해 도출	8. 여러 책을 종합하여, 공통의 주제(질문)를 무엇으로 하면 좋을까요?	주제를 한 단어로만 표현해도 되지만 하나의 의문문 형태로 작성하여, 학생들이 이를 탐구하도록 한다.	- 효율적이고 재미있게 가르치는 방법 ※ 나중에 초등이나 중등 교사가 되고자 하는 학생들이 '교육'과 관련된 진로 독서를 하였음
	9. 이 공통의 주제(질문)에 대해 여러분 각자는 어떤 의견을 갖고 있나요?	공통의 주제에 대해 자신들이 읽은 책에 기반하여 의견을 제시하도록 돕는다. 이때 책에 기반한다는 것은 책의 내용에 동의하는 것일 수도 있고 아닐 수도 있다. 독서를 통해 자신의 의견이 구체화될 수 있음을 깨닫도록 유도한다.	- 서로 소통하는 수업 - 아이들을 긍정적으로 바라보면서 긍정적인 표현을 사용 - 교사가 아니라 학생이 원하는 수업을 하기

유형	일반적 질문	유의점	예시
여러 사람의 토의를 통해 도출	10. 처음 세웠던 공통의 주제에 대해 어떻게 결론을 정리하면 좋을까요?	각자의 의견들을 관통하는 개념이나 기준 등을 추출하도록 한다. 하지만 결론을 섣불리 너무 당연하고 추상적인 수준에서 진술되는 것을 조심하도록 한다. 해당 시간에 합의나 수긍이 되진 못한 문제에 대해서는 논의를 한 그 지점까지만 섬세하게 정리하는 것도 유의미함을 알려 준다.	효율적이고 재미있게 학생들을 가르치려면 기법은 달라지더라도 기본적으로 학생 입장을 존중해야 하고 그 입장을 알기 위해서는 소통을 해야 한다.

독서 토의를 할 때, 위 질문과 활동들 전반에 적용되어야 할 유의점은 다음과 같다.

- 토의 때 이야기할 책을 들고 와서 서로에게 보여 주며 이야기를 나눈다.
- 어떤 부분이 어떻게 어려웠다고 하면 예에 해당하는 부분을 교사나 친구들에게 보여 주고 어떻게 해결할지 도움을 받는다.
- 학생이 어떤 주제나 어떤 형식의 글에 긍정적 또는 부정적 감정을 갖는다면 이를 더 확장시키거나 경감시킬 수 있는 다른 도서나 글을 추천해 준다. 교사가 이를 다 감당하기보다는 다른 학생들에게 의견을 구하거나, 학생과 함께 책 검색을 해 볼 수 있다.
- 위 표에서 정리한 '일반적 질문'외에 학생들이 토의 대상으로 삼고 있는 책을 중심으로 구체적인 질문과 대답을 하고 이를 학생들이 메모하도록 한다.

우리나라 중·고등학생들의 읽기 상황은 학교 및 대학 입학 체제와 관련이 깊다. 학생들 개인이 독서에 대해 갖고 있는 동기, 흥미, 습관, 독서 능력이 읽기 발생의 직접적 계기라고 한다면 교과 성적이 우선시되어 독서를 마음껏 할 수 없는 상황이 학생들에게 독서를 할지 말지에 대한 갈등, 생기부(학교생활기록부)에 양서를 읽었다는 기록이 적혀야 한다는 부담 등은 간접적 계기로서 입시 상황이 만든 것이다. 이러한 중등학생들을 위해서는 독해 능력의 신장을 도우면서도 읽어야 할 책과 읽고 싶은 책 사이의 괴리를 좁혀주면서 궁극적으로는 읽기 자체에서 즐거움을 느끼고 평생 독자로 나아가도록 도와주는 쪽으로 이루어져야 한다.

중등학생들의 읽기 지도 계획은 2015개정 국어과 읽기 영역의 내용체계와 성취기준에서 찾을 수 있다. 내용 예측, 설명 방법 파악, 논증 방법 파악, 관점과 형식의 비교, 참고 자료 활용, 읽기 과정의 점검과 조정, 비판적·문제 해결적 읽기는 초등학교 읽기 교육과정에서는 나타나지 않은 항목으로서 중등학생 읽기 지도에서 세심하게 다루어야 할 부분이다.

읽기 방법 교육은 짧은 글을 교사가 학생들과 함께 읽으며 지도하고, 읽기 태도 교육은 긴 글 읽기를 지속적으로 권장하면서 할 수 있다. 수업에서 짧은 글을 함께 읽은 후, 교사와 학생이 서로 대화하고 각자의 사고 구술을 통해 읽기 방법과 전략을 점검하게 하고 연습하게 한다. 긴 글이나 책에 대해서는 한 학기나 일 년 단위로 길게 계획을 세워 독서 일지와 같은 쓰기를 겸하게 하여 읽기를 격려할 수 있는데 이를 통해 읽기에 대한 긍정적인 태도를 형성시키는 것이다. 읽기 수준 중 가장 고급 단계라고 할 수 있는 주제 통합적 독서는 중등학생들에게 꼭 필요한 진로 독서를 모둠별로 수행하게 하면서 지도할 수 있다. 진로 모둠별 독서와 독서 토의, 그리고 보고서 쓰기를 통해 하나의 화제에 대해 자신의 질문, 관점을 생성하고 답을 찾아가는 종합적 독서가 가능하기 때문이다.

※ 주제 통합적 독서를 지도할 때, 첫 번째 단계 이후 이어질 학생들의 활동을 단계별로 구분하여 제시하시오. (독서 지도 상황에 따라 특정 단계를 생략하거나 약화시킬 수도 있음)

주제 통합적 독서 지도 단계

- 큰 범위의 주제를 단어로 제시할 것
- [첫 번째 단계]: 주제와 관련된 책 또는 글 선정하기
- [두 번째 단계]: _____
- [세 번째 단계]: _____
- [네 번째 단계]: _____
- [다섯 번째 단계]: _____

19장　참고문헌

교육부(2015). 국어과 교육과정. 교육부.

문화체육관광부(2017). 2017 국민 독서실태 조사. 국가통계 승인번호 11318호.

박정진(2014). "주제별 통합 독서(신토피컬 리딩)"의 의미와 독서교육적 맥락. 독서연구, 32, 191-212.

이윤승(2019). 서울시교육감님, 이럴 줄 모르셨나요?. 시사 IN 617호. ㈜참언론. https://www.sisain.co.kr/news/articleView.html?idxno=35075

홍현정(2017). 고등학생의 독서 태도 형성에 대한 근거이론적 연구: 독서 갈등과 가치화 과정을 중심으로. 경북대 국어교육 박사학위논문.

20

성인
읽기 지도의 실제

학습목표

- 성인의 읽기 상황과 특성을 이해할 수 있다.
- 성인의 읽기 전략을 알고, 성인의 읽기 지도에 적용할 수 있다.

학습내용

이 장에서는 성인 읽기 지도의 필요성을 확인하고 성인의 읽기 상황과 특성을 살펴본다. 또한 성인의 읽기 전략과 성인 읽기를 지도할 때 유의할 점을 확인하여 성인 읽기 지도를 효과적으로 수행할 수 있는 역량을 함양한다.

1. 성인 읽기 지도의 필요

문명사회라고 할 만한 곳의 미성년 인간은 예외 없이 글을 배우고, 남의 글을 읽는 법을 배운다. 무엇보다 '읽기'를 배움으로써 인간의 정신적인 성숙과 문화적인 풍요는 비약적으로 커질 수 있다. 문명사회에서 성인이 되었다는 것은 나이를 먹고 몸이 자랐다는 뜻이기도 하지만, 동시에 글을 읽을 줄 알고, 그것을 지속함으로써 정신적이고 문화적인 성숙을 꾀할 줄 알게 되었다는 의미를 포함하고 있다.

무엇인가 읽는다는 것은 무척 신비로운 일이다. 저자가 없는 곳에서 그의 목소리를 들을 수 있고, 엊그제의 일은 물론 수천 년 전의 일도 알 수가 있다. 읽는 행위가 어떤 의미를 가지는가에 관해 이미 너무나도 많은 이들이 개성적인 발언들을 남겼다. 기원전 중국의 공자가 "배우고 때로 익히면 즐겁지 아니한가?"하며 언급한 진지한 즐거움도 결국 읽기의 즐거움이었고, 20세기 프랑스의 바르트가 『텍스트의 즐거움』에서 텍스트를 "예측불허의 즐김이 가능한 공간"이라고 할 때의 그 관능적인 즐거움도 결국 읽기의 즐거움이었다. 이외에도 읽기에 관한 책, 책에 관한 책이 셀 수 없이 많지만, 우리나라에서 발간된 그러한 류의 책 가운데서도 손꼽히는 정수복의 『책인시공』의 '책이란 무엇인가' 또한 읽기의 즐거움을 인상적으로 포착한다.

책은 단어와 문장과 면(面)들로 이루어져 있다. 문장의 한 부분을 이루는 단어는 의미로 가는 길에 떨어져 있는 관념의 한 조각이다. 단어라는 조각들이 모여 문장을 이루고 그 문장들이 연결되면서 의미세계를 창조한다. 책의 면은 선으로 이루어진 건축물이다. 글자와 글자 사이, 행과 행 사이에는 빈 공간이 있다. 면의 가장자리에도 빈자리가 남아 있다. 종이 면 위에 인쇄된 글자가 목소리라면 행간과 가장자리의 여백은 침묵이다. 그렇다면 책의 본문 편집은 단순히 글자를 배열하는 것이 아니라 소리와 고요함, 채움과 비움을 조합하여 책을 읽는 사람의 느낌과 생각이 물결처럼 순조롭게 흐르게 하는 고귀한 예술이다. 베르사유 궁전의 정원이나 불로뉴 숲의 바가텔 정원이 서로 다른 여러 개의 작은 정원들이 히나로 이어지면서 통일된 공간을 이루듯이, 꼬리에 꼬리를 무는 책의 연속되는 면들은 거대한 관념의 정원을 이루며 우리의 눈앞에 펼쳐진다. 독자의 눈은 그 정원에 뿌리 내린 식물들이 바람의 흐름에 맞추어 추는 춤을 감미롭게 음미한다. 책을 읽는 일은 커다란 정원을 이루는 연이어진 작은 정원들을 거니는 유쾌한 산책이다.(정수복, 2013: 31)

이 유쾌한 산책을 지속하는 사람의 정신은 지속적으로 확대되고, 끊임없이 성장하게 될 것이다. 반면 이 연속되는 정원들을 낯설어 하거나, 그 사이를 오가는 일이 익숙지 않아서 산책이 시들해지고 결국 그 산책을 멈추게 되면, 그 사람의 정신은 더 이상 성장하기 어려워질 것이다.

이쯤 되면, '성인(成人)'에도 두 유형이 있다고 말할 수 있게 된다. 읽기를 멈춘 성인, 즉 몸의 성장과 정신의 성장이 모두 멈춘 중단형의 성인이 있는 한편, 읽기의 즐거움을 만끽하며 비록 몸의 성장은 멈추었더라도 정신의 성숙을 지속해 가는 진행형의 성인이 있는 것이다.

성인에게 굳이 읽기 지도가 필요할까? 문자를 해독하는 문해력을 가지고 있는 성인들을 위한 읽기 지도는 불필요하거나 무의미하거나 잉여적인 일이라고 생각할 수도 있다. 먹고 사는 일에 바쁜 상당수의 성인들은 그 필요성을 굳이 느끼고 있지 않기도 하다. 그러나 인간은 신이 아니기에 불완전하고 고독하다. 그 모자라고 미흡한 부분을 조금이라도 나은 상태로 바꾸어 갈 수 있는 가장 쉽고도 효과적인 묘책은 끊임없이 읽는 것뿐이다. 중단형 성인으로 성장을 멈추지 않고 진행형 성인으로 자신을 조금 더 완성해 가려면, 혹은 자신의 불완전함을 조금씩 줄여가려면, 우리는 읽기를 지속해야 한다.

그런데 읽을거리들은 그 내용과 형태 면에서 끊임없이 변화하고 새로워진다. 그래서 어린 독자에게는 물론이고 많은 어른들에게도 읽기는 생각보다 쉽지 않다. 읽기가 어렵고 힘들다면 주저 없이 읽기에 관해 배워야 한다. 미성년의 시기에 배운 읽기 방법에 기반을 두고, 계속하여 자신의 읽기 능력을 계발하고, 수준을 높이며, 바람직한 태도를 함양해야 한다. 바람직한 진행형 성인의 삶을 살려는 이에게 다양한 형태의 읽기 지도는 계속 제공되어야 한다.

2. 성인의 읽기 상황과 특성

2.1. 성인의 읽기 상황

OECD에서는 2012년에 문해력, 수리력, 문제해결력 세 항목에 대해 '국제성인역량조사(PIAAC)' 연구를 진행하여 2013년에 결과를 발표하였다. 문해력의 경우 대한민국은 일본, 핀란드, 네덜란드, 뉴질랜드, 호주, 스웨덴, 노르웨이, 에스토니아, 벨기에, 체코, 슬로바키아, 캐나다, 영국에 이어 14번째에 자리하고 있으며, 평균 점수보다 조금 위쪽에 위치에 있다.

특이한 사항은 조사 대상국 중 16-24세의 문해력과 55-65세의 문해력 사이의 격차가 가장 큰 나라가 대한민국이었다. 20세기 전반의 국권 상실, 이어지는 전쟁 등으로 인해 2012년에 노년을 맞은 세대의 상당수가 유소년기에 정상적인 교육을 받기 어려웠고, 특히 남성 중심의 가부장제 이데올로기로 인해 여성들에게 교육의 기회가 훨씬 더 적게 주어졌던 역사가 이러한 격차의 원인이라고 볼 수 있을 것이다. 이는 우리나라 성인의 읽기 상황을 파악하는 데에 놓치지 말아야 할 특성 중 하나이다.

문화체육관광부에서 2년 간격으로 조사하고 있는 우리 국민의 독서 실태도 빠뜨리지 말고 보아야 하는 자료이다. 지역과 성별, 연령 등을 고려하여 6,000명을 표집한 〈2019 국민독서실태조사〉(2020)에 따르면, 만 19세 이상 성인 가운데 2018년 10월에서 2019년 9월까지 한 해 동안 종

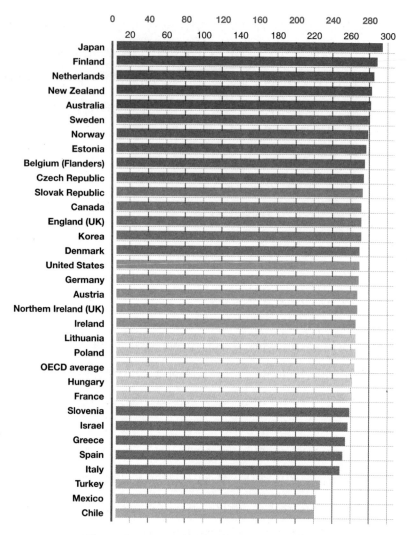

그림 20-1 | OECD 성인 문해력 국제 비교 (OECD, 2013)

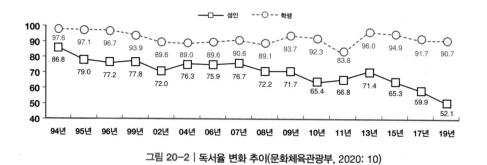

그림 20-2 | 독서율 변화 추이(문화체육관광부, 2020: 10)

이책 일반도서를 한 권 이상 읽은 국민의 비율인 '독서율'은 52.1%로 나타났다. 이는 절반에 약간 못 미치는 성인들이 한 해 동안 단 한 권의 책도 읽지 않는다는 뜻이기도 하다. 기준 연령이나 표집 인원 수에 다소간 차이는 있으나, 성인의 독서율은 2013년 71.4%를 기점으로 볼 때 65.3%(2015) → 59.9%(2017) → 52.1%(2019) 로 지속적으로 하락하고 있다. 이 추세로라면 2021년 조사에서는 한 해 한 권 책을 읽는 성인이 절반에도 미치지 못할 가능성이 높아 보인다([그림 20-2] 참고). 종이책 대신 전자책을 찾는 성인이 2.1%(2015) → 2.4%(2017) → 3.3%(2019) 로 다소 증가하는 추세이기는 하나, 전자책 독서율의 증가폭이 종이책 독서율의 하락폭을 상쇄할 수준에는 미치지 못하고 있어서 특별한 변화의 계기나 분위기의 변화가 있지 않는 한 독서율의 저하는 가속화할 전망이다. 독서율과 함께 성인 한 명의 연간 독서량 또한 평균 6.1권으로 2017년의 8.3권에서 큰 폭으로 줄어 독서량 면에서도 부진이 가속화하고 있다.

그나마 다행이라고 할 수 있는 것은, 성인의 58.2%가 자신의 독서량이 부족하다고 인식하고 있다는 점이다. 특히 연간 독서량이 적은 집단일수록 본인의 독서량이 부족하다고 생각하는 비율이 높게 나타나고 있어서, 독서량이 부족하다고 느끼는 사람에게 적절하고 효과적인 독서 지도 프로그램이 제공된다면 이 추세를 바꿀 수 있는 가능성을 마련할 수 있을 것이다.

같은 조사에서 응답자들은 책 읽는 사회와 독서 생활화를 위해서 '맞춤형 독서 활동 지원'(27.9%), '인문독서 활성화'(21.8%), '신중년(50+) 세대 독서 지원'(19.9%), '대중매체 연계 독서문화 확산'(19.2%), '독서 나눔 문화의 확산'(11.3%) 등을 중요한 과업으로 인식하고 있는 것으로 나타났다. 이와 같은 조사 결과는 성인 독서를 활성화하기 위해서는 무엇보다 성인의 요구와 흥미에 부합하는 독서 활동을 지원할 필요가 있음을 시사한다.

2.2. 성인의 읽기 특성

성인의 읽기 특성은 관점과 기준에 따라 매우 다양하게 분석 가능할 것이다. 여기에서는 능력, 목적, 태도 면에서 그 특성을 살펴보도록 한다.

우선 읽기 능력 면에서 볼 때 성인의 경우 개인별로 읽기 능력에 매우 큰 차이를 보인다. 문자를 전혀 모르는 문맹 상태의 성인이 있는 한편, 문자 익히기를 막 벗어난 기초 문해력 단계에 머무는 수준도 있고, 평생을 전문 분야의 학술서적과 함께 지내면서 아주 난해하고 분량이 방대하며 구조가 복잡한 책도 어렵지 않게 읽어낼 수 있는 높은 수준의 독자도 있다. 비교적 동질 집단을 대상으로 설계된다고 볼 수 있는 유아, 초등, 중등의 읽기 지도에 비해 성인 읽기 지도가 가지는 근본적인 차이점은 바로 각 개인별로 읽기 능력의 수준이 매우 크게 차이가 난다는 점이다. 그렇기 때문에 성인에 대한 읽기 지도 역시 학습자의 눈높이와 경험, 그리고 수준에 맞게 매우 다양한 형태의 프로그램이 마련되어야 한다.

두 번째로 읽기 목적 면에서의 다양성을 들 수 있다. 미성년 단계의 읽기 지도는 교과 중심의 학습 독서를 중심으로 다소 제한된 분야의 읽기에 집중하는 가운데 미래의 삶을 고려한 균형 잡힌 성장에 초점을 맞춘다. 반면 성인의 읽기는 읽기 목적 면에서 매우 큰 폭의 다양성을 가진다. 뚜렷한 목적 없이 그저 무료함을 달래는 것이 목적인 독서가 있는가 하면, 여행지의 효율적인 동선을 마련하기 위한 실용적 독서가 있다. 재테크를 위한 정보를 얻는 것도 책을 통하는 경우가 많고, 의학 정보, 육아 정보 등 각 분야의 정보를 얻기 위한 많은 독서들이 이루어진다. 문학의 위기를 우려하는 목소리가 제기된 지도 꽤 오래 되었건만 여전히 매년 노벨 문학상 수상작을 꼬박꼬박 챙겨 읽는 독자들이 있으며, 국내외 다양한 장르별로 문학 애호가 집단이 문학의 새로운 경지를 작가들과 함께 만들어 가고 있다. 이러한 목적의 다양성을 충분히 고려한 읽기 지도가 필요하다. 각 분야의 책들이 다른 분야의 책들과 다르게 가지고 있는 텍스트적 특성에 대한 이해가 필요하며, 동시에 그 분야의 텍스트들이 공통적으로 영향을 받는 텍스트 외적 맥락도 고려하면서 읽을 수 있도록 해야 한다.

마지막으로 태도 면의 능동성과 적극성을 들 수 있다. 대부분 성인의 읽기는 스스로 그것을 하겠다는 결정 후에 이루어지는 행위이다. 주체적이고 능동적인 선택이며, 다른 어떤 것을 할 수도 있었을 시간에 그것을 하지 않고 대신 읽기를 선택한 매우 적극적인 행위인 것이다. 책을 찾아 집어 들고, 책장을 펼치며 손과 눈을 움직여 의미를 이해하고, 저자의 의도를 헤아려야 하며, 보이지 않는 많은 것들을 상상해야 한다. 게다가 글을 깊이 있게 읽으려면 자신이 읽고 있는 것을 바탕으로 계속해서 책의 저자에게 질문을 해야 한다. 책에 씌어 있는 것을 바로바로 받아들이기만 하는 수동적 읽기가 아니라, 책에서 이야기하는 내용에 대해 궁리하고 다시 생각하며 질문함으로써 독자는 읽기의 진정한 주체가 된다. 성인 읽기 지도는 바로 이러한 능동성이나 적극성 같은 태도를 함양하는 데에 많은 관심을 기울여야 한다. 글을 읽을 줄 몰라서 못 읽는 것이 아니라, 몸과 마음이 선뜻 움직이지 않아서 안 읽는 경우가 많기 때문에, 독자로 하여금 읽기 태도를 바람직하게 갖추게 함으로써 스스로 책을 손에 잡는 경우가 많아지도록 해야 한다. 그렇게 책을 읽기 시작하면 독자의 읽기 능력 또한 조금씩 더 나아질 것이며, 그래서 더 잘 읽게 되고, 나아가 일생을 두고 책을 손에서 놓지 않는 습관과 태도를 지속하게 되는 바람직한 순환의 움직임이 만들어질 것이다.

3. 성인의 읽기 전략

성인의 읽기 전략은 기본적으로 초·중등학교에서 이루어지는 읽기 교육에서 다른 전략들을 토대로 하되, 성인의 특성에 맞게 재구조화될 필요가 있다. 성인의 읽기 교육에 관한 연구(McShane, 2005)에서는 성인을 위한 읽기 교육의 내용으로 아래와 같이 8개의 전략을 제시하였다.

1) 이해 점검 (comprehension monitoring)

2) 그래픽 조직자 (graphic organizer)

3) 이야기 구조 (story structure)

4) 질문에 답하기 (question answering)

5) 질문 생성하기 (question generating)

6) 요약 (summarization)

7) 다중 전략 교수 (multiple strategies instruction)

8) 협력 학습 (cooperative learning)

위 전략들은 미숙한 독자나 어린 독자들이 익히는 전략에 비해 상대적으로 독자가 자신의 읽기 행위를 점검하고 조절하는 메타인지적 성격이 강하다. 또한, 7)과 같이 여러 전략들을 복합적으로 활용하거나, 8)과 같이 개인을 넘어 공동체로 나아간다는 특성을 보인다. 여기에 더하여 책 선택의 방법, 그리고 선택한 책에 걸맞은 읽기 방법 선택에 관한 내용이 더해진다면 완성도를 더 높일 수 있을 것이다.

3.1. 책 선택을 위한 정보 활용 및 책 선택의 기준 확립하기

대한출판문화협회에 납본된 책을 대상으로 한 통계인 『2019 출판연감 (대한출판문화협회)』에 따르면 만화를 제외하고 2018년 한 해 동안 발간된 책은 58,635종에 달하며, 발행 부수는 총 93,094,917권이다. 그 전 해와 비교해 볼 때, 총 권수는 0.8% 감소하였으나 책의 종류는 3.2% 증가하였다. 이와 같이 한 해 동안의 신간만 6만 권 가까이 되는 상황에서 좋은 책, 나에게 필요한 책을 고르는 일은 결코 쉬운 일이 아니다.

책을 선택하기 위해서는 도움이 될 만한 여러 정보들을 활용하는 전략이 필요하다. 찾으려 마음을 먹고 보면, 책을 선택할 때 참고할 만한 정보들은 결코 부족하지 않을 정도로 많이, 그리고 다양하게 제공되고 있으며, 매체 환경이 달라짐에 따라 도서 선택을 위한 정보들의 형태나 제공

그림 20-3 | 2020 세종도서 분야별 선정 현황(한국출판문화산업진흥원, 2020)

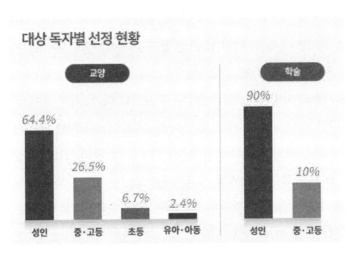

그림 20-4 | 2020 세종도서 독자별 선정 현황(한국출판문화산업진흥원, 2020)

경로 역시 다채롭게 변화하고 있다.

우선 한국출판문화산업진흥원에서는 '책나눔위원회 추천도서'나 '세종
도서 선정 목록'을 제공하여 독자들의 책 선택을 돕고 있다. '세종도서 사
업'은 그해에 출간된 학술서적과 교양서적을 대상으로 하여 양서를 선정
하고, 그 책들을 전국의 도서관에 보급하는 사업이다. 2020년의 경우 교
양 550종, 학술 400종을 선정하여 보급하였으며, 성인, 중·고등, 초등, 유

아·아동으로 독자층을 구분하였다. 분야별·대상 독자별 선정 현황은 [그림 20-3], [그림 20-4]와 같다. 매년 방대하게 쏟아지는 책들 가운데 전문가들의 추천을 받은 양서(良書)들을 접할 수 있다는 점에서 이 사업의 의의는 작지 않다. 또한 이 사업은 목록을 선정하는 데 그치지 않고 선정된 도서들은 지역 도서관에 보급하는 체제이기 때문에 독자들이 선정된 여러 책들을 인근 도서관을 통해 비교적 쉽게 만날 수 있다는 장점이 있다.

이와 함께 주요 일간지의 주말판 책 소개 기사나 주간 잡지의 책 소개 코너를 활용하는 것도 필요한 책과 좋은 책에 대한 정보를 손쉽게 얻을 수 있는 경로이다. 대표적으로 20년 넘게 문학전문기자의 자리를 지켜 온 한겨레신문 최재봉 기자, 조선일보 박해현 기자 등의 서평이나 칼럼은 오랫동안 많은 독자들의 길잡이 역할을 해 왔으며, 시인이기도 한 장정일의 '장정일의 독서 읽기'(〈시사IN〉), 다독가로 유명한 이다혜 기자의 '다혜리의 요즘 뭐 읽어?'(〈씨네21〉) 역시 10년 넘게 꾸준히 지속되어 온 대표적 신간 안내 혹은 서평 칼럼이다.

한편 기존의 서평이나 책 추천이 주로 교수나 작가, 기자 등에 의해 이루어졌다면 21세기 들어 개성 넘치는 책벌레들이 등장하여 자신의 독서 생활과 이력을 바탕으로 책 선택에 도움을 받고자 하는 이들에게 좋은 책 소개는 물론 적절한 독서법에 이르기까지 풍성한 정보들을 제공해 오고 있다. 표정훈의 『탐서주의자의 책』(2004), 이권우의 『호모부커스』(2008), 정혜윤의 『삶을 바꾸는 책 읽기』(2012), 정수복의 『책인시공』(2013) 등이 대표적이다.

여기에 더하여 2010년대 후반에 들어서는 유튜브 채널을 통해 영상으로 책을 소개하는 콘텐츠를 제공하는 사람들의 수가 부쩍 늘었다. 이들은 흔히 '북튜버'라고 불리기도 하는데, 이 분야의 개척자라고 할 만한 김겨울의 '겨울서점', 그림을 동반한 콘텐츠로 책을 소개하는 '책그림', 책을 기반으로 한 지식을 리듬감 있는 영상으로 재구성하는 '이오IO' 등 유튜브의 여러 채널에서는 각 채널마다 10만을 넘는 많은 구독자들에게 영상을 통해 책과 좀 더 가까워지는 계기를 제공하고, 호기심과 흥미를 불러일으

표 20-1 | BOOKMATCH(Wutz & Wedwick, 2005: 17)

	책 선정 요소	
B	Book Length 길이	
O	Ordinary Language 일상적 언어	
O	Organization 구성	
K	Knowledge Prior to Book 선행 지식	
M	Manageable Text 어렵지 않은 텍스트	
A	Appeal to Genre 장르	
T	Topic Appropriate 주제	
C	Connection 연관성	
H	High-Interest 흥미	

켜 적극적으로 책을 찾게 만든다.

이밖에도 주요 인터넷 서점, 공공도서관, 동네책방 등 책 선택에 도움을 받을 수 있는 정보를 제공하는 곳은 매우 다양하다. 이러한 여러 경로들을 이용한다면 한 해에 6만 권이나 쏟아져 나오는 책 가운데 자신의 관심 분야에 맞는 책들을 고르는 일이 조금 더 수월해질 것이다.

독자 스스로 책을 선택하는 기준으로는 워츠와 웨드윅의 BOOK-MATCH 전략을 활용하는 것이 좋다. BOOKMATCH는 [표 20-1]과 같이 책 선정 요소의 머릿글자들을 따서 만든 이름이다.

위 9개의 요소들을 중심으로 자신에게 맞는 책을 선택하기 위한 질문들을 스스로 던지고, 그 질문들을 충족하는 책들을 찾음으로써 혼자서 책을 선택하는 데 도움을 받을 수 있다. 물론 워츠와 웨드윅의 연구에서는 초등학교 교실을 염두에 두고 위 요소들을 선정하고 실험 연구를 진행하였기 때문에 수준의 차이는 감안을 할 필요가 있겠으나, 이 요소들을 중심으로 자신의 책 선택 기준을 만들어 가는 것은 성인의 경우에도 큰 무리는 없을 것으로 보인다.

위의 아홉 가지 기준을 종합하면 결국 책을 고를 때의 기준은 좋은 책, 적절한 책, 그리고 마음에 드는 책으로 나눌 수 있겠다. '좋은 책'은 훌륭한 작가의 정신과 영혼을 담고 있으며, 한 시대의 인간과 사회, 그리고 문화와 과학을 대표할 수 있는 책이다. 상대적으로 객관적이고 시대를 뛰어넘는 가치를 책 자체가 가지고 있다고 평가된다. 흔히 정전(正典)이라고 불리는 책들이 여기에 해당하며, 많은 이들의 추천과 지지가 축적되어 있고, 목록화되어 제시되는 경우가 많다. 이에 비해 '적절한 책'은 독자의 필요와 관심사를 충족시켜 주는 책이며, 수준에 맞는 책이다. 적절한 책의 선정에는 좋은 책에 비해 상대적으로 독자의 관심사나 읽기 능력 같은 주관적 요소가 작용하게 된다. 그렇지만 어떤 분야의 필요를 충족시키는 데에는 이미 많은 선배 독자들의 검증을 거친 적절한 책들이 좋은 책의 반열에 올라 있기도 하므로 자신의 수준과 관심사를 스스로 정확히 진단한 결과에 바탕을 두고 주관과 객관을 조화시키는 선택이 중요하다. 마지막으로 '마음에 드는 책'은 세인들의 평가에 크게 상관없이 왠지 눈길이 가고, 저절로 손이 그쪽을 향하는 책이다. 위대한 책들의 목록에는 비록 들지 못하는 책이라 하더라도, 어떤 독자에게는 의미가 크고, 오래 기억에 남거나 크게 영향을 미치는 책일 수 있다. 시대를 초월하는 명작이 주는 감동뿐 아니라, 다소 저급하고 속되며 B급 정서라고 할 만한 책들을 탐독하며 소수의 열광자가 되어 얻게 되는 자유와 즐거움 또한 성인 읽기의 한 부분이기도 하다. 남들에게 공개하기는 다소 민망하거나 쑥스러운 취향을 가리켜 '길티 플레저(guilty pleasure)'라고 하거니와, 서로의 취향을 존중하면서 각자의 '마음에 드는 책'들을 구축해 나간다면 훨씬 더 다채롭고 활기찬 독서 문화가 만들어질 것이다.

'좋은 책'이 객관적으로 훌륭한 책이고, '적절한 책'이 객관과 주관의 접점에 있는 책이라면, '마음에 드는 책'은 주관적 판단이 더 우선이 되는 책이다. 다른 사람들의 추천을 적절히 활용하는 가운데 자신만의 색깔과 취향을 만들어 가는 유연하고 다채로운 책 선택의 기준을 마련해 가는 것이 좋다. 아무리 좋은 책도 독자의 관심 밖의 주제를 다루고 있거나, 지나치게 어려우면 읽기가 쉽지 않다. 그러므로 독자는 자신에게 맞는 책을 고르는 안목을 가져야 한다. 독서 행위가 지속되어 앎이 풍부해지고 독서 능력이 향상되면 자연스럽게 '좋은 책'과 '적절한 책'의 거리가 좁혀지기도 할 것이다. 또한 필요한 책을 찾아 읽고, 남들이 읽는 책을 따라 읽는 정도에 그쳤던 독자가 한 걸음 더 나아가 자신의 서가에 '마음에 드는 책'을 꽂아 두기 시작하고, 그 분야를 넓혀갈수록 그의 삶은 풍요로워질 것이다. 그리고 독자가 선택한 그 모든 책들은 궁극적으로 독자 자신에 대한 깊이 있는 앎으로 이어지게 될 것이다.

> 반드시 읽어야만 하는 책, 행복과 교양을 위한 필독 도서목록 따위는 없다. 단지 각자 나름대로 만족과 기쁨을 맛볼 수 있는 일정량의 책이 있을 뿐이다. 이러한 책들을 서서히 찾아가는 것, 이 책들과 지속적인 관계를 맺어가는 것, 가급적 이 책들을 외적으로나 내적으로 늘 소유하여 조금씩 완전히 제 것으로 삼는 것, 그것이 각자에게 주어진 과제다.(Hesse, 2006: 162-163)

'나름의 만족과 기쁨'을 중시한 헤르만 헤세(1877~1962)의 말을 새긴다면, 독자는 자신의 능력과 수준, 그리고 목적을 찬찬히 돌아보면서 적절한 책을 우선 찾아 읽고, 그로부터 서서히 좋은 책으로 향해 가며, 그리하여 마음에 드는 책의 목록을 늘려 나가야 한다. 유한한 우리의 인생을 어떤 책들로 채울 것인가, 그것이 문명 사회 성인에게 주어진 중요한 과제인 것이다.

3.2. 책과 독자에 걸맞은 읽기 방법 취하기

좋은 책, 적절한 책, 마음에 드는 책을 골랐다면, 이제 책의 특성에 맞는 읽기 방법을 택해야 한다. 당연한 이야기이지만, 글의 목적이나 책의 특성, 즉 그 내용이나 구성, 분량 등에 따라 읽기 방법을 달리 하는 것이 좋다. 가볍고 넓게 읽어야 할 책인지, 집중하여 깊게 읽어야 할 책인지 판단해야 한다. 문학 작품에도 특별히 더 긴장과 집중을 요하는 작품이 있는가 하면, 편안한 마음으로 읽으며 이완과 휴식을 맛보게 하는 작품이 있다. 책의 특성, 그리고 독자의 목적과 능력에 맞게 다양한 읽기 방법을 선택하는 것은 효과적인 독서를 위해 매우 중요한 과정이다.

엄밀히 말하자면 모든 책들은 각 책마다 그 책에 가장 잘 어울리는 고유의 독법으로 읽어 주기를 기다리고 있다고도 할 수 있을 것이다. 읽기 목적과 읽기 환경, 그리고 읽기 능력의 수준에 차이가 클 수밖에 없는 성인의 읽기 지도에서는 책의 특성과 자신의 조건에 맞는 독법을 찾기 위해 노력하고, 기존의 독법을 조절하고 변형하여 자신의 책에 적용하는 전략적 역량을 갖추는 것이 필요하다.

3.2.1. 정보와 주장의 글 읽기 방법

정보를 찾기 위한 목적의 독서라면 글의 내용을 사실적으로 정확히 이해하는 데 초점을 맞추고 읽어야 한다. 숫자를 통해 제공되는 자료나 통계도 빠짐없이 확인하고, 도표나 그래프 등의 시각 자료가 제공하는 정보도 충분히 활용하는 것이 요구된다. 다만 정보 전달 목적의 글을 읽을 때에도 비판적인 시각으로 자료를 검토하고 다양한 층위에서 질문을 제기하며 읽을 필요가 있다. 흔히 정보 전달을 목적으로 하는 글은 사실을 전달하는 것을 전제로 쓰이며, 글의 전개 과정이나 문체 면에서도 객관적이고 투명하게 사실을 전달하기 위한 텍스트임을 보여 줄 수 있도록 구성되기 마련이다. 그렇지만 어떤 정보를 전달할 때 의도적이든 의도적이지 않든 상당수의 다른 정보들을 배제하고 특정한 정보만을 선택하여 글에서 다루게 되는 경우가 많다. 이때 불가피하게 그럴 수밖에 없는 경우도 있지만, 교묘하게 의도적으로 특정한 어떤 것만을 사실의 전부로 만들기 위해 다른 것들을 배제할 수도 있다. 이렇게 제공되는 정보는 부분적 사실에 그치거나, 어떤 사안의 전모를 은폐하고 왜곡하는 결과를 낳을 수도 있다. 그렇기 때문에 정보를 찾기 위한 독서에서는 자료의 정확성, 출처의 신뢰도를 꼼꼼하게 살피고, 다른 필자나 다른 기관에서 만든 자료도 찾아서 비교 검토하는 적극적 태도의 독법이 요구된다.

다음으로, 어떤 주장이나 견해를 살피기 위한 독서라면 글쓴이의 입장과 의도, 텍스트의 논리 전개 과정, 그리고 주장하는 바를 잘 이해하는 데 초점을 맞추어야 한다. 이때 특히 글쓴이의 관점을 파악하고, 그러한 주장에 이르게 된 배경이나 맥락을 함께 살핀다면 그 주장을 조금 더 잘 이해할 수 있다. 이와 함께 주어진 문제에 대한 독자 자신의 관점이나 생각을 분명히 하고, 글을 읽는 과정에서 상대의 주장을 비판적으로 검토하면서 글쓴이의 생각의 부족한 점이나 과장, 논리의 비약 등을 살피는 것이 필요하다. 또한 어떤 주의·주장에 대해 쉽게 옳고 그름을 판단하기 어렵다면, 그 주장이 ① 상식이나 보편 윤리, 기본적인 인권을 침해하는 요소는 없는지 우선적으로 살피고, ② 주장을 정당화하기 위해 사용하는 근거와 자료들의 타당성을 검토하며, ③ 사회·역사적 맥락이나 작가 맥락 같이 텍스트의 생산과 수용에 작용하는 요인들을 파악해야 한다. 그렇게 함으로써만 사회적으로 바람직하지 않은 견해들이나 논리가 결여된 주장에 쉽게 휘둘리지 않을 수 있고, 자신이 찾고 있었던 글들을 훨씬 더 깊이 있게 이해할 수 있게 된다. 아울러 이 과정에서 독자 자신의 생각만이 옳다고 전제하고 무조건 부정적인 시각으로 글을 읽는 것은 바람직하지 않다. 아집에 갇힌 독서로는 성숙을 향한 변화와 성장이 일어나기 어렵다. 자신만의 세계에 갇힌 사람들이 늘어난다면, 우리 사회는 배려와 사랑 대신 점점 더 배척과 혐오가 판치는 세상이 될 것이다. 글쓴이의 주장과 논리에 대해 충분히 마음을 열고 귀 기울이는 자세로 책을 읽는 경험이 사회적으로 충분히 축적되어야 생산적이면서도 따뜻한 시민 사회를 만들어갈 수 있다.

3.2.2. 문학 작품 읽기 방법

우리가 살고 있는 세계를 지시하고 있는 사실적 텍스트가 아니라 작가의 상상력과 감성을 통해 창조된 문학 작품을 읽을 때 역시 그에 맞는 읽기 방법을 취해야 한다. 그 가운데에서도 서정시는 시인이 이 세계를 살아가는 가운데 어떤 사물을 접하거나 사건을 겪는 과정에서 문득 깨달음을 얻게 되거나 특정한 감정이 고조되는 순간을 경험하면서 그 찰나의 아름다움과 미묘한 정서를 언어로 포착하기 위해 노력한 산물이다. 그러므로 독자는 무엇보다 그 '순간'에 시인, 혹은 시의 화자에게 무슨 일이 일어났고, 어떤 감정을 느꼈으며, 어떤 앎에 이르렀는지를 살피며 읽어야 한다. 아울러 산문의 형식을 취하지 않고, 굳이 그 시만의 독특한 형태를 취함으로써 가지게 되는 효과 또한 맛볼 수 있어야 한다. 또한 시의 고유한 텍스트성, 즉 언어 조직으로서의 아름다움이라든가, 단어와 문장의 뜻을 통해서가 아니라 이미지와 리듬을 통해서 전달되는 감정의 결을 함께 경험하기 위해 노력하는 읽기가 필요하다. 시를 읽으면서 문득 떠오르는 자신의 기억이나 느낌이 있다면, 그것을 바탕으로 시 작품을 다시 읽어 보는 것도 좋다. 객관적 읽기 대상이었던 텍스트가 교감의 상대가 되기도 하고, 때로는 그 자체로 나의 이야기가 되기도 할 것이다. 시인이 누운 자리에 나도 같이 누워 보는 상상은 윤동주의 「병원」을 읽을 때만 적합한 방법이 아니며, 모든 시 읽기의 기본적 독법으로 삼을 만하다.

반면 전통적인 서정시와 거리를 두려는 이른바 '탈(脫)서정'의 시를 읽기 위해서는 사뭇 다른 성격의 노력이 필요할 수도 있다. 이 시들은 이전의 시들과는 달리, 시인의 주관으로 세계를 자아화하는 것을 어려워하며 그 주관화의 중심에 인간을 두는 것이 불가능하거나 매우 힘겨워진 시대라고 현대를 규정한다. 거대한 물신주의와 생태계를 위협하는 파멸의 문명 속에서 고통스러워하는 자신의 조각난 내면이나 세계를 향한 절망이 빚어내는 분열의 목소리를 있는 그대로 기록하기 위해 노력한다. 이 시들은 소통보다는 냉소나 절규에 가깝기도 하고, 우아한 아름다움 대신 기괴하거나 공포스러운 미를 지향하기도 한다. 그래서 이런 경향의 시를 처음 접하는 대부분의 독자들에게는 전복적이고 불온한 이미지들이 매우 낯설고 난해하여 읽기에 불편하게 다가올 수밖에 없다. 그렇지만 이들의 이 힘겨운 언어야말로 어쩌면 인간과 생명을 소외시키기 일쑤인 이 시대에 대한 가장 진솔한 기록일수도 있다는 생각을 가지고 한 편 한 편 읽어 볼 필요가 있다. 이러한 시들의 난해함 가운데 문득 독자 자신을 비추는 거울, 그러나 온전한 거울이 아니라 금 가고 어긋나 있거나 조각난 파편에 가까운 거울을 만나게 될 수 있기 때문이다. 난해한 시만이 무조건 가치가 높은 것은 물론 아니지만, 예민한 언어 감각을 타고 태어난 이들이 고통스럽게 기록하는 이 시대의 내면 풍경에 뭔가 그럴 만한 이유가 있을 것이라는 짐작과 기대를 가지고 오늘의 시들을 보고 있다 보면, 너무나도 날카롭게 바로 나 자신의 모습과 일치하는 이미지를 만나게 될 수 있을 것이다.

그렇다면 소설은 어떠한가? 평론가 김현의 유명한 「소설은 왜 읽는가」의 부분을 읽다 보면 소설 읽기의 방법이 어떠해야 하는지 가늠할 수 있게 된다. 섣부른 요약이 글의 요지를 훼손할 수 있어 다소 길지만 원문을 함께 읽어 보는 것이 좋겠다.

흔히 쓰이는 예이지만, 가령 술이 반 남아 있는 술병을 보고 '아 이제 반밖에 안 남았구나.'라고 이야기할 수도 있고, '야 아직 반이나 남았구나.'라고 이야기할 수도 있다. 소설 속의 사건이 현실의 사건을 변형시킨 것은 그런 의미에서이다. 그때의 변형은 해석에 가까운 의미를 가지고 있다. 그것이 어떤 이야기이든, 객관적으로 있는 그대로 사건을 재현할 수는 없다. 사건은 어떤 형태로든지 해석되어야 변형되어 전달될 수 있다. 해석 없는 전달은 있을 수 없다. (중략)

사물을 해석하는 힘의 뿌리가 욕망이다. 현실 원칙 때문에 적절하게 규제된 욕망이, 마음의 저 깊은 곳에 자리잡고 있다가, 사건들을 이야기할 때, 슬그머니 작용하여, 객관적 사실을 자기 욕망에 맞게 변형시킨다. 객관적 사실이, 자기의 욕망을 크게 자극하지 않을 때, 그 변형은 그리 크지 않다. 그러나 객관적 사실, 다시 말해 자아 밖에 있는 사실이 자아 속에 있는 욕망을 크게 자극할 때, 그 변형은 갑작스럽고 전체적인 것이 된다. 그 세계는 세계를 욕망하는 자의 변형된 세계이다. 그 세계는 작가가 해석하고 바꿔 놓은 세계이다. 그 세계가 살 만한 세계인가 아닌가 하는 것은 작가에게 중요하지 않다. 작가가 중요한 것은 그 세계가 자기의 욕망이 만든 세계라는 사실이다. 세계는 세계를 욕망하는 사람들에 의해 더욱 생생해지고 활기 있게 된다. 소설은 그 욕망의 세계를 구체적으로 드러낸다. 그것은 시처럼 감정의 세계만을 보여 주는 것도 아니고, 철학처럼 세계관만을 보여 주는 것도 아니다. 그것은 세계를 구체적으로, 욕망의 대상으로 제시한다. 소설은 그 어떤 다른 예술보다도 구체적으로 그리고 전체적으로 세계를 보여 준다. (중략)

(독자의) 그 질문은 이 세계는 살 만한 세계인가, 이 세계의 현실 원칙은 쾌락 원칙을 어떻게 억누르고 있는가 하는 질문과도 같다. 그 질문을 통해, 여기 내 욕망이 만든 세계가 있다는 소설가의 존재론이, 이 세계는 살 만한 세계인가 하는 읽는 사람의 윤리학과 겹쳐진다. 소설은 소설가의 욕망의 존재론이 읽는 사람의 욕망의 윤리학과 만나는 자리이다. 모든 예술 중에서, 소설은 가장 재미있게, 내가 사는 세계는 살 만한 세계인가 아닌가를 반성케 한다. 일상성 속에 매몰된 의식에 그 반성은 채찍과 같은 역할을 맡아 한다. 이 세계는 과연 살 만한 세계인가. 우리는 그런 질문을 던지기 위해 소설을 읽는다.(김현, 1988: 231-232)

한 개인이 살면서 겪는 여러 사건들은 이 세계의 극히 일부분에 불과하며 일회적이고 파편적이다. 그러나 소설가의 욕망이 포착하고 그의 해석이 더해진 소설의 세계 속에 있는 인물들, 그리고 그들이 겪는 사건들은, 한 개인으로서의 독자가 실제 살면서는 경험할 수 없는 수준의 구체성과 전체성을 구현한다. 그리하여 소설의 인물과 사건은 현실 세계에 실재하지는 않지만, 현실에서 실제로 있었던 일보다 더 우리 현실을 잘 보여 준다. 독자는 일차적으로 소설 속에서 일어나는 사건을 파악하고, 인물들의 성격을 파악하며 읽어야 하지만, 그와 함께 그 세계에 담긴 소설가의 해석과 욕망까지 읽어 내야 한다. 유학을 마치고 고향 농촌으로 돌아와 일부러 논매기에 함께 한 지식인이 서 있는 논(이기영, 〈고향〉)의 의미도 읽어 낼 수 있어야 하고, 박제가 되어 버린 천재가 하루 종일 웅크리고 있는 방(이상, 〈날개〉)의 의미 또한 읽어낼 수 있어야 하는 것이다. 그 세계를 우리에게 보여 주는 소설가의 욕망과 해석, 그리고 그 세계를 접하고 반응하는 나의 감각과 윤리, 그리고 세계관의 의미까지 함께 읽어 낼 수 있어야만 온전한 소설 읽기가 이루어졌다고 할 수 있다. "소설가들은 법과 금기의 틀을 위협하는 선택과 결단의 순간을 창조하고 그 순간이 요구하는 진실을 오래 되새긴다"(신형철, 2008: 14)라고 할 때, 소설의 그 진실을 온전히 읽어 낸 사람의 삶이, 그러한 읽기의 경험이 전혀 없는 사람의 삶과 같을 수는 없다. 소설 읽기는 결국 작품에 새겨진 그 진실을 찾기 위한 질문과 해석, 그리고 작품이라는 거울을 통해 이 시대와 자신의 모습을 깊이 있게 들여다 보는 것이다.

3.2.3. 독자를 변화시키는 읽기 방법

읽기 방법과 관련하여 동양 고전 중 하나인『중용』의 '성(誠)'에 관한 부분을 눈여겨 볼 만하다. 공자의 손자이기도 한『중용』의 저자 자사(子思)는 '성(誠)'에 대한 공자의 말을 기록한 데 이어 다음의 다섯 가지를 열거하며 성심 또는 진리에 이르는 길을 제시한 바 있다.[*]

> 박학(博學): 두루 혹은 널리 배운다.
>
> 심문(審問): 자세히 묻는다.
>
> 신사(愼思): 신중하게 생각한다.
>
> 명변(明辨): 명백하게 분별한다.
>
> 독행(篤行): 진실한 마음으로 성실하게 실천한다.

중용의 이 다섯 가지 자세는 그대로 읽기의 방법이 되기도 한다. 우선 텍스트를 다양하게 읽고 많은 것을 얻는 것이 '박학'이라면, 꼼꼼하게 따지고 천천히 읽는 것이 '심문'에 해당한다. 또한 텍스트를 넓고 자세히 읽은 후에 그것을 신중하게 생각하며 새기는 것이 '신사'라면, 넓고 깊게 읽은 것들 가운데 진실과 거짓, 바른 것과 그른 것을 가려서 판단하는 것이 '명변'이 될 것이다. 그리고 바람직한 읽기는 여기에 그치지 않고 읽은 대

博學之, 審問之, 愼思之, 明辨之, 篤行之 (誠에 이르려면) 널리 배우고, 자세히 묻고, 신중히 생각하고, 명확하게 분별하고, 독실히 행해야 한다. (번역은 한국고전종합DB를 따랐다.)

로 실천하는 태도로 이어지며, 읽은 것을 다른 이들과 나누는 참여의 행위로 발전하는 것이 필요한바 그것을 '독행'이라 할 수 있을 것이다. 널리 읽고, 질문하며 읽고, 신중하게 생각하며 읽고, 비판적으로 가려 읽고, 그렇게 해서 얻은 깨달음과 지혜를 실천으로 옮긴다면 성인의 읽기 방법으로 크게 부족함이 없을 것이다.

또한 중국의 진목(秦牧)은 다음과 같은 흥미로운 비유로 책 읽는 방법을 구분하였다. 책을 읽는 데에는 소가 되새김질하듯 읽는 방법과, 고래가 큰 입을 벌려 새우를 삼키듯 읽는 방법이 있다. 첫 번째 방법은 소가 일단 여물을 씹어서 삼킨 뒤에 되새김질을 통해 천천히 그렇지만 완전하게 소화를 시키는 것처럼, 책을 읽을 때에도 일단 전체를 대충 읽은 뒤에 다시 천천히 집중할 부분에 더 집중을 하며 읽는 방법으로, 이것이 흔히 말하는 정독(精讀)에 해당할 것이다. 반면 두 번째 방법은 고래가 어마어마한 크기의 입을 벌리고 한꺼번에 많은 양의 새우들을 삼키지만, 되새김질을 하는 일이 없이 그대로 소화를 하고 다시 다음 먹이를 향해 입을 벌리듯이 빠르게 많은 양을 읽는 방법으로, 이것이 곧 다독(多讀)의 방법이라고 할 수 있다.(정민, 2012: 52-53)

다독을 하려면 빠른 속도로 책을 읽어야 하니, 필요한 부분이나 중요해 보이는 부분에 우선 눈길을 주면서 건너뛰듯 읽어야 한다. 이러한 방식으로 제한된 시간 내에 많은 것을 읽는 것은 수많은 읽을거리와 정보들 사이에서 생존해야 하는 이 시대에 불가피한 일이기도 하다. 디지털 기기를 활용하는 읽기라면 검색의 기능을 활용하여 더 빠른 속도로, 필요한 책을 더 많이 읽을 수 있을 것이다. 효율을 높이는 읽기 방식에 숙달되는 것은 현대 성인이 익혀야 할 읽기 방법의 기본이라고 할 만하다.

그렇지만 다독의 방법만으로는 다양한 읽기의 필요를 충족시키기 어렵다. 빠르게 많이 읽는 대신 꼼꼼히 살피며 읽는 정독에도 익숙해져야 한다. 정독은 말 그대로 책의 부분부분을 놓치지 않고 정밀하게 파악하며 읽는 방법이다. 그러하기에 제대로 정독을 하며 읽기란 쉽지 않은 일이다. 또한 정독이라는 방법을 매 독서마다 사용할 수는 없다. 그렇지만 정독은 단지 책 읽기 방법 차원에 그치지 않으며, 정독의 경험을 통해 독자 스스로가 변화하게 된다는 점에서 조금 더 그 의미를 새겨 볼 필요가 있다. 복잡한 이 사회에서 그저 부품처럼 살아가는 많은 현대인들은 조직 속에서 도구화되어 있고 수동적으로 삶을 영위하는 데 급급하다. 이러한 사람들일수록 자신만의 힘으로 무엇인가를 해 내려 시도하거나 자신만의 방법을 만들어내려 노력하기보다는 이미 만들어져 있는 손쉬운 방법이나 성공의 비결을 구하고자 하기 십상이다. '빨리'와 '많이'가 지배하는 세상에 종속된 결과이다. 그러나 정독은 그러한 손쉬운 방법이나 비결과는 거리가 있다. 우직하게 밀고 나가야 하며, 끈기 있게 지속해야 한다. 빨리 대신 느리게 읽어야 하고, 많이 대신 적게 읽게 된다. 자연히 "비결도 없고, 목표도 없이 홀로 어둠 속을 걷는 과정"이며 "헛된 노력이나 낭비처럼 보일지도 모르는 행위"이지만, 그렇기 때문에 역으로 정독은 종속된 도구에서 자유로운 주체로 가는 계기가 되며, "많은 지적 경험과 발견을 가져다주고, 자신의 인식이 완전히 새로워질 수 있다."(白取春彦, 2017: 100) 정독을 통해 텍스트를 꼼꼼히 탐색하고, 저자의 심중을 헤아리며, 역사와 문화라는 맥락을 헤아리는 일, 다시 말해 책에 대해 주체적이고 능동적으로 탐구하는 일은 그저 책의 내용을 잘 파악하는 데 그치지 않고, 세계 속의 자신의 위상과 의의를 가늠하고 그것을 변화시키는 계기로 이어질 수 있을 것이다.

4. 성인 읽기 지도의 실제

성인들의 읽기는 매우 다양한 상황과 수준에서 이루어질 수 있다. 여기에서는 기초 문해력을 갖춘 성인들을 전제로 하여 혼자 책을 읽는 상황과 함께 읽는 상황으로 나누어 살펴보도록 한다.

4.1. 혼자 읽기 상황의 읽기 지도

혼자 읽는 상황에서는 일차적으로 자신에게 맞는 책을 선택하는 일이 매우 중요하다. 이를 위해 우선 책 추천 정보를 얻을 수 있는 경로를 다양하게 조사해 보고, 그 가운데 신뢰할 만하고 자신의 필요를 잘 충족시켜 주는 몇 군데의 기관 또는 자료를 활발히 이용하도록 해야 한다. 대개의 책 추천은 교양서나 자기 계발서, 문학 작품 등에 대한 소개들이 주를 이루기 때문에 때로는 특정 분야의 전문가들이 제공하는 정보도 필요하다. 또한 신문, 잡지, 인터넷, 유튜브 등 정보의 형태 역시 너무 한쪽으로 치우치지 않게 다양화하는 것이 좋다.

책에 관한 정보들을 확보하였다면, 단기, 중기, 장기로 나누어 독서 계획을 세워 읽는 것이 좋다. 이는 시간을 효과적으로 배분하고, 서로 다른 독서 방법을 목적과 상황에 맞게 다르게 적용하는 문제와 연관된다. 우선 하루에 최소한 얼마 동안의 시간은 책을 읽는 데 할애하도록 정한다. 그 시간 가운데 일정 부분은 그때그때 필요에 따라 시급히 찾아 읽어야 하는 책들을 읽는 시간으로 할애해 두는 한편, 단숨에 읽기 어렵고 꾸준히 읽어 나가야 하는 책이나 특별히 더 정독을 요하는 책을 읽기 위한 시간 또한 하루에 일정 시간 마련해 두는 것이 좋다. 이와 함께, 일주일, 한 달, 분기, 반기, 1년 등 나름대로 정한 기간을 단위로 하여 독서 계획을 세우고, 어떤 주제나 분야의 여러 책들을 모아서 읽는다면 매우 집중력 높은 독서를 해 나갈 수 있게 된다.

집중력 있게 중장기 독서를 실천하고자 할 때 가장 좋은 방법은 한 작가의 저작을 몰아서 읽는 것이다. 웬만한 독자라면 어떤 책을 읽고 난 후 그 작가의 이름을 기억해 두었다가 다음 책을 선택할 때 그 작가의 이름을 검색어로 입력해 본 경험이 있을 것이다. 지금 읽은 책의 작가가 어떤 사람인지 몹시 궁금해진다면 망설이지 말고 그 작가의 다른 저작들을 찾아보는 것이 좋다. 책벌레들이 즐기는 독서법 중 하나로 '전작(全作) 읽기'를 꼽거니와, 우연히 만나게 된 책 한 권에 매료되어 그 작가의 모든 저작을 차례차례 읽어나가는 일은 책을 사랑하는 사람이라면 한 번쯤 겪게 되는 즐거운 탐닉이다. 한 명의 작가가 책으로 펼쳐 보이는 세계가 너무나도 넓고 다양해서 경탄을 하게 되는 경우가 있는가 하면, 일련의 저작들이 거대한 하나의 기획의 일부 같아서 책들을 연결하여 읽을수록 하나하나 퍼즐을 맞추는 것 같은 재미를 느끼게 되는 경우도 있다. 비록 실제 작가를 동일한 시공간에서 직접 만나 대화를 나눌 수는 없다고 하더라도, 이렇게 글을 통해 작가의 목소리를 듣고, 작가의 표정과 숨결을 느끼려 애쓰며, 그렇게 해서 만난 작가 가운데 특별히 더 관심을 가지게 되는 작가를 마음껏 사랑하다 보면, 후회 없는 독서 생활을 이어가게 될 것이다.

혼자 읽기를 해 나갈 때에는 계획이 훌륭하더라도 실천이 뒤따르지 않으면 소용이 없다. 성인의 읽기가 성공적으로 이루어지기 위해 가장 중요한 것은 독서를 해야 한다고 생각만 하는 데 그치지 않고, 마음을 먹고 바로 책 읽기를 실행할 수 있는가 하는 점이다. 조선 후기에 좌의정을 지낸 홍석주(洪奭周, 1774~1842)는 날마다 일정한 분량의 책을 읽기 위해 노력하였으며, 일이 바빠 밤늦게 퇴청한 후에도 반드시 책을 가져다가 서너 줄 읽은 후에 잠자리에 들곤 하였다. "한 권의 책을 다 읽을 만큼 길게 한가한 때를 기다린 뒤에야 책을 펼친다면 평생 가도 책을 읽을 만한 날은 없다. 비록 아주 바쁜 중에도 한 글자를 읽을 만한 틈만 있으면 문득 한 글자라도 읽는 것이 옳다."(정민, 2012: 61에서 재인용)라고 말하며 책장을 넘겼던 홍석주는 바쁘다는 핑계로 책 읽기를 게을리 하기 쉬운 후대의 사람들에게 좋은 귀감이 되어 준다. 정신 차리기 어려울 정도로 빠르고 복잡한 현대인일수록 하루의 어떤 때, 일주일의 어떤 요일, 무슨 일을 하기 전 또는 하고 난 후 등 규칙적으로 반복하여 책을 읽을 수 있는 시간을 여러 형태로 확보하고, 그 시간의 특성에 따라 가벼운 책, 집중이 필요한 책, 빠르게 훑어야 할 책 등을 적절히 배치한다면, 비교적 짧은 기간에 혼자 읽기의 습관을 형성하게 될 것이다.

4.2. 함께 읽기 상황의 읽기 지도

혼자 읽기를 위해 책 선택을 위한 정보를 찾고, 집중하여 책을 읽는 방법도 익히고, 일상 속에서 책 읽기를 어느 정도 습관화하게 되었다 해도 이것을 혼자서 오랫동안 지속하기는 쉽지 않다. 이럴 때에는 다른 사람들과 함께 읽는 방법을 택하는 것이 좋다.

프랑스의 철학자 리쾨르는 어떤 텍스트를 읽고 그것을 해석할 때 'appropriation', 우리말로는 '전유(專有)' 또는 '자기화'로 번역할 수 있는 일이 일어나는 것을 매우 중요하게 생각하였다. 텍스트가 저자에 의해 만들어지면, 이것은 시간에 상관없이 변하지 않는 물리적 형태를 유지하며 텍스트로 존재한다. 그러다가 마치 연주자가 악보를 실연(實演)하듯이 독자가 텍스트를 읽으면, 그 순간 하나의 '사건'으로서 독자는 텍스트의 의미를 실현한다. 텍스트에 대한 '사건으로서의 읽기'는 텍스트처럼 변함없이 있는 것이 아니고 연주처럼 독자에 의해 실현되었다가 사라지는 세계, 사물이 아니라 사건으로 존재하는 세계이다. 이때 의미 실현의 주체는 저자이기보다는 독자 자신이다. 달리 말하면 텍스트의 해석은 저자의 의도를 찾는 일이기보다 텍스트에 의해 열린 생각의 통로, 또는 텍스트의 방향 제시에 따라 독자 자신을 위치시키는 일이다(Ricoeur, 2002: 183-187).

그런데 이와 같이 텍스트 의미 실현의 주체로 독자를 설정한다면, 모든 독자의 지식과 삶이 다르기 때문에 원론적으로 한 텍스트에 대한 해석은 독자의 수가 무한대인 만큼 역시 무한으로 열려 있다. 그렇지만 그 해석 가운데에서도 명백한 오독이 있을 수 있고, 상대적으로 뛰어난 해석 또한 존재하기 때문에 해석의 무한성이 곧 "모든 해석이 다 옳다."라는 식으로 이해되어서는 안 된다. 그러하기에 리쾨르는 텍스트를 '가능한 해석들의 제한된 장(場)'(Ricoeur, 2002: 183-187)이라고 하여, 오독 아닌 해석의 경계(境界)와 그 안에서의 해석의 무한성을 모두 강조하였다.

그렇다면 독자 개인으로서는 자신이 텍스트를 제대로 읽고 있는 것인지 불안할 수밖에 없다. 독자는 읽는 과정에서 자신의 읽기 행위를 계속하여 성찰하는 메타적 인식을 수행하며 그 불안을 극복하고자 하겠지만, 독자 스스로 자신의 현재를 초월하기가 그리 쉬운 일은 아니다. 결국 독자 개인의 한계를 뛰어넘어 자신의 해석이 향하고 있는 방향과 그 위치를 가늠하기에 가장 좋은 방법은, 여럿이 함께 읽는 것이다. 타자는 나를 독백(monologue)의 상태에서 대화(dialogue)의 장으로 이끄는 구원자와 같은 존재(전종윤, 2014: 351-352)이며, 그렇기 때문에 타자를 통해 자기의 한계를 넘어서는 계기를 마련할 수 있게 된다.

읽기에 관해 위와 같이 사건으로서의 읽기, 해석의 다양성, 그리고 한 개인의 읽기의 한계를 넘어서는 해석으로 나아감을 중시하는 관점을 취할 때, 여럿이 함께 읽는 독서 공동체는 매우 의미 있는 읽기의 방법이자 단위가 된다. 최근 들어 우리 사회에 다양한 책 읽기 모임이 만들어지고, 형태와 목적을 달리하는 독서 공동체가 증가 추세에 있다는 점은 그러한 면에서 매우 반가운 일이다. 주변 사람들과 소규모의 모임을 결성하여 함께 책을 읽는 시도가 부쩍 늘고 있으며, 이와 같은 수요에 기반하여 일정한 금액을 내고 참여하는 회원제 독서클럽도 활발히 운영되고 있다.

그 가운데에서도 적극적으로 살펴볼 만한 것은 2010년대 중반부터 조금씩 만들어지기 시작한 동네책방들의 독서 모임이다. 한국서점조합연합회의 한국 서점 편람에 따르면 오프라인 서점 수는 2007년 3,247개에서 2017년 2,050개로 10년 사이에 36.9%가량 줄어들었다. 그런데 인터넷 사이트 '동네서점'(https://market.bookshopmap.com)에서 집계한 바에 따르면 2015년 101개에 불가했던 동네책방이 2020년에는 634개로 가파르게 증가했다. 즉 전통적 형태의 일반 서점들은 줄어드는 반면 소규모 공간에서 특화된 분야의 책들을 중심으로 운영되는 동네책방은 계속 늘어나고 있는 것이다.

이 동네책방들은 단지 책 소매상에 그치지 않고, 구매자나 지역 주민들과 함께 책 읽는 모임을 운영하는 경우가 많다. 이들 모임에서는 하나의 책을 여럿이 함께 읽고, 서평을 제출하거나 의견을 나누며 토론을 하고, 필요한 경우에는 워크숍, 북토크, 작가 초청 강연, 낭독 등 다양한 함께 읽기를 시도하여 책 읽는 문화를 조용히 활성화하고 있다. 동네책방 운영자이기도 한 구선아 작가가 서울의 주요 동네책방을 다니며 쓴 『퇴근 후, 동네책방』(리얼북스, 2020), 출판평론가 한미화의 『동네책방 생존탐구』(혜화1117, 2020), 중국과 일본, 미국의 서점과 온라인서점을 고찰하며 서점의 미래를 생각해 보는 『미래의 서점』(유유, 2020) 등은 동네책방과 서점의 다양성에 대해 살피는 서적들이며, 이를 통해 동네책방을 매개로 한 독서 문화의 새로운 트렌드를 확인할 수 있다. 『안녕하세요, 오늘의 동네서점』에 수록된 인터뷰 한 대목을 통해 동네책방의 의미, 그리고 그 공간에서 이루어지는 함께 읽기 문화 활성화의 가능성을 엿볼 수 있다.

"매년 도서 판매량이나 독서량 통계가 발표되죠. 숫자만 보면 책 시장이 정체된 듯 보이지만, 저는 그렇게 생각하지 않아요. 작은 서점들이 책 사는 경험을 바꾸고 있기 때문이죠. 그리고 책방에서의 책 구매가 경제 활동으로 끝나는 게 아닌 독서라는 정신 활동으로 이어진다고 확신합니다.

모니터로 표지 이미지를 보고 구매하는 책과 서점에 직접 방문해 책을 펼쳐보는 과정을 거쳐 산 책이 같은 결론에 도달할까요? 아닐 겁니다. 손으로 페이지를 넘기며 책을 선택하는 한 사람의 독서가 반드시 다른 사람들의 독서로 계속 이어질 거라고 확신해요. 그뿐만 아니라 최근의 각 책방이 생산해 내는 온·오프라인의 콘텐츠와 발굴된 저자들을 보세요. 정말 놀랍지 않나요? 너무 거창한 이야기이긴 합니다만, 이것이 바로 우리 책방이 가야 할 방향이고 희망이랍니다."(로컬앤드+퍼니플랜, 2020: 129-131)

한 사람의 독서가 그 단계에서 그치지 않고, 다른 이들과 책을 매개로 하여 이야기를 나누게 되면, 책에 대한 해석의 수준은 높아지고, 독자의 지평은 넓어진다. 그리고 위 인용문처럼 그러한 변화는 자연스럽게 그 독자들이 '온·오프라인 콘텐츠'를 만드는 데까지 이어지고, 독자에서 저자로 나아가는 데에까지 이르게 된다. 그러므로 성인들의 독서 문화를 활성화하기 위해서는 이러한 독서 공동체들이 자발적으로 생겨나는 것이 필요하다. 함께 읽기는 책 내용을 통해 자기 이해와 타자 이해를 수행함으로써 의견의 차이 속에서 공동의 관심을 유지하는 '문화 공동체'로 기능(최인자, 2020: 290)하기 때문이다. 그러므로 아직 독서공동체의 경험이 전무한 독자들도 골방에서의 독서에 머물지 말고, 산책 중 눈에 뜨인 동네책방이나 자신의 관심사를 위한 온라인 독서 모임에 한 번쯤 참여하는 시도를 해 보는 것이 좋다.

함께 읽기에 참여하기 위해서는 무엇보다 서평 쓰기에 익숙해지는 것이 필요하다. 서평은 말 그대로 책에 대한 자신의 주관적 평가를 담은 글이다. 책에 대한 생각이나 감상을 대화나 토론 등의 입말로 나누는 것도 의미 있는 과정이지만, 서평의 형식으로 자신의 생각과 감정을 정돈된 형태로 나눌 경우, 자신의 이야기도 전달력이 높아지고, 다른 사람의 서평 또한 꼼꼼히 읽을 수 있어 더 깊이 있는 논의가 가능해진다. 서평을 쓸 때에는 형식적 틀에 지나치게 얽매이기보다 책의 인상적인 구절, 책을 통해 알게 된 것, 책을 읽고 생각하게 된 것, 책 읽는 과정의 느낌과 정서 등이 충실히 반영될 수 있게 쓰는 것이 좋다. 책의 내용을 충분히 이해했다고 생각이 들었어도, 막상 줄거리 요약을 하려면 막막해지거나 핵심만 추리기가 쉽지 않음을 알 수 있다. 빠진 것 없으면서도 간결하게 요약을 하려고 궁리하고 노력하는 과정에 책에 대해 더 깊이 있게 이해하게 되고, 빠르게 읽다가 놓쳤던 것들도 뒤늦게 파악하여 알게 되기도 한다. 자연스럽게 책의 내용을 자신의 언어로 정리할 수 있게 되면, 자신이 관심 있게 읽은 부분을 인용하고 분석하면서 텍스트에 의미 있는 질문을 더하고 한층 더 깊이 있게 읽기 위해 시도한다. 필요할 경우 연관되는 다른 텍스트나 자료 등을 연계하여 폭을 확장하는 것도 권장할 만하다. 서평은 대상 텍스트를 독자 나름대로 소화한 하나의 결과물이 되어 자신, 그리고 함께 읽기에 참여한 다른 독자들에게 도움이 된다. 서평은 책이 재료이자 계기가 되는 또 하나의 창작물이기도 한 것이다.

함께 읽기 과정에서 또 하나 중요한 부분은 독서 공동체 내에서 이루어지는 상호작용이다. 온라인을 통해 참여자들의 서평을 기본적으로 공유하고, 그 바탕 위에서 소감을 이야기하고, 자유롭게 서평에 관한 질문을 주고받으며 책에 대한 이해의 상호작용을 강화해 나간다. 책의 내용과 관련된 쟁점이 선명하면 토론의 형식으로 진행을 할 수도 있고, 현안에 대한 생각들을 모아 지혜로운 방안을 모색하고자 하는 것이라면 토의의 형식이 어울릴 것이다. 이 또한 지나치게 상호작용 형식의 틀이나 규칙에 얽매일 필요는 없으며, 혼자 읽을 때에는 미처 알거나 느끼지 못했을 다양한 반응들을 경험하면서 자신의 한계를 극복하고 지평을 넓히는 데에 중점을 두어야 한다. 승패가 중요한 것이 아니라 참여자들의 적극적인 협력을 통해 만들어지는 합집합의 크기가 중요하다.

함께 읽기는 같은 책을 읽고, 자신의 생각이나 감상을 이야기하고 다른 사람의 책 읽기를 경청하며, 그 가운데에 서로 다른 읽기의 지점을 확인하고, 그것을 통해서 자신의 한계를 넓히고 책을 더 깊이 읽게 된다는 점에서 큰 의미가 있다. 물론 다양한 독자들이 모이다 보면 혼자 읽을 때에 비해 여러 면에서 더디기도 할 것이고, 또 모두가 조금씩 부족하거나 불완전하기도 할 것이다. 그렇지만 이 '불협화음을 내포한 화음(la concordance discordante)'(Ricoeur, 1999: 103)이야말로 함께 읽기가 아니고서는 경험하기 어려운 환희이며, 책 한 권을 읽으면서 나 자신의 껍질을 깨고 나의 세계를 확장할 수 있는 가장 효과적인 독서 방법이 될 것이다.

5. 책 읽는 사회를 향하여

앞서 2절에서 살핀 것처럼 성인의 독서율이 계속 감소하는 추세에 있기 때문에 성인 읽기 교육은 비문해 상태에서 벗어나게 하는 기초 문해 교육을 지속하는 가운데, 이런저런 이유로 읽기에서 멀어지는 성인들을 대상으로 하는 교육에 더 많은 관심을 기울일 필요가 있다.

이순영(2019)에서는 독자 유형을 아래와 같이 구별하고, 이 가운데 특히 '비독자(non-reader)'의 개념을 확립하고자 하였다. 비독자는 외적 요인에 의해 비독자가 된 '비자발적 비독자'와, 내적 요인에 의해 비독자가 된 '자발적 비독자'가 있다. 책을 읽고는 싶으나 바빠서 책을 읽지 못하는 사람이 '비자발적 비독자'라면, 책 읽는 데 흥미가 없고 다른 취미를 자발적으로 택하여 독서를 외면하는 사람은 '자발적 비독자'이다.

표 20-2 | 독자의 유형과 특성(이순영, 2019: 362)

독자 유형	개념
애독자 습관적 독자	책이나 잡지, 신문 따위의 글을 꾸준히 즐겨 읽는 사람
능숙한 독자	읽기 목적과 상황에 따라 자신의 읽기 과정을 점검·조절하여 효과적으로 읽기 활동을 수행하는 사람
고성취 독자	텍스트의 의미를 이해하고 읽기 목적을 달성하는 능력이 탁월한 사람
자립형 독자	타인의 도움 없이 읽기 과정에서 직면하는 여러 가지 문제들을 효과적으로 해결하면서 읽기 활동을 수행하는 사람
자발적 독자	남이 시키거나 외부의 요인이 강제하지 아니하였는데도 자기 스스로 읽기 활동을 수행하는 사람
다독자	책이나 잡지, 신문 따위의 글을 많이 읽는 사람. 읽는 양이 많은 독자.
간헐적 독자	책이나 잡지, 신문 따위의 글을 가끔 읽는 사람
읽기 부진아	지능이 정상이고 읽을 수 있는 잠재 능력을 지니고 있음에도 불구하고 정상적인 읽기 발달 수준에 도달하지 못한 사람
비독자 / 자발적 비독자	책(글)을 읽지 않는 사람 / 책을 자발적으로는 읽지 않는 사람
저성취 독자	텍스트의 의미를 이해하고 읽기 목적을 달성하는 수행의 수준이 현격하게 낮은 사람

독자 유형	개념
책맹	일정 수준의 읽기 능력을 갖추고 있으나 자발적으로는 책(글)을 읽지 않는 사람
문맹	글을 읽거나 쓸 줄 모르는 사람

위에 열거된 다양한 독자 유형 가운데 '문맹'을 제외한 유형들을 독서에 대한 '열의'를 기준으로 하여 단순화한다면 책 읽기에 열의를 보이는 '열독자(熱讀者)', 열의가 부족한 '미온(적) 독자', 그리고 책을 읽지 않는 '비독자'로 나눌 수 있을 것이다. '열의'는 자발성, 적극성, 집중도 등의 요소로 판단할 수 있으며, 이 요소에 관한 자신의 상태를 긍정적으로 평가하는 독자를 '열독자', 미흡하거나 부족하다고 판단하는 독자를 '미온 독자'로 볼 수 있다.

성인 읽기 지도는 위 세 유형의 독자들을 향해 아래와 같은 접근을 시도하는 것이 필요하다.

첫째, 열독자에게는 현재 가지고 있는 독서에 대한 습관과 열의를 지속해 갈 수 있게 지원한다. 나아가 이들이 조금 더 적극성을 띠게 하여, 주변 사람들과 함께 독서 모임을 조직하거나, 동네책방의 리더 역할, 미온독자의 멘토 역할 등을 수행하는 등 주변으로 그 '열의'를 확산할 수 있는 동력이나 방법을 제공하는 것이 필요하다. 특히 지역 문화 활성화 차원에서 소규모 지역 단위의 열독자 네트워크를 구축한다면 열독자 간의 상호작용이 활성화되고, 미온 독자나 비독자와도 바람직한 연관을 맺게 할 수 있을 것이다.

둘째, 미온 독자에게는 현재의 관심 분야나 독서 목적에 맞는 책을 선택할 수 있도록 다양한 정보를 제공하고, 그 분야의 책에 맞는 읽기 방법을 안내한다. 또한 과거 청소년 시절에는 열독자였으나 성인이 되면서 열의를 잃게 된 경우에는 열독자와의 연결을 통해 독서의 장점과 가치를 직접 경험하게 하는 한편, 지속적인 지원을 통하여 읽기 기능 이외의 정의적, 환경적 요인에 변화를 꾀하게 하는 것이 필요하다.

셋째, 비독자에게는 읽기를 멀리하게 된 원인에 따라 맞춤형 지원이 제공되어야 한다. 먼저 읽기 자체를 어려워하는 난독증의 경우에는 그에 맞는 처방과 교육이 이루어져야 한다. 읽기 기능에는 문제가 없으나 집중력이 부족한 경우에는 관심 분야의 쉽고 흥미로운 읽을거리를 통해 매우 짧은 시간 동안 집중하여 읽는 데에서부터 시작하여 차츰 집중 시간을 늘리는 등 장기적이고 계획적인 독서 지도가 제공되어야 한다. 바람직하게도 청년기나 성인기에 비독자에서 독자로 전환하는 경우 "영향력 있는 타인이나 직무 관련성 등 외적 요인이 강하게 작용"(이순영, 2019: 378)한다는 점에 주목한다면, 열독자 네트워크와의 연계는 물론, 직업이나 관심 분야의 일을 해 나가는 데에 독서가 얼마나 큰 힘을 발휘할 수 있는지 보여 줄 수 있는 사례를 충분히 제공하여 독서에 관심을 가질 수 있게 해야 한다.

열독자, 미온 독자, 비독자를 포괄하여 본다면, 성인 읽기 지도는 독자로 하여금 자신의 독서 능력을 향상시키고, 독서에 대한 열의와 관심을 높일 수 있게 지원하는 활동이다. 독서 능력 향상에 필요한 정보와 지식, 경험을 제공하고 독서를 지속해 가기 위한 태도 함양의 계기를 만드는 것이다. 독서 능력이 뛰어난 '능숙한 독자'의 특성을 여러 기준과 관점으로 다양하게 정리할 수 있겠으나, 특히 읽기 과정에 요구되는 다음의 7가지를 빼 놓을 수 없을 것이다.(한국독서학회, 2003: 33-34)

① 기존 지식을 잘 활용한다.
② 읽기 과정 중에 읽기 전략의 성공 여부를 확인한다.
③ 읽기 과정에 문제가 생겼을 경우 읽기 전략을 수정한다.
④ 텍스트에서 무엇이 중요한지 판단하고 결정한다.
⑤ 텍스트 안과 밖의 정보를 체계적으로 종합한다.
⑥ 읽기 과정 중에, 그리고 읽기 후에도 끊임없이 추론을 생성한다.
⑦ 읽기 과정 중에, 그리고 읽기 후에 끊임없이 질문을 제기한다.

여기에 더하여 성인인 능숙한 독자는 무엇을 읽을 것인지 선택하고, 적절한 시간과 에너지를 읽기에 배분하며, 독서의 효용을 향유하며 나눌 수도 있어야 한다. 본격적인 읽기 과정의 전, 중, 후에 필수적인 아래 사항들을 추가한다면 '능숙한 독자'이면서 독서를 지속해 나가는 열의와 태도를 가진 '열독자'가 되기도 할 것이다.

⑧ 목적과 조건에 맞게 무엇을 읽을 것인지 선택한다.
⑨ 읽기에 필요한 시간을 확보하여 읽기를 실행한다.
⑩ 텍스트의 특성과 읽기 목적에 필요한 정도의 집중과 열의의 강도를 유지한다.
⑪ 읽은 결과를 기록하고 저장하며 내면화한다.
⑫ 읽은 결과를 목적에 맞게 활용한다.
⑬ 읽기를 자연스러운 일상의 활동으로 습관화한다.
⑭ '함께 읽기' 문화에 참여한다.
⑮ 독자 네트워크에 긍정적인 영향을 미친다.

혼자 읽기에서 함께 읽기로 나아가는 독서는 결국 '독서 문화'에 참여하고 독서 문화를 만들어 가는 공동체의 일원이 된다는 의미이다. 독서 문화는 "독서 현상을 만들어내는 일정한 연속적 범주들(저술, 출판, 읽기 행위, 독서 소통, 텍스트의 전이, 텍스트의 정전화, 텍스트의 이데올로기화 등)에 걸쳐서 나타나는 사회 일반(또는 특정의 공동체)이 공유하는 체제와 제도, 공유된 의식, 그리고 이들 독서 현상을 의미 있다고 인식하는 공유된 가치 체계"(박인기, 2010: 12)이다. 성인의 읽기 지도는 한 개인을 읽기를 잘하는 상태로 이끄는 교육에서 머물러서는 안 되며, 독자로 하여금 독서를 하나의 사회적 현상으로 보게 하고, 바람직한 독서 문화를 만들어 가는 공동체의 일원이 되도록 돕는 실질적 지원의 행위여야 한다. 책으로부터 서서히 멀어져 가고 있던 성인들이 다시 읽는 재미를 느끼고 읽는 습관을 들이면서 열독자로의 자발적 전환을 이루게 될 때, 우리는 책 읽는 사회를 향한 비전을 가질 수 있을 것이며, 그럴 때 비로소 건강한 시민 사회와 지속가능한 미래를 위한 동력을 마련할 수 있을 것이다.

정신의 성숙을 지속해 가는 진행형의 성인이 되기 위해서는 읽기를 지속해야 한다. 읽기 환경이 변화하고, 읽을거리들 역시 내용과 형태 면에서 끊임없이 변화하기 때문에 성인들도 지속적으로 읽기 지도를 받음으로써 계속하여 자신의 읽기 능력을 높여야 한다.

대한민국의 성인들은 읽기로부터 점점 멀어져 가고 있다. 초중등교육의 과정에 있을 때에는 매우 높은 독서율을 보이다가 성인이 되면서 급격히 책으로부터 멀어지며, 해가 갈수록 그 경향이 뚜렷해지고 있다. 성인들은 읽기 능력에 편차가 크고, 읽기 목적이 다양하며, 읽기에 적극적인 태도가 요구된다. 이러한 특성을 고려하여 읽기 지도가 계획되어야 한다.

성인의 읽기 전략 지도는 이해 점검, 그래픽 조직자, 이야기 구조, 질문에 답하기, 질문 생성하기, 요약, 다중 전략 교수, 협력 학습 등으로 정리될 수 있고, 여기에 더하여 책 선택의 기준과 책 읽기의 방법에 대한 지도가 필요하다. BOOKMATCH 전략을 활용하여 자신에게 맞는 책을 선택하고, 좋은 책, 적절한 책, 마음에 드는 책을 늘려나갈 수 있게 하고, 정보와 주장을 담은 글이나 문학 작품을 읽을 때 그에 맞는 읽기 방법을 적용할 수 있게 지도한다.

성인의 읽기 지도는 혼자 읽는 상황과 함께 읽는 상황을 구별하여 지도의 중점에 변화를 줄 수 있다. 혼자 읽을 때에는 책 선택, 읽기 계획, 읽기 실천과 습관 등 혼자 읽기의 특성을 고려한 사항이 강조되는 반면, 함께 읽기를 위해서는 독서 공동체에 대한 정보를 알고 참여하는 적극성을 가지게 하고, 서평 쓰기나 책을 매개로 한 상호작용에 익숙해지게 한다.

성인이 되어 나이를 먹을수록 다양한 이유로 책에서부터 멀어지게 되는 것이 현실이다. 개인의 행복을 위해, 그리고 사회의 안정과 발전을 위해 많은 이들이 독서에 열의를 보이는 독서 문화를 만들어 가야 한다. 비독자에서 미온 독자로, 그리고 다시 열독자로 자발적으로 변화해 간다면, 건강한 시민 사회와 지속가능한 미래의 비전을 가질 수 있게 될 것이다.

01 성인 독자는 자신의 상황을 정확히 진단하고 그에 맞게 독서 계획을 세우는 것이 중요하다. 아래 속성을 기준으로 하여 독자 집단의 특성에 맞게 진단표를 재구성해 보자.

	낮음·적음 ⇦				⇨ 높음·많음		계
	0	1	2	3	4	5	
독서량							
독서 빈도							
독서 능력							
독서 자발성							

※ 〈기준 예시〉(집단의 특성에 따라 변경 가능)

독서량: 월 1권의 경우 3점 기준

독서 빈도: 주 1시간 또는 주 1회 3점 기준

독서 능력: 텍스트 이해력, 독해 가능 분야의 다양성 등을 고려하여 판단

독서 자발성: 독서에 대한 흥미, 독서 계획 설계 및 이행 등을 고려하여 판단

02 '동네서점'(https://market.bookshopmap.com)을 활용하여 주변의 동네책방을 방문하여 보고, 지역 사회 독서 문화 활성화를 위해 필요한 사항, 독자 네트워크 구성 방안 등을 구상해 보자.

구선아(2020). 퇴근 후, 동네책방. 리얼북스.

김현(1988). 소설은 왜 읽는가. 분석과 해석. 문학과지성사.

로컬앤드+퍼니플랜(2020). 안녕하세요, 오늘의 동네서점. 로컬앤드+퍼니플랜.

문화체육관광부(2020). 2019 국민독서실태조사. 문화체육관광부.

박인기(2010). 독서문화의 형성과 비평의 작용. 독서연구 24, 9-49.

신형철(2008). 몰락의 에티카. 문학동네.

이권우(2008). 호모부커스: 책읽기의 달인. 그린비.

이순영(2019). 독자와 비독자 이해하기 – 용어, 현황, 특성, 생성 전환을 중심으로. 리터러시 연구 10(6), 357-384.

전종윤(2014). 철학의 권리와 대화주의: 데리다와 리쾨르 철학의 교양교육 차원에서의 이해. 교양교육연구 8(4), 339-367.

정민(2012). 정민 선생님이 들려주는 고전 독서법. 진경문고.

정수복(2013). 책인시공. 문학동네.

정혜윤(2012). 삶을 바꾸는 책 읽기. 민음사.

최인자(2020). 온전한 성장을 위한 독서문화교육 방법론. ㈜박이정.

표정훈(2004). 탐서주의자의 책. 마음산책.

한국독서학회(2003). 21세기 사회와 독서지도. 박이정.

한미화(2020). 동네책방 생존탐구. 혜화1117.

시라토리 하루히코(白取春彦), 김해용 옮김(2017). 지성만이 무기다: 읽기에서 시작하는 어른들의 공부법. 비즈니스북스.

제일재경주간 미래예상도 취재팀, 조은 옮김(2020). 미래의 서점. 유유.

Hesse. H. K.,김지선 옮김(2006). 헤르만 헤세의 독서의 기술. 뜨인돌출판사.

McShane, S.(2005). *Applying research in reading instruction for adults*. National Institute for Literacy.

OECD(2013). *Programme for International Assessment of Adult Competencies*. OECD.

Ricoeur, P., 김한식 외 옮김(1999). 시간과 이야기 I. 문학과 지성사.

Ricoeur, P., 남기영·박병수 옮김(2002). 텍스트에서 행동으로. 아카넷.

Wutz, J. A., & Wedwick, L.(2005). BOOKMATCH: Scaffolding book selection for independent reading. *The Reading Teacher*, 59(1), 16-32.

학교 독서와 독서 토론

학습목표

- 독서 토론의 개념과 핵심 요소를 설명할 수 있다.
- 독서 토론의 교육적 모형을 바탕으로 독서 토론의 교수·학습 내용을 마련할 수 있다.
- 독서 토론 과정을 평가하기 위한 계획을 수립할 수 있다.

학습내용

이 장에서는 독서 토론의 개념과 교육적 의미를 바탕으로 독서 토론의 대표적인 모형인 북 클럽 활동과 독서 워크숍을 소개하였다. 그리고 효과적인 독서 토론을 지도하기 위한 교수·학습 방법과 평가 방법을 구체적으로 안내하였다.

1. 독서 토론의 개념과 교육적 의의

1.1. 독서 토론의 필요성과 개념

과거에는 읽기를 하나의 정신적 과정으로 보고 그 심리적 측면만을 강조한 반면, 이제는 읽기를 정신적이면서 동시에 한 개인의 삶에서 차지하는 기능으로 보기 시작하였다. 그리하여 읽기 또는 문식성이 갖는 의미를 개인적 그리고 사회적 측면에서 탐구하였는데, 읽기를 사회적 상호작용의 관계로 보게 되면 읽기의 목적은 글을 해석하고 비판하고 다른 사람과 그 결과를 교환하는 것이 주목적이 된다(노명완·이차숙, 2002, 194).

이처럼 읽기를 바라보는 시각이 훨씬 넓어지면서 읽기 지도 방법에서도 변화를 보이기 시작했다. 과거의 읽기 지도는 단순히 어떤 하나의 기능이나 전략을 단기간에 집중적으로 지도하는 데 중점을 두었다면, 이제는 단순히 글을 읽고 말하고 쓰는 능력 이상의 사고력과 판단력, 창의력 향상을 요구하면서 학습 방법 측면에서도 다른 사람과 함께 협동적인 사고 과정을 통해 의미를 구축해 나가는 학습 방법을 적응·활용하고 있다. 그리하여 여러 학생이 하나의 글 또는 여러 글을 읽고, 함께 생각하고, 토의하고, 비판하는 모습으로 변화하고 있다.

본 장에서는 이러한 변화에 맞춘 교수 학습 방법으로 독서 토론을 깊이 있게 살펴볼 것이다. 독서 토론은 독자가 읽은 내용에 대하여 서로 의견을 나누는 상호작용으로 학생에게 책을 읽는 방법을 구체적으로 안내하는 지침이라 할 수 있다. 또한 혼자 책을 읽는 것에서 그치는 것이 아니라 책을 읽은 뒤 함께 논의하는 활동이다. 이는 독해 기능을 가르치는 미시적 독서 지도가 아니라 독서 경험 그 자체를 중시하는 독서 지도 방법이라 하겠다. 토빈(1986:326)은 독자는 텍스트에 개인적으로 반응할 기회가 필요하고, 그 다음 소규모의 믿을 만한 동료 집단 안에서 반응과 해석을 공유할 기회가 필요하며, 마지막으로 지역 사회의 독자로서 전체 교실에서 공유할 기회가 필요하다고 주장한다.

독서 토론에서의 사회적 상호작용은 학생들이 자신이 읽은 책의 내용에 대하여 좀 더 명료하게 생각할 수 있도록 도와주며, 자신들이 어떻게 그것을 알게 되는지를 좀 더 분명하게 인식할 수 있게 해준다.

대체로 많은 교사들이 독서 토론 활동과 관련하여 '토론'과 '토의'를 혼용하여 사용하고 있다. 이는 독서 토론이 책을 읽고 그 내용에 대하여 이야기를 하는 것이기 때문에 토론이나 토의가 어떻게 사용되든 상관이 없다는 인식이 반영되었기 때문이다. 그러나 독서 토론은 독자가 읽은 내용에 대하여 서로 의견을 나누는 상호작용으로서 일반적인 '토론'이나 '토의'와 다르다.

일반적인 토론과 토의가 참여한 학생들의 생각이나 견해의 옳고 그름의 시비나 상대방의 주장에 대한 논리에 초점을 두는 반면, 독서 토론에서의 '토론'은 서로의 반응을 나누는데 초점을 두고 있다. 그리고 독서 토론은 단순히 책을 읽고 그 내용에 대하여 이야기를 하는 부분을 한정하여 지칭하는 것이 아니라, 학생들과 함께 작품의 의미를 만들어나가는 과정 전체를 가리킨다. 즉, 독자의 주관적인 이해보다는 토론의 과정을 통해 자신의 이해 폭을 넓히고 자신이 갖게 되는 의문점을 해결하는 과정이라 하겠다(김라연, 2007:3).

1.2. 독서 토론의 교육적 의의

읽기 교육 연구자들은 읽기 과정을 사회화 과정으로 이해하고 배경 지식과 경험의 역할을 강조해야 한다고 주장한다. 이는 비고츠키의 사회적 구성주의와 로젠블렛의 독자 반응 이론을 수용하면서 읽기에 대한 개념을 새로이 인식하게 된 결과라 하겠다. 사회적 구성주의 이론의 대표적인 이론가인 비고츠키(1978)는 사고와 언어의 관련성을 매우 중요하게 생각하여 문식성은 다른 사람과의 대화 등의 사회적 상호작용 속에서 발달한다고 주장한다. 즉, 교사와 학생이 함께 읽고, 쓰고, 토론하는 과정에서 학생들은 의미를 구성해나가는 방법을 획득하게 되는 것이다.

한편, 읽기에 대한 개념 이해는 문학 작품을 보는 관점과 문예 이론과도 크게 연관되어 있다. 문학 이론가인 로젠블렛(1955)은 독자와 텍스트 사이의 상호작용에서 의미가 생긴다고 주장하였다. 텍스트의 구조는 독자를 의미로 향하게 안내하며 독자는 텍스트를 읽으면서 과거의 경험, 그것과 관련된 생각이나 느낌을 가지게 된다는 것이다. 이저(1978) 또한 독자의 창조적인 역할을 강조하였다. 그는 문학 작품은 하나의 텍스트에 불과하며, 문학적 텍스트는 참다운 독자의 읽기 행위를 통한 이해 과정을 거쳐야만 완전한 예술 작품으로 승화된다고 주장하였다. 아울러 각기 서로 다른 독특한 경험과 지식 기반을 가지고 각기 다른 해석을 하기 때문에 작품에 대한 하나의 '올바른' 해석은 없다고 주장하였다.

독서 토론 활동은 교사와 학생에게 유용한 정보를 제공한다. 우선, 학생들에게는 상대방을 통해 배울 수 있는 기회가 된다. 예를 들어, 한 학생이 이해하지 못한 내용에 대하여 질문을 하면 다른 학생들이 이 부분에 대하여 설명을 해준다. 또한 우수한 학생들은 제목의 의미가 무엇이라고 생각하는가에 대하여 자신의 생각을 이야기하기도 하고, 작가가 왜 그러한 제목을 선택하였는지를 질문하기도 한다. 자신이 이해하지 못한 내용이나 이해하는 데 혼란스러웠던 점 등을 질문하기도 하는데, 이러한 활동은 부진한 학습자들에게 학습의 모델로 작용하게 된다. 그리하여 어떻게 독해를 해나가는지, 그 전략을 어떻게 사용하는지를 보면서 자신에게 부족한 독해 전략을 학습하게 된다.

아울러, 교사에게는 독해가 이루어지는 모든 과정을 살펴볼 수 있다는 점에서 유용하다. 교사는 독서 토론 과정을 통해 학생들이 독해 전략을 어떻게 사용하고 조절하는지를 살펴봄으로써 확장된 독해 활동을 관찰할 수 있다(Day, Spiegel, McLellan, &Brown, 2002).

2. 독서 토론의 교육 방법

독서 토론 활동의 역사는 매우 오래되었으며 다양한 교육 현장에서 여러 교사들에 의해 운영되어 왔다. 그런데 개별 교사에 의해 운영된 독서 토론 활동은 수업 방법으로서의 의의와 효과를 이야기할 수는 있지만, 그 이상의 교육적 논의로 이어지기에는 한계가 있다. 학교 현장에서 독서 토론 활동을 체계적으로 지도하기 위해서는 무엇보다 독서 토론 모형과 같은 교수·학습 모형을 강화시킬 필요가 있다. 독서 토론을 교육적 수업 모형 차원의 접근할 경우, 훨씬 포괄적이며 일관성 있는 지도를 할 수 있다.

수업 모형은 이론적 근거, 기대하는 학습 결과의 진술, 교사의 내용 지식, 학생의 발달 단계에 맞게 적절히 계열화된 학습 활동, 예상되는 교사와 학생의 행동, 과제 구조, 학습 결과의 평가, 모형 그 자체의 적용 가능성을 검증할 수 있는 방법을 포함한다. 또한, 학생이 보다 효과적인 학습을 할 수 있도록 가르치는 방법을 제시해주는 일종의 청사진의 역할을 할 수 있다.

이 장에서는 독서 토론 활동의 교육적 성과를 극대화하기 위해 근간이 되는 이론적 배경 위에 운영 방식을 정교하게 만든 독서 토론 모형을 살펴보고자 한다. 이 모형들은 학생 주도적인 입장에서 독서토론의 기본 과정은 유지를 하면서 거기에 교사의 지도라는 영역을 포함시켜 독서 토론을 교사가 체계적으로 지도할 수 있다는 점을 강조하고 있다.

2.1. 북 클럽 활동

북 클럽(Book Club) 활동은 비고츠키의 사회적 구성주의 이론과 로젠블렛의 독자 반응 이론을 바탕으로 맥마흔과 라파엘(1997)이 만든 모형이다. 이 모형은 초등학교 학생들의 독해 능력과 비판적 사고력을 신장시키기 위하여 대학의 연구자들과 초등학교 교사들이 3년 동안 연구한 결과를 바탕으로 구안되었다.

북 클럽 활동은 '읽기, 토론하기, 쓰기, 그리고 교사의 지도'라는 네 가지 요소로 구성되며, 이 구성 요소들은 '읽기(reading)-도입 학급 전체 토론(opening total class discussions: community share)-모둠 토론(smallgroup discussions: book clubs*)-마무리 학급 전체 토론(closed total class discussions; community share)-쓰기(writing)'의 과정으로 진행된다. 이 요소들은 수업 상황, 학생들의 요구, 활용할 수 있는 시간, 지도에서 초점을 두는 부분이 어디냐에 따라 구성 요소가 추가될 수도 있다. 북 클럽 활동의 각 단계에서 수행해야하는 활동은 다음과 같다(김라연, 2006, 60-79에서 재구성).

북 클럽 활동은 읽기 활동으로 시작된다. 학생들은 우선 선정된 책을 읽어 온다. '읽기'는 북 클럽 활동의 기본이 되는 부분으로 자연스러운 생활 속에서의 충실한 원문 읽기를 강조한다. 이때, 학생들은 책을 읽으면서 갖게 되는 생각, 느낌, 질문 등을 독서 일지에 기록한다. 가능한 학생들이 자신의 입장에서 책을 읽고 이야기하고 싶은 내용을 메모할 수 있도록 안내한다.

그 다음 단계는 토론하기 활동이다. 토론의 시작은 우선 '도입 학급 전체 토론'으로 시작된다. 여기서는 모둠 토론 활동을 하기 전에 읽은 내용에 대하여 준비하는 활동을 수행한다. 교사는 학생들에게 새로운 아이디어나 전략 등을 소개하거나 시범보일 수 있다. 이전에 읽은 글의 내용을 회상하게 하거나 배경지식을 떠올려보게 할 수 있으며, 학생들에게 필요한 토론 전략을 소개할 수 있다. 아울러 모둠 토론에서 무엇을 토론할 것인가를 스스로 결정할 수 있는 기회를 제공한다. 활동은 그날 학생들이 원하는 것이 무엇인가에 따라 수시로 변경될 수 있다.

'도입 학급 전체 토론'이 끝난 뒤에는 학생 중심의 '모둠 토론'이 전개된다. 이 활동은 북 클럽 활동의 핵심이 되는 부분으로, 학생들이 읽은 책의 내용을 중심으로 이야기를 전개하는 활동으로 이루어진다. 모둠 토론이 끝나고 나면 '마무리 학급 전체 토론'을 하게 된다. 여기서는 각기 다른 모둠 토론에서 논의한 내용을 가지고 함께 이야기를 한다. 읽은 책의 내

모둠 토론은 소문자를 사용한 book clubs라고 표기한다. 이때 복수형 -s을 사용하는 것은 북 클럽 활동에는 여러 개의 모둠이 함께 참여하기 때문이다. 한편, 전체 활동을 가리킬 때에는 대문자를 사용하여 Book Club이라고 표기한다.

용에 대하여 다른 학생들과 이야기를 했던 주제에 대하여 논쟁하기도 하고 관련된 배경 지식에 대해서도 이야기를 나눈다. 이 활동을 통해, 학생들은 전체적인 관점에서 글의 내용을 주제와 연관 지어 이야기할 수 있게 된다.

이상의 토론 활동이 끝나면 학생들은 '쓰기' 단계에서 자유로운 쓰기 활동을 하게 된다. 이때, 교사는 쓸 내용이나 주제에 대하여 제한을 하지 않는다. 학생들은 이미 지정한 책을 읽었으며 내용 중 의미 있다고 생각되는 내용을 메모하여 왔다. 그리고 여러 학생들을 만나 많은 이야기를 나눈 상태이다. 이런 과정에서 학생들은 글을 읽는 방식, 글 내용을 이해하고 해석하는 방식, 내용을 삶에 적용하는 방식에 대하여 상당한 정도로 의견을 교환하였고, 각자 자신의 생각을 수정하기도 하였다. 쓰기는 이런 여러 가지 이야기 내용 중 자신에게 중요하고 의미 있다고 생각되는 내용이나 주제를 찾아 글로 쓰게 하는 것이다. 그리고 쓴 글을 공개적으로 발표하게 하는 것으로 마무리를 한다.

북 클럽 모형은 상호작용과 능동적인 참여를 강조하는 독서 모형이다. 이 모형은 학습자들이 편안하게 참여할 수 있는, 그러면서 아이디어를 탐색할 수 있는 '학습자 공동체'를 중심으로 이루어진다(Rogoff 외, 1996; Raphael & Goatley, 1997). 교사와 학생들이 권력과 책임을 동등하게 나누어 담당하고, 각 활동에서 학생들이 우선적으로 책임을 지는 학생 중심의 형태를 강조한다. 학생들은 모둠 토론이나 학급 전체 토론 활동을 통해 자신의 생각을 이야기할 수 있고, 다른 사람에게 질문을 하고, 자신의 경험을 바탕으로 텍스트의 의미를 협동적으로 만들어 나가게 된다. 이 과정을 통해 학생들은 상대의 문화를 이해하게 될 것이며, 함께 공존하며 살아가기 위한 방법을 연습하게 될 것이다.

2.2. 독서 워크숍

독서 워크숍(reading workshop)은 학생들이 실질적인 목적을 갖고 독서 활동을 할 수 있는 환경 속에서 자율적으로 책을 읽을 수 있도록 교사가 지원하는 프로그램이다. 학생들은 자신이 읽고 싶은 책을 선택해서 읽고, 읽은 책에 대한 반응을 동료나 선생님과 자유롭게 나눌 수 있다. 교사는 개인적인 대화, 모둠 토론, 학급 전체 토론 등 다양한 방식으로 학생들과 상호작용을 하면서 필요한 독서 기능과 전략을 지도한다.

독서 워크숍은 학생 독자의 실제적이고 능동적인 독서 활동, 교사의 명시적인 지도, 그리고 독자 공동체의 상호작용을 강조한다. 독서 워크숍은 '미니 레슨(mini lesson) – 소리 내어 읽기(read aloud) – 자립적 읽기(independent reading) – 협의하기(conferring) – 나누기(sharing)'의 과정을 주요 단계로 설정하고 있는데, 각 단계에서 수행해야 하는 활동의 내용은 다음과 같다(김주환, 2018, 192-205에서 재구성).

독서 워크숍은 '미니 레슨'과 '소리 내어 읽기'와 같은 교사 주도의 활동으로 시작된다. '미니 레슨'은 독해력이 부족한 학생들에게 독해력을 증진시킬 수 있도록 독해 전략을 직접적이고 명시적으로 지도하는 것이다. 이 시간에는 학생들이 텍스트와 긍정적인 상호작용을 할 수 있도록 약 10~15분에 걸쳐 교사가 직접 지도한다. 기능이나 전략이 무엇인지, 왜 어떻게 해야 하는지를 설명한다. 그리고 그 사용의 예를 교사가 직접 시범을 보여준 다음에 학생들이 짝이나 소그룹별로 기능이나 전략을 연습할 기회를 제공한다.

'소리 내어 읽기' 단계에서는 교사가 전체 학생들을 대상으로 책을 소리 내어 읽으면서 학생들에게 다양한 장르나 스타일의 책을 소개하고, 읽기 전략을 교사가 실제로 적용해서 보여준다. 교사는 학생들에게 읽기의 즐거움과 텍스트에 대해 어떻게 생각하고 논의해야 하는지를 보여준다.

'자립적 읽기' 단계에서는 학생들이 좋아하는 책을 선택해서 혼자 조용히 읽는 시간을 갖게 된다. 학생들은 미니 레슨에서 배운 전략이나 읽기를 적용하여 스스로 읽고 연습하게 되는데, 혼자서 조용히 책을 읽거나 독자 반응 노트에 텍스트에 대한 반응을 기록한다. 짝과 함께 활동하기도 하고 모둠 독서토론에 참여하기도 한다. 이때, 미숙한 독자들을 위하여 교사는 안내된 읽기를 통해 독서 기능과 전략을 지도할 수 있다.

이어지는 '협의하기' 단계에서 학생들은 소그룹이나 개인별 협의 과정을 통해 학생과 교사, 학생 상호 간의 의미 있는 대화를 하게 된다. 이 과정에서 학생들은 읽은 것에 대해 친구나 교사와 대화를 나눌 수도 있고, 교사의 지도에 따라 내용을 요약하거나 인물 지도를 그릴 수도 있다. 반응 일지를 쓰는 것도 학생들의 반응을 확인하고 발전시킬 수 있는 효과적인 방법이 될 수 있다.

마지막으로 '나누기' 단계는 읽은 책의 내용에 대해 다양한 이야기를 하고 친구들의 이야기를 들을 수 있는 시간으로 이루어진다. 협의하기가 비공식적인 대화에 속한다면 나누기는 여러 사람들이 각각 자신의 경험을 이야기하는 것이다.

독서 워크숍이 이루어지는 교실은 교실 도서관, 모둠 토론 장소, 원형 테이블, 출판 센터, 컴퓨터와 독서 공간, 전시 공간, 개인 사물함 등의 다양한 공간으로 이루어진다. 교실의 가장 큰 빈 공간은 모든 학생들이 모여 협의하는 공간으로 전체 협의와 모둠 독서토론이 이루어진다. 여기에는 교사를 위한 책상은 없고 책을 읽어주기 위한 의자가 있을 뿐이다. 학생들은 주로 원형 테이블에 모여서 책을 읽고 이야기를 나눈다. 원형 테이블은 모두가 동등한 위치에 참여할 수 있다는 장점이 있다.

출판 센터에서는 학생들이 쓴 글을 책으로 묶을 수 있는 여러 가지 도구들이 준비되어 있다. 그리고 교실 도서관은 독서 워크숍 공간 중 가장 중요한 공간으로 다양한 종류의 책들을 구비하여 학생들이 쉽게 찾아볼 수 있도록 전시해야 하며, 학생들이 휴식을 취하거나 혼자 조용히 책을 읽을 수 있도록 편안한 장소로 꾸밀 필요가 있다. 무엇보다 학생들의 읽기 속도에 맞추어 다양한 책들을 제공해주어야 한다는 점이 중요하다.

독서 워크숍은 학생들은 독자로서 정체성을 갖고 자립적인 독서 활동을 할 수 있도록 동료와 교사가 지원하는 것을 강조하기 때문에 하나의 관점에 따라 구성된 단일한 교수 학습 모형으로 보기 보다는 다양한 교수 학수·학습 전략이 통합된 모형이다. 그러므로 학생들의 수준이나 교사의 교수학습 목적에 따라 워크숍의 절차와 구성요소는 매우 다양하게 운영 될 수 있다.

3. 독서 토론의 단계별 지도

앞서 살펴본 북 클럽 활동과 독서 워크숍 모형은 학생의 자율적인 활동과 더불어 '교사의 지도'를 강조하고 있다. 독서 토론에서 교사는 '촉진자, 참여자, 중재자, 적극적인 청자' 역할을 담당해야 한다. 교사는 학생들 사이의 상호작용을 점검하고 학생들의 참여를 격려할 수 있어야 하며, 교사 스스로 한 명의 독자로 대화에 참여하여 생각을 공유하고 학생들의 생각을 들어주는 역할을 수행해야 한다(Short 외, 1999).

에반스(1996)는 교사가 적절한 준비를 하지 않은 상태에서 활동의 주도권을 학생에게 넘겨주면 교사와 학생 모두가 혼란을 겪게 되는 점에 주목하여 교사의 철저한 준비를 강조하였다. 그렇다면 독서 토론의 각 과정에서 교사의 지도는 어떻게 이루어져야 하는가? 본 장에서는 독서 토론의 준비 단계인 도서 선정과 모둠 구성, 그리고 독서 토론의 주요 단계인 '읽기, 토론하기, 쓰기'의 과정, 독서 토론의 평가 단계에서 교사가 담당해야할 역할과 임무에 대하여 살펴보고자 한다.

3.1. 도서 선정

독서 토론에서 학생들이 어떠한 책을 읽는가는 매우 중요한 일이다. 독서 토론에서는 학생이 읽어야 하는 책의 분량이 읽어야 하는 책의 분량이 많아 미리 과제로 읽어야 하기 때문에 학생들이 스스로 책을 읽을 수 있도록 그들의 수준과 흥미를 고려한 도서 선정이 중요하다.

독서 토론에서 주로 사용하는 도서로 문학 작품들이 적극 활용되고 있다. 문학 작품은 비문학 작품에 비해 한 편의 완결된 글 읽기를 지도하기 쉽다. 그리고 문학 비평 활동 등 다른 학문의 도움을 받아 좋은 글과 그렇지 않은 글, 읽기 교육에 적합한 글과 그렇지 않은 글의 선별이 쉽다. 특히 학생들이 자신의 읽기 능력 수준에 맞는 글을 스스로 선택하여 읽을 수 있기 때문에 개인별 수준별 학습 지도에도 적합하다.

최근 읽기 교육에서 문학 중심 읽기 교육이 활발히 전개되고 있다. 문학 중심 읽기 교육은 학습자를 존중하고, 그들의 자율성과 능동성을 최대한으로 발휘하게끔 안내하여 창의성과 인간성을 발견하게 하는 것을 목적으로 삼는다. 문학 중심 읽기 교육에서는 교사가 읽기를 잘 할 수 있는 기능이나 전략을 직접 가르치려고 하기 보다는 학생들이 실제로 책을 읽으면서 의미를 구성해나갈 수 있는 환경을 마련해주는 데 더 많은 노력을 기울이고 있다. 그리하여 학생들이 독서 공동체에 참여할 수 있는 기회를 많이 만들어줄 수 있는 환경을 강조한다(노명완 외, 2011, 180).

맥마흔(1997)은 좋은 작품의 선정 기준으로 텍스트의 질, 학생의 흥미, 작품 속의 인물과 배경의 다양성 등을 제시하였다. 먼저, 작품의 질을 평가하기 위해서는 전문가나 작품에 대한 정보를 제공하는 다양한 자료를 참고할 수 있다. 작품에 대한 정보를 얻을 수 있는 전문가에는 동료 교사, 대학의 연구자들, 그리고 서점의 책 판매원 등이 있다. 뉴베리나 칼데콧과 같이 좋은 책을 선정하는 기관에서 수여하는 상을 수상한 작품들에 대한 정보도 작품의 질을 판단할 때 도움을 줄 수 있다.

둘째, 학생의 흥미를 고려해야 한다. 학생들의 흥미에 대한 준거를 정하기 위해, 교사는 학생들이 독서를 할 때 어떤 점에서 흥미를 느끼는지를 작가, 제목, 장르, 화제 등의 측면에서 살펴볼 필요가 있다. 학생들은 책을 읽기 전에 부차적인 것들에 집착을 하는 경향이 있으므로 책에 대한 해설을 먼저 제공하고, 어떤 책을 포함시킬 것인가를 투표하게 한다. 그리고 교사는 책의 선택에 대해 다른 사람과 자주 논의할 필요가 있다. 이러한 토의는 모둠의 구성원들이 좋아하는 책에 대하여 학생들이 동일시할 수 있는 기회를 제공한다.

셋째, 작품을 선택할 때에는 되도록 인물과 배경을 고려하는 것이 좋다. 청소년들은 문제 해결을 위해 지속적으로 변화와 성장을 해나가는 주인공이 등장하는 텍스트를 선호한다고 한다(Rocklin, 2001). 이러한 주인공들은 확장된 세계에 대한 큰 갈등을 겪게 되지만, 이 과정을 거치면서 주인공은 내적 성장을 하게 된다는 공통점을 가지고 있다.

실제, 학생들은 자신이 아는 것이 나올 때, 그리고 자신도 주인공과 비슷한 경험을 한 적이 있을 때 더욱 활발하고 적극적으로 토론에 참여하였다. 또한, 작품의 배경은 독자의 삶, 가족과 관련된 삶, 이웃이나 학교와 관련된 것과 같이 친숙하고 일반적인 것이 좋다. 나아가 다른 문화와 다른 국가, 그리고 다른 배경에 대한 지식을 확장시켜줄 수 있는 문학작품을 고려할 필요가 있다.

독서 토론 활동에서는 문학 작품을 주된 텍스트로 사용하지만, 상호 텍스트성의 측면에서 작품의 내용, 형식과 관련된 다른 영역의 책들도 포함시킬 수 있다. 문학 작품을 위주로 도서 선정이 이루어질 경우, 유사한 주제의 반복으로 인해 학생들이 지루함을 느낄 수 있다. 그러므로 치열한 논쟁을 할 수 있는 소재, 자신이 중요하다고 생각하는 소재, 새로운 과학 지식이나 앞으로 펼쳐질 미래를 예측할 수 있는 다양한 소재를 제공하여 학생들에게 새로운 활력을 불어넣는 기회를 제공할 필요가 있다.

독서 토론 활동에서 가장 많이 사용하는 도서 선정의 방법은 교사가 도서의 범위를 제한하여 제시하고 그 안에서 학생들이 책을 선정하는 방법이다. 교사는 먼저 독서 지도 교사들의 의견, 학생들의 설문 조사, 다양한 기관에서 제시하는 권장 도서 목록 등을 참고하여 도서 목록을 작성한다. 그리고 이를 학생들에게 나누어 준 다음 학생들에게 최종적으로 책을 선택하게 한다. 이때, 다양한 도서를 많이 안내해주는 것보다 한 권의 도서라도 정확하게 안내해주는 것이 필요하다. 학생들이 이 책에 대한 내용은

표 21-1 | 도서 선정의 방법

■ **교사가 책을 선택하는 방법**
예를 들어, 교사는 '전쟁'이라는 주제가 학생들이 토론하기에 적합하다는 판단 하에 제 2차 세계대전에 관한 책을 선정하였다. 이 방법은 독서 토론 프로그램을 시작하기 전에 교사가 미리 계획하고 준비할 수 있는 시간을 확보하게 된다는 장점을 지니지만 학생들이 교사가 선정한 도서에 흥미와 관심을 보이지 않는다면 실제 독서로 이어지기 쉽지 않은 문제점을 지닌다.

■ **특정 장르 안에서 학생들이 책을 선택하는 방법**
교사가 먼저 책의 장르를 선택한 뒤 그 안에서 학생들이 도서를 선정하는 것이다. 이 방법은 학생의 흥미와 관심을 충분히 고려할 수 있다는 점에서는 좋지만, 교사 입장에서는 어려움이 따른다. 왜냐하면 학생들이 선정한 책 중에는 독서 토론에 사용하기에 적합하지 않은 책들이 있기 때문이다. 그리고 어떤 경우에는 교육적 중요성을 찾아보기 힘든 경우도 생긴다.

■ **학생들 스스로 책을 선택하는 방법**
학생들이 실제로 읽고 싶은 책이 무엇인가를 조사하여 학생들이 스스로 책을 선정하게 한다. 이 방법을 사용할 경우, 학생들은 자신이 선택한 책이라는 점을 알기 때문에 토론 활동에 적극적으로 참여하게 되며, 학생들이 책읽기 자체를 즐기게 된다는 장점이 있다.

알 수 없지만 그 책을 왜 읽어야 하며, 읽을 때 어떻게 읽어야 하는가를 충분히 파악할 수 있는 정보를 제공해 주어야 한다. 김승환(2003)은 학생들에게 분석적 독서 자료를 제공할 것을 제안하였는데, 이 자료에 들어갈 구성요소는 다음과 같다.

1. 원저자와 번역자에 대한 정보를 독자에게 제공하여 과제 도서와 그 저자에 대한 개관을 통해 작품을 이해할 수 있게 한다.

2. 학생들에게 권장하는 책에 대하여 소개를 하는데, 이때 이 책이 독자에게 어떤 영향을 줄 것인지, 또는 사회에 미칠 영향을 소개한다. 이야기를 바탕으로 추측할 수 있는 문제점 등을 제시할 수도 있다.

3. 도서를 추천하는 이유를 밝힌다. 책을 읽기 전에 이 책을 왜 읽어야 하는지에 대한 이유나 책을 읽었을 때 어떤 점이 좋은지, 어떤 사람들이 읽어야 하는지에 대한 정보를 제공한다.

4. 선정된 도서를 중심으로 더 찾아 읽어야 할 도서를 저자 중심으로, 또

는 내용을 중심으로 몇 권 더 선정해 준다.

5. 과제 도서와 관련된 문제를 8～10가지 정도 제시한다.

6. 읽은 책에 대하여 자신이 생각한 것이나 생각하고 있는 것을 소개한다. 그리하여 읽는 사람이 먼저 자신의 생각과 비교할 수 있게 한다.

독서 목록 안내서에 제공해야 할 다양한 정보 중 먼저 이 책을 읽은 입장에서 자신의 생각과 의견을 소개하는 것은 학생들에게 큰 영향을 미칠 것이다. 만약 본인이 이 책을 진정으로 권해줄 수 없다면, 학생들이 이 책에 대하여 흥미를 느낄 것이라고 기대해서는 안 된다. 반대로 교사가 과거에 이 책을 아주 재미있게 읽었거나 재미있게 가르친 경험이 있는 책을 학생들에게 제시해 준다면 그 책에 대한 교사의 열정은 학생들에게 스며들 것이다.

3.2. 모둠 구성

모둠은 학생들이 스트레스를 받지 않고 이야기를 나눌 수 있는 구성원으로 이루어지는 것이 가장 효과적이다. 그러므로 모둠은 상호작용하기에 적합할 만큼의 크기가 되어야 한다. 각 학생들이 토론에 충실히 참여할 수 있을 만큼의 기회가 제공되어야 하며, 심리적으로는 학생들이 눈을 마주할 수 있을 정도의 거리를 유지하고 있어야 한다.

모둠을 구성할 때에는 학생들의 사회적 능력, 해석적 능력, 읽기 능력 등을 고려해야 한다. 대부분의 교사들은 모둠 토론에서 이루어지는 상호작용에 학생들의 언어 능력이 가장 많은 영향을 미친다고 생각하여 이를 최우선적으로 고려하는 경향이 있다. 그러나 최근에는 사회적 상호작용 능력이 가장 많은 영향을 미친다는 주장이 설득력을 얻고 있다(Webb, 1982). 왜냐하면 사회적 능력에 초점을 맞출 경우, 모둠의 구성원들이 보다 협력적이고 협동적인 활동을 수행할 수 있기 때문이다.

독서 토론 활동에서는 학생들의 능력을 고려하여 이질적 집단을 구성하는 것을 권장한다. 학생들은 다양한 전략들을 사용하여 해석, 비판, 반응을 수행해야 한다. 그런데 만약 언어 능력이 비슷한 학생들로 모둠을 구성한다면 다양한 반응이 나오기 어렵다. 학습자들은 동료 학생들의 지식이나 의견에 부합하는 쪽으로 적응하려하기 때문이다(Dyson, 1996). 반면, 언어 능력이나 종교, 인종, 성별, 경제적 지위의 차이는 하나의 텍스트에 대하여 다양한 입장을 생각할 수 있게 해주므로 훨씬 다양한 반응을 나누기 적합하다.

모둠을 구성한 뒤에는 학생들이 상호작용 역할을 학습하고 모둠의 원활한 운영을 위한 협력적 규칙을 설정하고 이를 학습할 시간이 필요하다. 학생들에게 독서 토론 활동을 할 때 유의해야 할 행동과 학생들이 범할 수 있는 잘못된 행동에 관한 안내 자료를 제공해주고 이를 살펴보게 할 수 있다.

학생들이 모둠 토론에서 자유롭게 자신의 의견을 이야기하기 위해서는 학생들 간의 신뢰가 형성되어야 한다. 학생들은 아직 완성되지 않은 반쪽짜리 이야기를 하더라도 부끄러워하지 않고 자연스럽게 이야기할 수 있어야 한다. 학생들은 자신이 다른 사람에게 적대적이거나 부정적인 시각을 가지지 않더라도 상대방의 의견에 반대할 수 있다는 점을 알아야 한

표 21-2 | 좋은 토론이 되기 위한 지침

좋은 토론이 되기 위한 지침
■ 모든 학생들이 듣고 모든 학생들이 이야기한다.
■ 미리 읽은 내용에 대하여 준비한다. 독서 일지에 읽은 내용에 대하여 기록한다.
■ 모든 구성원에게 관심을 기울인다.
■ 옆에서 따로 이야기하는 것은 피한다.
■ 좋은 코멘트를 많이 해준다.
■ 반대를 해도 좋다. 이때에는 왜 동의하지 않는지를 설명해주어야 한다.
■ 구성원들이 이야기를 하지 않을 때에는 질문을 한다.
■ 모든 구성원이 이야기를 다 한 뒤에 다른 화제로 바꾼다.

표 21-3 | 학생들이 실제로 행할 수 있는 잘못된 행동들

학생들이 실제로 행할 수 있는 잘못된 행동들

▶ "내가 먼저"

다른 사람이 이야기를 하는 것에 대해 반응하지 않는다. 그리고 모둠 안의 다른 구성원들을 무시한다. 다른 사람의 의견을 듣기보다, "나 먼저"라고 큰 소리치고, 거만하게 자신의 생각과 의견을 표현하는 것이다.

▶ "내가 옳아"

자신의 의견이 다른 사람의 의견과 다를 때, 자신의 의견만 옳다고 주장하는 것이다. 이런 학생들은 "내가 책 다 읽었는데, 네가 말한 것은 틀린 거야. 내 말이 옳은 거야."라고 이야기한다.

▶ "무례해"

동료의 이름을 함부로 부르거나 방해하기, 큰 소리로 이야기하는 등의 모둠의 구성원을 무시하는 행위를 말한다. 이런 학생들은 다른 사람들이 이야기하는 것을 듣지 않고, 손톱을 뜯고 있으며, 불쾌하게 이야기한다.

▶ "이방인"

참여자들이 준비를 거의 하지 않고, 교실 주위만 빙 둘러본

다. 또한 학생들은 모둠의 구성원은 다른 사람의 이야기를 주의 깊게, 그리고 흥미를 가지고 들어주어야 한다는 점도 명심해야 한다. 모둠 구성원들은 토론에서 꼭 합의를 이루어내야 하는 것은 아니라는 점도 알아야 한다. 학생들은 협상을 통해 갈등을 해결하는 방법을 알게 되면, 갈등이나 반대를 굳이 피하려고만 하지 않게 된다. 그들은 반대를 하는 것도 작품에 대한 개인적인 반응을 표현하는 한 방식이라는 점을 인식하게 될 것이다.

이와 같은 지침서를 제공하는 것은 학생들이 어떻게 행동해야 하는가에 대해 깊이 생각해볼 수 있는 바탕을 마련해주기 위해서이다. 이 내용을 어느 정도 숙지했다고 판단되는 시점에서 지침서를 수거하고, 학생들 스스로 독서 토론 활동에서 지켜야 할 규칙을 모둠별로 정하게 한다.

모둠별 규칙이 정해진 다음에는 학급 전체 토론 형태로 바꾸어 각 모둠에서 정한 규칙을 발표하게 한다. 이 기회를 통해 학생들은 왜 그러한 규칙을 만들었는지 설명하게 되는데, 이는 각 모둠에서 정한 규칙이 무엇인지 확인하고 모호한 진술에 대해서는 한 번 더 그 의도를 명확하게 함으

표 21-4 | 독서 토론 활동 참여 동의서

독서 토론 활동 참여 동의서

　나는 이 모임의 일원으로 독서 토론 활동에 성실히 참여할 것입니다. 나는 다음과 같은 사항을 꼭 지킬 것을 약속합니다.

⑴ 나는 이 활동에 빠지지 않고 성실하게 참여할 것입니다.

⑵ 책은 꼭 읽어올 것입니다.

⑶ 모든 활동에 적극적으로 활동할 것입니다.

⑷ 항상 즐거운 마음으로 참여할 것입니다.

⑸ 자신 있게 내 주장을 말할 것입니다.

⑹ 다른 사람의 생각도 수용할 것입니다.

⑺ 욕하지 않겠습니다.

⑻ ⋯⋯

날짜:

이름:　　　　(서명)

로써 보다 정교한 규칙을 만들기 위해서이다. 그리고 함께 규칙에 대하여 토론을 하면서 자신의 모둠에서 이야기되지는 않았지만 중요하게 다루어져야 할 규칙들에 대해 함께 공유할 수 있다.

　이 과정을 마친 뒤에는 각 모둠별로 규칙을 다시 한 번 수정하게 하고, 이 내용을 정리하여 '활동 참여 동의서'를 적고 직접 사인을 하게 하여 독서 토론 활동에 대한 책임감과 의무감을 강조한다.

3.3. 읽기 과정 지도

　'읽기' 과정은 독서 토론의 가장 기본이 되는 부분이다. 이 과정에서는 원문에 충실한 읽기를 강조하며 읽기 과정에서 독자의 경험을 강조하여 독자와 텍스트 사이의 상호작용을 통한 의미 창출을 중시한다. 교사는 책을 읽고 토론하는 과정 중에서 학생들에게 명시적인 독해 수업을 제공해야 한다. 그리고 학생들이 실제로 자신이 학습한 것에 대하여 상호작용을 할 수 있는 기회와 시간을 충분히 제공할 필요가 있다. 사용될 텍스트는

표 21-5 | 깊은 사고를 할 수 있도록 도와주는 질문들

깊은 사고를 할 수 있도록 도와주는 질문들

- 자기 자신과 연결시키기
  - ▶ 기억에 남는 이야기는 무엇이었습니까?
  - ▶ 이야기의 주인공과 자신을 연관 지을 수 있는 점이 있으면 이야기해 봅시다.
  - ▶ 이야기에 나오는 인물 중에서 좋아하거나 싫어하는 인물은 누구입니까?
  - ▶ 어떤 종류의 책을 좋아합니까?
  - ▶ 자신의 친구로 삼고 싶은 인물은 누구입니까?
  - ▶ 작품 속의 인물을 자신, 또는 가족이나 친구와 비교해 봅시다.

- 중요한 요소 파악하기
  - ▶ 이 이야기에서 가장 중요한 인물은 누구입니까?
  - ▶ 이 이야기를 통해 작가가 하고 싶은 이야기는 무엇입니까?
  - ▶ 이 이야기에서 가장 재미있거나 중요한 부분은 어디라고 생각합니까?
  - ▶ 주요 인물의 심리를 파악해 봅시다.
  - ▶ 이 소설에서 주인공은 아니지만 중요하다고 생각하는 인물을 설명해 봅시다.
  - ▶ 이 이야기와 제목이 잘 어울립니까? 왜 그렇게 생각합니까?

- 이야기에 대한 자신의 느낌 표현하기
  - ▶ 이야기에 대한 여러분의 느낌은 무엇입니까? 그렇게 느낀 부분을 이야기해 봅시다.
  - ▶ 다른 학생들이 이 이야기를 재미없게 느끼는 이유는 무엇이라고 생각합니까?
  - ▶ 이 이야기를 다른 학생에게 추천하고 싶습니까? 그 이유는 무엇입니까?
  - ▶ 이 작품을 쓴 작가의 다른 작품을 읽어보았습니까? 그 작품은 무엇입니까?
  - ▶ 이 이야기 중에서 가장 마음에 드는 부분은 어디입니까? 왜 그렇습니까?
  - ▶ 어떤 인물을 가장 좋아합니까? 그 이유는 무엇입니까?
  - ▶ 이 작품을 읽으면서 생각이 바뀌었습니까? 어떻게 바뀌었습니까?

학생들이 상호교섭적인 맥락을 만들어낼 수 있는 내용과 형식을 담고 있는 것이어야 한다.

교사는 학생들이 책에 대하여 깊이 있게 사고할 수 있도록 도와주기 위해 여러 가지 자극들을 동원할 필요가 있다. 즉, 학생들이 궁금해 하는 점, 학생들이 주목하는 점, 학생들이 궁금해 하는 점 등을 해결할 수 있도록 질문하는 방법을 가르칠 필요가 있다.

한편, 교사는 학생들에게 질문을 하고, 아이디어를 생성해내고, 의미를 구성하는 전략을 효과적으로 가르치기 위해 독서 일지(reading log)를 적극 활용할 수 있다. 읽기 활동은 단순히 책을 읽는 행위에서 끝나는 것이 아니라 읽은 책의 내용을 바탕으로 사고의 폭을 확장시키는 활동을 수행하는 것까지 포함한다. 독서 일지는 그 자체로 독립적인 학습 내용이기보다는 다른 학습을 위한 매개 또는 수단으로서의 쓰기이다(writing to learn). 학생들이 책을 읽은 뒤, 독서 일지를 중심으로 내용을 요약하고, 주요 인물에 대하여 파악해보고, 자신의 삶까지 연결시켜 생각해보는 활동은 매우 중요한 읽기 활동이라 하겠다.

이 때, 학생들에게 완벽한 글을 요구해서는 안 된다. 왜냐하면 토론 전 글쓰기는 학생들에게 주제에 대한 생각을 더 도와주기 위한 것으로 사용되는 편안한 글쓰기이기 때문이다. 독서 일지는 자연적인, 자발적인 지각을 보고하는 비형식적인 글쓰기로, 그 속에는 느낌이나 정서, 자유 연상이나 사고가 표현되어 있다.

독서 일지 쓰기는 텍스트에 대하여 충분히 생각하고 말할 내용을 미리 준비할 수 있기 때문에 발화에 대한 스트레스를 감소시켜 주며, 토론을 할 때 주제에 집중할 수 있게 해준다(Langer, 1990). 프리드만(1992)의 연구에 따르면, 학생들이 한 이야기의 60%는 독서 일지에 쓰인 반응과 관련된 것이었으며, 40% 정도는 교사가 의도한 내용과 관련이 없는 것이었다고 보고하였다. 그리고 교사의 측면에서 독서 일지는 학생들에 대한 정보를 획득할 수 있는 수단으로 사용될 수 있다.

3.4. 토론 과정 지도

교사의 지도는 '학급 전체 토론 시간'을 활용하는 것이 효과적이다. 여기서 교사는 대화 전략, 반응하는 방법, 의미를 구성해 내는 방법 등을 시범보일 수 있다. 특히, 모둠 토론에 대한 지도를 할 때에는 실제 토론하는 모습을 시범보이는 것이 효과적이다. 시범 내용에는 효과적으로 토론하는 내용과 그렇지 않은 경우를 모두 포함시킬 수 있다. 시범을 보인 대상이 성인이기 때문에 학생들은 이 토론이 교육적인 목적을 가지고 의도적으로 구성된 것임을 쉽게 인식할 수 있을 것이다. 학생들은 관찰한 토론 상황에 대하여 다양한 측면에서 비판을 해봄으로써 자신이 직접 토론에 참여할 때 어떻게 행동해야 하는지를 고민할 수 있게 된다. 이러한 지도는 모둠 토론 활동에 참여했을 때 경험할 수 있는 위험적인 요소들을 상대적으로 위험 부담 없이 경험할 수 있는 기회가 될 것이다.

교사는 학생들이 모둠 토론을 원활하게 운영해나갈 수 있도록 지속적으로 그 상황에 적합한 지원을 해주어야 한다. 모둠 토론 과정에서 발견되는 대표적인 문제 상황은 학생들이 지나치게 자신의 주장을 강하게 고집한다는 것이다. 일반적으로 모둠 구성원들 간에 서로 잘 알고, 친밀도가 높을수록 모둠 토의가 잘 진행되는 것으로 알려져 있지만 모둠의 친밀도나 결속력이 너무 높을 경우에는 친밀한 모둠에 속하지 못한 소수 구성원들의 의견이 무시될 가능성이 많다.

우선, 교사는 자신의 주장만 강하게 고집하는 문제를 해결하기 위하여 학생들에게 상대방에게 호기심을 갖게 하는 자세를 지도해야 한다. 자신이 모든 가능성을 다 생각해보았다고 확신하는 자세를 버리고 자신이 모르고 있는 것이 무엇인지를 살펴야 볼 기회를 제공할 필요가 있다.

이와 관련하여 더글러스 스톤(2000)은 '그리고' 대화법을 제안하였는데, 이 대화법의 핵심은 어느 하나의 이야기를 선택하려고 하기 보다는 둘 다를 수용하는 것이다. 그는 다른 사람의 이야기를 받아들이거나 거부해야 하는 것에 대하여 걱정하지 말고, 우선 이야기를 이해하려고 노력하라고 제안한다. 이 대화법은 자기가 결과적으로 어떤 결정을 하게 되든지 간에, 그리고 자신의 생각이 상대방의 이야기에 영향을 미치든 간에 상관없이 양쪽 견해는 모두 중요하다는 것을 강조한다.

두 번째로, 다른 사람의 이야기를 경청하지 않는 경우가 많다. 학생들은 자신이 할 말만 하고는 다른 사람들의 이야기를 들어주지 않으며, 상대의 말이 끝날 때까지 기다리지 않고 바로 개입을 해서 자신의 의견을 주장한다. 모둠 토론이 원활히 이루어지기 위해서는 다른 구성원들의 이야기를 잘 들어주는 것이 전제되어야 하므로, 교사는 학생들에게 적극적인 듣기의 자세를 강조할 필요가 있다.

적극적인 듣기를 위해서는 이야기를 하고 있는 상대방을 신뢰하는 자세가 전제되어야 한다. 이야기를 두서없이 펼쳐가더라도 그 과정을 느긋하게 믿어 주어야 한다. 자신이 생각하는 평소의 생각과 상관없이 화자가 표현하는 감정을 전적으로 수용할 수 있어야 하며, 이러한 감정이 일시적일 수 있음을 이해해야 한다. 처음부터 우호적인 분위기가 잘 정착이 된다면 가장 이상적이지만, 학생들 사이에 대립하고 갈등하는 시기를 겪는 것도 상대방을 이해해나가는 한 과정이 되므로 충분히 이 과정을 겪게 할 필요가 있다.

세 번째로, 모둠 토론 상황에서 내성적인 학생들의 토론 참여가 저조하다는 점도 문제가 될 수 있다. 모둠 토론은 여러 학생들이 함께 이야기를 나누는 과정을 통해 의미를 구성해나가기 때문에 무엇보다 적극적인 자세가 요구된다. 하지만 모둠 토론에서 모든 구성원들이 적극적으로 의견을 개진할 것이라고 기대하기는 어렵다. 그 중에는 다른 사람들 앞에서 이야기하는 것을 힘들어하는 학생들도 있을 것이다. 이러한 내성적인 성격의 학생들에게는 말하기보다 글쓰기가 자신의 생각을 표현하는 더 좋은 도구가 된다. 학생들 개개인이 가진 특성을 고려하여 그들이 가장 친숙하게 사용할 수 있는 표현 방법을 상호 인정해준다면 이 문제는 어느 정도 해결될 것이다.

한편, 교사는 학생 주도의 모둠 토론에 학생과 동등한 신분으로 참여하는 역할을 담당해야 한다. 교사는 모둠 토론에 참여하여 학생들과 자유롭게 이야기를 할 수 있다. 학생들은 교사가 참여한 모둠 토론을 통해, 모둠 토론에서 다양한 이야기가 진행될 수 있으며, 교사와 학생 간에 이루어진 상호작용을 통해 서로 의사소통을 하는 방식을 학습할 수 있다. 이 때 주의할 점은 토론을 지배하거나 통제하려고 해서는 안 된다. 또한 토론이 끝날 즈음에 결론이 되는 말로 요약을 하거나 중요하다고 생각되는 아이

표 21-7 | 혼란을 일으키는 학생들에 대한 지도 방법

- 학생들에게 책임을 지우라.

  교사는 학생들에게 분명한 방향과 행동에 대하여 특별히 기대하는 바를 제시해 주어야 한다. 학생들에게 모둠 토론에서 허용되는 방법으로 참여할 수 있었는가를 매 수업의 목표에 근거하여 질문한다. 이 과정은 학생들과의 지속적인 협의를 통해 계속 관찰한다. 학생들의 태도를 평가하고, 그들에게 자신들이 선택한 것이 무엇인지를 기억해보게 한다.

- 모둠에서 학생들을 이동시킬 준비를 하라.

  문제 행동을 하는 학생들을 임시로 이동시킬 필요가 있을 경우, 이 학생들이 할 수 있는 대안적인 활동을 준비하라. 10분 정도의 시간 안에서 인물을 그려보는 활동, 이야기 지도를 만드는 활동, 읽으면서 가장 마음에 드는 장면을 그려보는 활동 등이 가능하다. 이 활동의 목적은 학생들이 모둠과 화합할 수 있으며 적절하게 활동할 수 있도록 동기화하고 준비하는 것이다.

- 긍정적인 방향으로 참여하는 방법을 학생들에게 가르쳐야 한다.

  학생들에게 다른 모둠 토론을 관찰하게 하고, 자신들이 본 것을 기록하는 기회를 제공한다. 그런 뒤, 교사와의 협의를 통해 자신이 관찰한 내용을 바탕으로 의견을 나눈다. 이 과정은 학생들이 모둠 토론에서 능숙하게 참여할 수 있는 방법이 무엇인가를 생각하는데 도움을 줄 수 있다.

디어를 이야기해서도 안 된다.

3.5. 쓰기 과정 지도

모둠 토론이 어느 정도 마무리되면 쓰기 활동을 수행한다. 이 과정에서 이루어지는 '확장적 글쓰기'는 학생들에게 토론 중에 이야기되었던 큰 주제에 대하여 생각해볼 기회를 제공한다. 확장적 글쓰기는 다양한 형태로 활용될 수 있다. 우선, 주제에 대한 에세이 쓰기가 있다. 학생들은 이 단원에서 제기된 주제를 명확히 한 다음, 자신이 적은 독서 일지 내용을 훑어본다. 그리고 주제에 대하여 생각나는 것들을 브레인스토밍한다. 최근의 생각을 개인적 경험, 글의 내용, 이전에 독서 일지에 썼던 내용과도 연관시켜 본다. 그리고 마지막으로 주제에 대한 자신의 생각을 담은 에세이를 쓴다.

다음으로, 책의 장르와 연결시켜 글을 쓰게 할 수 있다. 예를 들어, 학생들이 민담의 특징에 대하여 이야기를 나누었다면, 그들은 동일한 민담의 다른 두 형태인 이야기책과 영상물을 가지고 비교, 대조할 수 있다. 그리고 이와 같은 다양한 형태를 경험한 뒤, 학생들에게 자신만의 개성 있는 민담을 만들어 보게 한다.

　세 번째로, 다양한 목적을 지닌 정보를 전달하는 글을 쓰게 할 수 있다. 정보 전달 글쓰기는 독서 토론 활동이 모두 끝난 뒤에 수행하게 되는데, 이를 통해 학생들은 자신이 알게 된 것이 무엇인가를 확인할 수 있으며, 상호 텍스트적인 맥락에서 다른 주제와의 연관성에 대해서도 깊이 생각할 수 있는 기회를 갖게 된다. 학생들은 이와 같은 글쓰기 활동을 통해 읽은 텍스트 내용과 토론한 내용이 자신에게 어떤 영향을 주었는가를 반추할 수 있으며, 자신의 생각을 다양한 방법으로 표현해보는 연습을 하게 된다. 한편, 글쓰기는 학생들의 개별적인 과정을 시각적으로 보여주기 때문에 교사가 학생들의 활동을 파악하는데 중요한 자료로도 활용할 수 있다.

　학생들은 독서 토론의 과정에서 이루어지는 글쓰기를 통해 특정 주제에 대해 이야기를 하게 되었으며, 텍스트 중심의 내용에서 점차 자신의 삶과 결합시키는 능력을 향상시킬 수 있게 된다. 그러나 이러한 향상의 정도가 현격하게 나타나지는 않을 것이다. 사고하는 방법, 내용을 생성하고 조직하는 능력, 그리고 적절하게 표현하는 능력은 단시간 내에 향상되지 않기 때문이다. 그렇지만 지속적인 쓰기 과정을 통해 글쓰기에 대한 부담감을 줄여나갈 수 있으며, 하나의 주제에 대하여 일관되게 글을 쓰는 능력을 향상시킬 수 있다. 비록 다른 사람을 통해 알게 된 내용이라 하더라도 자신의 인지 과정을 거치고 난 후라면 이는 자신의 지식이라 할 수 있다. 그리고 이와 같은 지식은 글쓰기를 통해 내면화된다. 그러므로 여러 사람들과 이야기한 내용을 자신의 입장에서 정리해보는 노력은 매우 중요하다고 하겠다.

4. 독서 토론의 평가

4.1. 관찰법

독서 토론 활동에 참여한 학생들의 반응 양상을 관찰하는 것은 학생들의 능력을 평가하는 중요한 수단이 된다. 학생들의 언어를 세심하게 지켜보고 이를 자세히 기록하는 것 이상으로 학생들의 독서 행위에 대한 정보를 얻을 수 있는 방법은 없을 것이다. 그런데 실제 독서 토론 활동에서는 여러 모둠의 활동이 동시에 진행되기 때문에 교사의 입장에서 각 모둠의 활동 내용을 제대로 파악하기는 어려움이 따른다.

여러 모둠이 함께 상호작용을 하는 모둠 토론 활동에서 교사는 학생들의 토론 활동을 파악하기 위해 '지금 무슨 이야기를 하고 있어요?'라는 질문을 자주 하게 된다. 그러면 학생들은 지금까지 진행해오던 이야기를 멈추고 교사의 질문에 답을 해야 한다. 그 결과, 모둠 토론 활동의 맥은 끊어지게 되고, 이를 다시 회복하기 위해서는 다시 일정 시간이 소요되어야 한다.

실제 교사는 학생들의 모둠 토론 상황을 점검하며 학생들의 상태를 파악해야 할 뿐만 아니라 학생들이 도움을 청할 때에는 직접 개입을 하여 지도를 해야 한다. 그리고 때로는 모둠에 참여하여 같이 이야기를 나누기도 해야 한다. 특히, 각 모둠별로 지도해야할 사항이 많아질 경우에는 전체 학생들을 관찰하고 평가한다는 것이 더욱 불가능할 것이다. 이럴 경우, 학생들의 모둠 토론을 관찰하고 평가하는 데 '아동 관찰'과 같은 평가 도구를 활용한다면 도움을 받을 수 있을 것이다.

굿맨(1995)은 아이들을 주의 깊게 관찰하여 그들의 언어활동을 제대로 이해하고자 하는 의미에서 '아동 관찰(kid watching)'이라는 개념을 소개하였다. 아동 관찰은 교사가 학생을 지도하는 일상의 교육 과정에서 오랜 동안 학생의 언어 능력과 그 발달 과정을 전문적으로 관찰하고 기록하는 행위로, 개인의 실질적인 언어 능력과 태도를 깊이 있게 이해해서 더 나은 교육을 제공하는 데 목적을 둔다. 아동 관찰에서는 기록을 매우 강조한다. 학습자가 구체적으로 무엇을 알고 있으며(지식), 무엇을 좋아하고 잘 할 수 있는지(능력, 태도, 습관)에 대한 정보를 얼마나 잘 수집하여 여기서 의미 있는 내용을 추출할 수 있는가가 관찰의 성패를 좌우하기 때문이다(이순영, 2005, 143).

교사들이 학생들의 수행 과정을 관찰할 때 가장 많이 사용하는 방법은 체크 리스트를 활용하는 것이다. 이 방법은 학생들의 활동 양상을 개인별로 기록할 수 있는 간편한 방법이라는 점에서 의미가 있다. 그러나 모둠 토론과 같이 여러 명의 학생들이 함께 이야기를 하는 상황 속에서는 체크 리스트의 활용이 쉽지 않다. 특히, 학생들의 능력을 점수로 표시하는 것이 학생들에 대한 의미 있는 정보를 나타내주지 못한다. 학생들의 부족한 점이 무엇인지를 파악하여 도움을 주기 위한 목적으로는 더욱 그러하다. 이 점수로는 학생들이 텍스트에 어떻게 반응하는지, 상호작용에서 어떻게 언어를 사용하고 있는지, 텍스트에 반응하는 양상은 어떠한지, 독해를 할 때 배경지식을 어떻게 활용하는지 등에 대한 정보를 얻을 수 없다.

다음으로 독서 토론 활동을 관찰할 때 필요한 질문 내용을 미리 작성하고, 이를 바탕으로 관찰을 할 수 있다. 이처럼 관찰할 항목을 미리 준비하면 학생들의 어떤 점을 관찰할 것인가를 명확히 인식할 수 있다는 점에서 의미가 있다. 그런데 빠르게 진행되는 모둠 토론 상황 속에서 이 많은 항목의 질문에 답을 적는다는 것은 사실상 불가능하다. 제한된 시간 안에 모둠의 여러 구성원의 상태를 빠르게 파악하는 것도, 관찰한 내용을 재빠르게 기록하기 위해서는 일정 기간 이상의 숙련 과정이 필요하다.

마지막으로 각 모둠의 토론 내용을 녹음하거나 촬영한 뒤, 이를 다시 점검하는 방법을 활용할 수 있다. 개별 모둠의 토론 상황을 촬영하여 다시 들여다보는 것은 교사에게 시간과 노력 면에서 많은 부담을 준다. 그러나 학생들의 상태를 점검하고, 이들에게 필요한 학습 내용이 무엇인지를 파악하기 위해서는 매우 효과적이다. 특히, 그 활동이 이루어지는 전

표 21-8 | 관찰 항목의 사례

관찰 항목의 사례

■ 학생들은 토론의 목적을 이해하고 있는가?
- 학생들은 어떤 화제가 좋은 토론을 만드는지 알고 있는가?
- 학생들은 토론을 시작할 때 어떤 어려움을 겪는가?
- 학생들은 자신이 그렇게 생각하고 평가한 것에 대하여 텍스트 안에서 증거를 제시할 수 있는가? 어떤 유형의 증거를 제시할 수 있는가?
- 학생들은 이 책과 관련하여 다른 내용에 대해서도 이야기를 할 수 있는가?
- 다른 관점에서 이 책의 내용을 이해하려고 시도해보았는가?

■ 학생들은 모둠 토론에서 상호작용을 잘 하고 있는가?
- 학생들은 다른 사람들과 적극적으로 의견을 나누고 있는가? 학생들은 다른 사람의 의견에 동의하는가? 동의하지 않는가?
- 왜 동의하려고 하지 않는가? 그들의 의견에 동의하지 않는 이유는 무엇인가?
- 학생들은 완벽하게 구성해내지 못한 사건이나 생각에 대해서도 이야기를 해보려고 노력하고 있는가?
- 다른 사람에게 더 질문할 내용은 없는가? 어떤 종류의 질문을 더 하고 싶은가?
- 모둠의 형태를 바꾸었을 때, 모둠의 학생들은 각각 어떤 역할을 담당하였는가?

■ 학생들의 사고는 어떠한 특성을 가지고 있는가?
- 학생들은 새로운 주장이나 근거가 나타날 때, 자신의 생각을 다시 살펴보는가?
- 학생들은 책에서 보여주는 세계를 이론화하여 설명하는가? 그리고 가장 합당한 답을 하기 위하여 다른 사람에게 도움을 청하는가?
- 전문적인 도움을 요청할 수 있는 사람들이 가까이에 있는가?
- 학생들은 작가의 생각에 반대하거나 싫어하는 의견을 개진하고 있는가?
- 학생들은 다차원적인 근거를 들어 설명하는가? 아니면 한 가지 차원에서만 머무르고 있는가?

체 맥락 속에서 개별 학생들에 대한 정보를 파악할 수 있다. 학생 개개인에 대한 파악을 통해 문제 상황에서의 원인을 쉽게 찾을 수 있으며, 각 학생에 대한 성향 등을 파악할 수 있기 때문에 개별 학생들에 대한 적절한 피드백이 가능하다.

표 21-9 | 학생 평가를 위한 구체적인 자료 목록

학생 평가를 위한 구체적인 자료 목록	
평가 목표	평가 도구
'학생의 읽기 수준, 독해 정도, 작문의 질' 평가	• 개별적인 독서 일지 • 학생들이 작성한 글 • 학생 토론 내용
'읽기 성취도' 평가	• 수업 일지 • 모둠 활동 일지
'토론의 내용과 수준' 평가	• 교사의 관찰 • 학생이 작성한 글 • 교사의 일지
'학생의 자기 평가' 평가	• 학생들의 인터뷰 • 모둠 활동 일지

4.2. 자기 평가

독서 토론을 평가하는 방법에 있어 교사 중심의 관찰과 더불어 학생의 자기 평가는 중요한 평가 수단으로 활용될 수 있다. 실제적인 독서 평가에의 중요한 목적 중 하나는 학생 스스로 글을 읽는 행위에 대하여 점검하고, 평가하고, 반성하게 해서 그것을 다음 글 읽기에 반영시키는 것이기 때문이다. 자기 평가는 '앎에 대한 앎(초인지)'를 갖게 하고, 그것이 바탕이 되어 자기 평가가 가능해진다.

자기 평가지에는 어떤 책을 좋아하게 되었는지, 책과 관련된 활동 중 어떤 활동을 좋아하는지, 자신의 수준은 어느 정도라고 생각하는지, 다음 번 책을 읽으면서 좀 더 향상시켜야 할 것이라고 생각하는 내용은 무엇인지 등을 기록하게 한다. 학생들은 누적되는 자기 평가서를 바탕으로 자신의 변화 양상을 계속 점검할 수 있다. 이것은 학생 스스로 공부를 이끌어가고, 스스로 글을 읽고자 하는 동기를 유발할 수 있는 능력을 키워주며, 궁극적으로 실제 삶에서의 독서 생활을 누릴 수 있게 한다. 그리고 학생

표 21-10 | 자기 평가지 예시

자기 평가서	
1	나의 수행에 좀 더 향상이 필요하다고 생각한다.
2	나의 활동은 적절했다.
3	나의 활동은 매우 우수하였다.
반성적 평가	

■ 내가 제일 잘 한 일은 (   )이다.

■ 나는 (   )한 점에서 좀 더 분발을 해야 한다고 생각한다.

■ 다음번에는 나는 (   )한 점을
(   )게 고치는 것이 좋을 것 같다.

표 21-11 | 자기 점검 학습지 예시

이름: _____		책 이름: _____		
1	나의 수행에 좀 더 향상이 필요하다고 생각한다.			
2	나의 활동은 적절했다.			
3	나의 활동은 매우 우수하였다.			

들이 자기 평가에 스스로 책임을 지게 되면 독서 토론이 더 활성화될 수 있다. 한편, 교사는 학생들의 자기 평가지를 통해 학생의 동기, 흥미, 토론 과정에 대한 느낌 등 개별 학생에 대한 구체적이고 자세한 정보를 얻을 수 있다.

독서 토론은 학생들과 함께 작품의 의미를 만들어나가는 과정 전체를 가리키며, 독자의 주관적인 이해보다는 토론의 과정을 통해 자신의 이해 폭을 넓히고 자신이 갖게 되는 의문점을 해결하는 과정이다.

북 클럽 활동은 비고츠키의 사회적 구성주의 이론과 로젠블렛의 독자 반응 이론을 바탕으로 맥마흔과 라파엘(1997)이 만든 모형으로 '읽기-도입 학급 전체 토론-모둠 토론-마무리 학급 전체 토론-쓰기'의 과정으로 진행된다. 이 활동에서 교사와 학생들은 권력과 책임을 동등하게 나누어 담당하며, 각 활동에서 학생들이 우선적으로 책임을 지는 학생 중심의 모둠 학습 형태가 강조된다.

독서 워크숍은 학생 독자의 능동적인 독서 활동, 교사의 명시적인 지도, 독자 공동체의 상호작용을 중심으로 '미니 레슨-소리 내어 읽기-자립적 읽기-협의하기-나누기'의 단계로 구성된다. 이 활동에서 공간 구성은 교실 도서관, 모둠 토의 장소, 원형 테이블, 출판 센터, 컴퓨터와 독서 공간, 전시 공간, 개인 사물함 등으로 이루어지며, 학생들의 수준이나 교사의 교수·학습 목적에 따라 워크숍의 절차와 구성 요소는 다양하게 운영이 가능하다.

도서를 선정할 때에는 텍스트의 질, 학생 흥미, 작품 속의 인물과 배경의 다양성을 고려할 뿐만 아니라 문학 작품 이외에도 상호 텍스트성을 고려하여 작품의 내용, 형식과 관련된 다른 영역의 책들도 포함해야 한다.

모둠을 구성할 때에는 학생들의 사회적 능력, 해석적 능력, 읽기 능력 등을 고려하여 구성한다. 또한 다양한 입장을 생각할 수 있도록 이질적 집단의 구성도 권장되며, 상호작용 역할을 학습하고 모둠의 원활한 운영을 위한 협력적 규칙 설정도 필요하다.

읽기 과정을 지도할 때에는 읽기 과정 중에 명시적으로 독해 수업을 제공하고 학생들이 깊이 있게 사고할 수 있도록 여러 가지 자극을 동원한다. 또한 독서 일지를 작성하게 하여 중심 내용 요약, 주요 인물 파악, 자신의 삶과 연결시켜 보도록 한다.

토론 과정을 지도할 때에는 학급 전체 토론 시간을 활용하여 대화 전략, 반응 방법, 의미 구성 방법 등에 대하여 시범을 보인다. 또한 모둠 토론에서 이야기한 서로 다른 내용들을 연관 지을 수 있도록 도와주며, 작품에서 중요하게 다루어질 수 있는 주제들에 대해서도 이야기를 할 기회를 제공한다.

쓰기 과정을 지도할 때에는 확장적 글쓰기를 할 수 있는 기회를 제공하여 토론 중에 이야기되었던 주제에 대하여 생각해보도록 하고, 읽은 텍스트 내용과 토론한 내용이 자신에게 어떤 영향을 주었는가를 반추하고 자신의 생각을 다양한 방법으로 표현해보도록 한다.

관찰법은 교사가 학생을 지도하는 일상의 교육 과정에서 오랜 동안 학생의 언어 능력과 그 발달 과정을 전문적으로 관찰하고 기록하는 행위이다. 이것은 체크리스트나 관찰을 위한 질문 내용을 마련하거나 학생 활동을 녹음하거나 촬영하여 점검하는 방법으로 활용 가능하다.

그리고 자기 평가는 학생 스스로 글을 읽는 행위에 대하여 점검하고, 평가하고, 반성하게 해서 그것을 다음 글 읽기에 반영하는 행위이다. 교사는 학생들의 자기 평가지를 통해 학생의 동기, 흥미, 토론 과정에 대한 느낌 등 개별 학생에 대한 구체적이고 자세한 정보를 수집할 수 있다.

01   중학교 2학년 학생들을 대상으로 독서 토론을 수행하려고 한다. 학생들에게 추천해 줄 만한 도서 3권을 제시하고, 이 책을 선정한 이유를 '텍스트의 질, 학생 흥미, 작품 속의 인물과 배경의 다양성'을 바탕으로 설명하시오.

02   다음은 모둠 토론 과정에서 이루어진 학생 논의 내용을 전사한 자료이다. 학생들의 발화를 중심으로 개별 학생의 논의 양상을 분석하시오.

> 사랑 : 야, 그런데 브라이언이 왜 엄마 비밀을 아빠에게 안 말했을까?
>
> 햇님 : 애가 좀 어려서, 아직 판단이 안서지 않았을까?
>
> 달님 : 맞아. 나라도 그 어린 나이에 그런 장면을 목격했다면 충격이 컸겠지? 아마도 말도 잘 못하고, 잠도 못자고, 밥도 못 먹고, 방안에만 있었을 것 같아.
>
> 햇님 : 자기 엄마한테 남자란 아빠밖에 없다고 생각을 했겠지? 그런데 엄마한테 남자 친구까지 있으니 얼마나 충격을 받았을까?
>
> 구름 : 그래도 그런 문제는 바로 아빠에게 말을 했어야 했어. 어쨌거나 두 분이서 해결할 문제잖아?
>
> 달님 : 아니야, 만약 아빠에게 먼저 말을 해버리면, 두 분 사이는 더 좋아지지 않았을 거야. 그러면 더 많이 싸우게 되고, 그러면 두 분 사이는 더 회복될 수 없는 관계로 가지 않을까? 아마도 브라이언은 그런 점을 걱정했을 거야.
>
> 용우 : 아마도 다른 형제도 없기 때문에 혼자서 결정을 해야 한다는 것은 큰 부담이 되었을 거야. 누군가에게 의논을 할 수 있는 상황도 아니잖아.
>
> 사랑 : 이야기를 했을 때 발생할 일들을 생각해보면 결정을 내리기 쉽지 않았겠네.

김라연(2007). 모둠 독서 활동에서의 독서 행동 변화 양상 연구. 고려대학교 박사
　　학위 논문.

김승환(2003). 독서자료 분석제공이 독서활동에 미치는 영향: 독서 캠프 프로그
　　램의 독서 후 독서 활동을 중심으로. 한국문헌정보학회지, 37(4), 89-112.

김영신 역(2003). 대화의 심리학. 북21.

김주환(2018). 독서 워크숍의 개념과 방법. 독서연구 46, 183-212.

노명완·이차숙(2002). 문식성연구. 박이정.

노명완 외(2011). 독서교육의 이해-독서의 개념·지도·평가. 한우리북스.

Rosenblatt, L. M.(1978). The reader, the text, the poem:The transactional theory
　　of the literary work. Carbondale, IL: Southern Illinois University Press.

Day, J. P., Spiegel, D. L., McLellan, J., & Brown, V. B.(2002). Moving forward
　　with literature circles. NY: Scholastic.

Dyson, A. H.(1993). Social worlds of children learning to write in an urban
　　primary school. NY: Teachers College press.

Iser, W.(1978). The Act of reading: A theory of aesthetic response. Baltimore,
　　Johns Hopkins University Press.

Langer, J. A.(1990). Understanding literature. Language Arts, 67, 812-816.

McMahon, S. I.,&Raphael, T. E.(1997). The Book Club program:Theoretical and
　　research foundations. In T. E. Raphael & S. I. McMahon with V. J.
　　Goatley&L. S. Pardo(Eds.), The Book club connection:Literacy learning and
　　classroom talk(pp.3-25). New York: Teachers College press.

McMahon, S. I.(1998). My spark is a little brighter for teaching reading this
　　year: A fifth-grade teacher's quest to improve assessment in her integrated
　　literature-baswd program. In T. E. Raphael &K. H. Au(Eds.), Literature-
　　based instruction: Reshaping the curriculum(pp.239-260). Norwood, MA:
　　Christoper-Gordon.

McMahon, S. I., & Raphael, T. E.(1997). The Book club connection: Literacy
　　learning and classroom talk. NY: Teachers College Press.

Raphael, T, E.,&Goatley, V. J.(1997). Classroom as communities: Features of community share. In S. I. McMahon, T. E. Raphael, V. J. Goatley, & L. S. Pardo(Eds.), The book club connection: Literacy learning and classroom talk. NY: Teachers College Press.

Rocklin, J.(2001). Inside the mind of a child:Selecting literature appropriate to the developmental age of children. (ERIC Document Reproduction Service No. ED 458 602).

Rogoff, B., Matusov, E.,&White, C.(1996). Models of teaching and learning:Participation in a community of learners. In D. R. Olson&N.

Torrance(Eds.), The handbook of education and human development:New models of learning, teaching and schooling(pp.388−414). Oxford:Blackwell.

Short, K., Kaufman, G., Kaser, S., Kahn, L. H., & Crawford, K. M.(1999). Teacherwatching: Examining teacher talk in literature circles. Language Arts, 76(5), 377−385.

Vygotsky, L. S.(1978). Mind in society:The development of higher mental psychological process. MA: Harvard University Press.

Webb, N. W.(1982). Student interaction and learning in small groups. Review of Educational Research, 52(3), 421−445.

22

도서관 기반 독서 프로그램 운영과 실제

학습목표

- 도서관 기반 독서 프로그램 운영 방향을 알 수 있다.
- 도서관 기반 독서 프로그램 운영 유형을 알 수 있다.
- 도서관 기반 독서 프로그램을 운영 절차에 따라 기획할 수 있다.
- 도서관 기반 여러 실제 독서 프로그램을 알 수 있다.

학습내용

이 장에서는 도서관 기반 독서 프로그램 운영 방향에 대해 알아보며 독서 프로그램 운영 유형과 절차에 대해 학습한다. 또한 도서관 기반 어린이 및 청소년 대상 다양한 독서 프로그램 운영 실제를 습득한다.

1. 도서관 기반 독서 프로그램 운영 방향

제4차 산업혁명은 정보통신기술(ICT) 융합이 만드는 산업혁명으로 인공지능(AI)로봇, 사물인터넷(IoT), 모바일, 3D프린터, 무인자동차, 나노·바이오기술을 응용한 새로운 제품이 고난도 문제 해결사로 등장한다. 따라서 제4차 산업혁명의 사회는 산업과 사회, 통치시스템은 물론이고 사는 방식까지 혁명적으로 달라질 수 있는 사회를 의미한다.

이제 우리 사회는 새로운 지식은 금세 낡은 지식이 되어 버리는 그래서 얼마나 많이 아느냐가 중요한 것이 아니라 어떤 것을 선택하는지가 더 중요한 가치 중심 사회로 변화되고 있다.

이러한 사회에 대비한 교육은 지식을 전달하는 것이 아닌 학습하는 방법을 알려주는 것으로 바뀌어야 하며 기존의 지식을 통해 합리적 추론의 과정을 거치는 '문제해결능력'이 진정으로 새로운 시대가 원하는 능력이 될 것이며(KBS. 2016.11.10. '4차 산업혁명시대 우리의 생존전략'), 이러한 문제해결 능력 함양을 위해서는 독서가 더욱 중요하다 하겠다.

지능정보사회에서의 독서는 지식과 정보를 구하는 수단으로서만이 아니라 '평생 독자'로 나아가는 데 길잡이가 되는 책읽기의 즐거움을 주는 데 그 궁극적인 목적을 두어야 할 것이다. 그러나 최근 어린이·청소년들에게 강제된 독서교육은 평생 독자로 나아갈 독서의 즐거움을 주기는커녕 오히려 독서에서 멀어지게 만든다.

다니엘 페낙(2004)은 독서에 관한 독자의 권리에 대해 다음과 같이 말하고 있다.

- 책을 읽지 않을 권리,
- 중간을 건너뛰어 가며 읽을 수 있는 권리,
- 끝까지 읽지 않을 권리,
- 다시 읽을 수 있는 권리,

- 아무 책이나 읽을 권리,

- 보바리즘에 빠질 수 있는 권리,

- 어떤 장소에서나 마음대로 읽을 수 있는 권리,

- 중간중간 발췌해서 읽을 권리,

- 소리내서 읽을 권리,

- 읽고 나서 아무것도 말하지 않을 권리

또한 다니엘 페낙(2004, 64-66)은 독서의 본질에 대한 그의 에세이에서 루소의 말을 다음과 같이 인용하고 있다.

독서는 아이들에겐 커다란 재앙이고 형벌이다. 그리고 독서는 어른들이 아이들에게 시키는 유일한 일거리이다.⋯⋯아이들은 어른들이 자신들을 괴롭히는 방편으로 사용하는 책 읽기를 완벽하게 해낼 정도로 호기심이 강하지 않다. 하지만 그 방편이 아이들을 즐겁게 하는 데 쓰이도록 해보라. 그렇게 되기만 하면 아이들은 어른들이 뭐라건 상관없이 책 읽기에 마음을 빼앗기게 될 것이다. ⋯⋯(중략)⋯⋯한마디 덧붙이면 서둘러 얻으려 들지 않는 것이 확실하고 신속하게 얻어지는 법이다."

또한 청소년에 대한 독서에서는 폴 발레리의 말을 인용하면서 "학생 여러분, 문학이 우리들의 마음을 사로잡는 것은 어휘나 문장론 따위의 단편적인 요소들 때문이 아닙니다. 문학이 어떻게 우리들의 삶 속으로 스며들어왔는지 생각해 보십시오.

앞의 루소의 말을 인용한 부분은 어린이에게 책 읽기를 강요하지 말고 아이들에게 책 읽기의 즐거움을 부여하라는 의미이다. 또한 폴 발레리의 말을 인용한 부분은 기존에 학교 교육에서 이루어져 온 문장구조 분석이나 어휘 숙지 등의 문제점을 제기하면서 책 읽기의 즐거움과 감정, 영혼을 불어넣는 독서를 강조하고 있다.

어린이책 평론가 최윤정(2001, 32-33)은 독서 체험의 중요성에 대해 다음과 같이 말한다. "독서는 아주 개인적인 체험이다. 독서는 한 인간의 삶 속에 스며들어 그의 일부가 될 수 있는 무엇이다."라며 독서의 본질은 삶의 일부이며, 그것은 체험에서 얻어진다고 말한다.

위의 두 의견은 독자의 입장에서 독서란 한마디로 삶의 일부로서 삶을 이루는 존재 방식이며, 즐거움이고, 경험을 통해서만 획득할 수 있다고 한다. 여기서는 독자의 입장에서 독서의 본질에 대해 크게 세 가지, 즉 즐거움, 자율성, 무상성으로 나누어 설명하면 다음과 같다.(김수경, 2006, 248-250)

첫째, 무엇보다 독서의 본질은 즐거움에 있다. 아동문학 평론가 릴리언 스미스 여사는 "아이들은 몰염치할 정도로 책이 재미없으면 책장을 덮어 버린다"고 하여 아이들은 즐거움에 따라 책을 읽는다는 것을 강조하였다. 어린이고 어른이고 모름지기 독서는 즐거워야 한다.

페리 노들먼(2001, 70-72)은 읽기교육의 확고한 원칙으로 학생들에게 '책 읽기를 강요하지 말 것'을 주문한다. 아이들에게 책 읽기에서 가르쳐서는 안 될 다섯 가지 것들에 대해 다음과 같이 제시한다. "첫째, 읽기를 즐기는 동안 낱말 뜻 풀이를 하지 않고, 정말로 정확하게 읽는지 걱정하지 않는다. 둘째, 모든 책을 동일한 방법으로, 끝까지 읽을 필요가 없으며, 텍스트에 대항해서 읽을 자유가 있다. 셋째, 책이 전하려는 메시지를 금과 옥조로 받아들이는 데 받아들이 데 일차적인 목표를 두지 않고 읽는다. 즉 책 읽기를 받아들여야 할 대답이 아니라 계속 생각해야 할 질문의 원천으로 본다. 넷째, 우리가 책을 '제대로' 이해한다는 사실을 증명하기 위해 다른 사람, 특히 우리에게 어떤 권위를 가지고 있는 사람이 제공하는 해석이나 반응을 그대로 외우지 않는다. 다섯째, 우리는 책에서 엉성하게 관련된 재미있는 놀이를 해 보는 것으로 책에 대한 반응을 나타내지 않는다. 즉, 책에서 일어나는 사건들을 게임으로 만든다든가, 거기 묘사된 음식을 요리해 본다든가, 주인공을 인터뷰하는 리포터가 되어 비디오를 만든다든가 하는 일들 말이다."

그런데, 상당수의 학교나 독서교육 현장에서는 '교육'이라는 명목 하에 위에서 제시한 다섯 가지 금기사항을 오히려 더 잘 준수하고 있다.

둘째, 독서는 강요가 아니라 내적 동기에 의해 자발적으로 이루어져야 하는 자율성에 기반을 둔다. 독서 행위의 자율성에 대해 다니엘 페낙(2004, 15)은 다음과 같이 이야기하고 있다.

> '읽다'라는 동사에는 명령법이 먹혀들지 않는다. 이를테면 '사랑하다'라든가 '꿈꾸다' 같은 동사들처럼, '읽다'는 명령문에 거부 반응을 일으키는 것이다. 물론 줄기차게 시도해 볼 수는 있다. "책 좀 읽어라, 제발!" "너, 이 자식, 책 읽으라고 했잖아!"라고. "네 방에 들어가서 책 좀 읽어!" 효과는? 전혀 없다.

최윤정도 독서교육에서 먼저 가르쳐야 할 것은 독자의 방식대로 최대한 자율적으로 책과의 만남이 이루어져야 한다는 것을 강조하고 있다.

어린이·청소년을 대상으로 한 독서지도 방법으로 독후감쓰기나 내용요약, 독서토론 등의 기술적인 면이 강조되어서는 안 될 것이다. 현재 학교에서나 공공도서관에서 이루어지고 있는 독서 프로그램에서는 독서가 책읽기 그 자체에 목적이 있는 게 아니라, 시험을 위한 독해력 향상, 글짓기능력 훈련 차원으로 왜곡되어 있는 경우가 많다.

셋째, 독서는 어떤 결과에 의해 평가받아서는 안 된다. 독서는 즐거워야 한다. 다니엘 페낙(2004, 163)은 "즐거움이란 어느 정도 무상성을 전제로 하기 때문에, 아이들이 자연스레 책읽기에 길들게 하려면 이 무상성이 필요하다. 즉 아무런 대가도 요구하지 말아야 한다."며 독서의 무상성에 대해 다음과 같이 설명하고 있다.

> 마치 무슨 성벽이라도 두르듯 책에 대한 사전 지식을 동원하지 말아야 한다. 그 어떤 질문도 하지 말아야 한다. 읽는 것에 대해 조금도 부담 주지 말고, 읽고 난 책에 대해서 한 마디도 보태려들지 말아야 한다. 섣부른 가

치 판단도, 어휘 설명도, 문장 분석도, 작가에 대한 언급도 접어두어라. 요컨대 책에 관한 그 어떤 말도 삼갈 일이다. 그저 책을 읽어주고 기다리는 것이다. 호기심을 우격다짐으로 강요하기보다는 일깨워주어야 한다. 읽고 또 읽어주면서, 아이들의 눈이 열리고 아이들의 얼굴에 기쁨이 가득 차리라는 것을 믿어야 한다. 머잖아 곧 의문이 생겨나고, 그 의문이 또 다른 의문을 불러오리라는 것을 의심치 말아야 한다. ...(중략) 일단 책과 가까워지면 그때부터 아이들은 스스로 길을 찾아 나설 것이다.

미국 카네기멜론대학의 석학 리처드 플로리다 교수는 미래 변화를 주도하는 현대사회의 주역을 창조적 감수성을 가진 '창조적 계급(creative class)'라고 하였다. 왜냐하면 자연이 신의 영역이라면 문화는 인간의 영역이다. 문화는 인간의 자유의지를 실현하는 수단이자 결과이며, 또한 그 과정은 새로운 것을 창조해내는 과정이다. 문화는 다양성을 자양분으로 한다. 비슷한 생각, 똑같은 의견을 강요하는 전체주의적인 사회에서는 결코 풍요로운 문화가 꽃 필 수 없다.(최연구, 2006, 15-16)

따라서 이러한 창조적 감수성을 가진 창조적 계급을 길러내는 것이 그 사회의 성장 동력이 될 것이다. 사고를 통해 상상의 과정 자체를 즐길 수 있는 있는 독서 행위야말로 창조적 감수성을 계발하는 기본 기술이라 할 수 있다.

오늘날 독서는 공교육의 차원에서 평생교육의 기초 기술로서, 문화적 감수성을 기를 수 있도록 일상생활 문화 속에서 구현되어야 한다. 그러므로 도서관에서의 독서 프로그램은 도서관의 일상생활화와 그 궤를 같이해야 한다. 독서가 습관이 되지 않은 사회구성원 모두에게 독서를 삶의 기술로서 삼을 수 있도록 환경─시설, 자료, 사람을 제공해야 한다.

이에 도서관 기반 독서 프로그램 운영 방향은 독서본질에 바탕을 두어야 할 것이다. 도서관에서 독서 본질에 충실한 독서 프로그램이 뿌리내릴 때, 혼탁한 독서 환경이 정화되어 삶의 본질과 맞닿은 독서 체험으로 '평생 독자'의 개발이 도서관의 '평생 이용자' 개발로 이어질 것이다.

즉, 도서관 기반 독서 프로그램이 지향하는 바는 다양한 문화예술 활동을 통해 독서의 즐거움과 정서함양 및 사고력 및 창의력 신장에 바탕을 둔 건전하고 바람직한 독서문화가 자리 잡을 수 있도록 강구되어야 할 것이다.

2. 독서 프로그램 운영 유형

독서 프로그램은 그 운영 형태가 어떠한가에 따라 프로그램 내용이 달라질 수 있다. 독서 프로그램의 운영은 대개 집중형, 단기형, 중기형, 장기형, 선택형 등 다섯 가지 유형으로 나누어진다.

첫째, 집중형은 며칠 내외로 여러 가지 다양한 프로그램을 집중적으로 운영하는 프로그램 형태이며, 기존 독서교실처럼 여름·겨울 방학 5일 내외로 하루 3~4시간 내외로 운영되는 형태이다.

둘째, 단기형은 1~2개월 내외의 방학기간에 맞추어 이루어지는 프로그램이다. 주 1회, 매회 1~2시간 내외로 이루어지는 프로그램이다. 여름, 겨울의 계절별 특성을 고려하여 체험형으로 이루어지는 경우, 주제를 정하여 그 주제의 책을 읽고 주제 관련 활동을 하는 경우 등이 있다.

셋째, 중기형은 학기 중 3~4개월 내외로 이루어지는 프로그램이다. 다양한 독서활동 프로그램을 할 수도 있고, 하나의 주제를 깊이 있게 탐구할 수 있다.

넷째, 장기형은 6개월 이상 1년 단위로 운영되는 프로그램이 있다. 이는 생활 속에서 꾸준히 독서를 체험함으로써 독서의 생활화와 도서관 이용의 습관화를 이룰 수 있다. 무엇보다 참여자의 자율성이 요구되는 것은 '생활 속의 프로그램'이라 할 수 있다.

다섯째, 선택형은 참여자들이 모든 프로그램에 일률적으로 등록하지 않고, 자신이 필요로 하는 프로그램을 취사선택하여 참여하는 프로그램

표 22-1 | 독서 프로그램 운영 유형

유 형	내 용
집중형	5일 내외로 매일 하루에 4-5시간 내외로 집중적으로 운영되는 프로그램
단기형	여름, 겨울방학 1개월 내외로 매주 1회, 매회 1~2시간 내외로 이루어지는 프로그램
중기형	방학이 아니라 학기 중에 3개월 내외로 매주 1회씩, 매회 1~2시간 내외로 이루어지는 프로그램
장기형	6개월 이상, 1년 정도의 기간을 정해서 참여자들은 자율적으로 책을 읽고, 사서들은 참여자의 독서생활을 점검하거나 상담하는 형태로, 독서의 생활화를 장려하는 프로그램
선택형	전체 프로그램 참여자를 일률적으로 모집하지 않고, 참여자가 자신이 필요로 하는 프로그램을 선택해서 참여할 수 있도록 하는 개방형 프로그램

표 22-2 | 독서 프로그램 유형별 운영 사례

유형		내용
집중형	다양한 독서활동	도서관이용법, 자료선택법, 독서감상문, 독서감상화, 북토크, 아침독서 혹은 책읽기, 글쓰기, NIE, 모둠활동, 북아트 등의 활동 다양하게 구성
	주제	환경호르몬, 인체탐험, 지구사랑, 역사, 문화재, 인체탐구, 독서치료, 한 권의 책으로 다양한 활동
	체험	왕릉탐방, 오감으로 느끼는 식물이야기, 신나는 자연탐구
	학년별	1학년, 3/5학년, 초등1반(3-4학년), 초등 2반(5-6학년), 4/5학년
	문화예술	체험중심(1-2학년), 이해중심(3-4학년), 치유중심(5-6학년)
	캠프	도서관내 1박 2일 여름독서캠프, 수련원 2박3일 여름 독서캠프
단기형		어린이독서치료, 연령별 독서체험(유아6-7세: 습식수채화/초등1-2: 독서놀이/초등3-4;5-6:독서토론), 40일간의 독서여행, 과학·독서 프로그램
중기형		연령별독서체험(유아7세: 표현놀이/초등1-2: 독서놀이/초등3-4;5-6: 독서토론), 어린이독서치료, 문화예술연계 독서교실(안)
장기형		독서일지/인센티브, 종이고리, 책릴레이, Readers Are Readers, Texas Blue bonnet Books
선택형		Summer Reading Club, 동화로 보는 우리역사

* 상기 독서 프로그램 운영형태(집중형, 단기형, 중기형, 장기형, 선택형)는 단위 도서관에서 여러 유형으로 다양하게 프로그램을 기획할 수 있다.

이다.

이처럼 다양하게 독서 프로그램을 기획하여 운영할 수 있다. 따라서 도서관의 형편에 맞게 각 형태의 프로그램을 계획하여 운영할 수 있다.

현재까지 독서 프로그램 중 공공도서관에서 운영되어온 독서교실은 대개 집중형 프로그램 형태로, 참여자의 부담과 프로그램 운영자의 부담이 컸다. 그러나 앞으로 독서교실 프로그램은 도서관의 형편, 프로그램의 성격과 특성, 이용자의 특성을 고려하여 다양한 형태와 기간으로 프로그램을 기획하여 운영할 수 있다. 또한 특정 프로그램 같은 시, 구, 군청별 도서관에서 연합하여 운영을 기획할 수도 있고, 단위도서관에서 운영할 수 있다. 그 유형별 운영 사례를 제시하자면 다음과 같다.

3. 도서관 기반 독서 프로그램 운영 절차

독서 프로그램 운영을 위한 절차는 다음 4단계의 흐름에 의하여 이루어진다.

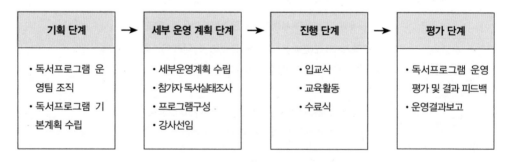

그림 22-1 | 독서 프로그램 운영 절차

첫 번째 단계 : 독서 프로그램 운영 기획 단계

- 피드백된 독서 프로그램 평가 결과 반영(학생, 학부모)

- 독서 프로그램 운영 기본 방향 설정

- 독서 프로그램 운영팀 조직

- 독서 프로그램 운영형태 결정

두 번째 단계 : 독서 프로그램 세부운영 계획 단계

- 독서 프로그램 세부운영 계획

- 참가자 신청 등록

- 참가자 독서실태 조사(독서량, 독서능력, 흥미, 독서환경 등)

- 독서 프로그램 요구사항 분석(학생, 학부모)

- 독서 프로그램 취지 및 목적에 따른 프로그램 구성

- 참가자 독서수준에 따른 프로그램 구성

- 학생 및 학부모 요구사항에 따른 프로그램 구성

- 지역별 특성에 따른 프로그램 구성

- 시간표 작성

- 강사선임

- 교육계획서, 교수–학습지도안 작성 및 제출

세 번째 단계 : 독서 프로그램 진행 단계

- 오리엔테이션

- 실제지도 : 다양한 독서 및 독후활동 방법 제시

- 수료식

네 번째 단계 : 독서 프로그램 운영 평가 단계

- 프로그램 만족도 평가

- 강사 만족도 평가

- 독서 프로그램 사후 활동 방안 강구

- 운영결과 보고(내부, 교육청, 국립어린이청소년도서관)

- 평가 결과 피드백(차기 운영 계획에 반영)

독서프로그램 운영팀 조직	– 독서프로그램 운영팀 조직 (관장(교장, 교감), 독서프로그램 주무과장 혹은 계장, 독서프로그램 담당자) – 독서프로그램 운영 기본 방향 설정

↓

독서프로그램 기본계획 수립	– 국립어린이청소년도서관, 교육청 운영계획 검토 – 피드백된 독서프로그램 평가 결과 반영(학생, 학부모) – 독서프로그램 운영형태 결정 (집중형, 단기형, 중기형, 장기형, 선택형)

↓

독서프로그램 세부운영 계획	– 독서프로그램 세부운영 계획 (목적, 운영방침, 대상, 일정, 시수, 장소, 모집, 평가방법 등)

↓

수요 조사	– 참가자 신청 등록 – 참가자 독서실태 조사(독서량, 독서능력, 흥미, 독서환경 등) – 독서프로그램 요구사항 분석(학생, 학부모)

↓

독서프로그램 구성	– 독서프로그램 취지 및 목적에 따른 프로그램 구성 – 참가자 독서수준에 따른 프로그램 구성 – 학생 및 학부모 요구사항에 따른 프로그램 구성 – 지역별 특성에 따른 프로그램 구성 – 시간표 작성

↓

강사 선임	– 내부 : 시·도단위 교육청(지자체) 도서관별 공동 강사 선정 – 외부 : 강사계약 체결, 강사풀제 마련 – 교육계획서, 교수–학습지도안 작성 및 제출

↓

독서프로그램 진행	– 입교식 및 오리엔테이션 – 실제지도 – 수료식

↓

독서프로그램 평가	– 프로그램 만족도 평가 – 강사 만족도 평가 – 독서프로그램 사후 활동 방안 – 운영결과 보고(내부, 교육청, 국립어린이청소년도서관) – 평가 결과 피드백(차기 운영 계획에 반영)

그림 22-2 | 독서 프로그램 운영 세부 절차

독서 프로그램 운영 세부 절차는 8단계로 이루어지며 단계별 절차는 다음과 같다.

1단계	독서 프로그램 운영팀 조직(선택)

독서 프로그램의 원활한 운영을 위해서는 도서관 내외에 독서 프로그램 운영팀을 조직하는 것이 바람직하다. 독서 프로그램은 도서관 독서진흥 정책 속에서 보다 체계적으로 이루어질 필요가 있다. 그러기 위해서는 독서 프로그램 담당사서만이 아니라 관계자들로 구성된 독서 프로그램 운영팀을 조직하는 것이 바람직하다. 독서 프로그램의 기본 방향을 수립하고, 독서 프로그램의 원활한 운영을 돕기 위해 독서 프로그램 운영 전에 독서 프로그램 운영팀을 조직하여 도서관 내외 여러 조직과 협력한다.

1) 독서 프로그램 운영팀 조직 구성

가) 운영팀장 : 도서관장

나) 위원 : 독서 프로그램 주무과장(열람과장/계장 혹은 팀장), 독서 프로그램 담당사서, 평생교육 기획 업무 담당자, 인근 학교도서관 교장(혹은 교감)과 독서교육 담당 교사 각 1인씩, 독서교육 관련 외부 강사, 지역사회 전문단체 인사 등 10명 내외로 구성한다. 위원 수는 도서관 실정에 맞게 조정한다.

2) 독서 프로그램 운영팀의 역할

독서 프로그램의 기본 방향을 수립하고, 독서 프로그램의 세부 운영계획이 수립되면, 독서 프로그램의 운영 형태, 운영 시기, 예산 계획, 강사 선임 및 배정 승인, 세부 운영 및 교육내용 검토, 홍보방법 결정, 유관기관과의 협조 사항 검토 등 협의한다.

독서 프로그램을 기획할 때 크게 다음의 두 가지를 고려해야 한다. 첫째, 현재 진행 중인 도서관의 독서 프로그램에 대한 평가와, 둘째, 도서관의 운영 정책의 일환으로 독서 프로그램에 대한 목표를 문서화하는 것이 바람직하며, 연간 독서 프로그램 기본 계획을 수립하여 놓는 것이 바람직하다.

1) 현재의 독서 프로그램에 대한 평가

① 독서 프로그램을 담당할 수 있는 도서관의 인적 자원을 고려한다. 만약 도서관에 충분한 인력이 없다면, 외부 강사, 지역사회 전문가, 자원봉사 등을 활용하는 방안을 강구한다.

② 독서 프로그램을 운영할 수 있는 물리적 환경을 고려한다. 장서, 시설, 예산, 외부 지원 조직 및 설비 등을 검토하여 독서 프로그램을 운영할 수 있는 최적의 환경을 만든다.

③ 연령별 이용자(유아/초등 저·고학년/청소년)에게 제공되는 프로그램의 비율을 고려한다. 특히 어린이에게 제공되는 도서관의 타 프로그램과 서비스를 고려하여 독서 프로그램이 차지하는 역할과 서비스 내용은 어떠해야 하는지를 명확히 정의한다.

④ 독서 프로그램 운영 형태 및 시기를 고려한다.

⑤ 정보 및 지식 제공을 위한 것인가? 오락(즐거움)을 위한 것인가?

⑥ 독서관련 활동은 무엇보다 즐거움에 중점을 두는 것이 더 바람직하다.

2) 도서관의 서비스 목표와 독서 프로그램 운영 목표를 고려하여 문서화

도서관 프로그램의 목표는 도서관 장서(책뿐만 아니라 시청각 자료 등 다른 자원 포함)의 활용을 높이고, 책(픽션과 논픽션 책 포함)에 대해 이용자들에게 최

대한 호기심과 즐거움을 충족시키기 위한 것이어야 한다. 독서 프로그램은 공공도서관의 고유한 독서 활동 중의 하나로 자리매김하여 왔다. 따라서 전체 도서관의 독서교육 정책을 문서화하면서 독서 프로그램 운영 정책을 문서화하는 것이 바람직하다.

3단계	독서 프로그램 세부 운영 계획

독서 프로그램 세부 운영 계획에서는 독서 프로그램을 실제적으로 수행하기 위한 작업이 이루어진다. 독서 프로그램 세부 운영 계획 수립 시 고려해야 할 사항은 다음과 같다.

1) 독창성

기존의 타성에 의해 진행된 독서 프로그램과는 차별성을 둔 프로그램이 개발되어야 할 것이다. 독서 프로그램 대상자를 차별화한다든지, 주제(상황)를 달리한다든지 등 독창적인 독서 프로그램이 개발되어야 하겠다.

2) 실현가능성

때론 독창적이고 좋은 독서 프로그램이긴 하나 도서관 시설, 인력, 예산 등 제반 여건상 실현가능성이 있는지 여부와 참가자 모집에 있어서 시기별, 기간별, 시간대별로 독서 프로그램 운영이 실현 가능한지를 고려해야겠다.

3) 효과성(기여도)

독서 프로그램 운영을 통해 지역사회에 기여하는 바가 있는지 또한 독서 프로그램 운영 전/후 참여자의 독서 프로그램 참여 효과성(독서태도, 흥미, 능력, 정서적인 문제(자아존중감, 우울증, 진로태도 성숙도) 등)이 고려되어야 하겠다. 독서 프로그램 개발 절차는 다음과 같은 순으로 진행된다.

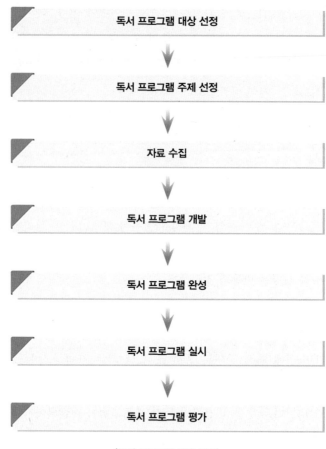

독서 프로그램 대상 선정

독서 프로그램 주제 선정

자료 수집

독서 프로그램 개발

독서 프로그램 완성

독서 프로그램 실시

독서 프로그램 평가

〈독서 프로그램 개발 절차〉

독서 프로그램 세부 운영계획서에 들어가는 내용은 대략 다음과 같다.

1. 목적
2. 운영방침
3. 운영개요
   가. 운영기간 :
   나. 장   소 :
   다. 참가대상 :
   라. 참가인원 :
   마. 참가방법 :
   바. 등   록 :

4. 세부추진계획

  가. 독서 프로그램 교육내용 및 강사선정

    1) 독서 프로그램 진행 활동내용

    2) 강사선정

  나. 평가(시상에 따른 평가 : 선택)

    1) 평가기준

    2) 평가방법

  다. 입교식 및 수료식 계획

  라. 설문조사 및 결과보고

  마. 작품전시

5. 홍보 - 현수막 제작

국립어린이청소년도서관 및 교육청, 기관에 제출하는 독서 프로그램 운영계획서 양식을 토대로 하여 각 도서관마다 모집방법, 운영내용, 시상 여부에 따른 평가 방법 및 시상 내역, 홍보, 각종 행정사항에서 약간의 편차가 있다.

4단계	참가자 수요조사(선택)

독서 프로그램을 실시하기 앞서 독서량, 독서시간, 독서동기, 독서장소, 독서목적, 독서경향, 가정의 독서환경(가정의 도서보유량, 학부모 관심도), 독서 장애요인, 도서구입 방법 등에 대한 진단평가를 수행할 수도 있으며, 매 프로그램마다 실시할 필요는 없다.

5단계	독서 프로그램 구성

독서 프로그램을 구성할 때에는 세부운영 계획에 따라 앞선 단계에서

조사된 교육대상자의 독서능력 및 흥미 등 독서생활의 실태를 고려하고 학부모의 독서 프로그램에 대한 요구사항을 파악한 후, 교육이 이루어지는 장소의 여건과 독서교육자의 능력과 자질을 고려하여야 한다. 독서 프로그램 구성 시 고려해야 할 사항은 다음과 같다.

1) 독서 프로그램 취지 및 목적에 따른 프로그램 구성

독서 프로그램의 목적은 어려서부터 독서의 즐거움과 필요성을 깨닫게 하고, 올바른 독서태도를 길러 스스로 즐겨 독서하는 습관을 갖게 하며, 도서관에서의 폭넓은 독서체험으로 도서관 이용을 생활화하려는 것이다. 또한 독서본질(즐거움, 무상성, 자율성)에 충실한 프로그램이 구성되어야 한다.

2) 참가자 독서수준에 따른 프로그램 구성

효과적인 독서교육이 이루어지기 위해서는 참가자의 발달단계 및 독서능력, 흥미 등을 고려해야 하며 지난번 독서 프로그램에 참여한 참가자들의 요구사항과 학부모의 독서 프로그램에 대한 요구사항도 참조해서 구성한다.

3) 교육내용의 연계성에 따른 프로그램 구성

독서 프로그램의 독서교육 내용은 학습경험의 반복성과 교육내용의 수준과 범위를 달리하면서 심화·확대하고, 학생들의 발달단계와 수준에 따르도록 하며, 다양한 교육내용들이 서로 연결될 수 있는 교육내용으로 조직되어야 한다. 예를 들면, 먼저 도서관 이용법에 대한 교육이 있어야 하며, 그 다음 올바른 독서법, 독서자료 선택법, 독서감상화 그리기, 독서감상문 쓰기, 정보활용법, NIE 등의 순으로 교육 연계성을 고려하여 교육이 수행되어야 한다.

도서관이용법 － 도서관여행 － 독서법 － 독서활동 － 감상화 － 감상문

4) 지역별 특성에 따른 프로그램 구성

해당 도서관의 지역적 특색이 잘 반영할 수 있는 프로그램 구성으로 자기 고장의 지역주민으로서의 자긍심을 심어주고 문화적 감수성을 함양하도록 유도한다.

5) 독서 프로그램 운영 계획안 수립(시간표 작성)

독서 프로그램 운영 계획은 현실적인 여건을 고려하여 얼마나 구체적으로 세워졌느냐에 따라 독서교육의 성패가 좌우된다. 따라서 누가 어떤 독서교육 내용을 가지고 수행할 것인가에 대한 상세하고도 구체적이고 독서교육 계획안이 반드시 수립되어야 한다.

6단계	독서 프로그램 강사 선임

독서 프로그램을 운영하는데 있어서 참신하고 유능한 강사를 확보하는 일이 매우 중요하다고 볼 수 있다.

1) 강사 위촉 방법

강사는 전문성을 유지하고 있고 교수기법에서도 노하우를 가지도 있는 전문가를 활용하는 것이 보다 효율적이다. 독서 프로그램 강사는 현직 사서, 문화교실 강사, 현직 교사, 특기적성을 갖춘 자원봉사자 등 지역사회의 가용 인적 자원 최대한 확보하여 활용하는 일이 중요하다.

표 22-3 | 독서 프로그램 강사 위촉 방법

내부강사 →	• 현직사서 • 시도단위 교육청(지방자치단체) 도서관별 공동 강사를 선정
외부강사 →	• 문화교실, 독서회 강사 • 현직 교사 • 특기적성을 갖춘 자원봉사자 • 독서 프로그램 분과위원회의 심사(자문)을 거친 강사

2) 독서 프로그램 강사 관련 업무 절차

독서 프로그램 강사선정 업무는 강사활용 계획수립부터 강사 위촉 방법 및 섭외, 강의교육계획서 및 수업과정안 작성 및 제출, 독서 프로그램 실시, 결과분석 및 강사수당 지급의 단계로 진행된다.

표 22-4 | 독서 프로그램 강사 관련 업무 절차

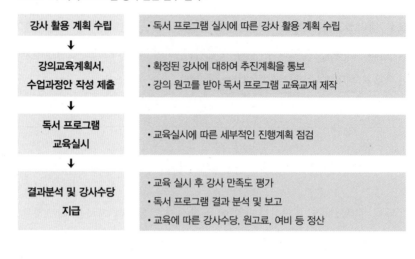

| 7단계 | 독서 프로그램 진행 |

독서 프로그램 구성에 따라 실제 독서교육 활동을 전개하는 단계이다. 일반적인 독서 프로그램 활동 순서는 다음과 같다.

입교식 및 오리엔테이션 ➡ 실제 활동 과정 ➡ 수료식

독서 프로그램 구성에 따라 독서 프로그램 진행에 있어서는 가능한 한 다음 3단계식 지도방법이 수행되어야 한다.

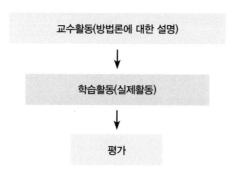

교수활동(방법론에 대한 설명)

↓

학습활동(실제활동)

↓

평가

　　독서 프로그램에 참여한 학생들은 실제 독서 및 독후활동 등 체험수업을 선호하는 것으로 조사되었다. 한편, 독서 프로그램에 따른 실제 독서교육 활동 전개를 위해서는 교수-학습지도안을 작성하여야 한다. 내부강사는 물론 외부강사의 경우도 교수-학습지도안을 제출하도록 유도하여 독서교육 활동지도 매뉴얼을 구비해 놓는 것이 바람직하다.

　　교수-학습지도안에 포함되어야 할 사항에 대해 구체적으로 살펴보면 다음과 같다.

- 지도목표 : 독서교육 목표 설정할 때는 구체적이고 명백한 목표설정을 하여야 한다.
- 주제(단원)설정 : 대상학년, 목표, 교육시기 및 시간과 관련하여 정확하게 설정하여야 한다. 주제명(단원명)은 알기 쉽게 하는 것이 좋다. 주로 「환경에 관련된 책을 읽자」, 「'왕따'에 관련된 책을 읽고 토론하자」 등과 같이 명확하게 설정해야 한다.
- 교육자 : 독서교육을 담당할 사람들의 독서교육 방법 및 어린이도서, 아동 심리 및 행동발달에 관한 전문지식과 인격과 품성, 독서생활에 관련된 사항 등을 고려하여 지도자를 선정하고 계획을 세우도록 한다.
- 교육내용 : 교육내용에 포함될 독서자료와 관련하여 구체적인 독서교육 방법이 수반되어야 한다.

- 교육장소 : 교육내용에 따른 독서교육이 이루어지는 장소(어린이열람실, 시청각자료실, 전자정보실, 강당 등)가 명시되어야 한다.
- 독서자료 : 주제(단원)별로 교육에 활용할 독서자료를 선정하여 저자, 서명, 출판사항 등 필요한 사항을 구체적으로 명시해 둔다.
- 준비물 및 과제 : 교육내용에 따른 준비물 및 과제가 구체적으로 명시되어야 한다.
- 지도상의 유의점 : 지도의 능률과 효과를 올리기 위한 배려나 해결하기 쉬운 점 등 지도상의 유의점을 밝혀 둔다.

이때 실제지도에 있어 다음과 같은 다양한 독서교육 방법과 독후활동 방법이 마련되어야 한다.

표 22-5 | 다양한 독서교육 및 독후활동 방법

독서교육 방법	독후활동 방법
• 독서법 • 독서흥미유발지도 • 자료선택지도 • 도서관 및 정보이용법 지도 • Storytelling • Booktalk • NIE • 멀티미디어를 통한 지도 • 독서부진아 지도 • 독서치료	• 독서기록 • 독서감상화 • 독서감상문 • 독서토론 • 독서마인드 맵 • 역할극지도 • 기타 독후활동 101가지

8단계	독서 프로그램 평가

독서 프로그램 운영 평가에는 정량적인 평가와 정성적인 평가 있으며, 정량적인 평가에서도 단순한 만족도를 독서 프로그램 운영에 대한 효과성 검증이 수반되어야 할 것이다. 현재 전국도서관운영 평가에서도 독서관련 사업 평가는 정량적 평가와 정성적 평가가 동시에 수행되어 지고 있다.

1) 독서 프로그램 운영 평가 기준

단위 도서관의 독서 프로그램 운영에 대한 평가에 앞서 전국도서관 운영 평가나 각종 독서 프로그램 공모전 등에서의 각 단위 도서관에서 개발한 독서 프로그램 평가 기준(안)을 제시하자면 다음과 같다.

표 22–6 | 독서 프로그램 운영 평가 기준(안)

기준	내용	배점
독창성	• 기존의 타성에 의해 진행되어져 온 독서 프로그램과는 차별성을 둔 독서문화 프로그램인가 • 독서문화 프로그램의 대상자를 차별화한다든지 • 주제(상황)를 달리한다든지 • 지역별 특성에 따른 프로그램인가	25
실현 가능성	• 독창적이고 좋은 독서문화 프로그램이긴 하나 도서관 시설, 인력 등 제반 여건상 실현가능성이 있는지 • 참가자 모집에 있어서 시기별, 기간별, 시간대별로 독서 프로그램 운영이 실현 가능한지	25
효과성 (기여도)	• 독서문화 프로그램 운영을 통해 지역사회에 기여하는 바가 있는지 • 독서문화 프로그램 운영 전/후 참여자의 독서문화 프로그램 참여 효과성(독서태도, 흥미, 능력, 정서적인 문제(자아존중감, 우울증, 진로태도 성숙도) 등이 고려되었는지	25
구성력	• 독서문화 프로그램 취지 및 목적에 따른 구성인지 • 참가자들의 독서수준을 고려했는지 • 교육내용의 연계성에 따른 구성인지	25

표 22-7 | 독서 프로그램 평가 업무 절차

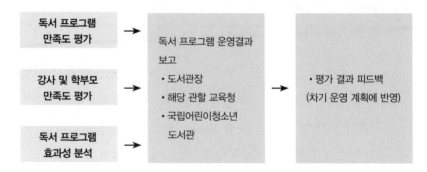

2) 독서 프로그램 운영 평가 방법

독서 프로그램을 다 마치면 프로그램 만족도 평가, 강사만족도 평가, 학부모 만족도 평가, 프로그램 효과성 분석을 통해 독서문화 프로그램을 평가하고 운영결과를 해당 도서관장에게 보고하고, 교육청 산하 도서관은 해당 관할 교육청에 보고한다. 또한 평가결과는 차기 운영에 반영되도록 해야 한다.

(1) 독서 프로그램에 대한 만족도 및 효과성 평가

독서 프로그램에 대한 평가문항은 흥미도, 창의성, 이해도, 체험 후 생각, 만족도, 참여도 등 6가지 외, 독서 프로그램 사전/사후 참가자들의 다양한 효과성(예: 진로태도성숙도, 게임과몰입 여부, 자아존중감 여부 등등) 검증이 있어야 하겠다.

(2) 독서 프로그램 강사 만족도에 대한 평가

독서 프로그램 강사 만족도는 ① 독서 프로그램이 도움이 되는지 여부, ② 각 프로그램 강사의 평가를 일일이 평가하며, ③ 수업의 강의수준, 교재 내용, 프로그램 종류 등 독서교실 운영 전체에 대한 소감, ④ 독서교육 수업과목에 대한 의견, ⑤ 독서 프로그램에 참여하면서 느꼈던 불편이나 불만, ⑥ 독서 프로그램 강사에 관한 내용 중에서 도서관에 건의사항 등 6개 평가항목으로 구성한다.

(3) 독서 프로그램 참가학생 학부모 만족도에 대한 평가

독서 프로그램 참가 학생이 유아 및 초등학생일 경우, 독서 프로그램

참여동기, 선호하는 프로그램, 도움을 주는 지 여부, 독서 프로그램의 교재 내용, 프로그램 종류 등 독서 프로그램 운영 전체에 대한 소감, 독서 프로그램 참여 이유, 중점을 두고 해야 하는 프로그램, 필수적으로 포함하여야 할 프로그램, 도서관에 건의하고 싶은 것을 평가할 수 있는 항목으로 구성한다.

⑷ 독서 프로그램 운영결과 보고 및 사후 활동 방안

차기 독서 프로그램 운영 계획에 반영할 수 있도록 세밀하게 작성하여야 한다. 또한 독서 프로그램을 마친 후 참여한 학생들이 도서관의 모임(예. 독서회)에 가입할 수 있도록 유도하거나 독서 프로그램을 통한 독후활동 작품전시회, 부모초대 발표회, 단체사진을 이메일로 발송하는 등 다양한 사후 활동을 전개하는 것이 바람직하다.

4. 도서관 기반 독서 프로그램 운영 실제

어린이 및 청소년 대상 도서관 기반 독서 프로그램 운영을 사례를 살펴
보면 다음과 같다.

4.1. 어린이 대상 독서 프로그램 운영 실제(예)

책으로 여름나기 20XX년 여름독서교실 세부추진계획

Ⅰ. 목적
- 책으로 하는 다양한 활동을 통해 독서에 흥미를 갖고 책 읽기를 즐거워하며
- 어려서부터 독서태도를 길러 도서관 이용을 생활화 하고
- 우리고장의 백제문화를 알아봄으로 애향심과 자긍심을 함양하고자 함

Ⅱ. 운영방침
- 운영기간은 여름방학 기간 중 5일로 한다.
- 운영내용은 독서교육 전반에 걸친 기초교육으로 하며 체험활동을 중심으로 한다.
- 교육대상은 기초 독서교육의 중요성을 감안하여 초등학생으로 한다.
- 독서교실 기간 중 학습활동이 우수하고 모범인 학생에게는 상장을 주어 격려한다.

Ⅲ. 운영개요
- 운영기간 : 20XX. 7. 26(월) ~ 7. 30(금) 9:00~12:30(5일간)
- 장   소 : ○○도서관 강의실
- 대상 및 인원 : 초등학교 5학년 36명(○○초, ○○초, ○○초)
- 참가 방법 : 학교장 추천 및 희망자 개별 접수
- 참 가 비 : 없음
- 주   제 : "백제 팔문양전이랑 놀자"

Ⅳ. 세부 추진 계획
가. 수강생 모집
1)모집기간 : 20XX. 7. 7(수) ~ 7. 13(화)
2)대   상 : 초등학교 5학년 36명
3)모집방법
- ▶ 학교장 추천 : 학교로 공문 발송하여 추천 의뢰
  - ○○초, ○○초, ○○초 각 10명씩
  - 참가학생 추천서 전자문서로 접수
- ▶ 희망학생 개별 접수 : 선착순 6명

※ 독서교실 기간 중의 도서관으로 오고가는 것은 학부모가 도와줌

4) 홍보 : 도서관 홈페이지 및 게시판 홍보, 초등학교 공문발송, 보도자료

나. 학습활동 및 강사선정

1) 학습활동

▶ 모둠 편성 : 6개(6명) 모둠으로 편성하여 활동

▶ 독서교실 시간표

구분	26(월)	27(화)	28(수)	29(목)	30(금)
1교시 (09:00 ~09:30)	입교식	즐거운 책 읽기	신나는 책 읽기	재미있는 책 읽기	신기한 책 읽기
2교시 (09:40 ~10:30)	도서관 책 사냥	백제 8문양전이 뭐예요?	백제 사비의 문화를 찾아서 (부여박물관, 백제 역사재현단지) 견학	이야기 8문양전 (글−발표−전시)	백제의 베일을 벗겨라 (퀴즈)
3교시 (10:40 ~11:30)	Work Book 만들기	8문양전 보고서 작성			느낌 글 쓰기 설문지
4교시 (11:40 ~12:30)					수료식
준비물	교재내용, 풀, 가위, 색지, 끈	빔프로젝트, 고무, 조각칼	유인물, 명찰, 간식	교재, 빔프로젝트	퀴즈선물, 종, 점수판, 설문 지, 상장(품), 수료증
전개	흥미유발	개념이해	생각 넓히기(체험)	정리하기	마무리

※일정은 다소 변경될 수 있음

▶독서교실 학생 준비물 : 필기도구

▶독서교실 선정도서

중심도서를 중심으로 학습활동 추진(중심도서는 기념품으로 나눠줌)

• 중심도서

『한류의 원조 백제문화』 지은이 현무와주작 / 출판사 주니어랜드

'문화 대국 백제'의 숨결과 미소를 담은 책으로 어린이들이 우리 역사와 문화의 우수성을 동시에 느끼게 함

• 참고도서

− 한국생활사박물관 − 백제생활관 − / 한국생활사박물관 편찬위원회 편

− 한국생활박물관 4 : 백제생활관 / 한국생활사박물관 편저 / 사계절

− (한류의 원조)백제문화 / 현무와주작 지음 / 어린이중앙

- 백제의 꿈 / 이경애 지음 / 대교출판
- 쉿 우리집 밑에 백제가 살아요 / 김영숙 지음 / 파란자전거
- 백제를 다시 일으킨 어진 임금 무령왕 / 최향미 지음 / 한솔수북
- 해동증자 의자왕 / 최향미 지음 / 한솔수북
- 역사속으로 송송 3: 백제 / 이문용 지음 / 토토북
- 백제 소년 서동 왜국 소년 쇼토쿠를 만나다 / 김용만 지음 / 스콜라

2) 지도강사 선정

▶지도 강사 : 주로 사서가 지도하며 전문분야는 외부강사 위촉

- 내부강사(사서) 지도과목 : 도서관 책 사냥, 8문양전 보고서 작성, 이야기 8문양전, 백제의 베일을 벗겨라, 입교식, 수료식, 1교시 수업 및 마무리, 설문조사
- 외부강사 지도과목 : 백제 8문양전이 뭐예요?(학예연구사), 8문양전 판화(미술전공자), Work book 만들기(북아트지도사)

총점	도서관 이용태도	8문양전 보고서	독서량	Work book	출석
100	20	20	20	20	20

라. 수료자

- 수료자 선정 기준 : 60%이상 출석하고, 1편 이상의 학습결과물이 있는 학생을 수료자로 인정한다.

마. 설문 조사 및 결과보고

1) 조사일시 : 20XX 7. 30(금) 12:20 ~

2) 대상 : 수강생을 대상 설문조사, 강사를 대상으로 진행평가표 실시

3) 운영결과 및 설문지 분석 보고 : 2010. 8. 3(화)

바. 독서교실 작품전시

▶ 독서교실 독서체험 활동 작품은 어린이자료실에서 1개월간 전시

V. 소요예산

지변과목	내용	산출기초		비고
독서문화진흥 독서교실운영	간식	• 36명×1,000원×5회 =180,000	180,000원	
	상품	• 7명×10,000원 = 70,000	70,000원	
	문구	• 36명×5,000원 = 180,000	180,000원	
	현수막	• 1매×60,000원 = 60,000	60,000원	
	임차료	• 1대×500,000원 = 500,000	500,000원	
	견학간식	• 36명×5,000원 = 180,000	180,000원	
	선정도서 (기념품)	• 36명×7,000원 = 252,000	252,000원	

지변과목	내용	산출기초		비고
독서문화진흥 독서교실운영	강사료	• 팔문양전이 뭐예요 기본 1시간×50,000원 = 50,000 교통비(120km미만)1회×15,000원 = 15,000	65,000원	
		• 8문양전(조각) 보고서 작성 기본 1시간×50,000원 = 50,000 추가 1시간×10,000원 = 10,000	60,000원	
		• Work book 만들기 기본 1시간×50,000원 = 50,000 추가 1시간×10,000원 = 10,000	60,000원	
	계		1,547,000원	

Ⅵ. 기대 효과

• 책을 가까이 할 수 있는 계기를 마련하여 책을 통해 삶의 지혜를 스스로 찾을 수 있는 독서생활화에 기여

• 아름다운 백제문양을 체험으로 가까이 할 수 있는 계기 마련으로 향토애와 문화재를 사랑하는 마음 함양

• 문화적 향유와 접근에서 소외 지역 학생을 대상으로 독서체험학습의 장을 도서관에서 마련함으로 지역의 문화공간으로 자리매김 됨

천안 OO도서관

책과 친해지기(강좌명 : 책읽기와 친해지기)

교육대상	초등저학년	교육기간 시간	20XX년3월20일~6월5일(12주과정) 매주 화요일 오후 15:00~16:00
교육목표			1. 책읽기의 즐거움을 음성을 통해 들으면서 감성을 발달시키고, 흥미를 유발시켜 스 스로 책읽기의 기초를 다진다. 2. 그림동화를 통해 상상력을 키우고, 자신의 생각이나 느낌을 나타내 표현력과 발표 력을 향상시킨다.
대주제	책읽기와 친해져요		

주차	도 서 명	활 동 내 용	비 고
1주	도서관	책의 구성 및 도서관이용법 알아보기	필기 도구
2주	보리밭은 재미있다	엄마, 아빠 어린시절 놀이문화를 통한 정서적 교감 체험하기	
3주	똥은 참 대단해	『우리몸의 구멍』, 『똥은 어디로 갔을까』를 비교하며 우리 소화기관 알기	필기 도구 가위, 풀
4주	개구리네 한솥밥	손도장으로 그려보는 세상	
5주	갯벌이 좋아요	갯벌의 생태와 중요성 이야기 나누기	
6주	행복한 미술관	자유로운 그림 채우기	색연필 사인펜
7주	엉덩이가 집을 나갔어요	엄마에게 야단 맞았을때 기분이 어떤가?	
8주	너를 이만큼 사랑해	어버이, 가족애, 사랑에 대해 이야기해기	
9주	난 토마토 절대 안먹어	좋아하는 음식, 싫어하는 음식, 상상으로 요리 만들기	
10주	부루퉁한 스핑키	여러 가지 화를 푸는 방법 알아보기	
11주	아카시아 파마	아카시아 줄기로 파마하고 잎으로 게임하기	
12주	아씨방 일곱친구	도구의 정의와 쓰임새 알아보기.	

4.2. 청소년 대상 독서 프로그램 운영 실제

청소년을 대상으로 한 자유학년제를 위한 도서관 기반 독서활동 중심
진로 독서 프로그램 개발 개요 및 세부 운영계획서 예시는 다음과 같다.

표 22-8 | 독서활동 중심 도서관 기반 진로 독서 프로그램 개발 개요

프로그램명	(자유학년제를 위한) 도서관 기반 진로 독서 프로그램				
개설목적	독서활동을 통해 청소년 스스로 자신의 진로를 탐색하고, 진로계획을 세워 지속적으로 발전시킬 수 있는 역량을 기른다.				
프로그램 목 표	1. 자신의 진로 적성 흥미 이해　　2. 자기이해를 통한 꿈과 비전 탐색 3. 진로 및 직업 관련 정보 활용법　4. 사회적 역량 개발 5. 건강한 직업의식 수립　　　　　6. 진로 디자인 및 준비를 통한 꿈과 비전 실천 계획 수립				
총 차시	16차시(8회 – 1회당 2차시)	주당 차시	이론 1차시	토론/발표 1차시	
강의목표	독서를 바탕으로 스스로 진로 및 적성을 탐색하고, 진로 계획을 세워 지속적으로 발전시킬 수 있는 역량을 기른다.				
수업방법	책 읽기, 말하기, 쓰기, 토론, 정보탐색 및 다양한 독후활동				
수료조건	총 8회 중 6회차 이상 참여				
평가방식	진로성숙도 검사 전후, 강사 관찰 일지 및 참여자 서술 평가				
주 교재 및 부교재	번호	자료 명	저자	출판사	출판년도
	1	나는 기다립니다.	다비드칼리글. 세르주블로크 그림, 안수연 역	문학동네	2007
	2	자전거를 못 타는 아이(9~39쪽)	장 자끄 상뻬글, 그림, 최영선 옮김	별천지	2012
	3	조니가 시계를 만들었어요.	에디워드 아디 존 글, 그림	북뱅크	2011
	4	일수의 탄생	유은실 글, 서현 그림	비룡소	2013
	5	새미 리(다이빙을 사랑한 한 국인 소년)	유보라 글 이담 그림	길벗어린이	2006
	6	자전거를 못 타는 아이(49~92쪽)	장 자끄 상뻬글, 그림, 최영선 옮김	별천지	2012
	7	나는 무슨 씨앗일까?2	이영희외 3인	샘터	2014
	8	꿈의 궁전을 만든 우체부 슈발	오카야 코지저, 야마네 히데노부 역	진선출판사	2004
기자재 및 실습재료	PPT로 제작하거나 DVD 영상으로 본다.(컴퓨터, 프로젝션, DVD 등) 활동지를 위한 각종 문구류, 동영상 플레이어, 스피커				

표 22-9 | 독서활동 중심 도서관 기반 진로 독서 프로그램 세부 운영계획서

회기	주 제	매체 및 활동
1	자기 이해	▣ 목표: 생애진로를 조망해 보며, 14~15세 시기 "진로 탐색"의 의미를 점검한다. 생애진로 무지개를 그리고, '진로탐색' 과정의 중요성에 대해 안다. ▣ 관련 매체 • 나는 기다립니다/다비드칼리 저, 안수연 옮김. 문학사상, 2013. • [자료] 진로와 직업이란? • [동영상]꿈을 향한 도전(6분03) https://www.youtube.com/watch?v=L95m6dvXyHc ▣ 관련 활동 (활동)Super의 '생애진로무지개' 그리고, 진로를 조망하기 • '생애진로무지개' 발표하기 • 인생을 길게 조망(1살~90살까지)해 본 느낌을 나누기
2	자기 표현	▣ 목표: 나의 흥미와 적성에 맞는 직업을 탐색 한다. 강점을 활용하고 단점을 보완할 방법을 찾는다. ▣ 관련 매체 • [도서]자전거를 못타는 아이 (9~39p) /장자끄 상뻬 /별천지 • [영상]외톨이 소년의 대성공 www.youtube.com/watch?v=Rqhvz3onjXQ ▣ 관련 활동 • [활동지1] 나의 흥미와 적성 찾기 • [활동지2] 적성관련 직업 찾기 • [활동지3] 나의 성격 나무 만들기

3	건강한 직업 의식 수립	▣ 목표: 직업의 의미를 이해하며, 현재, 미래의 직업 탐색을 통해 자신만의 직업(창조적 직업) 탐색을 할 수 있다.
		▣ 관련 매체
		 • [도서]조니가 시계를 만들었어요/에디워드 아디 존 글,그림/북뱅크
		 • [자료]온라인 진로관련 사이트(직업정보, 학과정보, 동영상정보, 직업체험 정보 등)
		 ☞ 워크넷 www.work.go.kr → 직업 · 진로
		  커리어넷 www.career.go.kr
		  진로진학정보센터 www.jinhak.co.kr
		  한국직업방송 www.worktv.or.kr
		※교육부, 한국교육개발원. 자유학기제 직업세계 탐색 매뉴얼.pp. 171-183. ; 191-204.
		▣ 관련 활동
		 • (활동) 직업카드 활동
		 – 나의 진로와 관련된 직업관련 정보 사이트 찾아 나의 진로 및 직업과 관련된 정보 적기

4	진로 및 직업 정보 탐색	▣ 목표: 직업의 의미를 이해하며, 현재, 미래의 직업 탐색을 통해 자신만의 직업(창조적 직업) 탐색을 할 수 있다. ▣ 관련 매체 • [도서]일수의 탄생/유은실지음/비룡소/2004 • [도서]아낌없이 주는 나무/셸 실버스타인 저/시공주니어/2000 ▣ 관련 활동 • (활동) 과거/현재/미래의 직업 탐색 • 책에서 배우는 현재/과거/미래의 직업탐색

회기	주제	매체 및 활동
4	진로 및 직업 정보 탐색	• 인성을 가꾸는 책읽기: 내게 더 필요한 것은 무엇일까? – 〈참고자료〉'직업세계 변화 알아보기', '직업세계에 밀어닥칠 새로운 물결', '직업세계 변화에 따른 미래유망직업' ※교육부, 한국교육개발원. 자유학기제 직업세계 탐색 매뉴얼.pp.184-190
5	진로 의사 결정 능력 개발	▣ 목표: 나의 진로를 위해 필요한 요소와 장애요소를 파악하여 진로의사 결정능력을 함양한다. ▣ 관련 매체 • 『새미 리(다이빙을 사랑한 한국인 소년)』/유보라글, 길벗어린이/2006 ▣ 관련 활동 • 나의 진로에 방해 요소는 무엇인가? • 방해요소극복방안은? • 나의 진로와 관련된 정보 찾기, 체험 계획 세우기 • '진로 포트폴리오'를 작성해 본다.
6	진로 계획과 준비	▣ 목표: '진로시나리오'를 두 가지 정도 작성하고, 진로계획을 세워본다. ▣ 관련 매체 • [도서]자전거를 못타는 아이/장자끄상뻬/별천지(후반부활용49~92P) • [동영상]한국 컵밥 미국 유타를 사로잡다 https://www.youtube.com/watch?v=005bCSytk6A ▣ 관련 활동 • [활동지] '진로 시나리오' 작성
7	사회적 역량 개발	▣ 목표: 꿈에 대해 적고 발표하여 서로의 꿈을 나누면서 경청, 공감, 설득 등 효과적인 의사소통 방법을 습득하고, 대인관계를 맺을 수 있다. ▣ 관련 매체 – 나는 무슨 씨앗일까?2/이영희 외 3인/샘터 2014. ▣ 관련 활동 – 자신의 롤 모델을 참여자 앞에서 소개한다. – 롤 모델을 '멘토'로 만날 경우 무엇을 물어보고 조언을 받고 싶은가? – '진로 시나리오' 작성
8	진로 디자인	▣ 목표: 진로포트폴리오를 발표, 전시함으로써 진로독서활동을 돌아보고 평가한다. 　　　향후 지속적인 도서관 이용으로 진로탐색을 할 수 있는 동기를 준다. 　　　진로 프로그램 참여로 변화된 생각을 이야기 나눈다. ▣ 관련 매체 • [도서]꿈의 궁전을 만든 우체부 슈발/오카야 코지저, 야마네 히데노부 역/진선출판사/2004 ▣ 관련 활동 • 진로 포트폴리오를 작성하고 발표하기 • 진로태도성숙 및 독서태도검사지 (사후 검사) • 프로그램 만족도 검사 및 수료증 수여

도서관 기반 독서 프로그램 운영 방향은 독서 본질(즐거움, 무상성, 자율성)에 바탕을 두어야 할 것이다. 도서관에서 독서 본질에 충실한 독서 프로그램이 뿌리내릴 때, 혼탁한 독서 환경이 정화되어 삶의 본질과 맞닿은 독서 체험으로 '평생 독자'의 개발이 도서관의 '평생 이용자' 개발로 이어질 것이다. 즉, 도서관 기반 독서 프로그램이 지향하는 바는 다양한 문화 예술 활동을 통해 독서의 즐거움과 정서함양 및 사고력 및 창의력 신장에 바탕을 둔 건전하고 바람직한 독서문화가 자리 잡을 수 있도록 강구되어야 할 것이다.

독서 프로그램은 그 운영 형태가 어떠한가에 따라 프로그램 내용이 달라질 수 있다. 도서관 기반 독서 프로그램의 운영은 대개 집중형, 단기형, 중기형, 장기형, 선택형 등 다섯 가지 유형으로 나누어지며 도서관의 운영 상황에 따라 각 유형별 독서 프로그램을 계획하여 운영할 수 있다.

독서 프로그램 운영을 위한 절차는 크게 독서 프로그램 운영 기획 단계, 독서 프로그램 세부운영 계획 단계, 독서 프로그램 진행 단계, 독서 프로그램 운영 평가 단계로 4단계로 나누어지며, 세부 운영 절차는 8단계로 나누어 운영되어 진다. 1단계인 독서 프로그램 운영팀 조직, 2단계인 독서 프로그램 기본계획 수립, 3단계인 독서 프로그램 세부운영 계획 수립, 4단계인 참가자 수요조사, 5단계인 독서 프로그램 구성, 6단계인 독서 프로그램 강사 선임, 7단계인 독서 프로그램 진행, 8단계인 독서 프로그램 평가 절차로 이루어진다.

도서관 기반 독서 프로그램 운영은 생애주기별로 운영되고 있다. 즉 다양한 계층(영유아, 어린이, 청소년, 일반 성인, 어르신)과 소외계층(장애인, 다문화, 비행 청소년, 재소자 등)을 대상으로 운영되고 있으며, 본 교재에서는 대표적으로 어린이를 대상으로 한 독서교실 프로그램과 독서의 즐거움을 유도하수 잇는 독서 프로그램과 청소년 대상 자유학년제를 위한 진로 독서 프로그램 운영 실제를 소개하였다.

※ 독서 본질(즐거움, 무상성, 자율성)을 바탕한 도서관 기반 독서 프로그램 운영 방향을 고려하여 다음 활동지를 통해 도서관 기반 독서 프로그램 운영 계획을 수립해 보시오.

도서관 기반 독서 프로그램 운영 계획

프로그램 명 :

1. 목적
   -
   -
   -

2. 운영개요
   가. 운영기간 : 20XX. X. XX( ) ~ X. XX( )　　시간 :　 ~
   나. 장소 : ○○도서관 강의실
   다. 대상 :　　　　　　 인원 :　　　　 명
   라. 주제 :

3. 독서프로그램 시간표(선택 : 집중형, 단기형, 중기형, 장기형, 선택형)

구분				
1교시				
2교시				
3교시				
4교시				
준비물				
전개과정	흥미유발	개념이해	생각 넓히기 (체험)	정리하기	마무리

4. 선정 및 추천 독서매체(☞ 수행평가 1-서식 별첨)

김수경(2006). 독서의 본질과 독서 프로그램 운영. 한국도서관·정보학회지, 37(3), 235-264

다니엘 페낙(저); 이정임(역)(2004). 소설처럼. 문학과지성사.

최연구(2006). 문화콘텐츠란 무엇인가. 살림.

최윤정(2001). 그림책 : 평론집. 비룡소

황금숙 외(2007). 독서교실 운영 매뉴얼 개발 연구. 국립어린이청소년도서관

_____(2012). 게임과몰입 극복을 위한 독서치유 프로그램 개발 연구. 한국콘텐츠진흥원.

_____(2016). 자유학기제를 위한 독서문화 프로그램 개발 연구. 국립어린이청소년도서관.

_____(2016). NCS 기반 독서문화 프로그램 운영 실제. 태일사.

황금숙, 김수경(2020). 독서지도의 이론과 실제. 태일사.

23 독서와 글쓰기

학습목표

- 독서와 글쓰기의 관계를 이해할 수 있다.
- 독서 후 작성하는 독후 감상문과 서평의 특성을 이해하고 이를 지도할 수 있다.
- 논증적 글의 특성을 이해하고 논증적 글쓰기를 지도할 수 있다.

학습내용

독서와 글쓰기에서는 독서와 글쓰기의 관계를 토대로 독후 감상문, 서평, 논증적 글쓰기에 대한 이해를 도모한다. 그리고 이를 바탕으로 독서 지도사가 독후 감상문, 서평, 논증적 글쓰기를 지도하기 위한 실제적인 방법을 익힌다. 학생이 어떤 유형의 글을 읽게 되는지에 따라 학생이 독서 과정에서 구성하게 되는 지식의 성격과 이를 글쓰기로 표상하는 방식은 달라질 것이다. 이에 따라 이 장에서는 글의 유형에 따라 중점적으로 지도해야 할 내용을 달리 하여 담았다.

1. 독서와 글쓰기의 관계

1.1. 담화 종합의 측면에서 본 독서와 글쓰기

대체로 사람들은 아는 것이 많으면 글을 잘 쓴다고 생각한다. 그러나 단순히 아는 것이 많다고 해서 반드시 글을 잘 쓰는 것은 아니다. 필자가 글을 쓰는 과정에서는 자신의 머릿속 내용 공간에 있는 지식이나 신념을 실제적 텍스트로 표상하는 과정이 요구되며, 이때에는 상당한 수준의 반성적 과정이 수반되어야 하기 때문이다.

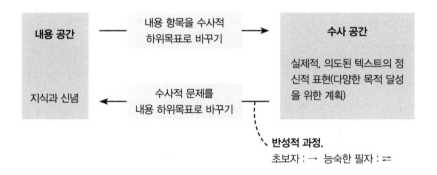

학생들은 독서를 통해 많은 글을 읽지만 그것을 자기의 지식으로 만들기 위해서는 독서 후에 자신의 생각이나 느낌을 정리하는 지적 과정이 필요하다. 독서는 언어를 통해 머릿속에 의미를 만드는 과정이고 글쓰기는 머릿속의 의미를 언어를 통해 드러낸다는 측면에서 정반대의 정신 작용처럼 보이기도 한다. 그러나 독서와 글쓰기는 역동적이고 복잡한 사고의 과정이라는 측면에서, 그리고 의미를 구성한다는 측면에서 공통점이 있는 정신 작용이기도 하다.

최근 일련의 연구들에서는 독서와 글쓰기의 공통된 속성에 주목하여 '담화 종합(discourse synthesis)'이라는 개념을 설정한다. 담화 종합은 필자가 새로운 글을 생산해 내기 위해 다양한 글에서 정보를 선택하고 결합하는 것(Spivey, 1984), 또는 특정 주제에 대한 언어적 처리(Nelson, 2001)를 의미한다. 본질적인 측면에서 볼 때에, 쓰기라는 행위는 그 자체로 읽기와 매우 밀접한 관련을 갖고 있다(Spivey, 1984). 아무런 자료 없이 배경지식만으로 글을 쓰는 것에는 한계가 있기 때문에, "독서를 통하여 얻은 지식과 정보는 필자가 글을 쓰는 과정에서 내용을 창안하는 데 핵심적인 역할을 한다"(박영목, 2008:77). 학생들이 어떤 주제에 대한 보고서를 쓰는 모습이나 여러 편의 글을 읽고 자신의 생각을 정리하는 글을 쓰는 행동은 담화 종합의 대표적인 예라 할 수 있다. 이들은 모두 담화 종합의 핵심적 특징인 '정보의 선택과 결합'과 '주제에 대한 언어적 처리'를 공유하고 있다. 이렇듯 외부의 읽기 자료가 필자를 거쳐 새로운 글로 생산되는 담화 종합의 과정은 의미 구성 과정으로 읽기와 쓰기가 함께 이루어진다는 점, 기존의 텍스트에는 없는 새로운 조직 유형을 만들어낸다는 점, 수사학적 고려를 바탕으로 한 읽기─쓰기 전략이 실현된다는 점 등의 특징이 나타난다.

1.2. 독서 지도 과정에서 글쓰기의 역할

독서 지도를 할 때에 글쓰기는 어떤 역할이어야 하는가? 예전의 독서 지도에서는 독서와 글쓰기를 완전히 분리된 것으로 생각해 왔다. 그러한 생각의 밑바탕에는 학생이 글을 읽고 교사와 함께 글의 내용을 파악하는 독서 활동을 하고, 글쓰기는 독서 활동의 결과물을 정리하는 것으로 여겨져 온 독서 지도에 대한 인식이 자리 잡고 있었다. 글쓰기를 독서 활동의 추수적 활동으로만 인식하였기 때문에 글쓰기의 본질과 관련된 사고의 과정에 대해 지도하지 못하는 모습이 나타나게 된 것이다.

그러나 독서 지도의 과정에서 학생들에게 글쓰기를 수행하는 데에 필요한 사고의 과정을 제공하지 못한다면 독서와 글쓰기를 함께 할 때에 얻을 수 있는 이점들을 포착하기 어렵다. 구성주의적 관점에 따르면 학생들이 언어를 탐구하고 개방적 질문에 답하며 읽기와 쓰기에 참여할 수 있도록 지도할 때에 학생들은 지식을 능동적으로 구성할 수 있는 경험을 획득하게 된다(McCarthey, & Raphael, 1992). 교사가 이러한 전제에 근거하여 독서와 글쓰기를 함께 지도한다면 다음의 다양한 목적에 도달할 수 있다(Tierney, 1994).

- 학생들이 자신의 생각과 다른 사람의 생각에 좀 더 가까워질 수 있도록 도와주기 위해서
- 학생들이 자신의 목소리를 가질 수 있는 수단을 제공하기 위해서, 자기 자신과 다른 사람들을 위해 생각을 메모하고, 공유하고, 비교하고, 재고할 수 있도록 도와주기 위해서
- 학생들이 자신의 생각을 표현하고, 생각을 표현하는 여러 방법들을 시도해 볼 수 있는 방법을 제공하기 위해서
- 학생들에게 저자가 되기 위한 기회를 제공하고, 책은 기계가 아닌 그들과 같은 사람들에 의해 집필된다는 것을 실감하도록 도와주기 위해서
- 학생들이 여러 방법을 통해서 타인과의 의사소통 및 협력을 할 수 있도록 기회를 주기 위해서
- 읽은 글에 대한 학생들의 감상을 촉진시키기 위해서
- 학생들에게 책을 읽는 경험을 통해 혜택을 받는다는 것을 확신시키고, 이러한 관점에서 자신의 경험을 바라볼 수 있도록 도와주기 위해서
- 학생들에게 유용하고 의미 있는 읽기 자료의 수를 증가시키기 위해서
- 구성원들이 서로 인정하고 지원하는 공동체의 소속감을 키우기 위해서
- 학생들의 생각에 우선권을 부여하는 학생 중심, 의미 중심이 되는 문식 활동과 학습 경험을 촉진시키기 위해서
- 학생들에게 읽기와 쓰기 경험과 개인과 사회의 학습 기회는 융합된다는 것을 확신시켜 개인과 집단에 모두에게 적합한 학습의 기회를 제공하도록 도와주기 위해서

- 학생들이 자신 및 다른 사람의 글을 읽을 때, 그들을 위해 생각하고 배우도록 동기를 부여하기 위해서
- 읽고 쓰는 기능과 전략을 개발하고, 배우고, 적용하기 위해서

독서와 글쓰기를 함께 지도할 때에 학생은 보다 높은 수준의 학업 성취에 도달하게 되고 정교한 사고를 계발할 수 있게 된다. 학습은 구체적인 맥락에 기반하여 이루어지기 때문에 독서는 학생들에게 특정한 상황의 맥락을 제공하는 좋은 도구로 기능한다. 그러나 구체적인 맥락만으로는 일반화된 지식을 획득하기 어렵기 때문에 학생들은 서로 다른 맥락들을 넘나들 수 있는 유연성을 토대로 한 글쓰기를 수행할 필요가 있다. 이 과정에서 학생들이 다양한 텍스트에 접근하는 경험을 토대로 여러 가지 종류의 글을 쓰는 경험을 하게 된다면 이는 단순히 글을 읽고 쓰는 행위에서 끝나는 것이 아니라 역동적이고 복합적인 사고의 과정을 경험하는 데에까지 나아갈 수 있게 된다. 이렇게 볼 때에 독서와 글쓰기의 결합은 학생의 다양한 경험을 촉진하고 고차원적 사고를 계발할 수 있도록 지원할 수 있다는 점에서 의의가 있다.

2. 독서와 독후 감상문 및 서평 쓰기

2.1. 독후 감상문과 서평의 개념

사전적 의미로 독후 감상문(또는 독후감(讀後感), 이하 독후 감상문)은 '책이나 글 따위를 읽고 난 뒤의 느낌. 또는 그런 느낌을 적은 글'을 말한다. 사전적 의미에 기반하여 볼 때에, 독후 감상문은 책이나 글을 읽고 난 후 글 내용에 대한 이해를 바탕으로 이에 대한 독자의 반응과 평가를 종합적으로 표현한 글을 의미한다.

독후 감상문은 1차 텍스트를 읽고 생산하는 2차 텍스트이므로, 독후 감상문의 내용은 텍스트와 독자를 양축으로 하는 연속선상에 위치하게 된다. 글에 대한 독자의 이해는 읽기의 대상이 되는 글의 내용을 중심으로 자신의 배경지식으로 이동하는 과정에서 이루어진다. 독후 감상문의 내용은 이 과정의 어느 지점에 위치하게 되는데, 요약은 텍스트의 내용에 편중한 지점에서, 감상은 독자의 삶 중심으로 이동했을 때 생성되는 내용이라고 할 수 있다. 이러한 양극단을 고려하여 독후 감상문의 구성 요소를 요약과 감상으로 설정하기도 한다(박동진, 2010). 그러나 읽기의 과정을 따라서 독후 감상문의 내용은 요약과 감상이라는 이분법적인 요소로 구분하기보다는 텍스트와 독자를 축으로 하는 연속선상의 정도성 개념으로 구분하는 것이 유용하다(류보라·서수현, 2013).

독후 감상문은 글의 내용에 대한 이해를 바탕으로 독자로서의 자신의 반응과 평가를 종합적으로 표현하는 글이다. 따라서 독후 감상문을 쓸 때에는 독자와 필자의 역할을 모두 수행하여야 한다. 일차적으로 독자의 역할을 담당하여 글을 읽게 되고 의미 구성의 과정을 거쳐 자유로운 반응을 하게 되고 이렇게 생성한 내용을 바탕으로 한 편의 글을 완성하는 필자의 역할을 담당하게 되는 것이다. 독후감을 쓰기 위해서는 읽기의 과정이 선행되어야 하는데, 읽기의 과정에서 글의 내용에 대한 이해, 글과 관련한 자신의 경험과 지식을 바탕으로 한 반응이 이루어지게 된다. 이처럼 독후감의 내용 생성은 글을 읽는 과정을 통해 이루어지기 때문에 독후감을 쓰기 위해서는 읽기의 과정이 중요하다. 학생들은 독후 감상문의 내용 생성을 위해서는 우선 내용을 이해하고 요약할 수 있어야 하며, 풍부한 감상을 위해서는 읽는 과정에서 글의 내용에 대한 다양한 사고를 경험해야 한다. 따라서 독후 감상문을 작성하기 위해서는 읽기 능력과 쓰기 능력이 모두 동원되어야 한다. 즉, 읽은 내용을 이해하는 능력, 전체 내용과 중심 내용에 대해 파악하는 능력, 글의 내용에 대한 풍부하고 다양한 반응을 하며 읽는 능력과 함께, 이러한 이해의 양상과 반응의 실제를 글로 표현하는 능력이 필요한 것이다.

독후 감상문과 유사하게 1차 텍스트를 읽고 생산하는 2차 텍스트로 서평(書評, Book review)이 있다. 서평이 도서의 내용과 해석에 대한 평가를 통해 도서를 '평가'하는 측면이 두드러진다면 독후 감상문은 말 그대로 '감상'에 초점이 있다는 점에서 차이가 있다고 할 수 있다. [*]

서평은 비평의 대상인 텍스트를 소개하고 텍스트의 내용과 내용이 갖고 있는 의미와 가치에 대해 평가하는 글이다. 일정 수준을 갖춘 양질의 서평은 "훌륭한 문학적 형식, 권위 있는 논의, 포괄성, 공평한 판단"의 네 가지 기본적 요소를 갖추어야 한다고 알려져 있다(Haines, 1950:107). 첫째, 훌륭한 문학적 형식이란 서평의 표현에 있어 다양한 표현 양식을 활용하면서도 쉽고 효과적인 표현이 이루어져야 함을 의미한다. 둘째, 권위 있는 논의는 도서의 주제와 관련되는 배경 정보, 도서에 대한 광범위한 지식, 능숙한 비평적 판단력 등에서 비롯된다. 이는 서평을 작성한 사람이 동일 분야의 도서, 유사한 특징의 저작물들과 비교하는 등의 작업을 통해 얼마나 유용한 정보를 제공하는가와 관련된다. 셋째, 포괄성은 도서의 가치를 판단하기 위해 해당 도서의 형식적 측면과 내용적 측면을 모두 다루어야 함을 뜻한다. 넷째, 공평한 판단은 서평을 작성하는 사람이 개인적 편견으로부터 자유로워야 하고 서평을 요청한 사람들의 견해에도 영향을 받지 않아야 함을 의미한다.

서평에는 기본적으로 비평 대상이 되는 도서의 내용을 기술하고 도서의 내용에 대한 서술 방향, 도서에 대한 평가가 포함된다. 좀 더 구체적으로 서평에 포함되어야 할 요소로 도서의 내용에 대한 기술, 도서를 읽을 것으로 예상되는 독자, 범위, 어조, 문체, 시점에 대한 정보, 작가의 다른 저작과의 비교, 내용과 삽화의 적절함, 비평자의 개인적 의견, 장점과 약점, 저작의 용도, 간결함, 문학적 질의 우열에 대한 판단, 비평의 최신성, 독자에게 호소력이 있는지에 대한 판단, 표지와 표지 디자인에 대한 정보, 책의 주제를 둘러싼 논쟁에 관련한 논평 등이 꼽히기도 한다(Wilson & Bishop, 2011). [*]

(왼쪽 여백 주석)

"작품에 대한 해석을 바탕으로 전유하는 과정 자체가 그리 다르지 않다"(김성진, 2004: 23)는 점에서, 독후 감상문 쓰기는 비평을 학습하는 과정에서 중요하게 여겨질 필요가 있다.

학생이 작성하는 서평 텍스트는 해석 텍스트와 유사한 점이 많다. "해석 텍스트는 학습 독자가 문학 텍스트에 대하여 중층적 관계를 설정하면서 해석의 관점과 논리를 구성하는 양상을 보여주는 텍스트"이다. 비평 텍스트가 도서에 대한 전문적인 식견을 토대로 작성된 구조화된 글이라면, 학생이 작성한 해석 텍스트는 학생이 자기 관점으로 도서를 읽어가는 해석의 과정을 보여주는 경향이 있다. 그렇기 때문에 학생이 작성한 해석 텍스트는 자신이 설정한 "해석의 지향을 획득할 수 있는 가능성과 획득하기 위한 고군분투, 그리고 획득의 한계를 고스란히 노출한다"(양정실, 2006:13-14).

2.2. 독후 감상문 쓰기를 위한 독서 지도 방안

독후 감상문 쓰기는 읽기와 쓰기를 연계하는 활동으로, 읽기의 이해를 촉진하고 쓰기의 내용 생성의 기초를 제공할 수 있는 유용한 활동이다. 이러한 교육적 효용성으로 인해 독후 감상문 쓰기는 읽기와 쓰기의 학습 방법으로 학생들이 학교 안팎에서 자주 접하게 되는 활동이라 할 수 있다.

독후 감상문을 쓰기 위한 바탕에는 자신이 읽은 글을 이해하는 읽기 능력이 자리하고 있다. 학생들은 독후 감상문의 내용 생성을 위해 1차 텍스트에 대한 읽기를 수행하게 되는데, 이 읽기를 얼마나 정교하게 했는가는 독후 감상문의 내용에 반영되어 독후 감상문 쓰기로 나타나게 되는 것이다. 이는 1차 텍스트에 대한 읽기의 결과물로 나타나는 2차 텍스트인 독후 감상문은 읽기 능력을 배제한 채 작성할 수 없음을 의미한다. 따라서 독후 감상문 쓰기 지도를 위해서는 독해에 대한 지도가 선행되어야 한다.

독후 감상문을 쓰기 위해 학생은 읽기의 과정을 거쳐야 한다. 읽기의 과정을 연속적인 과정의 전환으로 이해한 로젠블랫(Rosenblatt, 2004)은 독자가 읽기 중에 하는 사고의 양상을 입장(stance)으로 설명하였다. 원심적 입장과 심미적 입장은 원심적−심미적 연속체(Efferent−Aesthetic Continuum) 속에서 읽기의 경험 중에 계속적으로 변화하게 되는데, 독자는 어느 한쪽의 입장을 선택하는 과정에 있게 된다. 원심적 입장에서 독자는 텍스트의 의미를 추출하는 읽기를, 심미적 입장의 독자는 정서적, 감정적인 읽기를 수행한다. 독자는 읽기의 목적에 따라 텍스트에 대해 다른 입장을 가지고 대하게 되고 의미를 다루는 방식의 변화에 따라 다른 반응을 보이게 된다. 이렇듯 독자의 이해와 반응, 비판적 읽기의 사고 과정은 연속적, 동시적, 선택적인 과정이다. 이러한 사고의 선택 과정은 독자의 읽기 목적에 따라 다르게 나타난다. 이를 김혜정(2004)에서는 읽기에서 이루어지는 의미구성은 읽기 목적 및 과제와 같은 읽기의 구체적인 맥락에 좌우되며, 독자가 읽기 방법들을 어떤 목적과 동기에 의해 전략적으로 선택하고, 그에 따라 적절한 반응을 하며, 그 반응을 스스로 조정하는 등 일련의 과정을 포함한다고 제시한 바 있다.

글을 읽은 독자의 반응은 다양한 방식과 층위로 표현될 수 있다. 최근의 읽기 이론은 특히 독자의 반응에 대한 중요성을 강조하고 있다. 독자 반응 이론의 입장에 있는 챔버스(Chambers, 1996)는 읽기를 촉진하는 방법으로 읽은 내용에 대해 말하는 '텔 미(Tell me)'접근법을 제시하면서 읽기 순환 모형(The reading circle)을 소개하였다. 읽기의 과정을 읽을 책의 선택에서부터 시작하는 것으로 파악했으며, 읽기가 책 속에 제시된 단어와 관련된 것이 아니라, 많은 관련된 장면들로 구성된 역동적인 수행과 관련되어 있는 것으로 보았다. 읽기의 과정을 극적 사건으로 이해하며, 책을 읽는 아이들은 극작가, 감독, 배우, 관객, 심지어는 비평가가 되는 것이라고 언급하고 있다. 이러한 입장에서 읽기란 독자에 의해 의미가 재구성되는 역동적인 활동이며 독자는 능동적인 의미구성자이다. 따라서 독후 감상문을 지도할 때에는 어떠한 읽기의 과정에 초점을 두어야 하는지를 고려할 필요가 있다. 각각의 읽기 과정에서 요구되는 사고의 유형이 다르기 때문이다.

읽기의 과정	원심적–심미적 연속체 (Rosenblatt, 2004)	세 가지 공유 (Chambers, 1996)
이해 ↓ 반응 ↓ 비판	원심적 읽기 ↓ 심미적 읽기	읽기 ↓ 열광의 공유 ↓ 어려움의 공유 ↓ 관련성의 공유

여기에 더하여, 담화 종합을 적극적으로 경험하도록 지도하기 위해서 독후 감상문을 쓰는 과정에서 정보의 선택과 연결에 주의를 기울이도록 지도하는 것이 필요하다. 예컨대 Spivey & King(1989)에서는 6, 8, 10학년 학생을 대상으로 텍사스 지역의 축제인 '로데오'에 대해 다른 지역 친구들

에게 소개하는 과제를 통해 학생들의 담화 종합 양상을 살펴보았다. 학생들은 연령에 관계없이 거의 같은 방식으로 글을 조직하였으나, 정보를 선택하고 연결 짓는 것은 학년에 따라 다소 달랐다. 고학년 학생들은 보다 많은 자료를 포함하였고 독자가 글을 읽을 때에 필요로 하는 일련의 연결 단서를 보다 많이 사용하였다. 이는 글을 읽고 자신의 생각을 정리하는 데에 있어 보다 많은 정보들을 선택적으로 사용함을 의미한다. 독후 감상문 쓰기에 있어서도 단순히 줄거리를 나열하는 것이 아니라 독자가 필요로 하는 정보에 대해 좀더 정교하게 제시하도록 지도하는 것이 필요하다. 더 나아가 자신의 경험을 적극적으로 활용하거나 자신이 읽은 텍스트와 다른 텍스트를 연결하는 상호텍스트성에 기반하여 독후 감상문을 지도하는 것이 필요하다.

독후 감상문 쓰기를 단순히 학생이 자신이 읽은 책에 대한 감상을 나타내는 글만으로 지도하는 데에는 한계가 있다. 독후 감상문은 글을 읽는 독자의 역할과 글을 쓰는 필자의 역할을 동시에 요구하는 활동이기 때문에 지도의 초점이 분명할 때에 학생들은 높은 수준의 사고를 경험할 수 있게 된다. 따라서 독후 감상문 쓰기를 지도할 때에는 특정 목적에 따라 구체화, 세분화한 과제를 제시하는 것이 필요하다. 구체적인 쓰기 과제가 주어질 때에 학생들은 분명한 목적을 가지고 읽기를 할 수 있게 되며, 쓰기 과정에서도 혼란을 줄일 수 있다. 또한 학생의 수준에 따라서 적합한 수준의 과제를 제시한다면 독후 감상문 쓰기를 학습 목표에 따라 적절한 교수-학습의 도구로 활용할 수 있다.

2.3. 서평 쓰기를 위한 독서 지도 방안

기본적으로 서평은 특정한 도서를 읽고 해당 도서에 대해 평가하는 과정을 수반한다. 서평은 책을 읽는 과정을 전제하고 있기 때문에, 서평을 작성하려면 도서의 내용을 정확하고 풍부하게 이해하는 과정이 선행되어야 한다. 서평을 작성하기 위해서 필자는 글의 내용을 이해하기 위해 중요한 내용을 기억하며 읽어야 한다. 또한 글의 내용과 관련된 자신의 경험을 떠올리면서 읽기도 하고, 등장인물의 생각과 행동을 통해 자신의 삶을 되돌아보며 읽기도 해야 한다. 나아가 자신이 예전에 읽었던 다른 글과 지금 읽은 글을 연결해 보고, 글에 대한 평가, 글의 내용과 글이 소통되는 사회에 대한 견해를 가지게 되는 수준의 비판적 읽기까지 이르러야 한다. 물론 서평의 목적을 도서 선정을 위한 도구로 설정하느냐 독자가 도서를 판단하는 데에 도움이 되는 정보를 제공하는 도구로 설정하느냐에 따라 그 구체적인 양상은 달라질 수 있다. 도서 선정을 위해 서평을 작성하고자 할 때에는 도서를 간결하게 기술하고 질적인 측면에서의 도서에 대한 평가를 제시함으로써 독자가 머릿속에 도서에 대한 그림을 그릴 수 있도록 서평을 구성하는 것이 적절하다고 본다(Fialkoff, 1998). 반면, "독자를 위해 서평을 작성하고자 할 때에는 서평을 도서의 내용에 대한 개요를 알려주려는 텍스트"(Boaz, 1958: 67-68)로 간주하여 서평을 작성하는 것이 필요함을 강조한다.

서평의 과정을 보다 구체적으로 구분하면 꼼꼼히 읽기, 분석하기, 해석하기, 평가하기로 살펴볼 수 있다. 서평을 작성하기 위해 가장 먼저 해야 할 일은 서평의 대상이 되는 좋은 도서를 선정하는 것이다. 또는 서평을 해야 하는 도서가 주어졌다면 그 다음으로는 해당 도서가 담고 있는 내용을 온전하게 제대로 그리고 꼼꼼히 읽어야 한다. 이때 꼼꼼히 읽기(close reading)란 텍스트의 세부적인 내용과 전체적인 의미를 면밀히 따져가며 읽는 텍스트에 기초한 읽기를 의미한다. 꼼꼼히 읽기는 텍스트의 정보가 제시하는 의미를 분명히 파악하여 그 핵심을 이해하기 위한 과정으로 여러 차례에 걸쳐 텍스트를 정독함으로써 도달된다. 이 과정을 통해 필자는 텍스트의 핵심 내용을 파악하면서도 저자의 의도를 오독하지 않는다. 텍스트를 꼼꼼히 읽은 이후에는 텍스트의 내용과 구조에 대해 분석하는 과정이 필요하다. 텍스트에 명시적으로 드러나지 않은 내용은 무엇인지, 그 내용들이 어떻게 전체적인 맥락을 형성하는 데에 기여하고 있는지, 텍스트의 내용과 구조는 어떠한 관련성이 있는지, 그것이 저자의 의도에 따라 어떻게 변형되어 나타나는지 등을 파악해야 한다. 본격적인 비평은 꼼꼼히 읽기와 분석하기 이후에 해석하기와 평가하기를 통해서 이루어진다. 해석하기가 도서의 내용과 형식이 의미하는 바가 무엇인지 탐색하는 것이라면 평가하기는 그와 같은 내용과 형식이 저자의 의도와 목적에 부합하는지, 독자에게 어떠한 의미를 제공할 수 있는지를 판단하는 것이다. 서평에는 도서가 갖는 의미와 가치에 대한 평가가 수반되어야 한다. 이때 평가에는 텍스트에 기반한 근거를 함께 제시해야 설득력을 높일 수 있다.

서평은 특정한 도서에 대해 비평을 읽을 독자와 비평을 작성하는 이 사이에 나누는 대화와도 같다. 서평을 통한 대화의 중심에는 텍스트가 존재하기 때문에 서평은 텍스트의 내용과 모순되어서는 곤란하다. 비평을 읽을 독자와 비평을 작성하는 이 사이에서 대화가 원활하게 이루어지기 위해서는, 비평을 하는 이가 텍스트에 대해 어떻게 분석하고 해석하였는지가 드러나야 하며 이 비평을 통해 독자에게 전하고 싶은 내용은 무엇인지 비평을 하는 이의 평가가 분명하게 제시되어야 한다. 또한, 서평을 할 때에는 텍스트의 내용과 서평을 하는 이가 분석하고 해석하고 평가한 내용을 구분해서 작성해야 한다. 그렇지 않다면 독자들이 무엇이 텍스트의 내용이고 무엇이 텍스트에 대한 분석과 해석, 평가인지 혼란스러움을 느낄 수 있기 때문이다. 이러한 점으로 인해 텍스트의 내용을 인용할 때에는 직접 인용을 통해 서평을 하는 이의 의견과 명확하게 구분하는 것도 필요하다. 또한 서평을 할 때에는 독자가 아직 작품을 읽지 않았다는 점을 고려하여야 한다. 도서의 내용을 잘 모르는 독자가 읽기에 전문 용어나 개념어가 많아 이해에 어려움이 없는지를 점검할 필요도 있다.

3. 독서와 논증적 글쓰기

3.1. 논증에 대한 이해

논증적 글쓰기를 위한 독서 지도를 위해서는 먼저 논증의 개념을 이해할 필요가 있다. 논증적(argumentative)이라는 말은 '논증을 목적으로 하는', '논증을 사용하는', '논증하는'과 같은 뜻으로 풀어 이해할 수 있는데, 여기에서 '논증'을 무엇이라고 생각하느냐에 따라 '논증적 글'이나 '논증적 글쓰기'의 의미가 달라질 수 있기 때문이다.

논증이란 일반적으로 "전제로부터 결론을 이끌어 내는 추론 과정"을 의미한다. 그런데 이러한 정의는 한 개인의 사고 과정만을 전제로 한 것이다. 두 사람 이상 사이에서 이루어지는 사회적 상호작용을 전제로 할 때 논증은 "서로 다른 입장에 대한 상호 설득을 목적으로 하는 사회적 추론 활동"이라는 확장된 의미로 사용될 수 있다. 논증이란 "합리적인 판단에 앞서 어떤 입장을 정당화(또는 반박)하려는 의도로 일련의 명제들을 제시함으로써, 논박의 여지가 있는 그 입장에 대한 청자 또는 독자의 수용 가능성을 높이는(또는 낮추는) 것을 목적으로 하는 언어적이고 사회적인 추론 활동"(Van Eemeren et al. 1996)으로 정의되기도 한다.

> (1) 경기 연천군 비무장지대(DMZ)의 야생멧돼지 폐사체에서 아프리카돼지열병(ASF) 바이러스가 검출됐다. 그동안 국내에서 확진된 13건의 ASF가 모두 남·북 접경지역에서 발생한 바 있어 ASF가 북한지역 야생멧돼지를 통해 국내로 유입됐을 것이라는 주장이 힘을 받게 됐다. (경향신문기사, 2019. 10. 3.)

위 기사에는 아프리카돼지열병의 전염 경로에 대한 논증이 소개되어 있다. 주장은 "ASF가 북한지역 야생멧돼지를 통해 국내로 유입되었을 것이다."이고, 이를 뒷받침하는 근거는 "그동안 국내에서 확진된 13건의 ASF가 모두 남·북 접경지역에서 발생"하였다는 것과 "경기 연천군 비무장지대(DMZ)의 야생멧돼지 폐사체에서 아프리카돼지열병(ASF) 바이러스가 검출됐다."는 사실이다. 기자는 이러한 근거에 바탕을 둔 주장이 "힘을 받게 됐다."고 하면서 해당 추론이 설득력을 얻게 되었다는 점을 보고하고 있다.

여기에서 하나의 논증은 이와 같이 주장과 근거(들), 또는 결론과 전제(들)로 이루어져 있다는 점, 주장이나 결론의 확실성은 어떤 근거나 전제를 제시하느냐에 따라 달라질 수 있다는 점, 그리고 근거로부터 주장을 이끌어내는 과정, 또는 전제로부터 결론을 이끌어내는 과정에는 많은 다른 근거나 전제들이 생략되어 있다는 점을 알 수 있다. 예를 들어, 위 기사에 제시된 논증의 결론을 뒷받침하기 위해서는 위에 제시된 것들 외에도 "북한 지역은 ASF에 감염된 곳이다.", "남한의 다른 지역에서 ASF 바이러스가 감염되었을 가능성은 없다.", "ASF 발생 지역의 특정 멧돼지 폐사체에서 ASF 바이러스가 발견되었다면 그것이 감염원일 가능성이 높다.", "야생멧돼지와 접경지역의 돼지가 직접 접촉하지 않더라도 감염이 될 수 있다."등과 같은 근거나 전제는 생략되어 있다.

그런데 생략되는 근거나 전제는 대개 확인된 사실이거나 보편적으로 받아들여지는 원리인 경우가 많다. 말하자면 따로 언급하지 않더라도 의심할 나위가 없기 때문에 생략할 수 있는 것이다. 그러나 생략된 전제 중에서는 사실 여부가 확인되지 않았거나 보편성이 결여되어 있음에도 불구하고 논증의 과정에서 그러한 점을 간과하는 경우도 있고 논증의 설득력을 높이기 위해 논증자가 일부러 언급하지 않는 경우도 있다. 예를 들어, 위 기사에 언급된 논증의 결론을 받아들이지 않는 사람의 경우에는 야생멧돼지 한 마리의 폐사체에서 바이러스가 발견되었다고 해서 그것을 감염원이라고 단정할 수 없다는 점을 지적하게 될 것이다.

이와 같이 논증이 포함된 글을 읽을 때에는 글에 제시된 논증을 분석해 봄으로써 글의 설득력을 판단할 수 있다. 주장이나 결론을 뒷받침하는 근거나 전제가 적절하지 않거나 불충분하다면 주장이나 결론을 받아들이기 어려울 것이다. 글을 쓸 때에도 타당하고 적절한 근거나 전제를 활용하여 자신의 주장이나 결론을 제시하여야 글의 내용이 설득력을 얻을 수 있을 것이다.

3.2. 글의 유형별 읽기와 논증 분석

논증은 설명이나 설득을 목적으로 하는 글뿐만 아니라 문학과 같이 정서 표현을 목적으로 하는 글에도 사용될 수 있다. 특히 우화나 이야기 같은 서사적인 글에는 서술자의 목소리나 인물의 말이 논증적으로 표현되기도 한다. 따라서 글에 담겨 있는 논증을 중심으로 내용을 이해하게 되면 글의 주제를 파악하는 데 도움이 된다. 여기에서는 논증적인 글과 우화를 예로 들어 논증을 분석하는 과정을 살펴보기로 하자.

> (2) 정치개혁의 숙제로 남아있는 '선거연령 18세 하향'이슈가 다시 떠오르고 있다. 문재인 대통령과 여야 5당 원내대표가 여·야·정 국정 상설협의체 첫 회의에서 '선거연령 18세 하향을 논의하고 대표성과 비례성을 확대하는 선거제도 개혁을 위해 협력한다'고 합의하면서다. 선거연령 하향은 그간 찬성 입장을 보인 다른 4당과 달리 ○○당*이 미온적 태도를 보여 국회 문턱을 넘지 못했다. ○○당이 선거연령 하향 논의에 나서기로 함에 따라 어제3차 회의가 열린 국회 정치개혁특위에서 본격적으로 다룰 수 있게 됐다. 마침 정개특위원장인 심상정 정의당 의원이 이런 내용의 공직선거법 개정안을 대표 발의했다.
>
> 선거연령을 19세로 묶어두는 것은 참정권 확대라는 세계적 흐름에 반한다. 경제협력개발기구(OECD) 34개국 중 선거연령이 19세인 나라는 한국밖에 없다. 선거연령을 낮추는 환경은 충분히 조성되어 있다. 국가인권위원회는 진즉에 선거연령 하향 권고의견을 냈다. 중

앙선관위는 2016년 선거법 개정 의견을 내면서 謂세 청소년은 이미 독자적 신념과 정치적 판단에 기초해 선거권을 행사할 수 있는 능력과 소양을 갖췄다"고 밝혔다. [정치적 판단 능력이 떨어진다는 이유로 선거연령 하향에 반대하는 척박한 논리를 반박한 것이다. 만 18세는 취업과 혼인, 운전면허 취득, 공무원 시험 응시 등을 할 수 있고 병역 의무자로서 군입대가 가능한 연령이다. 국방, 교육, 납세, 근로 등 국민으로서 주요 의무를 지니고 있음에도 민주주의에서 가장 중요한 투표할 권리를 가질 수 없다는 것은 부당하다.] 고령화되는 한국 사회에서 젊은 세대의 정치적 의견들이 미래의 정책 결정에 더 반영되어야 할 당위성도 커지고 있다. '더 넓은 민주주의'로 나아가기 위해서도 선거연령을 낮추는 게 옳다.

'선거연령 18세 하향'논의에 참여하기로 한 ○○당은 더는 목전의 작은 이해에 급급해 시대적 요구를 외면해서는 안 된다. 이번 정치개혁특위에서 무엇보다 선거연령 하향 문제를 논의해 입법화의 결실을 맺기를 기대한다.

— 2018.11.7. 경향신문 사설. "'선거연령 18세 하향'더 미뤄서는 안 된다"

(*익명 처리와 밑줄 표시 등은 인용자가 한 것임.)

이 글의 주장은 제목에 명시된 것처럼 "선거 연령을 18세로 낮추는 법안을 처리해야 한다."라는 것이다. 이러한 주장은 글의 제목에서도 명시적으로 드러나고 있다. 그러나 이러한 주장에 대한 반대 의견도 존재한다는 점을 고려할 때, 독자 입장에서는 필자가 어떠한 근거로 그러한 주장을 펼치고 있는지를 파악하는 것이 중요하다. 필자는 자신의 주장을 뒷받침하기 위한 근거를 두 번째 문단에 주로 제시하고 있다. 밑줄 친 부분들은 필자의 주장을 직접적으로 뒷받침하기 위한 근거들로서 구체성이 다소 낮은 일반적 진술들에 해당한다. 이러한 진술들을 뒷받침하기 위한 하위 근거들을 좀 더 자세히 제시하고 있음을 볼 수 있다. 글의 흐름을 고려하여 이를 정리해 보면 다음과 같다.

- 선거연령을 19세로 묶어두는 것은 참정권 확대라는 세계적 흐름에
  반한다.
  - 경제협력개발기구(OECD) 34개국 중 선거연령이 19세인 나라는
    한국밖에 없다.
- 선거연령을 낮추는 환경은 충분히 조성되어 있다.
  - 국가인권위원회는 진즉에 선거연령 하향 권고의견을 냈다.
  - 중앙선관위는 2016년 선거법 개정 의견을 내면서 謂세 청소년은
    이미 독자적 신념과 정치적 판단에 기초해 선거권을 행사할 수 있
    는 능력과 소양을 갖췄다"고 밝혔다.
- 고령화되는 한국 사회에서 젊은 세대의 정치적 의견들이 미래의 정책
  결정에 더 반영되어야 할 당위성도 커지고 있다.
  - '더 넓은 민주주의'로 나아가기 위해서도 선거연령을 낮추는 게 옳다.

밑줄 친 진술들이 필자의 주장을 뒷받침하는 근거로서 독자나 반대 의
견을 가진 이들에게 수용 가능한지 여부는 그러한 일반적 진술이 상식적
으로 수용할 만한 것인지, 그리고 그러한 진술을 뒷받침할 만한 사실적
근거들이 있는지에 달려 있을 것이다. 따라서 필자는 일반적 진술을 근거
로 드는 데 그치지 않고 구체적인 사실들을 부연하였다. 이러한 근거들
역시 사실에 기반한 것인지에 대해서는 검토가 필요할 것이다. 예를 들
어, 한국을 제외한 OECD 국가의 선거연령이 모두 18세 이하인지, 국가
인권위원회와 중앙선거관리위원회에서 실제로 선거연령을 18세로 낮추
는 데 대한 찬성 의견을 낸 것인지 등에 대한 검토가 그러하다.

반론에 대한 반박 근거를 함께 제시하는 것은 주장의 설득력을 높이는
데 도움이 된다. 위 글의 필자는 [   ] 부분에서 중앙선거관리위원회의 의
견을 인용하면서 "정치적 판단 능력이 떨어진다는 이유로 선거연령 하향
에 반대"하는 의견에 대해서도 반박하면서 만 18세가 이미 법적으로 국민
의 의무를 행사하고 있다는 점을 근거로 제시하고 있다.

첫 번째 문단과 세 번째 문단은 주장의 배경에 해당하는 정보를 제시

하거나 주장을 마무리하면서 글의 완결성을 갖추기 위한 기능을 주로 하고 있는데, 이는 직접적으로 논증을 구성하는 것은 아니지만 주장의 필요성과 설득력을 독자에게 전달하는 데 중요한 역할을 한다. 필자의 주장에 반대하는 입장에서, 또는 필자의 주장을 수용할지 여부를 판단하는 독자의 입장에서 이 글은 해당 논제에 대한 정보를 제공하면서 동시에 그러한 정보의 타당성과 논리성을 비판적으로 따져 보아야 하는 과제를 안겨 준다.

다음은 이솝 우화의 한 편을 살펴보자. 우화는 인격화한 동식물이나 기타 사물을 주인공으로 하여 그들의 행동 속에 풍자와 교훈의 뜻을 나타내는 이야기이다. 동식물이나 사물의 이야기를 통하여 간접적으로 필자의 주장을 전달하기 때문에 근거를 제시하여 주장을 직접적으로 표현하는 논증적인 글과는 표현 방식이 다르다.

(3) 어느 마을에 꾀 많은 당나귀가 살고 있었다.

하루는 주인이 먼 바닷가로 가서 소금을 잔뜩 사서는 당나귀의 등에 싣고 장으로 팔러갔다.

마침 가는 길에 작은 강을 건너게 되었다. 당나귀는 짐이 워낙 무겁고 먼 길을 걸었으므로 몸이 무척 피곤했다. 그래서 강을 건너다가 그만 잘못해서 물속으로 빠지고 말았다. 그런데 금방 일어났는데도 소금이 많이 녹아 짐이 훨씬 가벼워진 게 아닌가?

당나귀는 걷는 데 한결 힘이 덜 들었다. 그래서 '좀 더 오랫동안 물속에 넘어져 있을걸.'하고 후회했다.

장에 이르자, 주인은 소금을 팔고 그 대신 콩을 사서 당나귀의 등에 실었다. 그러나 아까 소금처럼 그렇게 무거운 짐은 아니었다. 그러나 이 꾀 많은 당나귀는 더 편하게 가고 싶어서 아까 건넜던 강이 다시 나타나기만 기다렸다.

마침내 그 작은 강에 도착하게 되었다.

'이번에는 좀 더 오랫동안 넘어져 있어야지.'

당나귀는 이렇게 생각하며 강을 건너다가 일부러 실수하는 척하며 넘어졌다. 그러고는 주인이 채찍을 들어 때릴 때까지 되도록 오랫동안 그대로 앉아 있었다.

"어서 일어나! 이놈의 당나귀야!"

주인의 채찍과 호령을 한바탕 듣고서야 당나귀는 슬금슬금 몸을 일으켰다.

그런데 이게 어찌 된 일인가. 더 가벼워졌을 것이라고 생각했던 짐이 훨씬 더 무거워져 있었다. 당나귀는 콩이 물에 젖으면 퉁퉁 불어난다는 것을 까맣게 모르고 있었던 것이다.

주인은 담배를 붙여 물며, 무거워서 잘 걷지도 못하는 당나귀에게 마구 채찍질을 하면서 이렇게 꾸짖었다.

"흥, 이 어리석은 놈의 당나귀야. 네 꾀에 네가 넘어가고 말았구나."

– 이솝 우화

대부분의 독자는 이 우화가 "잔꾀를 부리지 말고 성실한 태도로 살자."라는 교훈을 전달하고자 한다는 것을 직관적으로 파악할 수 있을 것이다. 당나귀가 잔꾀를 부리다가 오히려 더 곤욕을 치르게 되었다는 것이 우화의 요지이다. 그래서 차라리 힘이 들더라도 자신이 맡은 일을 묵묵히 해내는 것이 더 낫다는 생각도 할 것이다. 물론 독자에 따라서는 저자가 우화를 통하여 전달하고자 하는 교훈보다는 '왜 당나귀를 저렇게 괴롭히는 건가', '당나귀를 학대하는 주인이 더 문제야'하는 의견을 가질 수도 있다. 당나귀 주인은 노동을 착취하는 악덕 기업주를, 당나귀는 자신이 처한 현실을 자각하지 못하는 어리석은 노동자를 상징적으로 또는 풍자적으로 보여준다고 볼 수도 있다. 문학 작품에 대한 해석은 독자, 시대, 상황 맥락, 사회·문화적 배경에 따라 달라질 수밖에 없는 것이니 이런저런 해석이 가능할 것이다. 우화에 대한 이러한 해석의 바탕에는 기본적으로 유추적 사고와 논증이 바탕을 이루고 있다. 동식물이나 사물을 인격화하여 표현함으로써 그 안에 깃든 의미를 유추적으로 해석하기 때문이다.

그런데 이와 같이 교훈을 전달하기 위한 우화의 유추적 논증 외에 학습 독자가 주목해야 할 이야기 속 논증은 당나귀의 유추 논증이다. 당나귀는 우연히 알게 된 소금의 속성에 대한 이해를 바탕으로, 소금과 콩을 자신이 짊어질 짐이라는 공통점에만 착안하여 잘못된 유추의 논증을 하게 되었다. 물에 녹아서 사라지는 소금과 물에 불어 더 무거워지는 콩의 차이점을 간과하고, 콩을 지고 강물에 넘어진 채 오래 있으면 소금과 같이 콩도 녹아버려 더 가벼워질 것이라는 잘못된 추론을 했던 것이다. 논증에 오류가 있을 때 잘못된 논증을 통하여 내린 결론이 어떤 부정적 결과를 가져오는지를 살핌으로써 합리적인 논증의 중요성을 인식할 수 있다는 것이다.

이와 같이 글을 읽을 때 글 속에 직·간접적으로 사용된 논증을 분석해 봄으로써 글 속에 담긴 필자의 주장이나 의도를 좀 더 잘 파악할 수 있고, 그러한 의견을 독자 입장에서 어떻게 수용할 것인지를 좀 더 체계적으로 파악할 수 있다. 그리고 이러한 논증의 원리는 논증적인 글을 쓸 때에도 생산적으로 적용될 수 있다.

3.3. 논증적 글쓰기를 위한 독서 지도 방안

논증적 글쓰기의 과정에서 독서는 필자가 수행해야 할 핵심적인 활동이 된다. 논증적 글쓰기는 경험을 진술하기 위한 일기나 수필, 상상력에 기반을 둔 이야기, 정보와 지식의 전달을 목적으로 하는 설명문 등과 달리 어떤 논제에 대한 분석, 평가, 해결 등을 목적으로 하는 경우가 많다. 따라서 필자는 글쓰기가 필요한 문제 상황을 명확하게 인식하고, 관련된 자료를 체계적으로 분석한 후 자신의 입장을 정하여, 논리적인 근거를 들어가며 주장을 펼쳐야 한다. 그리고 자신과 다른 입장이나 반대 의견을 고려하면서 자신의 주장을 제시하여야 한다. 이 과정에서 필자는 자신이 논증하고자 하는 논제와 관련된 정보를 파악하고, 자신의 주장을 뒷받침할 근거를 마련하며, 예상되는 반론을 이해하고 반박하기 위하여 많은 글을 효과적으로 읽어 내야 한다.

직접 글쓰기를 하는 상황이 아닌 경우에도 독서는 논증적 글쓰기에 매우 중요한 활동이다. 논증적 글쓰기의 과정을 잘 이해한다고 하여 다양한 주제에 대한 논증적 글쓰기를 잘할 수 있는 것이 아니기 때문이다. 논증적 글쓰기의 성패를 결정하는 것 중의 하나는 쟁점에 대한 이해인데 이는 다양한 주제에 대한 강연이나 토론에 참여하거나 해당 주제를 다룬 글을 깊이 있게 읽어야만 할 수 있는 일이다. 또한 이러한 과정에서 다양한 논증의 유형을 이해하고 논지를 전개하는 방식을 배울 수 있게 된다. 연역 논증이나 귀납 논증과 같은 기본적인 논증 유형을 글 속에서 익히는 것은 물론이고 권위 논증이나 유추 논증, 그리고 이러한 논증 유형들이 다양하게 혼합되어 사용되는 실제 글의 전개 방식을 숙달하는 것은 논증적 글쓰기에 많은 도움이 된다. 여러 가지 주제에 대하여 서로 다른 입장에서 쓴 글을 폭넓게 읽다 보면 한쪽 입장에서 다른 쪽 입장을 비판할 수 있는 안목도 가질 수 있고 상대 입장에 대한 이해의 폭도 넓어질 수 있다. 그리고 이는 자신의 입장을 정립하고 어떤 문제에 대한 균형 있는 안목을 정립하는 데도 기여할 수 있다.

마지막으로 논증적 글쓰기를 위한 독서 교수·학습 설계에서 고려해야 할 점을 몇 가지로 정리하면 다음과 같다.

첫째, 논증적 글쓰기가 학습자의 언어적·심리적 발달과 밀접하게 관련되어 있다는 점을 고려하여야 한다. 학습자마다 발달의 속도가 다르기 때문에 일반화하기는 어렵겠지만, 초등학교 저학년군에서는 논증적인 글보다는 생활문이나, 서사적인 글의 형식 속에 대화적인 논증이 포함된 글을 읽히는 것이 적절하다. 점차적으로 논증적인 글의 비중을 늘려가면서 초등학교 고학년군부터는 근거를 들어가며 주장을 펼치는 글을 쓸 기회를 제공하고, 학교나 일상생활 속에서 제기되는 관심 주제를 중심으로 한 토론에 참여하면서 관련 주제의 글을 읽도록 하는 것이 좋다. 예상되는 반론에 대한 반박을 포함하여 논증적인 글을 쓰는 것은 높은 사고 수준을 요하는 글쓰기로서 훈련받지 않은 학습자의 경우에는 고등학생들의 경우에도 자연스럽게 나타나지 않는 경우가 많지만 중학생이나 초등학교 고학년 수준에서도 시도할 만하다. 다음은 2015 개정 국어과 교육과정에 제시된 논증적 글쓰기 관련 성취기준이다.

> [4국03-03] 관심 있는 주제에 대해 자신의 의견이 드러나게 글을 쓴다.
> [6국03-04] 적절한 근거와 알맞은 표현을 사용하여 주장하는 글을 쓴다.
> [9국03-04] 주장하는 내용에 맞게 타당한 근거를 들어 글을 쓴다.
> [10국03-02] 주제, 독자에 대한 분석을 바탕으로 타당한 근거를 들어
> 　　　　　　설득하는 글을 쓴다.

둘째, 논증적 글쓰기가 지식의 구성 과정에 중요한 활동이라는 점을 고려하여야 한다. 인식론적 패러다임에 따르면 지식은 객관적이지 않으며 언어를 매개로 하여 사회적으로 구성되는 주관적인 것이다. 이는 교육의 과정에서 지식이 전수되는 것이 아니라 교수자와 학습자, 학습자와 학습자 간의 의미 협상을 통해서 만들어져 간다는 것을 의미한다. 이러한 관점에 따르면 지식은 수용의 대상이 아니라 표현과 구성의 대상이기 때문에, 논증적 글쓰기는 지식의 생성과 구성을 위한 핵심적인 활동이 된다. 선다형 평가 체제가 점진적으로 서술형, 수행형 평가 체제로 대체되어야 하는 이유도 여기에 있다. 따라서 논증적 글쓰기와 이를 위한 읽기 활동이 쓰기와 읽기 활동이기 때문에 국어 교과의 교육 내용에 국한되는 것이 아니라 범교과적으로 지식의 생성과 구성을 위한 보편적인 활동으로 확산되고 있다는 점을 고려하여야 한다. 즉 국어 교과뿐만 아니라 사회, 과학, 예술 교과에서도 교과서뿐만 아니라 다양한 해당 분야의 글을 읽고 이를 자신의 지식으로 만들어 가기 위한 비판적 읽기, 토론, 논증적 글쓰기 활동이 병행되어야 한다.

끝으로, 논증적 글쓰기와 독서 활동은 단순히 학교 교과 학습을 목적으로 하는 것이 아니라 사회적·문화적 실천이라는 점을 고려하여야 한다. 학습자가 학교나 지역사회, 국가적 쟁점에 대하여 관심을 가지고 관련된 자료를 읽어 가면서 자기 나름의 입장을 정립하고 그에 대한 자신의 견해를 피력하는 것은 글쓰기의 연습이나 이해를 목적으로 하는 것만은 아니

다. 이것은 사회 속에서 자기 정체성을 형성해 나가는 과정이기도 하고, 그 자체로 이미 사회적·문화적 실천행위라 할 수 있다. 사회적 쟁점에 대해 이해한다는 것은 그 문제를 어떻게 정의하고, 그러한 문제가 왜 발생하며, 어떤 해결책이 제안될 수 있고, 최선의 해결 방안이 무엇인지, 그리고 그것이 자신과 공동체에 어떤 실천적 의미를 함의하는지를 성찰할 계기를 제공한다는 것을 의미하기 때문이다. 16세의 스웨덴 환경운동가 그레타 툰베리의 말과 글은 의사소통을 위한 단순한 언어활동이 아니라 그 자체로 이미 환경오염으로 위험에 처해 있는 지구를 지키기 위한 사회적 실천행위이다.

1. 독서와 글쓰기의 관계

'담화 종합(discourse synthesis)'은 필자가 새로운 글을 생산해 내기 위해 다양한 글에서 정보를 선택하고 결합하는 것 또는 특정 주제에 대한 언어적 처리를 의미한다. 독서와 글쓰기를 함께 지도할 때에 학생은 보다 높은 수준의 학업 성취에 도달하게 되고 정교한 사고를 계발할 수 있게 된다. 독서 지도 과정에서 글쓰기는 학생의 다양한 경험을 촉진하고 고차원적 사고를 계발할 수 있도록 지원할 수 있다는 점에서 의의가 있다.

2. 독서와 독후 감상문 및 서평 쓰기

독후 감상문과 서평 모두 1차 텍스트를 읽고 생산한 2차 텍스트라는 데에 공통점이 있으나, 독후 감상문은 '감상'에 서평은 '평가'에 초점이 있다는 점에서 차이가 있다. 독후 감상문을 쓰기 위해서 학생은 우선 자신이 읽은 글을 이해해야 한다. 독자는 읽기 과정에서 텍스트의 의미를 추출하는 원심적 읽기를 수행하기도 하며, 정서적이고 감정적인 읽기를 수행하는 심미적 읽기를 수행하기도 한다. 독후 감상문 쓰기를 지도할 때에는 읽기의 과정과 필자의 목적을 구체적이고 세분화하여 제시한 쓰기 과제를 제시하는 것이 필요하다. 서평 쓰기의 과정은 꼼꼼히 읽기, 분석하기, 해석하기, 평가하기로 나눌 수 있다. 서평은 특정한 도서에 대해 비평을 읽을 독자와 비평을 작성하는 이 사이에 나누는 대화이기 때문에, 텍스트의 내용을 정확하게 파악해야 하며 비평을 하는 이의 분석 및 해석, 평가가 분명하게 제시되어야 한다.

3. 독서와 논증적 글쓰기

논증적인 글을 읽을 때에는 글에 제시된 논증을 분석해 봄으로써 글의 내용을 비판적으로 이해해야 하고, 글을 쓸 때에는 타당하고 적절한 근거를 활용하여 자신의 주장이나 결론을 설득력 있게 제시하여야 한다. 논증적인 글에서는 주장이나 결론을 뒷받침하기 위한 근거나 전제 들을 직접적으로 제시하는 경우가 많으며, 예상되는 반론과 그에 대한 반박을 포함시키기도 한다. 서사적인 글에서는 서술자나 인물의 말을 통하여 간접적으로 저자의 주장과 근거를 제시하기 때문에 이를 분석함으로써 저자(작가)의 의도나 글의 주제를 파악할 수 있다. 논증적 글쓰기를 위한 독서 지도를 위해서는, 논증적 글쓰기가 학습자의 언어적·심리적 발달과 밀접하게 관련되어 있다는 점, 논증적 글쓰기가 지식의 구성 과정에 중요한 활동이라는 점, 논증적 글쓰기와 독서 활동은 일종의 사회적·문화적 실천이라는 점 등을 고려하여야 한다.

01 책을 읽은 경험이 풍부한 학생도 글을 잘 쓰지 못하는 경우가 종종 있다. 그 이유가 무엇인지 생각해 보자.

02 다음은 16세의 스웨덴 환경운동가 그레타 툰베리의 유엔 연설 전문이다. (1) 연설문에 제시된 연설자의 논증을 주장과 근거로 구분하여 분석해 보고, 관련 자료를 찾아 읽으며 근거의 신뢰성을 평가해 보자. (2) 이 글을 활용하여 학생들에게 제시할 수 있는 논증적 글쓰기 과제를 구안해 보자.

> 이건 아니라고 생각합니다. 제가 이 위에 올라와 있으면 안 돼요. 저는 대서양 건너편 나라에 있는 학교로 돌아가 있어야 합니다. 그런데 여러분은 희망을 바라며 우리 청년들에게 오셨다구요? 어떻게 감히 그럴 수 있나요? 여러분은 헛된 말로 저의 꿈과 어린 시절을 빼앗았습니다. 그렇지만 저는 운이 좋은 편에 속합니다.
>
> 사람들이 고통받고 있습니다. 죽어가고 있어요. 생태계 전체가 무너져 내리고 있습니다. 우리는 대멸종이 시작되는 지점에 있습니다. 그런데 여러분이 할 수 있는 이야기는 전부 돈과 끝없는 경제 성장의 신화에 대한 것뿐입니다. 도대체 어떻게 그럴 수 있습니까?
>
> 지난 30년이 넘는 세월동안, 과학은 분명했습니다. 그런데 어떻게 그렇게 계속해서 외면할 수 있나요? 그리고는 이 자리에 와서 충분히 하고 있다고 말할 수 있나요? 필요한 정치와 해결책이 여전히 아무 곳에서도 보이지 않는데요.
>
> 여러분은 우리가 하는 말을 '듣고 있다'고, 긴급함을 이해한다고 합니다. 그러나 아무리 슬프고 화가 난다해도, 저는 그 말을 믿고 싶지 않습니다. 만약 정말로 지금 상황을 이해하는데도 행동하지 않고 있는 거라면, 여러분은 악마나 다름없을 것이기 때문입니다. 그래서 저는 그렇게는 믿고 싶지 않습니다.
>
> 지금 인기를 얻고 있는, 앞으로 10년 안에 온실가스를 반으로만 줄이자는 의견은,

지구온도 상승폭을 1.5도씨 아래로 제한할 수 있는 가능성을 50%만 줄 뿐입니다. 이는 또한 인간이 통제할 수 있는 범위를 넘어서 되돌릴 수 없는 연쇄 반응을 초래할 위험까지 안고 있습니다.

50%는 여러분에게는 받아들여지는 수치인지도 모릅니다. 그러나 이는 여러 티핑 포인트, 대부분의 피드백 루프, 대기오염에 숨겨진 추가적 온난화는 포함하지 않고 있는 수치입니다. 기후 정의와 평등의 측면도 고려하지 않았습니다. 또한 이는 여러분들이 공기 중에 배출해놓은 수천억 톤의 이산화탄소를 제거할 임무를 우리와 우리 자녀 세대들에게 떠넘긴 것이나 다름없습니다. 그렇게 할 수 있는 기술도 나오지 않았는데 말입니다. 그래서 기후위기가 초래한 결과를 떠안고 살아가야 할 우리는, 50%의 위험을 감수하라는 것을 받아들일 수 없습니다.

1.5도씨 아래로 머무를 수 있는 67%의 기회를 잡으려면 -IPCC가 제시한 현재로선 최상의 가능성인- 세계는 2018년 1월 1일을 기준으로, 420기가 톤 이상의 이산화탄소를 배출하면 안되는 상황이었습니다. 오늘날 이 숫자는 이미 350기가 톤 아래로 떨어졌습니다. 어떻게 감히 여러분은 지금까지 살아온 방식을 하나도 바꾸지 않고 몇몇 기술적인 해결책만으로 이 문제를 풀어나갈 수 있는 척할 수 있습니까? 오늘날처럼 탄소배출을 계속한다면, 남아있는 탄소예산 마저도 8년 반 안에 모두 소진되어 버릴 텐데요.

오늘 이 자리에서 제시될 어떠한 해결책이나 계획도 이 남아있는 탄소예산을 고려한 것은 없을 것입니다. 왜냐하면 탄소예산을 나타내는 이 수치는 매우 불편한 것이기 때문입니다. 그리고 여러분은 여전히 사실을 있는 그대로 말할 수 있을 만큼 충분히 성숙하지 않기 때문입니다.

여러분은 우리를 실망시키고 있습니다. 그러나 우리세대는 여러분이 배신하고 있다는 걸 이해하기 시작했습니다. 모든 미래 세대의 눈이 여러분을 향해 있습니다. 여러분이 우리를 실망시키기를 선택한다면, 우리는 결코 용서하지 않을 것입니다. 여러분이 이 책임을 피해서 빠져나가도록 내버려두지 않을 것입니다. 바로 여기, 바로 지금까지입니다. 더 이상은 참지 않습니다. 전 세계가 깨어나고 있습니다. 여러분이 좋아하든 아니든, 변화는 다가오고 있습니다. 감사합니다.

김성진(2004). 문학교육론의 쟁점과 전망. 삼지원.

김혜정(2004). 읽기 쓰기 통합 활동에서의 의미 구성의 내용과 이행 과정 연구. 독서연구 11. 한국독서학회. 141−180.

류보라·서수현(2013). 중학생의 독후감에 나타난 독해 양상 분석 연구. 청람어문교육 47. 청람어문교육학회. 35−60.

박동진(2010). 독서 감상문의 기능과 하위 유형 설정 문제. 국어교육학연구 37. 국어교육학회. 347−366.

박영목(2008). 작문교육론. 역락.

양정실(2006). 해석 텍스트 쓰기의 서사교육 방법 연구. 서울대 박사학위 논문.

Boaz, M.(1958). The Reviews and reviewers of best seller. In L. C. Merritt, M. Boaz, and K. S. Tisdel. *Reviews in library book selection*(pp.41−132). Detroit: Wayne State University Press.

Chambers, A.(1996). *Tell me: Children, reading, and Talk.* Canada: Thimble Press.

Failkoff, F.(1998). Reading the reviews. *Library Journal,* 123(4), 127.

Haines, H. E.(1950). *Living with books: The Art of Book Selection.* 2nd. ed. NY: Columbia University Press.

McCarthey, S. J. & Raphael, T. E.(1992). Alternative Research Perspective. In J. W. Irwin & M. A. Doyle(Eds.). *Reading/writing connections: learning from research*(pp.2−30). IRA, Newark, Delaware.

Nelson, N.(2001). Discourse synthesis: the process and product. In R. G. McInnis. (Ed.), *Discourse synthesis: studies in historical and contemporary social epistemology*(pp.379−396). Westport, CT: Greenwood Publishing Group.

Rosenblatt, M., L.(2004). The Transactional Theory of Reading and Writing. In R. B. Ruddell, & N. J. Unrau(Eds). *Theoretical Model and Processes of Reading(5th ed.)(pp.1363-1398).* Newark, Delaware: International Reading Association.

Spivey, N. N.(1984). *Discourse synthesis: constructing texts in reading and writing.* Ph. D dissertation, University of Texas at Austin.

Spivey, N. N., & King, J. R.(1989). Readers as writers composing from sources. *Reading Research Quarterly, 24*(1), 7−26.

Tierney, R. J.(1994). *Writing-reading relationships in instruction. Encyclopedia of English studies and language arts* (vol. 2). NY: Scholastic.

Van Eemeren, F. H., Grootendorst, R., Henkemans, F. S., Blair, J. A., Johnson, R. H., Krabbe, E. C. W., & Willard, C. A.(1996). *Fundamentals of argumentation theory: A handbook of historical backgrounds and contemporary developments.* Hillsdale, NJ, US.

Wilson, M., & Bishop, K.(2011). Criteria for reviewing children's books. *Library resources & technical services, 43*(1), 3−13.

24 독서 동아리 운영

학습목표

- 독서 동아리의 현황 및 독서 동아리 의미와 역할에 대해 이해한다.
- 독서 동아리의 국내외 운영 사례를 알고, 독서 동아리 운영 계획을 수립할 수 있다.
- 독서 동아리 활성화 방안을 모색할 수 있다.

학습내용

최근 한국 사회에서 독서 동아리는 다양한 형태로 발전·분화하고 있으며 일상적인 독서를 추동하는 주요한 기제로 작동하고 있다. 이 장에서는 독서 동아리란 무엇인지에 대해 이야기해 보고자 한다. 독서 동아리의 목적과 유형을 알아봄으로써 독서 교육에서 독서 동아리를 어떻게 이해해야 하는지 살펴보는 한편, 국내외의 다양한 독서 동아리 운영 사례를 통해 독서 동아리의 실제적인 측면들을 두루 알아볼 것이다. 독서 동아리의 이론과 실제에 대한 고찰은 독서 교육 현장에서 독서 동아리를 운영 방안에 대한 모색으로 이어질 수 있다.

1. 사회적 관계 공간으로서의 독서 동아리

독서 동아리는 '독자들이 소집단을 구성하고 그 소집단에서 직접 책을 선정하고, 자율적인 방법으로 책을 읽은 뒤, 정기적으로 토의/토론 모임을 갖는 활동'을 가리킨다. 본래 독서 동아리의 기원은 영어권 국가에서의 '문학 동아리(literature circles)'로 지칭하던 것에서부터 시작된다. 영국에서 먼저 시작된 독서 동아리는 미국에서 더 큰 실효를 거둠으로써 활성화되었다. 미국에서는 독서 동아리를 '독서한 것에 대해 이야기를 나누고 토론하기 위해 주기적으로 만나는 모임'으로 규정하였고, '독서 동아리는 리더로 훈련받은 조력자가 있어야 하며, 규모는 15명을 넘지 않아야 한다'는 조건을 제시하기도 하였다.

국내외에서 규정하고 있는 독서 동아리의 의미를 통해 파악할 수 있듯이, 독서 동아리에서 이루어지는 독서와 토의 활동은 독자들이 책을 읽은 뒤 다른 독자와 의견을 교환하며 사회적 맥락 속에서 의미를 공동으로 구성해 나가는 과정이다. 이때 독서의 결과인 의미는 책에 쓰인 글자, 개인의 사고 과정, 공동체의 관심 중 어느 하나에 고정되어 있는 것이 아니다. 책을 매개로 한 상호작용을 통해 책과 세계에 대한 이해를 심화시켜 나가는 것이다. 그런 점에서 비고츠키의 이론은 독서 동아리를 사회적 관계 공간으로서 이해하는 데 중요한 참조점이 된다.

비고츠키는 언어가 사고의 발달에 절대적인 영향을 끼친다는 점을 밝혔는데, 이러한 비고츠키의 사회적 구성주의는 독서 동아리의 조직과 활동의 구성에 초석이 되었다. 비고츠키의 여러 개념 중에서도 사고 발달에서 언어의 역할, 근접 발달 영역(Zone of Proximal Development, ZPD)과 더 유능한 타자의 역할, 내면화 등은 독서 동아리의 구성에 큰 영향을 미친 것들이다(한국독서학회, 2003, p. 396). 비고츠키가 강조하는 '언어를 통한 사회적 상호작용'은 성장의 계기이자 사회화의 동력이므로 개인 외부에 있는 지식 체계를 전수받는 것이 아니라 사회적 공동체 내의 합의를 거쳐 형성된 의미를 내면화한다는 점을 강조할 수 있다. 근접 발달 영역에서 이루어지는 언어적 소통이 비계로 작동한다는 주장 역시 사회적 언어의 생산과 수용이 개인의 성장을 견인한다는 점을 강조하는 것이다.

그러나 독서 동아리 활동에서 언어적 비계만을 제공받을 수 있는 것은 아니다. 독서 동아리에서는 독자들이 모두 주체가 되어 의사소통에 참여하게 되고 어떤 독자의 의견을 매개로 삼아 다른 주체들이 자기 의견을 정교화하거나 수정할 수 있는 가능성이 열려 있다. 독서 동아리에 참여하는 개별 독자들은 책에 대한 각자의 의견을 존중받을 수 있으며, 자신의 의견을 공적 영역, 즉 자신이 속한 독서 동아리에서 표명함으로써 독서 동아리의 생성과 유지에 기여할 수 있다. 이는 자신의 의견을 상대방의 의견과 손쉽게 동일시하거나 하나의 관점이나 편견을 다른 관점이나 편견으로 대체하는 것과는 거리가 멀다. 오히려 다른 독자가 처한 맥락을 충분히 이해하고 그것으로부터 도출된 의미를 숙고해야 하는 것이다. 이렇게 개인 독자에 의해 구성된 의미는 개인적인 것이면서도 독서 공동체에서도 인정받게 된다.

독서 동아리에서 이루어지는 활동이 책을 매개로 한 독자 간 의사소통이라는 점이 무엇보다 중요하기는 하지만, '책'을 매개로 한 소통이라는 점도 간과할 수 없다. 독서 교육에서 독서 동아리 활동이 유의미한 이유는 그것이 책에 접근하는 유연한 방식이자 독서 공동체를 유지·발전시키는 방식이라는 점뿐만 아니라 책을 선택하고 읽는 능력을 신장시킬 수 있다는 사실에 있다. 최근의 독자는 책을 논쟁이 필요 없는 완결된 대상으로 간주하고 책에 적힌 내용을 독자가 일방적으로 수용해야 한다는 관점에서 벗어나 책에 대한 능동적인 해석의 주체로 인정받고 있다. 모든 책은 내적으로 균열과 빈틈을 가지고 있으며 모든 독자 역시 자신만의 독특한 언어 체계를 가지고 있다. 같은 책이라도 독자마다의 이해의 틀이 적용되는 것이다. 책의 빈틈과 독자가 지닌 이해의 틀이 언제, 어떻게 접합하느냐에 따라 독서의 결과는 서로 다르다. 이 같은 불일치가 불가피하다는 점을 인정하면 같은 책을 읽고도 서로 반응을 나타내는 독자들을 존중할 수 있게 된다.

2. 우리나라의 독서 동아리 현황

2010년에 이루어진 문화체육관광부의 조사 연구에 의하면, 전국적으로 2,506개의 학교 독서 동아리와 926개의 온라인 독서 동아리가 존재하며, 독서 동아리의 주된 활동은 토론과 독서활동이었다. 이후 2018년에 진행된 〈전국 독서 동아리 현황 조사〉에 따르면, 초중고생을 포함한 청소년 대상 독서 동아리 총 2,189개 중, 교육청이나 학교를 기반으로 하는 경우가 681개(31%), 별도의 기반이 없는 경우가 736개(34%)로 나타났다.

이상의 조사에서 확인할 수 있듯이, 독서 동아리의 수가 양적으로 팽창하였으며, 그런 만큼 독서 동아리에 참여하는 비율도 늘어난 것이다. 2017 국민독서실태조사 결과에 의하면 독서 동아리 참여율은 성인, 초중고 학생 모두 2015년 대비 증가한 것으로 나타났다. 성인 독자는 1.8%에서 3.0%로, 초중고생 독자는 12.8%에서 13.6%로 참여 비율이 늘어났다.

우리나라의 독서교육 정책은 1999년에 처음 시작되었다. 그 전까지는 국가적인 관심보다는 사회적으로 독서의 중요성을 공유하고 있는 정도였다면, 이때부터는 독서를 국가적인 사업으로 끌어올리고 처음으로 구체적인 사업을 진행했다. 그 결과로 나온 것이 〈학교도서관활성화종합방안〉이다. 이 사업은 2003년부터 2007년까지 이어지며 3,000억 원 이상의 예산이 투입되어 6,241개 학교에 도서관을 새로 짓거나 재단장해서 우리나라 학교에 도서관이 제구실을 하게 되는 성과를 거두었다. 2002년에는 학교도서관 설치율이 80.4%였는데 2008년에는 95.1%까지 늘어났다. 학생 1인당 장서 수는 2002년에 5.5권이었는데 이 사업이 끝나는 시점인 2008년에는 12권으로 늘어나기도 하였다.

이 같은 변화는 중앙부처와 지방자치단체에서 '독서 동아리 활동 지원'

사업을 매년 중점 독서정책의 하나로 시행 중인 것, 독서를 위한 온·오프라인 공간이 확대된 것과 무관하지 않다. 특히, 독서에 있어서 동아리 활동의 중요성과 유용성에 대한 많은 독자들의 공감대가 형성되었기 때문일 것이다.

독서 동아리의 활성화는 일차적으로 독서 동아리의 양적 팽창으로 이해할 수 있다. 하지만 독서 동아리는 교실이나 운동장과 같은 물리적인 공간은 아니라 할지라도 사람 사이의 관계를 통해 만들어진 사회적 공간이라는 점에서 주목을 요한다. 사회적 공간의 형성과 유지는 그것이 어떠한 물리적 공간에서 이루어지는가보다는 독서의 목적과 독서라는 행위를 공유한 사람들 사이에서 인지되는 '인식적 독서 공간'인 것이다. 따라서 독서 동아리는 학교나 도서관 등 물리적 제한이 있는 공간뿐 아니라 사이버 공간에서도 얼마든지 가능하다.

3. 독서 동아리의 목적과 유형

3.1. 독서 동아리의 목적과 주요 활동

독서 동아리는 일반적으로 15명 내외의 일반인들(전문가 집단 제외)로 구성되는 모임이고, 개인들의 자발적인 참여를 통해 정기적으로 토의·토론을 수행하는 방식으로 운영된다. 즉, 혼자 읽는 것이 아니라 여럿이 모여 읽는 모임이되 자율성을 지닌 개인들이 참여한다는 점이 독서 동아리의 주요한 특징이다. McMahon & Rahpael(1997)에 의하면 독서 동아리 활동은 읽기, 쓰기, 토의, 교수의 4가지 활동이 포함되어 있다. 이러한 자발적인 독자들이 모여 정기적으로 책을 읽고 의견을 나누는데, 이와 관련하여 독서 동아리의 주요 활동을 다음의 3가지로 정리해 볼 수 있다.

3.1.1. 읽기

독서 동아리에서는 독자들이 작품을 읽은 뒤, 소집단을 구성하여 토의를 진행하면서 자신의 생각과 느낌을 공유하는 활동을 수행하기 때문에, 읽기는 가장 필수적인 요소이다. 독서를 가르치던 과거의 교실에서는 독서 자료의 종류와 읽기 시간이 매우 제한되어 있었다. 독자들의 흥미나 사전 지식에 대한 배려 없이 교육과정에서 요구하는 독서 자료가 교재에 실렸는데, 이러한 자료는 다양성 측면에서 부족함이 많았고, 교실 상황은 학생들이 그러한 자료조차도 충분히 읽을 수 있는 시간을 허락하지 않았다.

독서 동아리는 이러한 전통적인 독서 교실에 대한 반성과도 맞닿아 있다. 단어를 올바르게 발음하고 부호와 기호에 중심을 두며 정답을 찾는 데에만 급급했던 전통적인 읽기 교육은 독자의 독서 경험 자체를 강조하게 됨으로써 독자와 책 사이의 상호 교환에 의한 의미 창출에 초점을 맞추게 되었다. 그리하여 다양한 방법으로 책에 반응하는 기회를 중시하게 되었다. 독서 동아리에서는 다양한 종류, 다양한 장르의 책을 읽기 대상으로 삼으며, 이러한 책은 독자들의 흥미에 부합하고 독자의 의미 구성을 도울 수 있도록 활용된다.

3.1.2. 쓰기

독서 동아리에서의 쓰기는 읽기를 강화하는 도구로서의 역할을 수행한다. 독자들은 책을 읽고 이해하는 과정에 참여하고, 의미 있고 맥락적인 독해 전략을 사용하며, 사고, 지식, 태도를 발달시키기 위한 폭넓고도 지속적인 기회를 얻기 위해서 쓰기를 이용한다.

독서 동아리에서 사용할 수 있는 주요 쓰기 방법으로 독서 일지를 들 수 있다. 적든 많은 독자가 매일 읽은 내용을 일지 형식으로 기록함으로써 독자들은 읽은 내용을 의미화하기 위해 다양한 방법을 모색할 수 있다. 독서 일지에 적을 수 있는 내용으로는 주요 사건, 인물, 흥미 있는 단어, 재미있는 대화나 묘사 등이 있는데, 완결된 글 형식이 아니더라도 다양한 방식으로 기록할 수 있다. 이것은 읽기 과정을 기록하는 기능뿐만 아니라 읽기를 매개로 한 토의, 토론, 읽기를 딛고 나아가는 쓰기의 토대가 된다.

3.1.3. 토의

토의는 학생이 읽은 것에 관해 서로 의견을 나누는 상호작용 활동이다. 독서 동아리에서는 독자들 각자의 감상과 반응을 존중하고 공유하는 것을 중시하는데, 독서 후 활동으로서 토의 활동이 활발하게 이루어진다. 독자들은 토의를 통해 책에 대한 이해를 상호 보완하게 되며, 이를 통해 혼자 읽었을 때보다 책을 더욱 넓고 이해할 수 있다. 따라서 독서 동아리에서의 토의는 독해 기능 신장을 위한 미시적 독서 지도라기보다는 독서 경험 그 자체와 독서 경험의 공유를 중시하는 거시 독서 전략에 가깝다.

토의는 소집단 토의와 전체 집단 토의로 나뉜다. 소집단 토의는 3~6명 정도의 독자로 이루어지는데, 읽기와 쓰기를 바탕으로 감상하고 질문하며 생각을 명료화하고 기존의 개념과 관련을 짓는 내용들이 포함되어 있다. 전체 토의에서는 무엇을 읽을 것인지에 대한 독자들의 인식이 자연스럽게 생겨나고, 각각의 독서 동아리에서 무엇을 토의하였고, 서로에게 무엇을 배웠는지를 전체적으로 공유하는 기회를 제공한다.

독서 동아리란 독자들이 관심 있고, 관련 있고, 도전적이고, 흥미 있어 하는 문제점을 다른 독자와 토의하는 소집단 학생 주도 활동이다. 이 활동을 통해서는 문식성 발달을 도모할 수 있다. 독자들의 수준이나 흥미에 따라 토의 내용과 흐름은 조절 가능하다. 토의에 참여하는 독자들은 책과 관련된 의견을 개진하고, 상대방의 평이나 질문을 분명히 하며, 그리고 토의 참여자들 사이에 발언의 균형을 맞추는 등의 수행을 한다.

3.1.4. 교수

교수 행위는 독서 동아리를 지도하는 자가 수행해야 하는 역할이다. 교수 행위자는 독서 동아리에 참여하는 독자들에게 어떻게 토의에 참여할 것인지를 시범 보여 주고 구체적인 방법을 교수·학습해야 한다. 교수는 주로 학교에서 이루어지는 독서 동아리에서 찾아볼 수 있는 특징적인 요소이다. 일반적인 사회 운동이나 교양 교육 차원에서 형성된 독서 동아리에서는 '교수' 요소가 포함되지 않는 경우가 대부분이다. 그러나 학교에서 운영되는 독서 동아리는 독서 지도의 한 방법으로 간주되기 때문에 여기에는 필수적으로 교수 요소가 포함되는 것이다.

독서 담당 교사의 전문적이고 통찰력 있는 교수 행위를 통해서 학생들의 독서 동아리는 목적적이고 구조적인 활동으로 이루어지게 된다. 이를 통해 학생들의 독서 능력이 발달과 긍정적인 독서 태도 및 습관이 형성에도 기여할 수 있다.

토의에서는 무엇을 공유하고 어떻게 공유할 것인가가 핵심이라고 할 수 있으므로, 교수 행위 시 공유할 내용은 어떻게 선정하며 그것을 어떻게 이해시킬 것인지, 그리고 청자의 입장에서 토의되는 내용을 어떻게 종합할 것인지를 구체적인 사례와 자료를 통해 시범을 보이는 것이 중요하다. 어떻게 공유할 것인지도 학생들이 토의하기 전에 숙지해야 할 사항이므로 교대로 말하기, 다른 사람에게 주의 기울이기, 후속적인 질문하기, 명료화를 위한 질문하기, 토의를 하는 동안 다른 학생에 의해 제기된 생각과 관련되는 논평하기 등을 알리고 교사의 시범, 학생들의 연습 기회를 갖는 것이 가능하다.

3.2. 독서 동아리의 유형

3.2.1. 평생학습동아리로서의 독서 동아리

우리나라는 평생교육법 시행으로 평생학습동아리가 활동할 수 있는 시스템이 마련되기는 하였으나, 평생교육 관련 기관과 성인 학습자들은 동아리의 필요성과 조직화를 인식하고 있다 하더라도 관련자들의 전문성과 경험이 충분하지 않은 경우가 많다.

학습동아리란 말은 과거에 학습 모임, 연구회, 스터디 그룹 등으로 명명되곤 하였는데, 주로 학습을 목적으로 하고 당면한 문제를 해결하고자 자발적으로 생성된 소규모 집단을 가리킨다.

학습동아리의 유형은 심화학습형, 전문탐구형, 문제해결형 등으로 나누어 볼 수 있다. 심화학습형 학습동아리는 대체로 성인이 일정한 학습 프로그램을 마친 후, 심층학습과 기술을 습득하기 위한 목적으로 만들어진다. 이러한 학습 동아리는 학습의 초점을 개인에 맞추고 개인 능력의 신장에 주력한다. 심화학습형 학습동아리에서 대부분 초빙 강의와 독서토론을 중심으로 개개인의 관심사나 특정 주제에 관련된 기술을 습득하는 데 집중하는 것도 이러한 까닭이다.

다음으로, 전문탐구형 학습동아리는 일정한 수준의 지적 능력을 공유한 학습자들이 스스로 선택한 주제를 가지고 토의와 탐구를 하게 되는 유형이다. 학습의 초점은 개인 학습뿐 아니라 공동 학습에까지 확장되며, 전문 능력을 함양하고 전문 지식을 재생산하여 보급하는 형태로 학습이 진행되는 것이 일반적이다.

마지막으로 문제해결형 학습동아리는 자신이 살고 있는 지역 사회가 당면한 과제나 과거부터 문제되어 오던 장기 과제를 찾아내고 그것을 해결하는 데 관심을 갖는다. 시민운동단체에 속해 있는 학습동아리들이 대표적이다. 문제해결형 학습동아리의 리더는 실천적 전략가이자 토론의 촉진자 역할을 수행한다.

3.2.2. 지역사회 학습동아리로서의 독서 동아리

지역사회 학습동아리에서는 지역 사회에 거주하고 있는 주민들이 서로 협력하여 학습조직을 구성하여 다양한 학습활동을 전개하며, 학습을 통한 번영, 통합성, 지속 가능성을 목적으로 하는 학습 사회망을 추구한다. 평생학습이 보편화됨에 사람들의 관심 영역은 개인적 영역에서 사회적 영역까지 다양하게 확장되고 있으며, 그러한 관심 영역들을 기반으로 주체적인 학습 형태들이 활성화되고 있는데, 그중 하나가 지역사회 학습동아리인 것이다.

3.2.3. 창의적 체험활동으로서의 독서 동아리

2009 개정 교육과정에서는 학습자들의 전인적 성장을 위해 '창의적 체험활동'을 신설하였다. 이전 교육과정에서도 재량활동이 강조되기는 하였으나 그 범주와 종류가 혼란스러운 측면이 있어 특별활동과 창의적 재량활동을 통합하여 다양한 교육 활동이 가능하도록 '창의적 체험활동'으로 개편하기에 이른 것이다. 창의적 체험활동의 수업 시수는 초등학교는 주당 최소 2시간, 중학교는 주당 최소 3시간, 고등학교에서는 주당 최소 4시간을 운영하도록 하였다. 창의적 체험활동은 자율 활동, 동아리 활동, 봉사 활동, 진로 활동으로 구성되는데, 이 중 동아리 활동은 취미 및 특기 계발, 협동적 학습 능력과 창의적 태도 형성을 위한 목적을 가진다(2009 개정 초중등학교 총론, 제2009-41호). 특히 독서 동아리 활동의 경우 이 같은 목적에 잘 부합하는 활동으로서 기타 창의적 체험활동뿐만 아니라 각 교과와도 상호 연계될 수 있는 가능성이 크다.

3.2.4. 온라인 북토크

북토크(booktalk)는 1985년에 아동작가이자 초등교사인 Aidan Chambers에 의해 명명되어 미국의 도서관에서 사용되기 시작한 용어이다. 일반적으로는 도서관 이용자를 대상으로 특정 주제에 대한 도서를 선정하고, 5분 내외로 그 도서들을 소개하거나 비평하는 일을 가리켰는데, 이후 독서 교육을 위한 교육 방법으로 사용되었다. 애초의 의미는 전문가 1인이 주도적으로 진행하는 것이었으나 교육 활동의 한 방법으로 전환되면서부터는 책을 소개하는 주체와 방법들이 다양하게 분화하였다. 예컨대, 교사가 아닌 학생 자신이 주체가 되는 독서 활동이 가능하다. 만약 학생이 스스로 주체가 되어 독서 후 활동을 하게 된다면 독서 경험의 많고 적음과 무관하게 독서 경험을 정리하고 공유할 수 있게 된다는 점에서 장점을 지닌다. 즉, 북토크는 책을 읽은 후 이루어지는 상호작용이라는 점에서 능동적이고 적극적으로 독서 활동에 효과적이다. 요즘과 같이 매체가 발달하고 일반화된 상황에서는 '온라인 북토크'도 가능하다. 스마트폰의 집단

채팅을 활용하여 독서 후 참여자들이 자유롭게 독서 토의를 진행할 수도 있다.

4. 독서 동아리의 해외 운영 사례

4.1. 영국

4.1.1. 학교 도서관 패키지

학교 도서관 패키지(School Library Pack)는 영국의 중등학교를 대상으로 하여 북스타트(Bookstart)가 운영하고 있다. 이 프로그램에서는 현대 청소년 문학 신간을 학교에 제공하여, 영국의 현대 청소년 문학을 널리 읽히고 청소년 독서 동아리를 활성화하는 것을 목적으로 한다. 뿐만 아니라 읽기 부진 청소년을 위한 읽기 자료를 지원하여, 부진아의 문장 독해력과 독서 동기를 높이고자 하는 목적도 동시에 지니고 있다.

학교 도서관 패키지는 구체적으로 다음과 같이 운영된다. 중등학교 중 이 패키지에 참여를 원하는 학교가 등록을 하면 40권의 청소년 도서를 학교에 선물하게 된다. 40권의 책은 전문가가 참여한 위원회에서 선정된다. 동아리 활성화를 위해 5종의 책은 각각 6권씩, 읽기 동기가 낮은 청소년을 위해 5종을 각 1권씩, 단편 모음집 5종을 각 1권씩 증정하여, 다양한 종류의 책을 다양한 요구를 지닌 학생들이 찾아 읽을 수 있도록 배려하고 있다.

2014년~2015년도 기준 총 4,700개의 학교가 등록하여 패키지를 이용한 것으로 알려져 있다. 북스타트는 증정된 책과 관련된 활동과 토론 자료, 청소년 독서 동아리 운영 방법에 대한 자료를 웹 사이트에 제공하여 실제적인 독서 동아리 운영 및 독서 활동을 돕고 있다.

4.1.2. 모두를 위한 독서 동아리

모두를 위한 독서 동아리(Reading Group for Everyone)는 모든 청소년을 비롯하여 성인까지를 대상으로 진행되는 프로그램이다. 누구든지 독서 동아리를 검색하고 참여할 수 있도록 지원함으로써 독서 동아리의 활성화를 지향한다.

웹사이트에 지역별 동아리 검색 기능을 제공하여 누구든지 독서 동아리를 쉽게 찾아 접근할 수 있도록 하고 있으며, 뉴스레터 발간을 통해 독서 동아리를 위한 주제별 도서를 소개하고, 실행 가능한 활동 유형 및 참고 자료도 안내하고 있다. 또한, 독서 동아리 우수 사례의 발굴과 확산, 독서 동아리 축제나 경품 행사를 진행하는 한편, 사서와 독서 동아리 리더를 위한 교육을 담당하기도 한다.

4.1.3. 채터북스

2001년에 처음 시작된 채터북스(Chatterbooks, 책 수다 모임) 프로그램은 앞에서 소개한 프로그램과는 달리 어린이를 대상으로 한다는 점에서 차별화된다. 영국의 독서운동을 주도하는 비영리 민간단체인 리딩 에이전시(Reading Agency)가 주관하는 프로그램으로서 어린이들이 가족과 함께 도서관을 방문하여 지속적으로 새로운 책을 찾아 읽도록 장려한다. 특히 책을 선정하여 함께 읽고 읽은 책에 대해 이야기를 나누는 일에 자신감을 갖도록 하는 데 주력하고 있다. 현재 영국의 대다수 도서관에서는 채터북스 프로그램을 운영 중이다.

채터북스에서는 도서관이나 학교의 교사나 사서, 자원봉사자가 지도자 모임에 참여하여 전문성을 기른 뒤, 채터북스 모임에 참여할 아이들을 모집하여 결성하고 독서 동아리 진행하고 있다. 리딩 에이전시는 정기적으로 뉴스레터를 발간하여 주제별 책 목록, 활동 자료, 활동 양식 등을 지원해 준다.

4.2. 미국

4.2.1. 러닝 스타트

미국의 경우, 어린이를 대상으로 한 독서 동아리 프로그램이 활발하게 운영되고 있는데, 그중 하나는 러닝 스타트(Running Start) 프로그램이다. '러닝 스타트'는 RIF(Reading Is Fundamental) 재단이 운영하는 독서 교육 프로그램으로 갓 학교에 입학한 어린이와 가족들에게 독서 동기를 유발하는 데 초점을 맞추고 있다.

초등학교 1학년생들이 8~10주 사이에 21권의 책을 읽도록 안내하고 있는데, 이러한 과제는 어린이에게만 국한되지 않는다. 교사 학교 자원봉사자, 학부모 등에게도 동일한 과제를 부여하여 아이들과 성인이 함께 독서 습관을 기르고 책에 대해 이야기를 나눌 수 있는 여건을 만들어 나가고 있다.

'러닝 스타트'의 목표는 '정해진 시간 동안 아이들이 책에 몰두함으로써 독서에 대한 흥미를 유발하는 것', '가정, 학교 그리고 사회 간 협력을 강화하는 것', '부모들이 자녀의 독서에 능동적인 역할을 하도록 격려하는 것', '학교 전체에서 독서를 후원하는 분위기 조성하는 것', '학교, 그리고 아동 교육과 독서의 중요성에 대해 매체의 관심을 유발하는 것' 등에 있다. 각종 사례와 연구 결과는 러닝 스타트의 긍정적인 효과를 증명하고 있다. 실제로 부모들은 자신이 러닝 스타트에 참여하면서 느꼈던 점에 대해 긍정적으로 평가하고 있으며, 교사들 역시 이 프로그램의 사회적 의의에 대해 공감하고 있다. 메릴랜드 대학 국립독서연구센터(National Reading Research Center)의 한 조사관은 러닝 스타트 프로그램은 어린이들의 읽고 쓰는 능력 신장에 효과적인 모델이며, 아이들과 가정을 독서 활동에 참여토록 유발하는 데 성공하여 학교와 가정 연결 프로그램들의 계발에 지대한 영향을 미친 것으로 평가하기도 하였다.

4.2.2. 책 배틀

책 배틀(Battle of the Books)은 미국의 3~12학년 학생들을 대상 한 독서 프로그램으로 어린이와 청소년들의 독해 능력 증진과 독서에의 흥미 제고를 위해 친구들과 함께 책을 읽고 퀴즈 게임을 하는 등 다양한 활동을 구안하고 있다. 원하는 학생들끼리 그룹을 만들어 매년 책 배틀에 선정된 책을 읽게 되는데 학교 단위, 지역 도서관 단위 등에서 자유롭게 팀을 구성하여 책 배틀에 참여할 수 있다. 책 배틀은 TV 퀴즈쇼와 비슷한 형식으로 진행되며, 지역별 예선을 거쳐 주 단위, 전국 단위 배틀에 참가하게 된다. 하지만 이런 대단위 배틀이 아니더라도 교육 목적에 따라 다양하게 변형도 가능하다.

5. 독서 동아리 운영 방안

한국교육과정평가원에서는 수업 장면에서 널리 사용될 수 있는 교수·학습 모형을 제시하였는데 그 중 하나는 협동학습 모형이다. 학생들 간의 상호작용을 극대화함으로써 해당 학습 내용을 좀 더 풍성하고 깊이 있게 이해할 수 있는 방법으로서 협동학습을 들고 있는 것이다.

독서 동아리는 개인이 아닌 집단으로 운영된다는 점, 공동 작업을 통해 개별 구성원들의 성장을 도모한다는 점에서 협동학습과 맥을 같이하는 측면이 있다. 협동학습에서는 전통적인 소집단 학습과는 달리 학습 능력이 각기 다른 학생들이 동일한 학습 목표를 달성하기 위하여 같은 소집단 내에서 함께 활동하게 된다. 활동 과정에서 교사의 즉각적인 교정이나 지시가 반영될 경우는 협동학습으로 간주하지 않는다. 다시 말해서 외부의 지시에 의해서가 아니라 소집단의 구성원들이 내적 자발성을 가지고 함께 노력하여 목표한 바를 이루기 위한 학습 모형이 협동학습 모형인 것이다.

독서 동아리 활동은 참여자들의 적극적인 참여를 필요로 한다는 점, 학습에 대한 부담보다는 다양한 관점이나 생각을 접하고 언어의 의미를 능동적으로 구성하는 데 더욱 주력한다는 점, 목표로 한 학습을 보다 풍성하고 깊이 있게 실행할 수 있다는 점, 책읽기 뿐 아니라 긍정적인 인간관계나 자기 존중감, 사회적 의사소통 능력을 얻는 데에도 도움이 된다는 점에서 협동학습과의 일치도가 높다.

이와 같은 독서 동아리의 기본적인 속성에 대한 이해를 기반으로 독서 동아리 운영 시 중요하게 다루어야 할 점들을 정리해 보고자 한다.

5.1. 책 선정

독서 동아리에서는 책을 읽고 하는 활동이 주를 이루기 때문에 어떤 책을 선택하느냐가 활동의 성패와 연관성이 크다. 적절한 책을 선택하고 그 책에 부합하는 활동을 해 나가는 일이 필요하기 때문이다.

일반적으로 학교나 공공 도서관은 학생들의 발달과 취향을 고려하는 한편, 교육계 인사들과 각계 전문가들의 추천을 받아 권장 도서 혹은 필독 도서 목록을 보유하고 있다. 공신력 있는 읽기 지수의 부재로 인해 독자들이 읽어야 할 자료의 목록은 추천도서 형태로 제시되는 경우가 많다. 교사들이 학생에게 주로 권하는 책은 고전이나 명작으로 분류되는 것들이 대부분이지만, 이는 학생들의 흥미나 요구와는 차이가 있어 독서에 대한 기피 경향이 나타나는 것도 사실이다. 또한, 통용되고 있는 추천도서 목록들은 특정 분야의 전문가들에 의해 직관적, 관습적으로 선정되어 오던 것이어서 과학적 분석과 평가가 뒷받침되었다고 보기 어렵다. 책 자체의 가치를 중심으로 추천도서가 선정되다 보니 어떤 수준, 어떤 연령의 독자가 읽어야 할 것인가를 중심으로 정합성을 따지지 못한 측면도 있다.

상황과 목적에 부합하는 체계적이고도 다양한 도서 선택의 기준은 아직 마련되고 있는 중이지만, 지금까지 축적되어 온 연구를 참고할 때 독서 동아리를 성공적으로 이끌기 위해 다음과 같은 사항들을 고려하여 도서를 선택할 필요가 있을 것으로 보인다.

먼저, 독서 동아리에서 이루어지는 주요 활동이 읽기, 쓰기, 토의/토론이라는 점을 고려할 때, 참여자들 사이에서 토의거리가 될 만한 소재가 있는 책을 선택할 필요가 있다. 토의를 활발하게 불러일으키기 위해서는 참여자들의 삶의 문제와 관련이 있는 것이 좋은데, 이를 위해 독서 동아리 참여자들의 연령, 학교급, 직업, 경험 등을 고려할 필요가 있다.

또한, 독서 동아리에서 이루어지는 읽기나 쓰기, 토의/토론이 참여자들의 적극적인 참여를 통해서만 가능하다는 점을 고려할 때, 참여자들의 인지적, 정의적 수준에 대한 고려와 함께 독서 동아리의 목적을 고려하는 일이 중요하다. 예컨대, 중학교 학생들이 취미 활동으로서 참여하는 독서 동아리라면, 그 학생들의 인지적 발달이나 정의적 상황을 반영하여 책을 선정하여야 할 것이고, 지역사회 발전을 위해 청장년층으로 구성된 독서 동아리라면 참여자들의 공동 관심사를 반영한 책을 선정해야 할 것이다.

이러한 기준으로 책을 선정할 때에는 독서 동아리 리더가 책을 선정할 수도 있고, 동아리 참여자들이 논의하여 책을 선정할 수도 있다. 전자의 경우 효율성이 높다는 장점이 있으나 참여자들의 의견을 충분히 반영하지 못할 가능성이 있다. 후자의 경우 효율성을 다소 떨어지더라도 책 선정 단계에서부터 활발한 의사소통과 의견 교환이 가능하다는 장점이 있다.

5.2. 소집단 구성

책을 읽는 일 자체는 혼자서도 할 수 있지만 읽은 책에 대해 이야기 나누는 활동은 독서 동아리에서 할 수 있는 특징적인 활동이다. 독서 동아리에서 이루어지는 소집단 활동은 참여자들 주도로 질문과 응답이 이루어지는 만큼 토의/토론의 참여자들을 구성하는 일, 즉 소집단을 구성하는 일은 토의/토론 활동의 성패를 가르는 중요한 과업이다.

토의/토론은 어떤 문제에 대해 상호 의견을 나누며 서로 다른 의견을 청취하거나 공동의 문제를 해결해 나가는 활동인바, 토의/토론이 역동성을 가지는 것이 중요하다. 이를 위해서는 소집단 구성원들이 서로 이질적인 것이 도움이 된다. 성별이나 인지적 능력을 다르게 구성하는 것이 한 방법이다.

소집단의 크기는 4~6명 정도가 적당하다. 창의적인 생각이 다양하게 제시될 수 있고 소외되는 의견이 없도록 운영할 수 있기 때문이다. 독서 동아리를 시작하는 초기에는 4명의 소집단으로 시작하여 그 뒤 활동에 익숙해지면 소집단 인원을 늘려 가는 것도 가능하다. 또한, 한번 구성한 소집단이 고정되는 것이 아니라 책이 바뀔 때마다 소집단도 새롭게 구성해 볼 필요가 있다. 고정된 소집단에서는 제시되는 의견이나 의사소통의 패턴이 단조로워질 수 있기 때문이다.

5.3. 소집단 활동 점검

독서 동아리의 활동의 지속과 발전을 위해서는 소집단 활동이 끝난 뒤 자체적인 점검을 통해 이후 활동을 위한 토대를 쌓아 나갈 필요가 있다. 우선, 독서 동아리가 책을 읽는 활동을 기본으로 한다는 점에서 독해와 관련된 점검이 이루어져야 한다. 독서 동아리는 읽기를 활성화하기 위한 하나의 방법이라는 점에서 책을 제대로 읽어냈는지에 대한 점검은 수행하지만, 그것이 성적을 산출하기 위한 시험 식으로 진행되는 것은 지양해야 한다. 읽기를 기반으로 한 쓰기나 토의/토론 활동이 원활하게 이루어질 수 있도록 소집단 구성원들이 책의 내용을 제대로 파악하고 있는지 정도를 확인하는 정도면 충분하다. 책의 내용을 간략해 요약해 보는 활동, 주요 사건을 순서대로 정리해 보는 활동, 어휘의 의미를 파악하고 인물의 중심 행동에 대한 이야기를 해 보는 일 등이 가능하다.

또한, 독서 동아리 내에서 이루어지는 토의/토론 활동에 대한 점검도 이루어져야 한다. 토의/토론 중에는 책에 대한 반응을 내놓고, 그 반응에 대한 다른 소집단 구성원들의 후속 반응이 이어진다. 독서 동아리에서 이루어지는 토의/토론 활동은 각 독서 동아리의 목적에 부합하는 방식으로 이루어지는 것이 타당하나, 기본적으로는 상호 존중과 의견 공유라는 가치는 공유하고 있다. 따라서 다양하고 창의적인 의견들이 제시될 수 있도록 허용적이고 상호 존중적인 분위기를 잃지 않도록 유의할 필요가 있다.

독서 동아리에서는 독자들이 소집단을 구성하고 그 소집단에서 직접 책을 선정한 뒤 자율적인 방법으로 책을 읽고 정기적으로 토의/토론 모임을 갖는 활동을 하게 된다. 독서 동아리는 독자들 각자가 모두 주체가 되어 책을 매개로 한 의사소통에 참여하게 되고, 어떤 독자의 의견을 디딤돌 삼아 다른 주체들이 자기 의견을 정교화하는 학습 기회를 제공한다는 점에서 의의를 지닌다. 따라서 독서 동아리는 사회적 관계 공간으로서의 특성을 지닌다고 할 수 있다.

최근 우리나라에서 독서 동아리는 양적으로 팽창하고 있을 뿐만 아니라 독서 동아리 활동에 있어서 질적 제고도 이루어지고 있다. 독서 동아리 참여 비율이 늘어나고 있으며, 독서 동아리 활동 지원과 독서를 위한 온·오프라인 공간의 확대도 괄목할 만한 실정이다. 이 같은 독서 동아리의 발전은 독서 동아리 활동의 중요성과 유용성에 대한 많은 독자들의 공감대 속에서 이루어진 것이다.

독서 동아리는 일반적으로 15명 내외의 구성원들이 자발적으로 참여함으로써 생성·유지된다. 독서 동아리 활동에는 읽기, 쓰기, 토의, 교수의 4가지 활동이 포함된다. 독서 동아리 활동의 기본은 읽기이다. 독서 동아리에서는 다양한 종류, 다양한 장르의 책을 읽기 대상으로 삼고, 이러한 책들은 독자의 흥미를 유발하고 책을 통한 독자의 의미 구성 활동을 촉진한다. 또한 읽기의 결과를 확장하고 지식, 태도, 사고력을 발달시키기 위해 쓰기 활동이, 독자들 각자의 감상과 반응을 존중하고 공유하기 위한 독서 후 활동으로서 토의 활동이 활발하게 이루어진다. 한편, 교수 행위자가 참여하는 경우에는 독서 동아리에 참여하는 독자들에게 어떻게 토의에 참여할 것인지를 시범 보여 주고 구체적인 방법을 교수, 학습하는 활동도 수행된다. 이상과 같은 요소들을 포함하는 독서 동아리 유형으로는 평생학습동아리로서의 독서 동아리, 지역사회 학습동아리로서의 독서 동아리, 창의적 체험활동으로서의 독서 동아리, 온라인 북토크 등이 있다.

우리나라에서 뿐만 아니라 해외에서도 독서 동아리는 활발하게 운영되고 있다. 영국에서는 학교 도서관 패키지, 모두를 위한 독서 동아리, 채터북스 등의 프로그램을 통해 지역사회와 학교, 도서관 연계 동아리 프로그램을 운영하고 있다. 미국에서는 러닝스타트, 책 배틀 등의 프로그램을 통해 학생들을 대상으로 한 독서교육으로서 독서 동아리를 적극적으로 활용하고 있다.

독서 동아리 운영의 국내외 사례를 통해 살펴본 결과, 독서 동아리는 구성원들의 자발적이고 적극적인 참여로 이루어진다는 점, 다양성을 경험하고 사회적 의사소통을 경험해 볼 수 있다는 점에서 협동학습 모형과 유사한 측면이 있으므로 협동학습의 특성이 발현될 수 있도록 독서 동아리를 운영할 필요가 있음을 알 수 있다. 또한, 독서 동아리 운영을 위해서는 책의 선정, 소집단 구성, 소집단 활동 점검이 필요하다.

1. 본인이 독서 동아리의 리더가 되었다고 가정하고 자신이 운영하고자 하는 독서 동아리에 대해 아래와 같이 계획을 세워 봅시다.

(1) 대상:

(2) 인원:

(3) 소그룹 수:

(4) 독서 동아리 운영 목적:

(5) 참여 대상:

(6) 모임 주기:

(7) 운영의 주안점:

(8) 기타:

2. 온라인에서 독서 동아리를 운영한다고 할 때 활용할 수 있는 플랫폼에는 어떤 것들이 있는지 조사해 봅시다.

3. 독서 동아리에 처음 참여하는 고등학생들을 대상으로 독서 동아리를 운영한다고 할 때, 참여자들에게 권할 수 있는 독서 목록을 책의 주제, 동아리 운영의 목적, 참여자들의 관심사 등을 고려하여 작성해 봅시다.

교육과학기술부(2009). 2009 개정 초중등학교 총론, 제2009-41호.

김명순(2008). 학교 독서 문화의 진단과 이해. 국어교육학연구, 33, 103-145.

김정순(2017). 온라인 북토크를 활용한 독서클럽 활동이 중학생의 읽기동기에 미치는 영향. 가톨릭대학교 석사학위논문.

김지현(2015). 고교 토론 동아리 활성화 방안 연구: 일반고 사례를 중심으로. 성공회대학교 석사학위논문.

김춘경 외(2016). 상담학 사전. 학지사.

석정숙(2010). 평생학습 동아리의 참여 특성과 활성화 방안 연구: 대구광역시 공공도서관 여성 독서 동아리를 중심으로. 대구대학교 석사학위논문.

송승훈(2010). 정부 정책을 통해 본 독서 교육의 진단과 방향. 우리말교육현장연구, 4(1), 7-37.

신한철(2004). 국어과 교수학습 모형 탐구. 개신어문연구, 22, 521-548.

문화체육관광부(2018). 전국 독서 동아리 현황 조사설계 연구. 문화체육관광부.

_____(2020). 2019년 국민독서실태조사. 문화체육관광부.

이성영(2018). 독서 공간의 유형과 의미. 독서연구, 47, 9-36.

이용준(2014). 직장 독서 동아리의 특성 및 활성화 방안 연구. 독서연구, 31, 165-193.

이인화(2013). 소설 교육에서 해석소통의 구조와 실천에 대한 연구. 서울대 박사학위논문.

조성민 외(2019). OECD 국제 학업성취도 평가 연구: PISA 2018 결과 보고서. 한국교육과정평가원.

정윤철(2019. 01. 23.). 우리 삶을 바꾸는 도서관, 제3차 도서관발전종합계획. 파이낸셜뉴스.

한국독서학회(2003). 21세기 사회와 독서지도. 박이정.

McMahon, S. I., Raphael, T. E., Strickland, D. S., & Goatley, V. J.(Eds. 1997). The book club connection: Literacy learning and classroom talk. New York Teachers College Press.

찾아보기